改訂版 デジタル・
フォレンジック
事典

Encyclopedia of
Digital Forensics

佐々木良一 監修
舟橋信、安冨潔 編集責任

特定非営利活動法人
デジタル・フォレンジック研究会 編

日科技連

改訂版刊行にあたって

　特定非営利活動法人デジタル・フォレンジック研究会も今年で発足10周年を迎えた。『デジタル・フォレンジック事典』の発刊からも約8年になる。
　デジタル・フォレンジックもいよいよ本格的実用段階に入り、いろいろな局面で利用されている。個人情報の漏洩などに関連して漏洩事実や漏洩経路を明確化するために民間でも専門業者に依頼してデジタル・フォレンジックを適用する機会が増えてきているように思う。また、警察でもデジタル・フォレンジック技術なしには適切な捜査が行えない時代になってきている。
　そのようななかで、最近のサイバー攻撃は面白半分での攻撃だけでなく、自己の主張を通すための攻撃や、金銭を不正に得るための攻撃、特定の国家の意思に沿った攻撃も増えてきている。また、不特定多数を狙う攻撃ではなく、特定の人や組織を対象とする「標的型攻撃」と呼ばれるものが増えてきている。これに伴い、攻撃方法も非常に巧妙かつ激しいものとなってきており、「従来の攻撃が"風邪"なら、最近の攻撃は"新型インフルエンザ"だ」という人もいるぐらい、攻撃によるダメージが大きなものになってきている。
　このような攻撃に対し、不正侵入の検知などの「入口対策」だけで防ぎ切るのは、困難になっており、組織内部での活動の監視や、機密情報の不正な送信の検知と防止などの対策とを組み合わせることが必要となっている。このような検知や対応を決定するためにはログの適切な収集と分析に基づく高度なデジタル・フォレンジックが不可欠となっている。特に、サーバなどのログを利用するだけでなく、ネットワーク上のやり取りを記録したパケットログを使ったネットワーク・フォレンジック（デジタル・フォレンジックの一分野）が重要性を増しているが、初版の『デジタル・フォレンジック事典』では扱ってこなかった。また、本書発刊当時には存在しなかったスマートフォンが広く普及していろいろな目的に使われている。しかし、初版の『デジタル・フォレンジック事典』ではスマートフォンのフォレンジックは扱っていない。
　このようなこともあり、特定非営利活動法人デジタル・フォレンジック研究会の10周年記念行事の一環として『デジタル・フォレンジック事典』を全面的に見直し、改訂版を発刊することにした。その後、関係者の皆様のご努力のおかげで、このたび発刊の運びとなった。編集を担当いただいた、安冨潔氏、舟橋信氏に厚く御礼を申し上げる。また、お忙しいなか執筆を担当いただいた多くの方々に深く感謝したい。さらにデジタル・フォレンジック研究会事務局長の丸谷俊博氏の裏方としてのきめ細かな配慮や、本書の編集担当者である日科技連出版社の鈴木兄宏氏、田中延志氏の熱心な対応も忘れることができない。

このような多くの方々の努力により、よりよい事典ができあがったものと考えている。

　本書が、デジタル・フォレンジックに直接かかわられる専門家はもちろん、広くIT・情報セキュリティガバナンスに関心のある方々のための入門書・参考書として引き続き役に立てば幸いである。

2014年1月

　　　　　　　　特定非営利活動法人デジタル・フォレンジック研究会　会長
　　　　　　　　東京電機大学　教授

　　　　　　　　　　　　　　　　　　　　　　　　　　　佐々木　良一

刊行にあたって

　デジタル・フォレンジックとは何か。詳しい定義は本文に譲るとして、大よそのところ、企業等の業務情報に関する電子的証拠を漏れなく、かつ誤りなく保全し、そしてわかりやすく正確に開示するためのプロセスを法制度、経営管理、デジタル技術などの面から多角的に構築する手法および学術をデジタル・フォレンジックと呼んでいる。
　なぜ、そのような手法や学術が必要とされるようになったのか。それは、1990年頃から、刑事、民事の裁判において、物的証拠と並んで、電子的証拠の重要性が増してきたからであり、より一般的には、2000年初頭、米国などにおいて多発した企業の不祥事をきっかけに、内部統制の強化が求められ、膨大な量の電子情報の保全と開示が不可欠となったからである。

　契約・訴訟社会の米国に比べて、典型的な内部規範社会とみられる日本では、数年前までデジタル・フォレンジックは、情報セキュリティ分野でも話題になることは少なかった。しかし、インシデントレスポンスへの認識の深まりや、個人情報保護法の本格的施行、続いていわゆる日本版SOX法制定への動きなどを背景に、わが国でもデジタル・フォレンジックの研究・普及の必要性が高まってきた。こうした状況のなかで有志が集い、2004年8月23日、日本初の「デジタル・フォレンジック研究会」を旗揚げした。そして、2004年12月20日、21日の両日、「デジタル・フォレンジックの目指すもの」をテーマに「デジタル・フォレンジック・コミュニティ2004 in Tokyo」を開催し、情報セキュリティ技術、法制度、情報ガバナンスなどに携わる広い分野の人々の関心を集め、活発な議論を展開した。
　これと並行して、当研究会は、2004年12月15日付でNPO（特定非営利活動法人）として認可され、登記を完了した（URL http://www.digitalforensic.jp/）。その後1年間、技術、法務、監査等の分科会を編成して研究・啓発活動を続け、2005年12月19日、20日の2日間「デジタル・フォレンジックの新たな展開」と題して"コンプライアンス、内部統制、個人情報保護のための技術基盤"をテーマに第2回のシンポジウム「デジタル・フォレンジック・コミュニティ2005 in Tokyo」を開催し、広がりのある議論を展開することができた。さらに、2006年12月18日、19日の両日には、「J–SOX時代のデジタル・フォレンジック―信頼される企業・組織経営のために―」というテーマのもとに、第3回デジタル・フォレンジック・コミュニティ2006が開催される運びとなっている。
　本書は、このようなデジタル・フォレンジック研究会の活動をふまえて、当研究会の総

力を挙げて、本分野を可能な限りわかりやすく体系化して解説したものである。

　上にも述べたように、デジタル・フォレンジックは、個人情報漏洩対応や訴訟対応等のインシデントレスポンスの重要性やコンプライアンス等への関心の高まり、デジタルデータの取扱いに関する刑法の改正や国際間のサイバー犯罪関連条約等との関係からその必要性が急速に高まりつつある分野である。また、今後は携帯電話やPDA、USBメモリ、ユビキタス端末等々の各種の電磁的機器やメモリもフォレンジックの対象となっていくことなどから新しいセキュリティ手段としてさらに関心が高まってゆくものと見られる。

　本書が、デジタル・フォレンジックに直接かかわられる専門家はもちろん、広くIT・情報セキュリティガバナンスに関心のある方々のための入門書・参考書として活用していただければ、そして、IT社会のセキュリティ基盤の確立に寄与することができれば幸いである。

2006年11月

　　　　　特定非営利活動法人デジタル・フォレンジック研究会　会長
　　　　　情報セキュリティ大学院大学　学長

　　　　　　　　　　　　　　　　　　　　　　　　辻　井　重　男

まえがき

　わが国のインターネットの本格的な商業利用は1994年から始まった。2000年11月には、高度情報通信ネットワーク社会の重点的かつ迅速な形成の推進を目的とした「高度情報通信ネットワーク社会形成基本法」が制定され、世界最先端のIT国家となることを目指した施策が実施されてきた結果、国内のインターネットの普及およびブロードバンド化などのインフラの整備は大きく進展した。

　総務省の通信利用動向調査の公表数値(2013年6月14日)によれば、2012年末現在、インターネット利用者の人口普及率は79.5%である。インターネット利用手段はパソコン、携帯電話およびスマートフォンなどである。若い世代ではスマートフォンによるインターネット利用が携帯電話を超えて、急激に伸びてきている。また同調査によれば、個人におけるSNS利用、企業におけるソーシャルメディアサービスおよびクラウドサービスの利用が拡大している。

　インターネットが社会・経済活動に不可欠なインフラになるとともに、サイバー犯罪およびサイバー攻撃の脅威が増大している。サイバー犯罪の検挙件数は、年々増加の一途をたどっており、警察庁の統計によれば、2012年中のサイバー犯罪検挙件数は約7千件、警察への相談件数は、全国で約7万8千件にのぼるなど潜在的なサイバー犯罪の存在が懸念されている。また、IT機器の普及およびインターネット利用の拡大にともない、ビジネス・公用文書の電子化および電子メールの利用が進み、刑事事件・民事事件における証拠保全の対象は紙からデジタルデータに移行している。

　このような状況下において、パソコンなどのIT機器に蓄積されているデジタルデータの証拠保全およびその解析を行う法科学的手法としてのデジタル・フォレンジックを普及させるため、2004年8月23日、任意団体としてデジタル・フォレンジック研究会(以下「IDF」という)を設立した。2004年12月15日、特定非営利活動法人として認証され、2005年1月に登記を行い、特定非営利活動法人として発足した。2014年2月末現在、223名の個人・学生会員、51社の団体会員、特別会員3団体、オブザーバー11省庁52名を数えるまでに成長した。

　IDF設立の目的は、定款の第3条に掲げているとおり「『デジタル・フォレンジック』の啓発・普及、調査・研究事業、講習会・講演会、出版、技術認定等の事業を通じて、健全な情報通信技術(IT)社会の実現に寄与・貢献すること」である。啓発・普及の一環として、2006年12月に『デジタル・フォレンジック事典』を出版した。

　しかし『デジタル・フォレンジック事典』は、発行からすでに7年が経過しており、こ

の間、2011年6月17日にはサイバー犯罪条約にかかわる国内法の整備、すなわち「情報処理の高度化等に対処するための刑法等の一部を改正する法律案」が可決成立した。一連の法改正で、刑事訴訟法にデジタル・フォレンジックにかかわる新たな条項、すなわち電磁的記録の「記録命令付差押え」などに関する条項が新たに定められた。

　米国においては、2006年12月1日、連邦民事訴訟規則の一部が改正された。この改正により、電子的情報(Electronically Stored Information)が情報開示、すなわちeディスカバリの対象とされ、その取扱いに関する基本原則が定められた。

　eディスカバリのプロセスにおいても、技術面で大きな進展が見られた。膨大な調査対象ファイルから事案に関係するファイルを振り分ける、いわゆる閲覧(Review)において、従来、多くの人手と期間、すなわちeディスカバリのプロセスのなかで最も多くの費用が掛かっていた処理を、人工知能を用いたプレディクティブ・コーディング(Predictive Coding)技術を用いることにより、工数が大幅に削減されるなど、デジタル・フォレンジックは、さらに次の段階へと変貌を遂げている。

　さらに、デジタル・フォレンジックはコンピュータ・フォレンジックから、さらに範囲を広げ、サイバー攻撃に関するインシデント調査など、ネットワーク・フォレンジックの適用場面も増えてきている。

　この度、デジタル・フォレンジックを巡る状況の変化を、『デジタル・フォレンジック事典』に盛り込むべく、IDF設立10周年記念行事の一環として、『デジタル・フォレンジック事典』を改訂することとした。

　本書の出版にあたって、IDFの佐々木良一会長および安冨潔副会長から多大なご支援をいただいたこと、また、丸谷俊博事務局長はじめ事務局の方々のご尽力をいただいたことに感謝申し上げるとともに、執筆者および出版社など、関係各位に感謝申し上げる。

　2014年3月

『改訂版 デジタル・フォレンジック事典』編集責任者
株式会社 UBIC　取締役

舟　橋　　　信

まえがき

　わが国のインターネットの本格的な商業利用は 1994 年から始まった。2000 年 11 月には、高度情報通信ネットワーク社会の重点的かつ迅速な形成の推進を目的とした「高度情報通信ネットワーク社会形成基本法」が制定され、世界最先端の IT 国家となることを目指した施策が実施されてきた結果、国内のインターネットの普及およびブロードバンド化などのインフラの整備は大きく進展した。

　総務省の通信利用動向調査の公表数値(2013 年 6 月 14 日)によれば、2012 年末現在、インターネット利用者の人口普及率は 79.5% である。インターネット利用手段はパソコン、携帯電話およびスマートフォンなどである。若い世代ではスマートフォンによるインターネット利用が携帯電話を超えて、急激に伸びてきている。また同調査によれば、個人における SNS 利用、企業におけるソーシャルメディアサービスおよびクラウドサービスの利用が拡大している。

　インターネットが社会・経済活動に不可欠なインフラになるとともに、サイバー犯罪およびサイバー攻撃の脅威が増大している。サイバー犯罪の検挙件数は、年々増加の一途をたどっており、警察庁の統計によれば、2012 年中のサイバー犯罪検挙件数は約 7 千件、警察への相談件数は、全国で約 7 万 8 千件にのぼるなど潜在的なサイバー犯罪の存在が懸念されている。また、IT 機器の普及およびインターネット利用の拡大にともない、ビジネス・公用文書の電子化および電子メールの利用が進み、刑事事件・民事事件における証拠保全の対象は紙からデジタルデータに移行している。

　このような状況下において、パソコンなどの IT 機器に蓄積されているデジタルデータの証拠保全およびその解析を行う法科学的手法としてのデジタル・フォレンジックを普及させるため、2004 年 8 月 23 日、任意団体としてデジタル・フォレンジック研究会(以下「IDF」という)を設立した。2004 年 12 月 15 日、特定非営利活動法人として認証され、2005 年 1 月に登記を行い、特定非営利活動法人として発足した。2014 年 2 月末現在、223 名の個人・学生会員、51 社の団体会員、特別会員 3 団体、オブザーバー 11 省庁 52 名を数えるまでに成長した。

　IDF 設立の目的は、定款の第 3 条に掲げているとおり「『デジタル・フォレンジック』の啓発・普及、調査・研究事業、講習会・講演会、出版、技術認定等の事業を通じて、健全な情報通信技術(IT)社会の実現に寄与・貢献すること」である。啓発・普及の一環として、2006 年 12 月に『デジタル・フォレンジック事典』を出版した。

　しかし『デジタル・フォレンジック事典』は、発行からすでに 7 年が経過しており、こ

の間、2011年6月17日にはサイバー犯罪条約にかかわる国内法の整備、すなわち「情報処理の高度化等に対処するための刑法等の一部を改正する法律案」が可決成立した。一連の法改正で、刑事訴訟法にデジタル・フォレンジックにかかわる新たな条項、すなわち電磁的記録の「記録命令付差押え」などに関する条項が新たに定められた。

　米国においては、2006年12月1日、連邦民事訴訟規則の一部が改正された。この改正により、電子的情報(Electronically Stored Information)が情報開示、すなわちeディスカバリの対象とされ、その取扱いに関する基本原則が定められた。

　eディスカバリのプロセスにおいても、技術面で大きな進展が見られた。膨大な調査対象ファイルから事案に関係するファイルを振り分ける、いわゆる閲覧(Review)において、従来、多くの人手と期間、すなわちeディスカバリのプロセスのなかで最も多くの費用が掛かっていた処理を、人工知能を用いたプレディクティブ・コーディング(Predictive Coding)技術を用いることにより、工数が大幅に削減されるなど、デジタル・フォレンジックは、さらに次の段階へと変貌を遂げている。

　さらに、デジタル・フォレンジックはコンピュータ・フォレンジックから、さらに範囲を広げ、サイバー攻撃に関するインシデント調査など、ネットワーク・フォレンジックの適用場面も増えてきている。

　この度、デジタル・フォレンジックを巡る状況の変化を、『デジタル・フォレンジック事典』に盛り込むべく、IDF設立10周年記念行事の一環として、『デジタル・フォレンジック事典』を改訂することとした。

　本書の出版にあたって、IDFの佐々木良一会長および安冨潔副会長から多大なご支援をいただいたこと、また、丸谷俊博事務局長はじめ事務局の方々のご尽力をいただいたことに感謝申し上げるとともに、執筆者および出版社など、関係各位に感謝申し上げる。

　2014年3月

『改訂版 デジタル・フォレンジック事典』編集責任者
株式会社UBIC　取締役

舟　橋　　　信

執 筆 者 一 覧
（五十音順）

所属等は 2014 年 2 月現在。＊は各章の主査を示す。

池上　成朝	株式会社 UBIC　取締役副社長	
石井　徹哉	千葉大学大学院　専門法務研究科　教授(刑法)	
伊藤　一泰	栗林運輸株式会社　監査役	
伊原　秀明	株式会社 Ji 2　技術本部	
上原哲太郎	立命館大学　情報理工学部 情報システム学科　教授	
大橋　充直	東京高等検察庁　刑事部　検事	
笠原　毅彦	桐蔭横浜大学大学院　法学研究科　教授	
木曽　　裕	北浜法律事務所　弁護士	
絹川　博之	東京電機大学　未来科学部 情報メディア学科　教授	
纐纈　正典	サン電子株式会社東京事業所 モバイルビジネスセンター　営業部長	
小向　太郎	株式会社情報通信総合研究所 法制度研究グループ　部長 兼 主席研究員	
小山　　覚	エヌ・ティ・ティ・コミュニケーションズ株式会社 経営企画部 マネージドセキュリティサービス推進室　担当部長	
佐々木良一＊	東京電機大学　未来科学部 情報メディア学科　教授	
佐藤　慶浩＊	日本ヒューレット・パッカード株式会社 個人情報保護対策室　室長	
金子　寛昭＊	株式会社フォーカスシステムズ リスクコンサルティング部	
須川　賢洋＊	新潟大学大学院 現代社会文化研究科・法学部　助教	
杉山　一郎	新日本有限責任監査法人 アカウンティングソリューション部	
武田　秀樹	株式会社 UBIC　執行役員、CTO、テクノロジー部　部長	
辻井　重男＊	中央大学　研究開発機構　教授	
手塚　　悟	東京工科大学　コンピュータサイエンス学部　教授	
行川雄一郎	衆議院法制局　第一部 第二課　参事	
名和　利男	株式会社サイバーディフェンス研究所　理事、上級分析官	
西川　徹矢	株式会社損害保険ジャパン　顧問、笠原総合法律事務所　弁護士	
沼田　　理	株式会社データサルベージコーポレーション　顧問	
野﨑　周作	株式会社 UBIC　執行役員、技師長、リーガルテックオペレーション部　部長	
野村麻紀子	日本ヒューレット・パッカード株式会社 オートノミー・インフォメ

		ーションマネジメント統括本部 マーケティング部
橋本	豪	西村あさひ法律事務所　弁護士
林	紘一郎	情報セキュリティ大学院大学　教授
藤村	明子	NTTセキュアプラットフォーム研究所 セキュリティマネジメント推進プロジェクト セキュリティSEDP
舟橋	信[*]	株式会社UBIC　取締役
古田	誠	株式会社UBIC プロダクトマーケティング部　課長代理
町村	泰貴	北海道大学大学院 法学研究科　教授
丸谷	俊博	株式会社フォーカスシステムズ 新規事業推進室　室長
丸山	満彦	デロイト トーマツ リスクサービス株式会社　代表取締役社長
守本	正宏[*]	株式会社UBIC　代表取締役社長
安冨	潔[*]	慶應義塾大学大学院 法務研究科　教授、弁護士
山田	晃	株式会社サイバーディフェンス研究所 情報分析部　上級分析官
横川	龍雄	株式会社ワイ・イー・シー

改訂版 デジタル・フォレンジック事典　目次

改訂版刊行にあたって……………………………………………………佐々木良一……i
刊行にあたって………………………………………………………………辻井重男……iii
まえがき………………………………………………………………………舟橋信……v
執筆者一覧……………………………………………………………………………………vii

第Ⅰ部 基礎編（第1章～第4章）

第1章　デジタル・フォレンジックの基礎
（主査：舟橋信）

1.1 デジタル・フォレンジックとは………………………………………佐々木良一……5
1.2 デジタル・フォレンジックの概要………………………………………舟橋信……7
　1.2.1 デジタル・フォレンジックの適用分野………………………………………7
　1.2.2 実施にあたっての留意事項……………………………………………………8
　1.2.3 デジタル・フォレンジックのプロセス………………………………………9
1.3 デジタルデータの証拠保全および解析の概要…………………………………14
　1.3.1 デジタルデータの証拠保全……………………………………野﨑周作……14
　1.3.2 デジタルデータの解析…………………………………………金子寛昭……16

第2章　デジタル・フォレンジックの歴史
（主査：須川賢洋）

2.1 コンピュータの歴史………………………………………………上原哲太郎……21
2.2 欧米におけるデジタル・フォレンジックの歴史………………………古田誠……27
　2.2.1 技術面から見たデジタル・フォレンジックの歴史……………………27
　2.2.2 事件から見たデジタル・フォレンジックの歴史………………………30
2.3 日本におけるデジタル・フォレンジックの歴史………………………舟橋信……34
　2.3.1 1970年代…………………………………………………………………………34

2.3.2 1980年代 ……………………………………………………………… 35
2.3.3 1990年代 ……………………………………………………………… 35
2.3.4 2000年代 ……………………………………………………………… 36
2.3.5 2010年代 ……………………………………………………………… 40

第3章 デジタル・フォレンジックの体系
（主査：佐々木良一）

3.1 体系化の試み ……………………………………………… 佐々木良一 …… 47
3.2 デジタル・フォレンジックの分類軸と全体像 ……………… 佐々木良一 …… 48
3.3 企業において訴訟を行うためのデジタル・フォレンジック … 佐々木良一 …… 51
　　3.3.1 不正侵入に対するデジタル・フォレンジック ………………………… 51
　　3.3.2 不正侵入以外の不正に対するデジタル・フォレンジック …………… 53
3.4 企業において訴訟に備えるためのデジタル・フォレンジック … 佐々木良一 …… 55
　　3.4.1 訴訟に備える側のデジタル・フォレンジックの分類 ………………… 55
　　3.4.2 訴訟する側のデジタル・フォレンジックとの比較 …………………… 56
3.5 法執行機関におけるデジタル・フォレンジック …………… 佐々木良一 …… 57
3.6 本章のまとめ ……………………………………………… 佐々木良一 …… 60

第4章 デジタル・フォレンジックと法
（主査：安冨潔）

4.1 デジタル・フォレンジックと刑事訴訟法 ………………………… 安冨潔 …… 65
　　4.1.1 刑事手続の流れと概要 …………………………………………………… 65
　　4.1.2 犯罪捜査とデジタル・フォレンジック ………………………………… 68
　　4.1.3 刑事証拠法とデジタル・フォレンジック ……………………………… 68
　　4.1.4 証人出廷とデジタル・フォレンジック ………………………………… 71
4.2 デジタル・フォレンジックと民事訴訟法 ………………………… 町村泰貴 …… 74
　　4.2.1 民事手続の流れの概要 …………………………………………………… 74
　　4.2.2 当事者の訴訟準備とデジタル・フォレンジック ……………………… 76
　　4.2.3 民事証拠法とデジタル・フォレンジック ……………………………… 79
4.3 デジタル・フォレンジックと通信の秘密 ………………………… 林紘一郎 …… 81
　　4.3.1 本節の位置づけ …………………………………………………………… 81
　　4.3.2 通信の秘密の意義 ………………………………………………………… 81
　　4.3.3 犯罪捜査のための通信傍受とログの保全 ……………………………… 81

	4.3.4	利用局面ごとの対応 ……………………………………………… 82
	4.3.5	厳格な法解釈の背景 ……………………………………………… 82
	4.3.6	違法性阻却事由とガイドライン ………………………………… 83
	4.3.7	今後の展望 ………………………………………………………… 84

第 II 部 応用編（第5章～第10章）

第5章 デジタル・フォレンジックの技術
（主査：佐々木良一）

5.1	デジタル・フォレンジック技術の分類 …………………… 佐々木良一 …… 89
5.2	デジタル・フォレンジックの基礎技術 ……………………………………… 91
5.2.1	デジタル・フォレンジックと暗号技術 ……………… 辻井重男 …… 91
5.2.2	フォレンジックのための画像処理技術 ……………… 上原哲太郎 …104
5.2.3	フォレンジックのための自然言語処理技術 ………… 絹川博之 …109
5.2.4	フォレンジックのためのコンピュータ基礎技術 …… 上原哲太郎 …118
5.2.5	ハードディスクドライブの消去技術と復元技術 …… 上原哲太郎 …139
5.3	訴訟する側を中心とするデジタル・フォレンジック技術 … 上原哲太郎 …156
5.3.1	証拠保全・収集・分析の流れと対応技術 ……………………………156
5.3.2	パスワードの解読技術 ……………………………………………162
5.4	訴訟される側のデジタル・フォレンジック技術 ……………………………165
5.4.1	訴訟に備える技術 ………………………………………… 小山覚 …165
5.4.2	eディスカバリ対応技術 ………………………………… 武田秀樹 …172
5.5	新しいサイバー攻撃とネットワーク・フォレンジック技術 … 名和利男 …177
5.5.1	ネットワーク・フォレンジックのためのネットワーク基礎技術 …………177
5.5.2	ネットワークログの監視 …………………………………………178
5.5.3	ネットワークログの収集と分析 …………………………………179
5.5.4	ネットワーク・フォレンジック技術の適用例 …………………183

第6章 デジタル・フォレンジックと法制度
（主査：安冨潔）

6.1	情報および情報セキュリティの法的保護 …………………… 石井徹哉 …189

  6.1.1 情報セキュリティの民事法的保護 ……………………… 木曽裕 …… 190
  6.1.2 情報セキュリティの刑事法的保護 ……………………… 石井徹哉 …… 193
 6.2 デジタル・フォレンジックとサイバー犯罪条約 ……………… 西川徹矢 …… 199
  6.2.1 はじめに ……………………………………………………………… 199
  6.2.2 グローバル化の背景 ……………………………………………… 199
  6.2.3 おわりに ……………………………………………………………… 205
 6.3 デジタル・フォレンジックと法 …………………………………………… 207
  6.3.1 民法(契約法総論・不法行為) ………………………… 行川雄一郎 …… 207
  6.3.2 刑法 ……………………………………………………… 石井徹哉 …… 212
  6.3.3 不正アクセス禁止法 …………………………………… 石井徹哉 …… 222
  6.3.4 プロバイダ責任制限法 ………………………………… 笠原毅彦 …… 228
  6.3.5 迷惑メール防止法、特定電子メール送信適正化法 …… 笠原毅彦 …… 233
  6.3.6 e-文書法 ………………………………………………… 小向太郎 …… 238
  6.3.7 著作権法30条　私的複製の権利制限の解説(いわゆる海賊版ダウンロード
     の違法化、技術的保護手段の回避について) ……… 須川賢洋 …… 242
  6.3.8 不正競争防止法による営業秘密の保護 ……………… 須川賢洋 …… 247
  6.3.9 公益通報者保護法 ……………………………………… 町村泰貴 …… 253
  6.3.10 行政機関の保有する情報の公開に関する法律 ……… 安冨潔 …… 259
  6.3.11 個人情報保護法 ………………………………………… 安冨潔 …… 264
  6.3.12 電気通信事業法 ………………………………………… 小向太郎 …… 269
  6.3.13 電子署名及び認証業務に関する法律 ………………… 藤村明子 …… 274
  6.3.14 電子記録債権法 ………………………………………… 藤村明子 …… 279
  6.3.15 電子消費者契約法 …………………………………… 行川雄一郎 …… 284
  6.3.16 番号制度と電子行政 …………………………………… 手塚悟 …… 288
  6.3.17 金融庁ガイドライン …………………………………… 伊藤一泰 …… 292
 6.4 デジタル・フォレンジックと法運用 ……………………………………… 296
  6.4.1 刑事手続とデジタル・フォレンジック ……………… 大橋充直 …… 296
  6.4.2 民事証拠法とデジタル・フォレンジックの効用 …… 町村泰貴 …… 308
  6.4.3 米国におけるeディスカバリとデジタル・フォレンジック … 橋本豪 …… 313

第7章　企業におけるデジタル・フォレンジック
（主査：佐藤慶浩）

 7.1 業種共通の事項 ……………………………………………………………… 327
  7.1.1 業務との関係 …………………………………………… 佐藤慶浩 …… 327

	7.1.2 公認会計士監査の関係 ･･････････････････････････････丸山満彦 ･････333
7.2	**業種による個別の事項**･･344
	7.2.1 電気通信事業者における留意事項 ･･･････････････････小山覚 ･････344
	7.2.2 金融機関における留意事項 ････････････････････････伊藤一泰 ･････347

第8章　デジタル・フォレンジックの実際
（主査：守本正宏）

8.1	**9.11テロ事件後のフォレンジック調査** ･････････････････････野﨑周作 ･････355
	8.1.1 調査に必要なデジタル・フォレンジック技術 ･･････････････････････355
	8.1.2 テロ対策におけるデジタル・フォレンジック調査の役割 ･･･････････357
8.2	**サイバー攻撃におけるフォレンジックの活用** ･･････････････名和利男 ･････359
	8.2.1 サイバー攻撃の実例と技術・手法 ････････････････････････････････359
	8.2.2 サイバー攻撃事案におけるフォレンジックの活用 ･･････････････････363
8.3	**捜査機関におけるフォレンジック** ･････････････池上成朝、野﨑周作 ･････366
	8.3.1 はじめに ･･366
	8.3.2 犯罪捜査におけるデジタル・フォレンジック ････････････････････････366
	8.3.3 フォレンジックトレーニング ････････････････････････････････････367
	8.3.4 フォレンジックラボラトリ ･･････････････････････････････････････368
	8.3.5 ハイテク犯罪捜査部隊 ･･371
	8.3.6 産官学の連携 ･･375
	8.3.7 証跡を形成する重要な要素 ････････････････････････････････････376
	8.3.8 デジタル・フォレンジック捜査の実例 ････････････････････････････377
8.4	**企業におけるフォレンジックの活用**･･････････････････････野﨑周作 ･････382
	8.4.1 インシデントレスポンス ･･･382
	8.4.2 抑止のための活用 ･･387
8.5	**eディスカバリ** ･････････････････････････････池上成朝、武田秀樹 ･････389
	8.5.1 はじめに ･･389
	8.5.2 EDRM各工程 ･･･389
	8.5.3 De-Duplication（重複の除外）および証拠データ統合 ･･････････392
	8.5.4 不要データに対する防御策 ････････････････････････････････････393
	8.5.5 多言語の壁 ･･393
	8.5.6 Predictive Coding ･･394
	8.5.7 事例 ･･395

第9章 デジタル・フォレンジックツールの紹介
（主査：金子寛昭、監修：守本正宏）

9.1 証拠保全用ハードウェア ……………………………………………………399
 9.1.1 データ複製ツール　　　　　　金子寛昭、野﨑周作、横川龍雄 ……399
 9.1.2 書込み防止ツール　　　　　　　　　　　　　　　　金子寛昭 ……410
9.2 調査・解析用ソフトウェア　　　　　　　　　　　　　　　金子寛昭 ……417
 9.2.1 EnCase Forensic 　　　　　　　　　　　　　　　　伊原秀明 ……417
 9.2.2 Forensic Toolkit　　　　　　　　　　　　　　　　　金子寛昭 ……432
 9.2.3 Lit i View Xaminer　　　　　　　　　　　　　　　野﨑周作 ……435
 9.2.4 Cellebrite UFED ……………………………………纐纈正典 ……439
 9.2.5 Oxygen Forensic Suite　　　　　　　　　　　　　杉山一郎 ……442
 9.2.6 Lantern　　　　　　　　　　　　　　　　　　　　金子寛昭 ……446
9.3 e ディスカバリツール ……………………………………野﨑周作 ……450
 9.3.1 Lit i View　　　　　　　　　　　　　　　　　　　武田秀樹 ……450
 9.3.2 HP オートノミー（HP Autonomy）　　　　　　　野村麻紀子 ……459
 9.3.3 Nuix　　　　　　　　　　　　　　　　　　　　　金子寛昭 ……464

第10章 デジタル・フォレンジックの今後と課題
（主査：辻井重男、佐々木良一）

10.1 日本語文の論理性向上のための論理学・自然言語処理・機械翻訳 ………辻井重男 ……471
10.2 対策の統合化・インテリジェント化 ……………………………佐々木良一 ……475
 10.2.1 最近のサイバー攻撃 ……………………………………………475
 10.2.2 標的型攻撃の概要 ………………………………………………475
 10.2.3 入口対策の効果 …………………………………………………476
 10.2.4 ネットワーク・フォレンジック対策の現状 …………………477
 10.2.5 ネットワーク・フォレンジック対策の今後 …………………479

付録 1 デジタル・フォレンジックにかかわる国際規格 ……………山田晃 ……483
付録 2 「証拠保全ガイドライン」の紹介　…デジタル・フォレンジック研究会「技術」WG ……487
付録 3 データ復旧と証拠保全 ………………………………………沼田理 ……491

巻末資料1 「特定非営利活動法人デジタル・フォレンジック研究会」の紹介 …………499
巻末資料2 わが国におけるデジタル・フォレンジックの研究団体・組織一覧 ………503

索　引 ……………………………………………………………………………………505

第Ⅰ部
基礎編

[Basic]

第1章
第2章
第3章
第4章

Encyclopedia of Digital Forensics

第1章

デジタル・フォレンジックの基礎

Chapter 1

Chapter 1
デジタル・フォレンジックの基礎

　本章においては、デジタル・フォレンジックを学びたい方や、興味をおもちの方が、デジタル・フォレンジックの全体像を容易に理解できるよう、入門的な事項について概説するものである。

　1.1節ではデジタル・フォレンジックとは何か、その意味を解説する。**1.2節**ではデジタル・フォレンジックが利用されている分野、デジタル・フォレンジックを実施するにあたって留意すべき事項、および、デジタル・フォレンジックのプロセスについて概説する。**1.3節**では証拠保全したデジタルデータの解析について概説する。

（第1章主査：舟橋信）

1.1 デジタル・フォレンジックとは

デジタル・フォレンジック（Digital Forensics）という言葉は一般の人には耳慣れない言葉かもしれない。Forensic という英語は、ラテン語 forensis からきたものであり、「法の」あるいは「法廷の」といった意味をもつ形容詞で、名詞形では Forensics と記述される場合が多い。図 1.1.1 に示すように Forensic Medicine というのは法医学と訳されている。殺人事件が起こった場合などに死因や死亡推定時刻などの捜査や裁判に必要な情報を医学知識を用いて明らかにする技術や学問である。

一方の Digital Forensics はコンピュータへの不正侵入があった場合などに、侵入手口や侵入経路などの捜査や裁判に必要な情報を、情報処理技術を用いて明らかにする技術や学問である。Digital Forensics についてはデジタル鑑識など、いろいろな訳語の検討がなされているが、現在まで対応する適切な訳語がないので、日本語でもデジタル・フォレンジックとかデジタル・フォレンジックスと呼ばれることが多い。本書では、以降、デジタル・フォレンジックと呼ぶことにする。

デジタル・フォレンジック研究会では、このデジタル・フォレンジックを以下のように定義している。

「インシデント・レスポンスや法的紛争・訴訟に対し、電磁的記録の証拠保全及び調査・分析を行うとともに、電磁的記録の改ざん・毀損等についての分析・情報収集等を行う一連の科学的調査手法・技術を言う」

デジタル・フォレンジックが重要になってきた背景は、図 1.1.2 のように整理できる。

Forensic というのは「法の」とか「法廷の」という意味を持つ形容詞や、「捜査や法廷で役に立つもの」の意味を持つ名詞（通常 Forensics）のことである。

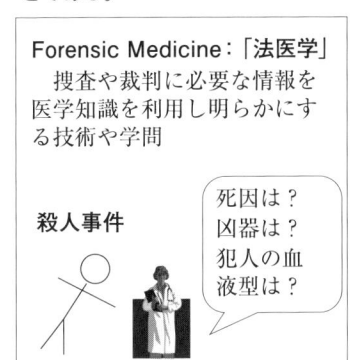

図 1.1.1　デジタル・フォレンジックのイメージ

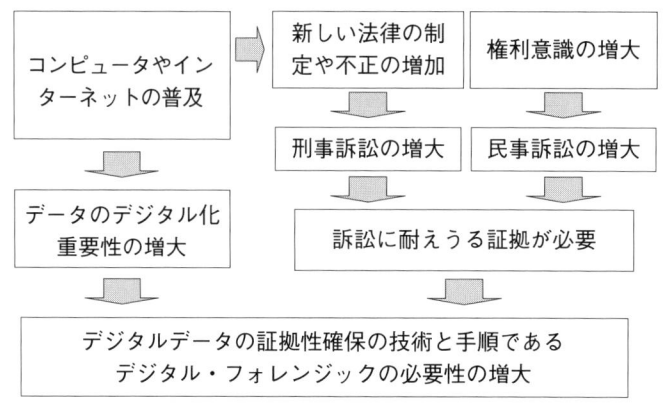

図1.1.2　重要になってきた背景

　まず第一に、デジタル化の進展である。コンピュータやインターネットの普及にともない、ほとんどすべてのデータはデジタル化されて扱われるようになってきた。今では、従来のデータがデジタル化されるだけでなく、種々のデータは、さまざまに処理され意思決定のような高度な判断に用いられるようになってきている。したがって、デジタルデータはいまや組織の基幹にかかわるものといえるので、その破壊や改ざん、漏洩の影響は従来と比較にならないところまできている。第二に、刑事訴訟ならびに民事訴訟の増大である。すなわち、コンピュータやインターネットの普及にともない、不正侵入などの技術が進歩し、デジタルデータに対する不正や犯罪が増加している。また、不正アクセス禁止法や個人情報保護法など情報化の進展にともなう新しい法律が施行されたこともあり、コンピュータ犯罪に関する刑事訴訟の増大が予想される。

　一方、日本においても、国民の権利意識の増大などから、従来は考えられなかったような場合にも民事訴訟が行われるようになってきた。このような状況から、デジタルデータの証拠性を確保し、訴訟などに備えるための手順や技術が要求されるようになってきた。社内の規則に反する行為を取り締まる場合でも、民事訴訟の増大が、証拠性を確保する重要性を増大させている。

（執筆担当：佐々木良一）

1.2 デジタル・フォレンジックの概要

今日では、社会生活のあらゆる場面でパソコンや携帯電話・スマートフォンなどのIT機器の利用が進んでおり、情報の大半は電子化され、IT機器やサーバなどのネットワーク機器に蓄積されているのが実情である。営業秘密等の重要情報も例外ではない。デジタル・フォレンジックは、情報流出等の実態解明の場において、デジタルデータ[1]や通信記録の解析を行ううえで重要な役割を果たしている。また、グローバルにビジネスを行っている日本企業もその対象となり得る米国の民事訴訟や米国国際貿易委員会(ITC)における開示(discovery)手続においても、重要な役割を担っている。

デジタル・フォレンジックは真実解明のための有力な法科学的手法であり、情報化社会の信頼性を担う基盤としての役割を果たしている。

1.2.1 デジタル・フォレンジックの適用分野

デジタル・フォレンジックは、IT機器等のメモリー上に記録されているデジタルデータを取り扱うところに特徴がある。米国だけではなく、近年では日本国内においても、企業等の内部不正の調査や民事訴訟等において、電子文書等を電子的証拠として取得することの重要性が増してきているところである。

デジタル・フォレンジックの適用分野は、図1.2.1に示すとおり3つの分野が考えられる。

① 企業等のシステムへの不正侵入等に対応するためのインシデントレスポンス

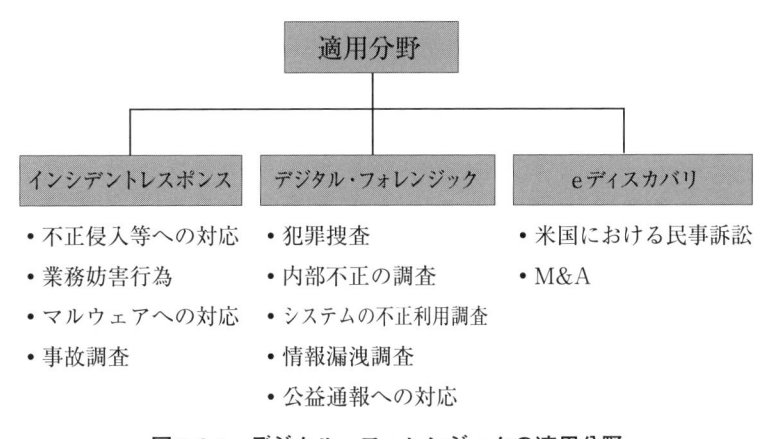

図1.2.1 デジタル・フォレンジックの適用分野

---

1) デジタルデータは、刑法では「電磁的記録」、米国連邦民事訴訟規則では「ESI：Electronically Stored Information」などと定義されている。

② 犯罪捜査、内部不正の調査に対応するための狭義のフォレンジック
③ e ディスカバリ（Electronic Discovery：電子的証拠開示）

e ディスカバリは、近年、外国企業との民事訴訟において日本企業も対応を迫られている分野である。特に、2006 年 12 月に米国連邦民事訴訟規則が改正され、e ディスカバリの手続が定められたことから、経営者や法務部門の担当者は、デジタル・フォレンジックについて理解を深めておくことが肝要である。

1.2.2 実施にあたっての留意事項

（1） 物理コピー

デジタル・フォレンジックでは、物理的に脆弱なデジタルデータを取り扱うことから、証拠性を確保しつつハードディスク等の証拠保全対象物（以下、「対象物」という）に記録されているデジタルデータを複製することが求められている。

対象物を複製するには、論理コピー（ファイルコピー）による場合と物理コピーによる場合の 2 つの方法がある。図 1.2.2 に示すとおり、ワープロソフトなどアプリケーションソフトで作成したファイルをコピーするときは、通常は論理コピーを行っている。論理コピーは、OS が認識できるファイルのみを複製する。

一方、物理コピーは、ファイルの領域として割り当てられていないフリースペース（未使用領域）を含んだ、ハードディスクの全領域を複製する。フリースペースおよびスラックスペースには、過去に削除されたファイルや、故意に隠蔽されたファイルなどが、上書きされない限り残っている可能性があることから、デジタル・フォレンジックの場合は、物理コピーを行う。

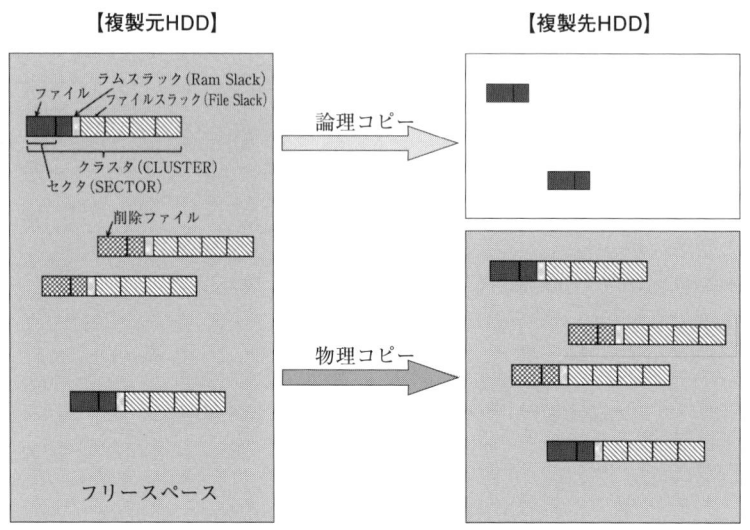

図 1.2.2　物理コピーと論理コピー

(2) 書込み防止

物理コピーは、通常は証拠保全用のフォレンジックツールにより行われるが、対象物に何らかの書込みが行われ、デジタルデータが損なわれないように、書込み防止のための装置またはソフトウェア[2]を用いる必要がある。

(3) 同一性証明

証拠保全において、複製元と複製先のデジタルデータが一致すること、すなわち同一性を証明することが求められる。デジタル・フォレンジック研究会の「証拠保全ガイドライン」では、ハッシュ値[3]などが推奨されている。

ハッシュ値は、データが完全に一致すれば、同じ値が算出されるが、1ビットでも異なる場合は、異なった値が算出される。また、ハッシュ関数は、ハッシュ値から元のデータを復元することができないため一方向性関数とも呼ばれている。

フォレンジックツールを用いると、複製元と複製先のデジタルデータを、MD5またはSHA-256などのハッシュ関数により、ハッシュ値が算出される。ハッシュ値が一致すれば、2つのデジタルデータは、完全に一致していることが数学的に証明される。

1.2.3 デジタル・フォレンジックのプロセス

(1) プロセス

最初に、デジタル・フォレンジックの対象となる電磁的記憶媒体(以下、「記録媒体」という)やIT機器を紹介する。対象となるのは、次に掲げるハードディスクなどの記録媒体や記録媒体を内蔵するIT機器である。

- ハードディスク(パソコン内臓ハードディスク、ネットワーク接続ハードディスク、ポータブルハードディスク)
- 光ディスク(ブルーレイ、DVD、CD)
- メモリー(SDメモリーカード、USBメモリー)
- 携帯電話機、スマートフォン、PDA、電話機
- プリンター、コピー機、ファックス
- ミュージックプレイヤー(iPodなど)
- カーナビゲーション

通常、パソコンの電源を投入すると、パソコンは内蔵のハードディスクから起動され、

---

[2] 証拠保全用のフォレンジックツールには、書込み防止機能が組み込まれているものもある。
[3] 任意の長さのデータ、例えば、ハードディスク上のデータから、ハッシュ関数により、決まった桁数(MD5:128 bit、SHA-1:160 bit、SHA-2(SHA-256:256 bit、SHA-512:512 bit))の擬似乱数が算出される。その生成した値をハッシュ値という。ハッシュ値は、入力されたデータが1ビットでも異なれば、まったく異なる値になる。

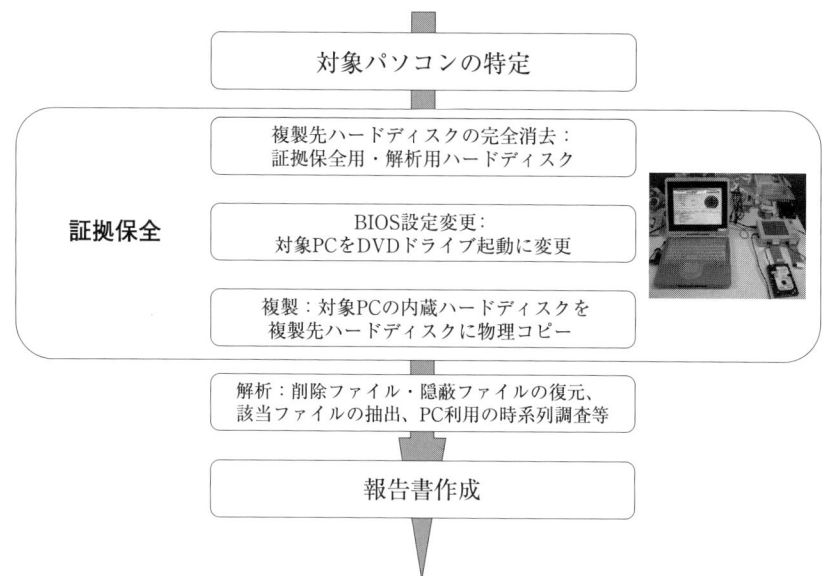

図 1.2.3　デジタル・フォレンジックのプロセス

一部のファイルのタイムスタンプ（ファイル作成時刻、ファイル書換え時刻およびファイルアクセス時刻）が Windows などの OS によって書き換えられる。ファイルへのアクセス時刻が問題となる場合もあり、また、ファイル削除プログラムが仕込まれているときには、パソコンを起動する際に証拠となるファイルが削除される恐れがある。このため、事前に、複製用フォレンジックツールのパソコン起動用ディスクを用いて対象パソコンを起動できるようにパソコンの BIOS の設定変更を行う（**図 1.2.3**）。

次に、対象パソコンのハードディスクを、あらかじめデジタルデータを完全消去した証拠保全用および解析用のハードディスクに複製する。複製が終わると、証拠保全用は、ビニール袋等に密封し、証拠として保管する。以後の解析は、解析用ハードディスクを用いて実施する。

解析の段階では、フォレンジックツールに組み込まれているビュアーを用いて、文書、会計書類、電子メールといったアプリケーションソフトにて作成されたファイルの内容を確認し、事案に関連するファイルを抽出する。

削除されたファイル、拡張子とファイルヘッダーが異なるファイルや暗号化されたファイルなど隠蔽されたファイルの復元を行い、同じく内容を確認したうえで、関連するファイルを抽出する。

パソコンの過去の使用履歴、例えばアクセスしたファイル、ダウンロードしたデータ、USB 端子に接続した外部記憶媒体、インターネット閲覧履歴、銀行へのアクセス履歴など、時系列に再現し、対象者の行動を確認することができる。

最後に、解析結果をまとめ調査報告書を作成し、終了する。

(2) eディスカバリ

　米国の民事訴訟においては、陪審審理前の段階で和解等により終結することが多く、両当事者や弁護士主導で行われる陪審審理前手続が重要である。陪審審理前手続において、争点を形成し、両当事者が開示した情報や証拠を両当事者が共有することとなる。相手方の開示請求に対して、弁護士と依頼者間の打合せ資料など秘匿特権を有するものを除き、正当な理由なく開示を拒否すれば裁判所から制裁を科せられることとなる。

　開示手続にあたって、現在では紙の文書などもスキャナーで電子化していることから、開示手続は、事実上、eディスカバリにより行われているところであり、費用と労力がかかっているのが実態である。注意すべきは、開示手続をとおして、営業秘密を開示する事態、すなわち重要な情報が流出しかねない状況が生じる恐れがある。裁判所は不当な開示請求に対する保護命令や閲覧者を相手方弁護士に限るなどの措置を発することができるとはいえ、それを掻い潜って当該訴訟目的外の営業秘密等を不当に取得する目的で開示請求が行われるおそれがある。

　また、訴状が送付されてくると、訴訟体制に入ることとなるが、この場合、訴訟に関連する電子文書や電子メールなどの廃棄を凍結することが求められる。いわゆる訴訟用の文書を保持する litigation hold を実行しなければならない。このため平素から、内部統制の一環として、文書管理規定にもとづく文書やメールの保管管理を行っておくことが肝要である。電子メールなどは往々にして個人のパソコンに保管し、何の基準もなく廃棄している場合が見受けられるが、eディスカバリにおいて、このような行為は、制裁を受ける対象となる可能性がある。

　企業内部で作成される文書の大半が電子文書として管理され、また、電子メールの利用が進んでいることから、米国の民事訴訟等では、電子メールを含む電子文書は重要な証拠となっている。特に電子メールは、従来、書類では書かれなかったような本音が書かれることが多く、証拠としての重要性が増してきている。

　近年、日本の企業が、米国において知的財産権等にかかわる紛争により民事訴訟に巻き込まれ、国内の本社にまでeディスカバリが波及してくるケースが増えてきていることから、eディスカバリやデジタル・フォレンジックについての理解を深め、的確に対応することが求められているところである。

　民事訴訟にあたっては、弁護士事務所からフォレンジック調査会社にeディスカバリの実務が依頼される。**図1.2.4**は、米国のeディスカバリ推進団体、EDRMが示している標準的なeディスカバリのプロセスである（8.5.2項を参照）。

　同図で、情報管理は、平素からの文書管理を示しており、電子文書や電子メールの保存期間および廃棄については文書管理規定にもとづき実施することが求められている。

　また、提出は、裁判等の際に、電子的証拠を提出することを示している。

　① 識別：訴訟に関係する部署や関係者を絞り込むとともに、関連するファイルを識

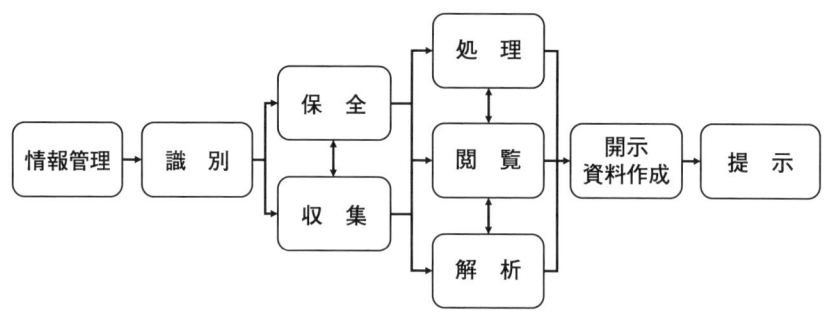

出典) EDRM ホームページ：EDRM Diagram Elements(http://www.edrm.net/resources/diagram-elments)
図1.2.4　eディスカバリのプロセス

別する。また、弁護士による関係者へのインタビューを通じて業務内容やファイルの内容確認を行う。

② 保全・収集：関係者(退職者を含む)が使用しているパソコンやサーバ、電磁的記録媒体等を対象として、相手側からの文書提出要求等にもとづき、フォレンジック技術を用いて必要なファイルを収集する。

③ 処理：収集したファイルから、キーワード検索のためのテキスト抽出、メタデータの抽出、電子メールアーカイブやその他圧縮ファイルの展開および電子メールの本文・添付ファイルの展開などを行う。また、OSやアプリケーションソフトなどの既知のファイルおよび他のパソコンなどと重複しているファイルを除外する。

④ 解析：キーワード検索や時間軸、その他の項目により該当ファイルを絞り込み、また、内容の分析を行うとともにさまざまな検索方法を用いて分析を行う。

⑤ 閲覧：弁護士等が、抽出されたファイルを専用のソフトで閲覧し、相手方に開示するファイルを決定する。

⑥ 開示資料作成：事前に当事者間で決めた提出形式にデータを変換する。また、提出文書に管理のための番号を付与し、相手側の閲覧ソフトのフォーマットに変換する。

上記のプロセスを実施するにあたり、クライアント(弁護士)は、訴訟の相手側(弁護士)と事前に交渉し、紛争事案にかかわる開示対象ファイルや該当ファイルを抽出する際の検索キーワードや提出形式を確定しておく必要がある。

(3) 従業員のプライバシーへの配慮

デジタル・フォレンジックは、内部不正調査の手段として、強力なものである。調査対象者の過去のある時期のファイルへのアクセス履歴、インターネットやパソコンの利用状況等が洗いざらい白日の下に晒され、従業員の人格にかかわるような事柄も調査担当者等の目に触れることとなる。

このため、従業員が社有パソコンを使用するにあたり、必要なときにはデジタル・フォレンジックの対象となる旨を周知徹底しておくことが肝要である。このことは、社有パソコンの不適切な利用を抑止する効果をもたらすものと考えられる。

従業員のプライバシーに関して、経済産業省の「個人情報の保護に関する法律についての経済産業分野を対象とするガイドライン」（平成 16 年 10 月）のなかで、次に掲げる従業員のモニタリングを実施するうえでの留意点などが参考となる。

① モニタリングの目的、すなわち取得する個人情報の利用目的をあらかじめ特定し、社内規定に定めるとともに、従業員に明示すること。
② モニタリングの実施に関する責任者とその権限を定めること。
③ モニタリングを実施する場合には、あらかじめモニタリングの実施について定めた社内規定案を策定するものとし、事前に社内に徹底すること。
④ モニタリングの実施状況については、適正に行われているか監督または確認を行うこと。

（執筆担当：舟橋信）

1.2 節の参考文献
[1] EDRM ホームページ：EDRM Diagram Elements (http://www.edrm.net/resources/diagram-elments)

1.3 デジタルデータの証拠保全および解析の概要

1.3.1 デジタルデータの証拠保全

デジタル・フォレンジックにおいては調査対象物となる原本データに対して直接解析は行わず、原本データを一切書き換えることなく完全な複製を取得し、複製したデジタルデータを解析に使用する。複製を作成するプロセスを証拠保全と呼び、そのプロセスにはデジタルデータの複製作業やハッシュ値[4]による原本データと複製データの同一性検証に加え、それらに附帯する手続も含まれる。

記録媒体に格納されている膨大な量のデジタルデータのなかには証拠となり得るデジタルデータが残されている可能性がある。証拠保全が不完全な状態で原本データと複製データの同一性に疑義が生じた場合、その後の調査・解析・報告・証言に大きな影響を与えることにもなるため、正確かつ確実な証拠保全が求められその実施には万全を期さなくてはならない。

パソコンなどに装着されているハードディスク内デジタルデータの証拠保全では、通常、ハードディスクそのものを複製することとなり、複製作成には専用のハードディスク複製装置を使用する。複製装置にはパソコンなどの筐体から取り外した状態のハードディスクの複製に用いるハードウェアベースの複製装置と、ノートパソコンのように筐体からのハードディスク取外しが困難な状態のハードディスクの複製に用いるソフトウェアベースの複製装置がある。ハードウェアベースの複製ではその複製装置だけを使用した複製作成が可能であるのに対し、ソフトウェアベースの複製ではそのソフトウェアを起動するためのパソコンなどの機器を別途用意する必要がある。またハードウェアベースの複製装置とソフトウェアベースの複製装置のデータ転送速度を比較した場合、ハードウェアベースの複製装置では平均して 3〜5 GB/min 以上での高速なデータ転送が可能であり短時間で作業を終えられるため、ハードディスク複製にはハードウェアベースの複製装置を用いることが標準とされている。

複製元となる原本ハードディスクには数種のインタフェースがあり、複製装置には各インタフェースへの対応が求められるが、SCSI、IDE、SATA、SAS、SSD の各タイプのインタフェースに対応していることが望まれ、原本ハードディスクならびに複製先ハード

---

4) 任意長のデータ x から固定長のデータ $h(x)$ に変換するハッシュ関数によって算出される値。変換元データが 1 文字でも変わるとその値から算出したハッシュ値は大きく変化することから、デジタルデータの同一性証明にも利用されている。デジタル・フォレンジックで用いられる代表的なハッシュ値には CRC 32、MD 5、SHA-1、SHA-2 がある。

ディスクのメーカ名、モデル名、シリアル番号、ディスク容量などのハードディスク個体情報を取得する機能に加え、原本性維持のために原本ハードディスクの接続口には書込み防止機能が備わっていることが必須である。ほとんどのハードウェアベースの複製装置には書込み防止機能が備わっているが、ソフトウェアベースの複製装置の場合、別途書込み防止機能を有した機器を要するものもあるので注意が必要である。またデータ破損の可能性や保管用データ作成の観点から、複製作成時に複数の複製ハードディスクを同時に作成することがあるが、多くのハードウェアベースの複製装置では1対2もしくはそれ以上の数の複製の同時作成が可能であるのに対し、ソフトウェアベースの複製装置では1対1での複製作成となる点にも注意が必要である。

　複製先に用いるハードディスクに何かしらのデータが残留していた場合、その残留データが証拠となり得るデータを汚染し証拠性を失う可能性があるため、複製先ハードディスクはクリーンな状態であることが求められる。ハードディスク複製装置の機能にはクリーンな状態の複製先ハードディスク作成のための、データ消去機能を備えていることも望まれる。データ消去方式としては、ハードディスクを再使用するためにデータの上書き消去を用い、米国国防総省規格準拠[5]の消去方式に代表されるデータの完全消去が可能な上書き消去方式が適切である。

　ハードディスクの複製は通常のファイルコピーではなく、原本ハードディスクの未使用領域および未割り当て領域、HPA[6]やDCO[7]といった機能により区切られた領域など、通常のファイルコピーでは取得不可能な領域を含む、ハードディスクの全領域を対象としたフォレンジックコピーと呼ばれる方法で複製を作成する。ハードウェアベースの複製装置には原本ハードディスクのHPAやDCOによる領域設定を解除し、原本ハードディスク

---

5) "00" "FF" "指定データ"の順の上書きを1サイクルとし、ハードディスク全領域に3サイクル書込む消去方式。DoD標準消去とも呼ばれている。

6) ホスト保護領域(Host-Protected Area：HPA)。ハードディスク内にHPAと呼ばれる安全なパーティションを確保しておく。HPAはWindowsなどのオペレーティングシステムが認識できない、通常の割り当てられたパーティションの外部に割り当てられたパーティションである。このパーティションはオペレーティングシステムおよびファイルシステムからは隠されており、専用のアプリケーションにより使用することができる。オペレーティングシステムから変更できない場所にデータを記憶保存できるという利点がありオペレーティングシステムから隔離された状態で機能するため、パソコンがウイルスやハッキングなどの被害に遭っても、HPAを設定した専用アプリケーションから、そのパーティションに保存されていたデータの修復が可能となる。

7) 装置構成オーバレイ(Drive Configuration Overlay：DCO)。ATA規格で規定されているDCOコマンドセットの入力により、そのハードディスクが対応できるコマンド、モード、機能セットを、ハードディスクデバイス上のユーティリティプログラムが変更できるようになる。例えば、ハードディスク容量を変更し、オペレーティングシステムおよびファイルシステムを表示しないよう隠すときに使用できる。この隠された領域もHPAと同じように、Windowsなどのオペレーティングシステムからは認識することができない。

全領域の複製を作成することが可能な機能を備えているものもあり、この点からもハードディスク複製にはハードウェアベースの複製装置を用いることが適切であるといえ、そのような機能を備えた機器を選定することも重要である。

　フォレンジックコピーには複製元ハードディスクの全領域と同一の構成・記録順の状態で複製を行う100％物理コピーと、複製元ハードディスクの全データ格納領域を一定容量のファイルに分割したイメージファイルを作成するイメージファイルコピーがある。多くのハードディスク複製装置ではいずれのコピー方法も選択可能であるが、データの同一性証明のため、複製元ハードディスクと複製先ハードディスクのそれぞれのハッシュ値算出機能ならびにハッシュ値による同一性検証機能を必須で備えていることに加え、複製ハードディスク作成にかかる一連の作業ログを生成する機能を備えていることも必須である。

（執筆担当：野﨑周作）

1.3.2　デジタルデータの解析

　証拠保全によって複製を行ったデジタルデータに対して解析を行う。

　証拠保全元のデジタル機器において発生していたインシデントの原因や経緯、不正行為の内容等を特定・確認したり、証拠となり得るものを探し出して抽出・収集したりする。例えば、メールデータが解析対象であれば、各種メールソフトウェアが保存しているデータを抽出・収集し解析する。Windows特有のレジストリファイルからは、ユーザアカウント情報や接続された機器、OS・アプリケーション情報などを得ることができる。必要であれば削除されたデジタルデータの復元を行う。OSや各アプリケーションのデータの保存場所や保存方法など、解析を行うためには多くの知識が必要となる。

　証拠保全したデータについては、変化しやすいデジタルデータの性質を考慮して、慎重に解析を進めることが必要である。解析によってデジタルデータを改変してしまうことは、事件現場にある証拠物件を素手で触るようなものである。例えばファイルを開き閲覧を行うだけの行為によってもファイルのアクセス日時を変更してしまう。デジタルデータの改変を防ぐ方法の一例として、書込み防止装置を使用する方法がある（書込み防止装置については第9章を参照）。また、イメージファイル形式で証拠保全を行うことによって、データの改変の可能性を低くすることができる。解析前、解析後のデジタルデータが、解析によって改変されていないことを証明する一つの方法としては、ハッシュ値の比較による証明が挙げられる。

　デジタルデータの解析の効率を上げるために、さまざまなフォレンジックツールを使用する（フォレンジックツールについては第9章を参照）。それぞれのツールの特徴を理解したうえで適切なツールを組み合わせて使用することを推奨する。世界的に使用されているフォレンジックツールとしては、EnCaseやForensic Toolkitなどが挙げられる。それらのツールを使用することにより、ハードディスク内のファイルをより正確に素早く特定す

ることが可能になる。

　解析した結果を報告書等にまとめる際には、公平性、客観性、真正性に留意してまとめることが必要である。また、適切なツールを使用することにより解析作業の再現を容易に行うことが可能となり、解析作業の客観性を高めることにもつながる。

（執筆担当：金子寛昭）

第2章
デジタル・フォレンジックの歴史
Chapter 2

Chapter 2

デジタル・フォレンジックの歴史

　デジタル・フォレンジックという言葉が使われだしたのは最近のことであるが、その概念はコンピュータに関する事件の歴史とともに歩んできたといえる。よって、その起源はネットワーク時代以前の大型コンピュータ導入時期にまで遡ることができる。そして技術的な事象、社会的な事象を問わず、コンピュータに関する問題が発生するたびにその調査と対策が行われてきた。そしてそれは、ひたすら膨張するデータ量との戦いであったともいえる。これは国内外を問わず共通している。

　本章では、まずデジタル・フォレンジックの歴史を知るうえで必要なコンピュータ技術の歴史や、セキュリティに関連する技術・事件の歴史について解説する。続いて国内事例と海外事例に分けて、実際にデジタル・フォレンジックが活用された事件を紹介しながら、コンピュータ黎明期から現在に至るまでのデジタル・フォレンジックの歴史について解説する。

（第2章主査：須川賢洋）

2.1 コンピュータの歴史

デジタル・フォレンジックの歴史を語るうえで、情報科学の歴史を語ることは欠かせない。ここでは、一般のコンピュータの技術トピックを挙げ、具体的なフォレンジック技術や関連法との関係の理解の助けとしたい。

(1) 1970年代まで(表2.1.1)

コンピュータの発明は1940年代に遡れるが、1970年代には一般企業においても汎用大型コンピュータが利用されるようになった。これにともない、コンピュータによる業務上の不正も現実のものとなってきた。このため、このころの汎用コンピュータは保護機能が充実し、OSとハードウェアの連携によってより強固なアクセス制御が可能になっていった。コンピュータ間の通信技術が発達するにつれて、広域通信網(WAN)の利用もこの時代までに広がっている。

インターネットの原型であるARPANETの開発、後の多くのOSの原型となるUNIXの開発、マイクロプロセッサの開発が相次いで行われたのもこの時代である。インテル、マイクロソフト、アップルといった代表的IT企業もこのころ設立された。UNIXは大型汎用コンピュータ用のOSと同様に本格的なアクセス制御の機能を備えていたが、この時代にはパソコン向けのOSはまだまったくアクセス制御ができていなかった。

さらに、現代暗号の理論が急速な進歩を遂げ、現在使われている暗号技術の基礎がこのころ確立した。共通鍵暗号のDESや最初の公開鍵暗号であるRSA暗号の開発もこの時代に行われた。

表 2.1.1　1970年代までの主な技術トピック

年	起きた出来事
1964	IBM System 360 発表(IBM)。
1969	ARPANET 開発。 初期の UNIX 開発(AT&T)。
1971	世界最初のマイクロプロセッサ i4004 発表(インテル)。
1974	米国国家安全保障局(NSA)、DES 暗号開発。
1975	マイクロソフト社設立。
1977	現在のパソコンの原型 Apple II 発売(アップルコンピュータ)。 Ron Rivest、Adi Shamir、Len Adleman によって RSA 暗号開発。
1978	16 bit マイクロプロセッサ 8086 発表(インテル)。 多くの UNIX の源流となる UNIX version 7 開発(AT&T)。

(2) 1980年代(表2.1.2)

　1980年代に入ると、コンピュータにも大きなコスト圧力がかかり、それとともに利用の中心が汎用大型コンピュータから小型のワークステーションへと移行してきた。いわゆるダウンサイジングと呼ばれる流れである。技術開発も小型のコンピュータに焦点が移ってきた。1981年、IBMによるIBM-PCが発売され、現在のWindowsマシンのすべての原型となった。またUNIXワークステーションの普及とともに、組織内でネットワークを構成するLANという考え方が急速に広まり、1つのコンピュータを多数のユーザが使う集中型から、多数のコンピュータをLANで接続して互いに通信しあう分散型に変化してきた。またこのころ、TCP/IPが開発され、インターネットにおいて採用されることにより、コンピュータ通信のオープン化が実現した。

　このころから、コンピュータ犯罪は次第に社会的に認知されるようになった。1981年には大手銀行において窓口行員によるオンライン経由の横領事件が社会問題となり、刑法改正のきっかけとなった。世界最初のコンピュータウイルスやワームなどが相次いで現れたのは1980年代の後半であり、この頃からマルウェアの技術開発が進展しはじめた。

表2.1.2　1980年代の主な技術トピック

年	起きた出来事
1981	16 bit パソコン IBM-PC 発売(IBM)　現在のWindowsパソコンの原型。 IBM-PC 向けオペレーティングシステム MS-DOS 1.0 発売(マイクロソフト)。
1982	16 bit パソコン PC-9801 発売(日本電気)。
1983	インターネットプロトコル TCP/IP 開発。 UNIX の一種 4.2 BSD 開発、TCP/IP が実装される(カリフォルニア大学バークレー校)。
1984	16 bit パソコン Macintosh 発売(アップルコンピュータ)。 ネットワーク機能をもつ MS-DOS 3.1 発売(マイクロソフト)。 Fred Cohen、ウイルスのコンセプトを論文発表。
1985	32 bit マイクロプロセッサ SPARC 発売(サンマイクロシステムズ)。 MS-DOS に GUI を加える Windows 1.0 出荷(マイクロソフト)。 現在の x 86 プロセッサ(IA-32)の原型 32 bit マイクロプロセッサ 80386 発表(インテル)。
1986	現在のインターネットの基礎となる NSFNET 成立。 Brain 発生、世界初の認知されたコンピュータウイルス。
1987	初の本格的パソコン用 OS　OS／2　1.0 発売(マイクロソフト／IBM)。 NIFTY Serve 開始(富士通)　パソコン通信の商用利用本格化。 Clifford Stoll、スパイ行為を行うクラッカーの追跡に成功。
1988	Robert Morris によるインターネット・ワーム事件発生、世界最初のコンピュータワーム。 日本で ISDN サービス開始(NTT)。
1989	Tim Berners-Lee、WWW を考案(CERN)。

（4） 1990年代（表2.1.3）

1990年代初頭にインターネットの商用化がはじまるとともに、WWW技術が確立し、爆発的に普及し始めた。最初のインターネットの主役はUNIXワークステーションであったが、TCP/IP接続機能を標準で備えたWindows 95の発売を契機に、インターネットのクライアントがパソコンに移行しはじめた。

Windows 95と、その後継であるWindows 98、Windows Meはアクセス制御機構や保護機能が未熟である。しかし比較的性能が低いパソコンでも動作することもあり、長らく広く使い続けられることとなった。このような状態が続いたことにより、インターネットを介して感染するコンピュータウイルスが目立つようになった。

インターネットでサーバとして使われるUNIXは、インターネット商用化以前からさ

表2.1.3 1990年代の主な技術トピック

年	起きた出来事
1990	Windows 3.0 発売（マイクロソフト）。
1991	米国でインターネットの商用利用開始。 世界初のWWWサイトがCERNで公開される。 Linus Torvalds、UNIX互換OS Linux公開。 P. Zimmermann、暗号システムPGP公開。 Ronald L. Rivest、ハッシュ関数MD 5開発。
1992	インターネットイニシアティブ（IIJ）設立、日本でインターネット商用利用開始。 松井充、線形解読法発表、DESの解読が可能なことが示される。 Windows 3.1 発売（マイクロソフト）。
1993	NCSA Mosaic 開発（イリノイ大学）WWWのGUI化はじまる。 米国国家安全保障局（NSA）、ハッシュ関数SHA-0開発。
1994	ベッコアメインターネット設立、日本初の個人向けISP開始。 内部構造を刷新し本格OSとなったWindows NT 3.1発売（マイクロソフト）。
1995	Windows 95 発売（マイクロソフト）。 Java言語開発（サンマイクロシステムズ）。 当時最も有名なクラッカーの一人Keven Mitnick逮捕。 米国国家安全保障局（NSA）、ハッシュ関数SHA-1開発。 Netscape Navigator 2.0開発（ネットスケープ社）JavaScript、CookieやSSLなどが実装される。
1996	Windows NT 4.0 発売（マイクロソフト） Windows 95上位互換に。 Windows CE 1.0 発売（マイクロソフト） ハンドヘルドPC発表。
1997	IBM-PC互換のPC-98 NX発売（日本電気） PC-9801シリーズ終息。
1998	Windows 95の後継としてWindows 98発売（マイクロソフト）。 Google社設立。
1999	Intel互換の32 bitマイクロプロセッサAthlon発売（AMD）。 日本でADSL商用サービス開始、ブロードバンド化始まる。 IEEE 802.11 b成立、無線LANの普及始まる。 i-modeサービス開始（NTTドコモ）。

まざまな攻撃を受けるようになっていたため、セキュリティ上の改修が次第に進んでいた。また UNIX 互換 OS である Linux の開発と BSD の無償公開が始まると、多くのプログラマによって盛んに改修を受けて次第にセキュリティが向上していった。それにもかかわらず攻撃側の技術もどんどん向上し、UNIX そのもののセキュリティ機能だけでサーバを防御することは困難になってきた。このため、ファイアウォールや侵入検知防御システムといった、侵入に対する基本的な防御機能の開発が進んできた。

（5） 2000 年代以降 (表 2.1.4)

2000 年代に入ってから、マルウェアの脅威が急激に大きくなった。2003 年には Slammer や Blaster といわれるウイルスが発生し、大きな被害をもたらした。これによりマイクロソフトは OS 開発の基本方針の転換を余儀なくされ、セキュリティを最大の重点におくようになった。「信頼できるコンピューティング」を掲げて 2006 年に登場した Windows Vista はこのコンセプトにもとづく最初の製品であるが、セキュリティを重視した結果としてユーザビリティを犠牲にしたためユーザの支持を得られず、Windows XP が長らく使われる原因となった。2009 年にはマイクロソフト自身がウイルス対策ソフトウェアを無料で提供するに至った。

しかし、その後も脆弱性利用技術は向上し、脆弱性修正プログラムの提供前に攻撃が行われるいわゆるゼロデイ攻撃が増えてきた。さらに、一般利用者の興味を引くような内容のメールを添付ファイルとともに送付してこれを実行させるなど、利用者の錯誤を誘う手法が主流になり、脆弱性を用いずにマルウェアを実行させる手法も発達してきた。

さらにわが国ではＰ２Ｐファイル共有ソフトウェアを隠れ蓑にしたウイルス Antinny が大規模な情報漏洩被害を繰り返し、社会問題となった。

2005 年ごろには、米国を中心に企業や政府機関に対する高度な標的型攻撃が存在することが明らかになってきた。2010 年ごろまでにはそのような攻撃が日本の企業や公共機関に対しても行われているという認識が広がっている。2010 年にはイランの核開発施設の活動を妨害するためと思われるマルウェア Stuxnet が発見され、国家レベルの諜報活動や破壊工作にマルウェアが利用されている現状が明らかになった。

2010 年頃には、スマートフォンやタブレットが急速に普及してきた。これらはアプリケーションに対し強いアクセス制御機能などをもつよりセキュアな OS が採用されているが、それにもかかわらずマルウェアが発見されている。

このように、多くのセキュリティ関連技術の開発が行われるようになったにもかかわらず、コンピュータ犯罪や不正を働くための技術もまた向上し続けており、まさにいたちごっこの様相を呈している。

表 2.1.4　2000 年以降の主な技術トピック

年	起きた出来事
2000	LoveLetter 事件発生。コンピュータウイルスの被害が広く認知される。 Windows 98 後継として Windows Me 発売　最後の Windows 95 系列 OS となる(マイクロソフト)。 Windows NT 後継として Windows 2000 発売(マイクロソフト)。
2001	Windows XP 発売(マイクロソフト)。 B フレッツ提供開始　FTTH サービス本格化。 IMT-2000 にもとづく商用サービス FOMA 開始(NTT ドコモ)。 米国商務省標準技術局(NIST)、DES の後継としての AES 暗号と SHA-1 の後継としての SHA-2 を選定。 Verisign 社、マイクロソフト社向けサーバ証明書を誤って個人に発行。PKI の信頼が疑われる。 光ファイバーを用いた通信サービス B フレッツ開始(NTT)。 Suica サービス開始(JR 東日本)。 Edy サービス開始(ビットワレット)。
2002	CodeRed ウイルスが大流行。 ホットスポットサービス開始(NTT コミュニケーションズ)。 Nimda ウイルスが大流行。 Winny 公開開始。
2003	SQL Slammer ワームが発生　一時インターネット全体が麻痺状態に。 Blaster ウイルスが大流行　各所で LAN 停止など大きな被害。 Intel 互換を保ちながら独自に 64 bit 化したマイクロプロセッサ Athlon 64 発売(AMD)。 IEEE 802.11 g 成立、無線 LAN の高速化進む。 無線 LAN の暗号化方式を WEP から WPA に置き換える方針が固まる。 住民基本台帳ネットワーク稼動が話題に。 電子政府推奨暗号が制定される。 Antinny ウイルス発生。
2004	YahooBB で大量の顧客情報流出事件が発生。 Winny 作成者逮捕。 セキュリティ関連機能を大幅に高めた Windows XP SP 2 公開。 botnet の存在が広く認知され始める。 王小雲ら、MD 4、MD 5、SHA-0 など多くのハッシュ関数の脆弱性を報告。 無線 LAN の暗号化方式 WPA 2 が成立。 mixi や GREE など国内 SNS サービスが相次いで開始。
2005	Athlon 64 互換となる 64 bit マイクロプロセッサ Pentium 4 発売(インテル)。 Antinny による情報漏洩多発。 王小雲ら、SHA-1 の脆弱性を報告。 大手 Web サービスへの SQL インジェクション攻撃が相次ぐ。 米国政府・軍需産業への標的型攻撃の存在が明らかになり Titan Rain と呼ばれる。 Windows CE をベースにした日本初のスマートフォン W-ZERO 3 発売(シャープ)。
2006	Windows Vista 発売。 安倍内閣官房長官が国民に対し「Winny を使用しないように」と呼びかけ。 DNS サーバの脆弱性を突いた DDoS 攻撃が観測される。 Blackberry スマートフォンの国内販売開始(NTT ドコモ)。 ソフォス社、マルウェアの爆発的増加を報告。 Twitter サービス開始。 モバゲータウン(後の mobage)サービス開始。

表 2.1.4　つづき

年	起きた出来事
2007	一太郎文書ファイルの脆弱性を用いた政府機関への標的型攻撃が発覚。 大手企業のホームページが改ざんされマルウェア配布元となる事案が発生。 国内の主な携帯事業者がドメイン認証技術 SPF を導入。 iPhone、iPod touch 発売(アップル)　iPhone OS を採用(後に iOS に)。 SHA-2 の危殆化の恐れを受け、NIST が SHA-3 の選定を開始。 mixi の利用者が 1000 万人を超す。
2008	Dan Kaminsky が極めて高効率の DNS キャッシュポイズニング技法公表、攻撃が流行。 森井昌克ら、無線 LAN の暗号化方式 WEP が極めて短時間に解読可能であることを示す。 日本の携帯電話事業者が機器・回線の固有の番号を各ブラウザから送出する制度が開始される。 ドライブ・バイ・ダウンロード攻撃が流行。 Amazon 社、Amazon EC 2 サービスを正式に開始。 Google 社、Google App Engine などクラウドサービスを開始。 マイクロソフト社がクラウドコンピューティングのサービス Azure を開始。 Facebook 日本語版開始。 モバゲータウンの会員数が 1000 万人を超す。 iPhone 日本発売(ソフトバンクモバイル)。
2009	Windows 7 発売(マイクロソフト)。 日本で最初の Andorid スマートフォン発売・SP モード開始(NTT ドコモ)。 Gumblar ウイルスが大流行、大手企業を含め Web 改ざんと感染が相次ぐ。 Java や Adobe 製品の脆弱性を利用したマルウェアが流行し問題に。 米国と韓国を標的にした大規模な DDoS 攻撃が発生。 TCP や SSL のプロトコル自体の脆弱性が相次いで報告される。 GREE の利用者が 1000 万人を越す。 日本で Twitter が普及期に。
2010	iPad 発売(アップル)。 イランの各関連施設を標的にしたマルウェア Stuxnet が発見される。 NIST、この年までに SHA-1 から SHA-2 へ以降することを規定。 Google など大企業を狙った情報詐取の攻撃 Operation Aurora が報告される。 スマートフォンやクラウドへの攻撃が認識しはじめられる。
2011	わが国の防衛産業や衆参両院、政府関係機関を狙った標的型攻撃が相次いで発覚。 Anonymous などのハクティビスト集団による大企業への攻撃が相次ぐ。 Android を中心にスマートフォンへの不正なアプリケーションが発見される。 ルート認証局 DigiNotar が侵入を受け大量の不正な証明書を発行していたことが発覚。 パスワードの複数サイトへの使い回しを狙った攻撃が相次ぐ。 LINE サービス開始(ネイバージャパン(現 LINE 社))。
2012	NIST、ハッシュ関数 SHA-3 を選定。 Windows 8 発売(マイクロソフト)。 フィッシング詐欺の手口がより巧妙になり日本でも被害が広がる。 標的型攻撃がさらに多く認識され、大規模な諜報が疑われる。 マン・イン・ザ・ブラウザ型のウイルスが流行、ネットバンキングが被害。 Stuxnet をさらに高度化させたとみられる Flame、Gauss などのマルウェアが発見される。

(執筆担当：上原哲太郎)

2.2 欧米におけるデジタル・フォレンジックの歴史

2.2.1 技術面から見たデジタル・フォレンジックの歴史

デジタル・フォレンジックはパソコンなどの小型のコンピュータが普及してきた1985年頃からその必要性により急速に発達してきた。その歴史は、コンピュータの発達の歴史と密接な関係がある。それは、CPU（中央演算処理装置）の処理能力の向上、記憶媒体の容量の増加、さらにWindowsやMacなどのオペレーティングシステム（OS）の発達などに影響を受けている。本節では、コンピュータの発達の歴史とともにどのようなフォレンジック技術が必要になってきたかを説明する。

(1) 1990年まで

1990年までの記憶容量は限られており、デジタルデータの主な保存場所は3.5インチや5インチのフロッピーディスクであり、ハードディスクの容量も100MB以下の小さいものであった。

この頃のフォレンジックツールは、DOSベースのフォレンジックツールが主流である。そのため、ノートンのDiskEditかMace Utilitiesが主な調査用のフォレンジックツールであり、それ以外の選択肢はほとんどなかった。また、その頃のパソコンのOSは、DOSであったので、ハードディスク書込み防止装置も必要なかった。ファイル数も1万ファイル以下のものが多く、現在と比較して調査・解析が容易であり、暗号解読も同様に容易であった。そのため初期のフォレンジック調査官は特別なトレーニングを受けていなくてもフォレンジック調査が可能であったため、フォレンジックトレーニングそのものの必要性もなかった。

それでも1989年にはコンピュータ調査の必要性の高まりから、北テキサス大学にてコンピュータ・フォレンジックスペシャリストのプログラムがスタートした。このプログラムは、後に連邦法執行機関訓練センター（Federal Law Enforcement Training Center：FLETC、http://www.fletc.gov/）に移行されることになる。

(2) 1991～1995年

この時期はまだ、デジタルデータの記憶媒体の容量はさほど大きくはなかった。リムーバブル記憶装置はフロッピーディスクからZipディスクへと移行し、ハードディスクの容量は500MB以下という状況である。この頃はパソコンのOSとしてWindows 3.1やWindows 95が世に出てきた頃でもある。暗号化機能をもつほとんどのアプリケーションは、容易に解読が可能であった。しかしながら、この頃からPGP（フリーウェアではあるが軍

用レベルの暗号化技術)を暗号化に使用し始める動きが出てきた。

　ほとんどのフォレンジック調査は、1つの調査案件のなかで1台のパソコンの調査をすればある程度の結果は得ることができるという時代であり、調査対象のファイル数も10万ファイル以下という状況であった。そのため、コンピュータ・フォレンジックツールはまだDOSベースのツールがほとんどであり、改善されたことは、容量が以前より大きくなったことに対応するため高速検索機能の最適化を行ったことぐらいであった。

　また、この頃からフォレンジック調査の必要性がさらに高まり、FBI、FLETC、IACIS（International Association of Computer Investigative Specialists）による米国の各法執行機関においてコンピュータ・フォレンジックスペシャリストの育成をするためのトレーニングが行われるようになった。1991年には、IACISがオレゴン州のポートランドにて最初のデジタル・フォレンジックに関する会合を開いた。

(3)　1996～2000年

　この時期には急速にハードディスクの容量が増大している。ハードディスクの平均容量はすでに数GBに達していた。そしてOSはWindows 95やWindows 98が主流になっていた。

　多くの場合、1つのケースで複数台のパソコンの調査が必要になり、平均の調査対象ファイル数は10万ファイル以上になってきた。

　この頃になるとコンピュータ・フォレンジックツールやコンピュータ・フォレンジックトレーニングに対する関心が国際的に高まりだしている。フォレンジックツールには、Expert WitnessやEnCaseのように特殊なGUIをもったものが犯罪捜査の現場に投入され始めたのもこの時期である。これらのツールは、Windows Explorer形式をベースに開発されたものである。

　また、マイクロソフトはオフィス製品に40ビットの暗号化機能を付加させたものを市場に投入したため、1つのファイルの解読に数カ月も費やす場合が出てきた。そのため、暗号解読に使用されたのが分散コンピューティングを利用した解読方法である。分散コンピューティングを利用した解読ツールを使用することによって、56ビットの暗号も解読することが可能になった。このようなツールは、インターネットに接続された150万台のアイドル中のCPUの力を利用した分散コンピューティングを採用している。

　1998年には、デジタル・フォレンジックへの関心の高まりにより、SWGDE（Scientific Working Group on Digital Evidence）がThe Federal Crime Laboratory Directors groupにより設立された。初期メンバーはATF、DEA、FBI、IRS-CID、米国税関、米国郵便検査サービス、米国シークレットサービスの法科学研究所、およびNASAと国防総省コンピュータフォレンジックラボであった[1]。

(4) 2001〜2005年

ハードディスクの容量はさらに増大しこの期間は年率30%の速度で増加していった[2]。平均的にその容量は40 GBから100 GBになり、マイクロソフトはWindows 2000を市場に投入し、さらに引き続きWindows XPを投入した。同時にUNIX系OSのシェアも少しずつ増えてきた。

この頃になると、多くのケースにおいて複数のパソコンを調査することが普通になり、ときには50台以上のパソコンで合計数TBのデータを調査することもあった。ファイル数に換算すれば100万ファイルに及ぶこともある。

大容量データの調査に対応するため、いったんデータにインデックスを付けてデータベースを作成する方式のフォレンジックツールが開発され使用されるようになった。この場合、ハードディスク内の大量のデータにいったんインデックスを付けてデータベース化しているため、表計算アプリケーションやワープロ用アプリケーションなどのファイル形式ごとの分類や削除ファイルや暗号化されたファイルなどのカテゴリごとの分類、および語句に対する分類が可能になっている。結果として、キーワード検索時の高速検索が可能となった。このようにインデックスを付けてデータベースを作成してから行うキーワード検索をインデックスサーチと呼ぶ。

2000年には米国政府が暗号化技術を非軍事目的に転用することを許可し、128ビットの暗号化技術を利用した製品がマイクロソフトをはじめ多くの企業で開発された。そのため、総当たり攻撃による暗号解読は現実的には不可能となったのである。結果として暗号解読には辞書攻撃に加え高度なプロファイリングを利用した解読手法が使用されるようになった。同時に分散コンピューティングは必要不可欠な技術となっていた。

2001年に、デジタル・フォレンジックの知識共有のために、DFRWS(Digital Forensic Research Workshop)が非営利、ボランティア組織として設立された。

(5) 2006〜2010年

ハードディスクの容量はますます増大し、2007年に単体のハードディスク容量が1 TBを超えた[3]。

この時代になると調査対象は、パソコンだけでなく、スマートフォン、携帯電話、インターネットストレージ、デジタルカメラ、USBメモリ、コンパクトフラッシュなど、数十種類ものメディアにのぼる。調査対象ファイル数の増大にともない、ハードディスクの最初から最後まですべて順番に検索していくライブサーチ(Windows Explorerの検索機能に類似)と呼ばれる検索方法では、1つのキーワードに対して24時間以上かかることが頻繁に発生するという事態になる。さらにマイクロソフトのOS(Vista)においては、EFS(128 bit encryption)による暗号化がより強固になっている。

以上のような経緯から、フォレンジックツールにおいては、

- 証拠のデータベース化
- 暗号解読
- パスワード解読

が主流となっている。

多くの情報がデジタル化したことから、デジタル・フォレンジック技術は犯罪捜査だけではなく、企業の監査や、訴訟に携わっている弁護士をサポートするために必要不可欠な技術となってきた。

電子メールの利用拡大、携帯電話やスマートフォンの普及に対応するため、電子メールの処理に対応した Nuix、スマートフォン調査用の Universal Forensic Extraction Device (UFED) などが現場に投入された。

(6) 2011年以降

現在、ハードディスクの容量は継続して増大しているが、それ以上に象徴的なのは、クラウドコンピューティングが企業だけではなく、個人にも日常的なものとなったことである。従来のように物理的な機器上にデータが存在しているわけではなく、大量のデータがインターネット上の空間に保存されるようになった。これは物理的ハードディスクの容量ではなく、論理的使用可能容量の提供を意味している。また保存場所が複数存在していたり、海外に保存されていたり、環境が仮想化されていたりするため、保存場所の特定ができず、以前のように容量すべてを保全するということが困難になったといった課題が未だ残っている。

クラウドサービスが日常的になることにより、ネットコミュニケーションの中心にいた電子メールでの情報交流にも変化が訪れた。電子メールよりも気軽に情報を発信できる Facebook、Twitter、LINE などの SNS を使用する人が増加し、さまざまな発言、痕跡をインターネット上に残すことになった。

現在は、クラウドを支える VMware 社の VMware、マイクロソフト社の Windows Azure、Citrix Systems 社の XenServer などの仮想 OS を実現する技術が脚光を浴びている。こういった仮想 OS の技術は 2000 年代に開発されていたが、クラウド時代の到来により、近年その普及がいっそう進んだ。

こういった時代背景から X1 Discovery 社の X1 Social Discovery のようなインターネット上の SNS サイトから直接データを探してくるようなフォレンジックツールが現場に投入されはじめた。

2.2.2 事件から見たデジタル・フォレンジックの歴史

(1) 1990年まで

デジタル・フォレンジックが実際に使われた初めての例として、1986 年の Makus Hess

事件がある[4]。Hess はハッカーとして 400 以上の米国軍事コンピューターへハッキングして、情報を盗み取っていた。彼の逮捕には実践で初めてデジタル・フォレンジック技術が使用された。

（2） 1990 年代

証拠保全が重要視されるようになった事件として Steve Jackson Games 事件が挙げられる。事件を紹介したインターネットニュースから以下、引用する[5]。

「1990 年 3 月 1 日、米国のシークレット・サービス（法執行機関）は連邦法上の令状に基づいて、テキサス州オースチンの SJG 社で業務用のコンピュータ 3 台、外付け HDD 5 台、FD 300 枚（会社にあったもの全て）、業務記録の全て、出版間近のゲームブックの全てなどを押収した。その結果、SJG 社は業務継続が不可能になり、もうすぐ完成予定だったゲームソフトを出荷できなくなった。さらに、SJG 社の社長がハッカー行為の犯罪者扱いをされて、同社の信用がガタ落ちになった。従業員の半数を解雇するまでに至ったのである。
ところがその後の調査で、SJG 社も社長もハッカー行為とは全く無関係であると判明した。シークレット・サービスは 3 カ月後の同年 6 月になって、押収物をやっと返還している。
この事件後、いわゆる「写し（コピー）」の証拠能力が問題になった。原本主義を徹するなら、あまりにも現代の企業がコンピュータに依存し、どんな会社でも原本が押収されたとたんに業務停止へ追い込まれ、倒産してしまうケースもあると危惧されたのである。押収物を分析して、「犯人」なのかを特定する法執行機関にとっても、極めて重要な問題になった。」

（3） 2000 年代
（a） MSBlaster ワームおよび Sobig ウイルス事件

ウイルス開発者の特定に関する情報に賞金が出た事件として有名になった事件である。2003 年に発見された Sobig（数種の亜種を含む）は電子メール経由で感染を広げるタイプのウイルスである。共有ネットワーク経由での感染や、任意のファイルをダウンロードし実行するバックドアを仕掛けるなどといった動きをする。また、MSBlast（Blaster や Luvsanとも呼ばれる）は 120 万台ものコンピュータに感染した。このワームは、Windows システムにある重大な脆弱性を悪用してコンピュータを乗っ取る。両ウイルスともマイクロソフトがウイルスをばらまいた犯人の逮捕につながる情報に 25 万ドルの賞金を用意する事態にまでなった。そして、Jeffrey Lee Parson 18 歳が Blaster worm の亜種をつくった容疑で逮捕された[6]～[9]。

（b） エンロン事件

　不正会計事件としてあまりにも有名な事件として2001年のエンロン事件が挙げられる。この事件では10 TBを超すといわれたデジタルデータを解析するためデジタル・フォレンジック技術が使用されたことでも有名である。事件を紹介したインターネットの記事から以下、引用する[10]。

　「エンロン事件とは、世界最大手のエネルギー販売会社だったエンロンが経営不振に陥り、総額160億ドルを超える巨額の負債を抱えて倒産した事件です。エンロンは、相次ぐ海外の大規模事業の失敗などで実際には経営状況が悪化しているにも関わらず、CFO（最高財務責任者）の指示で不正な会計処理をして偽の財務報告をしていたのです。

　不正行為をしていたのは会社だけでなく、財務報告の内容を監査すべき監査法人（アーサー・アンダーセン＝世界5大会計事務所の一つ）がエンロンの簿外取引や巨額債務を見逃し、不正に手を貸していたのです。不正会計が明るみに出るまでは、エンロンはアメリカを代表する優良企業とされており、その財務報告を信頼した多くのアナリストは同社の株を「ストロングバイ」として推奨していた。

　2001年10月、『ウォールストリート・ジャーナル』紙が不正会計疑惑を報じると株価は一気に転落し、2カ月後の同年12月、エンロンは裁判所に破産申請をして倒産しました。」

（執筆担当：古田誠）

2.2節の参考文献

[1]　Scientific Working Group on Digital Evidence："Who is SWGDE and what is the history？"
　　https://www.swgde.org/pdf/2003-01-22%20SWGDE%20History.pdf
[2]　㈱東芝ホームページ：「特集2：ICT社会を支えるストレージプロダクツ」、『東芝レビュー』、Vol.66、No.9、2011年
　　http://www.toshiba.co.jp/tech/review/2011/08/66_08pdf/b02.pdf
[3]　AKIBA PC Online：「HDDが1 TBの大台到達、日立製モデルが5万円台で登場　750 GBから約1年ぶりの最大容量記録を更新」
　　http://akiba-pc.watch.impress.co.jp/hotline/20070331/etc_hgst.html、2007年3月31日号
[4]　Computer Forensics Online："Apprehending The Computer Hacker"
　　http://www.shk-dplc.com/cfo/articles/hack.htm
[5]　IT mediaエンタープライズ：「"迷探偵"ハギーのテクノロジー裏話：サイバー事件の捜査手法をひも解く　「フォレンジック」とは何か？」
　　http://www.itmedia.co.jp/enterprise/articles/1211/02/news010_2.html、2012年11月2日
[6]　ZDnet："Microsoft offers reward for MyDoom.B leads"
　　http://www.zdnet.com/news/microsoft-offers-reward-for-mydoom-b-leads/134072
[7]　CNet Japan：「米マイクロソフト、ウイルス犯人逮捕に25万ドルの懸賞金」
　　http://japan.cnet.com/news/ent/20061781/、2003年11月5日
[8]　The Register："Parson not dumbest virus writer ever, shock! Those who got caught and those

who got away"
　　　http://www.theregister.co.uk/2003/09/01/parson_not_dumbest_virus_writer/
[9]　NathanBalon.net:"Computer Intrusion Forensics Research Paper"
　　　http://nathanbalon.net/projects/cis544/ForensicsResearchPaper.pdf
[10]　「企業に求められるコンプライアンスとリスクマネジメント体制の構築」:「内部統制ナビ」
　　　http://www.eusea2006.org/sox/enron.htm

2.3 日本におけるデジタル・フォレンジックの歴史

2.3.1 1970年代

1970年代には、メインフレームを中心としたオンラインリアルタイムシステムの導入が、各方面で進められた。特に、金融業界では、バンキングシステムの第一次および第二次オンライン化が推進され、金融機関利用者の利便性が向上したが、1970年代後半から現金自動支払システムを悪用したキャッシュカード利用犯罪が新たな犯罪として登場してきた。その手口の多くは、他人のキャッシュカードを窃取し、暗証番号管理の不備を衝くものであった。しかし、偽造カードを使用した次のような事案も発生していた。

電電公社職員が偽造キャッシュカードを作成し、北海道銀行等の支店から他人の預金を引き出した事案では、銀行のコンピュータセンターと現金自動支払機とを接続するデータ通信回線の信号音を電話局の局舎内でカセットテープに録音し、後にこれを解読してキャッシュカードを偽造したものである(1982年2月逮捕)[1]。

また、生活水準の向上とともに、クレジットカードが普及してきたところ、窃取したクレジットカードや架空名義で作成したクレジットカードを使用し、加盟店から商品等をだまし取る詐欺事件も多発することとなった。

偽造カードの問題に対処するため、2001年7月にようやく刑法の一部改正が行われ、支払用カード電磁的記録不正作出等(163条の2)、不正電磁的記録カード所持(163条の3)、支払用カード電磁的記録不正作出準備行為(163条の4)および未遂罪(163条の5)の犯罪類型が新設された。

当時、LSI技術の発展は著しく、1971年にはマイクロプロセッサとしてIntel 4004が開発された。1972年にIntel 8008、さらには1976年にZ 80が開発されたことにより、マイクロプロセッサを内蔵した遊技機が開発されることとなった。

遊技場側は、多くの客を呼び込むために、都道府県公安員会(以下、「公安委員会」という)の承認1)を得ないで、公安委員会認定2)外の改造遊技機を設置する事案がたびたび発生した。射幸心をそそるために、プログラムの改ざんが行われ、それを記録したROM(Read Only Memory)が遊技機に搭載され、出玉率を操作していたのである。このような事案は、今日に至るまで後を絶たないのが実情であり、この種事案の捜査にあたっては、プログラムの改ざんが行われたことを立証するため、ROMの電磁的記録解析が行われているとこ

---

1) 「風俗営業等の規制及び業務の適正化等に関する法律」9条1項に定める公安委員会の承認を指す。
2) 「風俗営業等の規制及び業務の適正化等に関する法律」20条2項に定める公安委員会の認定及び同条第4項に定める型式検定を指す。

2.3.2　1980年代

1980年代には、パソコンやオフィスコンピュータが急速に普及し、企業の事務処理においてもコンピュータが利用されるようになってきた。無限連鎖講(ねずみ講)やマルチ商法など、組織的に行われる犯罪では顧客(被害者)管理がコンピュータで行われていることも多く、この種の犯罪や企業を舞台とする犯罪の捜査において、各種コンピュータおよび電磁的記録媒体の押収とその解析が行われた。

金融機関においては、三和銀行茨木支店に勤務する女性行員が、愛人と共謀のうえ、支店の端末装置を操作して架空名義口座に振替入金し、現金5千万円および小切手8千万円を詐取して、国外に逃亡を図る事件(1981年3月)[2]が発生するなど、内部者が架空名義の預金口座を開設し、端末装置を操作して当該口座に振込みを行い、現金を詐取する詐欺事件が多発した。しかし、コンピュータ犯罪としての法律面の対応は、1987年6月の刑法の一部改正まで待たなければならなかった。

1987年6月の改正により、電磁的記録不正作出・供用罪(161条の2)、電子計算機損壊等業務妨害罪(234条の2)および電子計算機使用詐欺罪(246条の2)の3犯罪類型が新設された。また、公正証書原本不実記載・同行使罪(157条・158条)、公用文書等毀棄罪および私用文書等毀棄罪(258条・259条)に電磁的記録が客体として加えられたところである。

さらにこの時期には、後にPDA(Personal Digital Assistant)と呼ばれることとなる電子手帳が販売されるようになり、事案に関連する情報が記録されている場合があることから、捜査現場において差押えの対象となっていた。

電気通信事業に関しては、1972年の第一次回線開放により電話網がデータ通信に開放され、データ通信用端末機が自由化された。1981年の第二次回線開放、1985年の電気通信事業の自由化および日本電信電話公社の民営化ならびに1985年施行の電気通信事業法により、すべての端末機器の自由化が実現した。このような経過を経てファックスや電話機の多機能化が進み、メモリ機能を搭載したものが市販されようになってきたことから、捜査現場において差押えの対象となり、記録されている電話番号や発信記録などを検証するなどの対応が必要となってきたところである。

2.3.3　1990年代

1990年代には、パソコン通信のサービスとそれに続くインターネットの商業利用の開始や、インターネット接続機能が標準搭載されたWindows 95[3]の普及と相まって、ネットワークの利用環境が整い、インターネットの利用が個人にも普及してきた。

---

3) パソコン用オペレーティングシステムの一つで、マイクロソフト社の製品である。

1995年3月、オウム真理教信者により実行された東京地下鉄サリン事件など、オウム真理教にかかわる一連の事件捜査において、押収されたパソコン、光磁気ディスクおよびフロッピーディスク等の電磁的記録の解析が行われたが、重要なファイルは暗号化されていたことから[3]、ファイルの暗号解読やアプリケーションプログラムのパスワードリカバリーが、新たな課題として生じてきたところである。

1996年4月、大分市に所在するISP(Internet Service Provider)[4]のサーバがネットワーク経由で海外から侵入されて、会員約2千名のパスワードやIDが消去される被害が発生するなど[4]、コンピュータシステムへの不正アクセス行為が顕在化してきた。

また、セキュリティ対策が脆弱な他人のパソコンにコンピュータウイルスの一種であるボット(bot)を感染させて、IRC(Internet Relay Chat)を通じて外部から操作し、特定のサイトに対してアクセスを集中させ、または、ネットワークトラフィックの異常輻輳を引き起こし、業務を妨害するサービス拒否攻撃(DoS：Denial of Service)や、分散型サービス拒否攻撃(DDoS：Distributed Denial of Service)などの脅威が生じるなど[5]、ネットワークも攻撃の対象となってきたところである。

米国においては、1999年5月にFBIのサイトが、2000年2月にはポータルサイトのYahoo、ネットオークションのeBay、および図書販売のAmazonなどの有名なネット企業のサイトが大規模なサービス拒否攻撃を受け、サービス停止状態に陥った。

不正アクセス行為に関しては、1999年8月の「不正アクセス行為の禁止等に関する法律」(以下、「不正アクセス禁止法」という)が制定され、2000年2月から(一部8月から)施行されたことにより、初めて法的対応が可能となった。

2.3.4　2000年代

2000年代は、インターネット利用がいっそう普及するとともに、ネットワークのブロードバンド化が進展した。さらに携帯電話を用いたモバイル通信が普及してきたところである。

インターネット利用者数や携帯電話契約者数が急速に増加[5]〜[7]するに従って、ネット証券、ネットバンキングおよびネットオークションなどのネットビジネスが興隆してきた。また、コンピュータウイルスの蔓延やトラフィックの集中[8]による特定サイトやネットワークの麻痺、ボットやフィッシングの出現による預金者のIDやパスワードの流出と預金

---

4) インターネット接続事業者のことである。
5) 2001年11月の時点で、インターネットの利用率は46.7％、携帯電話(インターネット対応型)の保有率は44.6％であった[6]。
6) 2012年末の時点で、インターネットの利用率は79.5％であった[7]。
7) 2013年8月末の時点で、携帯電話(スマートフォンを含む)の保有率は106.9％であった[8][9]。
8) DoS攻撃やDDoS攻撃などのサービス拒否攻撃のことである。

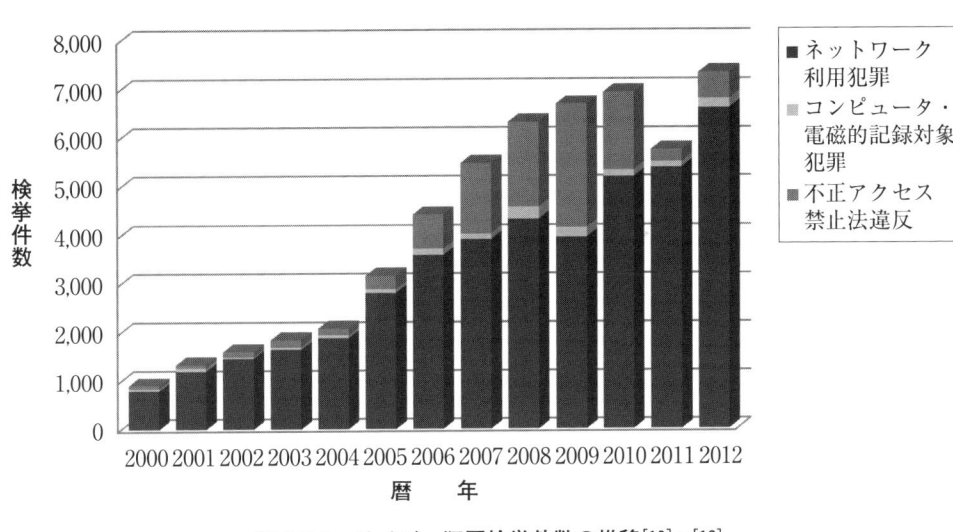

図 2.3.1　サイバー犯罪検挙件数の推移[10]〜[12]

被害など、犯罪事象も悪質・巧妙化してきた時代である。

このような状況下において、**図 2.3.1** および**図 2.3.2** に示すとおりサイバー犯罪の検挙件数、特にネットワークを利用した犯罪の検挙件数は、2000 年代、2010 年代を通じて増加傾向にある。

サイバー犯罪、特にネットワーク利用犯罪にかかわるトラブルが発生したときに、当事者の一部は警察機関に相談するものと考えられることから、相談受理件数(**図 2.3.3**)はネットワーク利用犯罪検挙件数の先行指標になるものと考えられる。

相談受理件数の推移を見ると、2000 年代を通じて、詐欺・悪質商法およびネットオークションに関する相談が多く、2003 年から 2010 年にかけては両項目を併せた相談件数は、全体の 50% を超えている。詐欺・悪質商法の相談件数は、2003 年に急増し、2005 年および 2009 年にピークを迎えた後、2010 年頃から減少傾向にある。ネットオークションにおける盗品売買防止などのため、2002 年に「古物営業法」の一部改正が行われ、2003 年 9 月(一部 4 月)から施行されたところであるが、ネットオークションの相談件数は 2003 年から急増し、2005 年にピークを迎えた。以後は漸減傾向にある。

ネットワーク利用犯罪検挙件数の推移を見ると、詐欺(ネットオークションを含む。以下同じ)[9]の検挙件数は、2005 年に急増し、2010 年頃まで 1400 件前後で推移している。2011 年頃から、漸減傾向が見られる。

ネットワーク利用犯罪において、「児童買春、児童ポルノに係る行為等の処罰及び児童の保護等に関する法律」(以下、「児童買春禁止法」という。2004 年一部改正[10])および、

---

9) 警察庁が公表している統計データでは、詐欺とネットオークションの検挙件数は分離されていない。

38　第Ⅰ部　基礎編

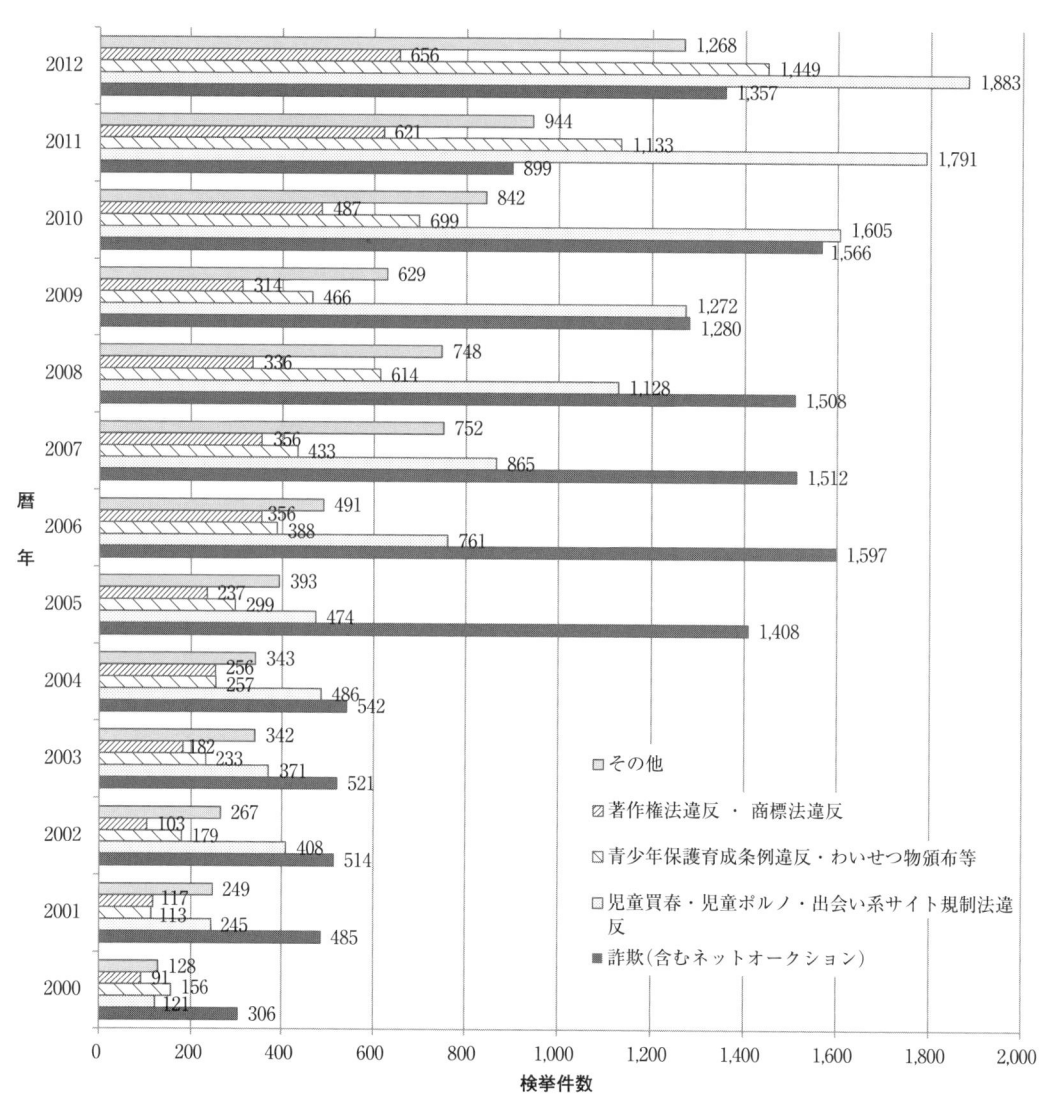

図2.3.2　ネットワーク利用犯罪検挙件数の推移[10]〜[12]

出会い系サイトを規制する「インターネット異性紹介事業を利用して児童を誘引する行為の規制等に関する法律」(以下、「出会い系サイト規制法」という。2003年制定[11])に違反する行為が、増加傾向にあり、2009年から2010年にかけて、詐欺による検挙件数を超え、以降は、最も検挙件数が多くなっている。

図2.3.4に示すとおり、2008年から2009年にかけて、児童が被害に合う場は、規制が行われている出会い系サイトから、SNS(Social Networking Service)[12]などのコミュニ

---

10) 児童のポルノを記録した電磁的記録の提供等とこれを目的とした保管の犯罪化が行われた。
11) 児童を異性交際の相手方となるように誘引する行為などが禁止されることとなった(6条)。
12) 2000年代中頃からサービスが始まった日本発のGREEやmixi、米国発のFacebookなど、主として特定のグループのコミュニケーション等の場を提供する会員制サイトのことである。

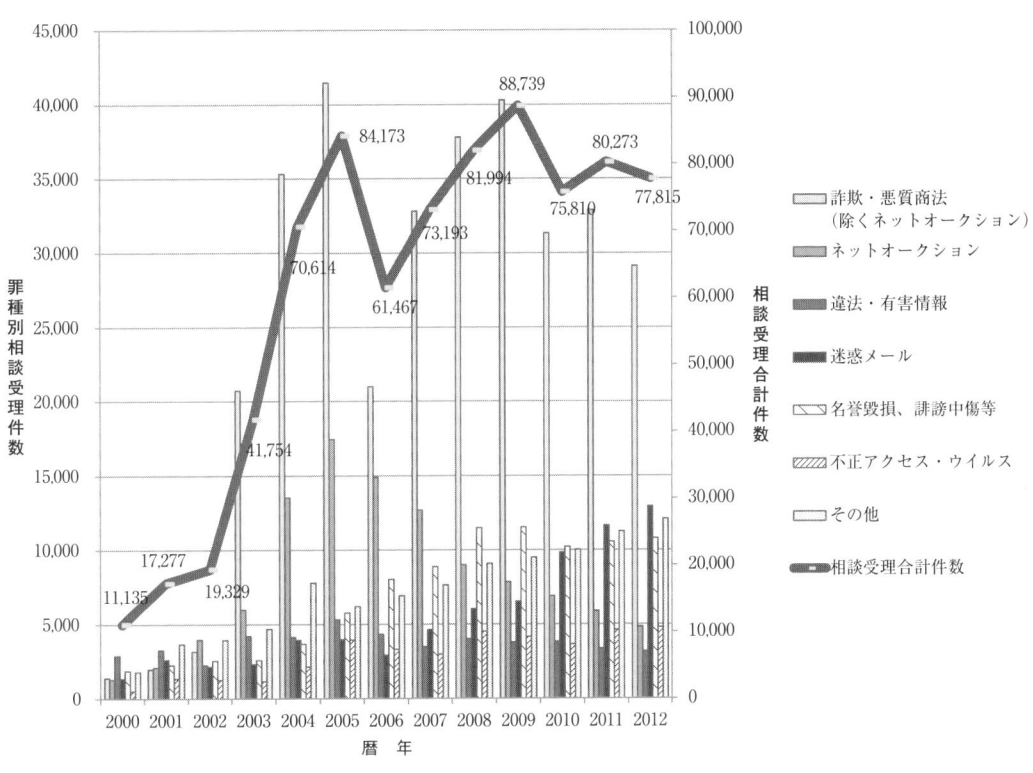

図 2.3.3　サイバー犯罪等に関する相談受理件数の推移[10]〜[12]

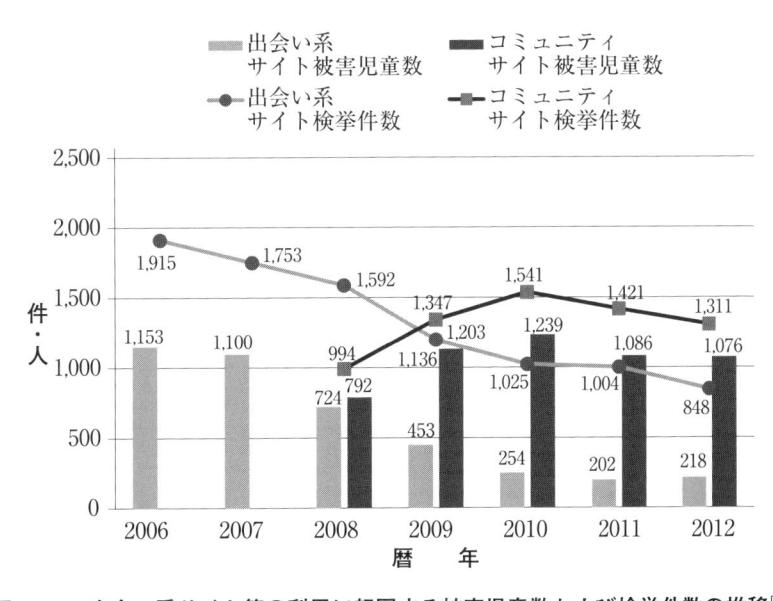

図 2.3.4　出会い系サイト等の利用に起因する被害児童数および検挙件数の推移[18]

ティサイトに移行してきている。

ネットワーク利用犯罪捜査においては、被疑者のパソコンや携帯電話の電磁的記録の解析が行われる。特に、被害者の多くが児童である児童買春禁止法違反や、出会い系サイト規制法違反などでは、加害者および被害者ともにネットワークへのアクセス手段として携帯電話が用いられことが多く[13]、また、スマートフォンの普及にともなって、2010年頃から、スマートフォンの利用も増加しており、携帯電話およびスマートフォンは重要な証拠物となってきたところである。

携帯電話の電磁的記録の解析件数が増加[17]していること、また、海外製のスマートフォンの普及により、製造メーカの協力を得ることが困難になってきていることなどから、携帯電話やスマートフォンの電磁的記録解析を効率的に行え、かつ、日本語に対応したフォレンジックツールの開発が課題となっている。

国の安全にかかわる事案において携帯電話が用いられた事例に、北朝鮮工作船事件がある。2001年12月22日、北朝鮮の工作船が九州南西沖において海上保安庁巡視船の停船命令を無視して逃走し、銃撃戦の末に沈没した。工作船を海底から引き上げたところ、船内からロケットランチャーおよび携行型地対空ミサイルなどの武器に加えて、日本の携帯電話事業会社が販売したプリペイド式携帯電話が発見された。携帯電話事業会社の通信記録から、日本の組織暴力団とのつながりが確認され、2006年5月までに、北朝鮮を仕出地とする大量覚醒剤密輸事件で関係者が逮捕されたところである[19][20]。

プリペイド式携帯電話は、匿名性が高く、犯罪に用いられることがサービス開始の当初から危惧されたため、捜査機関等から、携帯電話事業会社に対して販売時における契約者の身元確認の要請が出されていたところである。また、2004年3月11日には、スペインのマドリードにおいて通勤電車に対するテロ組織アルカイダのメンバーによる同時多発テロが行われ、起爆装置としてプリペイド式携帯電話が用いられた[21]。

2005年4月には、携帯電話の不正利用を防止するため、「携帯音声通信事業者による契約者等の本人確認等及び携帯音声通信役務の不正な利用の防止に関する法律」が制定され、2006年4月から施行された。これにより、契約締結時の本人確認の義務化（3条1項）および譲渡時の本人確認の義務化（5条1項）が行われた。

2.3.5　2010年代

この時代に特徴的なことは、サイバー攻撃などが先鋭化してきたことである。

海外では、イランの核開発を遅延させるため、ナタンズ（Natanz）に所在するウラン濃縮施設が米国等の攻撃目標となり、同施設の遠心分離器の回転数を制御するシーメンス社

---

13) 被疑者および被害者が出会い系サイトやコミュニティサイトへアクセスする際の通信手段は、その多くが携帯電話である。2010年頃から、スマートフォンの利用が急増している[13]〜[16]。

の制御システムを標的としたコンピュータワーム、スタックスネット(Stuxnet)が米国政府機関やイスラエルの軍事組織により共同開発されたと報道されている[22]〜[24]。

クローズドネットワークである大規模プラントの制御システムにおいても、USB メモリ等を介してマルウェアが感染するなど、人間の弱みや、習性につけ込んだサイバー攻撃が可能であることを実証した。

2010 年には、米国政府の外交公電やイラクにおける軍関係の情報などが、軍人を通じ流出し、内部告発支援サイトとして知られていたウィキリークス(Wikileaks)が介在して世の中に暴露された。さらに翌年 9 月には、外交公電 25 万件が未編集の状態で暴露される事案が発生している。

2011 年 4 月中旬には、ハッカーによるゲーム機のジェイルブレイク(Jailbreak)[14]をきっかけとして、日系の大手家電企業の子会社が管理する 1 億人を超える個人情報の大量流出事案が発生したところである。

日本国内においては、2000 年代半ば頃から、ウィニー(Winny)[15]などのファイル共有ソフトの利用が盛んになってきたところ、アンティニー(Antinny)[16]などの暴露ウイルスが蔓延し、パソコン内のファイルがウィニーのネットワーク上に流出する事案が多発した。特に、2005 年、原子力発電所の維持管理関係の情報が流出したのをはじめ[25]、警察の捜査資料、官公庁・学校、病院、保険会社など、国の安全やプライバシーにかかわる個人情報など重要な情報の流出が相次いだ。これらは、職場および自宅において私有パソコンを使用して業務処理を行っていたことによる。過失による情報流出ではあったが、実態解明のため、私有パソコンもデジタル・フォレンジックの対象となった。

金銭目的の情報流出に関しては、1999 年 5 月に発覚した宇治市の住民基本台帳データ約 22 万人分の流出事案[26]以降、大手 ISP の顧客情報約 650 万件の流出事案[27] (2003 年 6 月および 2004 年 1 月に発生)など、2010 年代に至るまで個人情報の流出が続いている。

2010 年 10 月には、治安に重大な影響を及ぼす恐れのある意図的な情報流出事案が発覚している。警視庁が作成した個人情報を含む国際テロ関連情報と思われる資料が、ウィニーのネットワークなどに流出した事案である[28][29]。流出した情報は、接続経路を匿名化するトーア(Tor：The Onion Router)[17]を経由していたことから、警視庁は偽計業務妨害罪で捜査していたところ、発信元特定までには至らずに公訴時効(3 年間)を迎えることと

---

14) ゲーム機や iPhone などのベンダが設定した正規に利用可能なソフトウェアの制限を解除すること。「脱獄」ともいう。
15) P2P 技術を用いたファイル共有ソフトであり、匿名電子掲示板機能などがある。
16) パソコン内のファイルを Winny を通して暴露するコンピュータウイルスのことである。
17) 発信元コンピュータと送信先コンピュータ間を任意の 3 台のリレーサーバが中継して通信を行う。ノード間は暗号化されているとともに、リレーサーバには記録を残さないため、匿名化が担保される。

なった。

　2011年9月には、防衛産業にかかわる企業が標的型メール攻撃を受けたことが明らかとなった。防衛部門や原子力プラント関係部署のサーバやパソコンが、遠隔操作の行える「トロイの木馬」や、外部と通信を行ってウイルスをダウンロードする「ダウンローダー型ウイルス」など、50種類以上のウイルスに感染し、サーバから外部に情報が流出した形跡が発見されている[30]〜[32]。その後も標的型攻撃は続いており、衆参両院をはじめ、総務省や財務省などの政府機関、宇宙航空研究開発機構および重要インフラ企業など官民の主要機関から、情報が流出している。

　このような状況において、標的型攻撃の実態を解明するために、ネットワーク・フォレンジックの重要性が高まってきている。なお、ネットワーク・フォレンジックに関しては、**5.5節**にて詳細を記述している。また、デジタル・フォレンジック研究会ホームページに掲載している「証拠保全ガイドライン　第3版」(http://www.digitalforensic.jp/eximgs/20130930gijutsu.pdf)は、ネットワーク・フォレンジックの観点から改版したところである(**付録2**を参照)。

　コンピュータウイルスの作成、提供、実行、取得および保管に関して、サイバー犯罪条約の締結にともない、2004年に「犯罪の国際化及び組織化並びに情報処理の高度化に対処するための刑法の一部を改正する法律案」が第159回国会に提出されたが、廃案となった。その後、「情報処理の高度化等に対処するための刑法等の一部を改正する法律案」が国会に提出され、2011年6月17日、第177回国会において可決成立し、168条の2「不正指令電磁的記録作成等」および168条の3「不正電磁的記録取得等」の条項が設けられ、コンピュータウイルスに関する犯罪類型が新設された。

（執筆担当：舟橋信）

2.3節の参考文献

[1]　札幌地判　昭59.3.27、事件番号「昭和57(わ)206」『カード犯罪・コンピュータ犯罪裁判例集』財団法人法曹会、pp.152-163

[2]　大阪地判　昭57.7.27、事件番号「昭和56(わ)4152」『カード犯罪・コンピュータ犯罪裁判例集』財団法人法曹会、pp.185-197

[3]　警察庁『平成8年　警察白書』
　　http://www.npa.go.jp/hakusyo/h08/h080105.html

[4]　警察庁『平成9年版　警察白書』
　　http://www.npa.go.jp/hakusyo/h09/h090402.html

[5]　情報処理推進機構：『ボット対策のしおり　第3版』
　　http://www.ipa.go.jp/security/antivirus/documents/bot_guide_3.pdf

[6]　総務省「第5章　世帯人員のインターネット利用状況」『平成13年　通信利用動向調査報告書　世帯編』
　　http://www.soumu.go.jp/johotsusintokei/statistics/pdf/HR200100_001.pdf

[7]　総務省「2.3.1項　インターネットの普及状況　(2)インターネットの利用状況」『平成25年　情

報通信白書』
  http://www.soumu.go.jp/johotsusintokei/whitepaper/ja/h25/html/nc243120.html
[8] 電気通信事業者協会『事業者別契約数』
  http://www.tca.or.jp/database/2013/09/
[9] 総務省統計局『人口推計 平成25年9月報』
  http://www.stat.go.jp/data/jinsui/pdf/201309.pdf
[10] 警察庁『平成16年のサイバー犯罪の検挙及び相談受理状況等について』
  http://www.npa.go.jp/cyber/statics/backup/h16/pdf01.pdf
[11] 警察庁『平成20年中のサイバー犯罪の検挙状況等について』
  http://www.npa.go.jp/cyber/statics/backup/h20/pdf01.pdf
[12] 警察庁『平成24年中のサイバー犯罪の検挙及び相談状況等について』
  http://www.npa.go.jp/cyber/statics/h24/pdf01-2.pdf
[13] 警察庁「出会い系サイトに関係した事件の検挙状況等 2 被疑者の出会い系サイトへのアクセス手段」『平成17年中のいわゆる出会い系サイトに関係した事件の検挙状況について(平成18年2月16日付 広報資料)』
  http://www.npa.go.jp/cyber/statics/backup/h17/pdf02.pdf
[14] 警察庁「出会い系サイトに関係した事件の検挙状況等 3 被害者(被害児童)の出会い系サイトへのアクセス手段」『平成17年中のいわゆる出会い系サイトに関係した事件の検挙状況について(平成18年2月16日付 広報資料)』
  http://www.npa.go.jp/cyber/statics/backup/h17/pdf02.pdf
[15] 警察庁『非出会い系サイトに起因する児童被害の事犯に係る調査分析』、p.3、p.6
  http://www.npa.go.jp/cyber/statics/h22/H22 deai-bunseki.pdf
[16] 警察庁『コミュニティサイトに起因する児童被害の事犯に係る調査結果(平成24年下半期)』、p.4、p.10
  http://www.npa.go.jp/cyber/statics/h24/h24 community-bunseki.pdf
[17] 警察庁『情報技術解析 平成20年報』、p.12
  http://www.npa.go.jp/cyberpolice/detect/pdf/H20_nenpo.pdf
[18] 警察庁『平成23年 警察白書』
  http://www.npa.go.jp/hakusyo/h23/honbun/index.html
[19] 海上保安庁『九州南西海域における工作船事件の全容について』
  http://www.kaiho.mlit.go.jp/info/news/h14/fushinsen/030314/index.html
[20] 朝日新聞電子版:2006年5月12日記事「北朝鮮から覚せい剤密輸容疑、男逮捕 工作船捜査で浮上」
  http://www.asahi.com/national/update/0512/TKY200605120231.html
[21] タイム電子版:2004年3月22日記事「A Strike At Europe's Heart」
  http://www.time.com/time/europe/html/040322/story.html
[22] 産経新聞電子版:2010年9月26日記事「『サイバー攻撃受けた』イラン、原発など標的か」
  http://www.iza.ne.jp/news/newsarticle/world/mideast/444525/
[23] The New York Times電子版:2012年6月1日記事「How a Secret Cyberwar Program Worked」
  http://www.nytimes.com/interactive/2012/06/01/world/middleeast/how-a-secret-cyberwar-program-worked.html?ref=middleeast&_r=0
[24] The New York Times電子版:2012年6月1日記事「Obama Order Sped Up Wave of Cyberattacks Against Iran」
  http://www.nytimes.com/2012/06/01/world/middleeast/obama-ordered-wave-of-cyberattacks-

against-iran.html
[25]　毎日新聞電子版：2005 年 6 月 23 日記事「原発情報流出：『ウィニー』のウイルス感染でネット上に」
http : //www.mainichi-msn.co.jp/shakai/jiken/news/20050623k0000m040152000c.html
[26]　最判　平 14.7.11
宇治市公開情報：宇治市政だより、号外、平成 11 年 6 月 1 日記事「宇治市住民情報流出事件について」
http : //www.city.uji.kyoto.jp/cmsfiles/contents/0000007/7986/shiseidayori990611gougai.pdf
[27]　大阪地判　平 18.5.19（判時 1948 号 122 頁）
Web 掲載判例文：最高裁判所：裁判例情報、大阪地方裁判所、平成 16（ワ）5597、損害賠償請求事件
http : //www.courts.go.jp/search/jhsp0030?hanreiid=33228&hanreiKbn=04
[28]　産経新聞電子版：2010 年 11 月 6 日記事「『情報テロ』誰が仕掛けた…警視庁を震撼させたネット流出資料の危険すぎる中身」
http : //sankei.jp.msn.com/affairs/news/110114/crm11011421560215-n1.htm
[29]　産経新聞電子版：2013 年 10 月 4 日記事「警視庁、容疑者の特定断念　ネットへの資料流出　内部流出は認めず」
http : //sankei.jp.msn.com/affairs/news/131004/crm13100422030014-n1.htm
[30]　毎日新聞電子版：2011 年 9 月 30 日記事「三菱重サイバー攻撃：警視庁、本格捜査　きょうにも被害届」
http : //mainichi.jp/select/biz/it/news/20110930dde041040063000c.html
[31]　読売新聞電子版：2011 年 10 月 11 日記事「三菱重工ウイルス 50 種超…28 種感染の端末も」
http : //www.yomiuri.co.jp/net/news/20111011-OYT8T00121.htm?from=popin
[32]　読売新聞電子版：2011 年 11 月 11 日記事「三菱重工、原発情報も流出…感染サーバーに形跡」
http : //www.yomiuri.co.jp/net/news/20111110-OYT8T00215.htm?from=popin

第3章

デジタル・フォレンジックの体系

Chapter 3

Chapter 3

デジタル・フォレンジックの体系

　デジタル・フォレンジックは、広い分野で使われ始めており、全体を俯瞰するのが難しくなり始めている。このため、議論をする際にお互いがどの部分のことをいっているか、わからなくなる場合も少なくない。そこでデジタル・フォレンジックの分類軸として、(1)デジタル・フォレンジックを利用する主体、(2)訴訟の対象となる行為、(3)訴訟の種類、(4)訴訟する側かされる側か、(5)証拠性の保持に関連する情報処理機器、(6)証拠性の保持に関連するアプリケーションソフトなどをあげ、どのようなものがあるか列挙した。次に、いろいろな分類軸があるのでそれぞれの組合せを求めると非常に多くのものになる。そのため、そのなかから重要性が高いと考えられる組合せを選出し、相互関係を整理し全体像を示している。

（第3章主査：佐々木良一）

3.1 体系化の試み

　現在では、デジタル・フォレンジックはいろいろな対象に対し広く使われているが、十数年前に日本の企業においてデジタル・フォレンジックが最初に使われ始めたころの対象はサーバ等への不正侵入が中心であった。これらは、狭義のデジタル・フォレンジックまたはコンピュータ・フォレンジック（Computer Forensics）と呼ばれており、「計算機科学などを利用して、デジタルの世界の証拠性（evidence）を確保し、法的問題の解決を図る手段。ログの改ざん、破壊等、これまでの手法では証拠を検出することが困難な被害を受けたコンピュータに対しても、高度なツールによってコンピュータ内のデータを調査・分析することにより、不正アクセスの追跡を行う手段を含む」という定義がなされてきた[1][2]。今後、組織内外からの不正侵入が増加することが予想され、それにともなう訴訟の増加が予想されることから、今後も重要な分野である。

　しかし、現在では、企業などの一般組織に関連するデジタル・フォレンジックとしては、以下のように、さらに、いろいろな分野が重要になってきている。

　ここでは、不正侵入の証拠性だけでなく、財務会計情報などの情報改ざんや、個人情報や機密情報などの漏洩、セクハラや詐欺などの不正行為がなかったかの証拠性も大切となる。米国では、Sarbanes Oxley法（米国企業改革法。以下「SOX法」という）が制定され、効果的な内部統制を行っていくことが義務づけられるようになってきた。日本においても企業の透明性を確保し、アカウンタビリティ（説明責任）を問われるシーンがますます多くなっていくものと予想される。すなわち、情報セキュリティ対策の視点からデジタル・フォレンジックをとらえるだけでなく、経営管理の視点からデジタル・フォレンジックを考えていくことも大切となる。

　訴訟する側だけでなく、訴訟された場合に備え、証拠を確保することも大切となる。民事訴訟の最近の増大を考えるとこの点は容易に理解できると思う。また、SOX法は、企業にとってみれば訴訟された場合に自らの正しさを証明するための対象でもある。日本版SOX法ともいうべき「証券取引法等の一部を改正する法律」が成立し、2008年4月に施行されており、訴訟される側の証拠性の確保は重要な課題になってきている。

　さらに、従来はデジタルデータを扱うものとして、サーバやパソコンなどの典型的なコンピュータだけを考えておけばよかったが、現在では、重要な情報が各種の情報家電や携帯電話、スマートフォン、カーナビゲーションなどでも扱われるようになってきているため、これらも対象とする必要が出てくるだろう。そこで、デジタル・フォレンジックを広義にとらえ、その体系化を試みることとする。なお、広義のデジタル・フォレンジックをインフォメーション・フォレンジック、あるいは情報法科学[3]と呼ぶこともある。

（執筆担当：佐々木良一）

3.2 デジタル・フォレンジックの分類軸と全体像

広義のデジタル・フォレンジックを分類する軸は、以下のように多様であると考えられる[4]。

① デジタル・フォレンジックを利用する主体
    (a) 企業などの一般組織
    (b) 法執行機関

米国などでは軍によるデジタル・フォレンジックの利用も多いという。

② 訴訟の対象となる行為
    (a) 組織の規定などに違反（規則に違反したメールの配信など）
    (b) 組織間の契約条項などに違反（守秘義務契約の違反など）
    (c) 法律に違反（刑法、不正アクセス禁止法（不正侵入など）、個人情報保護法、不正競争防止法（営業秘密の不正入手など）、商法など）

当然のことながら、実際には訴訟にまで至らない場合も多い。

③ 訴訟の種類
    (a) 民事訴訟
    (b) 刑事訴訟

④ 訴訟との関連
    (a) 訴訟する側（企業など、法執行機関）
    (b) 訴訟される側（企業など）

⑤ 証拠性に保持に関連する情報処理機器
    (a) サーバ
    (b) パソコン
    (c) ネットワーク（ルータ、ハブ、通信路など）
    (d) 携帯電話、携帯端末、スマートフォン
    (e) 情報家電
    (f) カーナビゲーション　ほか

⑥ 証拠性に保持に関連するアプリケーションソフト
    (a) 電子メール
    (b) Web
    (c) ソーシャルネットワークサービス（SNS）ほか

このとき、訴訟の対象となる行為、訴訟の種類、訴訟の主体の関係は、以下のように整理することができるだろう（図 3.2.1）。

民事訴訟は、通常、個人や企業などが行い、刑事訴訟の訴追は法執行機関が行う。した

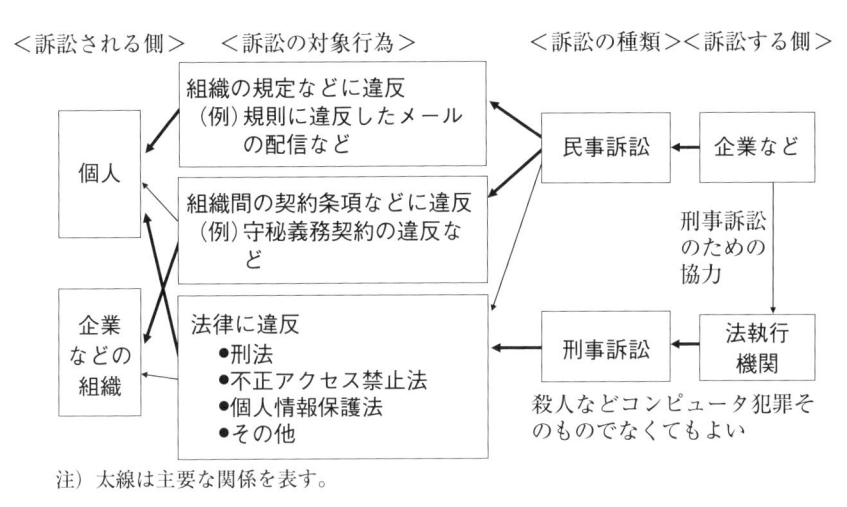

図 3.2.1 デジタル証拠の使われ方

がって、民事訴訟用の証拠性は個人や企業が確保し、刑事訴訟用の証拠性は法執行機関が確保することになる。しかし、企業や個人は刑事訴訟にかかわる捜査を法執行機関に開始してもらうために、刑事訴訟にかかわる証拠を保存し、提出することも必要である。

社内の規定に違反した人を企業内で処分するためのデジタル・フォレンジックの利用もあるが、この場合も、訴訟の可能性を前提に準備的に行われると考えられるので、ここでは訴訟を前提とするものとして説明した。

なお、デジタル・フォレンジックの対策には、「何か起きたときに備えてやっておくべき対策」と、「事件の発生後、証拠が消えないようにやる対策」に大別される。何か起きたときに備えてやっておくべき対策には、通信や操作記録の十分な収集・保管、記録やログの改ざん抑止などがある。一方、証拠が消えないようにやる対策には、電磁的記録の保全と収集・解析、収集過程と解析結果の正確な記録、証拠保全後のシステムの速やかな回復等がある。

以上、見てきたようにいろいろな分類軸があるのでそれぞれの組合せを求めると非常に多くなる。そこで、そのなかから重要性が高いと考えられる組合せを選出し、相互関係を整理すると、**図 3.2.2** に示すようになる。

デジタル・フォレンジックの必要性に関する調査結果によると**表 3.2.1** に示すように「情報セキュリティマネジメントのために」というのが一番多く、次が「法的紛争解決のために」となっている。これらは主に訴訟する立場で実施されるものであり、「コンプライアンス・内部統制のために」というのは、訴訟に備えるために実施されるものといってよいだろう。

3.3 節以降は、**図 3.2.2** の分類に沿って説明を追加する。

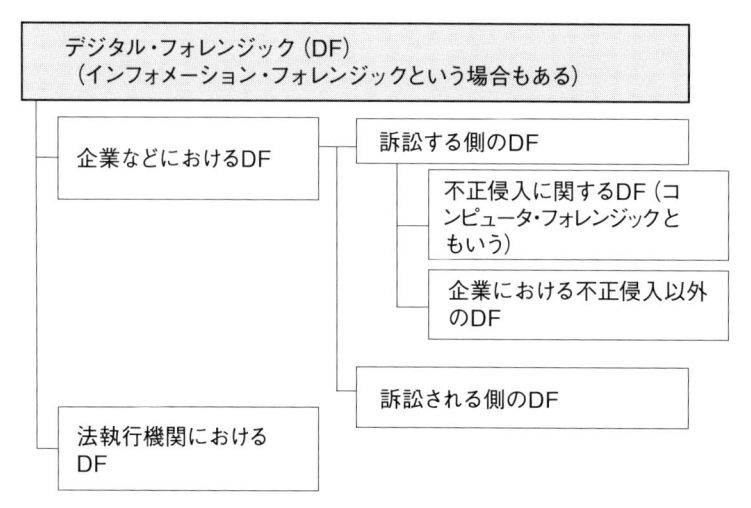

図 3.2.2 デジタル・フォレンジックの体系

表 3.2.1 デジタル・フォレンジックの必要性

No.	目的	%
1	法的紛争時の対応のために	42
2	コンプライアンス・内部統制のために	21
3	情報セキュリティマネジメントのために	71
4	行政や取引先との関係のために	27
5	ほとんど必要ない	5

出典) 向井徹、足立正浩：『フォレンジック関連ビジネス動向』、日本セキュリティ・マネジメント学会誌、23巻、第1号、pp.57-59、2009年

（執筆担当：佐々木良一）

3.3 企業において訴訟を行うためのデジタル・フォレンジック

3.3.1 不正侵入に対するデジタル・フォレンジック
（1）不正侵入と対策の概要

　ある企業のファイルサーバに、不正な侵入があり、重要なデータが盗み出されたのではないかと考えられるような場合を想定してみよう。

　不正な侵入に備えて、サーバでは通常、ログを集めている。それは、システムのトラブルやユーザの行動などのログ情報は、問題解決の重要な手がかりになるからである。例えば、対象システムが不正行為を受けた場合、システムや各サービスまたはアプリケーションが出力するログに攻撃の痕跡が出力され得る[5][6]。ここで、ログの種類としては、以下のようなものがあるので挙げておく。

① システムで一括管理されているログ
  (a) UNIX系OSのsyslog
  (b) Windowsのイベントログ
② アプリケーションソフトウェア自体の独自のログ
  (a) Apacheのアクセスログ
  (b) IISのアクティブログなど
③ セキュリティソフトウェアによるログ
  (a) マルウェア対策ソフト
  (b) 侵入検知・防止システム
  (c) WEBプロキシ
  (d) 脆弱性管理ソフトウェア
  (e) 認証サーバ
  (f) ルータ、ファイアウォールなどからのログ

　したがって、不正侵入の可能性があると、サーバのネットワークからの切り離しなどの応急処理（インシデントレスポンス）を行った後、ログの解析を行って得られたデジタル証拠を利用して、①いつどのような被害を受けたのか、②どこから侵入し、どのような行為をしたかを、明らかにしようとする。この際、侵入者によって、ログの削除、改ざんが行われていることもあるため、ログを復元する技術も必要となる。

　企業にとって重要なことは、この侵入が外部からのものか、内部からのものかの切り分けであろう。外部からのものであれば、証拠を整理し報告書を作成して、警察などに捜査を依頼することが必要となる。警察などの法執行機関では、デジタル・フォレンジックを用いて、外部の不正者を特定し、刑事訴訟を行おうとするためである。

内部からのものであったら、企業はさらに証拠の収集を行っていくことになる。内部の人間の不正に対処するためには、不正侵入を行った可能性の高い人物を明確化し、その人物のパソコンを調べ、不正侵入を行った証拠を把握する必要がある。

(2) 不正侵入の証拠を把握する手順

そのための手順は、図 3.3.1 に示すとおりである[7]。

〈事前準備過程〉

① 証拠データの汚染を防ぐため専用消去ツールで HDD データに上書きを行い、証拠取得用の HDD を用意する。

〈データ保全過程〉

② 証拠取得用 HDD(コピー先)へ 100% 物理コピーを行う。

③ 対象 HDD(コピー元)と証拠 HDD(コピー先)のデータ同一性を比較するため操作ログ上のハッシュ値を確認する。

④ 物理コピーされたデータを解析ソフトウェアに適したイメージファイルへ変換する。

〈解析過程〉

⑤ 解析用ファイル形式に変換された証拠データを解析用ソフトで認識する。

⑥ ファイルデータの分別を行う。

⑦ ビュワーを用いてさまざまなファイルを解析ソフトひとつで閲覧する。

⑧ 必要に応じてパスワードリカバリの実施やレジストリエリアを閲覧する。

⑨ 法廷において最重要視されるレポートの作成を行う。

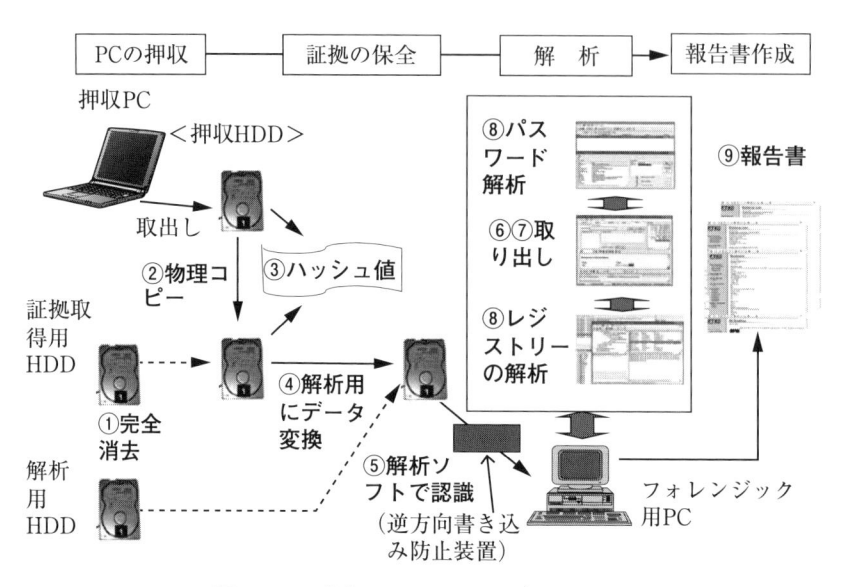

図 3.3.1 デジタル・フォレンジックの手順

この過程で、対象者のパソコンから正しく、デジタルデータを収集し、改ざんされていないということを、裁判官などが信じるに足るようにしておく必要がある。このため、現状では、証拠取得用HDDを完全消去した後、対象HDDから100%物理コピーした後、ハッシュ値を残すなどの対応や、作業の様子のビデオでの撮影などを行っている。

　ハッシュ関数を使う場合は、作成されたハッシュ値が物理的論理的に安全に保管されている必要がある。現状では、保管の継続性を運用によって保持することで不正を防止している。将来は、データの改ざんがないことをより厳密に証明するため、第三者による電子署名やタイムスタンプなどが使われるようになる可能性がある。

3.3.2 不正侵入以外の不正に対するデジタル・フォレンジック

　不正侵入以外の不正に対しても、デジタル・フォレンジックを適用し、法律違反や契約違反に対し訴訟を行おうとする場合がある。

　ここでは、企業が訴訟を起こすパターンとしては、(1)企業が企業を訴える場合、(2)企業が個人を訴える場合が考えられる。

　それぞれ、次のような例が考えられる。

(1)　企業が企業を訴える場合
(a)　ライバル企業などが法律に違反しており告発や民事訴訟に持ち込む場合

　ライバル企業などが、不正競争防止法などの法律に違反し、自社の活動に損害を与えており、告発を成立させるためや、民事訴訟に勝つために電子データを含め証拠性を十分に確保することが必要となる。

(b)　契約先企業などが契約に違反しており損害賠償などのために民事訴訟に持ち込む場合

　契約企業などが、受託によって知り得た情報を、契約に違反して外部に電子データの形で漏洩した場合などに、それらが現実に起こり、契約先企業に過失のあることの証拠性の確保が必要になる。

(2)　企業が個人を訴える場合
(a)　個人が法律に違反しており、告発や民事訴訟に持ち込む場合

　従業員が商法などに違反し、企業に損害を与えた場合に告発が成立することや、民事訴訟に勝つために十分な証拠性を、電子メールやパソコンの処理記録を残すことにより確保することが必要となる。

(b)　個人が契約などに違反し、組織内の措置を行う場合

　企業の業務規定などの契約事項に従業員が違反し、機密情報を電子メールによる送信や

記憶媒体の持出しなどで流出させた場合や、勤務時間中にアダルトサイトなどへアクセスした場合などに、解雇などの措置を行うために証拠性の確保が必要となる。

　いずれの場合も、組織として何を守るかを明確化しておき、監視する仕組みを各業務の担当者が用意し、証拠性を確保するためのデータを適切に集めるようにしておく必要がある。

　証拠の確保のためには、例えば、勤務時間中のアダルトサイトなどへのアクセスの問題は、Webサイトへのアクセスに関する管理データを監視すれば簡単に証拠がつかめるだろう。一方、機密情報の漏洩などは、いろいろな証拠を隠す行為が予想されるため、被疑者のパソコンの調査など、不正侵入の場合と同様な、高度なデジタル・フォレンジック技術が必要となる。このための手順は、3.3.1項で説明した方法と基本的に同じである。

　この運用にあたっては、これらの保存されたデータが証拠として許容されるものであり、改ざんされたものでないことを裁判官に心証として与えることも大切となる。証拠として許容され、改ざんされたものではないと判断するかどうかは、時代とともに変化することが予想される。また、現在は管理者側が通常にログを保存していればよいが、将来は、ログデータが改ざんされていないことを証明できるような高度な仕組みが大切になっていくことが予想される。

　不正侵入の証拠性が各種のログデータを主要な対象にするのに対し、ここでは、それ以外に、電子メールや各種の業務記録なども大切な対象となる。

　企業における訴訟にはこれ以外に、企業で働く個人が、別の個人を訴訟する場合がある。例えば、セクハラ被害を受けた女性が上長のセクハラの証拠性を確保するというような場合が考えられる。自分に来たメールを保存したり、訴訟を起こし、相手のメールを証拠として提出させたりというような形で、デジタルデータが利用される。今後このようなことのためにも、メールなどを適切に保管し、メールを不当に消去したり、改ざんしたりしていないことの証拠を確保していく必要がある。

（執筆担当：佐々木良一）

3.4 企業において訴訟に備えるためのデジタル・フォレンジック

3.4.1 訴訟に備える側のデジタル・フォレンジックの分類

ここでは、企業などが、法律違反や契約違反などの不正を行っていないことを証明できるようにしておき、訴訟を受けてもよいようにしようとするための準備について述べる。

企業が訴訟を受ける場合としては、(1)企業が企業を訴訟する場合、(2)国などが企業を訴訟する場合、(3)個人が企業を訴訟する場合の3つが考えられる。

それぞれ、次のような例が考えられる。

(1) 企業が企業を訴訟する場合

業務依頼を受けたビジネスの相手から、守秘義務の違反や、不誠実な業務であったとして契約違反で訴えられる可能性がある。そのような問題を回避するために、電子メールや、パソコンを用いて作成したデータの確実な保存を実施する必要がある。

いずれにしても、企業が企業を訴訟する場合は、証拠を提出する相手がライバル企業の場合が多いので、必要なデータはきちんと提出しなければならないが、提出の必要がなく機密性が高いデータは出さないようにする仕組みが大切となるだろう。

(2) 国などが企業を訴訟する場合

企業は証券取引法や商法などの違反で、訴えられる可能性がある。日本の企業であっても、米国で資金を調達している企業は、米国のSOX法で訴えられる可能性がある。また、日本版SOX法ともいえる「証券取引法等の一部を改正する法律」が2008年に施行されている。

このようななかで、企業の管理者は組織の内部統制を強化し、不正を行わない仕組みを確立する必要がある。そのためには、企業の方針を文書の形で残すとともに、運用の過程で、コンピュータで処理した業務記録や電子メールなどを適切に保管していく仕組みを確立しておく必要がある。

(3) 個人が企業を訴訟する場合

企業の不正の告発や組合活動などのために、会社から不当な扱いを受けたということで、従業員が企業を訴訟する場合が考えられる。また、セクハラ被害を受けた女性が上長だけではなく、その上長を雇用した企業も一緒に告発する場合も考えられる。また、消費者が企業を訴えるケースは今後も増大するだろう。いずれの場合も不正がないなら不正がないということを、電子メールの記録などで示せるようにしておく必要がある。

なお、訴訟などに関連した電子データの提出をeディスカバリと呼んでいる[9]。米国では、審理開始前に原告側弁護士と、被告側弁護士の間で行われるのに対し、日本では裁判官の指揮の下で、審理の過程でeディスカバリが行われる[10][11]。

3.4.2　訴訟する側のデジタル・フォレンジックとの比較

ここで、訴訟する側と、訴訟される側のデジタル・フォレンジックの違いは、以下のように整理できるだろう。

（1）　訴訟する側
① 証拠を正当に収集し、その後の改ざんがないことを証明できることが必要である。
② 訴訟に耐える証拠を1つでもつかめばよい。
③ 相手がデータを消去・破壊するかもしれないという問題があり、データの復元などの対応が必要になる。

（2）　訴訟に備える側
① すべての重要な証拠が残されていることという心証を裁判官に与え得る。
② 改ざんされていないというが証明できる。
③ 民事訴訟などで、証拠性の開示（eディスカバリ）が必要になったら、必要最小限の情報を、適切に提出する必要がある。

訴訟される側の技術課題は、従来からあまり扱われてこなかった。今後説明責任が強まるにつれ重要な課題となると考えられる。

なお、「訴訟に備える側のデジタル・フォレンジック」を「訴訟を受けてもよいようにするためデジタル・フォレンジック」、「内部統制のためのデジタル・フォレンジック」、あるいは「リスクマネジメントのためのデジタル・フォレンジック」という場合もある。

（執筆担当：佐々木良一）

3.5 法執行機関におけるデジタル・フォレンジック

警察などの法執行機関では、各種の犯罪に対し、デジタル・フォレンジックにもとづく捜査を行い、刑事訴訟を行う。ここでは図3.5.1に示すようにコンピュータ関連犯罪だけでなく一般犯罪も対象となる。

(1) 不正侵入の被害の実態の確認と攻撃者の特定

企業などの不正侵入対策と同じようにして、被害の実態を把握するとともに、攻撃者の特定を行う。データの復元や、改ざんをしていないことを証明する技術が必要となる。一般的に、企業などで用いるフォレンジックツールに比べ大規模で高価なものが使われる場合が多い。また、企業などの調査が組織内からの攻撃か組織外からの攻撃かを判断し、組織外からならそれで調査が終わるのに対し、法執行機関での捜査は、図3.5.2に示すように組織内外に及び、プロバイダの協力を得たり、海外との協調を行ったりして攻撃者にたどり着こうとする。最近では匿名通信路を用いる攻撃も行われており攻撃元の発見は困難度を増している。

(2) Web上に殺人予告などを書き込んだ犯人の特定

Web上に殺人予告を書き込んだ場合、警察は書き込まれたサーバのログを調べ、書き込みに対応したパケットを確認し、そこに残された発信元のIPアドレスを調べる。そして、そのIPアドレスを保持しているプロバイダを調べ、捜査令状などをとるなどして、その時間帯にそのIPアドレスを使用していた人物を特定する。ただし、その人物が書き

```
(1) 不正侵入の被害の実態確認と攻撃者の特定
(2) Web上に殺人予告などを書き込んだ犯人の特定
(3) 児童ポルノの保管証拠の確保
(4) 殺人など犯罪の証拠のPCや携帯端末からの確保(電子メール、インターネット検索履歴、その他)
(5) 経済事件での証拠性の確保
```
対象はコンピュータ関連犯罪
↕
対象は一般犯罪

図3.5.1　警察などにおけるデジタル・フォレンジックの適用候補

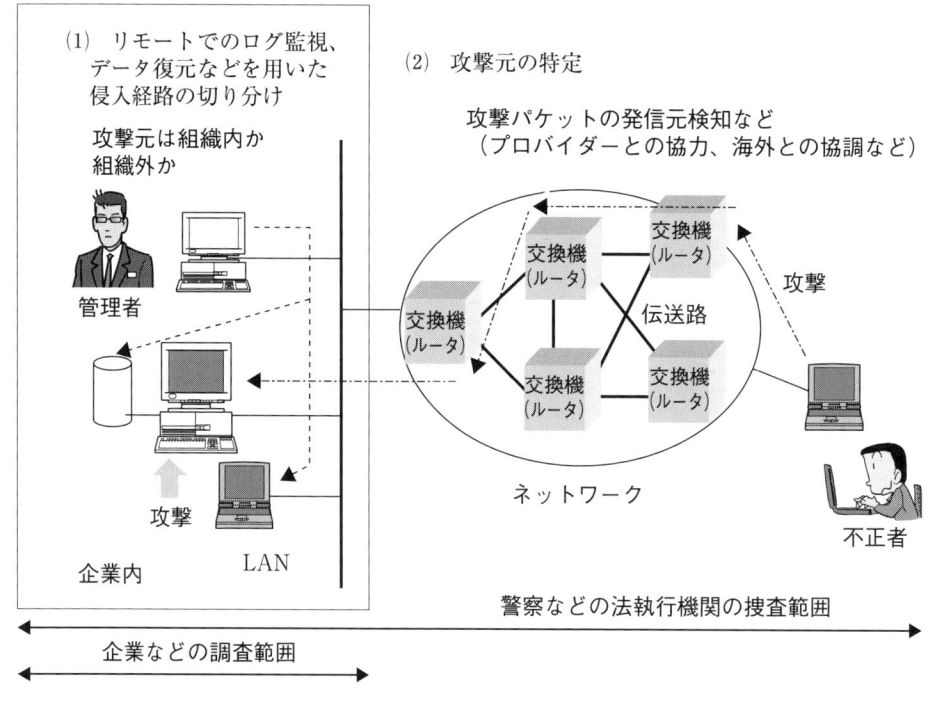

図3.5.2 調査範囲の違い

込んだのではなく、遠隔操作ウイルスなどにより、第三者が書き込んだ可能性もあるので慎重な捜査が期待されている。

(3) 児童ポルノ画像などのデジタルデータでの保管

米国などでは、児童ポルノはわいせつかどうかの問題ではなく、児童の健全な成育を害する重大な問題と考えられており、児童ポルノ画像などについては、販売した側だけでなく、購入した側も重罪となる。逮捕を免れるため、その写真のデータを消したとしても、データ復元ツールを用いることにより、保持していたことを証明し、訴訟を行う場合もある。

(4) 殺人などの証拠のパソコンからの確保[9]

2002年に米国で起きたスコット・ピーターソンによる妻殺し事件の際にも訴訟に際してパソコンのハードディスクに保存されていたデータが利用された。ハードディスク内のインターネット検索履歴や電子メール、その他のデジタルデータを調査した結果が、殺人の決定的な証拠となったといわれている。日本においても、殺人事件などにおいてパソコンや携帯端末から取り出したメールやWebのアクセス記録が使われることが多くなってきている。

（5） エンロン事件などの経済事件での証拠性の確保[9]

　トップマネジメント自身が不正行為を指示し、10億ドル企業を滅亡に追いやった事件では、デジタルデータをフォレンジック調査した結果、不正行為が判明したといわれている。日本でもライブドア事件に関連して犯罪を実証するためメールなどの調査が行われた。公的機関が行うものとしては警察が行うもの以外に国税庁などが、企業の脱税行為などをデジタル・フォレンジックを用いて調査し、追徴したり、訴訟したりすることがある。また、金融庁の証券取引等監視委員会も証券取引法違反に対しデジタル・フォレンジックを用いた捜査を行っている。

　警察などの法執行機関が行う手順については、ガイドがつくられており、米国やオーストラリアでは、それらのガイドが公開されている[12]～[14]。またデジタル・フォレンジックに関する国際標準化動向については**付録1**を参照願いたい。

　法執行機関などにおける不正侵入に対応するデジタル・フォレンジック技術は、企業で行う不正侵入に対応する技術とあまり変わらないが、企業における不正侵入対策が、事前にデータ確保のための種々の対策をとり得るのに対し、法執行機関の場合は、与えられたデータを前提に捜査を実行せざるを得ないという困難な点がある。一方、被害を受けた企業以外に対し、強制捜査などがやりやすいという特徴もある。

（執筆担当：佐々木良一）

3.6 本章のまとめ

デジタル・フォレンジックの分類ごとに、利用者を整理すると、図3.6.1に示すようになり、多くの人たちがデジタル・フォレンジックを使用する可能性があることがわかる。

また、デジタル・フォレンジックが必要になる事案と、必要となるデータの関係は、図3.6.2に示すとおりである。通常、デジタル・フォレンジックの証拠となるデータというとシステムログだけを思い浮かべる人も多いと思うが、いろいろなデータが考えられるということを知っておく必要がある。

デジタル・フォレンジックとほぼ同じ意味で、インフォメーション・フォレンジック（あるいは情報法科学）という言葉を使うということや、不正侵入に対するデジタル・フォレンジックという意味で、コンピュータ・フォレンジックという言葉を使うということはすでに述べてきた。3.2節で述べた「⑤証拠性に保持に関連する情報処理機器」や「⑥証拠性に保持に関連するアプリケーションソフト」に着目して表3.6.1に示すような名前で呼ぶこともある。

デジタル・フォレンジックに関連し、重要な言葉で、これまで触れてこなかったものに、ネットワーク・フォレンジックという言葉がある。これも、広義のデジタル・フォレンジックに含まれるものであるといってよいだろう。

ネットワーク・フォレンジックは、ネットワーク上を流れるパケット等に関連するログをファイアウォールや専用の装置を用いて保存し、不正の証拠の確保や、攻撃元の特定に使おうというものである。従来、サーバ等のログの保存は行われていたが、パケット等ネットワーク系のログの保存は十分ではなかった。今後、これらのログが増加することが

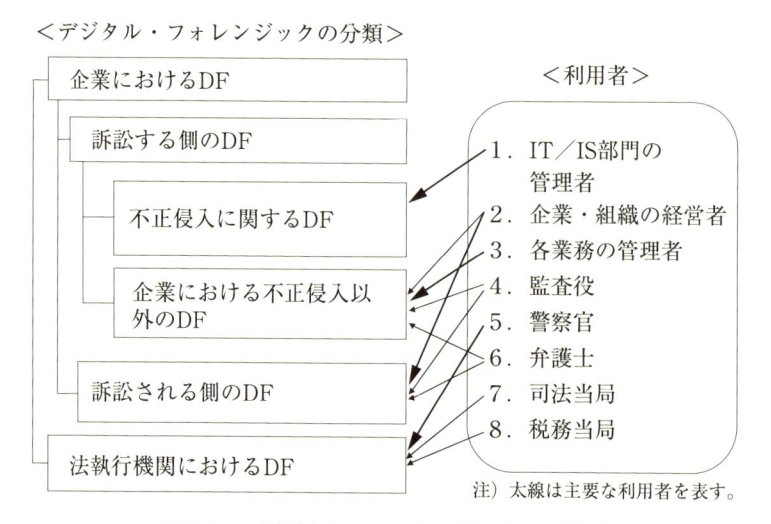

図3.6.1 デジタル・フォレンジックの利用者

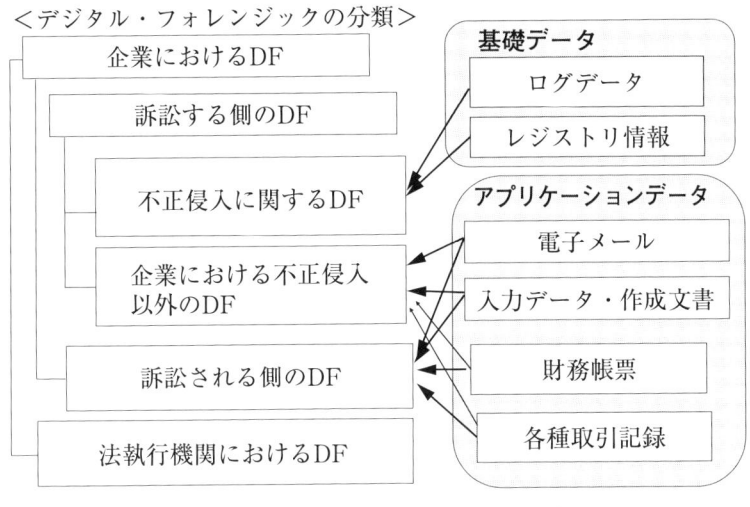

図 3.6.2 デジタル・フォレンジックとデータ

表 3.6.1 対象によるデジタル・フォレンジックの分類

種類	対象
ディスクフォレンジック（コンピュータフォレンジック）	ハードディスクを中心とした不揮発な記憶媒体
ネットワークフォレンジック	ネットワーク機器、サーバのログなど
電子メールフォレンジック	電子メールを中心とするデータ
Web フォレンジック	Web サイトに関連するデータ
モーバイルフォレンジック	携帯電話、携帯端末、スマートフォン等のデータ

出典）　独立行政法人情報処理推進機構『情報セキュリティ白書 2011』、p.64、表 1.7.1、2011 年

予想され、それらを用いたネットワーク・フォレンジックはますます重要になっていくと考えられる。

（執筆担当：佐々木良一）

第 3 章の参考文献

[1] John R. Vacca, "Computer Forensics : Computer Crime Scene Investigation", Charles River Media, 2002
[2] 佐々木良一「@police　第 3 回セキュリティ解説　コンピュータフォレンジックス」
http://web.archive.org/web/20060719055357/http://www.cyberpolice.go.jp/column/explanation03.html

［3］　向山宏一、内田勝也「情報法科学（Information　Forensics）体系化の考察」『日本セキュリティ・マネジメント学会第19回全国大会発表要旨』pp.139-154、2005年
［4］　佐々木良一、芦野佑樹、増渕孝延「デジタル・フォレンジックの体系化の試みと必要技術の提案」日本セキュリティ・マネジメント学会20巻第2号、pp.49-61、2006年
［5］　K. Mandia, C. Prosise『インシデントレスポンス　不正アクセスの発見と対策』翔泳社、2002年
［6］　渡辺勝弘、伊原秀明『不正アクセス調査ガイド』オライリー・ジャパン、2002年
［7］　守本正宏「クライアントパソコンに対するフォレンジック技術」『COMPUTER ＆ NETWORK LAN』2005年3月号、pp.40-44、2005年
［8］　守本正宏「リスクマネージメントにおけるデジタル・フォレンジックの活用」『日本セキュリティ・マネジメント学会第19回全国大会発表要旨』pp.149-147、2005年
［9］　Eric Thompson「米国での問題解決例」『COMPUTER ＆ NETWORK LAN』2005年3月号、pp.20-22、2005年
［10］　中山義壽『訴訟社会アメリカと日本企業』新評論、2002年
［11］　守本正宏『ディスカバリー　カルテル・PL訴訟・特許訴訟』企業家大学出版、2012年
［12］　米国司法省 "Forensic Examination of Digital Evidence : A Guide for Law Enforcement"
　　　http://www.ojp.usdoj.gov/nij/pubs-sum/199408.htm
［13］　米国司法省 "Electronic Crime Scene Investigation : A Guide for First Responders"
　　　http://www.ncjrs.org/pdffiles1/nij/203099.pdf
［14］　Standards Australia International "Guidelines for the Management of IT Evidence"
　　　http://www.saiglobal.com/PDFTemp/Previews/OSH/as/misc/handbook/HB 171.PDF
［15］　向井徹、足立正浩「フォレンジック関連ビジネス動向」『日本セキュリティ・マネジメント学会誌』23巻、第1号、pp.57-59、2009年
［16］　Eric Thompson「米国での問題解決例」『COMPUTER ＆ NETWORK LAN』2005年3月号、pp.20-22、2005年
［17］　米国司法省 "Forensic Examination of Digital Evidence : A Guide for Law Enforcement"
　　　http://www.ojp.usdoj.gov/nij/pubs-sum/199408.htm
［18］　"Electronic Crime Scene Investigation : A Guide for First Responders"
　　　https://www.ncjrs.gov/pdffiles1/nij/219941.pdf
［19］　Standards Australia International "Guidelines for the Management of IT Evidence"
　　　http://unpan1.un.org/intradoc/groups/public/documents/ApcITY/UNPAN016411.pdf

第4章

デジタル・フォレンジックと法

Chapter 4

Chapter 4

デジタル・フォレンジックと法

　本章では、わが国の司法制度、とりわけ刑事訴訟法および民事訴訟法の流れの概要と訴訟におけるデジタル・フォレンジックとの関連について概説する。

　デジタル・フォレンジックと刑事訴訟法においては、デジタル・フォレンジックを用いた証拠収集やその利用にあたって留意すべき点を整理している。

　また、デジタル・フォレンジックと民事訴訟法においても、訴訟当事者が訴訟においてどのような点に留意して訴訟準備をし、裁判において証拠を利用していくかという点を整理している。

　なお、ネットワークにおけるフォレンジックとの関連で、デジタル・フォレンジックと通信の秘密という問題点についても検討している。

（第4章主査：安冨潔）

4.1 デジタル・フォレンジックと刑事訴訟法

4.1.1 刑事手続の流れと概要

刑事手続は、罪を犯した者を処罰する手続である。

法律で罰せられるべき者が適正迅速に処罰されるために、憲法や刑事訴訟法に厳格な手続が定められている。無実の者が罰せられることがあってはならないし、刑事手続において捜査や裁判の対象となっている者の基本的人権が侵害されることもないようにしなければならないからである。

刑事訴訟法は、「刑事事件につき、公共の福祉の維持と個人の基本的人権の保障とを全うしつつ、事案の真相を明らかにし、刑罰法令を適正且つ迅速に適用実現することを目的とする。」(1条)としている。

犯罪と刑罰を定めた法律を根拠として犯人を処罰する手続において、犯罪の処罰という公益(公共の福祉)を実現するためであっても、個人の基本的人権の保障(憲法13条以下)をまっとうするため、国家権力に対する規制が基本概念として明記されている(同31～40条)。そして、これを承けた刑事訴訟法では、「実体的真実主義」[1]、「適正手続の保障」[2]、を訴訟の目的とし(刑訴1条)、その具体的な原則として、捜査における「強制処分法定主義」(同197条1項但し書)、「証拠裁判主義」(同317条)、「自白法則・補強法則」(319条1項・2項)、「伝聞法則」(同320～328条)のほか、判例によって「違法収集証拠排除法則」などがある。

刑事手続は、犯罪の発生→捜査→起訴→公判審理→裁判という流れをとる(図4.1.1)。

犯罪が発生し、捜査機関がその手がかりをつかんで、捜査に着手する。捜査によって、犯人を発見し、必要があれば身柄を拘束し、また、さまざまな証拠を収集・保全する。捜査が終われば、検察官によって、起訴・不起訴が決定される。起訴ということになれば、検察官は、起訴状を裁判所に提出する。事件を担当する裁判所は、公判準備を経て、公判期日において検察官の主張している犯罪事実の有無を審理し、有罪と判断すれば、刑を量定して、判決において宣告する。公判審理にあたっては、検察官が犯罪事実を証明する責任を負っているので、裁判所にとって合理的な疑いを容れない程度にまで有罪との立証を検察官がなし得なかった場合には、被告人は無罪となる(図4.1.2)。

---

[1] 裁判所の事実認定が、真実に合致していなければならないとする考え方をいう(安冨潔『刑事訴訟法 第2版』、p.1、三省堂、2013年)。
[2] 刑罰を科す手続が形式的に法律に根拠があるというだけでなく、その法律の内容が実質的に適正でなければならないという憲法原理をいう(安冨・前掲書、p.2)。

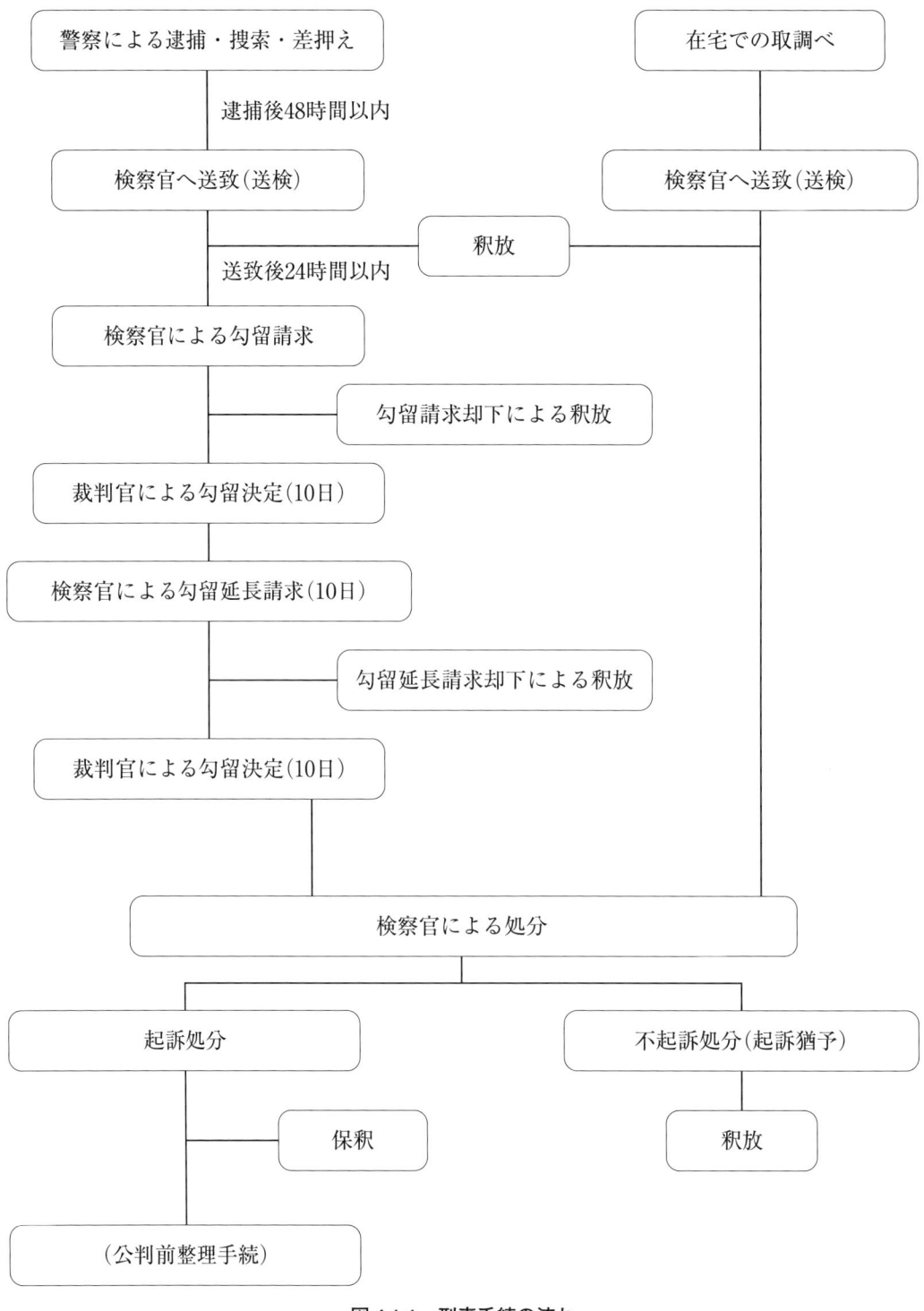

```
                            犯罪の発生
                               │
        ┌──────────────────────┴──────────────────────┐
   警察による逮捕・捜索・差押え                    在宅での取調べ
        │                                              │
        │ 逮捕後48時間以内                              │
        │                                              │
     検察官へ送致(送検)                          検察官へ送致(送検)
        │                  ┌─ 釈放 ──┐              │
        │ 送致後24時間以内                              │
        │                                              │
   検察官による勾留請求                                 │
        │                                              │
        ├── 勾留請求却下による釈放                       │
        │                                              │
   裁判官による勾留決定(10日)                           │
        │                                              │
   検察官による勾留延長請求(10日)                       │
        │                                              │
        ├── 勾留延長請求却下による釈放                   │
        │                                              │
   裁判官による勾留決定(10日)                           │
        │                                              │
        └──────────────┬───────────────────────────────┘
                       │
                 検察官による処分
                       │
           ┌───────────┴───────────┐
        起訴処分                 不起訴処分(起訴猶予)
           │                        │
           ├── 保釈                  └── 釈放
           │
      (公判前整理手続)
```

図 4.1.1　刑事手続の流れ

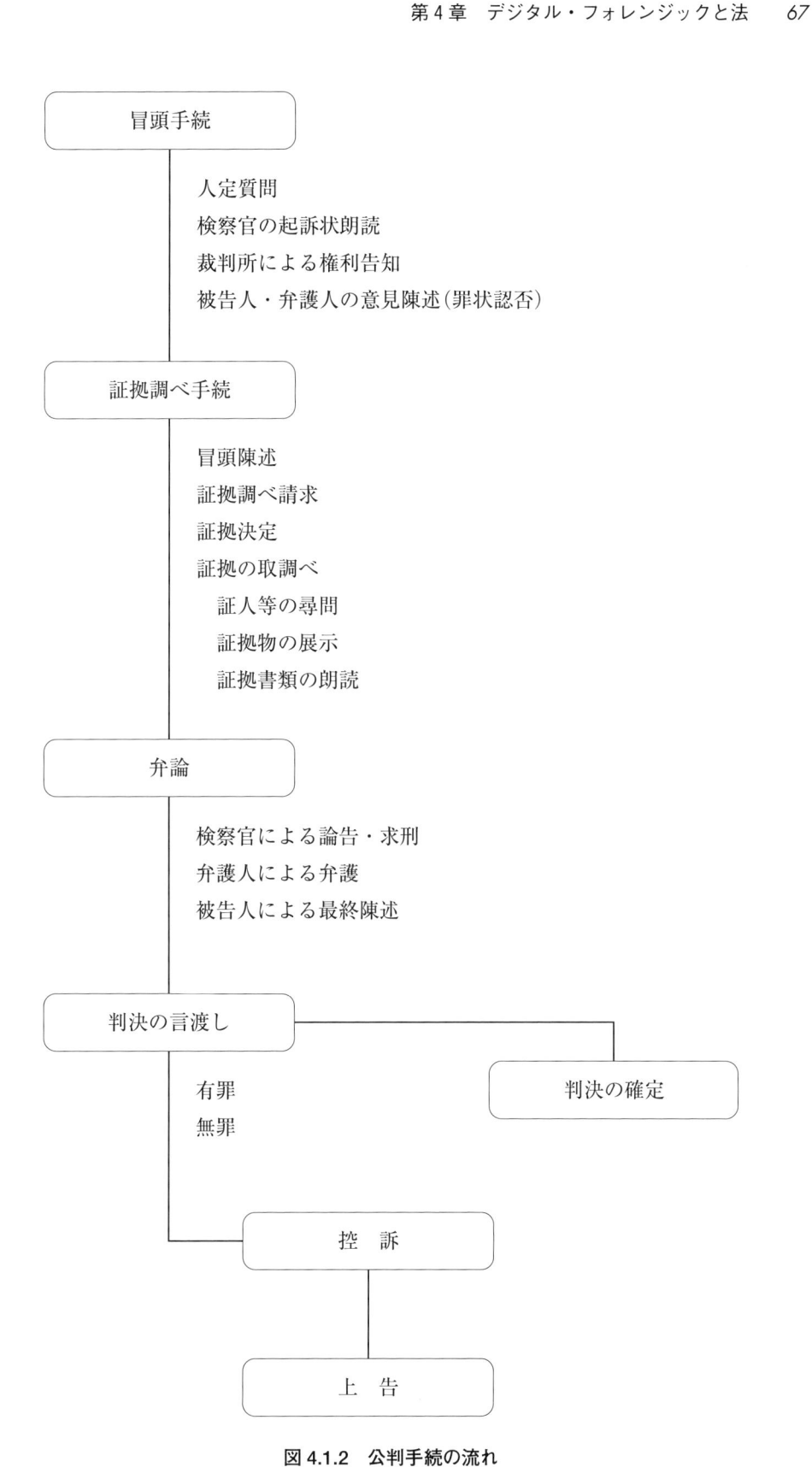

```
冒頭手続
    人定質問
    検察官の起訴状朗読
    裁判所による権利告知
    被告人・弁護人の意見陳述（罪状認否）

証拠調べ手続
    冒頭陳述
    証拠調べ請求
    証拠決定
    証拠の取調べ
        証人等の尋問
        証拠物の展示
        証拠書類の朗読

弁論
    検察官による論告・求刑
    弁護人による弁護
    被告人による最終陳述

判決の言渡し ─────────── 判決の確定
    有罪
    無罪

    控　訴

    上　告
```

図 4.1.2　公判手続の流れ

4.1.2 犯罪捜査とデジタル・フォレンジック

捜査は、犯人を発見、確保し、証拠を収集するなどによって、犯罪事実を明らかにする手続である。

捜査は、任意になされる(任意捜査)が原則である(刑訴197条1項本文)が、捜査の必要があるときは、捜査機関は、裁判官の発する令状により強制手段を用いて捜査(強制捜査)をすることができる(刑訴197条1項但し書)。強制捜査は、国民の基本的な権利を制限することから、刑事訴訟法に定められたもの(逮捕・勾留、捜索・差押え・検証、鑑定処分、証人尋問)に限られる。

証拠の発見・収集を目的とした捜査は、証拠物などがあると思われる場所を捜索し、そこで発見した証拠物を差し押える。また、検証や実況見分によって犯行現場や証拠の存在する状況を五官の作用で認識して書面が作成される。捜索・差押えによって収集された証拠物は、専門家による鑑定処分によって、解析されることもある。もっとも、適法な逮捕に伴って、逮捕の現場で行われる捜索・差押えには令状を要しない(憲法35条、刑訴220条1項2号)。

他方、被害者等からの事情聴取や、被害者等が自発的に提出(任意提出)した証拠物を受領・保管することなどは、任意捜査であり、裁判官の発する令状は不要である。

電磁的記録を記録した媒体の捜索・差押えにあたっては、電磁的記録の特性を考慮に入れて、適切に実施することが重要である。

刑訴法は、①電気通信回線で接続している記録媒体からの複写(刑訴99条2項、218条2項)、②記録命令付差押え(99条の2、218条1項)、③電磁的記録に係る記録媒体の差押えの執行方法(110条の2)、④電磁的記録の保全要請(197条3項〜5項)などについて立法化を図っている(6.4.1項を参照)。

4.1.3 刑事証拠法とデジタル・フォレンジック

刑訴317条は「事実の認定は、証拠による。」として、犯罪事実については、証拠能力があり、適式な証拠調べを経た証拠によって認定しなければならないとしている。「証拠により認定される事実」と「事実に対する法的判断(意見・主張)」とは、厳密に区分されていることに留意することが必要である[3]。

証拠は、事実認定の資料であるが、犯罪事実の認定にあたっては、証拠として用いてよいか(証拠の許容性)、またその証拠一定の証明力がなければならない。

証拠能力は、証拠として公判廷で取調べをすることができるという形式的な資格をいう。起訴状に記載された公訴事実(検察官が犯罪だと主張している事実)を証明することができ

---

[3] 人が体験した事実から推測したものでない、単なる評価・意見・主張は証拠とはならない。」(意見証拠)とされる(最大判昭和24年6月13日刑集3巻7号、p.1039参照)。

る証拠であっても、公判廷で取り調べることによって、裁判官に証明力の評価を誤らせる恐れがあることもある（例えば、無理矢理供述させられた自白なのにその供述過程が明らかにならないものなど）し、捜査手続で重大な違法があって政策的に証拠とすることが正義に反するといえる場合（例えば、令状なしに押収した証拠物など）には、証拠能力がないとされる。また、証明力は、証明しようとする事実の認定にその証拠がどの程度有用で裁判官が心証を形成することができるかという観点に立っての証拠の実質的な価値をいう。

　ある証拠につき証拠能力が認められるには、その証拠が立証しようとする事実との間に関連性を有していなければならない。関連性は、法律上、自然的関連性と法律的関連性に分けられる。自然的関連性とは、証拠によって証明しなければならない犯罪の成否に関する事実を推認させるのに必要な最小限度の証明力がなければならないことをいう。自然的関連性のない証拠を取り調べてみても意味がないからである。また、自然的関連性がある証拠でも、裁判所に予断や偏見を抱かせたり、争点を混乱させたり、相手方、ことに被告人に不公正な不意打ちを与えるような証拠であってはならない。これを法律的関連性という。

　自白（被疑者・被告人が自己の犯罪事実の全部または重要な部分を認める供述）については、「強制、拷問又は脅迫による自白、不当に長く抑留又は拘禁された後の自白その他任意にされたものでない疑いのある自白は、これを証拠とすることができない。」（319条1項）とされ、「被告人は、公判廷における自白であると否とを問わず、その自白が自己に不利益な唯一の証拠である場合には、有罪とされない。」（319条2項）と規定されている。自白は、本人の供述だけに、慎重に判断されるべきだからである（6.4.1項を参照）。

　また、いわゆる伝聞証拠（相手方の反対尋問の機会が与えられていない供述証拠）については、原則として、証拠とすることができない（伝聞法則、320条）。人は、自己の体験を再現して他人に伝える場合、知覚→記憶→表現→叙述という内心の心理過程（供述過程）を経るが、この過程には誤りが入り込む余地がある。そこで、供述過程に誤りがないことを何らかの方法で吟味しないと誤った事実を認定することになる。ことに、被告人に不利な供述証拠については、被告人側に反対尋問の機会を与えることが重要である。しかし、伝聞証拠であっても、供述の正確さが信用できる情況的保障があれば、一定の条件下に例外的に証拠能力を認めてもよい（321～328条）。

　これらの供述に関する証拠能力については、明文規定があるが、違法捜査によって収集された証拠物については、刑事訴訟法に規定はないが、判例によって、証拠物の収集手続に令状主義の精神を没却するような重大な違法があり、これを証拠として許容することが将来における違法な捜査の抑制の見地からして相当でないと認められるときは、その証拠能力が否定されるとしている[4]。

4）　最判昭和53年9月7日刑集32巻6号、p.1672。

証明力の判断は裁判官の自由な判断に任され、裁判官は法の拘束を受けずに経験則・論理則に従って合理的に証明力の程度を判断する（自由心証主義：刑訴318条）。

電磁的記録が証拠とされる場合には、まず証拠となる電磁的記録に証拠能力がなければ、公判廷で取り調べることができない。そのために、証拠物としての電磁的記録媒体が、適正な手続で収集され、電磁的記録媒体に記録された電磁的記録が適正に解析されて証拠として公判廷に提出されるように、デジタル・フォレンジック技術が活用されることになる。

（1）科学的証拠の証拠能力

一般に、捜査において、科学的知見・技術・成果を利活用して得られた証拠を科学的証拠という。

科学技術の進歩にともない、捜査において、新規性のある科学技術を利活用して客観的証拠の収集がなされ、その結果が犯罪現場の遺留物件についての同定（Identification）や同一性確認ないし異同識別という個別化・特定化（Individualization）のために用いられることがある。

科学的知見や技術を利活用した捜査は、事実認定の精度を高めると同時に人権保障にも寄与する側面をもつ。しかし、「科学」への過信はかえって誤った事実認定をもたらすばかりでなく、プライバシーを害するものとなる。そこで、科学的証拠について事実認定に用いることができるためにはどのような要件が必要かということが問題となる。

科学的証拠は、その科学的理論と方法の合理性が一般的に承認されていること、および結果の信頼性が認められる場合には、その証拠の証拠能力が認められると解される。具体的には、①専門の知識・技術を有し、経験のある資格者によって、②真正で鑑定に適した資料について、③性能・作動の面で誤りのない装置・器械を用いて、④適正な手法・手続によって実施され、⑤その経過と結果が正確に書面に記載されているかどうかを検討し、類型的・定型的に鑑定の正確性・確実性の保証が欠けているとまでいえなければ自然的関連性が認められるとされている。

刑事裁判の実務では、科学的証拠を唯一ないし決定的なものとして、有罪としたものはない。科学的証拠は、事実認定において、他の証拠との総合的判断において考慮されている。

（2）デジタル・フォレンジックにより解析された証拠の証拠能力

コンピュータ、携帯電話などの普及により、サイバー犯罪に限らずさまざまな犯罪に電子機器が悪用されるようになってきている。電子機器等に保存されている犯罪捜査に必要な情報を証拠化するためには、電子機器等から当該情報を抽出したうえで、人が認識できるように文書や画像などに変換するという電磁的記録の解析が必要不可欠である。

コンピュータや携帯電話などを利用した犯罪では、被疑者等により関連する情報が削除

されたり、暗号化されていることがある。ときには、被疑者が携帯電話などはそれ自体を破壊して証拠隠滅を図ることもある。そこで、デジタル・フォレンジック技術を用いて、破損した携帯電話などの電子機器等やハードディスクなどの電磁的記録媒体に保存されていた削除された電磁的記録を復元し、証拠となる情報を抽出・解析等することが行われる。

　デジタル・フォレンジックによる証拠の解析において、重要なことは、適正かつ適切な手順によって解析が行われることである。すなわち、①調査対象コンピュータのHDDのデータをまったく書き換えることなく、複製を作成して証拠保全を行う（証拠保全）、②証拠保全したHDDのデータを解析して、調査対象コンピュータの使用者が何をしていたのかを調査・特定する（データの抽出・解析）、③刑事裁判において用いられることを想定して、解析した結果の報告書を作成する（報告書作成）ことである。これらの手順は、汎用性のあるソフトウェアを用いて実施することができるものもあるが、特殊なOSなどではそれに対応するソフトウェアを用いる必要がある。前者の場合には、デジタル・フォレンジックの分野における基礎原理には科学的根拠があり、かつ、その手段、方法が妥当で、定型的に信頼性のあるといえるソフトウェアを用いて実施されるが、後者の場合には、必ずしもそのようにはいえないので、解析のソフトウェアについて理論的な正当性があることが証明される必要があろう。そのうえで、いずれの場合も、解析能力のある技術者が、信頼される方法で実施し、事後的検証が可能なように手順の記録を残しておくことが求められる。

　このようにして解析された結果は、客観的証拠として、信頼性のあるものとして、証拠とすることができると解される

4.1.4　証人出廷とデジタル・フォレンジック
(1)　証人と証人尋問

　裁判において、証人とは、自己の経験から知ることのできた事実を供述する第三者をいう。

　ことに、刑事事件の場合、裁判員が参加する経緯裁判では、裁判官・裁判員が公判廷での証人の証言を中心に心証を形成する。したがって、公判に証人として出廷する証人は、裁判官・裁判員が的確に心証を得ることができるようにわかりやすく説得力のある証言を行う必要がある。

　刑訴143条は、「裁判所は、この法律に特別の定のある場合を除いては、何人でも証人としてこれを尋問することができる。」と定めている（民訴190条も同様の規定を設けている）。もっとも、デジタル・フォレンジックによる解析をした者は、鑑定人という立場で、裁判官の知識経験を補充するため、学識経験のある第三者として、その判断を報告することとなる（刑訴165条・同168条・173条等、民訴212条以下）。

　鑑定人は、通常、鑑定の経過と結果と報告する文書として、鑑定書を作成し、これが裁

判で用いられることが多いが、ときに鑑定証人として、刑訴174条では「特別の知識によって知り得た過去の事実に関する尋問については、この章の規定によらないで、前章の規定を適用する。」として、証人尋問の規定によることとされている(民訴217条も同旨)5)。

　刑事訴訟において、捜査段階で鑑定嘱託(刑訴223条・225条)を受けた鑑定人は、作成した鑑定書について、その作成経緯・真正性などを尋問されることで、鑑定書は証拠とすることができる(321条4項)。しかし、この手続は鑑定書という書面を証拠とすることができる場合であって、鑑定の経過や結果、さらには鑑定内容について、鑑定証人として尋問されることもありうる。

(2) 公判へ出廷までの準備

　証人として公判廷で証言をすることとなった場合、刑事事件では、公判担当の検察官からの連絡があり、「証人テスト」と呼ばれる事前打ち合わせ(刑訴規則191条の3)が行われる。これは、公判廷での証言内容について、検察官と打ち合わせることで、主として、事実確認と記憶喚起をすることとなる。もっとも、鑑定証人の場合、通常、専門的な内容について証言することとなることが多いので、公判廷で裁判官や裁判員にわかりやすく説明する工夫についても打ち合わせることとなろう。

　弁護人から依頼された鑑定について、証人として証言する場合も、同様である。

(3) 公判廷での証人尋問

　　ア　証人尋問の流れは、自発的に出廷する場合、検察官から連絡があり、公判期日に出廷することとなる(同行証人)。もっとも、裁判所から、証人として召喚(刑訴153条)6)されることもある。
　　イ　裁判所に出頭すれば、証人尋問カードに住所・氏名などを記入して、控え室で待機する。
　　ウ　公判廷では、まず、裁判長による人定質問(刑訴規則115条)7)があり、宣誓(刑訴154条)8)のうえ、当事者から尋問を受ける。

　尋問には、①主尋問(証人尋問を請求した当事者の尋問)、②反対尋問(相手方当事者の尋問)9)、③再主尋問(証人尋問を請求した当事者の再度の尋問)、④補充尋問(裁判官・裁

---

5) 民事訴訟では、鑑定人が口頭で意見を述べる場合、鑑定人質問として行われる(民訴215条の2)。
6) 召喚とは、鑑定人等に対し、一定の日時に裁判所またはその指定する一定の場所に出頭すべきことを命ずる裁判所の意思表示をいう。民訴法では、「呼出し」といわれる。
7) 人違いでないかどうかを確認する手続をいう。
8) 宣誓をしたうえで虚偽の陳述等をすると、偽証罪または過料の制裁の対象となる(刑訴154条以下・刑法169条、民訴201条)。

判員による尋問)があり、①から④の順で行われる。

　エ　証人尋問への応答で留意すべきこと

　証人尋問では、裁判官・裁判員に簡潔でわかりやすい証言をするように次の点を心がけることが肝要である。

① 質問をよく聞き、尋ねられていることに対し、結論を端的・明瞭に答えること
② 尋問に答える際には、尋問者の発言と重ならないようにすること
③ 自分が体験した事実と、他人から聞いた事実、推測した事実とを区別して話をすること
④ はっきりした口調で証言すること
⑤ 専門用語は噛み砕いて説明できるようにしておくこと
⑥ 常に冷静・沈着、公正・中立、信念をもって証言すること
⑦ 「知らない」、「わからない」、「忘れた」などをきちんと区別すること
⑧ 証言の誤りに気づいたらためらうことなく取り消すこと
⑨ 相当でない尋問に対しては、証言を留保すること

　公判廷での証言が心証形成の重点となるため、詳細にときには長時間にわたって尋問を受けることもある。

　　　　　　　　　　　　　　　　　　　　　　　　　（執筆担当：安冨潔）

---

9)　反対尋問は主尋問の範囲でのみ尋問することができる。

4.2 デジタル・フォレンジックと民事訴訟法

4.2.1 民事手続の流れの概要

民事手続は、会社や人々の間で権利義務をめぐって紛争が持ち上がったときの、解決のための手続全般をいう。裁判外での紛争解決（ADR）を除くと、表 4.2.1 にまとめた 4 つの手続にまたがる。

これらの手続のうち、デジタル・フォレンジックに最も関わりが深いのは、証拠を用いて権利の存否を確定するためのプロセス、すなわち判決手続である。そこで、判決手続の流れを簡単に説明する[10]。

判決手続も、いくつかの段階に分けられる。第一は訴え提起の前後、第二は争点整理段階、第三は証拠調べ段階、第四は判決とその確定に至る段階である。

（1） 訴え提起の前後

この段階では、弁護士への相談・依頼と、事実関係の整理および証拠の収集確保、そして権利の保全の必要があれば仮差押え・仮処分、そして訴状の作成といったことが行われる。

日本では、当事者本人でも民事裁判を起こすことができるが、複雑な訴訟制度を理解し

表 4.2.1 民事手続の全体構造

手続の種類	趣旨	関係する法律
民事保全手続	債権回収や権利実現が不可能になるのを防止する。金銭債権保全は仮差押え、その他は仮処分による。	民事保全法
民事訴訟手続（判決手続）	権利の存否を裁判所が認める手続。	民事訴訟法
民事執行手続	権利の内容を裁判所が強制的に実現する手続。	民事執行法
倒産処理手続	経済的に破綻した債務者の財産を公平に分配し、あるいは立直りのための整理をする手続。	破産法 民事再生法 会社更生法 会社法

---

[10] 判決手続の流れを物語風に描いた参考書として、福永有利・井上治典『アクチュアル民事の訴訟』（有斐閣、2005 年）、および山本和彦『よくわかる民事訴訟』（有斐閣、2008 年）がある。

て駆使することは法律専門家でなければ困難であるし、自らやるための時間的コストも重荷である。そこで、訴訟代理人を立てるほうが賢明だが、訴訟代理人になれるのは原則として弁護士に限るというルールがある。これを弁護士代理の原則という[11]。

弁護士を訴訟代理人に選任すると、以後の手続は基本的に代理人が行うことになる。訴訟で求める権利があることを裁判所に認めさせるために、その権利を根拠づける事実関係を整理し、その証拠を収集確保する。また相手方に言い分があるとすれば、その内容についても整理し、さらに反論があれば、反論のための材料を確保しておく。

事実と証拠の整理、確保が終わると、その結果にもとづいて訴状を作成する。その訴状を裁判所に提出する前に、多くの場合は、代理人から相手方に対して任意の履行を促す書面を内容証明郵便で送付する。

訴状には、必要的記載事項として当事者名と会社代表者名、それに請求の趣旨と原因を記入し、訴え提起の手数料に相当する印紙を貼る必要がある。こうして完成した訴状を、管轄権のある裁判所の民事受付に提出すると、訴え提起の完了である。以後、訴えを提起した側は原告と呼ばれ、相手方は被告と呼ばれる。

(2) 争点整理

訴えが提起されて、第1回口頭弁論期日が開かれると、その期日に原告が訴状を陳述し、被告が答弁書を陳述する。そしてある程度複雑な事件であれば、争点整理手続を行うことになる。

争点整理手続とは、その名のとおり、争点と必要な証拠調べの整理を行うもので、多くは弁論準備手続という形式で行われる。そこでは原告と被告のそれぞれの主張内容を突き合わせ、争いのある部分を絞り、争いある事実について認定するために必要な証拠調べのために、証人や当事者本人の尋問を行うかどうか、行うとすればその時間配分などを決める。

(3) 証拠調べ

争点整理手続で絞り込まれた争点とそのための証人尋問、本人尋問は、原則して1回の口頭弁論期日に集中して行われる。契約の存在などは、その契約書が本物か偽物かという争いを除けば書面で片がつく。しかし、書面どおりにはいかない事実経過や事故などは、証人や本人の説明が必要である。

---

11) 弁護士選任にあたって最も気になるのは、弁護士費用がいくらかかるかということだが、現在標準となる規則はない。弁護士費用がどれくらいかかるかをアンケート調査した資料として「市民のための弁護士報酬ガイド」というリーフレットが日弁連から出されている。これは日弁連のWebサイトでも入手できる(http://www.nichibenren.or.jp/library/ja/attorneys_fee/data/guide.pdf)。

物の形状を確認したり専門家の見解を求めたりする場合には、検証とか鑑定という手続によることになる。したがって、複雑な事実認定が必要となれば、1回の期日ではすまなくなる。

(4) 判決とその確定

両当事者の主張が整理され、争点となる事実関係について証拠調べが終わると、裁判所が原告の言い分と被告の言い分のいずれが正しいかを判断し、原告が訴状に記載した被告に対する請求が認められるか、認められないかを、判決によって明らかにする。この判決に当事者が不服申立てをしなければ、判決は確定である。もし控訴・上告をしたら、控訴審・上告審の判決により確定する。

判決が確定すると、その基準時[12]における内容について、以後争うことはできなくなる。これを既判力という。また、判決が金銭の支払などを被告に命じていると、その金銭支払命令の部分を強制執行により実現することができるようになる。これを執行力という。

4.2.2 当事者の訴訟準備とデジタル・フォレンジック

(1) 訴訟準備の概要と本項の対象

当事者が民事訴訟を提起しようという時点で行うべき主要なタスクは、弁護士への相談・依頼、事実関係の整理及び証拠の収集確保、権利の保全の必要があれば仮差押え・仮処分、そして訴状の作成である。このうち、ここでは事実関係の整理と証拠の収集確保を説明する。

訴え提起前の事実関係の整理と証拠の収集・確保に関しては、かなり詳細な規定をおいており、それなりに充実した手段が当事者に与えられている。具体的には、①訴え提起前の当事者照会、②訴え提起前の証拠収集処分、③訴え提起前の証拠保全、④弁護士会照会が、法的手段として定められている（図4.2.1）。この他に、法律の規定にはないが、当事者が自らの支配領域内にある資料を調査し、証拠として整理するという側面も忘れてはならない。むしろ、自ら保有する資料を調査して整理することが、訴訟準備段階におけるほとんどの作業でもある。

(2) 訴え提起前の当事者照会及び証拠収集処分

現行民事訴訟法は、1996（平成8）年に全面的に新しくして制定されたが、そのときの柱の一つが訴訟中の証拠収集手段の充実であった。訴訟提起以前の当事者照会と証拠収集手段については、2003（平成15）年に追加された。

訴え提起前の段階での照会と証拠収集をするには、「訴えの提起を予告する通知」を被

---

12) 判決の基準時とは、事実審の口頭弁論終結時である。

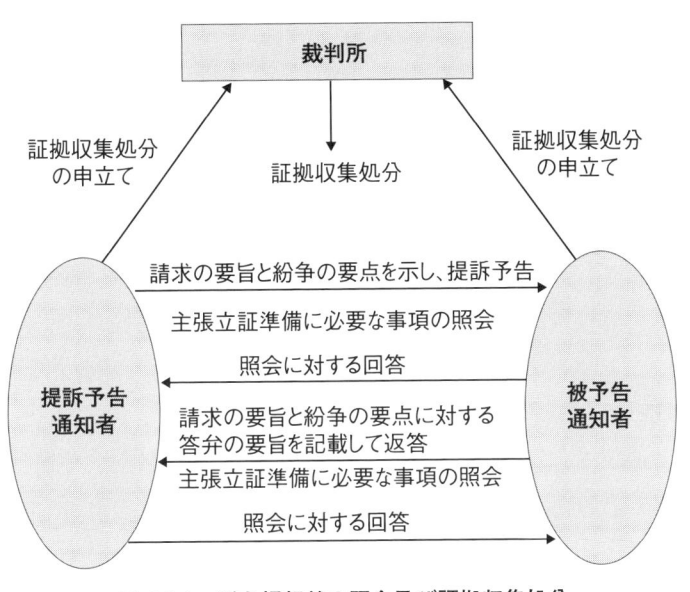

図 4.2.1　訴え提起前の照会及び証拠収集処分

告の予定者に送らなければならない。これには提起予定の訴えに関する請求の要旨および紛争の要点を記載する。

　予告通知が送られてから4カ月の間、予告通知者は被通知者に対して、書面で、「訴えを提起した場合の主張又は立証を準備するために必要であることが明らかな事項」について、書面による回答を求めることができる。

　被通知者も、「請求の要旨及び紛争の要点に対する答弁の要旨を記載した書面」(返答)を予告通知者へ返すことにより、そのときから4カ月以内に照会をすることができる。

　予告通知者と被通知者の間では、それぞれの申立てにもとづき、裁判所が以下4つの証拠収集処分をすることができる。

(ⅰ)　文書送付嘱託

　これは提訴後の文書送付嘱託(民訴226条)と同様に、証拠となる文書を所持する者から提出を求める手続である。

　次の調査嘱託と同様に、嘱託に応じる義務はあるものと解されるが、従わなかったとしても制裁はない。

(ⅱ)　調査嘱託

　これは提訴後の調査嘱託(同法186条)に相当するもので、立証に必要な調査を官庁、公署、外国の官庁・公署、学校、商工会議所、取引所その他の団体に依頼して報告を求めるというものである。

(iii) 専門的な知識経験にもとづく意見陳述

これは、鑑定(同法212条以下)に相当するもので、裁判所が誰にどのような内容の意見陳述を求めるかも含めて決定する。

(iv) 執行官の現況調査

これは検証(同法232条)に代わるものだが、現況調査のために強制的に立ち入ったりする権限まではない。

(3) 訴え提起前の証拠保全

証拠保全は、証拠調べを行うときまで待ったのでは証拠がなくなってしまうおそれがある場合に、あらかじめ証拠調べをして、その結果を保全しておくという手続である。証拠調べをあらかじめ行うことで、証拠となる文書の内容を知ることができる。つまり事実上の証拠開示機能がある。

1996(平成8)年の現行法でも証拠保全の規定はほとんど改正されずに、そのままの規定が残ったので、以前の判例実務は現行法の下でも引き継がれている。

(4) 弁護士会照会

弁護士法23条の2は、弁護士が事件処理を受任した場合に、その事件に関連する事項の照会を弁護士会に対して求め、弁護士会が照会相手方に回答を求め、相手方から提出された回答を弁護士会から当該弁護士に伝達するという手続を定めている(図4.2.2)。

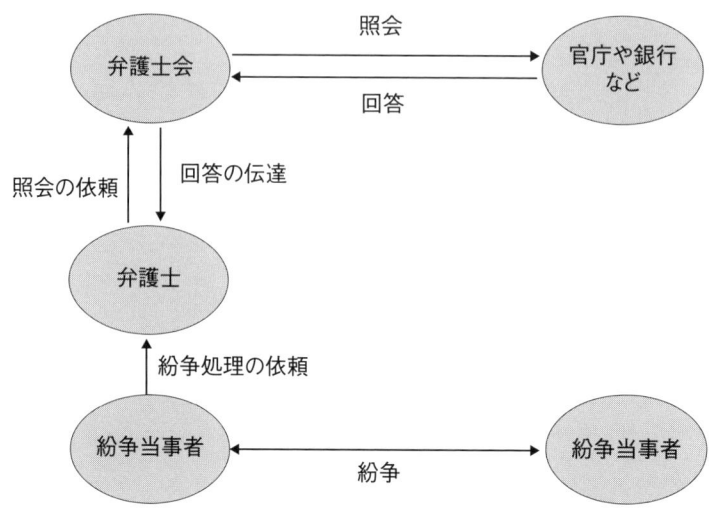

図4.2.2 弁護士会照会

（5） 訴訟準備段階でのデジタル・フォレンジック

本項の最後に、訴訟準備段階でデジタル・フォレンジック技術が活用される可能性について考えてみたい。

法律の規定は、紛争の相手方や第三者から情報を取得し、あるいは証拠を提出させるための手続に集中しており、そのほとんどは強制力がない。唯一、検証物提示命令を証拠保全のなかで発令すると、過料などの制裁があるが、間接的な効果があるにとどまる。したがって、デジタル・フォレンジック技術を用いてコンピュータのディスクコピーをとり、内容について徹底的な捜索を行うといった使い方は、民事訴訟では考えにくい。

これに対して自らの支配領域内にあるコンピュータディスクについては、その内容を保全し、関連する資料の捜索を行い、かつ証拠として重要な資料を選び出してレポートするという技術が有用である。それによって新しい事実が明らかになり、紛争の解決が促進されたり、交渉上有利な材料となり得る。そして訴え提起に至っても、正しい事実に即した、そして立証可能な事実にもとづく主張が展開できる。この意味で、民事訴訟提起の準備段階におけるデジタル・フォレンジック技術の活用は、当然のことではあるが、電磁的記録の形で資料が蓄積されていけばいくほど、重要となることであろう。

4.2.3 民事証拠法とデジタル・フォレンジック
（1） 民事訴訟手続の現状

わが国の民事訴訟法は、伝統的に有体物、すなわち文書、物、人（証人、鑑定人、本人）を証拠方法として法定し、これらの取調べ方法について定めている。

第二次世界大戦後から、いわゆる新種証拠の取扱いをめぐり議論があったが、ここでいう新種証拠とは、主に録音テープのことである。その取調べ方法を、文書と同様に考える書証説と、物と同様に考える検証説とが対立していた。

平成になって制定された現行民訴法は「準文書」の規定を改正し、録音テープなどを「準文書」と明確に位置づけた。

コンピュータ用の記録媒体、特にディスク類は、準文書の例に列挙されたなかには含まれていないが、同条は例示列挙であって、明示されていないからといってそれを除外する趣旨ではない。

コンピュータ用の記憶媒体はさまざまな形態なものが存在し、また技術革新も速い。1996（平成8）年に成立した現行法の制定過程当時は、3.5インチのフロッピーディスクが記憶媒体の代表格であったが、ワープロ専用機がまだまだ有力で、特に裁判所や法律事務所で用いられるのは大半がワープロ専用機であった。そこで機種間の互換性もあまりない時代であった。そしてパソコンが民事司法の現場に普通に現れるようになったのは少なくともWindows 95の登場以後、かなり経ってからのことであった。そのような時代背景に作成された準文書規定であるので、デジタル媒体の提出ということを正面から検討したう

えで除外したわけではなく、柔軟に対応する余地がある規定である。

そこで、デジタル媒体を準文書として取り調べたり、デジタルデータを印刷した文書を証拠としたりするのが一般的である。

（2） デジタル社会への対応の必要性

ところで現代社会においては、企業や公官庁、そして個人の生活に至るまで、その活動記録を電子媒体によって保存する場面が増大してきている。このことは法的にも認知され、いわゆるe文書法[13]に代表されるような立法がデジタルデータの利用をサポートしている。このことから、経済活動に起因する紛争の処理においても、電子媒体の記録が増大し、その証拠としての取扱いを避けることはもはやできなくなっている。デジタルデータを証拠とすることは例外的なケースというよりも、むしろ一般的なケースとして、民事訴訟法のなかでも想定せざるを得ない。

また、訴訟手続自体が電子化オンライン化される方向での立法[14]もなされており、すでに一部は実施されている。もっとも、訴訟手続がオンライン化された場合でも、その記録原本が紙媒体からデジタルデータに移行するとはいえず、本格的なe-filingが実現するのは当分先のことのようである。それでも、当事者間の連絡や当事者と裁判所との書類のやり取りが電子化されたならば、その正確性確保は重要な課題である。

さらには執行倒産の場面でも、記録の電子化は効率性を向上させ、執行による売却の可能性を広げる役割を果たすものと期待される。ある程度の規模の倒産事件では債権者などの関係者が多数にのぼり、コンピュータによる記録管理が不可欠となるであろうし、自治体による公売ではすでにオンラインオークションが活用され始めている現在、裁判所の競売事件もオンライン技術を導入することが考慮されてよい。

以上のような現状から、デジタル・フォレンジック技術の裁判実務における将来的な重要性は明らかであろうと思われる。

（執筆担当：町村泰貴）

13） 民間事業者等が行う書面の保存等における情報通信の技術の利用に関する法律。このほか書面の交付に関しては、いわゆるIT書面一括法（書面の交付等に関する情報通信の技術の利用のための関係法律の整備に関する法律）が2000（平成12）年に先行して制定されていた。

14） 民事訴訟法132条の10。

4.3 デジタル・フォレンジックと通信の秘密

4.3.1 本節の位置づけ

前節までの解説では「デジタル・フォレンジックを実施する」ことが前提になっていた。しかし、デジタル・フォレンジック用の情報は、いつでも実務担当者の意のままに利用できるわけではない。仮に入手できたとしても「デジタル・フォレンジックに使ってはならない」情報が存在することも、心得ておくべきである。

その対策は、①裁判で使う、②社内業務に使う、③個人的に使う、という利用目的の3つの局面で異なってくる。また、(a)著作権など知的財産に該当する情報、(b)言論の自由やプライバシーなど人格権に該当する情報、(c)守秘義務を伴う秘密に該当する情報、(d)事実を表すデータ、(e)違法性のある情報など、情報の種類によっても著しく異なる。

前節までの説明では、①〜③のうち代表的な事例として①に集中し、また(a)〜(e)については触れないできたが、本節では後者について(b)と(c)にまたがる「通信の秘密」を代表例をして説明する。デジタル・フォレンジックと「通信の秘密」以外の法益(法的に保護すべき利益)とのバランス論の実際については、6.3節に個別の説明があるので参照されたい。

4.3.2 通信の秘密の意義

私たちが心おきなく電話やメールができるのは、それらが無断で傍受されたり、ましてや国家権力によって検閲されることがない、と信じているからである。わが国の憲法には、「検閲」と「通信の秘密」の侵害を禁ずる規定がある(21条2項)が、これは近代国家に共通の価値観を表したものである。

これを受けて、電気通信事業法には「電気通信事業者の取り扱い中に係る通信の秘密は、侵してはならない」(4条1項)、「電気通信事業に従事する者は、在職中電気通信事業者の取り扱い中に係る通信に関して知り得た他人の秘密を守らなければならない。その職を退いた後においても、同様とする。」(4条2項)という規定がある。前者は「誰でも」が対象であるが、後者は「電気通信の従事者」だけが対象である。

4.3.3 犯罪捜査のための通信傍受とログの保全

フォレンジックの対象にしたいと思う情報が「通信の秘密」に該当する場合には、原則として利用は不可能になる。「通信の秘密」の範囲は極めて広義に捉えられ、通信履歴(ログ)もこれにあたると解釈されているから、これらの情報が活用できるのは、通信の秘密を上回る法益がある場合に限られる。

まず通信の内容そのものを傍受するには、裁判所の令状が必要である。犯罪捜査のためであっても、この条件は不可欠で、かつ対象犯罪は「通信傍受法」別表が掲げる組織犯罪に限られ、また「他の方法によっては、犯人を特定し、又は犯行の状況若しくは内容を明らかにすることが著しく困難であるとき」のみ可能である（同法3条）。このためもあってか、傍受令状の年間発行件数は30件程度で推移している。

なお、先進諸国においては、犯罪捜査と並行してインテリジェンス活動のための通信傍受の手続が定められているが、わが国にはそのような手続はない。この点は、国際的なサイバーテロやサイバー攻撃の激化に伴って、今後早急な検討が必要になろう。

一方ログについては、通信事業者やサーバ等の管理者は、自己の業務管理（事故があった場合のバックアップや、苦情に対応する場合の証拠として）のために、一定期間ログを保存しているのが普通である。この情報を犯罪捜査等のために利用する場合については、事業者に法的な義務を課すのではなく、捜査当局が30日間（さらに必要な場合は、60日間まで）のログの「保全」を要請できることとなっている。

ログの保全要請は、わが国も遅まきながら「サイバー犯罪条約」を批准したので、これに伴って2011年に刑事訴訟法197条が改正されて可能となった。

4.3.4　利用局面ごとの対応

以上の原則にもとづけば、デジタル・フォレンジックの対象情報を裁判に生かしたいとする前掲の①の場合に、ログが活用できるケースは限定的である。一般的なケースでは「通信の秘密」を侵害する情報を集めて証拠として提出しても、刑事事件では採用されず（違法収集証拠排除原則）、民事訴訟でも証拠能力が否定されよう。そればかりか情報の入手態様によっては、提出した側に犯罪の嫌疑がかかることもあり得るので注意を要する。

②の場合にも、通信の秘密の規定は適用される（社内LANに閉じた通信なら「電気通信事業者の取り扱い中に係る」の要件が欠けるので適用がないが、今やインターネットをまったく介さない通信は稀であろう）から、例えば社内か社外かを問わずメールの履歴（ログ）を残し、これを後刻活用したい場合には、社内利用の目的をさらに細かく限定し、そのような利用をする旨、あらかじめ就業規則等に明記しておくことが望ましい[1]。

③の場合で、デジタル・フォレンジック情報として利用したいとする者が、通信の当事者（発信者または受信者）である場合は、自分の通信であると解されているため、利用可能である（それをもとにした名誉毀損などの民事裁判の証拠とすることができる）。

4.3.5　厳格な法解釈の背景

このように、やや心配性にも見える記述にならざるを得ないのは、「通信の秘密」に関するわが国の運用解釈が、極めて厳格だからである。先に紹介した電気通信事業法の「通信の秘密」の規定には、もう一つ「他人の秘密」という概念があったが、電気通信の世界

は戦後30年以上にわたって旧電電公社(現 NTT グループ)の独占が続いてきたこともあって、この両者をほとんど同義と解釈してきた。参考までに、1985年の電気通信事業法の制定直後の解釈は、以下のとおりである[2]。

「『通信の秘密』の範囲は、通信内容にとどまらず、通信当事者の住所、氏名、発信場所等通信の構成要素や通信回数等通信の存在の事実の有無を含むものである。これらの通信の構成要素は、それによって通信の内容を探知される可能性があるし、また、通信の存在の事実を通じて個人の私生活の秘密(プライバシー)が探知される可能性があるからである。このように「通信の秘密」には、通信の内容たる事実に係るものと通信の外形的な事実に係るものとがあるが、ここでは両者を保護するものである。」

この分類によれば、通信に関係する情報の大部分は「通信の秘密」に該当することになり、「他人の秘密」の例は、手動交換時代における「通話者の訛り」や電報が頼信紙で発信された場合の筆跡など、ごく些細なことに限られることになる。このような解釈は、1963年に起きた幼児誘拐事件である「吉展ちゃん事件」の後で、当時の電電公社が関係当局と相談のうえ、内部に通達した態度をそのまま引き継いでいる。

4.3.6 違法性阻却事由とガイドライン

外形的・形式的には犯罪の構成要件を満たすが、例えば外科医が患者の依頼にもとづいて外科手術を施す場合のように、他のより高位の法益に資する行為には「違法性阻却事由」があるとして正当化される。刑法35条は、「法令または正当な業務による行為」を正当行為として、罰しないこととしている。

正当業務行為の具体例については、厳格な解釈のなかでの正当化事由であるため、業界のガイドラインを策定するなどして、以下のように解釈と運用を統一している[3]。

〈正当業務行為とされる事例〉
① 通信役務の円滑・安定的な提供のため。通信の公共性の要請に応える。
　例：帯域制御、大量通信などへの対処
② 個人の権利(生命、名誉など)を守るため。
　例：プロバイダ責任制限法：情報の送信防止措置と発信者情報開示
　　　インターネット上の自殺予告事案への対応
③ 両方の理由を有する事例
　例：迷惑メール法

〈正当業務行為とされない事例〉

◎行動ターゲティング広告：利用者の個別かつ明確な同意が必要とされる。

ガイドラインは一応の成果を上げているが、個別の対処策の積み重ねのために、どのような行為が正当行為になるのかを判断できる一般原則は必ずしも明確ではなく、事業者からみると「予見可能性」が低いのが現状である。

4.3.7　今後の展望

このような厳格な解釈は電話が中心の時代に形成されたので、インターネット時代にふさわしいものに転換すべきだ、という立場がある[4][5]。ただし、解釈論で対応できるのか立法論が不可欠なのかは、なお考察を要する。その際、具体的に不都合な事例として問題になったのは、「過剰自粛」と「空白」という欠点であった。

「過剰自粛」とは、秘密を守ることに厳格なあまり情報の活用に萎縮が生じていることである。通信事業者が新たな割引プラン提案のために、通話履歴を匿名化して社内利用する企画を立てても、「通信の秘密」をめぐる現在の解釈はそれを許さないだろう。

「空白」とは、通信事業者以外の者が同種のサービスを提供しても厳格な規定が適用されない非対称を指す。例えば、LINE と Skype はともにネット上で通話を可能にするサービスだが、後者の運営元は通信事業者としては未登録で、実質上規制の対象外である。「通信の秘密」の規制にかからないグーグルなどの米企業は、消費者個々の嗜好に合わせた広告を Web サイトに表示する「行動ターゲティング広告」という手法を際限なく拡大するなど、規制の空白は公正な競争の妨げになっている。

これらの不都合を是正するには、「通信の秘密」を忠実に守ってきた伝統を維持しつつ、プライバシー侵害の危険を最小化した利用方法を、世界の標準と照らし合わせて検討することが不可欠である。しかし、その検討には時日を要するものと思われる[6]。

（執筆担当：林紘一郎）

4.3 節の参考文献

[1]　矢野直明・林紘一郎『倫理と法―情報社会のリテラシー』産業図書、2008 年
[2]　電気通信法制研究会 編『逐条講義電気通信事業法』ぎょうせい、1987 年
[3]　林紘一郎・田川義博「心地よい DPI と程よい通信の秘密」『情報セキュリティ総合科学』
　　http://www.iisec.ac.jp/proc/vol0004/hayashi-tagawa.pdf
[4]　インターネットと通信の秘密研究会『インターネットと通信の秘密研究会報告書：インターネット時代の「通信の秘密」再考』
　　http://lab.iisec.ac.jp/~hayashi/610REPORTIII.pdf
[5]　警察大学校「ICT 社会の自由と安全―通信の秘密を考える」『警察学論集』66 巻 12 号、立花書房、2013 年
[6]　田川義博「インターネット利用における通信の秘密」『情報セキュリティ総合科学』
　　http://www.iisec.ac.jp/proc/index.html

第Ⅱ部
応用編

[Application]

第5章
第6章
第7章
第8章
第9章
第10章

Encyclopedia of Digital Forensics

第5章

デジタル・フォレンジックの技術

Chapter 5

Chapter 5

デジタル・フォレンジックの技術

　デジタル・フォレンジックにおいて必要となる技術を、本章では解説している。ここでは、デジタル・フォレンジックに直接使う技術だけでなく、その基礎となる、コンピュータやハードディスクドライブの基礎知識や、暗号・認証技術、画像処理技術、自然言語処理技術などについても解説している。そのうえで、訴訟する側の技術、される側の技術に分けて応用的技術についても詳しく記述している。ここでは、パスワード解析技術やeディスカバリ対応技術についても言及している。さらに、今後重要性を増す技術として、ネットワーク・フォレンジック技術についても詳しく解説している。

（第5章主査：佐々木良一）

5.1 デジタル・フォレンジック技術の分類

　デジタル・フォレンジックにおいて必要となる技術を、本章ではもう少し詳しく説明しておく。企業におけるデジタル・フォレンジック関係の技術としては**図5.1.1**のようなものが考えられる。

　デジタル・フォレンジックを実施するうえで、不可欠な知識としてコンピュータの基本的な仕組みや機能がある。これがわかっていないとデジタル・フォレンジックを行うにあたって適切な対策がとれないからである。これについては5.2.4項に簡単に説明を行っている。また、フォレンジックに必要な情報がどのように蓄えられ復元できるかを知るためにはハードディスクの構造や機能を知らなければならない。これについては5.2.5項に解説を行っている。

　また、ネットワークの基礎知識も、今後重要となるネットワーク・フォレンジックを実施するために重要であるが、紙幅の関係で省略した。必要なら参考文献[1]などを参照していただきたい。その代わりに、ネットワーク・フォレンジックのための具体的な対応の方法を5.5節に示しておいた。

　少し高度なデジタル・フォレンジックを実施するうえで、知っておいたらよいと思われる技術に次のようなものがある。一つは暗号・認証技術である。収集したデータを見えなくしたり、改ざんを防止したりするのに不可欠となる。これは、5.2.1項に解説を加えておいた。もう一つは画像処理技術である。画像データを復元したり、撮影に使ったカメラを同定したり、コンテンツの流れを追跡するために有効である。これは5.2.2項で説明しておいた。最後が自然言語処理技術である。eディスカバリにおいて日本語などの自然言

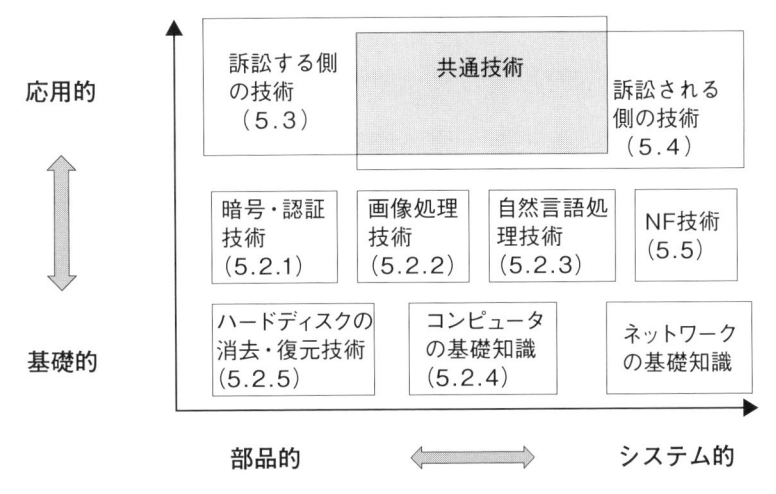

注）　NF：ネットワーク・フォレンジック

図 5.1.1　関連する技術

語をコンピュータ処理し、必要なドキュメントを自動的に抽出したり、誰が書いた文章かを判断したりするのに必要となる。これについては5.2.3項に記述しておいた。

また、訴訟する側のデジタル・フォレンジック技術や訴訟される側のデジタル・フォレンジック技術もある。訴訟する側の応用技術を中心に訴訟される側との共通な応用技術を5.3節に、訴訟される側の応用技術を5.4節にそれぞれ説明しておいた。具体的な技術についてはそれぞれの節を参照願いたい。

(執筆担当：佐々木良一)

5.1節の参考文献
[1] 村山公保『基礎からわかるTCP/IP―ネットワークコンピューティング入門 第2版』オーム社、2007年

5.2 デジタル・フォレンジックの基礎技術

5.2.1 デジタル・フォレンジックと暗号技術

　デジタル・フォレンジックは証拠の収集・保全・分析・開示などを対象とする総合的システム科学である。他方、現代暗号技術の大きな柱は、情報の秘匿と認証・署名である。犯罪捜査などで、不正者の証拠を把握するためには、暗号化された秘匿情報を解読することが必要となる。また、認証は、「この情報にアクセスしたのは私です」という証拠を残し、署名は「この文書を書いたのは、私に間違いありません」という証拠を残す行為である。このように、暗号技術はデジタル・フォレンジックの基盤技術であり、特に、証拠という面で、両者は重なり合うところが多い。

　暗号については、多くの著作が出版され、また標準化などに関する資料が公開されているが、本節では、デジタル・フォレンジックの基盤となる暗号について概説する。

（1） 暗号の歴史と現状

　暗号の歴史は、言葉の歴史とともに古いが、ギリシャ時代のスキュータレー暗号（置換式暗号：縦に書いた文を横に読ませて解読し難くするような方式）や、ローマ時代の換字式暗号（AをDに、DをGにというように文字をずらせる方式）などがよく知られている。

　これらの方式がベースになって、近代以降、より高度な暗号方式が開発され、第一次、第二次の両世界大戦において歴史を舞台裏で動かした。こうして暗号は、主に軍事・外交面で威力を発揮してきたが、1970年代の情報社会の到来とともに、現代暗号へと変貌する。現代暗号の特徴は、

　　① 公開性：共通鍵暗号方式におけるアルゴリズムの公開と公開鍵暗号方式の誕生
　　② 認証・署名機能：社会的基盤機能としての本人確認と署名確認

の2点である。

　①の公開性という言葉には、

　　(a) 共通鍵暗号方式におけるアルゴリズムの公開
　　(b) 公開鍵暗号の誕生：鍵配送と認証・署名

という2つの意味をもたせている。

（a） 共通鍵暗号方式におけるアルゴリズム（暗号方式）の公開

　軍事・外交用暗号は、方式（アルゴリズム）を秘密にすることが望ましかった。しかし、特定組織間で、秘密情報をやりとりする軍事・外交用暗号と異なり、情報社会では、不特定多数の人たちが、安いコストで、広く相互に秘密通信を行うことができる方式でなけれ

ばならない。このため、鍵のみを秘密とし、アルゴリズムを公開することが求められるようになり、1977年、米国商務省標準局は、DES（Data Encryption Standard）と呼ばれる標準暗号を制定し、1978年から政府や民間で利用され始め、以後、20年以上にわたって、米国のみでなく、世界で広く利用された。現在、DES は AES（Advanced Encryption Standard）に置き換えられている。

（b） 公開鍵暗号の誕生

　古来、鍵は秘密にするのが常識であったが、鍵管理の難しさは、近代戦においても悩ましい課題であった。このため、鍵に、秘密鍵と、それを秘密に内包する公開鍵という二重構造をもたせ、公開鍵を秘密にせず公開情報として、秘密通信の相手に送るという奇想天外な発想が、1970年代前半、英国の諜報機関で生まれた。このことは、20世紀末まで秘密にされてきた。

　他方、デジタル技術を基盤とする情報社会では、これまでの手書き署名に代わる手法が求められる。これをデジタル署名という。1970年代後半、デジタル署名への必要性から、同様の公開鍵暗号の概念が提案され、今日、広く利用されている RSA 方式がその具体的方式として提案された。

　公開鍵暗号という非対称な方式が生まれるまでは、送信者と受信者が同じ鍵を共有するのは当然であったから、共通鍵暗号という呼称も公開鍵暗号の誕生によって生まれたものである。公開鍵暗号は、科学技術史上、火薬の発明にも匹敵するともいわれるほどの画期的な概念である。

　署名者 A は、自分が書いた文章に名前を記し、秘密保持している秘密鍵で署名し、相手 B に見せる。B は誰であってもよい。B は、A の公開鍵でそれを検証する。A 以外の者が署名した偽造文であれば、意味のない文章になったり、名前が正しく復号されなかったりすることになる。この場合、秘密鍵を署名鍵、公開鍵を検証鍵と呼ぶ。

　署名とは、「この文章は、私が書いたものに間違いありません」ということを主張するために行う行為であり、「文章＋署名」に秘密鍵を作用させることにより署名文を生成する。これに対して、情報社会では、「私に間違いありません」ということだけを主張したい場合も多い。例えば、ベルギーの電子行政サービスでは、「私に間違いありません」という認証は12歳から、「私が書いた書類に間違いありません」という署名は18歳からできることになっている。認証機能は署名機能よりはるかに用途が広いのである。例えば、金融機関などでも、犯罪防止などの点から、本人確認を間違いなく行うことが必須となっており、公的個人認証を利用したいという期待が高まっている。認証も署名も、技術的には同じ操作であるが、法的観点からは大きく異なった行為になるわけである。

　ここで、認証という用語について注意しておきたい。上に述べた認証の意味は、英語の Identification に相当し、日本語では、「同定」と訳すべきかも知れない。しかし、「同

定」は、日常用語としては馴染めないので、通常、認証という用語を用いている。他方、ある組織を、より上位の組織が「認証」するという表現もよく見られる。この場合の「認証」は英語の Authorization に相当する。個人を同定する場合には、個人認証と呼ぶのが適切であるが、通常、認証と呼ばれるので、使い分けに留意する必要がある。

認証・署名に関する法律としては、産業界向けの電子署名法(電子署名及び認証業務に関する法律)、及び国民(自治体住民)向けの公的個人認証法(電子署名に係る地方公共団体の認証業務に関する法律)がある。2013 年 5 月の番号法の成立に付随して、公的個人認証法は、従来、署名のための認証に限られていた用途が、広く認証に利用できるように、さらに、信頼できる民間組織人にも利用できるように、大幅に改訂された。今後、ビッグデータの普及と合わせて、番号法の施行などで、アクセス記録、すなわち証拠を保全するというデジタル・フォレンジックは多くの国民にとって身近な行為になっていくであろう。

証拠の確実性を扱うデジタル・フォレンジックにおいて、認証・署名が基盤技術であることはいうまでもない。

(2) 時刻認証(タイムスタンプ)

デジタル・フォレンジックの機能として、このデータが、確かに、この時刻に存在し、かつ改竄されていないことが、第三者に証明できることが求められる。このような機能は、時刻認証、あるいはタイムスタンプと呼ばれている。具体的には、証明したいデータを保持しているタイムスタンプ要求者が、タイムスタンプ局(Time Stamp Authority：TSA)に対し、TSA が保持している時刻にもとづいて、証明したいデータに電子署名を要請することにより時刻認証が行われる。

タイムスタンプ技術について、ISO/IEC による、18014 "Time-atamping services"における、実現方式の規格化、また、インターネット技術の標準化を行う IETF による、RFC 3161 におけるプロトコルの規格化など、技術規格が定められているので参照されたい。

(3) ハッシュ関数

上記の認証・署名やデジタル・フォレンジックでハッシュ関数が利用される。ハッシュ関数とは、ある文(任意の長さの数値列)を、決められた長さ(例えば、256 ビット)の数値に変換する一方向性関数であり、決められた長さの数値をハッシュ値という(図 5.2.1)。

ハッシュ関数には、
　① 一方向性(ハッシュ値から元の値に戻せないこと)
　② 元の文が異なる場合には、ハッシュ値も異ならなければならない
という特性をもつことが要請される。

①の一方向性は、「平文から暗号文を計算することは容易だが、暗号文から平文に戻す

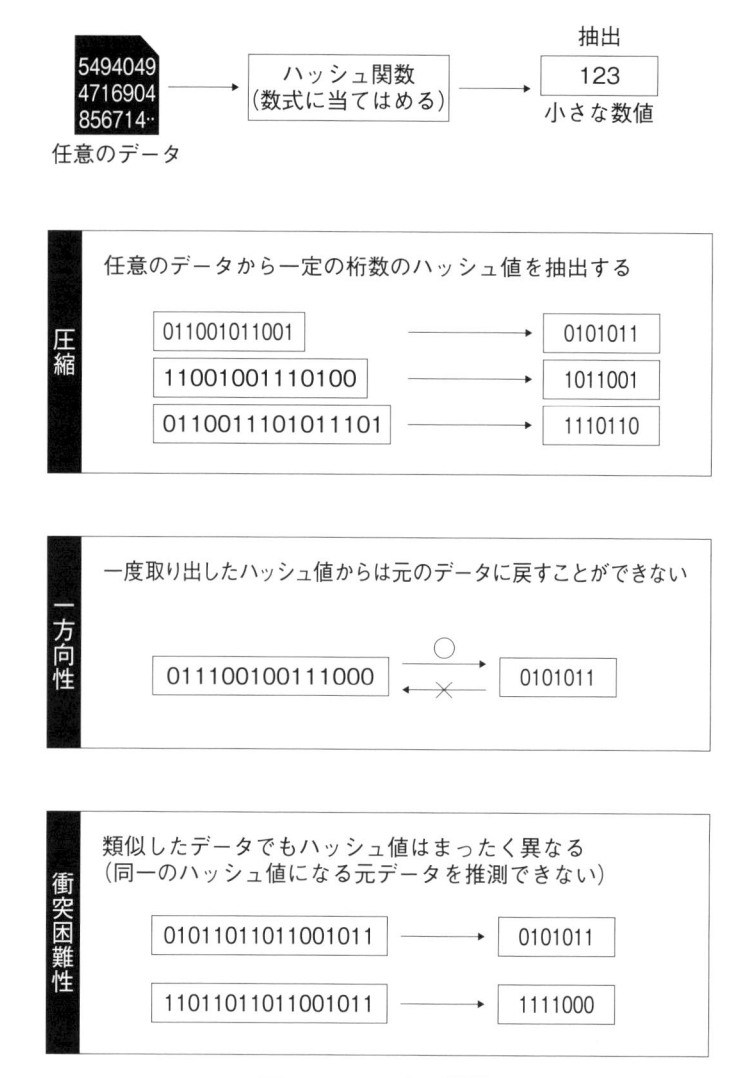

図 5.2.1 ハッシュ関数

圧縮：任意のデータから一定の桁数のハッシュ値を抽出する

一方向性：一度取り出したハッシュ値からは元のデータに戻すことができない

衝突困難性：類似したデータでもハッシュ値はまったく異なる（同一のハッシュ値になる元データを推測できない）

のは困難である」という暗号方式と同じ特性であるが、暗号方式の場合は、正規の受信者は秘密鍵を用いて暗号文を平文に戻す必要があるのに対して、ハッシュ関数の場合は、元の文に戻す必要はなく、したがって、秘密鍵も不要である。

②の「元の文が異なる場合には、ハッシュ値も異ならなければならない」という特性は、2つの互いに異なる文に対して、同じハッシュ値になる場合があると、署名にも、証拠にもならず、目的を果たせないからである。しかし、数学的に考えるとどうだろうか。通常、元の文はハッシュ値より遥かに長いから、原理的には2つの異なる長い文が同じハッシュ値となることは起こり得るであろう。ここでも、現代暗号が安全性の根拠にしている計算量という概念が用いられる。すなわち、文Aに対するハッシュ値を$h(A)$として、同じハッシュ値$h(A)$をもつ文Bが存在したとしても、それを見つけ出すのが現実的に困難で

あればよいのである。コンピュータの能力にもよるが、2013年現在、暗号学の分野では、2の80～100乗以上の計算量があれば安全圏とみなされている。

ちなみに、1日は、約10万秒(正確には86,400秒) = 2の56乗ピコ秒(pico second)であるから、2の80乗ということは、1ピコ秒で1つの文を求めることができるとしても、2の24乗の日数(約3万年)を要することになる。

デジタル・フォレンジックにおいては、解析結果の証拠性を証明するため、証拠保全段階から解析・結果報告の段階まで、データが一切、改竄されていないことを証明する必要がある。そこで、証拠保全過程で、対象HDD(コピー元)と証拠HDD(コピー先)の同一性を、操作ログ上のハッシュ値を比較することにより検証している(図5.2.2)。

このように、現代暗号は、1970年代に発明・開発され、1990年代前半までは、暗号が軍事外交以外に役立つのかという珍しさも手伝って話題性をもっていたが、実用化が進むにつれて、世間から忘れられていった。これは、暗号に限らず、新技術がたどる宿命であろう。21世紀に入り、Open data、Cloud、Big data、My number(OCBM)に象徴されるように、情報環境が激変するなかで、暗号が再度、注目されている。

暗号技術の原理、さまざまな角度からの分類を図5.2.3～図5.2.5にまとめておく。

デジタル・フォレンジックは、証拠の収集・保全・分析・開示に関する総合的科学であり、不正者の暗号文を解読する技術と合わせて、認証・署名はその基本技術である。以下、これからの情報社会とデジタル・フォレンジックにおける暗号の役割について概説する。

(4) 暗号に対する社会的要請—機密データの保護と活用

電子行政や企業活動などにおける効率化・利便性の向上、コスト削減を含めて、情報世界の自由が拡大している。他方、プライバシーの保護が叫ばれて久しいが、個人情報、あるいは、より広くパーソナルデータは活用されなければ意味がない。プライバシー保護をイデオロギー的に絶対視すれば、医療・介護、福祉、年金などの面で不利益を被る人が増

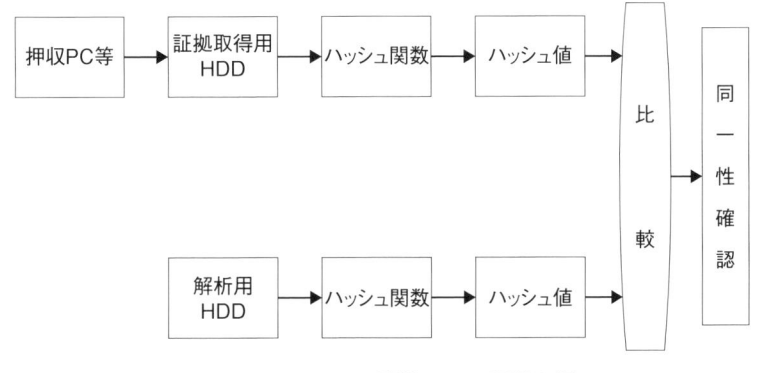

図 5.2.2　ハッシュ関数による認証取得

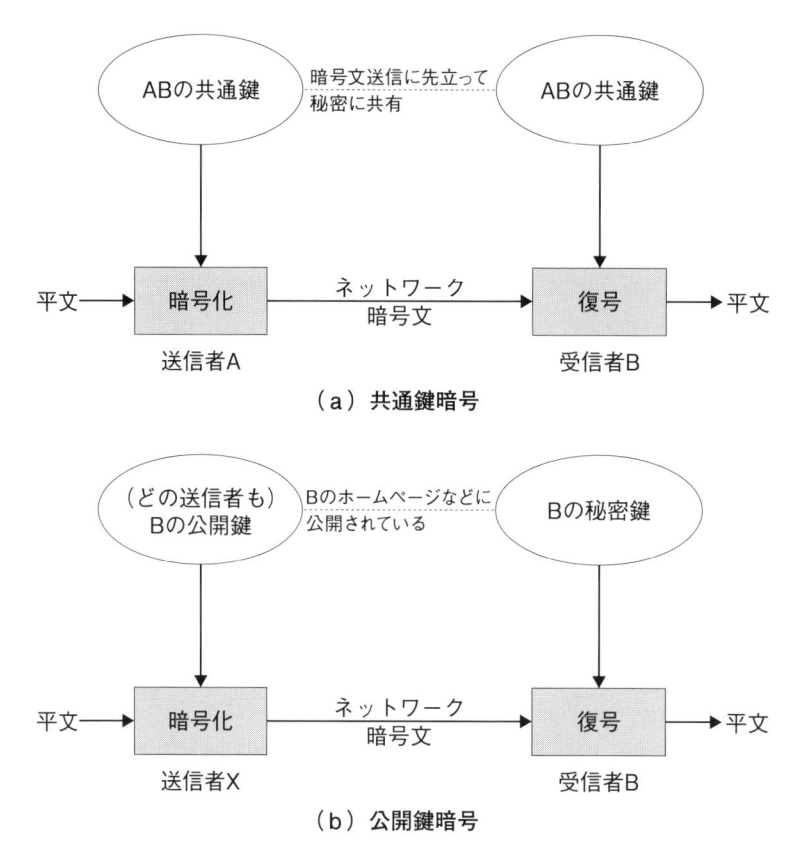

図 5.2.3 共通鍵暗号と公開鍵暗号

え、安全・安心が脅かされ、場合によっては生存権が侵されることになりかねない。原発については、全廃という選択肢も議論されているが、個人情報については、それはあり得ない。自由の拡大、安心・安全の保障、プライバシー保護の三者はともすれば、相互に矛盾・相克しがちであり、これらの間の高度均衡を図ること、すなわち三止揚（3つの止揚）を図ることが、情報社会の基本的課題である。

　三止揚を図るためには、管理・経営（Management）、倫理（Ethics）、法制度（Law system）、技術（Technolgy）の4分野が強く連携・融合しなければならないが、そのなかで、暗号の果す役割は大きい。例えば、クラウド環境の普及にともない秘密分散という情報秘匿手法が注目され、医療情報などの秘密保管に利用されている。今、レントゲン写真を、災害などに備えて、札幌、大阪、福岡の3都市に分散保管する場合について考えよう（図5.2.6）。レントゲン写真を3つに切って、つまり単純に分割して保管したのでは、どこか一つの都市が災害に遭い、分割された写真が、失われた場合、元のレントゲン写真が復元できない。また、各々がある程度の情報をもってしまうので、秘密が完全には保てない。秘密分散方式とは、例えば、原情報を N 個に分散した場合、それらのうちの任意の K 個の分割片を集めれば、原情報を正確に復元でき、かつ、各分割片は、まったく情報をもたないようにできる手法である。なぜ、各分割片の情報量をゼロにできるのか。例えば、3

① 受信者Bは、復号用の秘密鍵と暗号化用の公開鍵を用意する。公開鍵は公開登録し、秘密鍵のみ秘密保持する。
② 送信者Aは、送りたい平文を受信者が公開している公開鍵を用いて暗号化する。
③ 受信者Bは、自分の秘密鍵で送られてきた暗号文を復号する（平文に戻す）。

出典1) 電子情報通信学会 編、辻井重男 著『情報社会・セキュリティ・倫理』コロナ社、2012年
出典2) 辻井重男『暗号』講談社、2012年

図5.2.4　公開鍵暗号方式の構成（秘匿の場合）

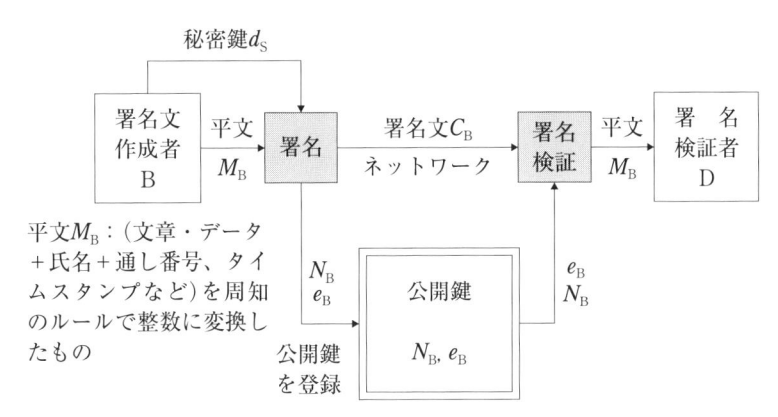

① 署名文作成者Bは、署名用の秘密鍵と署名検証用の公開鍵を用意する。公開鍵は公開登録し、秘密鍵のみ秘密保管する（Bは図5.2.4の場合と同一人であるとすれば、まったく同じ秘密鍵と公開鍵を秘匿用にも署名用にも使えばよい）。
② 署名文作成者Bは、署名を付けたい文書・データに、氏名、通し番号（取引番号）、タイムスタンプなどを付けた平文 M_B に自分の秘密鍵で署名して署名文 C_B を作成し、M_B とともに署名検証者Dに送る。
③ 署名検証者DはBが公開している公開鍵を用いて平文 M_B に戻し、署名を検証する。

出典1) 電子情報通信学会 編、辻井重男 著『情報社会・セキュリティ・倫理』コロナ社、2012年
出典2) 辻井重男『暗号』講談社、2012年

図5.2.5　公開鍵暗号方式の構成（認証（署名）の場合）

図 5.2.6 秘密分散

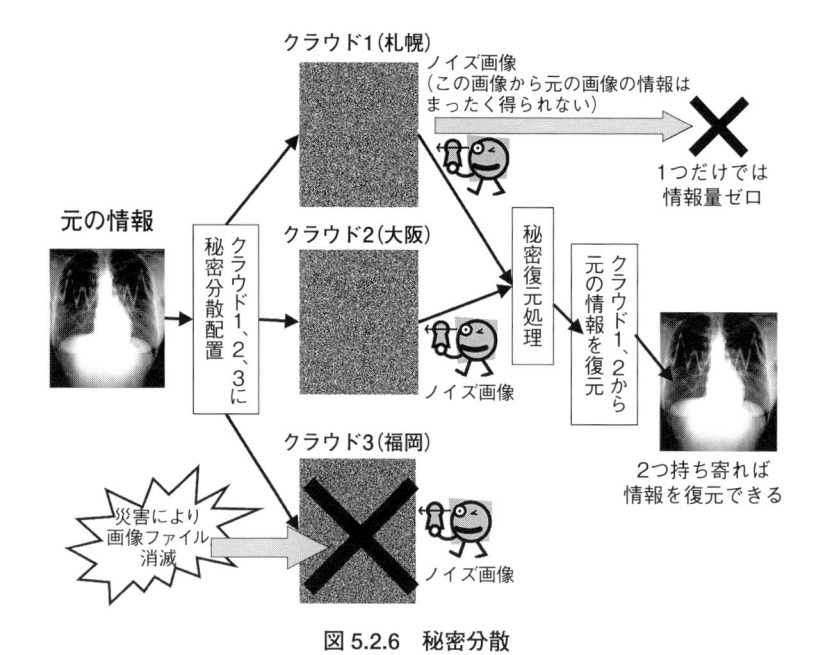

直線の場合

① TTP（信頼できる第三者機関）は直線を定め、秘密とする。
② s を秘密にしたい値とする。
③ TTP は直線状の点を n 点決める。
  ［例］これらの5点の値のうち、2点が定まると係数 $a=1/2$ と切片 $s=3$（秘密）がわかる。
④ TTP はこれらの点を1点ずつ5人に秘密に配布する。
⑤ 例えば A に $f(2)=4$、E に $f(10)=8$ が割り振られていたとして、A と E が秘密の値を持ち寄れば
  $2a+s=4$
  $10a+s=8$
  を解いて $a=1/2$、$s=3$ となり、秘密がわかる（任意の2人でよい）。

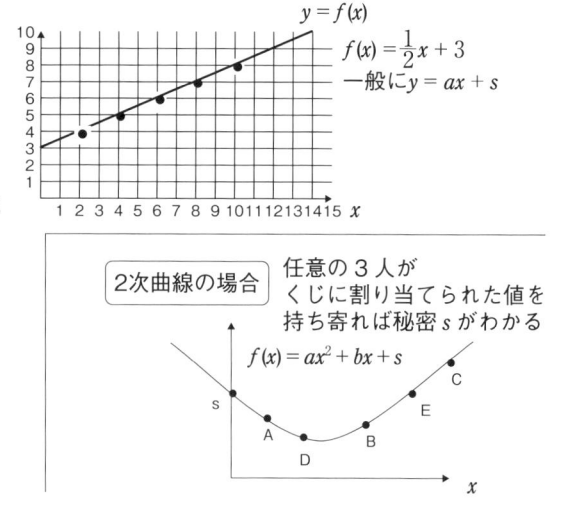

$y = f(x)$
$f(x) = \dfrac{1}{2}x + 3$
一般に $y = ax + s$

2次曲線の場合
任意の3人がくじに割り当てられた値を持ち寄れば秘密 s がわかる
$f(x) = ax^2 + bx + s$

図 5.2.7 秘密分散の原理

という数を秘密にしたい場合、図 5.2.7 のような直線を平面上に描き、座標 (0, 3) を秘密の点とする。A 氏には (2, 4) を、B 氏には、(4, 5) を、C 氏には、(6, 5) を秘密として与えておくとする。直線は、2点で決まるから、A、B、C の3人のうち、任意の2人が、自分の秘密を持ち寄れば、秘密3を復元できる。しかし、平面上の1点を通る直線は無限にあるから、A、B、C の3氏に与えられている各点は、まったく情報量をもっていない。このような方式を情報量的な安全性を有する方式という。これに対して、共通鍵暗号や公開鍵暗号は、非現実的な時間をかければ（例えば、世界最高速コンピュータを 100 年間、

専用するというように)、秘密の鍵や平文を復元できるできる方式の安全性を計算量的安全性と呼んでいる。

秘密分散方式は、現代暗号の研究が始まった1980年頃に提案されていたが、所要メモリー量が大きいなどの問題があったが、メモリー価格の低下、クラウドの普及などで、21世紀に入って実用され始めたのである。

ここで、秘密分散方式と個人情報保護法との関係について考えてみよう。2005年度に全面的に施行されることとなった個人情報保護法においては、暗号化された個人情報も個人情報であるとされている。秘密鍵があれば平文に復元できるからである。これに対して、秘密分散方式はどうだろうか。秘密分散方式も技術的には、暗号の一種であるが、法的観点からは、扱いが異なる。法的に決定されているわけではないが、先に述べたように、各分散片は、情報量がゼロであるから、個人情報とみなさなくてもよいのではないかというのが、大方の見解となっている。しかし、秘密分散処理を行う管理者が、原情報を保管していてこれを漏洩するとか、必要時以外に、各分散片の保有者が、それらを持ち寄る(結託する)などした場合には、個人情報が漏洩してしまう。そこで、管理・経営(Management)上の工夫と倫理(Ethics)の高さが不可欠となるわけである。

また、秘密分散処理を行う管理者が、決められた手順どおり、秘密分散を行っているかどうか、疑えば切りのない話になる。例えば、管理者が、分散情報を決められたとおり、配布しているかが問題となる場合も考えられる。このような場合、配布された分散情報を秘密にしたまま、決められたとおり配布していることを確認できる技術として、ゼロ知識相互証明(Zero Knowledge Interactive Proof：ZKIP)というプロトコルが知られている。ZKIPは、自分が所持する情報は1ビットも漏らさずに、その秘密を所持しているという事実だけを第三者に信頼してもらう方式である。しかし、そのような技術の導入は、コストや処理の高速化という面で、必ずしも得策ではない。管理面の工夫や罰則規定、および企業倫理の向上など総合的観点からの対応が不可欠である。

なお、ZKIPのような暗号プロトコルは、共通鍵暗号や公開鍵暗号、あるいは、ハッシュ関数などの基本技術と並んで、暗号の重要な方式であり、例えば、電子投票において匿名性を保ちつつ、不正を防ぐ場合などに適用される。すなわち、電子投票において、ある事案に対して、賛成の場合は1、反対の場合は0を匿名で投票するよう規定されている場合、匿名であることに便乗して、2と記入して賛成票を増やされても困る。そこで、1、0以外の票を入れた場合は、匿名性が保たれないようなプロトコルも知られている。

(6) 暗号の安全性とデジタル・フォレンジック

暗号の絶対的な安全性を証明することは不可能であるが、そのように説明すると、どの暗号もすぐにでも解読されると誤解されたりする。暗号の安全性は、次のような階層に分けて考える必要がある。

(a) 純理論（アルゴリズム）的安全性
(b) コンピュータの進歩により安全性が下がるという意味での安全性
(c) 電磁波漏洩などの物理的性質に着目した解読法に対する安全性
(d) 鍵の管理など運用面の不備を突いた解読に対する安全性

以下、順を追って説明しよう。

（a） 純理論（アルゴリズム）的安全性

　公開鍵暗号と共通鍵暗号によっても異なるが、ここでは、公開鍵暗号について説明する。現在、最も広く利用されているRSA暗号は素因数分解の困難性に依拠していると解説されることが多い。その意味は、もし、そのRSA暗号に使われている合成数（2つの大きな素因数の積）が分解され、2つの素因数がわかったら、そのRSA暗号は解読される（平文が求まってしまう）ということである。つまり、「素因数分解ができた→暗号が解読できた」ことになる。

　逆はどうだろうか。暗号解読ができたら素因数分解ができたことになるだろうか？　あるいは、この対偶として、「素因数分解ができなければ暗号は解読されない（素因数分解以外に暗号を解読する方法がない）？」は成り立つだろうか。残念ながら、これは証明されていない。言い換えれば、「RSA暗号の解読と素因数分解の困難性の同値性」は証明されていない。

　さればといって、多くの研究にもかかわらず、素因数分解以外にRSA暗号を解読するアルゴリズムも発見されていない。したがって、「素因数分解されなければ、RSA暗号は安全であろうという仮定」は多くの暗号研究者から強く信頼され、RSA暗号が利用されているのである。

　次に、素因数分解は、大きな素数の場合、本当に難しいのだろうか。素因数分解の手法（アルゴリズム）については、古代ギリシャ以来、歴史を有し、特に、1970年代以降、精力的に研究されてきたが、現在のコンピュータによる計算では、多項式時間アルゴリズムは発見されていない（多項式時間とは、合成数の桁のべき乗（例えば3乗）の時間をかければ計算可能という意味である）。したがって、素因数分解は困難であるという仮定も強く信じられているのである。

　なお、「現在のコンピュータでは」と断ったのは、量子コンピュータが実現されれば、素因数分解は多項式時間で計算できることが明らかにされているからである。

　暗号の安全性は、計算量的安全性と情報量的安全性に大別される。素因数分解や離散対数問題に依拠する暗号方式は、（b）項に述べるようにコンピュータが進歩すれば、いずれは解読されるので、その進歩に合わせて素数の桁数などを上げていく必要がある（図5.2.7）。これに対して、情報量的に安全な暗号はコンピュータの進歩とは無関係に安全性が保証される。先に述べた秘密分散法は情報量的安全性を有する暗号方式の一つである。

例えば、ある直線を秘密にして、その上の1点を公開した場合、その1点から直線を求めることは、いかに高性能なコンピュータが出現しようとも情報量的に不可能である。

(b) コンピュータの進歩により安全性が下がるという意味での安全性

(a)項に述べたように、計算量的安全性にもとづくRSA暗号などは、その理論的な意味での解読法が進歩しなくても、コンピュータの日進月歩に合わせて、そのサイズ(RSA暗号の場合、合成数の桁数)を大きくしていかねばならない。コンピュータの進歩とそれに対応して要求されるRSA暗号のサイズの関係を図5.2.8に示す。

しかし、RSA暗号の合成数の桁数を、20年、30年先を見込んで大きくしておくわけにもいかない。それは、その時点での半導体技術などの点からコストや実装面で実用的ではないからである。さればといって、毎年のように、桁数を徐々に上げていくのも、すでに情報システムに組み込まれていることを考えると実情に合わない。そこで、ほぼ10年ご

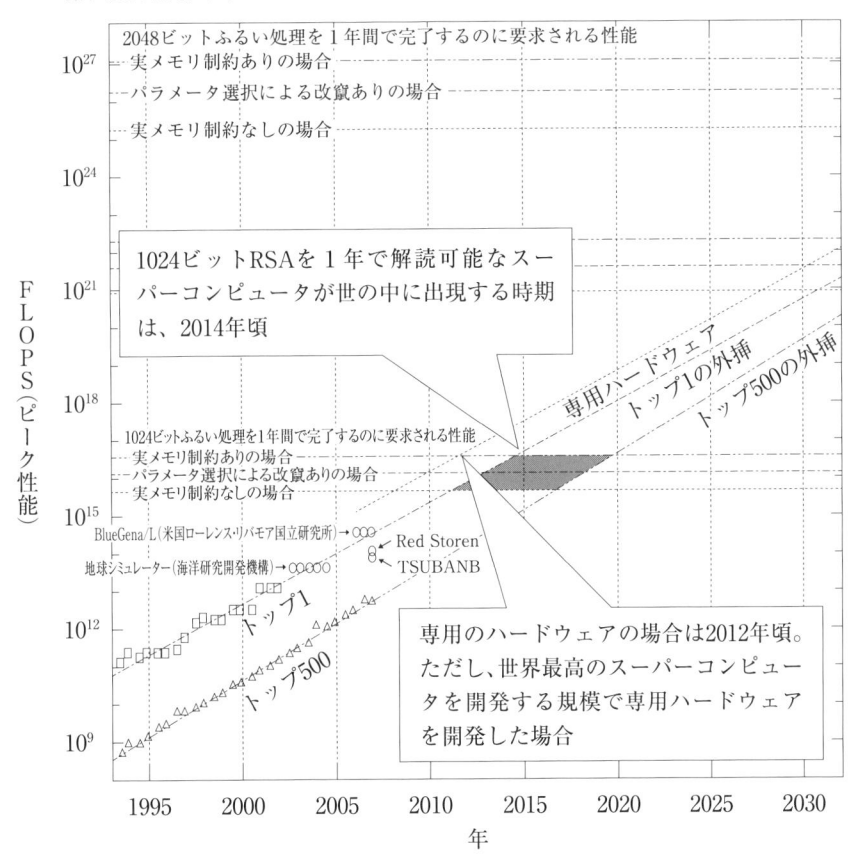

出典1) 電子情報通信学会 編、辻井重男 著『情報社会・セキュリティ・倫理』コロナ社、2012年
出典2) CRYPTREC『暗号技術監視委員会報告書』2006年 http://www.cryptrec.go.jp/report.html

図5.2.8 ふるい処理を1年間で完了するのに要求されるピーク性能の予測

とに更改するのが妥当とされている。

（c） 電磁波漏洩などの物理的性質に着目した解読法に対する安全性

物理的手段を用いた攻撃法には、情報システムに内臓されている暗号器から漏洩する電磁波を測定して、各時点で、どのような計算（加算、乗算など）が行われているかを計測して解読に役立てようとする方法や、暗号器が内蔵されているICカードを分解して、解読に利用できる情報を得ようとする方法などが想定される。このような解読法に対する対抗手段の研究も日々進められている。

（d） 鍵の管理など運用面の不備を突いた解読に対する安全性

いかに頑強な金庫を備えたとしても、その金庫の上に鍵を置いたまま留守にしたのでは無意味である。情報の世界では、このような当たり前の注意が怠られている場合が少なくない。鍵の管理など、運用面の杜撰さから、暗号が解読される場合が多いのである。

（7） 捜索・差押えと暗号解読

前項までは、暗号の安全性をいかに向上させるか、言い換えれば、盗聴者などの不正者から、いかに安全性を保つかという観点から説明した。これに対して、デジタル・フォレンジックの分野では、犯罪者などの不正者の悪を摘発するために暗号文を解読するという立場から、暗号の安全性、というより脆弱性について考える必要性が生じる。

捜索・差押え、検証、および、鑑定を実施する際に、証拠物に、アプリケーションプログラムにより作成された暗号化ファイルが含まれている場合には、暗号解読ツールなどを用いて、そのファイルを可読化して、内容を分析しなければならない。暗号解読を容易にしたいという要請は、上に述べた暗号の安全性向上と矛盾した要請となる。つまり、暗号の安全性を高めれば、それだけ、暗号解読を難しくすることとなる。

暗号解読を行うにあたって、上に述べた内のどのレベルで、暗号解読を行うかを考える必要がある。

「暗号は必ず破られるものと思え」といわれることも多いが、この批判は、上記のどのレベルで評価するかによって異なる。

純理論（アルゴリズム）的安全性については、絶対安全という証明はできないまでも、それに近い安全性を確保できる。したがって、不正者が(8)項に述べるCRYPTRECなどで、厳密な評価を受けた暗号を使用している場合、暗号文を理論的に解読することは不可能に近い。多くの場合、鍵の管理の杜撰さを突くことが、暗号解読に成功する近道であろう。

コラム　第二次世界大戦とエニグマ暗号

　第二次世界大戦が始まる約20年の間に暗号技術は大きく進歩し、ドイツのエニグマ暗号、日本の紫暗号などが開発されていく。暗号機の機械化が進み、大きさの異なる歯車を何枚も連動させて、何億という大きな乱数を発生するメカニズムも考案された。

　第二次世界大戦の直前、英国は、ドイツのエニグマ生産に従事した後、ドイツから追放されたユダヤ系ポーランド人の情報などをもとに、エニグマ暗号機を複製した。そして、英国諜報機関は、ウルトラと呼ばれる秘密のグループを組織しエニグマの解読にあたった。

　英国の指導者チャーチル首相はナチス(ドイツ)圧服に全力を傾け、そのため、暗号解読から得られる情報を最大限に活用した。自ら、暗号解読グループに「何か情報は入ってないか」と電話していたと伝えられている。

(8)　電子政府推奨暗号の制定—CRYPTREC の活動

　暗号の標準化に関しては、国際的には ISO/IEC などで行われているが、国内的には、CRYPTREC(Cryptology Research and Evaluation Committees)という組織で、電子政府で使用される推奨暗号が策定されている。CRYPTREC は総務省および経済産業省が共同で主催し、(独)情報通信研究機構(National Institute of Information and Communication Technology：NICT)および(独)情報処理推進機構(Information-Technology Promotion Agency：IPA)と共同で、図 5.2.9 のような体制の下で、運営されている組織である。

　CRYPTREC は、2003 年に、共通鍵暗号(ブロック暗号・ストリーム暗号)、公開鍵

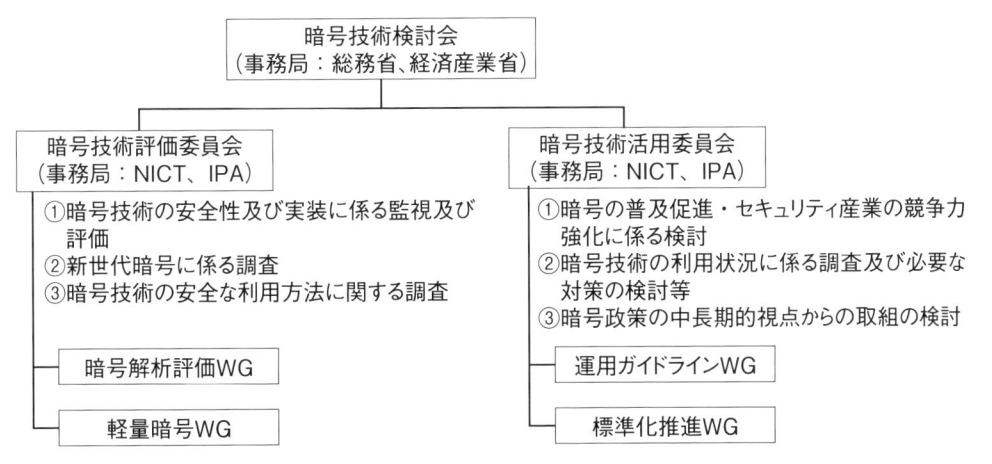

出典）　CRYPTREC ホームページ(http：//www.crptrec.go.jp/system.html)

図 5.2.9　CRYPTREC 体制図

暗号、ハッシュ関数などについて、推奨暗号を策定したが、その時点において、10年間は安心して利用できるという想定で、暗号方式をリストアップした。コンピュータの進歩などによる解読技術の進歩に合わせて、10年後に改訂するという当初計画どおり、2012年度にリスト改訂作業が完了している。

　CRYPTRECでは、安全性を理論的に厳密に評価したうえで、電子政府としての推奨暗号を定めている。これらの推奨暗号は、都市銀行を始めとする金融機関など、民間でも広く利用されている。

（執筆担当：辻井重男）

5.2.1項の参考文献
[1]　電子情報通信学会 編、辻井重男 著『情報社会・セキュリティ・倫理』コロナ社、2012年
[2]　辻井重男『暗号』講談社、2012年
[3]　辻井重男・笠原正雄 編著『暗号理論と楕円曲線』森北出版、2008年

5.2.2　フォレンジックのための画像処理技術

　かつて写真フィルムやビデオテープなどのアナログ媒体によって記録され保管されてきた画像は、現在ではデジタルデータとして扱われることがほとんどである。よって画像データを証拠として扱うためには、その改ざんに注意する必要がある。本項では、画像データに対する改ざんについて理解するために、その技術について基礎を述べる。

（1）　画像の表現形式

　一般に計算機における画像の表現方式は、ラスタ（raster）形式とベクタ（vector）形式に大別されるが、多く用いられるのはラスタ形式である。

　ラスタ形式はビットマップ形式とも呼ばれ、画像を画素やピクセル（pixel）と呼ばれる点を単位として、これを横に並べた線にしたもの（ラスタ）をさらに縦に並べて面を表現する。各画素の形状と大きさは同一であり、コンピュータやデジタルカメラでは多くの場合正方形を用いる（動画像向けなどには長方形の画素が用いられることもある）。これを縦横に規則正しく並べたものが画像であり、ラスタ画像またはビットマップ画像と呼ばれる。各画素の色はカラー画像の場合、光の三原色に分解して表現するRGB表現が多いが、全体の明るさを表す輝度と色を2つの色差信号で表すYUV表現なども用いられることがある。モノクロ画像の場合は、階調表現が必要な場合は各画素の明るさをあるビット数で表すが、階調表現が不要の場合には単純に各画素の色が白か黒を1ビットの値で表現する。

　ラスタ形式では、1枚の画像を表すのに必要なデータ量が極めて大きくなりやすい。例えばRGB表現で各色1バイトを用いて各画素の色を表すと、縦3000横4000画素の画像は3×3000×4000バイトつまり36000000バイト＝約34メガバイト（1キロバイトを1024バイト、1メガバイトを1024キロバイトとした場合）となる。そこで、後述するような圧

縮技法を用いてそのデータ量を削減する。

ベクタ形式は、画像を直線や多角形、円などの基本図形の集合体として扱うものであり、主に計算機によって生成された画像、人為的にアプリケーションを用いて描かれた画像に用いられる。データ量は一般にラスタ形式に対して小さくできることや、拡大縮小が滑らかにできるなどの特徴がある。

（2） 画像の圧縮

ラスタ形式の画像は通常、データ量の削減のため圧縮技術を用いて圧縮されてから保存される。圧縮には、可逆圧縮と非可逆圧縮の2つの方式がある。可逆圧縮は、各画素のデータを保存したまま圧縮する技法で、同一の画素データが並んでいるなど情報理論的に冗長な部分をより短い表現に置き換える。圧縮技法にはLZW法、LZSS法、ハフマン符号化、算術符号などが知られている。このような可逆圧縮技法は白黒二値の画像やコンピュータにより生成された比較的単純な画像では有効だが、写真のように滑らかに各画素の明るさや色が変化する画像では有効ではないことが知られている。そこで、各画素のデータを復元することはできないが、より高い圧縮率を実現する非可逆圧縮技法が広く使われている。代表的な非可逆圧縮技法には、画素の縦横の並びにおける明るさや色相の変化を波と見なしたうえで、この波を周期の異なるコサイン関数（コサイン波）の重ね合わせで近似して表現する離散コサイン変換がある。離散コサイン変換を行うと、**図5.2.10**のような画素の水平方向の並びx_0からx_7は図左のような波で表現できるが、これを図右の8種類の波を重ね合わせたもので近似すると、係数a_0からa_7が周波数成分として得られる。高い周波数の係数は0で置き換えても元の波形はあまり変化せず、画質への影響が小さいこ

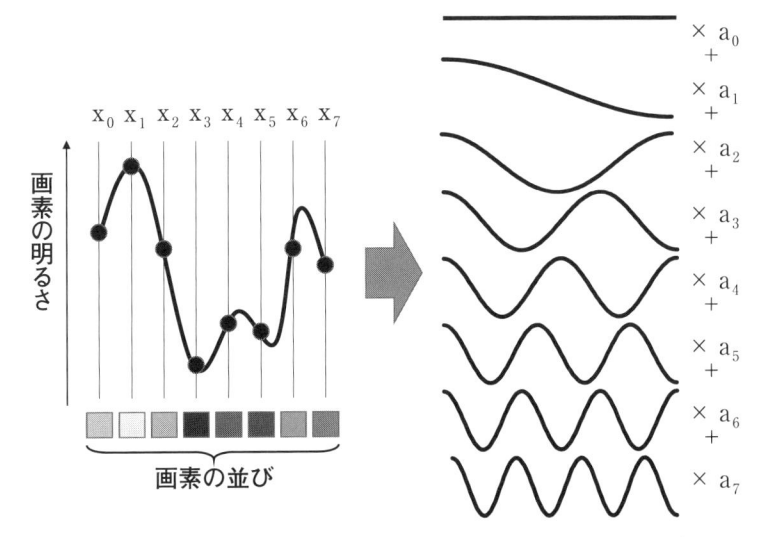

波を周期の異なるコサイン波の重ね合わせで表現

図5.2.10　離散コサイン変換

とを利用し、値が小さい高周波数成分の係数を切り捨ててデータの圧縮を実現する。これが離散コサイン変換を用いた画像圧縮の原理である。離散コサイン変換は、他に音声など波で表されるデータの圧縮に広く使われている。

　離散コサイン変換後の係数 a_0 から a_7 から元の画素値を復元するには、逆離散コサイン変換を行うが、その結果は元の x_0 から x_7 とは少し異なる値しか得られない。これが、この圧縮手法が非可逆圧縮と呼ばれる理由であるが、その代わり可逆圧縮に比べて大きな圧縮率が得られる。この他の代表的非可逆圧縮技法にはフラクタル圧縮や離散ウェーブレット変換がある。

　一般に、可逆圧縮ではデータ量は典型的には元のデータの半分程度にしか圧縮できないが、非可逆圧縮による写真画像の圧縮ではデータ量は 10 分の 1 から 20 分の 1 程度にできる。画像や音声などのマルチメディアデータでは、圧縮によって復元後のデータ（画素値や波形）が元と多少異なる値になっても人間はその違いが容易にはわからないため、非可逆圧縮が利用できる（逆に、文書やプログラムなど、圧縮・復元によるデータの変化が許されないようなものでは非可逆圧縮は利用できない）。

（3） 画像ファイル形式

　このような圧縮技法で変換された画像データと、さらに画像の大きさや場合によってはファイルの作成者などの各種メタデータをファイルに格納する形式を画像ファイルフォーマットまたは画像ファイル形式と呼ぶ。ラスタ形式の静止画像に対応する画像ファイル形式には、基本的に圧縮を行わずラスタ形式のデータをそのまま格納する BMP、主に可逆圧縮を用いる GIF、TIFF、PNG や、非可逆圧縮を用いる JPEG（JPG）、JPEG 2000 などがある。なお、JPEG は主に離散コサイン変換を、JPEG 2000 は主に離散ウェーブレット変換を圧縮技法に用いている。

　ベクタ形式の画像を扱うファイルフォーマットは、画像を描画するアプリケーションに特化したものが多い（Adobe Illustrator の ai 形式など）が、多数のアプリケーションで利用できる一般化したものとして EPS、SVG、WMF、EMF などがある。これらは基本図形をオブジェクトとして扱うが、オブジェクトの中にラスタ形式の画像も含まれているので結果的にラスタ形式の画像も扱うことができる。

　これらの画像ファイル形式は、画像自体のデータ以外に、メタデータやタグと呼ばれる付加情報を加えることができる。これらのメタデータには、ファイルの作成者や作成アプリケーション、作成日時やその際の簡単なメモなどがある。これらのメタデータについてその内容と表現形式を各画像ファイル形式に対する付加方法とともに定めたものに Exif (Exchangeable image file format) があり、特に JPEG や JPEG 2000 においては、デジタルカメラが撮影時に画像ファイル内にさまざまな情報を格納するために広く普及している。Exif によって記録可能なメタデータには、撮影日時、撮影に使われたカメラの製造者や

型式、シャッタースピードや絞りなどの各種撮影パラメータ、撮影場所(GPSによる緯度経度情報であり、ジオタグなどと呼ばれる)などがある。

なお、動画像データは時間軸に連続した静止画像に音声を加えたものであり、各画像については非可逆圧縮技法が使われる。さらに、連続する画像の間には相関が強いことも利用して圧縮効率を高めている。動画像をファイルに格納する形式を動画像ファイル形式と呼ぶが、動画像の場合は音声等も含める必要があり多くの種類のデータを扱う必要から、データの容器という意味でコンテナ形式またはコンテナフォーマットとも呼ぶ。主な動画像ファイル形式には MPEG(MPG)、MPEG 2、MPEG 4(MP 4)、AVI、MOV、WMV、3GPP(3 GP)、MotionJPEG(MJPEG)などがある。

また、印刷を前提とした文書データは、ベクタ形式で格納された画像データを複数ページまとめたものとして表現されることが多い。この目的で利用される文書ファイル形式には、PDF が広く使われている。PDF は、元々プリンタに対する描画指示を行うための言語であった PostScript を基にした形式であり、プログラミング言語として設計された歴史から非常に多くの機能を有している。ベクタ形式の画像ファイル形式である EPS も PostScript をもととしている。印刷を前提とした文書ファイル形式としては他に XPS が挙げられる。

(4) 画像に対する改ざんとその検出

近年、画像処理に対する自動化技術が進化した結果、フォトレタッチツールやペイントツールと呼ばれる、写真をはじめとする画像データを扱うアプリケーションプログラムにおいて、容易に画像の高度な修整が容易になった。例えば、特定の物体の色を自然に帰ることや、背景を自然に保ったまま画像内の物体を簡単に移動や消去ができる。このことにより、画像ファイルを今後証拠・証跡として扱う際には改ざんの有無を調べる必要が出てくるようになった。

このような改ざんが行われているかどうかを調査するためには、画像処理が行われた形跡があるか否かを検査する必要がある。その手法はさまざまなものが提案されているが、ここでは Neal Krawetz が提案した手法を挙げる[1]。JPEG においては、元となる画像の画素は縦横とも 8 画素の正方形の領域を単位にした離散コサイン変換によって圧縮される。この際、高周波数成分の切捨てなどによって圧縮が行われる結果、復元された領域は元の画素値と変わってくる。しかし、一度この処理を経たものは、再度離散コサイン変換し復元しても、2 度目にはこの誤差は比較的小さくなる。ここでツールを用いた画像の改ざんなどを行うと、その改ざんされた領域だけ別のアルゴリズムによる画像処理が行われるため、再度離散コサイン変換と逆変換を行った際の誤差が大きくなることがある。Krawetz はここに着目して、この再変換、再逆変換の誤差の大きさを明度で表現した。こうすると、改ざんされた領域が比較的誤差の大きい不連続領域として浮かび上がる。

図 5.2.11　改ざんされた画像の検出

　図 5.2.11 では、左の写真の左側の石碑を消去し、右側の石碑の碑文を移動してある。そうして作成された右の写真を Krawetz の手法によるツール[2]で処理したものが中央下の写真である。左の石碑のあった部分が白く浮かび上がっていること、右側の石碑も碑文の移動後に沿って白く浮かんだ領域があることがわかる。

　この他、画像ファイルに付加された Exif によるメタデータも、撮影場所やカメラの機種などの情報を保持しており、重要な証拠となるがこれも改ざんが容易である。この改ざんは、あらかじめ画像ファイル自体に電子署名を施しておくなど、事前の何らかの措置がないと改ざん検出は困難である。

(5)　画像に対する電子透かし

　既に述べたように、画像ファイルに対してはメタデータを付加することによってさまざまな情報を付加できるが、これは容易に改ざん可能である。電子透かし(Digital Watermark)と呼ばれる技術を用いると、画像データそのものに不可分な形である種の情報を加え、不正の痕跡を追跡することができる。

　もともと電子透かしのアイデアは画像・映像や音楽といったコンテンツの流通を行う場合に、著作権者が各コンテンツの流通を管理したいという要求から生まれたものである。つまり、電子透かしは、現在一般の商品流通において用いられているバーコードやシリアル番号のようなものを、通常は見えないようにコンテンツのデータ内に埋め込む技術ととらえるほうが理解しやすい。

一般に、電子透かしに求められる主な要件は、以下のようなものである。
　①　電子透かしの埋め込みによって、元のデータの品質が大きく劣化しないこと
　②　埋め込まれた電子透かしの消去や改ざんが十分に困難であること
　③　埋め込まれた電子透かしの読出しは許可された者のみが行えること
このうち①の要件は透明性、②の要件は堅牢性、③の要件は秘匿性と呼ばれる。

既に述べたとおり、電子透かしはもともと流通管理に用いられている。電子透かしに埋め込まれる情報には、コンテンツIDのようにデータの複製にわたって同じものを埋め込むものと、シリアル番号のように配布先などによって別の情報を埋め込むものがある。後者は特にデータの流通先すなわち受信者を識別するために埋め込まれることから、電子指紋(Digital Fingerprint)と呼ぶことがある。

電子透かしの簡単な例として、画像の画素データを直接操作する例を挙げる。あらかじめ特定の位置の画素(例えば左端と上端からそれぞれ10画素目)の画素値を、電子透かしとしてデータ内に埋め込みたい値が1なら奇数に、0なら偶数に修正するという、1ビットの電子透かしが考えられる。この場合、修正後も画素値は高々1しか変化せず、画素の色の変化もわずかなので指定の画素の位置は容易に判別できないため、電子透かしの透明性や秘匿性は保たれる。1枚の画像中において電子透かしに用いる画素を増やしていけば電子透かしとして埋め込み可能なデータ量は増加していくが、透明性はわずかに下がってゆく。一方、堅牢性については、この画像に対する不可逆圧縮がなされると多くの画素値が変化してしまう恐れがあることから、十分とはいえない。

堅牢性と透明性、秘匿性を兼ね備えた画像に対する電子透かしは、離散コサイン変換後の周波数成分に対する処理で実現されることが多い。その詳細については、参考文献[3]などを参照されたい。

(執筆担当：上原哲太郎)

5.2.2項の参考文献
[1]　N. Krawetz, "*A Picture's Worth : Digital Image Analysis and Forensics*," Black Hat Briefings, Washington D.C., 2008.
[2]　H. Factor, "*FotoForensics*" http://fotoforensics.com.
[3]　画像電子学会、『電子透かし技術—ディジタルコンテンツのセキュリティ』 東京電機大学出版局、2004年

5.2.3　フォレンジックのための自然言語処理技術
(1)　はじめに
自然言語処理技術とは、日常使用している話し言葉、書き言葉を、コンピュータにより分類、変換、意味理解、文章生成などの処理を構成・実現する技術[1]のことをいう。

自然言語技術はデジタル・フォレンジックでは、犯罪などの事案に関連した各種のデジ

タルテキストとそれらの削除・改竄されたテキストの復元テキストから、重要な用語やそれを含む文書の検知・検索のために利用される。ここでデジタル・フォレンジックに関連するデジタル文書としては以下のようなものが考えられる。

- パーソナルコンピュータや携帯電話を用いた電子メール
- 会議議事録、技術資料、ビジネスレター、私信などのデジタル文書
- デジタル帳票
- デジタル化された各種取引記録
- デジタル化された図表、プレゼンテーション資料

個人情報漏洩の検知では、個人や団体を特定する姓名、法人名などの固有名、識別番号、特定年月日、地名・住所、肩書表現などが含まれていることの認識が必要である。

不正書込みの検知では、犯罪語句、誹謗・中傷語句、アダルト語句などが含まれていることの認識が必要である。ここで語句とは、特定の単語1語、あるいは、複数の単語からなる句のことをいう。

裁判事案の証拠や違法行為を窺わせる表現の検出では、特定話題を記述している文や複数文表現をデジタルテキストから分別認識することが必要である。ここで文とは、句点等の文末記号で句切られたテキスト表現をいう。膨大なデジタルテキスト中から特定話題を記述している文や複数文表現を分別する技術を予測コーディング（Predictive Coding）という。

また、脅迫メールなどが送られてきた場合、それは誰からのものである可能性が最も高いかを判断したりするのに自然言語処理技術が使われることもある。

（2） 個人や団体の特定情報の認識方法
（a） 姓名、法人名、地名・住所の認識

姓名辞書、法人名辞書、地名・住所辞書を参照し、対象テキスト中にそれぞれの辞書見出し語が含まれているかにより認識する。これらの辞書としては、有料提供、あるいは、Web上のフリー提供のものなどがある。姓と名は、表記順に従って、それぞれの辞書を参照する。対象テキストは、あらかじめ個人・団体情報が含まれている可能性の高いものに絞り込んでおくことが必要である。例えば、参加者欄とされている箇所、帳票の氏名欄など書式から記述が予測できるところの利用である。

中国系、韓国系の人名の構成文字数は、姓が1文字であることが多いことを利用することも考えられる。欧米人の姓名は、ローマ文字、ギリシャ文字、ロシア文字で表記されたり、日本語テキスト中でカタカナ表記されたりする。これらの特定の文字種が連接している場合、欧米人の姓名や法人名が表されていると推定することができる。

Wikipedia[2]によれば、姓の種類数は、日本が丹羽基二説約30万種（森岡浩説10数万種）、中国が約2.4万種、韓国が約250種であるのに対して、米国は約150万種と欧米人

の姓の種類数は非常に多い。これらの種類数を考慮に入れ、認識の仕方を工夫することが必要である。ちなみに日本人の名は5万種以上ある。

地名・住所辞書は最近の市町村合併などの地名表示変更を定期的に反映したものが有料で提供されている。地名、住所では、郵便番号の利用や「都・道・府・県」、「市・町・村」などの行政単位や「大字、字、丁目、番地」などの漢字の出現を認識に利用できる。

（b） 識別番号の認識

識別番号は、英数字の使い方や桁数が規則で決められているので、その規則性を利用することで認識できる。

（c） 年月日の認識

和暦であれ、西暦であれ、省略表記を含めて、年月日の表記法は極めて限定されているので、それを利用して認識できる。

（d） その他の特定情報の認識

肩書などの個人を特定表現する言葉は限られているので、これらをリストアップした電子辞書を参照することにより、認識できる。

（3） 特定語句の認識方法

犯罪語句、誹謗・中傷語句、アダルト語句などは、あらかじめリストアップし、特定語句辞書として構成する。リストアップすべき特定語句は、分野特有のものでそれほど多くはない。対象テキストと当該辞書とを比較照合し、合致するものがあるか否かで、不正書き込みの有無を判別する。

- 複数の語からなる特定句の場合、その句の先頭に出現する語を辞書見出しとし、その見出し語に対して、句を構成する語を出現すべき順に定義しておく。句を構成する語は、句先頭語の他に1語以上ある。なお、句先頭語のみの語は1語からなる特定語である。
- 句先頭語を検出したら、その句を構成する語を辞書から得て、対象テキストに辞書定義順に出現するかを判定する。句構成語には、出現が必須か随意かを定義しておき、認識すべき語句か否かの判定に使用する。
- 句先頭語ごとに認識すべき語句の強度を定義しておき、判定すべきテキストごとに検出した語句の強度を加算し、あらかじめ設定した閾値を越えたとき、犯罪、誹謗・中傷などが不正に書き込まれたテキストとみなすことができる。
- 句先頭語を構成する文字列を構成文字コードでソーティングし、辞書見出しを配列することで、特定語句辞書の照合を効率化することが必要である。辞書見出しの配

列の仕方としては、辞書引きに適した探索アルゴリズムであるトライ構造[1]がよく利用される。

（4） 特定の文表現の認識方法
（a） デジタルテキストの意味内容の表現方法

　自然言語処理においては、複数の文を連ねたテキストにより表される意味内容を、そのテキストを構成する単語群により近似できると仮定している。検索において、所望する文書の内容を表す重要単語(キーワードという)の組により表現することもこの仮定による。この仮定にもとづき、単語一つひとつを基本ベクトルとし、それに重みを定義することにより、テキストの意味内容をベクトルとして表現することが可能となる。

（i） 単語の認識

　テキスト構成文字列から、単語の切り出し、品詞情報などの認識をすることを形態素解析という。形態素解析ツールとして、日本語文字列用としては、ChaSen[3]、JUMAN[4]、それらから派生したツール、英語文字列用としては、GENIA Tagger[5]などが公開されている。

　日本語は、膠着言語として単語間にスペースがなく、連結した文字列で表される。このため、日本語の形態素解析は、単語単位の孤立的な出現と単語内の語形変化を特徴とする屈折言語に分類される英語の形態素解析において不要な、文字列テキストから単語の切出し認定を必要としている。日本語において文単位と単語単位の中間に文節単位があり、その文節構成の規則性を利用して、日本語の形態素解析を実現している。

　品詞は接続可否規則のため細分されている。また、単語の切出し後、出現頻度算出のため活用語は原形に戻すことが必要になる。ツールについて、学術利用の場合は使用の明記でよいが、ビジネス利用の場合は開発者と使用契約を結ぶ必要がある。

　形態素解析ツールは、単語辞書を具備しているが、新語、固有名詞などに関して、辞書未登録がある。辞書未登録語を100％辞書登録することは不可能であるので、その扱い方を事前に定めておくことが必要となる。

　専門用語は複合語であることが多いが、形態素解析の結果は短単位語である。この語構成の違いを調整する専門用語抽出ツールとして、TermExtract[6]がある。

　形態素解析の結果、テキスト構成文字列から、名詞、動詞、形容詞などテキストの意味内容に関わる内容語と、助詞、助動詞、接続詞、前置詞などの文構成にかかわる機能語とが、それらの間にある接続規則性を利用して、切出し認定される。日本語では、内容語のことを自立語、機能語のことを付属語といい、文節を構成する。日本語、英語での機能語の種類は、限られており、事前にすべて辞書登録することが可能であり、いずれのツールにも網羅されており、辞書未登録が発生するのは内容語である。テキストの意味内容の近

似する単語として、機能語は使用しない。

　テキスト検索、分類、分別において、内容語のうち、一般名詞、代名詞などの、どのテキストにも頻出する語は識別に寄与しないとみなし、テキストの意味内容を表す語とはしない。識別に寄与しない語は、不要語、あるいはストップワードと呼ばれ、不要語辞書としてリストアップされる。テキスト中の語が不要語辞書見出しと照合一致すると、不要語と判定される。

(ⅱ) **テキストのベクトル表現**

　一つのまとまった内容を表すテキスト単位を文書と呼ぶことにする。1文書の長さはさまざまであり、メール1件も本項では1文書として扱う。

　文書 Dr は、機能語、不要語を除いた((ⅰ)項を参照)単語 T_i に対する基本ベクトルを T_i、重みを w_i^r とすると、式(5.2.3.1)で表される。この重み w_i^r は、文書 Dr における単語 T_i の意味的な重要度を表す。

$$Dr = \sum_{i=1}^{t} w_i^r T_i \qquad (5.2.3.1)$$

　文書 Dr において、単語 T_i が出現する場合 w_i^r を1、出現しない場合 w_i^r を0とすると、単語の有無による論理演算表現になる。

　重み w_i^r は、文書 Dr の特徴を表すとともに文書全体の意味を網羅するように決められる必要[7]があり、単語 T_i に関する出現頻度をもとにする方法が1950年代後半から研究されている[8]。

(ア) **語出現頻度(Term Frequency：TF)**

　ある文書に繰り返し出現する概念は重要な概念であるという仮説に立つもので、その語頻度値を tf と表す。文書の長さがある程度長くないと値に差が出ない。一方、文書の長さがかなり大きいものについては、(ⅰ)項の処理後の単語 T_i のすべての出現数で割った相対頻度を使用する場合もある。

　機能語は、文書の主題に関係なくあらゆる文書において高頻度語として現れる。また不要語も一般的には出現頻度は高いが、(ⅰ)項で棄却されているとする。

(イ) **IDF(Inverse Document Frequency)**

　特定の文書だけに出現する語はその文書を特徴づけるという仮説に立つものである。ある語 t が全文書中のどれくらいの文書に出現するかを文書頻度(Document Frequency：DF)といい、その値を $df(t)$ と表す。全文書数を N とすると IDF は、式(5.2.3.2)で表される。

$$idf(t) = \log(N/df(t)) + 1 \qquad (5.2.3.2)$$

(ウ) **TF・IDF**

語出現頻度とIDFを組み合せたもので、文書Drにおいて語出現頻度tfが高く、かつ、その語が特定の文書にしか出現しない場合に大きな値となることを表すもので、式(5.2.3.3)で表される。

$$TF \cdot IDF = tf \cdot idf(t) \tag{5.2.3.3}$$

重みw_i^rとしては、使用目的、文書の長さを考慮して、TF、IDF、TF・IDFのいずれかが使用されることが多い。その他の重みについては、本項末の参考文献[7]を参照されたい。文書が数文以下からなる場合はTFの値がほとんど"1"であり、IDFにより重みに大小を付けることができる。情報理論にもとづく信号／雑音比なる重み[7]もある。実システムの運用に際しては、いくつかの重みに関し評価実験し、最高処理性能をもたらす重みを選択するというやり方を採る。

(iii) **文書間の類似度と検索**

テキストのそれぞれが式(5.2.3.1)の形式で表現されれば、文書の類似度の尺度として、①内積、②余弦、③Dice係数、④Jaccard係数などが提案[7]されている。検索質問も、式(5.2.3.1)の形式で表現できるので、同様に扱うことができる。文書Dr、文書Dsの類似度を内積で表すとすると、式(5.2.3.4)になる。

$$\begin{aligned}\text{sim}(Dr, Ds) &= Dr \cdot Ds \\ &= \sum_{i,j=1}^{t} w_i^r w_j^s T_i \cdot T_j\end{aligned} \tag{5.2.3.4}$$

ここで、基本ベクトルT_iはそれぞれ直交していると仮定する。すると、$T_i \cdot T_j$は、$i=j$のとき1、$i \neq j$のとき0となる。式(5.2.3.4)は、式(5.2.3.5)と簡単化される。

$$\text{sim}(Dr, Ds) = \sum_{i=1}^{t} w_i^r w_i^s \tag{5.2.3.5}$$

単語T_iと単語T_jはそれらの意味が類似している場合と明らかに意味が異なる場合があるので、基本ベクトルT_iはそれぞれ直交しているとの仮定には注意が必要である。内積、Dice係数、Jaccard係数の分子は、いずれも内積と同じであるので、同じ仮定にもとづいていると考えるべきである。

(b) **テキストの検索**

テキスト検索には、単語の含有の有無による方法と文書をベクトル表現し類似度を定義する方法がある。前者では転置インデックス法[2]がよく利用される。後者はベクトル空間法と呼ばれる。

（ⅰ） 転置インデックス法
　単語ごとに、それを含む文書のIDをひとまとめにした検索用の転置インデックスファイルを作成し、それを参照して検索する方法である。検索質問に指定された単語に対する文書ID群を取得し、論理演算処理を施して、条件に合致する文書ID群を得るものである。

（ⅱ） ベクトル空間法と関連フィードバック
　ベクトル空間法では、検索の質問ベクトルとの類似度の値が大きい文書ほど、所望条件への合致度が高いとみなし、類似度順にランキング出力する。検索質問ベクトルに、検索適合文書の文書ベクトルを加え、検索非適合文書の文書ベクトルを引く変更をすることで、検索適合文書が多くなるようにすることができる。この手法を関連フィードバック[1]という。これらのことは、文書や検索質問のベクトル表現が検索適合度向上に寄与することを示している。
　大量の文書を対象にした検索では、検索時間の効率化のため、転置インデックス法で文書群を絞りこんだ後、文書ベクトルとの類似度計算を実行することもある。絞り込み件数によっては、各文書に対する式(5.2.3.1)の重みの算出を、転置インデックスファイル作成時に同時に実施しておく。

（c） テキスト分類
　テキストの分類には、あらかじめ与えられた分類に沿ってテキストを整理することと、似ているテキストをグループ化することがある[1]。後者の似ているテキスト同士を一つのグループにまとめる作業をクラスタリング(clustering)といい、できあがったグループをクラスタ(cluster)と呼ぶ。文書だけでなく、単語、句、文などもクラスタリングの対象となる。クラスタリングは、事前学習しないので、教師なし学習(Unsupervised Learning)である。
　階層的クラスタリングは、まず、各文書一つひとつをクラスタとする。各クラスタ間の類似度を計算する。ここでの類似度は、（a）項で定めたものを使用する。最も類似度の高いクラスタペアを併合して一つのクラスタとする。クラスタ間の類似度としては、
　　① それぞれのクラスタに属する文書間の類似度の最大値とする
　　② それぞれのクラスタに属する文書間の類似度の最小値とする
　　③ それぞれのクラスタに属する文書間の類似度の平均値とする
のいずれかが採られる。作成されるクラスタ数、あるいは、類似度に閾値を設定してクラスタリングを終了する。k－平均法(k-means)などのクラスタリング手法[9]もある。

(d) 特定テキストの分別

(1)項で定義したように、予測コーディングは、膨大なデジタルテキスト中から特定話題を記述している文や複数文表現を分別することである。

文書のベクトル表現式(5.2.3.1)により、特定テキストの分別に、機械学習手法の一つであるサポートベクトルマシン[10]、潜在意味解析[7]の適用が可能である。文書ベクトル式(5.2.3.1)の重み w_i^r として、TF、IDF、TF・IDF のいずれを使用するかは、予備実験により性能の良いものを選択使用する。1文書の長さが数文以内である場合、語出現頻度 TF の値は、ほとんど1か0となる。

本項に述べる方式は、いずれも学習事例 G により分別の仕方、条件を設定し、その後新しい文書を分別するものであり、機械学習としては教師付き学習(Supervised Learning)である。学習事例 G とは、分別判定の対象となる文書集合からサンプリングした文書の部分集合である。分別判定対象の文書集合全体に対する網羅性、特定性などの特徴の表現度合に関する学習事例 G の良否が、分別性能に大きく影響する。

(i) サポートベクトルマシン(Support Vector Machine:SVM)[10]

1990年代の終わり頃から自然言語処理において使用されはじめた線形二値分類器であり、正クラス(positive class)と負クラス(negative class)に分類する問題に適用できる。カーネル法と組み合わせれば非線形な分類も可能である。正クラスに属する事例は正例(positive example)、負クラスに属する事例は負例(negative example)と呼ばれる。

裁判事案の証拠や違法行為を窺わせる表現を正クラス、そうでない表現を負クラスとすれば、予測コーディングの対象課題となる。学習事例 G の正例と負例をそれぞれなるべく遠く分離する平面を、最も近い学習事例への距離であるマージンの最大化により求める。

分別したい新たな文書 x について、学習事例で求めた平面との位置関係を計算し、値の正負により、該当文書か否か判定する方法が、サポートベクトルマシンによる方法である。分離平面にかなり近い文書もあるが、そのような文書は閾値を定めて正クラス、負クラスのいずれでもないクラスに属すると判定することもある。

(ii) 潜在意味解析(Latent Semantic Analysis:LSA)[7]

式(5.2.3.1)を列ベクトルとして作成した単語-文書行列を、特異値分解(Singular Value Decomposition)により単語正規直交行列、対角行列、文書正規直交行列の3つの行列に分解する。対角行列の対角要素を抽象化された語として扱うことができる。一定の閾値を設け、その閾値より小さい対角要素を0に置き換えることにより、対角行列の次元を縮退することができる。特異値分解は単語 T_i に対する基本ベクトルを T_i が互いに直交していると仮定していたことを補正しているといえる。分別したい文書の学習事例 G について、単語-文書行列を特異値分解し、次元を縮退する。単語正規直交行列の各列は左

特異ベクトルと呼ばれ単語の特徴を表し、文書正規直交行列の各行は右特異ベクトルと呼ばれ文書の特徴を表す。これらの分解行列、または、次元縮退行列を用いて、新たな文書との類似度を算出し、ある閾値以上であれば、分別文書とする方法が、潜在意味解析を利用したテキスト分別である。

（ⅲ） 確率的潜在意味解析（Probabilistic Latent Semantic Analysis：PLSA）[10]

文書の表現として、ベクトル表現の他に、確率分布による表現がある。与えられた文書 d 内で各単語がどの程度出現しやすいかを表す確率分布 $P(w/d)$ を考え、これにより文書を表す。PLSA は、これをもとにしたアスペクトモデルと呼ばれる 2 変数共起確率モデルを使用するものである。分別対象であることを隠れ変数 z として、学習事例 G について、$P(d|z)$ を算出しておき、新文書 d'' を加えて算出する $P(d''|z)$ との比較により分別するのが、PLSA を利用したテキスト分別である。この手法は、EM アルゴリズムを使用しており、初期値の与え方で収束時間が異なり、新文書ごとに確率推定の実行が必要であるなどの問題がある。

（e） 構文解析、意味解析などの利用

構文解析は文の構造を明らかにすることであり、英語文では句構造文法、日本語文では係り受け関係を表す依存文法にもとづき、多くの構文解析が構成されている。ツールとしては、CaboCha[9]、KNP[11] などが提供されている。

意味解析は、文中の多義語と依存関係にある 2 語間の意味関係の意味的曖昧性を解消することである。複数文の接続関係や概念・事象の意味の解析は文脈解析という[1]。

構文解析、意味解析などの組み込み利用には、「構文規則、意味構造の電子的な定義辞書について適用分野に適合させる必要があること」、「前後の文脈により別の構造や意味の選択が必要でありその選択方法の明確化が必要であること」、「単語辞書未登録語が解決済みであること」が前提となるので、適用分野は狭くなり、高い解析精度を得ることは難しい。

（f） 性能評価指標

検索、分類、分別などの処理の性能評価指標としては、精度、再現率が基本であり、その定義は次のとおりである。

　　　　　［精度］　＝［処理結果中の適合文書数］／［処理結果の文書総数］

　　　　　［再現率］＝［処理結果中の適合文書数］／［処理対象文書中の適合文書総数］

（1－［精度］）は処理のノイズ発生率であり、（1－［再現率］）は処理の漏れ発生率である。"漏れ"を少なくすれば"ノイズ"が多くなり、"ノイズ"を少なくすれば"漏れ"が多くなるというように、精度と再現率はトレードオフの関係にある。いずれの指標を重視する

かは、システムの目的による。例えば、技術動向調査では精度を重視することが多く、特許の公知例調査では再現率を重視する。ディスカバリのための予測コーディングでは、証拠文書を見逃せないので再現率を100%にすること求められ、そのうえで、以後の人手処理の効率化のため精度を高くすることが求められ、システムの要求性能が極めて高い。

　処理対象文書が膨大な場合、その文書中の適合文書総数は一般には既知ではないので、再現率を100%にすること、あるいは100%であると言い切ることは極めて難しい。これへの対処としては、文書事例に関する処理結果をランキング出力し、上位 λ 件の再現率を算出し、この λ 件を逐次増加させて再現率が収束していく状況を見ることでその文書事例の再現率を推定できる。システムの再現率については、多数の文書事例の推定再現率を得ることができれば、推定できる。

（執筆担当：絹川博之）

5.2.3 項の参考文献

[1]　長尾真編『自然言語処理』p. 601、岩波書店、1996 年
[2]　Wikipedia「姓」　http://ja.wikipedia.org/wiki/%E5%A7%93
[3]　奈良先端科学技術大学院大学　松本裕治研究室：日本語形態素解析システム ChaSen「茶筌」
　　http://chasen-legacy.sourceforge.jp/
[4]　京都大学　黒橋禎夫・河原大輔研究室：日本語形態素解析システム JUMAN
　　http://nlp.ist.i.kyoto-u.ac.jp/index.php?JUMAN
[5]　英語形態素解析 GENIA Tagger
　　http://www.nactem.ac.uk/tsujii/GENIA/tagger/
[6]　東京大学　中川裕志研究室：専門用語自動抽出システム TermExtract
　　http://gensen.dl.itc.u-tokyo.ac.jp/termextract.html
[7]　徳永健紳『情報検索と言語処理』、p. 234、東京大学出版会、1999 年
[8]　Luhn, H. P., "The Automatic Creation of Literature Abstracts," *IBM Journal*, pp. 159-165, 1958
[9]　奈良先端科学技術大学院大学　松本裕治研究室　日本語係り受け解析システム CaboCha「南瓜」
[10]　高村大也『言語処理のための機械学習入門』、p. 211、コロナ社、2010 年
[11]　京都大学　黒橋禎夫・河原大輔研究室：日本語文構文・格・照応解析システム KNP
　　http://nlp.ist.i.kyoto-u.ac.jp/index.php?KNP

5.2.4　フォレンジックのためのコンピュータ基礎技術

　デジタル・フォレンジックを理解するためには、フォレンジックの対象となるコンピュータについての基本的な理解が必要である。本項では、コンピュータの基本構造を解説し、デジタル・フォレンジックとの対応を考える。なお、解説にあたっては、特に用語において厳密さより現状で俗によく使われるものを重視したので注意されたい。

（1）　コンピュータの基本構造

　コンピュータ（Computer）の本来の機能は compute、すなわち計算である。このコンピュータが単なる電卓と異なるのは、計算の手順を表す「プログラム」が記述できること

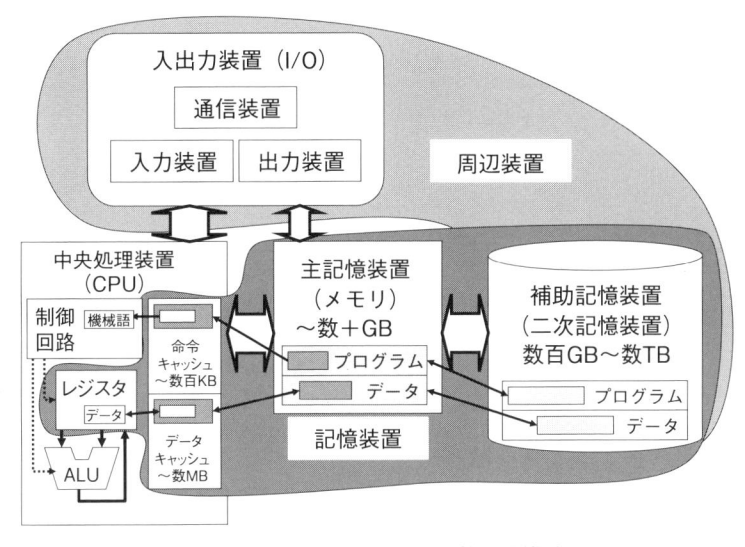

図 5.2.12　コンピュータの基本的構造

である。このプログラムによって、コンピュータは同じ計算を異なるデータに対して繰り返し、何度でも間違いなく実行することができる。

ごく初期のコンピュータでは、プログラムはパンチカードや手による配線そのもの、すなわちハードウェアで表現していた。しかし、現在ではプログラムも数値として記述し、データと同様にメモリ上に格納されている。この方式は「プログラム内蔵方式」と呼ばれ、プログラム自身で他のプログラムを扱えるためコンピュータの可能性を大きく広げることとなった。現在も大型計算機から家電製品のコントローラに至るまで、あらゆるコンピュータがこの方式に基づく構造となっている。

プログラム内蔵方式のコンピュータは、以下の4つの装置からなる（図5.2.12）。この構成は、スマートフォンやタブレットから大型のサーバ機に至るまで基本的には同じである。

(a)　中央処理装置（CPU : Central Processing Unit）

プロセッサとも呼ばれ、計算機の中核をなす部分である。CPUはさらに実際の計算を行う論理演算装置（ALU：Arithmetic Logic Unit）と計算用のデータを一時蓄えるためのレジスタ、および制御回路からなる。制御回路にはプログラムカウンタ（PC）と呼ばれる特殊なレジスタがあり、これがメモリ上のプログラムの位置を保持している。このプログラムは単なる2進数の数値の羅列であるが、CPUにとっては機械語と呼ばれる形式で解釈可能であり、それに従ってCPUはレジスタとALUを操作し実際のプログラムとして動作させる。

なお、最近の多くのCPUはキャッシュと呼ばれる高速の記憶装置を内蔵しており、主記憶装置のうち最近使用した部分について複製を保持している。CPUとメモリとの間の

データ転送にはある程度の時間がかかるため、より高速にデータ転送可能なキャッシュを内蔵することにより大幅な性能向上が可能である。キャッシュは命令用とデータ用に分かれている場合、統合されている場合、多段に構成されている場合もある。

(b) 主記憶装置(メモリ)

メモリはプログラムとデータを格納しておく場所であり、例えば最近のパソコンやサーバでは数GBから数十GB前後搭載されている。メモリはアドレスまたは番地と呼ばれる番号で1Byte単位に区画分けされており、そのアドレス(番地)を指定して読書きがなされる。

CPUとメモリの組合せにより最低限のコンピュータが構成できる。その動作の流れは基本的には以下のようになる。

① プログラムカウンタに書かれているアドレスにある命令(機械語形式)をメモリから読み込む。

② その命令の内容を解釈し、必要な動作を行う。例えば命令がレジスタにメモリからデータを読み込む命令であれば、命令内で指定されたアドレスのデータをメモリから読み込み、指定されたレジスタに書き込む。レジスタ間の計算を行う命令であれば、指定されたレジスタから値を取り出してALUに送り出し、計算結果を指定されたレジスタに書き込む。さらに必要であれば、レジスタの内容を指定されたアドレスのメモリに書き込む。

③ 計算結果などに応じて、次のプログラムカウンタの値を決定する。通常は解釈した命令が格納されているアドレスの次のアドレスになる。分岐命令などでは、命令内で指定された値にプログラムカウンタの値を変更する。

メモリには読書きが自由にできるRAMと、基本的には読出し専用のROMがある。RAMは自由に高速に読書きが可能である代わりに、電源を切ると内容が失われる。ROMは書込みが通常は不可能な代わりに常に同じ内容を保持しているので、通常ここにコンピュータの電源投入直後に動作させるプログラム(一般にはIPL(Initial Program Loader)、パソコンでは俗にBIOS(Basic Input/Output System)と呼ばれる)が格納されている。このプログラムにより、後述する補助記憶装置からOSなどを読み込んでコンピュータを動作させる。

(c) 補助記憶装置(二次記憶装置)

メモリの内容は電源切断とともに消えるため、コンピュータの動作に必要な基本プログラム(オペレーティングシステム(Operating System：OS))やその他のアプリケーションプログラム、永続的に必要なデータは磁気媒体などを用いた、電源切断でも消えない記憶装置に格納する。これを補助記憶装置または二次記憶装置[1]と呼ぶ。読書きが可能な補助

記憶装置のうち、現在最もよく使われているのはハードディスクであり、数百 GB から数 TB 程度の容量のものが使われる。しかし、最近はフラッシュメモリ技術を用いた二次記憶装置が普及してきており、SSD などとも呼ばれる。

　メディアが取外し可能な補助記憶装置はコンピュータ間のデータ移送のために使われる。従来 CD-R、DVD-R、Blu-ray ディスクなども使われてきたが現在はフラッシュメモリを利用する例が多い。特に USB フラッシュメモリや SD カードはデータの移送によく使われている。

　一般に補助記憶装置にはプログラムやデータが格納されているが、CPU からは直接読書きすることができないため、その内容をメモリとの間で複製してから利用する。また、補助記憶装置の記憶容量は一般にメモリよりは大きいが、データの読書きにはメモリに比べてはるかに時間がかかり、数百倍から数万倍にもなることがある。

　なお、補助記憶装置には通常、プログラムやデータをファイルと呼ばれる形式で格納する。このファイルの取扱いは OS が管理している。OS のファイル取扱い機能をファイルシステムと呼ぶ。また、最近の多くの OS は、メモリ容量の少なさを補うため、補助記憶装置の一部を見かけ上メモリであるかのように扱う機能をもつ。これを仮想記憶と呼ぶ。この場合も、実際には必要になったデータが OS の働きにより自動的にメモリと補助記憶装置との間で相互に転送されるようになっており、実際に使用中のプログラムおよびデータは常にメモリ上にある。

　この補助記憶装置を含め、コンピュータ内でデータやプログラムが記録される部分を記憶装置と呼ぶ。この記憶装置がコンピュータシステム内で電子的証拠が残る部分であり、デジタル・フォレンジックの技術が最も生きる部分であるといえる。

(d)　入出力装置(I/O)

　コンピュータと人、または他のコンピュータとのデータ交換を司るのが入出力装置である。Input/Output の略として I/O とも呼ばれる。入出力装置は、入力装置、出力装置および通信装置に分類できる。入力装置には、キーボードやマウス、スキャナやカメラ、最近ではタッチパネルなどがある。出力装置にはディスプレイ、プリンタなどが挙げられる。通信装置は現在の主流としてイーサネットや無線 LAN(IEEE 802.11 n 規格など)が、モバイルデバイスでは LTE や WiMAX などの携帯電話回線が用いられる。

　この入出力装置と補助記憶装置は、コンピュータの中核をなしていないため周辺装置とも呼ばれる。周辺装置とメモリや CPU との接続部分はインタフェース(Interface)と呼ばれ、さまざまな規格がある。例えばパソコン本体とディスプレイの接続規格には、古くから使われるアナログ VGA と呼ばれるインタフェースに加えて、DVI、HDMI、DisplayPort

---

1)　コンピュータ本体と別になることが多いので外部記憶装置とも呼ばれる。

などいくつかの規格がある。キーボードやマウスは、USB インタフェースと呼ばれる規格で接続される場合が多いが、無線接続される場合は Bluetooth と呼ばれる規格または独自規格が使われる。その他の機器は USB または Bluetooth、あと一部のアップル社製品では Thunderbolt という規格が用いられる。

（2） 補助記憶装置に使われるメディア

　補助記憶装置のなかで、実際にデータが書かれる記憶媒体をメディア(media)と呼ぶ。現在のコンピュータシステムでよく用いられるメディアとしては、ハードディスク、フラッシュメモリ(SSD や USB メモリ、SD カード)、CD-R/RW、DVD-R/RW、BD-R/RE などが挙げられる。これらは、セクタと呼ぶ固定長(メディアにより 128 Byte から 128 KB 程度まで異なる)の領域を単位として、任意の位置に随時データを読書きできるハードウェア構造となっている(ランダムアクセスと呼ぶ)。このランダムアクセス可能なメディアは、OS 内のファイルシステムを通して、ファイルの保存場所として使われる。

　補助記憶装置はよくフォレンジックの対象になるため、そのハードウェア的な性質を知ることは重要である。以下に代表的な補助記憶装置のメディアについてその構造と特性を概説する。

（a） ハードディスク(HD)

　ハードディスクは、別名固定ディスクとも呼ばれ、メディアをドライブと一体化することによって交換を不可能とした記憶媒体である。それを代償として高い機械的精度を確保できるため、高速大容量を実現できる。現代では、コンピュータの OS やデータを格納しておく主たる二次記憶として用いられているほか、近年低価格化が進むに従い、多くの電化製品において音楽や画像・映像を格納するためにも用いられるようになっている。

　ハードディスクで用いられるメディアは、金属またはガラスでできた円盤(プラッタと呼ばれる)の両面に磁性体をごく薄く塗布したものである。このメディアを**図 5.2.13** に示すように 1 枚から数枚隙間を空けて重ねたものを 1 つの駆動軸に通し、回転させる(1 枚

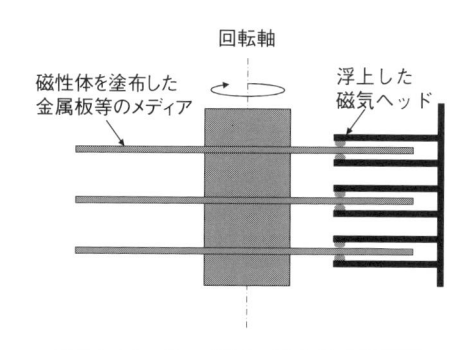

図 5.2.13　ハードディスクの内部構造

のメディアからなる場合もある）。磁気ヘッドは各メディアの各面に対しアクセスできるアームに取り付けられ、各面の磁性体に対し読書きを行う。この際ヘッドと磁性体表面の間は空気の流体粘性を利用してミクロン単位のわずかな隙間をあけ、接触しないようにしている。この隙間に埃などが入ると磁性体に傷がつきかねないため、製造時にはモーターなどの駆動部や磁気ヘッダ、アーム、制御回路などとともにメディアをクリーンルーム内で密閉している。

ハードディスクにおいては、データは同心円状のシリンダ、トラックに分けて、セクタ単位で書き込まれている。ただし内周に近いほど1トラック当たりのセクタ数を減らし、単位面積当たりの記録密度の内周と外周の差を減らすように工夫されている場合が多い。セクタのサイズは長らく512 Byte固定で運用されてきたが、最近は4 kBにしている例が増えてきた。これらのセクタは通し番号で管理されている。

ハードディスクもメディアのサイズにより数種類に分類できるが、現在比較的よく使われているのは3.5インチと2.5インチである。ドライブは直方体の形状をしているが、その幅はメディアの大きさで決定されている。厚みは3.5インチでは、1インチハイト（25 mm）が主流である。2.5インチでは12.5 mm、9.5 mm厚または7 mm厚が使われる。

ハードディスクドライブ（HDD）とコンピュータ本体との接続インタフェースは、一般にシールドされた二対の撚り対線で接続されるシリアルATA（SATA）と呼ばれるものが多い。SATAは1.5～6 Gbpsの転送速度がある。コンピュータ本体に対し外付けとなるハードディスクでは、本体との接続にはUSBやSATA（eSATAと呼ばれる）、Thunderboltインタフェースが用いられている。

一方、サーバなどではインタフェースにより高い機能をもつSCSIが使われることがある。SCSIはかつてはフラットケーブルで接続されていたが、現在はSerial Attached-SCSI（SAS）と呼ばれ、SATAと同様の撚り対線を用いて接続する。

フォレンジックの観点から見た場合、ハードディスクは現在のコンピュータシステムの主なストレージであるため重要なターゲットではあるが、非常に大容量であるため必要なデータを効率よく探し出すにはツールの使用が不可欠である。またHDDは精密機器であり、特にメディア上の磁性体は高密度記録が行われているため、わずかな傷でも大きくデータが損なわれる。その他のヘッドなどの機械部分も物理的衝撃や熱、水などに弱く、故障しやすい。この場合もメディアそのものが無事であれば修理によって内容の取出しが可能であるが、クリーンルームなどの高価な設備と高度な技術を要する。

（b） フラッシュメモリ

フラッシュメモリは電気的に消去と書換えが可能な読取り専用メモリ（EEPROM：Electoric Erasable and Programmable Read Only Memory）を高速化したものである。RAMに比べて書込みに時間がかかるため主記憶には用いられないが、コンピュータの

BIOSなどでROMの代替として使われるほか、ビット単価の低下にともない外部記憶として用いられ次第にハードディスクを置き換えはじめている（SSDと呼ばれる）。特にスマートフォンやタブレットのように低消費電力で動作しなくてはならないモバイル機器では、外部記憶として内蔵されている場合が多い。各種ICカードなどでも記憶部分として内蔵されている。

フラッシュメモリには回路構成により、大容量を確保できるが読書きが低速なNAND型と、小容量だが読書きが比較的高速なNOR型に分類できる。コンピュータや携帯情報機器で二次記憶として利用されるのは多くがNAND型である。NAND型はさらに、1つのメモリセルに1ビットの情報を読み書きするSLC型と、2ビット以上の書込みを行うMLC型に大別される（3ビットの書込みを行うものを特にTLC型と呼ぶ場合もある）。SLCよりもMLCのほうが安価で大容量であるが、読書き速度は低下し、また後述する書換え可能回数も減少する。

フラッシュメモリがリムーバブルな外部記憶として用いられる場合、インタフェースに使われる規格は現在乱立していたが、現在は多くの場合USBメモリまたはSDカードとなった、ただし後者は、サイズの異なるSDカード、miniSDカード、microSDカードの3種類があり、転送性能や容量などによってSDカード、SDHCカード、SDXCカードの3種類がある。この他、CFカードやメモリースティックと呼ばれるカードが一部では使われている。

フラッシュメモリは機械的な可動部分がないため、衝撃などの物理的破壊や温度変化、経年変化に対し耐久性が比較的高く、故障しにくい。そのため、フォレンジックの観点からは比較的データの抽出が容易と考えられるメディアである。ただし、フラッシュメモリには各メモリセルごとに書換え可能回数に限度があり、現在製品化されているものでは概ね数万から数十万回程度である。よって、通常のファイルシステムとして使用する際は、この限度を超えないような利用法が求められるため、メモリコントローラによって各メモリセルの書換え回数に偏りが出ないよう、メモリセルの論理的な再配置が行われる。これをウェアレベリングと呼ぶ。

SDカードには書換え不可能な固有の番号（メディアID）および放送鍵暗号技術を用いた認証機構が付与されており、これとCPRMと呼ばれる技術を利用して著作権管理が可能なように設計されている。このうちメディアIDを利用できればSDカード個々の区別がつけられることもフォレンジック上重要である。

（c）書込み可能な光学ディスク

音楽や映像の配布メディアとして使われているCDやDVD、Blu-rayディスクをデータ用に転用したものをCD-ROMやDVD-ROM、BD-ROMと呼ぶ（ここではまとめてCD/DVD/BD-ROMと呼ぶ、以下同様）。これを1回のみデータの書込みを可能にしたもの

がCD-RやDVD-R、BD-Rである。さらに、書込み後消去し再利用できるようにしたものがCD-RW、DVD-RW、BD-REである。記憶容量はCDで700 MB程度が上限、DVDでは通常のメディアが4.7 GB、記録層を2層にしたメディアが8.5 GBを上限とする。BDは書込みの層数が1〜4層まであり、それぞれ容量が25 GB、50 GB、100 GB、128 GBである。なお、3層以上の規格のメディアはBDXLと呼ばれる。メディアの直径はいずれも12 cmが標準であるが、一部では容量の小さい8 cmのメディアも存在する。メディアはいずれもコストダウンのためむき出しで扱われるので、読書きする面に指紋を付けるなどして汚すと読書きが失敗する原因となる。

　CD/DVD/BD-ROMでは、ポリカーボネートなどを基板とするメディア上に形成された反射層のわずかな窪みの有無を、レーザー光の反射率の差によって読み取っている。そこで書換え可能メディアでは同様の反射率の差を生むように記録層を工夫している。CD/DVD-RとBD-Rでは、金属の反射層の上に、光によって分解される色素による記録層を形成している。記録時には強いレーザー光を照射し記録層の一部に穴を開け、反射層を露出させて反射率の変化を生じさせる(図5.2.14)。CD/DVD-RW、BR-REでは、加熱の仕方によって結晶または非晶質(アモルファス)に変化させやすい合金を用いて記録層を形成する。記録時にはレーザーでの加熱の仕方によって結晶と非晶質の違いを生み、反射率を変化させる。読書きは円周方向でトラックはらせん状、線速度が一定なのでメディアの記録密度は内外周通じて一定である。なお、読書きは内周から外周に向かって行われる。

　これらのメディアは、いずれも読取り時は広く普及したCD-ROMやDVD-ROMなどと同様に扱うことができること、またドライブやメディアが安価であることから、広く使われている。ただし、一般に書込み速度は高速とは言い難い。CD/DVD-R/BD-Rは、一度書き込んだデータは消去できない(追記および無効化はできる)。CD/DVD-RWとBD-REは規格上は部分的書換えもできるが、CD/DVD/BD-ROMとの互換性を保つ目的から、

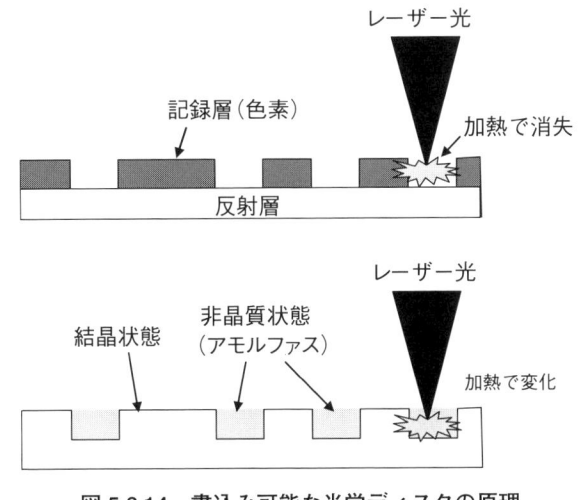

図 5.2.14　書込み可能な光学ディスクの原理

一度全体を消去してから再書込みする利用法が多い。このためバックアップやデータ移送の用途には向いているが、何度も小さな単位でのデータ書換えを要する用途には用いにくい。メディアの書換え可能回数は、1000回程度が限度とされている。

　フォレンジックの観点からは、これらのメディアは普及率が高いためHDDに次ぐターゲットとなる。特にCD/DVD-RやBD-Rは、追記しかできないことから書込み履歴がすべて残るため、無効化されているデータも強制的に読み出すことによって多くのデータが得られる。ただしメディアの耐久性は高くない。書込みデータの経年劣化に関しては、常温低湿で遮光された条件であれば100年以上の寿命が保てるとの研究もあるが、現実的なオフィス環境では10年程度と考えられる。特にCD/DVD-RやBD-Rは有機色素が紫外線と高熱に弱く、例えば直射日光下に放置すると数時間程度でデータが失われる可能性がある。高密度記録であるうえに記録面が剥き出しであるために物理的損傷にも弱く、記録面側に傷が入るとデータの読取りが不可能になる場合も少なくない。ただしこの場合には、記録層さえ無事であれば記録面の保護層の表面を研磨することなどによりデータを読取り可能になる場合もある。またCPRM対応と呼ばれるメディアには、固有の番号(ID)が付与され、複製との区別が可能になっている。

(3) コンピュータ内のソフトウェア

　コンピュータ内のソフトウェアは、基本プログラムとアプリケーションプログラムに分類できる(図5.2.15)。アプリケーションプログラムは、ワードプロセッサや表計算、インターネットブラウザなど、ユーザが直接操作してデータを取り扱うものである。このアプリケーションプログラムの起動や終了、プログラム本体やそれらが扱うさまざまなデータの管理、複数のプログラムが同時に動作する場合の協調動作などを司るのがオペレー

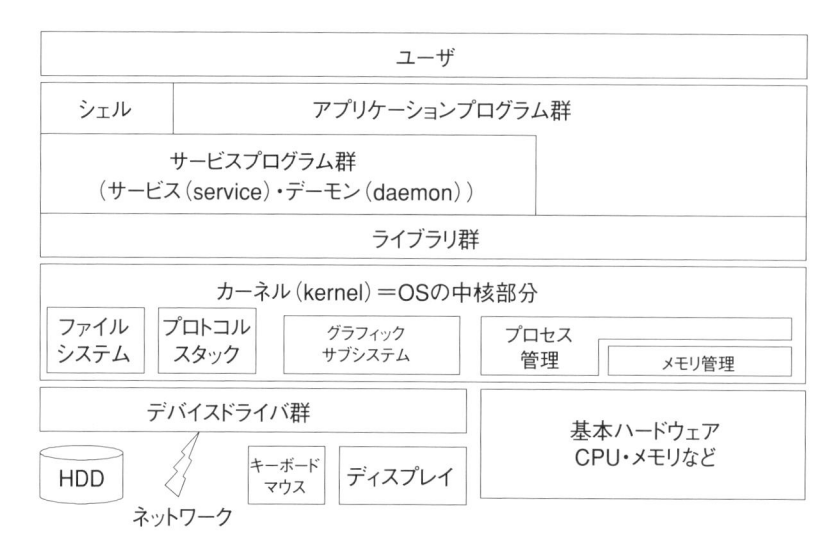

図5.2.15　コンピュータ内のソフトウェアの構造

ティングシステム(OS)と呼ばれる基本プログラムであり、パソコンではWindowsやMacOS X、サーバ型コンピュータではLinuxなどUNIX系統と呼ばれるOS、サーバ型コンピュータではLinuxなどUNIX系統と呼ばれるOS、タブレットやスマートフォンではAndroidやiOSなどがよく使われている。OSはさらにサービスプログラム、カーネル、デバイスドライバなどからなるが、主要な働きはカーネル内で行われている。

ユーザから見た場合、OSの主な機能は認証機能、プログラムの起動終了機能、ファイルの操作機能などが挙げられる。認証機能は、ユーザIDとパスワードなどを使って、コンピュータを使用する権利があることを伝える。OSはその認証結果に応じてユーザに権限を与え、起動可能なプログラムや読書き可能なファイル等に制限を加える。これを保護機能と呼ぶ。保護機能にはこのほかに、異常または悪意あるプログラムからOS本体およびハードウェアに影響が出ないように保護する機能、同時に動作するプログラムや操作されるデータが干渉しないよう互いに保護する機能がある。この保護機能はかつてUNIXなどの本格的OSでしか備えられていなかったが、最近のパソコンのOSでも備えられるようになってきており、Linuxを基本に作られたAndroidにも備わるようになってきた。

このカーネルのさまざまな機能のうち、フォレンジック上もっとも重要なのはこの保護機能である。対象となるシステムがユーザ保護機能をもっていた場合、認証に関する情報はいつ、誰がどのような操作を行ったかの証拠として利用可能である。

(4) データ表現

デジタルコンピュータの世界では、すべてのデータを最終的に0か1かで表される値で表現する。この0か1かの情報を1 bitと呼ぶ。実際にはこのbitを8つ集めた1 Byteという量を単位にデータを扱うことが多い。1 Byteの値は2進数でいうと8桁の情報が格納でき、2の8乗すなわち256通りの値が表現できる。

なお、2進数は表記が読み取りにくいので、2進数を4 bit分ずつまとめた16進数による表記が使われる。4 bitは10進数でいうと0から15までの値に対応するが、このうち1桁で表せない10から15までをAからFまでのアルファベットで置き換えたものが16進表記である。例えば10進数の60は、2進数では00111100となるので、16進数では3Cとなる(図5.2.16)。

メモリをはじめ、あらゆる記憶装置上のデータは、このバイトの羅列にすぎない。これに人間がいろいろな解釈を加えることにより意味を与え、プログラムに処理させている。これをデータ表現と呼ぶ。このデータ表現の理解はフォレンジックで得られるデータの理解に不可欠であるので、以下、さまざまなデータ表現について解説する。

(a) 数値のデータ表現

0以上の整数値を表現するには2進数表現が使われる。これを符号なし整数と呼ぶ。例

10進数	2進数	16進数
0	0000	0
1	0001	1
2	0010	2
3	0011	3
4	0100	4
5	0101	5
6	0110	6
7	0111	7
8	1000	8
9	1001	9
10	1010	A
11	1011	B
12	1100	C
13	1101	D
14	1110	E
15	1111	F

10進数
60
↓
32+16+8+4
↓
2進数
0011 1100
↓
16進数
3 C

図5.2.16 10進数・2進数・16進数の関係

えば1Byteすなわち8bitの値を2進数の整数と見ると、最大で2の8乗から1を引いた値まで、すなわち10進数では0から255にあたる数が表現できる。一般のプログラム中では、16、32、64bitの値が使われることが多い。これらはそれぞれ、最大で2の16、32、64乗から1を引いた値、すなわち65535、約43億、約1800京までの数が表現できる。負数も表現したいときは2の補数表記と呼ばれる表現を用いると、8bitでは−128から127までの値が表現できる。16、32、64bitを用いても同様に絶対値が符号なし整数の場合の約半分になるような範囲の値が表現できる。

　小数の値を表現するには通常、浮動小数点表現と呼ばれる特殊な表現を用いる。これはあらゆる小数値を2進数で近似する際に、科学技術計算に利用できるように値の有効数字を一定に保つ工夫がなされた表現である。最も多く使われているIEEE754規格の場合、浮動小数点表現には32bitまたは64bitの値を用いて、10進数換算でおよそ7桁または15桁程度の精度の数値表現を可能にしている。

　なお、複数バイトの値をメモリ上に置くときの順序をエンディアン(Endian)と呼ぶ。ビッグエンディアン(Big Endian)では、32bitのAF210A00(16進表記)という値があった場合、アドレスの小さいほうに上位のバイトを置くので、これをメモリの00000C00番地に書き込んだ場合、0C00番地にAF、0C01番地に21、0C02番地に0A、0C03番地に00が書き込まれる。ところがリトルエンディアン(Little Endian)では、逆にアドレスの小さいほうには下位のバイトを置くので、0C00番地から順に00 0A 21 AFの順に書き込まれる。このエンディアンはCPUやOSによって異なり、いわゆるUNIXではビッグエンディアン、Windowsではリトルエンディアンが広く使われてきた。しかし、Pentiumな

どいわゆる x86 系 CPU がリトルエンディアンしかサポートしないことから、Linux など最近のパソコンで動作する OS は UNIX 系でもリトルエンディアンが使われている。フォレンジック作業の際には、使われているシステムのエンディアンを誤ると得られたデータの解釈ができない場合があるので注意が必要である。

（b） 文字のデータ表現

8 bit の値が文字を表すとみると、256 通りの文字が表現できる。これは漢字を表現するには不十分だが、英語のアルファベットや数字、いくつかの記号程度を表すには十分なので、英語圏ではこれに ISO 646、俗に ASCII（アスキー）コードと呼ばれる規格で意味を与え、100 程度の文字を表すのに使っている。例えば、16 進数で 41 は A を表す、などと取り決められている。日本では ASCII コードにカタカナを加え、一部文字を入れ替えた JIS X 0201、俗に ANK と呼ばれる規格が、漢字を必要としない分野で使われている。JIS X 0201 のうち下位 7 bit 分は、ASCII コードとほぼ同じである（これを JIS ローマ字と呼ぶ、図 5.2.17）。

漢字を表すには 1 Byte では不十分なので通常は 2 Byte を用いる。日本で代表的に使わ

		上位 4 bit															
		0	1	2	3	4	5	6	7	8	9	A	B	C	D	E	F
下位 4 bit	0	制御文字（表示されない）		空白	0	@	P	`	p	未定義			ー	タ	ミ	未定義	
	1			!	1	A	Q	a	q			。	ア	チ	ム		
	2			"	2	B	R	b	r			「	イ	ツ	メ		
	3			#	3	C	S	c	s			」	ウ	テ	モ		
	4			$	4	D	T	d	t			、	エ	ト	ヤ		
	5			%	5	E	U	e	u			・	オ	ナ	ユ		
	6			&	6	F	V	f	v			ヲ	カ	ニ	ヨ		
	7			'	7	G	W	g	w			ァ	キ	ヌ	ラ		
	8			(	8	H	X	h	x			ィ	ク	ネ	リ		
	9			)	9	I	Y	i	y			ゥ	ケ	ノ	ル		
	A			*	:	J	Z	j	z			ェ	コ	ハ	レ		
	B			+	;	K	[	k	{			ォ	サ	ヒ	ロ		
	C			,	<	L	¥	l	|			ャ	シ	フ	ワ		
	D			-	=	M	]	m	}			ュ	ス	ヘ	ン		
	E			.	>	N	^	n	~			ョ	セ	ホ	゛		
	F			/	?	O	_	o	削除			ッ	ソ	マ	゜		

図 5.2.17 JIS X 0201（JIS ローマ字）コード表

れているのは JIS X 0208 および JIS X 2013、いずれも俗に JIS 漢字コードと呼ばれる表現である。しかし、インターネットなどでは ASCII コードが多く使われており、日本語の文書でもいわゆる半角文字は慣習的に ASCII コードと互換性のある ANK で表現することになっているので、16 bit の JIS 漢字コードと 8 bit の ANK を混在させる技術が必要である。このための規格は歴史的経緯から数種類が混在して使われており、インターネットの電子メールなどでは ISO–2022 JP と呼ばれる規格、Windows などパソコンのテキストファイルではシフト JIS と呼ばれる規格、一部の UNIX では EUC と呼ばれる規格が使われてきた。

　文字コードは国ごとに異なる発展を遂げてきたため互換性に乏しく、国際的な文字データ交換には支障を生じてきた。そこで世界中の文字コードを Unicode と呼ぶ単一のもので統一しようという試みがある。この試みは企業により始められたが、標準化団体との協業により現在では国際標準規格の ISO/IEC 10646 とほぼ同じものとなっている。ただし、現在一般に Unicode と呼ぶ場合には、この規格の一部である UCS–2 を指すことが多い。

　UCS–2 では、2 Byte すなわち 65536 通りの文字を用いて世界中のほとんどの文字を表現できる。このため、最近 WWW などを中心に使用が広がっている。多くの場合は UTF–8 と呼ばれる、ASCII コードとの混在を考慮した規格(UCS–2 の 1 文字を 1 Byte から 3 Byte の可変長で表す)で使用されている。

（c）　*波のデータ表現*

　音声や電波など波で表されるデータを処理するためにはデジタルでの波の表現が必要である。これも種々の方法があるが、最も簡単な方法は、波を一定時間ごとに区切り(サンプリングと呼ぶ)、その波の高さを数値で表して並べる方法である。例えば図 5.2.18 は、左から順に波の高さがおよそ−2、1、2、3、3、2、1、−1……となっているので、これを 2 進数で表して並べれば波が表現できる。

　この際注意するべきは、波の形はあくまでも近似で表されているということである。まず一定時間ごとに区切っていることにより、その間の波の形は一定の高さに平均化されている。そして高さ自体も、適当な整数値に丸められているため、図の右側のようにデジタルでの表現では波は階段状に表されている。これを離散化と呼ぶ。アナログの情報をデジタルで表現する際にはこのような離散化の影響が必ずあるが、例えば波の場合はサンプリ

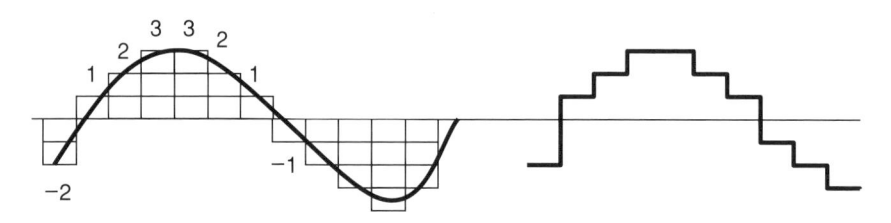

図 5.2.18　波のデジタルデータ表現

ングの間隔を小さくし、波高を多くのビット数で表現するようにするなどすれば、離散化の影響は小さくなる。その代わりデータ量は増大してゆく。

実際のコンピュータ内では、特に音声データを表すのにこのような表現がよく使われる。

（d） 画像のデータ表現

画像のデータ表現法については既に5.2.2項で述べたのでそちらを参照いただきたい。

（e） 情報の圧縮

デジタルで情報を扱う際の一つの利点は、データ圧縮技術の発達により、より少ないデータ量で元のデータを送る手法が確立していることにある。特に画像の場合、デジタル表現には離散化の影響が大きく、人間にとって離散化の影響が感じられない程度に点の数を増やし、光の強さを多段階で表すとデータ量が膨大になるので、さまざまな手法を用いてデータを圧縮する。

例えば前述の1024行1024列の点からなる単純白黒画像において、黒い点が平均して全体の0.1%程度しかないことがわかっている場合、平均すると画像全体で、1000程度しか黒い点がない。1つの黒い点を座標で表すには縦横とも1024通り、つまり10 bitずつ、合計20 bitあればよいので、これをすべて列挙しても6.6 KB前後のデータで十分である。よって元の画像を約20分の1のデータで表現できる。このほか、同じ色の点が集まりやすい、つまり縦横で見た場合、同じ色の点が並ぶ傾向があることなどを用いてもデータの圧縮は可能であり、さまざまな研究が行われている。

画像の圧縮に関しては研究が進んでいることもあり、特に写真などの自然画像についてはさまざまな性質を用いて、ほとんど画像の品質の低下を感じさせない範囲でデータ量を数十分の一に圧縮させる手法が知られていることは既に4.2.2項で述べた。音声の圧縮に関しても非常に多くの研究があり、音質の劣化を抑えて圧縮率を高める手法がいくつか知られており、代表的なものにはデジタル携帯音楽プレーヤーなどで使われているMP3がある。

コンピュータ向けの一般のデータを圧縮する場合は、可逆圧縮技法が使われる。ZIPやRARなどの名で知られるアーカイバと呼ばれるファイル圧縮ソフトウェアで使われる手法はすべて可逆圧縮である。

（f） ファイルのデータ形式・アプリケーションのデータ形式

上記のデータ形式はすべてコンピュータ内で処理される基本的なデータ形式であるが、実際のアプリケーションプログラム等で使われるファイルでは、これをもとにしてさらに取決めを加えたデータ形式が使われることが多い。例えばJPEGやMPEG、MP3などはメタデータ形式の一種であり、ファイルとして書き込まれる際に付加すべきデータなどの

取決めが定められている。インターネットでは、ASCII コードなどの文字コードに基づくデータ形式が広範に使われている。WWW ページの表現に使われる HTML や、電子メールの表現に使われる RFC5322 が代表的なデータ形式の規格である。これらは多くのアプリケーションプログラムで読書きが可能である。

　Word や Excel といったアプリケーションプログラムの多くは、それぞれ独自のデータ形式のファイルの読書きを行う場合が多い。その内容の分析にはそのファイルを利用したアプリケーションそのものが必要となる場合が多いが、いくつかのフォレンジックツールは主なアプリケーションプログラムの独自データ形式の解析機能を備えており、アプリケーションプログラムの起動なしに内容が判別できる。

(5) ファイルシステムの基本的機能

　OS は、前述のようなデータ形式に基づくデータを、補助記憶装置に対しファイルという形式で書き込む。この機能をファイルシステムと呼ぶ。

　ファイルは、言い換えればコンピュータ内で電源を切っても消えないデータを取り扱うための仕組みである。現在主流となっている OS である Windows や UNIX、MacOS などでは、基本的にファイルはバイト (Byte) 単位で長さを自由に伸縮できる単なる一連のデータである。このファイルは、ビデオテープにたとえるとわかりやすいだろう。ファイルの読出しは、一般に先頭から順次行われるが、希望すれば設定された任意の位置から読み出すこともできる。これはちょうどビデオテープにおいて、先頭からでも、早送りや巻戻しをした任意の位置からでも再生可能であるのに似ている。ファイルの書込みも同様に任意の位置から行うことができるが、書き込んだ場合にはその位置にあったデータは上書きされ、失われる。これはビデオテープで適当な位置から録画を行うと記録済みの映像が上書きされるのに似ている。

　ビデオテープとファイルの違いは、ビデオテープは最初から書込み可能な長さが決まっているが、ファイルの場合はファイルの末尾にさらにデータを書き込むと自動的にファイルの長さが伸びてゆくことである（これを追記と呼ぶ）。同様にファイルの末尾の任意の位置から後ろのデータを切り捨ててファイルの長さを縮めることもできる。しかし、ファイルの先頭の手前側にデータを継ぎ足したり、中間にデータを挿入したりすることは原則としてできない。このような構造に単純化しておくことにより、ファイルのメディア上での取扱いがより容易になる。

　ファイルシステムで使われるメディアは、いずれも固定長 (128 Byte 程度から数 KB 程度) のセクタ単位で読み書きされる。よってファイルシステムでは、ファイルをこのセクタ単位に分割して格納し、管理する。このほか、ファイルシステムによって多少の違いはあるが、各ファイルに関し以下のような情報を管理している（これらをメタデータと呼ぶ）。

- ファイル名

- 配置情報(ファイル先頭のセクタ位置と各部分のセクタ位置など)
- 長さ(バイト数)
- タイムスタンプ(作成日時、最終更新日時、最終アクセス日時など)
- アクセス制御情報(ファイルの所有者、読取り、書込み、プログラムとしての実行などの操作を許されたユーザのリストなど)
- その他の付加データ(ファイルの種類、アイコンなど)

各プログラムがファイルを読み書きするということは、ファイル名から該当するメタデータを取り出し、ファイルの配置情報を得てデータを取り出したり、書き込みつつファイルの配置情報を更新するということである。通常ファイルの削除は、このメタデータの無効化によって行われる。これが、後に述べるように削除ファイルの復活が可能になる原理である。

以下、ファイルの各メタデータについて概説する。

(a) ファイル名

ファイルには文字列による名前をつけて管理するが、これをファイル名と呼ぶ。例えば"文書1"や"notepad.exe"などが典型的ファイル名である。ファイル名には英数字や記号、日本語などの文字が利用できる。ただしOSやファイルシステムによっては一部利用できない文字がある。例えばWindowsでは/、¥[2)]、:、*、?、"、<、>、|といった記号がファイル名には使えない。UNIXではファイル名に日本語が利用できない場合がある。またOSにより、ファイル名の英字の大文字と小文字の区別をつけるかどうかは異なり、一般にWindowsやMacOSは大文字小文字を同一視するが、UNIXでは別に扱う。このほか、ファイル名の長さにも制限が設けられており、最近の多くのファイルシステムは最大255 ByteまたはUnicodeで255文字になっているが、かつてのFATでは11 Byte(うち3 Byteは拡張子(後述))、HFSでは31 Byteである。

UNIXやWindowsでは、ファイル名のうちピリオド以降の部分を拡張子と呼ぶ。特にWindowsでは、拡張子によってファイルの種類を区別しており、例えばWordの文書ファイルは".docx"、プログラムは".exe"などの拡張子をつけることが定められている。主な拡張子とファイルの種類の対応を表5.2.1に示す。画面上ではファイル名のうち拡張子を表示せず、アイコンの種類で表現するように設定されている場合が多い。

ファイル名はその内部のデータがどのような意味であるかを表すようにつけられている場合が多い。例えば"H26決算.xls"というファイルは、おそらく平成26年度の決算処理のために使われたExcel形式のワークシートであろうと推測できる。このようにファイル名はフォレンジック上の大きな手がかりとなる。

---

2) ASCIIでは"\"(バックスラッシュ)だがJIS X 0201では"¥"に置換される。

表 5.2.1　Windows における主な拡張子とファイルの種類の対応表

OS 標準のプログラム関連

exe	標準的なプログラム
com	プログラム（MS-DOS 時代に用いられていたごく単純なプログラム形式）
dll	ダイナミックリンクライブラリ（プログラムの一部分で、複数のプログラムで共有される）
cmd	バッチファイル（Windows NT 系 OS の cmd.exe が解釈するスクリプト）
bat	バッチファイル（MS-DOS の command.com が解釈するスクリプト）

文書関連

txt	プレーンテキスト（書式のない文書ファイル）
doc docx	Microsoft Word の文書
xls xlsx	Microsoft Excel の表
ppt pptx	Microsoft PowerPoint のプレゼンテーションファイル
mdb	Microsoft Access のデータベース
jtd	一太郎の文書（このほか jaw、jbw、jsw、jxw などの形式もある）
rtf	リッチテキストフォーマット（文書ファイルの一種でデータ交換に用いる）
csv	CSV ファイル（表計算などで利用できるテキストファイル形式の一種）
eml	電子メールをファイルに書き出したもの
pdf	PDF ドキュメント（Adobe 社が提唱する印刷用文書のデータ形式）
log	ログファイル（プレーンテキストであることが多い）

WWW ページ関連

htm html	HTML 文書
css	カスケードスタイルシート（HTML のデザインを行うもの）
cgi	CGI（WWW サーバ上で動作するプログラム）
jsp	Java Server Pages（Java によって動的に生成する WWW ページ）
asp	ActiveServerPages（マイクロソフトの ASP.NET 技術で動的に生成する WWW ページ）
url	URL ショートカット（Windows のファイルシステム上で URL を指すために用いる）

静止画像関連

gif	GIF 形式画像
png	PNG 形式画像
jpg jpeg	JPEG 形式画像
tif tiff	TIFF 形式画像
emf wmf	WMF 形式画像

動画像関連

avi	AVI 形式動画像
wmv	WindowsMedia 形式動画像
asf	WindowsMedia 形式動画像または音声データ
qt mov	QuickTime 形式動画像または音声データ
mpg mpeg	MPEG 形式動画像
rm rv	RealMedia 形式動画像
swf	Macromedia（現 Adobe）Flash ファイル

音声データ関連

mp3	MP3 形式音声データ
wav	WAVE 形式音声データ
aif aiff	AIFF 形式音声データ

表 5.2.1　つ　づ　き

wma	WindowsMedia 形式音声データ
ra	RealMedia 形式音声データ
mid midi	MIDI 形式音楽データ

ユーザ作成のプログラム関連

c	C プログラムソース
cpp	C++のプログラムソース
bas	Visual Basic などの BASIC プログラムソース
cs	C#プログラムソース
jav java	Java プログラムソース
js	JavaScript プログラム
vbs	VisualBasic Script プログラム
pl	Perl プログラム（まれに Prolog プログラム）
rb	Ruby プログラム
py	Python プログラム
asm	アセンブラのプログラムソース

圧縮ファイル・アーカイブ関連

7z	7z 形式アーカイブ
lzh	LZH 形式アーカイブ
zip	ZIP 形式アーカイブ
rar	RAR 形式アーカイブ
arj	ARJ 形式アーカイブ
cab	CAB 形式アーカイブ
tar	tar 形式アーカイブ
gz	gzip 形式圧縮ファイル
bz bz2	bzip または bzip2 形式圧縮ファイル
Taz tgz	tar 形式アーカイブを gzip で圧縮したもの
tbz	tar 形式アーカイブを bzip2 で圧縮したもの

（b）　階層化ディレクトリとパス名

　1つのメディア内にファイルが多数あると整理が困難になるので、多くのファイルシステムでは、ファイルはディレクトリまたはフォルダと呼ばれる単位でまとめて管理できるようになっている。ディレクトリ内ではファイル名がファイルの識別に用いられるので、1つのディレクトリの中には同じファイル名のファイルは複数存在できない。

　ディレクトリの中にはさらにディレクトリを格納できるので、ディレクトリ間に親子関係が生じる。これは木構造で表現できることから、ディレクトリツリーと呼ぶ。メディアのなかには少なくとも1つのディレクトリが必要であり、これがディレクトリツリーの根となるので、ルートディレクトリ（またはルートフォルダ）と呼ぶ。ルートディレクトリ以外のディレクトリはサブディレクトリ（またはサブフォルダ）と呼ばれ、ファイルと同様に名前をつけて管理される。

　ファイルシステムの上でのファイルの位置を示すため使われる表記がパス（Path）である。パス名はルートディレクトリから順に、ディレクトリツリーを辿ったディレクトリ名

を列挙し、最後にファイル名を書いて表記する。区切り記号にはWindowsなどでは"¥"を、UNIXでは"/"を用いる。Windowsではパス名にはさらに物理的なメディアを示すドライブ名が":"(コロン)とともに入るので、例えば"C:¥Documents and Settings¥User1¥My Documents¥letter.doc"は、「Cドライブのルートディレクトリの中のDocuments and Settingsディレクトリの中のUser1ディレクトリの中のMy Documentsディレクトリの中のletter.docというファイル」を表す。

　ファイルシステムでは、ディレクトリはファイル名の一覧と管理情報(の一部)を格納した特殊なファイルとして実現される。ファイルの消去が行われた際には、このディレクトリ内の情報がどれだけ復元できるかが消去ファイル復元の鍵となる。

(c)　ファイル属性・所有者・アクセス権限

　多くのファイルシステムでは、ファイルにさまざまな属性情報が付与できる。例えばファイルを書込み禁止にしておくと、ファイルの書換えや追記、消去などが行えなくなる。隠しファイル属性やシステムファイル属性といった属性が付与できるファイルシステムもあり、これらの属性を付与すると通常の方法ではファイル一覧のなかには現れなくなったり、削除が不可能になる。また、前回バックアップしてからファイルの内容に変更が行われたことを示す属性(アーカイブ属性)をもつファイルシステムもある。

　使用時にユーザの認証、いわゆるログイン(またはログオン)が可能なOSでは、各ファイルのアクセス権限をユーザごとに変更できるファイルシステムが多い。ファイルを作成したユーザはそのファイルの所有者となり、そのファイルのアクセス権限を自由に設定できる権限をもつ。例えば所有者は自由に読書きできるがその他のユーザには読むことも書くこともできないファイルは、電子メールなど他人に見られたくないデータを格納するのに適している。このようにユーザによってアクセスの可・不可を種類ごとに制御する機構をアクセス制御と呼ぶ。

　フォレンジックの観点からは、ファイルの所有者やアクセス権限から当該ファイルに書込み可能なユーザを限定できるので、不正を行った者の絞込みや特定の手がかりとして利用できる。ただし、データの書込み後にアクセス権限の変更やファイル所有者変更等が行われた可能性、また不正アクセスによりユーザ権限が不正使用された可能性は考慮する必要がある。

(d)　タイムスタンプ

　タイムスタンプ(timestamp)は、ファイルに対する操作を行った時刻を記録するものである。多くのファイルシステムでは、タイムスタンプは以下の値を保持している。

　　①　ファイルが作成された時刻(ここではBirthday TIMEの意味でBTIMEと略記する)

② ファイルに最後に書込みが行われた時刻（Modified TIME の意味で MTIME と略記する）

③ ファイルが最後に参照された時刻（Accessed TIME の意味で ATIME と略記する）

④ ファイル名やアクセス制御情報などファイルの属性が最後に変更された時刻（Changed TIME の意味で CTIME と略記する）

このほかの時刻を保持するファイルシステムもあり、例えば HFS では、ファイルが最後にバックアップされた時刻を保持するタイムスタンプ（Backup TIME）をもつ。これらのうち、ファイルの内容が現在の状態になった時刻を表す MTIME は最も重要であるので、単にタイムスタンプという場合 MTIME を指す場合が多い。一般に Windows の Explorer などで表示されるタイムスタンプはこの MTIME である。

このタイムスタンプの種類は、ファイルシステムによって大きく異なる。例えば、かつて FAT ファイルシステムは、MTIME 以外のタイムスタンプを保持していなかった。現在の Windows は FAT を拡張しており、BTIME や ATIME も保持しているが、デジタルカメラなど FAT を用いるほかの OS では BTIME や ATIME が書き込まれていないこともある。精度もファイルシステムによって大きく異なり、例えば ext2 など UNIX 系のファイルシステムは 1 秒の精度だが、NTFS では規格上 100 ナノ秒の精度である（ただし実際にはコンピュータの時刻計測精度に左右される）。FAT はタイムスタンプの種類により精度が異なり、MTIME は 2 秒、BTIME は 10 ミリ秒、ATIME は 1 日（すなわち参照された日付は保存されるが時刻が保存されない）である。

このタイムスタンプは、フォレンジックの際には各ファイルに対する操作が行われた時刻関係として証拠上重要な意味をもつ。しかし、タイムスタンプを証拠として評価するにあたっては、以下の点を考慮する必要がある。

❶ 多くの OS ではタイムスタンプは比較的容易に変更可能なので、ツール等を使って改ざんされている可能性がある。

❷ 最近のパソコンの内蔵時計の精度はそれほど高くないので、実際の時刻と大幅に異なる場合がある。ネットワークを用いた時刻同期などの手段で時刻管理を行っていないシステムから得られたファイルのタイムスタンプは、実際の時刻とのずれがどれほどあったか評価しておくべきである。また、タイムスタンプには国際標準時を記録し表示時に現地時間に時刻修正する場合が多いが、FAT などのファイルシステムは現地時間での記録しか考慮されていない。よって単一のメディアに複数のタイムゾーンでの書込みが行われたときは混乱が生じる。

❸ ATIME は、DVD-ROM のような書込み不可能メディアや、フラッシュメモリや DVD-R のように読込みに比べ書込みに時間がかかるメディアでは、参照があっても更新されない。また一般に ATIME の更新は性能の低下をもたらすため、設

定によってATIMEを更新しないようにしているシステムが増えている。さらに、ATIMEはウイルス対策ソフトやファイル検索、バックアップなど、ユーザが意図しない間に自動的に起動するソフトウェアによる参照でも更新され得るため、例えば文書ファイルのATIMEは必ずしもその文書ファイルをユーザが閲覧した時刻とは限らない。このようにATIMEの評価には他のタイムスタンプよりも慎重さが求められる。

（e）　その他の機能（付加データなど）

　現代のファイルシステムでは、ファイルを単一のデータとして管理する場合がほとんどである。しかし、一部のファイルシステムでは、ファイルに本体のデータ以外に付加データを保存できるものがある。例えばNTFSは代替データストリーム（Alternate Data Stream）と呼ばれる機構をもっており、データ本体以外に任意の別のデータを保管できる仕組みをもっている。これは例えば画像ファイル等のプレビュー用サムネイル画像の保管や、通常のファイル属性に入りきらない属性（例えばダウンロードされたファイルを区別するためのZone-ID）の保管に使われている。

　このほか、MacOS Xでは各ファイルにリソースと呼ばれる情報が付与されているので、この保管のためにHFSやHFS＋では各ファイルにリソースフォークと呼ばれる専用の付加データ用領域がある（これに対しファイル本体を保管する領域をデータフォークと呼ぶ）。リソースフォークは、各ファイルの利用に必要なアプリケーションや、アイコンの画像情報、ウィンドウの位置・大きさや状態などが保管できる。

　これらの付加データは通常のアプリケーションからは読書きができないことが多いので見落とされがちであるが、重要な情報を含んでいる場合があるため、フォレンジック上は考慮しておく価値がある。例えば代替データストリーム内のプレビュー用サムネイル画像はアプリケーションによっては利用されないので、別の画像でファイルが上書きされた後も過去の画像の縮小画像を含んだまま残ることがある。また、ファイル消去ツールのなかには付加データを完全に消去できていないものがあり、ツールによって消去された後も付加データ部分が復元できるものがある。

（f）　ジャーナリングファイルシステム

　一般にファイルシステムはメタデータの変更中に電源断などによる中断が行われると不整合を生じ、場合によっては論理ドライブ内の多数またはすべてのファイルが読出し不能になるなどの不具合が起きる場合がある。これを防ぐためにメタデータの変更前にその内容を一度ログファイルに書き出し、実際にメタデータの変更を行ってからログファイルの内容を消去するような仕組みが考え出された。これにより、ファイルのメタデータを操作している途中に電源断などが起きても、再起動後にログファイルの内容から操作を復元す

ることによってファイルシステム内のメタデータの不整合を解消できる。このようなファイルシステムはジャーナリングファイルシステムと呼ばれる。WindowsのNTFSやLinuxのext4などが現在よく使われるジャーナリングファイルシステムである。

　このようなファイルシステムにおいては、ログファイル内に直近のメタデータの変更履歴が残っているため、ここからファイルの消去歴など何らかの重要な情報が得られる場合がある。よってログファイルもフォレンジックの対象とする価値がある。

(g) パーティション
　ハードディスクドライブは通常、全体を単一のファイルシステムとして利用せず、まずパーティションと呼ばれる単位で分割してから管理することが多い。パーティションに区切られた各領域は、OSから見ると仮想的なハードディスクドライブとして扱われる。これは、ファイルシステムの容量制限の回避や、ファイルシステムが何らかの原因で壊れた場合に影響を各パーティション内に留めるリスク低減効果、あるいは単一のコンピュータに複数のOSをインストールして使い分ける場合などに有用である。

（執筆担当：上原哲太郎）

5.2.4項の参考文献
[1]　富田眞治、藤井康雄『情報社会とコンピュータ』昭晃堂、2005年
[2]　稲垣耕作『コンピュータ科学の基礎』コロナ社、2002年
[3]　David Solomon、Mark Ruissonovich『インサイド Microsoft Windows』第4版、日経BPソフトプレス、2005年
[4]　"Data Organization on Volumes", Apple Developer Network
　　http://developer.apple.com/documentation/mac/Files/Files-99.html
[5]　Daniel P. Bonet、Marco Cenati『詳説 Linux カーネル』第2版、オライリー・ジャパン、2003年
[6]　Marshall K. McKusick、George V. Neville-Neil『BSDカーネルの設計と実装—FreeBSD詳解』アスキー、2005年

5.2.5　ハードディスクドライブの消去技術と復元技術

　コンピュータは、電源を切っても消えないデータを取り扱うためにファイルという仕組みを用いる。ファイルには電子的証拠として重要な内容が残っている場合が多いが、消去による証拠の隠滅もまた容易である。

　外部記憶装置のメディア内のデータ消去は、一般には以下のような方法で行われることが多い。

- 「ごみ箱」への移動
- ファイルの削除
- パーティションの削除
- メディアのフォーマット

- メディアの物理的破壊

このうち、最近の多くのシステムが備える「ごみ箱」機能は、OS の機能ではなく Explorer など、ファイル操作アプリケーションの機能として備えられている。これはファイルシステム上はファイルがまったく削除されておらず、単にファイル名が変更されているか別のディレクトリに移動されているだけであるため、容易に内容が復元できる。よってここでは削除として扱わない。

このほかの削除手法は、OS レベルでのファイル削除であり、通常の OS 機能を用いる限り二度と読まれることはない。しかし、ファイルシステムを直接操作する特殊なアプリケーションを用いると、ファイルは消去直後であれば復元することができる場合が多い。このほか、フォーマットやパーティションの削除といったファイルシステムの破壊によるデータ消去に対しても、条件が整えばデータが復元できる場合がある。

本項ではファイルシステムの構造などと対比しながら、データの消去および復元技術について概説する。

(1) ファイルの削除とは

既に述べたようにファイルシステムではファイルはデータ本体とメタデータに分けて管理されている。メタデータ内には配置情報があり、これがデータ本体がメディア上のどの位置にあるかを保持している。言い換えれば各セクタがどのファイルによって占有されているか、あるいは空き領域となっているかどうかは、メタデータによって管理されている。

ファイルの削除は通常、OS 内ではメタデータの削除、特に重要な配置情報の削除によって行われる。つまり、配置情報の書換えにより、あるファイルに占有されていると記録されていたクラスタに属するセクタを空き領域であると記録し直す。しかし、各クラスタ内のデータは消去されることはないので、新規ファイルの作成や既存ファイルの追記などによってそのクラスタが再利用されるまでの間は、古いデータがそのまま残っている（図 5.2.19）。よって、メタデータ内の配置情報を適切に再構築することができれば、ファイルは削除状態から復活が可能である。

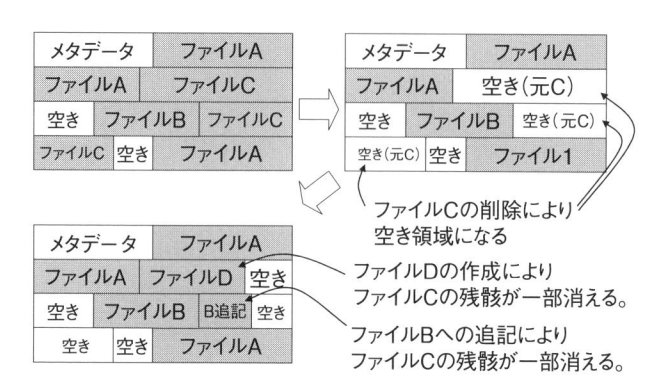

図 5.2.19 メディア内のデータとファイルの削除

このメタデータ内の再構築の容易さはファイルシステムの構造や、ファイルシステムによる削除処理の手順に依存している。そこで具体的なファイルシステムについてその構造や削除の処理を以下に解説する。

(a) FAT ファイルシステム

FAT ファイルシステムとは、マイクロソフト社が MS-DOS で導入したファイルシステムである。ファイルシステムとしては最低限の機能しかもっていないが、実装が比較的簡単なことから現在では広く使われ、Windows などマイクロソフトの各 OS だけではなく、主にフロッピーディスクやフラッシュメモリ、リムーバブルハードディスクなどで使われている。特にフラッシュメモリでは、パソコンのみならずデジタルカメラや携帯電話でも使われ、事実上、異機種間のデータ交換で標準的に使われるファイルシステムの一つである。

FAT ファイルシステムでは、データ領域を固定長のクラスタという領域に分けて管理する。クラスタはいくつかの連続した番号のセクタの集まりであり、例えば 512 Byte 長のセクタをもつメディアで 4 KB のクラスタを採用している場合は 1 クラスタ当たり 8 個のセクタが使われる。メディア内のデータ部の全クラスタには先頭から順番に 2 から始まる番号がつけられており、これが領域管理の単位となる。このクラスタ番号の表現に何 bit 使用するかによって、FAT ファイルシステムは 3 種類に分類できる。最初の FAT ファイルシステムはクラスタの表現に 12 bit の値を使用したので FAT12 とも呼ばれる。同様に 16 bit、32 bit の値を用いてクラスタを表現するのが FAT16、FAT32 である。クラスタの最大の大きさとクラスタの数によってファイルシステムが構成できる最大のパーティションの大きさが決まり、FAT12 では最大 32 MB、FAT16 では最大 4 GB、FAT32 では最大 2 TB である。

FAT ファイルシステムでは、パーティションは先頭から順に図 5.2.20 のような構成になっている。なお HDD 以外では通常パーティションが用いられないのでメディアの先頭から同様の構成になっている。

(i) 予約セクタ

特に先頭のセクタはブートセクタと呼ばれ、ここに FAT の種類や構成を表すパラメータが入っている。

予約セクタ	FAT	FAT（予備）	ルートディレクトリ	データ領域

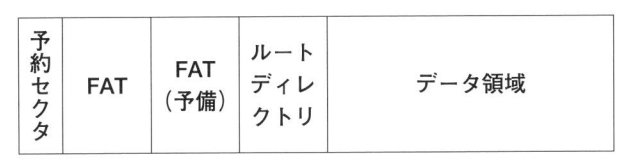

図 5.2.20　FAT パーティションの構造

(ⅱ) ファイルアロケーションテーブル(FAT)

各クラスタが使われているか空いているか、また使われているとすれば当該クラスタの続きとなる部分はどのクラスタかを示すために使われる。例えばFAT16では、FATファイルシステムの名前の由来となっている重要なテーブルである。なお、FATは障害に備えて同じものが通常2つ保存されている。

FATの構造は数字が並んだ巨大な表だと思えばよい。例えばFAT16の場合、2Byteずつ16bit分、つまり65536個の値が格納されている表である。この表は先頭から順に0、1、……、65535(16進数でFFFFまで)の番号がつけられており(エントリと呼ぶ)、それぞれ対応する番号のクラスタの状態を表す(ただし、クラスタ番号0、1は使われないので表の最初の2つのエントリは使われない)。この値が0のときはそのクラスタが空き領域であることを、1のときは通常使えない予約領域であることを示す。16進数でFFF7のときは不良クラスタ、すなわちメディア上に傷などがあってそのクラスタが利用できないことを表す。

2以上かつ16進数でFFF6以下のときは、そのクラスタに格納されたデータの続きがどのクラスタ番号にあるかを表す。例えばFATの5番目のエントリの値が10であれば、クラスタ番号5のデータの続きはクラスタ番号10に格納されているという意味になる。さらにクラスタ番号10の続きがどうなっているかを調べるには、FATの10番目のエントリの値が何番であるかを見ればよい(図5.2.21)。

またエントリの値が16進数でFFF8以上のときは、そのクラスタの続きとなるクラスタは存在しないことを表す(通常はFFFFが用いられる)。このようにFAT内の値を調べることによって、あるファイルのデータが格納されているクラスタがデータ領域内でどのような順番で並んでいるか(これをクラスタチェーンと呼ぶ)を表すことができる。FAT12やFAT32でも、ビット数が異なるだけで仕組みは同様である。ただしFAT32では32bit分の領域を確保するとFATが巨大になりすぎるため、ブートセクタでFATそのものの大きさを指定するようになっている。

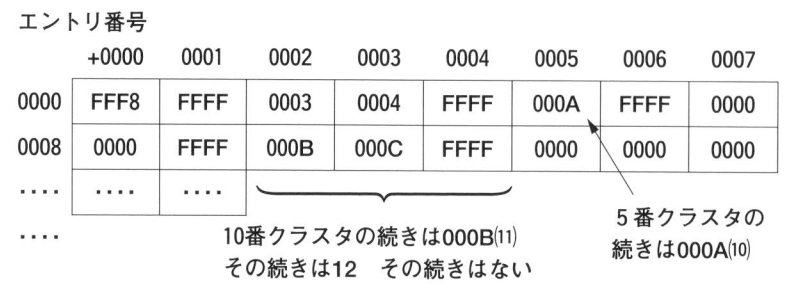

エントリ番号

	+0000	0001	0002	0003	0004	0005	0006	0007
0000	FFF8	FFFF	0003	0004	FFFF	000A	FFFF	0000
0008	0000	FFFF	000B	000C	FFFF	0000	0000	0000
….	….	….						

10番クラスタの続きは000B(11)　その続きは12　その続きはない

5番クラスタの続きは000A(10)

注) 実際にはリトルエンディアンなので各エントリのバイトは逆順に並ぶ。

図5.2.21　FAT16のクラスタチェーンの例

(ⅲ) ルートディレクトリ

ルートディレクトリの内容を示すディレクトリエントリが格納される領域である。ただし、FAT32においてはデータ領域の中に含まれる場合があり、その際はこの領域が省略される。ディレクトリエントリについては後述する。

(ⅳ) データ領域

実際のファイルやディレクトリ等が入るための領域である。

FATファイルシステムにおいてファイルを表すのに使われるのがディレクトリエントリである。ディレクトリエントリはディレクトリ内に並ぶ、1エントリ当たり32Byteの固定長のデータである。ルートディレクトリは専用の領域に、その他のディレクトリはファイルと同様に取り扱われてデータ領域内に入っている。

各ディレクトリエントリには以下の(ア)〜(オ)のような情報が入っている。

(ア) ファイル名

最大11Byteであり、9〜11Byte目は拡張子として扱われる。つまり英字で11文字しかない。これを8.3形式と呼ぶ。VFATと呼ばれる拡張が用いられているときは、複数のディレクトリエントリにわたり、ファイル名だけを格納して最大255文字の長いファイル名(Long File Name：LFN)を表現できる。LFNでは文字コードがUnicodeになっているので、漢字をはじめとする世界各国の文字をファイル名で使用できる。

ファイル名はディレクトリエントリの先頭に入っており、先頭の1Byteは他の意味にも使われる。先頭バイトが0のときはそのディレクトリエントリが未使用であることを、16進数でE5だったときは、そのディレクトリエントリが削除されたこと、すなわちファイルが削除されたことを示す。LFNが使われているときは先頭バイトがLFN用のディレクトリエントリの順番などを表すようになる。

(イ) ファイル属性

1Byteでファイルの種類(通常のファイル・ボリュームラベル・ディレクトリ)と属性(読取り専用・隠しファイル・システムファイル・アーカイブ)を表す。また、この値が16進数で0Fであった場合には、VFAT拡張によりLFNを格納するために用いられているエントリであることを示す。

(ウ) タイムスタンプ(BTIME、MTIME、ATIME)

ファイルを作成した時刻(BTIME：精度は0.01秒単位)、更新した時刻(MTIME：精度は2秒単位)、最後に読み込んだ日(ATIME：精度は1日単位)を保持する。時刻は現

地時間で格納され、世界標準時との時差は考慮されない。また、BTIME と ATIME は拡張された仕様であるためシステムによっては保存されない場合もある。

㈣　ファイルの長さ

　ファイルの長さを Byte 単位で表す。4 Byte 分の領域があるので、ファイルの長さは最大 4 GB となる。

㈤　ファイルの先頭の内容が格納されているクラスタの番号

　2 Byte (FAT12、FAT16) または 4 Byte (FAT32) で表されている。

　ディレクトリエントリの内部構造は、FAT ファイルシステムが発展するに従って拡張を繰り返されたため非常に複雑である。ここでは詳細は割愛するが、特に先頭にファイル名が入っていることと先頭バイトが特殊な意味をもつことはファイルの削除に関連するので覚えておいていただきたい。

　FAT ファイルシステムにおいては、各ファイルのデータ領域内の位置、すなわち配置情報は次のようにして表現されている。

　　①　ディレクトリエントリが、ファイルの先頭クラスタの番号を指す。
　　②　FAT が、そのクラスタの続きのクラスタの番号を順に指す（クラスタチェーン）。
　　③　最後のクラスタのどの部分までが有効なデータかは、ディレクトリエントリのファイルサイズによって表される。

　ファイルの消去はディレクトリエントリの無効化とクラスタチェーンの消去によって行われる。すなわち、以下の手順で行われる。

　　①　該当するディレクトリエントリのファイル名の先頭バイトを 16 進数で E5 に設定する。VFAT が使われている場合には、対応する LFN を含むディレクトリエントリの先頭バイトも E5 にする。
　　②　FAT 内の、当該ファイルに相当するエントリを辿ってすべて 0、すなわち空き領域にする。

　図 5.2.22 は、あるディレクトリに①TESTFILE.TXT、②DELETED.EXE、③とても長いファイル名をもつ場合のディレクトリエントリ.html、④少し長めのファイル名をもつファイルの削除.DOC という名前の 4 つのファイルを作成し、②と④のファイルを削除した場合のディレクトリエントリの様子の概略である。①と②のファイルは通常のディレクトリエントリ、③と④のファイルは長いファイル名のディレクトリエントリである。通常のディレクトリエントリでは先頭 11 Byte がファイル名、次に 1 Byte のファイル属性、残りがタイムスタンプ、ファイルサイズ、先頭クラスタなどのメタデータであるが、LFN を用いる場合は、先頭 1 Byte とファイル属性以外のほとんどの部分にファイル名を格納

ファイル名	属性	タイムスタンプ・ファイルサイズ・先頭クラスタ等
TESTFILETXT	属性	タイムスタンプ・ファイルサイズ・先頭クラスタ等
E5 ELETED EXE	属性	タイムスタンプ・ファイルサイズ・先頭クラスタ等
43 ントリ.htm	0F	l
02 をもつ場合	0F	のディレクトリエ
01 とてもとて	0F	も長いファイル名
とても~1 HTM	属性	タイムスタンプ・ファイルサイズ・先頭クラスタ等
E5 ファイルの	0F	削除.DOC
E5 少し長めの	0F	ファイル名をもつ
E5 ュし長~2 DOC	属性	タイムスタンプ・ファイルサイズ・先頭クラスタ等

通常のファイルのエントリ(ファイル名の.は書き込まれない)

削除されたファイルのエントリ(先頭1文字が失われる)

長いファイル名のエントリ(1エントリで13文字ずつ逆順に格納される)

長いファイル名のエントリの実体(ファイル名は短縮して格納されている)

削除されたファイルのエントリ(LFNではファイル名は削除後も残る)

図 5.2.22　FAT ファイルシステムのディレクトリエントリ

したエントリが現れる。このような構造は、LFNに対応しないシステムにおいてもこれらのファイルの読書きを可能にするための工夫である。②と④のファイルはどちらも削除されているが、主なメタデータはディレクトリエントリ内に残っている。②のファイルは通常のディレクトリエントリしかないのでファイル名の先頭の1Byteが失われているが、④のファイルはLFNが使われており、削除後もファイル名が完全に残っている。

ここで重要なのは、この時点では先頭バイト以外のディレクトリエントリの情報と、各クラスタ内のデータそのものは残っていることである。よって、適切にクラスタチェーンとディレクトリエントリを復元してやれば、削除されたファイルが復元できる場合がある。具体例については次節で述べる。

(b) NTFS

NTFSはFATファイルシステムの後継として導入され、現在のWindows系OSで利用可能である。NTFSは非常に多くの機能をもつファイルシステムであり、ユーザから見ると以下のような点が特徴的である。

- 実用上無制限に近い巨大なファイルやドライブが扱え、多数のファイルを扱っても性能が低下しにくい。
- ユーザやユーザグループを単位とした、読出し、書込みや実行、削除などに関するきめ細かなアクセス制御が可能である。
- ファイルやディレクトリごとに監査機能を付加できる。監査機能が有効になったファイルに関してはアクセスが監視され、読出し、書込み、属性変更など事前に設定された条件に合致したときはログがとられる。
- ジャーナリングファイルシステムとなっており、ファイルシステムのメタデータの

変更が電源断などにより中断されてもファイルシステム全体の破綻が波及しない。
- ファイル単位での圧縮や暗号化機能がある(ただし、暗号化はWindows XP Homeなどではサポートされない)。
- 各ファイルが付加データとして複数の代替データストリーム(ADS)をもつことができる。

なおNTFSは、ほぼハードディスクのみに用いられている。またNTFSのアクセス制御機能のため他のパソコンへ持ち運んだ場合に利用しにくいことから、可搬型やリムーバブルのハードディスクでは用いられない。

NTFSは非常に多機能なファイルシステムであるが、細部の機能にかかるデータ構造については公開されていないところもあり、すべてが明らかになってはいない。しかし、基本となる部分の構造は比較的単純である。NTFSでは、ファイルシステム内のすべてのデータは、メタデータも含めてファイルとして扱われている。このすべてのファイルのもととなるのはMaster File Table(MFT)と呼ばれるテーブルであり、固定長(通常は1KB)のファイルレコードの表となっている。

MFTは論理ドライブ(ボリュームと呼ばれる)ごとに作成される。各ファイルレコードは0から順番に番号がついており、これがNTFSファイルシステム内の各ファイルに対応する情報をもっている。つまり基本的に各ファイルに関する情報はいずれかの1つのファイルレコードから得られる。このMFTを基準にすべてのデータが格納されている。

NTFSもディスクは、クラスタと呼ばれる固定長の単位で構成されている。1クラスタは通常4KBである。ブートセクタにはMFTの先頭位置に関する情報が入っており、MFTの先頭のファイルレコード(0番)はMFT自身を表す。つまりMFT自身も$Mftという名前のファイルである。その他、ファイルレコード0番から15番まではファイルシステムのメタデータ、すなわちファイル管理に不可欠な情報を格納するファイル用のために使われる。例えば、ファイルレコード6番は$Bitmapというファイルであり、このうちの各クラスタが使用されているか否かを示す内容をもっている。

各ファイルレコードの中身は、属性(Attribute)と値がセットになったデータが連なっている。属性は、例えば属性名が$FILE_NAMEなら値はファイル名を表す、属性名が$DATAなら値はファイルのデータそのものである、などの構造である。以下、代表的な属性について説明する。

- $STANDARD_INFORMATION

 ファイルの基本情報を表し、値にはタイムスタンプ、ファイル属性、バージョン番号(ファイルが書き換わるたびに増える値)、ファイルの所有者などが収められている。タイムスタンプは、ファイルの作成時刻(BTIME)、最終変更時刻(MTIME)、最終参照時刻(ATIME)のほかにMFT自身が書き換えられた時刻(CTIME)が収められている。すべての時刻の精度は100ナノ秒であり、時刻は国際標準時で収められている。

ファイルの属性はFATと同様のもののほかに、圧縮ファイルか、暗号化ファイルかなどの情報ももつ。このほか、アクセス制御情報やファイル監査に関する情報へのポインタももっている。

- $FILE_NAME

ファイル名以外に、タイムスタンプ、ファイル属性、ファイルの大きさ、ファイルが属する親ディレクトリの情報をもっている。ファイル名はUnicodeで表現されており、最大255文字である。

- $DATA

ファイルのデータ自身を表す。データが極めて小さく、ファイル名など他の属性の領域と併せてもファイルレコード内に収まってしまう場合には、$DATAの内容はまさにデータそのものが入っている。ファイルのデータが大きくなった場合には、後述するように非常駐属性となり、MFT内にはメディア内でデータが入っているクラスタ位置に関する情報が収められる。

- $INDEX_ROOT、$INDEX_ALLOCATION、$BITMAP

この3つの属性は、ディレクトリを表現するために用いられる。ディレクトリはファイル名からそのファイルの実体を素早く検索できる必要があるため、NTFSはディレクトリをB+Treeと呼ばれる、データベースなどでよく用いられる木構造を用いて表現し、検索速度を高めている。このために使用されるのがこれらの3つの属性である。ディレクトリは、1つのディレクトリ内のファイル数が少ないうちは、$INDEX_ROOTだけを用いてMFT内で表現される。ディレクトリ内のファイルが多くなると、残り2つの属性を用いて非常駐属性として表現される。

属性には常駐属性と非常駐属性がある。常駐属性とは、値の部分が十分に小さくファイルレコード内に収まっているものである。非常駐属性とは、$DATAのように値の部分が大きく、MFTの外に格納されているものである。非常駐属性の場合、値の部分はランと呼ばれる、連続したクラスタ領域を単位に表される。各ランは先頭のクラスタ番号とクラスタ数で表現できる。ファイルがすべての連続したランに収められたときは、1つのランの情報が収められるが、メディア内のいくつかの部分に分散して収められたときは、そのランの数だけの情報が収められる（図5.2.23）。メディア内でファイルがあまりにも細分化され、多数のランに分割されてしまったときは1つのファイルレコードには収まりきらなくなるので、$ATTRIBUTE_LISTと呼ばれる属性を用いて複数のファイルレコードをつなぎあわせて使用する。すなわち、このときは例外的に1つのファイルが複数のファイルレコードに対応することになる。

NTFSにおいてファイルの削除は、ファイルに対応するファイルレコードの削除と、対応するクラスタを未使用状態に戻す操作、そのファイルが属するディレクトリからのエントリ削除の3つの操作で行われる。ファイルレコードの削除は、MFT内の各ファイル

● NTFS パーティション構造

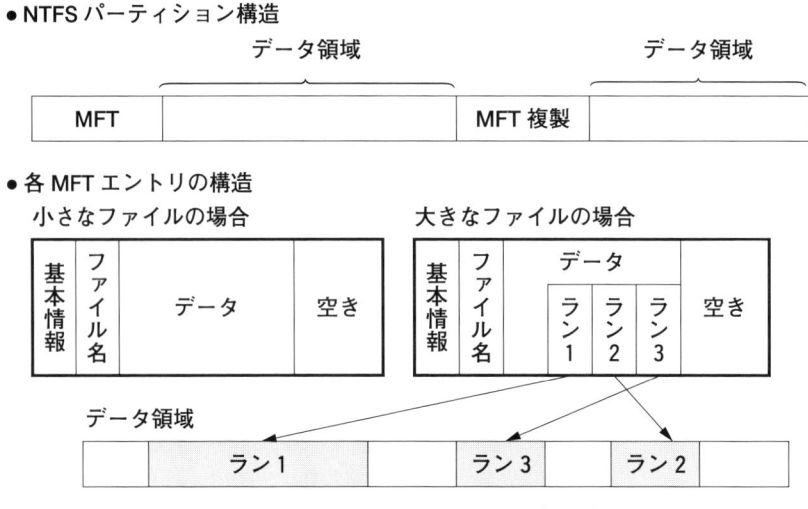

● 各 MFT エントリの構造
小さなファイルの場合／大きなファイルの場合

図 5.2.23　NTFS のファイル構造（概要）

レコードが削除されているか否かを 1 bit の情報の列で表すビットマップと呼ばれるデータの値を変更して行われる。このビットマップは、ファイルレコード 0 番のファイル、$MFT の $BITMAP 属性内で表現されている。また、クラスタを未使用状態に戻すには、ファイルレコード 6 番のファイル $Bitmap という別のビットマップで表現されている。ディレクトリエントリの削除は B+Tree のノードの削除で行われる。MFT 内やメディア内のデータの内容そのものはこの時点では消去されていない。

（c）　HFS、HFS+

　HFS は MacOS で採用されてきたファイルシステムであり、MacOS の機能に特化したさまざまな機能をもつ。HFS+（または HFS Plus）は HFS を改良したファイルシステムであり、機能強化を含むさまざまな改善が行われている。ここでは主に HFS+ について述べるが、HFS も共通点が多い。

　HFS+ においては、各ファイルはブロックと呼ばれる単位で管理されている。このブロックは NTFS や FAT ファイルシステムのクラスタに相当し、通常は 4 KB である。メタデータはいくつかの特殊なファイルに分散して格納されており、主なものとして各ファイルのファイル名やメディア上のデータ格納ブロックなどを指す Catalog File、各ブロックが空いているか否かを示すための Allocation File がある。Allocation File は NTFS と同様のビットマップであるが、Catalog File は B*–Tree と呼ばれる、検索性に優れる木構造を採用している。各ファイルはファイル名のほかにファイル ID と呼ばれる番号で管理されているが、Catalog File の場合、木構造の葉にあたるノードに各ファイル名やディレクトリの名前とタイムスタンプ、配置情報などの各種メタデータが格納されているほか、ファイル名とファイル ID や、そのファイルが格納されているディレクトリ（親ディレクトリ）が高速に検索できるようになっている。

ファイルの配置情報も Catalog File 内に格納されている。HFS+では、各ファイルは可能な限り連続したブロックに格納されることを想定しており、分断化された各連続ブロック（NTFS でいうランに相当する部分で、HFS では Extent と呼ばれる）の数が 8 以下の場合は Catalog File 内で表現できるように構成されている。ファイルが 8 を超える Extent に分断化されている場合には、Extent Overflow File と呼ばれる別の B*–Tree を用いて、各ファイルの残りの部分を表現する。

ファイルの削除は、Catalog File および Extent Overflow File の B*–Tree ノードから該当するファイルに関するノードを削除し、Allocation File の相当部分を空き領域としてマークすることによって行われている。

（d） UNIX のファイルシステム

UNIX と呼ばれる OS はその種類が多いが、それぞれ実装の異なるファイルシステムをもっている。また、多くの UNIX は数種類のファイルシステムが利用可能であり、用途によって使い分けることができる。現在広く使われている Linux は ext3 か ext4 を使う例が多いが、ほかに BtrFS、ZFS などが使用可能である。FreeBSD、NetBSD、OpenBSD、DragonFly BSD、MacOS X といった各種 BSD は、UFS と呼ばれるファイルシステムを使用している。これは Berkeley FFS というものが元になったとされているが、実装は細部が異なる。商用 UNIX を見ると、Solaris では UFS や ZFS が、HP/UX では HFS が、AIX では JFS2 が主に使われている。また、これら UNIX 系 OS に高い性能とデータ障害に対する堅牢性を提供するファイルシステムとして別途販売されている、Veritas Software 社（現在は Symantec 社の一部門）の Veritas FileSystem（VxFS）も有名である。これらのファイルシステムの多くは初期の UNIX のファイルシステム（これも UFS と呼ばれる）から派生したか、それを参考に作られたため、データ構造に類似点がある。UFS にとらわれずに実装されたファイルシステムもあるが、いずれも UNIX に必要な機能を備えているため、機能面の差は小さい。なお、この UFS は NTFS など、UNIX 以外のファイルシステムにも大きな影響を与えている。

UNIX のファイルシステムもいくつかのセクタを併せたブロックと呼ばれる単位で番号をつけて管理されている。UNIX のファイルシステムの多くは、i–node という構造に基づくデータ構造をもつ。この i–node は NTFS の MFT に似た、すべてのファイルに基本的に対応する表である。i–node は、ファイルに 1 対 1 対応する固定長（例えば ext2 では 128 Byte）のデータ構造で、ファイルの所有者、グループやタイムスタンプ、ファイルサイズ、アクセス制御情報等基本的なメタデータをもつほか、当該ファイルのメディア上での配置に関する情報を保持している。ファイルが小さい場合（ext2 では 12 ブロック以下の場合）、i–node 内に直接そのブロック番号を書く領域がある。これを超える場合は別に 1 つのブロックを確保してここに当該ファイルが使用しているブロックの番号を列挙する

（間接ブロックと呼ばれる）。それでも不足する場合はこの間接ブロックをさらに多段に構成する。ext2では3段までの間接ブロックが構成できる。このほか、各i-nodeおよび各ブロック番号が使用されているか否かをビットマップで表すデータ構造がある。

ファイルの削除の手順は以下のとおりである。

① ディレクトリエントリが消去されたとマークされる。
② i-nodeが未使用であるとマークされる。
③ ビットマップ上で、当該ファイルが使用していた領域が未使用であるとマークされる。

このほか、ext2などではi-nodeの示す配置情報が木構造だった場合、ファイル削除時にはその木構造の痕跡を消し去り、i-node内のファイルサイズを0にする。

（e）ファイルの完全な消去

これまで見てきたように、多くのファイルシステムでは、ファイルの削除はメタデータに対する操作のみで行われている。よって、ファイル内のデータの実体はメディア上に残されており、これは後述する手法で復元される可能性がある。これを防ぐためにはOSのファイルシステム機能内に、削除時に当該ファイル内のデータ部にダミーのデータを完全に上書きするような機能が含まれるのが理想であるが、このような機能を設けるとファイルの削除のたびに長い処理時間が必要となるため、通常は備えられていない。

そこで、ファイルを完全に消去するためには専用のアプリケーション（ツール）を用いる方法が広く使われている。これらのツール内で最もよく使われる手法は、ファイルを削除する前にそのファイルの先頭から末尾まで、意味のないデータ（0や乱数など）を連続して上書きし、その後に当該ファイルを削除することである。これにより、ファイル復活ツールなどを用いてファイルが復元されても、ファイルの内容は破壊されており復元できないようにできる。ただしこの際には、5.2.4項（5）の（e）で述べたような付加データ、具体的にはNTFSのADSやHFSのリソースフォークなどのデータも忘れず上書きしておくようにしなければならない。また、この手法による削除でもファイル名やタイムスタンプ、所有者などメタデータの一部が復元されるので、それを防ぐためには削除前にファイル名の変更などを行ってこれらのメタデータも書き換えておく必要がある。

すでに削除してしまったファイルの内容を完全に消去したい場合、もっとも平易な方法はそのメディアに対し新しいファイルを作成し、メディアの空き容量がなくなるまでそのファイルに乱数などの無意味なデータを追記し続けることである。するとメディア内の空き領域はそのファイルによって使い尽くされるため、それ以前に削除されたファイルの残骸はすべて上書きされるはずである。メディアの空き容量がなくなったら、当該ファイルを削除すればよい。

これらの完全消去ツールは各種OS向けに市販・公開されているほか、一部のOSでは

標準で備えられている。MacOS X はゴミ箱内のファイルを復元不可能なようにしてから削除する機能を備える。Windowsの一部には cipher と呼ばれるコマンドがあり、メディア内の空き領域に残った削除ファイルの残骸を消去する機能がある。

なお、これらの消去手法は一般のハードディスクに関しては有効だが、フラッシュメモリのように同一セクタへの上書きをできるだけ避けることになっているメディアや、CD-Rのようにそもそも上書きが不可能なメディア上では有効ではない場合があることに注意が必要である。また、この手法は 2014 年現在、Windows や MacOS、UNIX で通常使われている多くのファイルシステムでは有効であるが、これらの手法が有効でないファイルシステムが将来現れる可能性があることも追記しておく。

(2) データの復元技術

コンピュータ上で不正が行われる際、その電子的証拠はファイルとして残ることが多いが、そのファイルは故意または過失により消去されることがある。この消去されたデータを復元することは、フォレンジックにおいてしばしば必要になる技術である。そこでこの項ではデータの復元技術について述べる。

(a) 削除されたファイルの復元

すでに述べたとおり、ファイルシステムにおいてファイルは、データとメタデータに分けて管理されており、ファイルの消去の際にはメタデータだけが操作される。よって、適切にメタデータを復元することができれば、データが他のファイルによって上書きされていない限り、削除されたファイルの内容を復元できる。

このファイルの復元の容易さはファイルシステムの構造によって大きく異なる。特にファイルの配置情報が復元できるかどうかによって難易度が変わる。例えば FAT ファイルシステムの場合、ファイルの削除によって失われるメタデータは、ファイル名の先頭 1 Byte およびクラスタチェーンである。しかも LFN が使われている場合にはファイル名そのものも残っているため、クラスタチェーンだけが失われる。クラスタチェーンはファイルの配置情報そのものなので、ファイルの復元時には失われたクラスタチェーンを正しく類推できるかどうかが問題となる。

FAT ファイルシステムにおける具体的なファイル復元の手順は以下のとおりである。まず以下の手順でディレクトリエントリを復元する。

① 削除したファイルのディレクトリエントリの先頭を E5 から元の値に戻す。この際、ファイル名が 8.3 形式であったときは先頭文字は何であったかわからないのでユーザに入力を求める必要があるが、LFN が使われていたときはファイル名がすべて残っているのでこれを用いて自動的に復元できる。

② LFN が入ったディレクトリエントリを元に戻す。すなわち、元のディレクトリ

エントリの前にあり、ファイル属性が16進数で0Fになっているエントリの先頭に逆順にシーケンス番号を書き込む(最初のエントリには終了を示すため番号にさらに16進数で40を加える)。

これでディレクトリエントリが復元でき、その内容から最初のクラスタ番号およびファイルサイズを得ることができる。これをもとにFAT中にクラスタチェーンを復元する必要がある。もし元のファイルがまったく断片化されていなかった場合、最初のクラスタ番号から連続したクラスタをファイルサイズに相当するだけチェーンに加えると元のファイルが復元できる。断片化されていた場合でも、断片化された各クラスタの間に他のファイルが挟まっているだけの比較的単純な場合は元のクラスタチェーンは容易に類推できる。しかし、断片化されたクラスタが空き領域を跨っていたり、極めて複雑に断片化されているような場合にはクラスタチェーンの復元は困難になる(図5.2.24)。

このように単純な方法ではクラスタチェーンが復元できない場合でも、各クラスタのデータの内容からこれらをつなぎ合わせた場合の整合性を判定する作業が必要になる。これは各ファイルの内部データに関する知識が必要であり、作業には多くの手間がかかる。一部のファイル復元ツールやフォレンジックツールには、この作業の自動化または半自動化を試みるものがある。

FATファイルシステム以外のファイルシステムでは、削除された配置情報の復元の容易さはさまざまである。以下に概要を述べる。

- NTFSでは、ごく小さなファイルではMFTのファイルレコード内にデータおよびメタデータがすべて含まれており、MFTのビットマップの修正だけでファイルが復元できる。そうでない場合でも、MFT内に配置情報がすべて収められており、ファイルの削除によって失われないので復元は容易である。しかし、ディレクトリエントリはB+Tree構造で表現されており、このノードがファイル削除とともに

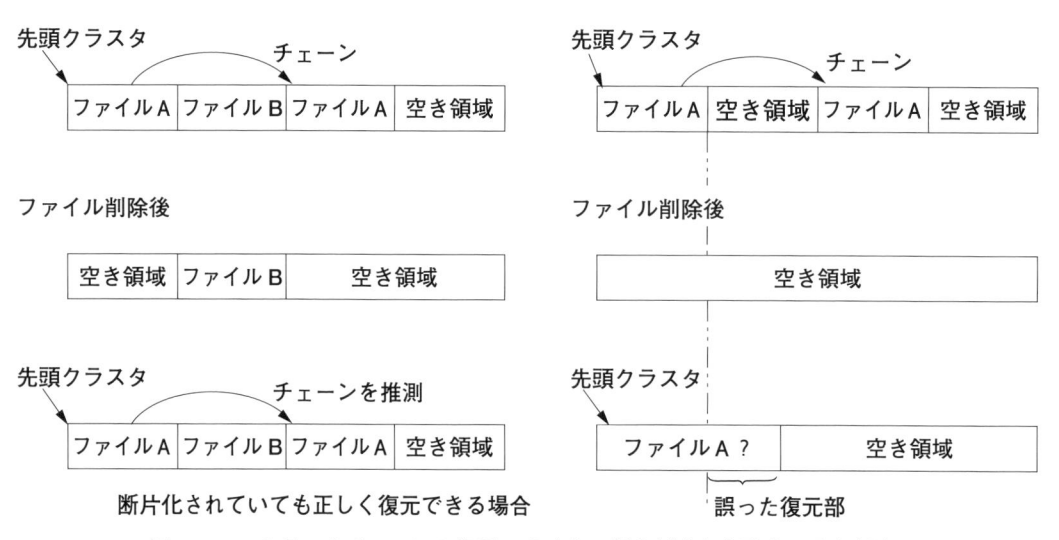

図5.2.24 クラスタチェーンの復元に成功する場合(左)と失敗する場合(右)

消去された場合、その復元が困難になる場合がある。よってファイルそのものが復元できてもそれが所属していた親ディレクトリが不明になる場合が少なくない。
- HFS＋では、ファイルの配置情報はCatalog FileのB*-Treeノード内およびExtent Overflow Fileで表現されている。B*-Treeの構造は複雑であり、また削除時に即座にノードデータの上書きが行われる場合があるため、削除されたノードの復元は簡単ではない。しかし、一部のファイル復元ソフトは、Catalog File内の削除ノードの痕跡を発見する機能をもち、ファイルの復元を実現している。一般にファイルの断片化が進んでおらず、Catalog File内に配置情報がすべて書き込まれている場合には、高い確率でファイルが復元できる。
- UNIXにおいては、ファイルの削除に際してもi-node内の情報は即座には失われない場合が多いため、ファイルの配置情報もすぐには失われないことが多い。特にファイルが比較的小さく、直接参照ですべてのブロックが表現できる場合には比較的容易にファイルが復元できるといえる。しかし、一部のファイルシステム、例えばext2では、ファイルの削除時にi-node内のファイルサイズ等いくつかのメタデータの削除が行われるため、ファイルの復元が困難になる場合がある。

いずれにせよ削除されたファイルの復元は、そのファイルが使用していたクラスタ(ブロック)が他のファイルによって上書きされていないことが前提になる。これはすなわち当該ファイルの削除が行われてからメディアへの書込みがどれだけ行われたかによってファイルの復元は困難になってゆく。ユーザが明示的にファイルの作成や書込みをしなくても、メディアへの書込みはOSや各種サービスプログラムによって自動的に行われることがあるため、当該メディアの物理コピーを作成してからファイル復元作業を行うべきである。フォレンジックにおいて、調査の前にまずメディアの完全なコピーをとることが何よりも大切とされるのは、このためである。

(b) 削除されたパーティションの復元

既に述べたように、多くのコンピュータではハードディスクドライブをパーティションと呼ばれる領域に分割して使用することができる。いわゆるWindowsが動作するIBM-PC互換機では、基本パーティションと呼ばれるものが使われている(FDISKというコマンドで操作するのでFDISKパーティションとも呼ぶ)。ハードディスクの先頭セクタはMaster Boot Record(MBR)と呼ばれるが、このなかにパーティションテーブルと呼ばれる領域があり、ハードディスクを最大4つの基本パーティションに分割できるようになっている。なお、最近は、GRTと呼ばれる新しい規格のパーティション構造も使われる。

パーティションの情報は、ハードディスク内に示されたファイルシステムの位置を示すため、これを書き換えることによってハードディスク内のファイルシステムは容易に見かけ上消去できる。特にIBM-PC互換機では基本パーティション情報は512ByteのMBR

のさらにごく一部でしかないため、書換えは容易である。パーティション内のデータ量が大きい場合、ファイルの消去には時間がかかるため、素早くすべてのファイルを消去するためにいわゆる「パーティションの削除」を行うことも多い。

　もし事故で、あるいは故意にパーティションが削除された場合、このなかのファイルを読み出すにはまずパーティションの復活が必要である。例えばすべてのパーティションが消去されていたとしても、先頭のパーティションの位置は多くの場合一定であるのでこれを利用すると、最初のパーティションの内容が読み出せる。このパーティションの中身のデータからファイルシステムの種類および大きさが推定できると、2番目のパーティションの開始位置が推測可能である。これを繰り返すとすべてのパーティションの位置と大きさが推定可能である。さらに、パーティションの先頭にあるデータには一定のパターンが見られるので、これもパーティションの位置推定に利用できる。

　現在発売されているフォレンジックツールと呼ばれるソフトウェアの多くは、このパーティションの復活の作業を自動的に行う機能をもっている。また、いわゆるデータ復元ツールやパーティション操作ツールなども自動的にパーティションを復元する機能をもつ。

（c）　フォーマットされたメディアの復元

　ファイルの削除としてフォーマットという作業が行われることもある。フォーマットは物理フォーマットと論理フォーマットに分類できる。

　物理フォーマットとは、かつてのフロッピーディスクのようにソフトセクタ方式をとる記録メディアにおいて、メディア上のセクタ情報を再書込みすることを指す。この作業ではメディア上のすべてのセクタ内のデータは上書きされるため、内部のデータを復元することは不可能である。最近のハードディスクドライブ（HDD）では、ローレベル・フォーマット[3]が可能なツールが提供されている場合には、同様に全セクタのデータを上書きし、消去することが可能である。

　論理フォーマットとは、メディアまたはパーティション内のファイルシステムを初期化することを指す。これはさらに①メタデータの初期化のみを行うものと、②メタデータの初期化およびデータ部のクラスタの不良検査を行うものに分けられる。Windowsでは、①をクイックフォーマット、②を通常のフォーマットと呼んでいる。②においては、データ部すべてにわたって上書きによる初期化が行われているためデータの復元は不可能である。しかし、クイックフォーマットが行われたメディアでは、例えばFATファイルシステムの場合、メディア上に書き込まれるのはFATおよびルートディレクトリのみであるので、他のクラスタ内の情報は上書きされずに残っている。よって、この残ったクラスタ

　3）　物理フォーマットと呼ばれることもあるが、最近のハードディスクドライブはハードセクタ方式を採用しているため厳密には異なる。

の情報内にはルートディレクトリ以外のディレクトリの情報が残っており、これを探し出すことができれば、そのディレクトリエントリの情報からファイルの復元が可能である場合がある。しかし、同じクイックフォーマットでもNTFSの場合、MFTが初期化されるためファイルのメタデータがすべて失われており、ファイルの復元は困難である。ただし、この場合も一部のファイル復元ツールは、データ部に残ったファイルの痕跡からファイルの内容を復元しようとするものもある。

(d) 高度なデータの復元技術

その他、データの復元においてさらに高度な技術が使われることがある。

1996年、GutmannはUSENIX Security Symposiumにおいて、ハードディスクドライブ(HDD)に関してはメディア上で上書きされたデータがあっても磁気力顕微鏡の使用などによってデータの読出しが可能であるという発表を行った[1]。この技法は高価な設備と技術を必要とするものの、フロッピーディスクなど記録密度の小さい磁気メディアでは極めて有効であり、ハードディスクにおいても確かに可能な場合があることがわかっている。しかし、この論文が書かれた時代から現在までの間に、ハードディスクの要素技術はかなり進化しており、特に記録密度が向上したことによりメディアの磁気情報は破壊されやすくなっている。このため、現在でもこの論文の内容が有効かどうかは検討する必要がある。

フォレンジックにおいては、故障したメディアや物理的な破壊が行われたメディアからのデータ読出しが必要な場合もある。この場合はメディアの復元が必要となる。特に故障した、または破壊されたハードディスク内のデータ読出しは必要性が高い。この場合は、内部のメディア(プラッタ)が破壊されていなければ、クリーンルーム内の作業によって同型の正常なハードディスクにプラッタを移す、あるいは制御基板やヘッドなど故障・破壊部分を新品に交換することによってデータの読出しが行える場合がある。この作業は専門の設備を必要とするが、専門の業者や団体があるのでそれを利用することがひとつの手段である。

(執筆担当:上原哲太郎)

5.2.5項の参考文献

[1] Peter Gutmann, "Secure Deletion of Data from Magnetic and Solid-State Memory", *Sixth USENIX Security Symposium*, 1996
[2] Brian Carrier, "File System Forensic Analysis", *Addison–Wesley*, 2005
[3] David Solomon、Mark Russinovich『インサイドMicrosoft Windows第4版』日経BPソフトプレス、2005年
[4] Daniel P. Bovet、Marco Cesati『詳解Linuxカーネル第2版』オライリー・ジャパン、2003年
[5] Marshall Kirk McKusick、 George V. Neville-Neil『BSDカーネルの設計と実装—FreeBSD詳解』アスキー、2005年
[6] "TN 1150 : HFS Plus Volume Format", Apple Developer Connection
http://developer.apple.com/technotes/tn/tn1150.html, 2004

5.3 訴訟する側を中心とするデジタル・フォレンジック技術

5.3.1 証拠保全・収集・分析の流れと対応技術

情報システムの管理者が、事件事故の発生や外部からの訴訟といった場面に遭遇してインシデントレスポンスが必要となったと仮定しよう。デジタル・フォレンジックを活用するにあたって、証拠保全、収集、分析というプロセスにおいてどのような技術が必要になるか、ここで整理しておく。

(1) 準備期間における技術

インシデント発生時に十分な証跡を収集できるように情報システムを構築しておくには、システム内で必要な証跡、特にシステムが残すログを保存しておく必要がある。これに関連する技術として以下のものを挙げておく。

(a) システムログ収集・保管・保全技術

分散システムにおいては、特にネットワーク機器を中心に各機器から大量のログが常時生成される。ログの管理を容易にするには、これらのシステムをログサーバに収集し、保全しておく技術が必要である。

UNIX系のOSでは、従来よりsyslogと呼ばれるプロトコルによりネットワーク経由でリアルタイムにOS上のシステムログを収集する機構が標準で備わっているので、システムを構成するUNIX系の機器からのログの多くはこれで集中管理できる。ネットワーク機器のなかには、このsyslogプロトコルを用いてログをログサーバに集中させる機能をもつものがあるので、その機能を利用するとよい。

Windows系のOSでは、標準設定では認証などドメインコントローラにかかわるシステムイベント以外は基本的に分散したままなので、PowerShellなどの機構を用いて必要なログを特定のサーバに一定期間ごとに転送するなどの対策が必要になる。このようなログの集中管理を行うソリューションも存在する。マイクロソフト純正のものとしてはMicrosoft System Center Operations Managerなどがある。

こうして収集されたログの保管は、いわゆるデータバックアップと同様の機器や技術で対処できる。十分な容量のアーカイビングサーバを用意し、保存されたログデータが適切な期間確実に保管されるように設定する。

フォレンジックに備えたシステムログ保管がバックアップと異なるのは、その隠滅や改ざんが疑われる可能性があることである。必要に応じて、バックアップ自体のログをとったり、ハッシュ値を取得しておいて別に保管したり、厳密性が求められる場合はタイムス

タンプ署名技術が利用できる。

（b） 事業継続関連技術

デジタル・フォレンジックと直接関係があるわけではないが、企業システムなどにおいてはインシデント発生時の事業継続も重要な課題である。必要な証拠保全を行いながら、事業継続に備えて速やかにシステムを復旧するための技術として、高速なリストアが可能なアーカイビング技術、ストレージ技術が重要である。また、サーバや主要ストレージなど重要な機器の冗長化、クラウドサーバの一時的使用手順の確立なども必要になる。

（c） インシデントレスポンスに必要な機器の整備と体制の整備

外部からの侵入や事故などの場合には、インシデントレスポンスが一刻を争う状態になることは珍しくないので、証拠保全に必要な機器やそれを扱うのに必要な技術は普段からシステム管理者、インシデントレスポンス担当者が備えておく必要がある。また、いざというときのためにこれらの技術が生きるためには、平時においてインシデントレスポンスの体制を整え、訓練を含む備えをしておくことが望ましい。

これらの技術や機器、体制については、デジタル・フォレンジック研究会が公表する「証拠保全ガイドライン」に詳しい。組織内の体制確立や、必要な機器の選定と準備、作業手順の事前検討や緊急時作業に関する利害関係者との事前合意などについて記述がなされている。

（2） 証拠保全に関する技術

実際にインシデントが発生し、一刻も早い証拠保全が迫られる状況になった際、ファーストレスポンダーたるシステム管理者の作業に必要となる技術には以下のようなものがある。

（a） 証拠の特定に関する技術

インシデントレスポンスにおける証拠保全では、理想的には当該システムの状態をインシデント発生時の時点ですべて記録、保全できることが望ましい。しかし、現実的にはそれは不可能であり、事業継続との関係から必要十分な証拠保全にとどめておく必要がある。そこで、現在システム上に存在するログを一覧し、速やかにインシデントに関わる機器を特定するための技術が必要となる。具体的にはログの分析技術（特にアノマリ解析と呼ばれる、通常業務内ではあまり発生しないログを素早く見い出す技術）が重要であり、その前提として前述したログの集中管理システムが重要である。

（b）揮発性の高い証拠の複製保全に関する技術

インシデントがシステム稼働時に発生した場合には、必要に応じて二次記憶装置だけではなく、稼働中のシステムにおける主記憶装置内のデータも保全する必要がある。これをライブフォレンジック（Live Forensics）と呼ぶ。主記憶のデータはシステムのシャットダウンや電源断で容易に失われるうえ、OSのもつアクセス制御機能によって保護されているので通常は容易にその内容を保全できない。そこで、ライブフォレンジックのための技術が必要になる。

ライブフォレンジックに必要な技術は、以下のようなものがある。

（i）事前にライブフォレンジック用のツールを各システムに備えておく方法

このシステムは、管理者からの指令によってその時点での主記憶を特定のディスク領域やサーバに送信し、保全することができるものである。特に大手Forensicsツールの企業版には、そのようなツールが提供されている。しかし、このツールはシステム利用者の機微な情報も収集できてしまうため、このツールが攻撃者に乗っ取られることによるシステムの脆弱性を考慮する必要がある。

（ii）ハイバネーションを利用する方法

Windowsのパソコンにおいては、ノート機の場合は必ず休止（ハイバネーション）を行う機能がある。これは、すぐに再起動できるようにOSをシャットダウンせずに、その時点での主記憶の内容をハードディスク等に記録してからシステム停止状態に移行するものである。デスクトップ機においても、BIOSの設定などでこのハイバネーション機構を有効にできる場合がある。

このハイバネーションで記録されているファイルの構造は公開されていないが、既に一部企業などによって解読されており、その内容を解析することができる。よって、コンピュータを強制的にハイバネーションし、そのファイルを複製することによりほぼライブフォレンジックと同じ効果が得られる。ただし、Windowsにおいてはハイバネーションに移行する前に通信が遮断されるなど完全に動作中の状態を保全できるわけではないので注意が必要である。

（iii）OSのスナップショット機能を用いる方法

もし対象となるコンピュータがサーバ機であり、その時点でのシステムの状態をすべて保存するスナップショット機能をもっているか、あるいは仮想OSのゲストOSとして動作しておりホストOS側でスナップショット機能が利用できる場合には、そのスナップショットを実行しシステムイメージファイルを保存する。スナップショットで得られたシステムイメージファイルの構造も知られている場合が少なくないため、ライブフォレン

ジックが実質的にもたらされる。

　なお、これらのライブフォレンジックによって得られたシステム内の主記憶には利用者にとって極めて機微な情報、例えば利用者のパスワードや暗号化鍵（特に公開鍵暗号の秘密鍵）などが含まれている可能性があるため、運用には注意を要する。

（c） 二次記憶の保全に関する技術

　二次記憶であるハードディスクやSSDなどが証拠保全の対象になった場合には、比較的技術も手順も確立している。まず、証拠の原本となるハードディスクなどへのメディアには、作業開始後書込みが起こらないようにするための書込み防止装置などの技術が必要である。現在広く使われている技術は、コンピュータから見てSATAではなくUSBインターフェースを介してメディアにアクセスする書込み禁止装置である。装置内ではコンピュータ側からのUSBの信号をSATA向けの信号に変換して発行するが、その命令信号のうち書込み関係の命令のみを無視するように設計されているため、メディアの内容を誤って破壊する恐れがない。そのうえで、その書込み防止装置を通じて証拠となるメディアを複製し保全する。その複製には高速性が求められるが、各フォレンジック事業者は装置の細かな工夫によっていかに高速に複製を行うかしのぎを削っている。

　複製された媒体には、その後のデータの改ざんがないことを証明するためデータのハッシュ値の計算をしておく必要がある。現在出回っている証拠保全のための複製のツールには、複製の際に同時にハッシュ値を計算する機能が備わっている。しかし、そのハッシュ関数としては既に危殆化が指摘されるMD5やSHA-1がまだ使われているものがある。ただ、証拠保全の際にまだタイムスタンプ署名などが導入されていない、すなわち証拠保全の実施者が比較的信頼されている状況であることから、SHA-2への移行は急がれていないと思われる。

　なお、現在技術的な課題となっているのは、以下のようなメディアを対象とする証拠保全である。

（i） RAIDにおける証拠保全

　RAIDは複数のハードディスクをコントローラで並列制御して、大容量と高速性、冗長性による信頼性を得る技術であり、企業を中心に広く使われている。RAIDに格納されているデータは多くの場合膨大であるのですべてのデータを複製することが時間的、また格納メディアの容量的に困難である。また、システムに障害が発生している場合にはその復旧もはかる必要があるが、対象となるRAIDに関して技術情報があまり公開されていない場合は取扱い自体が難しく、原状の保存が困難になる。

(ⅱ) スマートフォンやタブレット、クラウドにおける証拠保全

　これらの機器や技術が最近業務等にも用いられるようになりフォレンジックの対象になることがあるが、いずれも証拠保全に際し原理的な課題があり解決が困難である。まず、モバイル機器で採用されている OS である Android や iOS は、システム内の二次媒体すべてを参照可能な手段は通常の方法では提供されていない。技術的には、OS の脆弱性を突いて管理者権限を奪い(Android では root 化、iOS では JailBreak と呼ばれる)、特殊なアプリケーションを導入することで二次媒体の複製が可能になるため、そのような作業は広く行われるようになったが、その作業における証跡への副作用や道義的問題については議論は十分ではない。クラウドについては、クラウド事業者側の提供する機能の範囲でしか証拠保全ができず、それが証拠としてどのような評価になるのかの議論が十分でない。

(ⅳ) SSD の証拠保全における書込み禁止の完全性の問題

　SSD では既に述べたようにウェアレベリングが行われるが、これはコントローラ独自で行われているため、書込み禁止防止装置を介していてもコントローラ自身が書込みを行ってしまう可能性が排除できない。このウェアレベリングによる書込みが証拠の原本性(特にメタデータも含めたハッシュ値)に与える影響は、ベンダー依存となることもあってまだ十分解析されていない。

(ⅴ) 証拠保全のプロセスを確実に実施し記録する作業を補助するための技術

　インシデントレスポンスにおいて証拠保全を行う作業者は必ずしもデジタル・フォレンジックの専門技術者ではないため、健全な形での証拠収集が確実に行えるように補助する必要がある。証拠保全ガイドラインの求める作業手順について、そこで行うべき判断を順に自動的に指示し、適宜判断を求め結果を記録する作業を支援するスマートフォン向けのツールが、東京電機大学佐々木研究室で開発されているが、このような技術の広がりがフォレンジックの初期段階の作業を確実にするために必要である。

(3) 証拠分析における技術

　証拠の分析に関しては実用化されているものから研究途上のものまで多くの技術がある。ファイルシステム上のさまざまな分析、特に削除ファイルの復元やファイルのメタデータの分析については既に述べたので、本節ではその後得られるログや文書データなどのファイルの分析について、代表的なものをここで整理する。

(a) システムにおける攻撃者の挙動の追跡のための技術

　特にマルウェアによる標的型攻撃などのフォレンジックにおいては、攻撃者がいつどのようにしてシステムに侵入し、どのようなマルウェアを用いてどのような情報資産を窃取

または改ざん、破壊などしたのか、という全体の攻撃行動をいち早く知ることが被害の把握のために重要である。現在は、システム内に分散するログをつなぎ合わせたうえで、その断片的な情報から攻撃者の行動について仮説を立ててシナリオを描き、他のログ等の証跡がそれと矛盾しないかなどから仮説の正しさを立証していくような分析が行われているが、これは高度な知識をもった技術者が長い時間をかけて行う必要があり、大きな負担となっている。この作業の効率化のために、システム内に分散したログ情報から通常と異なるログ異常を見い出すアノマリ解析の技術や、判断の助けとなるようにログをわかりやすく可視化する技術などが開発されている。将来的には、知識ベースの蓄積や人工知能関連技術の応用によってこのような作業の半自動化を行うツールが求められてくると思われる。

(b) 文書データにかかわる技術

内部犯罪事案などの民事事件にかかわるインシデントでは、証跡が文書データであることが多い。この文書データやメール等、文章にかかわるデータについて、以下のような技術が開発され、あるいは研究されている。

(i) 文書データマイニング、特に予測コーディング

裁判にかかわる可能性のある文書が組織内の大量のデータ内のどこにあるかわからない場合、従来は語句の検索によって関連文書を探し出すようにしていたが、文書量の増大に従い、無関係な文書が検索により探し出される例が増えてきていた。そこで、裁判に確実に関係がある文書と関係がない文書をサンプリングしたうえで、そのサンプリングされた集合と類似度の高い文書を自動的に洗い出す予測コーディング(Predictive Coding)の技術が米国で開発され、実際民事裁判のディスカバリの現場で広く使われるようになった。

(ii) 文書の筆者推定、使用環境の推定

文書が手書きだった頃は筆跡鑑定が行われていたが、同様のことが文書データでも可能にならないのかという要求は少なくないため、文書の筆者を推定する技術の開発が進んでいる。例えば、文書の用語の癖や改行位置、文書整形のくせなどに基づいて、作成者がわからない文書の筆者を推定しようというものである。ただし、研究の実用化には至っていない。

なお、筆跡鑑定と類似した技術としてキー入力の癖から本人の推定を行う技術の開発は進んでおり、インターネット越しの遠隔教育における出席管理などの分野で一部実用化されている。

(4) 画像や音声データの分析

画像の改ざん検出技術については既に述べたが、これについては現状使われている技術

も画像修正ツールの進化に従って次第に検出が困難になることが予想されるため、今後も研究と技術開発の継続が必要である。音声についても同様に周波数成分の不連続性の分析によって編集の痕跡を調べる技術がある。ただし、音声については画像よりはずっとデータ量が小さいため、画像に比べると技術難度は高い。

　画像については、他にその撮影に用いたカメラの機種や個体の同定を行う研究がある。カメラの機種の同定は、各メーカが異なるソフトウェアで撮像素子からの信号を処理することから、その処理の特徴から機種を同定しようというものである。カメラの個体については、多数の画素からなる撮像素子の特性に個体差があることを利用して、特定の画素の感度が低いなどの特徴から同定できる。どちらも既に複数の研究があり、実用化も可能な段階にあると思われる。

5.3.2　パスワードの解読技術

　情報システムにおけるパスワードは、本人の認証に用いられるだけではなく、場合によっては暗号化されたデータを復号するために必要な復号鍵の一部を構成しているなど、極めて重要な情報である。デジタルフォレンジックにおける分析作業においても、攻撃者や容疑者、場合によっては既に亡くなった人のパスワードの回復が、証拠の分析のうえでどうしても必要になる場合がある。本項では、このパスワード解析技術について述べる。

（1）　システムにおけるパスワードの取扱い

　パスワードは一般に、キーボードからシステム利用者によって入力されたものと、システムが保存しているものとの間で照合することが必要である。ところが一般に、システムが利用者のパスワードそのものを保存していると、システムが何らかの攻撃を受けた場合に大量のパスワードが流出するためリスクが高い。そこで、通常、情報システムではパスワードそのものではなく、パスワードをハッシュ関数を用いて不可逆に変換したものを保持している。ただし、パスワードを単純にハッシュ関数で変換すると、ハッシュ値とパスワードが一対一対応する。これは、後述する表引き攻撃やRainbow Table 攻撃に対して脆弱になる。そのため、UNIX などのシステムでは、パスワードに利用者ごとに異なる値（実際には文字列（Salt）と呼ばれる）を連結してからハッシュ値を計算し、これを Salt 値と組にして保持していくことが行われている。これを Salt 化と呼ぶ。

　例えば今、ユーザ名 uehara が Secret 123 というパスワードを利用することを考える。これをこのまま保存したのでは漏洩の危険がある。そこで適当な Salt 値として Sl 93 ww 7 d 6 という文字を加える。パスワードデータベースに保存されるのは、

- ユーザ名：uehara
- Salt 値：Sl 93 ww 7 d 6
- パスワードハッシュ：

SHA1(Secret123Sl93ww7d6)=fffc3256b575b6d29c37001bb37e9a7f9058031a

である。システムが uehara のパスワード入力を受けると、その文字列の後ろに Salt 値を連結してからハッシュ値を計算し、保持している値と比べればよい。

この他にパスワード保持の強化策として、得られたハッシュ値を何度も（例えば 10000 回）ハッシュ関数に再入力した値を保持することにより、ハッシュ値の計算作業自体を低速にし、総当たり攻撃の速度を低下させるストレッチングがある。しかし、Windows 系の OS では、パスワードはハッシュ値が保存されてはいるが、Salt 化やストレッチングが行われていないため、さまざまな攻撃が可能である。

（2） Windows におけるパスワードの管理

Windows におけるパスワードは、基本的にハッシュ値が計算されてシステム内に保持されている。その際、過去のシステムとの互換性を保つため、最大 4 通りものハッシュ関数を使った 4 通りの値を保持している。その 4 通りのうち一番脆弱な LM Hash という手法は解読が容易になったためもう使われておらず、Windows Vista 以降の OS では NTLM、Digest、AES Key と呼ばれる 3 通りのハッシュ値が保存されている。

Windows においてはユーザのハッシュ値の格納場所は公開されていないが、解析により読み出す方法が知られるようになった。とはいえ通常のユーザ権限では読み出せないようになっているが、管理者権限があれば読み出すことができることが知られている。

これら 3 つのハッシュ値は、それぞれネットワーク上で利用される認証プロトコルである NTLMv1、NTLMv2 および Kerberos と対応している。NTLMv1 は既に脆弱性が見つかっており、利用しないことが強く推奨されるが、実際は NTLMv1 が利用可能なシステムは少なくない。

Windows におけるパスワードは認証だけではなく、暗号化ファイルシステムを利用するための暗号鍵・復号鍵（証明書）を入手するために必要である（ただし、この暗号鍵はバックアップが可能であり、通常はバックアップしておくことが推奨されている）。よって、暗号化ファイルシステムが使用されたシステムの分析には、この暗号化ファイルシステムの証明書のバックアップが入手できない限り、パスワードの解析が必要である。

（3） パスワードの総当たり攻撃・辞書攻撃・推測攻撃

最も簡単なパスワード解析（復元）法は、総当たり攻撃である。これは、可能なパスワードを順にシステムに入力するか、何らかの方法でパスワードのハッシュ値を入手し、その値が得られるまで総当たりでさまざまなパスワードのハッシュ値を計算する手法である。後者のほうが高速に処理できる。

試行するパスワードは、辞書順に a から z、aa から zz…のように選ぶ他に、辞書やよく使われるパスワードのデータベース等をもっておき、これから単語を順に選ぶ方法も考

えられる。後者を特に辞書攻撃と呼ぶ。攻撃先となるパスワードの所有者の属性や嗜好などからパスワードに使われやすい値を推測して試行することも考えられる。

　2014年現在、パソコンはかなり高速になってきたので、パスワードの総当たり攻撃もかなり現実的になりつつある。例えばパスワードが英数字のみからなるとすると、パスワードは1文字あたり62文字通りしかないので、8文字のパスワードは約220兆通りしかない。現在のパソコンで仮に1秒間に1000万回のハッシュ値の計算ができるとすると、8文字のパスワードのハッシュ値すべて計算するのに250日程度である。計算機を100台用意できれば、数日で解読ができることになる。

(4) 表引き攻撃と Rainbow Tables

　WindowsのNTLMハッシュの計算にはSaltが使われていないことが知られている。つまり、パスワードを単純にハッシュ関数に通したものである。前述のとおり、仮にパソコンを100台程度用意できれば、数日で8文字までの英数字の計算が終了するとする。そうするとその後は、パスワードとハッシュ値の1対1の対応表が得られることになる。この対応表をデータベース技術を用いて検索可能にすれば、ハッシュ値を入力するだけで元のパスワードがわかるデータベースが完成する。これを用いた攻撃を表引き攻撃と呼ぶ。

　ただし、この表は巨大であり、通常の外部記憶装置に格納することができないので、この表を圧縮する手法が考えられた。Philippe Oechslin は、例えば表引きの際に10000回のハッシュ計算が必要になるものの対応表(データベース)のデータ量を10000分の1にする手法を提案した。こうして得られた(圧縮された)対応表を Rainbow Table と呼ぶ。一度この Rainbow Table を計算しておけば、事実上表引きによる高速なパスワード攻撃が可能になるのである。

(執筆担当：上原哲太郎)

5.3節の参考文献

[1]　P. Oechslin, "Making a Faster Cryptanalytic Time-Memory Trade-Off," *Advances in Cryptology– CRYPTO* 2003, 2003.

5.4 訴訟される側のデジタル・フォレンジック技術

5.4.1 訴訟に備える技術

　2012年のパソコン遠隔操作事件では、他人のパソコンを遠隔操作し襲撃や殺人などの犯罪予告が行われ、その捜査の結果、事件と関係のない第三者が逮捕された。容疑を認めなかった三重県男性のパソコンからトロイの木馬と呼ばれる遠隔操作プログラムが発見され、逮捕当時のウイルス対策ソフトでは発見できないプログラムだったことが判明した。

　さらに福岡県男性のパソコンからも同プログラムが発見された。この男性は後に釈放されるなど、パソコン内のファイル管理や操作記録の保存が冤罪防止につながることを世の中に印象づけた。

　一般ユーザにとって自分のパソコンの操作記録等を完全に管理することは容易なことではない。まして、企業や団体などの法人は複雑高度なICT環境において、合理的に説明責任を果たす必要があり、デジタル・フォレンジック技術を理解しあらかじめ適切な対策を行うことが望ましい。

　ここでは、企業がビジネス活動において訴訟される場合や、第三者のシステムに攻撃を行ったとして訴訟または警告された場合を想定し解説を行う。

(1) 企業がビジネス活動において訴訟される場合

　契約不履行や権利侵害など、企業がビジネス活動において訴訟される場合は、以下の3パターンに分類される。

① 企業から企業が訴訟される場合
　　業務の委託元から、守秘義務違反や業務仕様を満たさない契約不履行であるとして訴訟される場合などが想定される。

② 国などから企業が訴訟される場合
　　SOX法（米国企業改革法）や商法（証券取引法など）などの違反により訴訟される場合が想定される。

③ 個人から企業が訴訟される場合
　　会社から解雇されるなど不当な扱いを受けたとして従業員等から訴訟される場合が想定される。

　もし、相手から訴えられ、自分の無過失または軽過失を証明できず、有罪または重過失と判断されて、過大な損害賠償をせざるを得なくなる。訴訟する側は、例えば損害賠償請求を行うに際して、訴訟に耐えうる不正の証拠が1つでも準備できればよいが、訴訟される側はいろいろな証拠を準備し、裁判官に不正を行っていないという心証をもってもらう

必要がある。

このためには、次のような対応が必要であると考えられる。

❶ 企業のシステムが不正を行えないようになっていることの規則づくり

事前のポリシーの作成など。企業全体としてコンプライアンスを守るという姿勢を明確にしておく必要がある。

❷ 職員が不正を行っていないことの監視と証拠の確保

広く従業員の監視を行い、ログなどの形でできるだけ多くの証拠を残すとともに、それらの証拠が改ざんされていないことを検証できるようにする。具体的には、通常のビジネスコミュニケーションの記録として保存されている「電子メール」やWebサイトへの「アクセスログ」、作成した「電子ファイルと編集履歴」さらに「スケジューラ」などが重要な証拠となり得ることから、当該事案にかかわった従業員が作成したすべての電子データを迅速に収集し、削除または改ざんされないよう保全するとともに、調査・分析など活用可能な状態にしなければならない。また、電子データが証拠能力のある状態で保存されていても、一定期間内に提出が困難な場合や、検索性が確保されていないため、調査が人海戦術となり時間や費用がかかるため断念せざるを得ない場合も考えられる。このため、後述するeディスカバリが重要となる。

❸ システムの運用者であっても事後改ざんを行えないことの仕組みづくり

一般には運用や技術で対応する。現状では (a)正しくつくられたプログラムを使い、(b)手順に従って業務を行っている証拠があれば、不正を行っていないと、裁判では扱われることが多いようである。しかし、今後は、経営者の指示などにより事後改ざんしようとしても運用者であってもできない仕組みが必要とされるようになっていくのではないかと考えられる。このためには、セキュアOSや専用ハードを用い、このような不正を防止する仕組みを組み込み、不正を行っていないという心証をもってもらいやすくするようにしておく必要があると考えられる。

（2） 第三者のシステムに攻撃を行ったとして訴訟または警告された場合

従業員が第三者のシステムに不正侵入した場合や、掲示板などに公序良俗に反する書き込みを行った場合など、訴訟に至らない場合でもLAN内の「誰が」「いつ」「どこ」にアクセスし、どのようなツールやシステムを使って、何を操作したのか調査し説明責任を果たすことが求められる。

また、最近では正規のWebサイトにアクセスしていても、脆弱性を突かれて埋め込まれたマルウェアをダウンロードし、結果的にLAN内のパソコンが外部から不正利用され、訴訟に至るケースも考えられる。外部から社内のパソコンが遠隔操作され不正行為が行われた場合などは、第三者への攻撃など不正行為の確認だけではなく、自分のLAN内の被

害の確認と対策を行わなければならない。

　この対策を怠ると企業の情報が外部に流出するようなケースにつながる恐れがあり、大規模な個人情報漏洩等に至ることも考えられ、訴訟に備えるためにも、管理するネットワークやシステムのログを収集分析し、LAN 内の他のパソコンやサーバなどにバックドアなどのツールが埋め込まれていないか確認しなければならない。

　この際に留意すべき点としては標的型攻撃による重篤な被害の回避である。IPA によれば、2005 年 10 月に、ある実在の官公庁職員を詐称して複数の官公庁職員宛てに送られたウイルスメールが確認されて以来、標的型攻撃メールが徐々に増え、大きな脅威となってきている[1]。

　LAN 内部からの外部に対する通信を分析(プロファイリング)し、異常な通信を早期に検知し、原因分析と対策を実施し、管理者が把握できない通信をなくしていく取組みが重要である。

(3)　訴訟に備える技術の概要とシステム上への実装

　訴訟に備えるうえで必要となるデジタル・フォレンジック技術について、企業の情報システム上への実装箇所について、企業の情報システムを以下の 5 つのセグメントに分類したイメージ図を図 5.4.1 に示した。企業のネットワーク形態は千差万別であり、例示が適さない場合もあることをご理解いただき参考にしていただきたい。

　　A：インターネット接続セグメント
　　B：公開サーバセグメント
　　C：社内サーバセグメント
　　D：クライアント PC セグメント
　　E：管理者セグメント

　さらにこの 5 つのセグメントに実装すべきデジタル・フォレンジック関連技術を、表 5.4.1 にまとめている。これら技術は訴訟に備えるデジタル・フォレンジック技術という側面だけではなく、企業の情報セキュリティ対策やコンプライアンス対策などの理由から、広く一般的に必要とされる技術的対策である。これら技術的対策は、企業のマネジメントポリシーと整合しているか、設計段階から考慮し構築する必要がある。そのうえで訴訟された場合などを想定し、データ収集や分析方法について、手順書を作成し、実際に意図した操作が可能かどうかを確認しておく必要がある。

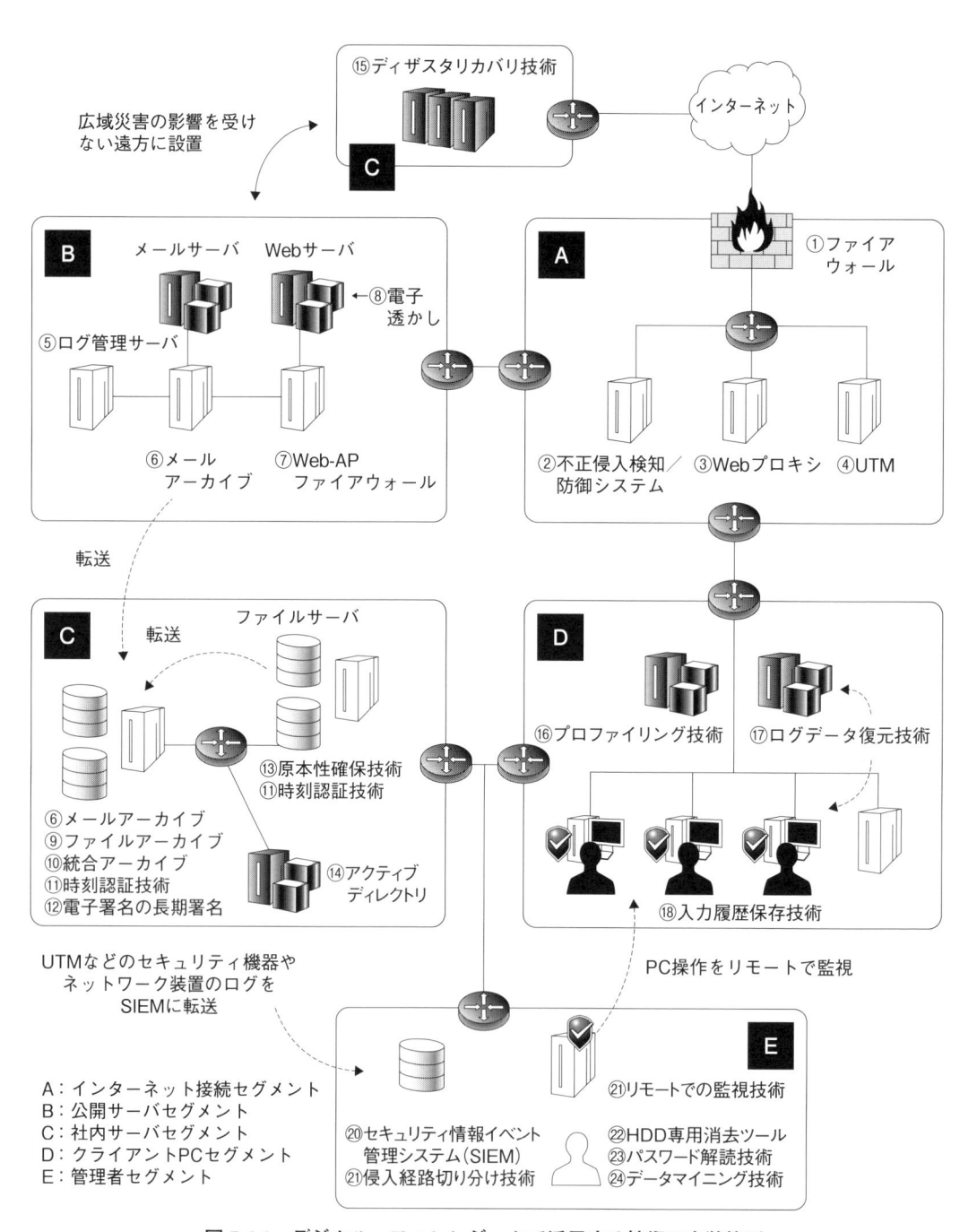

図 5.4.1 デジタル・フォレンジックで活用する技術の実装箇所

表 5.4.1 デジタル・フォレンジック技術の分類

技術	概要
①ファイアウォール	【概要】 インターネットとの接続点に設置し、外部からの通信は基本的に遮断し、必要な通信だけを通すゲートウェイ機能をもつ。LAN 内からリクエストされた通信の戻りパケットのみを通すような設定が可能。 【用途】 すべての通信が通過するため、通信先と通信プロトコルや LAN 内の通信元 IP アドレスなどの記録を残す。LAN 内部から外部に攻撃が行われた場合はファイアウォールの IP アドレスが攻撃元 IP アドレスになるため、調査の起点となる。
②不正侵入検知／防御システム（IDS/IPS）	【概要】 攻撃通信に特徴的なパターンを検知し、必要に応じて遮断するなどの対策ができる。登録された攻撃パターンとの対比し検知するため、誤検知も一定の割合で発生する。 【用途】 外部から内部へまたはその逆向きの通信において、攻撃が発生していないか確認を行う。
③Web プロキシサーバ（Web 閲覧履歴の保存技術）	【概要】 LAN 内から外部の Web サイトにアクセスする際に、通信を中継することで、誰がどの Web サイトにアクセスしたか記録する。 【用途】 従業員が業務規程に違反して許可されていない Web サイトを閲覧したか場合などの、インターネットの使用状況管理や、企業ポリシーに応じた Web サイトの閲覧制限などに活用する。
④統合脅威管理システム UTM（Unified Threat Management）	【概要】 ファイアウォールとアンチウイルス、不正侵入検知／防御、Web コンテンツフィルタリングといった複数のセキュリティ機能を実装したアプライアンス機器。 【用途】 ファイアウォールや IDS/IPS を個別に導入するより安価なため中小規模ネットワークで活用されることが多い。
⑤ログ管理サーバ	【概要】 ネットワーク機器やサーバ機器が生成する各種ログを収集し蓄積管理する。ネットワーク機器のログを蓄積するログ管理サーバを別に設置することで、ログの消失を防止し、捜査当局などからのログ提出要請に関しても、当該システムの差押えによる業務停止を回避することができる。 【用途】 社内 LAN から外部への通信経路上にあるシステムの動作記録やユーザ通信に関わる通信ログを連携させることで、不正通信がどのように行われたのか明らかにすることができる。
⑥電子メールの保存技術（メールアーカイブソリューション）	【概要】 企業が送受信するすべての電子メールを保存し、事後に検索可能な機能を提供する。アーカイブされたデータは膨大な量となるため専用ソフトが必要となる場合が多い。 【用途】 訴訟時だけでなく、顧客のクレーム対応時やさまざまなコンプライアンス違反発生時に過去メールの調査等に活用する。
⑦Web アプリケーションファイアウォール（WAF）	【概要】 Web サイトの防御に特化したファイアウォール。Web サイト個別のアプリケーションに対する攻撃や、IDS/IPD と同様に登録された攻撃パターンに応じて攻撃を検知または防御する。SSL などの暗号通信で行われる攻撃にも対応している。 【用途】 Web サーバへの不正侵入防止または踏み台にした第三者への攻撃の防止に活用する。

表 5.4.1 つづき1

技術	概要
⑧電子透かし	【概要】 画像・動画・音声などのコンテンツに対して、電子署名などの著作権情報をそれとは判別できない形で埋め込む技術。 【用途】 電子データが不正に流通した際の判別や流通経路の調査などに活用する。
⑨電子ファイルの保存技術（ファイルアーカイブソリューション）	【概要】 膨大な量の電子ファイルを活用可能な形で経済的に保存するための技術。ファイルの活用頻度や作成日時や重要度に応じて、安いストレージを活用するなどの工夫を行う。 【用途】 電子ファイルの経済的な運用管理と検索性の向上
⑩統合アーカイブソリューション	【概要】 電子メールや電子ファイルなど、企業活動で生成されるすべての電子データを記録保存し、複数の技術やシステムを組み合わせて、実用に耐えうる時間と費用で検索可能な状態を提供する。 【用途】 企業の内部統制用ソリューションや、eディスカバリなどの証拠提出時の迅速性の向上に活用することもできる。
⑪時刻認証技術（タイムスタンプ）	【概要】 電子データの作成日時・最終更新日時・最終アクセス日時などを記録し、時刻認証局に対して電子データのメッセージダイジェストと時刻情報を紐づけて登録することで証拠性を高める技術。 【用途】 電子カルテや受発注記録など、電子文書の原本性を証明するための「存在時刻証明」や「非改ざん証明」に使用。
⑫電子署名の長期署名	【概要】 電子署名の有効期限を過ぎても、電子署名の長期検証を可能にする技術。電子文書を数十年以上保存し活用する場合を想定した技術。 【用途】 住宅ローンの契約書、生命保険や医療記録など、長期間の保存が必要・義務化されている電子文書に使用。
⑬原本性確保技術	【概要】 電子ファイルのハッシュ値を取得し保存することで、文書が改ざんされた場合に検知することができる。物理的に上書き防止を行う記憶媒体を使用したり、書き込み防止装置を活用することでも実現できる。 【用途】 原本となるデータにアクセス可能な管理者によるデータの改ざんを検知または防止することができる。
⑭WORM(Write Once, Read Many)技術	【概要】 データの長期保管を行う場合は、管理者であってもデータの改ざんや破棄ができない環境で保管する必要がある。WORM(Write Once, Read Many)技術は、データが記録媒体に書き込まれると、通常の方法では物理的に変更や上書き、消去などができないデータ記録技術。 【用途】 経営者の指示などにより、事後にデータを改ざんしようとしても、システム管理者でもできない仕組みを提供する。
⑮アクティブディレクトリ	【概要】 マイクロソフト社が提供するLAN端末等のリソース管理ソリューションの総称。システム構成管理やアクセス管理、各種認証機能を統合的に提供することができる。 【用途】 不正行為に使われたIPアドレスとパソコンと使用者の紐づけなどができる。

表 5.4.1 つづき 2

技術	概要
⑯ディザスタリカバリ	【概要】 ストレージを地震などの影響を受けにくい広域に分散管理し、電子データの可用性を高める技術。 【用途】 事業継続や長期保存が必要な電子データの保存に活用。
⑰プロファイリング技術	【概要】 通信内容を分析し、通常の業務利用とは異なる通信先や、業務規程に反するアプリケーションによる通信を検出することができる。 【用途】 従業員の情報漏洩などの不正行為や、禁止しているアプリケーションの使用、マルウェア感染による情報漏出を発見することができる。
⑱ログデータ等復元技術	【概要】 パソコン操作で消去されたログデータは、ファイル名やファイル位置情報、時刻情報などの「管理情報」が消えているだけであり、データの断片を関連づける処理を行うことで、データを復元する技術。 【用途】 パソコン等の操作記録が故意に消去された場合に活用する。
⑲入力履歴保存技術 （パソコン等の操作記録） ※セキュア OS などでも同様の機能が実現可能	【概要】 PC 端末にインストールし、キーボード操作やマウス操作、USB メモリなどの外部記憶媒体へのデータの書き出し等の操作記録を管理サーバに書き出すとともに、外部記憶媒体へのデータの書き出しを禁止するなどの機能を有する。ユーザが利用したアプリケーションやアクセスしたサイトの情報も記録される。 【用途】 パソコンの不正操作の検知や、パソコンに接続した外部記憶媒体を通じての情報漏洩対策として活用する。
⑳セキュリティ情報イベント管理システム（SIEM） Security Information and Event Management	【概要】 ファイアウォールなどさまざまなセキュリティ機器が出すイベントログを総合的に管理分析し、インシデントの発生や兆候を検知することができる。従来は高度な専門家が行った分析を、収集したログをもとにある程度システムが自動化して、対応の迅速化を実現している。 【用途】 セキュリティ対策の強化や、内部統制の強化に活用できる。
㉑侵入経路切り分け技術	【概要】 ログデータの解析結果にもとづき、不正侵入が外部からか内部からかなど、推定することができる。サーバのログを解析するだけでなく、ファイアウォールやネットワーク監視装置のログを解析することで侵入経路を特定することができる。 【用途】 不正侵入等のインシデント発生時に、侵入経路の特定を行う。
㉒リモートでの監視技術	【概要】 従業員の PC での処理の状況をリモートからリアルタイムで監視する技術。ネットワークを使って監視できるため、ネットワーク・フォレンジック技術の一つに位置づけることができる。 【用途】 暗号化ファイルを復号し表示する段階のデータを監視すれば、復号された内容を知ることができる。
㉓HDD 専用消去ツール	【概要】 HDD 初期化などのフォーマット処理では、データは削除されず管理情報のみが消去され、不必要なデータなどで汚染されている場合がある。HDD を専用ツールで上書きすることで、データを完全に削除することができる。 【用途】 証拠提出用 HDD を準備する際に使用する。

表 5.4.1 つづき 3

技術	概要
㉔パスワード解読技術	【概要】 パスワードを総当たりで入力する方法と、よく使われるパスワードを登録した辞書を組み合わせて解読を行う。最近では不正アクセス等で流出したIDとパスワードを組み合わせたリストを使用してパスワードの解読を行う攻撃も増加している。 【用途】 PCユーザの協力が得られない場合に、パスワード保存した電子ファイルを解読する場合に利用する。
㉕データマイニング技術（証拠分析）	【概要】 大量のデータから必要な情報のみを効率よく抽出する技術。 【用途】 大量の過去メールを分析し、特定のキーワードに対応したやりとりを抽出する場合など。

（執筆担当：小山覚）

5.4.1項の参考文献
[1] 独立行政法人 情報処理推進機構「標的型攻撃／新しいタイプの攻撃の実態と対策」
http://www.ipa.go.jp/files/000024542.pdf

5.4.2 eディスカバリ対応技術
（1） デジタルデータ情報開示の必要性と問題点

　従来、訴訟時の情報開示は、陳述書や証拠書類などを書面にて提出することによって対応が可能であった。ところが、ITの普及により企業内の業務におけるデジタル化が進み、ほとんどの資料・データ・書面はコンピュータで作成されるようになった。すなわち、書面はそれらデジタル化された情報をコンピュータやプリンタを介して印字されたものであるといえる状況にある。それにともない、印字されたデータの信憑性を確認するために、実際にそのデジタルデータを作成したコンピュータそのものの記録、すなわちコンピュータのハードディスクドライブ（HDD）などの記憶装置にあるデジタルデータの提出が要求されるようになってきた。この場合、印字されたデータの信憑性を議論するためにということよりも、むしろデジタルデータはそれが作成されるプログラムやハードウェアの特性から提出された情報の信憑性を確認することが容易であるから、と考えるほうが適切といえる。

　現在、米国においては訴訟の際のディスカバリ工程において、デジタルデータの開示が行われる。そこで問題になるのは要求されたデジタルデータの開示方法である。デジタルデータは揮発性が非常に高く、わずかな操作で容易に元データを書き換えてしまうという事態が発生する。もし、意図的ではなく、不注意でデジタルデータを書き換えたり、デジタル・フォレンジックそのものを知らないために取扱いに不手際があった場合、原本性の証明ができないばかりか、意図的に隠蔽工作、もしくは裁判の適切な進行を妨げる妨害行為とみなされる可能性がある。その結果、裁判で不利になったり、場合によっては収監す

らされることもある。そのため、適切にデジタルデータを開示し、隠蔽や改ざんなどの疑いをかけられ、不必要な情報を相手側に渡さないためにもデジタル・フォレンジックの手法を使った手続が必要となる。

(2) eディスカバリの流れ

eディスカバリは、証拠保全、プロトコルの取決め、データ復元、データベース作成、キーワード検索・抽出、レビュー、データ提出、法廷証言などの流れで行われることが一般的である。それらの具体的な内容と必要な技術を以下に述べる。

(a) 証拠保全

通常eディスカバリの工程のなかで、情報開示対象となりうる可能性のあるコンピュータが指定される。そして、このコンピュータに関して、フォレンジックイメージを取得して証拠保全を行う。一般的にその依頼は「フォレンジックコピーをとってほしい」というものである。フォレンジックコピーとは、物理コピーと呼ばれるものであり、ビットごとに複製を行う。データ領域もそうでない領域も含めて完全な複製を行う。複製先は、用意しておいたHDDになり、1つの複製元のHDDに対し複製先のHDDは2つとなる。1つは完全に封印して保管し、残り片方のHDDを利用して情報開示用のデータを作成する。

(b) eディスカバリプロトコルの取決め

eディスカバリの作業を実施する前には、お互いどのような手段で情報を開示するかの交渉が必要になる。取決め内容は、「誰のコンピュータに対してどのキーワードで検索をかけて抽出するか」や「どのようなソフトややり方で予測コーディングを行うか」「どのようなファイル形式で提出するか」などである。また、「提出したデータの中に訴訟に関係のないデータが仮に含まれていた場合は、受け取った側はそのデータを不正に使用しない」、「過度のデータ提出要求に対しては、要求側がその作業費用を支払う義務がある」、「eディスカバリのための使用ツールを取り決める」および「お互い誠意をもって対応する」などといった約束事も取り決められる。

(c) データ復元

削除されたデータの復元が求められるケースで行われる。通常OSレベルで削除されてゴミ箱から削除しても位置情報のテーブルに「削除した」という情報が記録されるだけなので、「削除した」という情報を無視して検索していくフォレンジックツールなどを使用すれば容易に復元が可能である。さらに、仮想メモリ領域のデータなどもヘッダ情報だけで復元を実施する場合がある。このように消去されたデータでも上書きされていない限り復元が可能である。

(d) データベース作成(インデックス化、重複データの削除)

　データを、調査対象者が作成した電子メールやビジネス文書のみに絞るため、システムファイルやプログラムファイルなどを排除する作業であるカリングを行う。次に、デジタルデータ検索・抽出作業の前にその作業を効率的に行うための準備工程が必要になる。書庫ファイルの場合、書庫に格納されている各ファイルの抽出や、メールの場合は添付ドキュメントを抽出して、各々独立したファイルとして保持する。さらに、文書ファイル、表計算ファイル、メールなどのファイルタイプに応じて、ヘッダ情報や本文テキストを抽出して検索インデックスを作成する。ファイルが壊れているもの、パスワードがかかっているもの、暗号化されているものは仕分けられ、暗号化解除などの工程を経て、検索・閲覧可能な状態にされる。また、対象となるコンピュータの使用者が同じファイルの複製を何度か作成している場合や、電子メールを複数の人に送信している場合など、ファイルが重複して存在している場合がある。そのようなファイルは一つとして認識させ、重複が排除できる状態にしておく。

(e) キーワード検索・抽出

　電子メールやビジネス文書に絞り、さらに重複を排除したデータベースに対し、キーワード検索を行い、さらに訴訟に関連している文書のみに絞り込む。検索するキーワードセットは、関連文書を漏れなく見つけるのに十分である必要があると同時に、あまりにもヒットする文書が多すぎる場合、文書一つひとつの内容を読み、確認していく工程であるレビューを合理的な時間内に終了させることが困難になるため、注意深くキーワードを選定する必要がある。

① 単語分解の技術

　単語分解技術は大きく2つ存在する。形態素解析技術とN-Gram(エヌグラム)技術である。形態素解析とは、単語のデータベース(辞書)をもち、そのデータベースにマッチしたものを切り出すという仕組みで、適切な単語で切り出すためインデックスが小さくてすみ、検索速度も速い。しかし、辞書のメンテナンスが必要で辞書に登録されていない新語や造語に対応することが難しい。したがって、検索漏れの可能性が高くなってしまう点が短所である。一方、N-Gramは任意の文字数で切り出すため、検索漏れは少ないが意味のない単語の塊にも索引をつけてしまうためどうしても無駄が多くなってしまう。しかし、検索漏れを少なくできるという点ではフォレンジック、ディスカバリ向けであるといえる。

② 文字コード

　日本語、韓国語、中国語の文字コードはJIS、Shift-JIS、EUC-JP、EUC-KR、GB 2312、BIG 5など数種類の文字コードを使用しており、適切に処理する必要がある。異なる文字コードを同等に扱うために、すべての文字コードをUnicodeへ

の変換を行う方法などがある。

（f） レビュー

絞り込んだ文書を、最終的に人間が読み、訴訟との関連性と判断していく。その際、レビューを効率的に行うため、さまざまな切り口で、関連のある文書がひとまとまりの文書群（電子メールの本文と添付ファイル、ファイルハッシュが同一のまったく同じ内容の文書、文書内容がまったく同じではないが、似ている文書、メールのスレッドなど）として見られるようにする技術がある。また、後述する予測コーディングも含め、技術レビューをサポートする技術が開発されており、そのような技術を使ったレビューを、TAR（Technology Assisted Review）やCAR（Computer Assisted Review）と呼ぶ。

（g） データ提出

抽出されたデータについて今度は相手側に提出しなければならないが、その際のデータ形式が非常に重要なポイントになる。eディスカバリでは、存在していたファイルをそのままのファイル形式（ネイティブフォーマットと呼ぶ）で提出するか、TIFF形式で提出することが多い（PDFの場合もある）。TIFFにする理由は2つある。一つは、提出情報の制限である。ネイティブフォーマットにはメタデータやヘッダ情報が埋め込まれている。メタデータには、データ作成者やプリントアウトなどを行った記録などがあり、その情報により新たな情報開示対象者が増える可能性がある。また今まで出てこなかった関係者が現れ、場合によっては訴訟で不利になる可能性もある。そのため、情報開示をする側は提出する際のデータ形式を相手側と交渉し、被害の少ないTIFFの画像データに変更する。

もう一つの理由は、米国のディスカバリ制度では、相手側にとって読みやすくかつ整理された状態でデータを提出するのが通常である。そのため、ネイティブフォーマットで数種類のファイル形式を取り扱うより、TIFF化して一つのファイル形式にし、さらに通し番号を付与したり、データベース化して提出したほうが相手側にとっては取扱いが容易であるためである。TIFF化は、提出側だけでなく、提出される側にとっても利便性が高いといえる。

また、TIFF化（場合によってはメタデータ分離作業も併せて行う）作業は、TIFF形式にしてそれぞれのデータへの通し番号の付与、およびデータベース化を行うまでがeディスカバリ専用のソフトウェアで可能である。

（h） 証拠性の確保

デジタルデータは、揮発性が高く、改ざん、消去を容易に行うことができるため、訴訟においては提出したデジタルデータの証拠性を証明することが重要になる。eディスカバリにおいて使用されるのはCOC（Chain of Custody：保管の継続性）である。COCとは提

出されたデータが間違いなく対象のコンピュータのHDDからフォレンジックコピーにより証拠保全され、検索・抽出・提出などのすべての過程が適切に処理され、改ざんや他のデータの混入などがないことを証明することである。その際に重要なのは、同一性の確認のために複製元と複製先のデータのハッシュ値に変化がないことを証明しなければならない。

ハッシュ値とは、与えられた原文から固定長の疑似乱数を生成する演算手法であるハッシュ関数を利用して生成した値である。ハッシュ関数は不可逆な一方向関数を含むため、ハッシュ値から原文を再現することはできず、また同じハッシュ値をもつ異なるデータを作成することは極めて困難である。通常、デジタルデータの提出の際にはCOCシートを添付して提出する。COCシートには、証拠保全時の写真なども添付し、提出資料の信頼性が高いことを証明する。

(i) 予測コーディング

現在eディスカバリの世界で最も注目を集めているのが予測コーディング(Predictive Coding)である。予測コーディングとは、調査対象ファイルの一部に対してエキスパートの調査員が仕分けを行い、その仕訳内容をシステムが学習し、残りの調査対象ファイルの仕分けを自動化するものである。調査の効率化、調査コストの削減を実現技術として注目されている。

通常、1人の調査員が仕分けることができるファイル数は1時間当たり約80ファイル程度だが、予測コーディングを利用すれば、1時間当たり33万ファイルの仕分けが可能になるという検証結果もある(UBIC社のシステムによる測定値)。それは実に4,000倍以上の効率化をもたらす。

作業はまず、教師データを作成することから始まる。これはシステムに、どのような内容のファイルが証拠となり得るのかを学習させるためのデータ群である。通常、調査対象ファイルの中から無作為に抽出したファイルに対し、エキスパートの調査員が仕分けを行い作成する。この人間による仕分け結果が教師データとなる。

この教師データに対し、AI技術、テキストマイニングの技術を応用して、システムが分析、学習を行い、学習した判断に従って残りの調査対象ファイル群の仕分けを自動的に行う。

結果はスコアなどの形でその重要度が表現される。自動仕分けによって、スコアが高くその案件に関連性が認められたファイルほど、証拠となる可能性が高く、そうしたファイルを優先的に調査することで、早い段階で重要な証拠を発見することが可能になる。これは、単に調査の効率化、コスト削減だけではなく、早い段階での訴訟戦略の策定が可能になるといった面からも、非常にメリットのある機能である。

(執筆担当:武田秀樹)

5.5 新しいサイバー攻撃とネットワーク・フォレンジック技術

　数年前までは、発生したサイバー攻撃で被害を受けたコンピュータシステムに対して、デジタル・フォレンジック技術およびマルウェア解析技術を利用した調査を行うことによって実態解明をすることができた。

　しかしながら、最近では、サイバー攻撃で利用される技術や手法が急激に高度化および複雑化してしまったため、コンピュータシステムに残存する痕跡やログに依存するデジタル・フォレンジックで実態解明をすることがたいへん厳しくなってきており、さらに、インターネットを積極的に利用したサービスやネットワークでつながることを前提としたアプリケーションサービスを悪用したサイバー攻撃が増加傾向にあるため、被害の発生する場が広範囲になってきている。したがって、調査すべき対象が管理外のコンピュータシステムに及ぶことになるため、自組織内で実態解明するには、その境界の内側に位置する装置等に残存するネットワーク上のパケット通信の流れの結果記録として残されるさまざまなログ（以下、ネットワークログ）などを集約および分析して攻撃実態を解明しようとするようになってきた。

　これが、「ネットワーク・フォレンジック」と呼ばれているものである。ただし、このネットワーク・フォレンジックは、ネットワーク上を流れるパケット通信を前提としているため、外部記憶媒体を介したものは調査することができず、また、ネットワーク機器によって通信ログなどの取得の仕方が異なってくるため、統一的な調査手法を確立することが難しい状況であることに留意すべきである。

　この状況は、最近のサイバー攻撃対処のあり方の変化にともない、デジタル・フォレンジックの領域が拡大したものであり、従来のコンピュータシステムに加え、ネットワーク機器などにもデジタル・フォレンジックの対象が拡大したと解されるものといえる。

5.5.1　ネットワーク・フォレンジックのためのネットワーク基礎技術

　ネットワーク・フォレンジックを行うためには、ネットワーク技術の習得が不可欠である。そのような技術を必要とする職業として、ネットワークシステムを設計、構築、運用、保守を行うネットワークエンジニアが挙げられるが、本格的なネットワーク・フォレンジックを行う者は、この職業に求められている知識や技術を習得しており、かつ、その利用能力（リテラシー）も備えていなければならない。

　しかし、大方のネットワーク・フォレンジックの作業は、対象となる機器およびそこに残存するネットワークログを調査することであるため、最低限必要となる技術は、調査した膨大かつ異なるネットワークログの一つひとつのデータがもつ意味を理解し、目的とす

るネットワーク上の挙動の痕跡を特定できることである。実際の作業で必要になる基礎的な知識および技術は、次のとおりである。

- インターネットの概念と動向(基本理念、アーキテクチャ、ISP アクセスポイント、ルーティングテーブル、フォワーディング、AS(Autonomous System)、BGP、よく利用されているサービスやデバイスなど)
- OSI 参照モデル
- IP アドレスの割り当て
- IP パケットの詳細構造
- ポート番号(TCP/20:FTP(データ)、TCP/21:FTP(制御)、TCP/22:SSH、TCP/23:Telnet、TCP/25:SMTP、TCP/53:DNS、TCP/80:HTTP、TCP/110:POP 3、TCP/139:NetBIOS、TCP/143:IMAP、TCP/443:HTTPS、TCP/445:SMB など)
- IP アドレスの詳細構造(TOS、ID、フラグ、TTL、プロトコル番号、送信元 IP アドレス、宛先 IP アドレスなど)
- ネットワークアプリケーション、サービス、および関連するプロトコル(特に、ネットワーク層の IP/ICMP など、トランスポート層の TCP/UDP/SSL など、セッション層以上の HTTP/HTTPS/FTP/SMTP/POP 3/IMAP/DNS/DHCP など)
- 主な HTTP レスポンスコード
- 主なプロトコルのフレームヘッダ
- ネットワークインフラ機器(ルータ、DNS サーバ、Web サーバ、メールサーバ、データベースサーバ、ファイルサーバなど)
- 基本的なネットワーク設計およびサーバ設計
- ネットワーク機器のチューニング(コンフィグの作成および検証など)
- 最新のサイバー攻撃の技術と手法(ping スイープ/ポートスキャン、辞書攻撃/ブルートフォース攻撃、IP スプーフィング、インターネットスニファ、DDoS/DoS、マルウェア(トロイの木馬など)/不正コードなど)

最近のクラウドコンピューティングの発展により、次のようなスキルが求められることが多くなってきた。

- クラウドプラットフォーム(VMware、Xen など)のスキル
- ツールを使用したトラフィック解析のスキル

5.5.2 ネットワークログの監視

一般的なネットワーク監視は、ネットワークを介したサービスの応答の有無を確認する「稼働監視」、ハードウェアやソフトウェアのエラーを確認する「障害監視」、ネットワー

クのパフォーマンスの問題を確認する「性能監視」、ネットワークセキュリティに関するアラートを確認する「セキュリティ監視」と大きく4種類に分けることができる。

それぞれのネットワーク監視でよく利用される監視技術は、次のとおりである。

- 稼働監視：ICMP リクエスト(ping コマンド、traceroute コマンド)によるネットワーク稼働監視、TCP コネクションおよびトランザクションの擬似実行によるサービス稼働監視
- 障害監視：SNMP Trap(ネットワーク監視のためのプロトコル)、syslog メッセージ(UNIX BSD で実装されたログ機能)
- 性能監視：MIB(Management Information Base：監視する機器の情報が集約された管理情報データベース)による性能監視、ICP リクエストなどによる応答時間
- セキュリティ監視：IDS(侵入検知システム)による監視、ファイアウォールのログによる監視など

これらのなかの「セキュリティ監視」の技術は、現在、国内で広く行われているものであるが、その監視の実態はセキュリティ機器のアラート生成のルールセットに従って自動的に検知され、そのアラートが発出されるのを待ち受ける運用形態が多い。

しかしながら、最近のサイバー攻撃は、従来のセキュリティ監視技術で検知することが難しい、あるいは、その発生からルールセットまでの落とし込みが間に合わないケースが多くなってきているため、より積極的なネットワークログの監視をしなければならなくなってきた。2013年の時点では、最近のサイバー攻撃を防止、検知、拒否、局限、回避するための有効なネットワーク監視技術は確立されていないが、国内でいくつかの大量情報を流出させたサイバー攻撃の対処策として、次のような情報に対する積極的な監視を強化している例がある。

- Web サーバにおけるアクセスおよびエラーログ
- ファイアウォールのログ
- ネットワーク型 IDS(侵入検知システム)のログ
- ネットワーク型 IPS(侵入防止システム)のログ
- 注意深いユーザからの口頭およびメールによる報告内容
- Proxy ログ
- 振舞い検知型ウイルス対策ソフトのアラート
- Tarpit(SMTP サーバにおいて受信時に返答を遅延させることでスパムを排除するもの)イベントログ

5.5.3　ネットワークログの収集と分析

ネットワークログを収集する前に、事前のログ保存のあり方について、いくつか重要なことがある。これまで国内におけるネットワークログの保存には、特別な場合を除いて保

存義務が課せられてなく、任意で保存するにしても取得するデータや保存期間について、一部の分野を除いて明確な規定が示されていない。また、サイバー攻撃の発生を前提としたネットワークログの保存がされていないため、現場では、収集すべきネットワークログが十分に存在しないという状況が少なくない。

したがって、ネットワークログの収集の前の段階で、サイバー攻撃発生後に行うネットワーク・フォレンジックの調査対象となるネットワークログの特定、および保存計画の立案と実行をする必要がある。

保存すべきネットワークログの特定にあたっては、理想的には、実際のサイバー攻撃を模擬して侵入の成否を検証するペネトレーションテストを行い、実際のネットワークシステムの設定や稼働の状況を考慮したうえで、考えられるすべての攻撃経路を作成して、その攻撃経路上にあるすべての機器のネットワークログを重点的な保存対象とする。その他の機器については、別手段でのリスク回避の措置や一部のリスク受容をすることで、可能な限りの収集とすることが望ましいと考える。

保存期間については、各所で報告されている最新のサイバー攻撃の分析結果を参考にしながら、被害に遭ったネットワークシステムへの侵入成功からその事実が検知されるまでの見積もった最大期間を、ログ保存の最小期間に設定するべきと考える。

それぞれの組織において実装されたネットワークシステムとその稼働状況は、大きく異なるため、重点的に保存するネットワークログや保存期間は大きく異なる。したがって、ネットワークログの保存計画については、実際のサイバー攻撃の仕組みを熟知している専門家と、ネットワークシステムを運用・保守するネットワークエンジニアがよく協議しながら慎重に決めていくことが重要である。

（1） ネットワークログの収集

国内で多く見られるネットワークシステムをベースに考えると、収集すべきネットワークログは、「セキュリティ対策で利用されるネットワーク機器」、「サーバやPC上にインストールされているオペレーティングシステム」および「Webやメールなどのアプリケーション」に大別して考えることができる。

「セキュリティ対策として利用されるネットワーク機器」からは、次のようなネットワークログが収集できる。

① ウイルス対策ソフト（マルウェアが侵入あるいは動作に成功した記録が得られる。ただし、すべてのマルウェアの存在や活動を検知するものでないことに留意すべきである）

② IDSおよびIPS（疑わしい挙動あるいは進行しつつある悪意のある活動を検知あるいは防止措置に関する記録が得られる。しかし、あらかじめ設定されたルールセットにもとづく措置であるため、想定しない未知の挙動がある場合は措置されな

いことに留意すべきである)
③ リモートアクセスのソフトウェア(VPN ソフトウェアにより、接続確立の日時やログインユーザごとのセッションで送受されたデータ量の記録が得られる。ソフトウェアによっては、リソースの使用状況に関する情報も記録できるものもある)
④ Proxy サーバ(外部の Web サイトへのアクセスするすべての URL の記録が得られる)
⑤ 脆弱性管理ソフトウェア(管理対象のサーバのパッチのインストール履歴や脆弱性の有無にする記録が得られる)
⑥ 認証サーバ(認証時のアクセス元アドレス、ユーザ名、認証可否、日時の記録が得られる)
⑦ ルータ(トラフィックを遮断した記録が得られる)
⑧ ファイアウォール(設定したポリシーによって発生する実行ログが得られる)
⑨ 検疫サーバ(検疫したコンピュータシステムの実行記録と検査結果の記録が得られる)

多くのサーバや PC にインストールされている「オペレーティングシステム」からは、次のようなネットワークログが収集できる。

❶ システムイベント(それぞれのイベントについて記録される情報は異なるが、一般には、イベントごとのタイムスタンプ、イベントコード、ステータスコード、エラーコード、サービス名、ユーザ名などの記録が得られる)
❷ 監査記録(認証の成否、ファイルアクセス、セキュリティポリシーの変更、アカウントの変更、権限実行、イベントの種類、操作結果などの記録が得られる)

メールサーバやそこにアクセスするメーラーソフト、Web サーバとそれを閲覧するブラウザソフト、そして、ファイル共有サーバやデータベースサーバとそれらのクライアントソフトなどのネットワークシステム上によく実装される「アプリケーション」以外に、経理システムや ERP(業務統合パッケージ)などの業務用アプリケーションからネットワークログを収集することができる。しかし、これらのネットワークログは、独自の設計にもとづいてログを記録するものや、インストールされているオペレーティングシステムのログ機能を利用するものがあるため、その種類はアプリケーションによって大きく異なる。そのため、サイバー攻撃により残される痕跡をベースに考えて、次のようなポイントで、ネットワークログを収集することが考えられる。

(1) クライアントからのアクセスに対するサーバの応答(例えば、メールサーバの場合は送信元/宛先/件名/添付ファイル名など、Web サーバの場合はアクセス元/応答結果など、業務アプリケーションの場合はユーザ名/アクセス先リソース/ログイン・ログアウト時刻など)
(2) アカウントに関する情報(認証およびその試行の回数、アカウント作成/変更/

削除、利用した権限、リソースの使用時間など)
  (3) 使用状況に関する情報(トランザクションの件数や一定時間内の頻度、トランザクションのサイズなど)

(2) ネットワークログの分析

　実際のネットワークログの分析を行うにあたっては、まず、実施する者が、ネットワークログ中の各項目が意味するところを理解しておく必要がある。

　一般的なセキュリティ機器やオペレーティングシステムであれば、共通的なログフォーマットであることが多いため、オープンソース情報でログの各項目を調べることができるが、いくつかの業務用アプリケーションは、独自の設定をしているため、調べにくいことがある。その場合は、業務用アプリケーションの開発元に照会する必要がある。

　また、ネットワークシステム全般の設計、検証および運用の過程のなかで、ネットワークパフォーマンスや運用監視の都合上、ネットワークログフォーマットが初期状態から変更されている可能性があることに留意しなければならない。さらに、機器やソフトウェアなどの障害により、一定期間ネットワークログが取得されていない場合もあるため、その原因・理由および取得できていなかった期間を明確にしておく必要もある。

　そして、ネットワークログに自動的に記録されるタイムスタンプが正確でなければならないため、誤差の確認をする必要がある。

　これらは、ネットワークログの分析作業を始める前に、前提となるものであるため、必ず行わなければならない。

　ネットワークログの分析の手法は、特定のネットワークログの分析ツールとして、サーバに設置するソフトウェアや、取り出したネットワークログを分析する製品などが存在しているが、いずれも部分的な解決しかならないことが多い。

　実際のネットワークログの分析作業では、そのような分析ツールを併用しながら、次のような観点で行う。

　① コンピュータシステムに対するデジタル・フォレンジックの結果から得られた「キー情報」にもとづく調査(サイバー攻撃を受けたIPアドレスやホスト名(コンピュータ名)、外部アクセス先のIPアドレスなど)

　② 感染したマルウェアの分析結果から得られた「キー情報」にもとづく調査(マルウェアが使用したIPアドレスおよびポート番号、外部ホストとの通信プロトコルなど)

　③ ネットワークログの調査から得られる不審な挙動の見出し(同じIDで一定回数以上の認証試行の繰り返し、同一IPアドレスから複数IDへの認証試行、(データベースサーバの場合)アプリケーションサーバやWebサーバ以外からのデータベースアクセス、システム運用時間外におけるアクセス、極端に長いセッション時間

のアクセス、単位時間当たりのセッションの確立回数とそのデータ量など)
④　他所で発生してる類似したサイバー攻撃あるいはマルウェアの分析結果から得られた「シーケンス情報(ネットワーク上の挙動パターン)」にもとづく調査(この調査を行う者は、最新のサイバー攻撃やマルウェアに関する深い理解を必要とする)
⑤　関係の可能性のあるすべてのネットワーク機器、オペレーティングシステム、アプリケーションのネットワークログを、考えられる「キー情報」を元に相関的な観点で調査(例えば、IPアドレス、ホスト名、時間帯、ID／アカウント名、不審な挙動パターンなど)

また、最近のネットワークに依存しつつある業務環境の影響を受けて、ネットワーク・フォレンジックの対象となるネットワークログのデータ量は膨大なものとなっている。一方、サイバー攻撃が急激に高度化・複雑化してきており、既存のセキュリティ対策を高い確率で回避するようになってきている。そのため、このようなネットワーク・フォレンジックの作業をする者は、次のような行動および思考の特性をもっていることが望ましい。

❶　少ない痕跡や手がかりを元に、演繹的推理や論理的思考で関係する可能性のあるネットワーク機器や該当する記録場所を推定する努力を継続できる。
❷　斬新なアイデアを創出し、その実現性について逐次検証していく姿勢(サイバー攻撃をする者は、常に攻撃をさせるための創意工夫やアイデアをもって、さまざまな攻撃を仕掛けてくる)
❸　見出せるまで諦めない姿勢(ネットワークを介した攻撃の手段は多岐にわたるため、すべての可能性を確認するためには膨大な時間がかかる)
❹　常に新しい技術を学習する努力をしていること(特にアプリケーションは、非常に多くの種類があり、常に新技術が開発されて市場に導入されているため、そのようなアプリケーションのネットワークログの内容を理解するには、さまざまな分野のアプリケーションとその新技術の理解をしておく必要がある)

5.5.4　ネットワーク・フォレンジック技術の適用例

前述のようなネットワーク・フォレンジックの技術を、実際のサイバー攻撃で適用した例を、架空のサイバー事例を元に紹介する。

(1)　架空のサイバー攻撃

某日、企業Aのネットワーク監視の担当者は、内部サーバから外部ホストに対して大量のデータが送信されているアラートを検知し、速やかに当該サーバのインターネットとの接続を遮断した。ただし、この内部サーバはインターネットと通信するルーティングは設定されていなかった。現場の技術者が原因追求と流出したデータの特定を急ぐ調査に着手した。

(2) 基本的なインシデントレスポンスと調査の流れ
(a) 攻撃活動の局限化措置

　組織内の他のコンピュータシステムから、この「外部ホスト」に対するアクセスの有無を確認して、他の類似した攻撃の可能性を払拭する。万が一、存在していた場合は、すぐに遮断する。

- ネットワーク管理者が、この外部ホストのIPアドレスをキーとして、インターネットと接続しているネットワーク機器のすべてのネットワークログを調査し、この外部ホストとの通信の存在を確認する。

(b) 攻撃に利用されたサーバとネットワーク機器に対する調査

　このケースでは、内部サーバと、そのサーバとインターネット間の経路上のすべてのルータに対するデジタル・フォレンジック調査となる。

① ネットワーク管理者が、内部サーバとインターネット間の経路上のルータとファイアウォールなどの設定データおよびその履歴データをすべてダンプし、証拠保全するとともに、それらのデータを調査する。

② サーバ管理者が、内部サーバのメモリダンプとハードディスクの物理コピーをした後、それらを証拠保全するとともに、それらのデータを調査する。特に、アプリケーションの実行履歴等の調査により、外部ホストにアクセスする悪意のあるプロセスを特定する。必要があれば、プロセスを検証環境で動作させて確認を行う。

③ セキュリティ担当者（あるいは外部専門家）が、その内部サーバで特定された悪意のあるプロセスの実態となるプログラム（マルウェア）を分析し、その挙動シーケンスを特定する。

(c) 攻撃シーケンスの調査

　攻撃の実態解明といわれることがあるが、攻撃がどのような経路を通り、どのような挙動を繰り返して、内部サーバでの悪意のあるプロセスを動作させたかを見出す。

① デジタル・フォレンジックおよびマルウェア分析により、ネットワークを介して動作した可能性のあるキー情報（ホスト名、IPアドレス、ポート番号、日時あるいはその予想される時間帯など）を元に、ネットワーク管理者が収集したネットワークログを調査し、疑わしい挙動を特定して、時系列的に整理する。

② ネットワーク管理者は、さらに、他の攻撃の存在の有無を確認するため、ブラックリストを適用しての調査や、疑わしいコンピュータシステムに対するネットワーク強化を行う。

③ それぞれの調査にあたった担当者が一同に顔を合わせ、得られたすべての情報の関係性や相違性を検証し、時系列的に整理したうえで、攻撃シーケンスをまとめあ

(d) 流出した可能性のあるデータの特定

① 調査にあたった担当者全員で、まとめあげることのできた攻撃シーケンスにもとづいて、アクセスされたデータの特定と、そのデータが外部に流出するまでのプロセスを評価し、外部に流出した可能性に成否を見積もる。

② ネットワーク管理者は、流出先の外部ホストのに対するネットワークログのみを整理し、記録としての残っていれば流出した日時とデータサイズを整理する。

③ 最終的に、攻撃シーケンスおよびネットワークログから総合的に判断された外部に流出したデータ量およびファイル群の整理をする。

(3) 実際の適用において留意すべき事項

　ネットワーク・フォレンジック技術は、これまでの通信ログの分析や解析と異なり、コンピュータシステムを対象としたデジタル・フォレンジックの調査結果や、他のネットワークログとの相関性や共通性を重要視することと、その調査過程を透明化して、事後に第三者が証拠として確認あるいは利用することが可能な状態にしておかなければならないものである。

　また、調査対象となるネットワークログの種類や規模が膨大であり、変化の激しいものである。一方、コンピュータシステムを調査対象にしたデジタル・フォレンジックは、そのコンピュータシステムの種類や変化はそれほど多くないため、攻撃の手法が大きく変化しても調査対象の残存する痕跡に大きな違いは見られない。しかしながら、ネットワーク・フォレンジックの対象となるネットワークログを記録する製品やサービスは、日を追うごとに新しいものが開発され、実際に導入・利用されているが、そのライフサイクルはコンピュータシステムとは比較にならないほど短いものである。つまり、ネットワークログに残る痕跡の特性は、大きく変動していくものといえる。

　ネットワーク・フォレンジックの調査を行う者は、常に、ネットワークログを記録する製品やサービスの仕様を理解し、その利用状況についても把握しておくことに加え、そのような製品やサービスの仕様やセキュリティの問題を積極的に利用したサイバー攻撃に関する攻撃技術や知見を把握して理解していかなければならない。

　このような状況や背景があるため、ネットワーク・フォレンジック技術を確立することは、現実的に難しいものであると言わざるを得ないが、それぞれの分野の経験者や専門家が密に連携することで、総合的な能力を向上させることはできる。したがって、この架空のサイバー攻撃に対するインシデントレスポンスや調査において、それぞれの管理者や専門家が密な連携をすることの必要性を示唆したところである。

(執筆担当：名和利男)

5.5 節の参考文献

[1] 米国国立標準技術研究所、"Guide to Computer Security Log Management"、2006 年
http://csrc.nist.gov/publications/nistpubs/800-92/SP800-92.pdf

[2] 米国カーネギーメロン大学 Software Engineering Institute, "Handbook for Computer Security Incident Response Teams (CSIRTs)," 2003 年
http://resources.sei.cmu.edu/library/asset-view.cfm?assetID=6305

第6章

デジタル・フォレンジック と法制度

Chapter 6

Chapter 6

デジタル・フォレンジックと法制度

　本章では、デジタル・フォレンジックと法制度について、ことに情報セキュリティの観点から法的に保護されるべき権利利益について論じ、さらに、デジタル・フォレンジックに関連する諸法律等について、それぞれの法律等の概要をまとめるとともに、デジタル・フォレンジックとの関連を整理している。

　また、デジタル・フォレンジックを利用した法運用について、わが国の刑事手続および民事手続でのデジタル・フォレンジックの利用をまとめるとともに、米国での訴訟におけるデジタル・フォレンジックを利用したeディスカバリについて、実際の運用をふまえた動向を論じている。

　なお、本章で取り上げている法律については、法令データ提供システム（http://law.e-gov.go.jp/cgi-bin/idxsearch.cgi）でそれぞれ参照いただきたい。

（第6章主査：安冨潔）

6.1 情報および情報セキュリティの法的保護

　高度情報化社会の進展は、情報は、電子化とネットワーク化によって、その可用性・流動性が高まると同時に、有体物による管理形態を離脱する様相を呈している。従来、情報が有体物という媒体に化体され、媒体の管理・支配により情報のもつ価値を管理・支配することが可能であり、情報の法的保護も、媒体の管理・支配あるいは媒体の所有を保護することによってなされてきた。しかしながら、情報の電子化・ネットワーク化は、情報を媒体から切り離して流通させることを容易にし、情報が本来もっていた非移転的性質、すなわち情報流通が情報の複製により行われるという性質をより顕在化させることになったといえる。

　このような状況にあっては、情報は、その本来の権利者ないし所有者によってのみ管理・支配されるものではなく、それ以外の者によっても管理・支配されるに至っている。そのため、情報の法的保護のあり方も、従来の有体物の保護を通じた保護でなく、媒体に依拠しない独自の保護のあり方が必要となってきている。これは、情報が化体する媒体（media）が、有体物に限られなくなってしまったことによる。マルチメディア社会とは、媒体（media）の無体物化をも意味しているのである。

　もっとも情報それ自体を保護するという法制度のあり方は、一部の法領域においてはすでに存在している。著作権法や工業所有権法などの知的財産法がこれである。ここでは、情報それ自体が複製により移転することを前提として、むしろ複製行為とその周辺にある行為あるいは情報の利用行為等を規制することによって、権利者の保護を図ろうとしている。問題は、このような情報それ自体を保護する法的な仕組みを知的財産法の領域にとどめておくべきなのか、あるいはその他の情報へと拡大すべきなのかということにある。この場合、情報内容に応じてその法的な保護のあり方が問われることになる。不正競争防止法における営業秘密の保護は、このような保護形態をさらに進めるものといえる。

　他方で、情報それ自体を法的に保護するためには、情報それ自体を保護することだけでなく、情報の支配・管理の側面をも保護することが必要となっている。というのは、情報が媒体から切り離された存在することが一般化したことにより、情報の所有者・権利者と情報の所持者・管理者が乖離する状況が顕在化してきたからである。情報へのアクセスが問題とされるとしても、情報内容へのアクセス（情報内容の収得・複製等）だけでなく、情報の管理・支配（領域）へのアクセス（情報の外形へのアクセス）をも問題とすることが必要となってくるのである。従来は、情報を保護するには、情報の化体した媒体である有体物の保護をすれば足りたのに対して、現在では、情報の化体する媒体が無体物化してしまったため、有体物に替わるものとして、情報セキュリティの法的保護が問題とされることになる。

同時に、高度情報化社会は、情報処理が適切に行われることによって、より安定して発展していくことが期待される。この意味において、情報処理の対象としての情報の保護も要請されることになる。この場合、まず法的規制を考えうるのは、情報内容を問わないで情報それ自体へのアクセスである。この場合、情報の外形へのアクセスを保護すること、すなわち、情報セキュリティの法的保護が問題となってくるのである。現行法では、不正アクセス禁止法がこの領域を直接規制するものといえる。

さらに、情報処理の適切性、情報、さらには情報セキュリティの保護に実効性をもたせるには、情報の保護・管理を一定水準に保つための措置、情報等の保護のための手順、不正行為があった場合の救済方法などが法的に規制されていることが必要である。それぞれの法規制が必要かつ十分なものかは議論があるであろう。

(執筆担当：石井徹哉)

6.1.1 情報セキュリティの民事法的保護
(1) 民事法における情報セキュリティの保護
(a) 情報セキュリティそのものは保護されていない

わが国の民法をはじめとする民事法に、情報セキュリティの保護について定めた法律は存在せず、民法の契約責任(民法415条)、ないし不法行為責任(民法709条以下)の規定の解釈、および具体的事例への適用場面において、契約違反あるいは不法行為による責任追及のなかで、反射的に情報セキュリティが保護されているにすぎない。

すなわち、情報そのものの保護やシステムそのものの保護を目的とするのではなく、人の生命、身体、財産、名誉、プライバシーなどの権利利益を保護することが法の目的であり、いわゆる機密性(Confidentiality)、完全性(Integrity)、可用性(Availability)についての侵害があり情報セキュリティが侵された場合であっても、ただちにその侵害行為自体が違法とされるのではなく、その侵害行為によって、①いかなる権利利益が侵害されたのか、②その侵害の程度(損害額)はいくらか、を判断して、責任主体に賠償責任を負わせるのが民事法の建前であり、この賠償責任の認定作業を通じて、反射的にあるいはその限度において、情報セキュリティが保護されているのである。

これはわが国の民事法の基本法たる民法が、契約責任、不法行為責任のいずれについても、権利侵害性と損害の発生を要件とし、これを填補させることを原則とする立場をとり、いわゆる懲罰的損害賠償請求制度のような、権利侵害や損害額とは別個に、行為者の行為そのものの存在を加算理由とした賠償制度を採用してないことから導かれる帰結である。

よって、現行民事法上は、情報セキュリティそのものが保護の対象となっていない結果、情報セキュリティ侵害行為があったとしても、さらに、①誰のいかなる権利利益が侵害されたのか、②これによっていかなる損害が発生したか、を明確にしない限り、損害賠償請求が認められるものではないし、その場合は情報セキュリティは保護の対象とならないの

が、現状である。

例えば、いわゆる個人情報保護法、不正競争防止法など、個別の立法により、情報そのものの保護を目的とする法は存在しているものの、その情報をめぐる情報セキュリティが侵害された場合（漏えい、改ざんなど）でも、民事法的な措置としては、当該侵害行為の存在を立証するだけでは足りず、その侵害行為によって発生した権利侵害とそれによる損失の発生が法的救済の要件となっているという大原則は変更されていない[1]。

かかる損害の填補という原理原則を民事法の基礎とする以上は、損害の発生を問わない、侵害行為そのものに対するペナルティを規定するのであれば、刑事法による制裁が最もなじみやすいところであり、次項に見るように刑事法の分野においては比較的、処罰類型の整備が進みつつある状態にある。

(b) 運用による情報セキュリティ保護の拡大その1

ただし、以上のような民事法の体系の元においても、契約責任、不法行為責任の運用によって、権利侵害、損害の発生について柔軟な対応が可能となっているため、運用による情報セキュリティ保護の範囲の拡大は可能となっている。

まず、契約責任については実際の損害の発生・程度にかかわらず一定額の支払いを義務付ける違約金の定め（民法420条）を置くことができる。これによって、情報セキュリティ侵害行為の存在を立証するのみで、個別の権利侵害や損害の立証をせずとも、その予定された金額の支払いを求めることができ、権利侵害行為そのものを理由とする賠償請求が可能となり、情報セキュリティ保護の範囲を広げることが可能である。

例えば、一定の情報の管理を委託した際に、その漏えいなどの侵害行為が発生した場合に備えて、一定の違約金の支払いを規定しておくことにより、当該管理者が情報管理について違約行為を行えば、ただちに賠償責任を発生させることができるのである。

また、不法行為責任においては、財産的損害以外の精神的苦痛についても損害として認められる（民法710条）ことから、特にプライバシーに関連する情報のセキュリティ侵害については、裁判所の裁量によって、精神的苦痛の存在を認定し、その慰謝料額を定めて賠償させることによって、事実上情報セキュリティ侵害に対する賠償責任の範囲を広げることが可能となる。

すなわち、精神的苦痛の場合、それが目に見えたり数値化することは不可能であるので、その存在や慰謝料判定における裁判所の裁量の範囲はきわめて大きい。かかる裁量を弾力

---

[1] 不正競争防止法第3条は、情報セキュリティの侵害行為に対する差止め請求権を定めるが、「営業上の利益を侵害され、又は侵害されるおそれがある」ことが要件とされており、単なる侵害行為の存在だけでは足りず、それが営業上の利益という権利を侵害したことが要件とされているし、また、第4条は損害賠償請求権を定めるが、「これによって生じた損害を賠償する」と定めており、損害の発生が要件であるとしているのである。

的に運用することで、本来は経済的な損害とまではいえない、立証ができない侵害行為に対しても、「それが精神的苦痛を生じさせた」、「その損害額はいくらだ」という認定をすることが可能となっており、この運用によって、情報セキュリティ侵害行為に対する制裁が可能となっている。

　例えば、クレジットカード会社が会員情報を漏えいさせる事故を起こした場合、本来であれば、会員は侵害行為に対して、その侵害によって発生した権利侵害やその損害額を立証することが必要であるはずであるが、実際、その情報が悪用されたような場合でもない限り、なかなかその立証は困難である場合が多い。そのような場合に、裁判所が精神的苦痛を認定し、漏えいした情報の保有者について、一律一定金額以上の慰謝料が発生していると損害認定することによって、賠償責任を課することが可能となるのである[2]。

（c）　運用による情報セキュリティ保護の拡大その2

　また、情報セキュリティ侵害行為にもとづく賠償責任を認定する際、その責任を負うべき主体を拡大する運用によって、侵害行為に対する制裁のみならず、情報保有者に対して侵害行為に備えて防衛を図ることを義務づけ、その義務違反を認定することによって、情報セキュリティそのものの保護義務者を増やす運用の傾向にあるといえる。

　すなわち、情報セキュリティ侵害行為について賠償の責めを負うべきなのは当該侵害行為を行った者（外部からの不正アクセス事例であれば、当該アクセスを行った者）であるところ、その情報セキュリティを管理している者についても、その管理に過失がある場合は、被害者ではなく加害者として扱うことにより、より堅固な情報セキュリティの構築を目指す運用が可能となる。

　これは主に、契約責任における契約義務内容の拡張解釈によって実現することが可能であり、個人情報保護法における個人情報取扱事業者（同法第2条第3項）、プロバイダ責任制限法における特定電気通信役務提供者（同法第2条第3号）などの個別法による情報管理者の責任に関する規定は、契約責任解釈の重要な判断資料となる[3]。

---

2)　Yahoo！BB顧客情報漏えい事件は、Yahoo！BBのサービスを利用していた顧客のID、パスワードに関する情報が外部からの不正アクセスによって漏えいした事案である。この事案において、裁判所はプライバシー権の侵害を認定したうえで、その精神的苦痛に対する慰謝料として、一人当たり金6000円を認定した（大阪地裁平成18年5月19日、判時1948号122頁）

3)　『情報セキュリティの法律［改訂版］』（岡村正道）のp.48では、このような個別事業者の責任を定める法律のほか、会社法、金融商品取引法の定めにより企業が負う内部統制構築義務もこの情報セキュリティ保護に資する法制度であるとしている。これらは、いわゆる株主に対する会社および役員の責任を画する法制度であるが、情報セキュリティ侵害リスクに対する体制を怠った場合にこれらの規定による制裁があることによって、情報セキュリティ保護の効果が反射的に表れることになろう。

(2) 民事法的保護とデジタル・フォレンジック技術

　以上の法制度ならびに運用の実際を前提としてデジタル・フォレンジック技術の有用性を検討する。

　まず、帰結として、デジタル・フォレンジック技術によって、侵害行為ならびに行為者について特定できたとしても、その行為が権利利益の侵害や損害発生を伴っているかについてはまったく別問題であるので、差止め請求、損害賠償請求を行うためには、自己の保有していた情報について、いかなる権利利益にかかわるものでそれによってどのような損害が発生するものなのかを整理しておくことが必要である。

　また、他の事業者などに情報管理を委託している場合は、その事業者との間でどのような管理契約を結ぶのかが重要であるところ、当該受託事業者の行為による漏えいや改ざんのみならず、第三者による漏えい、改ざんにも備えて、損害賠償額の予定や管理方法についての注意義務を定めることにより、デジタル・フォレンジック技術によって漏えいの事実のみが立証できる場合にでも責任追及ができるような予防法務が重要となる。

　また、逆に自社が他社の情報を預かっている場合には、それぞれの情報がもたらす権利利益や損害の発生をあらかじめ予想して、その重要度に応じた防衛策を導入することが必要である。

　特に、現在は柔軟な解釈によって、情報セキュリティ侵害行為に対する制裁の範囲が広がる傾向にあることから、技術水準とリスクの大きさを見極めた対策をとっていないと、思わぬ巨額の賠償とレピュテーションリスクが発生するので注意を要する。

（執筆担当：木曽裕）

6.1.2 情報セキュリティの刑事法的保護

(1) 保護法益としての情報セキュリティ

(a) サイバー犯罪と法益保護・刑法の解釈

　サイバー犯罪という概念についてそれほど明確な定義があるわけではなく、広い意味においてはコンピュータあるいはコンピュータネットワークに関連する犯罪ということができる。その実質的な類型としては、コンピュータないしネットワークそれ自体に対する犯罪とコンピュータないしネットワークを利用する犯罪とに分類することができよう。ここで問題となる情報セキュリティの法的保護の問題は、とりわけ前者の犯罪に関連することになる。

　いずれにせよ、コンピュータないしネットワークを対象とする点で、通常の犯罪と比して際だった特徴を呈する。まず第一に、情報処理、すなわちデータ処理にもとづいて犯行が遂行され、あるいは犯行の対象がデータの処理に向けられるということである。そのため、有体物を基礎に体系化された従来の刑法体系をそのまま適用することが困難な局面が生じてくる。とりわけ、デジタル情報が複製により移転していくこと、および同一物の複

製が容易であるということが、ここでは問題となる。第二に、ネットワークの利用にあっては、行為者の匿名性が高められ、その特定が困難になりうること、および、犯罪地の特定が困難となりうることを指摘することができる。サイバー犯罪の立法ならびに解釈・適用にあたってはこれらの特徴を適切にふまえることが必要となる[4]。

　ところで、刑法の目的・任務は、一般に、法益の保護にあるとされている。ここで、法益とは法的に保護に値する利益をいう。すなわち、刑法は、個々の市民が社会生活を営むうえで重要な利益を保護するため、そのような利益を侵害することを犯罪とし、その違反行為に対して刑罰を科すものとして理解される。法益を侵害しあるいはそれを危殆化する行為を犯罪として禁止・処罰するのである（法益保護主義）。それゆえ、個別の犯罪の成立要件を検討するにあたっては、いかなる法益が保護の対象となっているのか、いかなる法益侵害・危殆化が成立要件として要求されているのかという観点から考察することが必要となる。

　このことは、サイバー犯罪に関しても同様に妥当する。コンピュータあるいはネットワークの不正な利用があったとしても、それが刑法的に保護に値する利益を侵害していない場合、あるいは法益の侵害・危殆化があったとしても、その程度が刑罰を科すに値しない場合には、これを犯罪とすることはできない。したがって、新たに刑事立法を行う場合には、そこに具体的に保護に値する利益が存在するのかということを検討することが必要であり、また、犯罪の成否を検討するにあたっては、法益侵害・危殆化の存否の点から罰条の文言を解釈することが必要となる。

　他方で、コンピュータ犯罪の刑事的規制がわが国の刑法に持ち込まれたのは、1987年の刑法改正による。その後、20年以上経過し、その間、情報処理にかかる技術的進展は、際立ったものがある。コンピュータ、情報処理などの社会における意味が根本的に変化したといえよう。なかんずく、インターネットの普及に代表されるように、コンピュータが企業の内部においても外部においても（もちろん個人にあっても同様である）ネットワークにより相互に接続されるに至っている。しかも、このような情報通信技術の進展は、個人がその物理的な存在に制約されることなく、容易に遠隔的に自己の意思を実現することを可能にしている。コンピュータの概念も変容し、携帯電話も「コンピュータ」の一種として、従来コンピュータ犯罪として位置づけられていた犯罪類型を実現し得るものとなっている。このような状況に至っては、かつてコンピュータ犯罪が認知された頃のような単体のコンピュータを対象とするコンピュータ犯罪の概念は、現在の関連する犯罪状況を適切に反映したものとはいえなくなっている。

　犯罪の対象も、単独のコンピュータないしそこに蔵置された電磁的記録ではなく、情報

---

[4] 以上の点について包括的に議論するものとして、今井猛嘉「ネットワーク犯罪」『法学教室』303号、pp. 40-60、有斐閣、2005年参照。

通信技術または情報ネットワークシステムという文脈において理解することが必要となってきている。また、コンピュータの処理する情報も、単体のコンピュータおよびそれに附属する装置にのみ存在するのではなく、ネットワークをもとに多様な媒体、多様な形態で存在するようになっている。情報が化体する媒体も有体物に限られることなく、無体の媒体に化体する情報も存在し得る事態に至っている。こうした状況は、情報が本来もっていた非移転的性質、すなわち情報流通が情報の複製により行われるという性質をより顕在化させることになった。このため、技術的な次元においては、情報セキュリティという視座から情報それ自体の保護のあり方を検討し、新たな技術を実装し、または、既存の技術を改善してきたものといえる。

（b） 刑法における情報セキュリティの保護

　情報セキュリティの内容に関しても、サイバー犯罪と同様に、それほど明確であるとはいえない。もっとも、一般には、機密性(Confidentiality)、完全性(Integrity)、可用性(Availability)として理解されている。コンピュータないしネットワークの利用は、デジタルデータの処理を中核になされていること、およびコンピュータないしネットワークが現代社会における活動において重要な位置を占めていることからすると、データ処理が適切に行われていることは、市民の社会的活動にとって重要なものといえ、法的に保護すべきであるといえる。そして、データ処理の適切性は、データの機密性・完全性・可用性という意味での情報セキュリティが保障されることによってなされるのであれば、情報セキュリティを法益として認めることに問題はないと解される。この意味で、コンピュータないしはネットワークそれ自体に対して危害を加える犯罪を情報セキュリティに対する犯罪としてとらえることもできよう[5]。

　1987年の刑法改正によって、犯罪行為の客体として「電磁的記録」(刑法7条の2)が追加され、コンピュータ(電子計算機)に関連する社会的に有害な行為の一部が犯罪化された。情報セキュリティとの関係では、電磁的記録不正作出罪(162条の2)、電子計算機損壊等業務妨害罪(234条の2)、公用文書等毀棄罪(258条)、私文書等毀棄罪(259条)が重要である。確かに、電磁的記録不正作出罪、公用文書毀棄罪、私用文書毀棄罪は、電磁的記録の不正作出あるいは電磁的記録の毀損を処罰の対象としており、データの完全性を侵害するものとしてとらえられるかもしれない。しかしながら、これらの犯罪の客体は、電磁的記録の内容に着目し、その内容の重要性から刑法的保護を与えているものであって、データという形式に着目した保護とはなっていないのである。それゆえ、情報セキュリティの保護とは異なった保護のあり方であることに注意しなければならない。

---

[5]　安冨潔「情報セキュリティの刑事法的保護」『法学新報』112巻1号、2号、中央大学、2005年参照。

また、電子計算機損壊等業務妨害罪は、高度情報化社会の到来に伴い、社会生活の分野において、業務処理におけるコンピュータへの依存性が飛躍的に増大したため、コンピュータシステムの損壊等が業務の遂行を阻害する度合いが深刻になり、このような結果の重大性を考慮して、コンピュータに対する対物的加害行為を類型化したものである。したがって、本罪の保護法益は、電子計算機による業務の円滑な遂行であって、情報処理それ自体、情報処理の対象となるデータや情報セキュリティではない。

　以上のように、現行刑法において、情報セキュリティはそれ自体保護されていないといえる。しかし、高度情報化社会の進展に伴い、情報ネットワークが整備され、日常生活の重要な部分を占めるようになってきており、ネットワークを阻害する行為をそのまま放置することは容認されないものとなった。しかしながら、現在の刑事法制度、犯罪化は、このような情報の特質および情報通信技術の進展に伴う情報の存在形態の変容に顧慮することなく、社会的に問題とされる行為態様を抽出し、そのような行為態様をいかに規制するのかという観点からのみ、刑事立法を行ってきたといえよう。例えば、1999年の不正アクセス行為の禁止等に関する法律は、ネットワークを通じたコンピュータへの不正アクセス行為を規制対象とするものであって、行為客体がコンピュータという有体物であることを維持したままである。2001年の刑法改正により導入された支払用カード電磁的記録に関する罪(刑法163条の2以下)においても、支払用カードという有体物の媒体に限定された範囲でのみ保護を図るものとなっている[6]。

　2001年に署名された欧州評議会のサイバー犯罪に関する条約(ETS 185)(以下、「サイバー犯罪条約」とする)の批准のための国内法整備にかかる刑法等の改正案(正式には「情報処理の高度化等に対処するための刑法等の一部を改正する法律案」)が、条約署名後10年の紆余曲折を経て再度国会へと提案されているが、後述するように、必ずしも情報(セキュリティ)それ自体の保護を直接の目的としているわけではなく、条約に対応するために規制されるべき行為という側面から立案されているように見受けられる。

　また、解釈論によって対応する場合にも、情報それ自体を保護客体として着眼するのではなく、あくまで情報の化体した有体物という枠組みに拘泥しているといえよう。このことは、例えば、わいせつな画像情報を情報ネットワークを通じて配布する場合に、刑法175条のわいせつ「物」の解釈として、わいせつな画像情報の蔵置されたホストコンピュータのハードディスクを「物」とする最高裁平成13年7月16日決定(刑集55巻5号317頁)に示される。ここにも、有体物への拘泥および行為態様のみの規制があるのみで、問

---

[6] 携帯電話に内蔵されるICチップによる支払・決済手段が存在していた状況において、そもそも、「カード」という形態を明示する必要があるのかどうかすら疑問である。携帯電話は、カードではないし、内蔵されているのは、たんなるICチップとアンテナであるから、これをカードとみることもできない。そのため、これらに蔵置されている電磁的記録は、本罪の対象から漏れることになる。

題の本質をとらえているものとはいえず、すでに現状において、刑事規制の網から漏れている領域が存在するのである。

いずれにしても、これまでの刑事規制のあり方は、あくまで有体物としての媒体を基軸としてその規制のあり方を検討するものであったといえる。しかしながら、このようなアプローチは、本来保護すべき客体と犯罪化の根拠となる法益との乖離を招来し、情報ネットワーク上の不正行為を統一的に理解することを阻碍することになる。また、それゆえ、サイバー犯罪の適切な刑事規制とその基礎づけを欠落させ、当罰的行為のすべてを補足し得ない可能性をも生み出しかねない結果となり得る。

(c) 情報セキュリティの刑事的保護の国際的な背景

不正アクセス禁止法制定に至る前、不正アクセスに対する刑事的規制の問題が、クローズアップされてきた背景の一つは、それがサミットで取り上げられてきたことがある。しかしながら、注意を要するのは、そこでは「不正アクセス」が正面から取り上げられたわけではなく、組織犯罪対策における国際的強調の観点において問題となったということである。すなわち、1997年のデンバー・サミットにおいて「ハイテク犯罪(High-tech crime)における国際的協調の問題の一つとして取り上げられたのである。さらに、デンバーサミットのコミュニケを受け、1997年12月にG8司法・内務閣僚級会合がもたれ、「ハイテク犯罪と闘うための原則と行動計画」が策定された。そして、1998年5月バーミンガムにおけるサミットでは、「我々は、我々の閣僚により合意されたハイテク犯罪に関する10の原則及び10の行動計画を迅速に実施することに意見の一致をみた。我々は、適切なプライバシーの保護を維持しつつ、証拠として電子データを取得し、提示し、保存するための法的な枠組みについて、及びこれらの犯罪の証拠を国際的なパートナーと共有することについて合意するため、産業界との緊密な協力を呼びかける。これは、インターネット及び他の新たな技術の悪用を含む広汎な種類の犯罪と闘うことに資する。」とのコミュニケが発表された。このように、不正アクセスに対する対策は、国際的には、サイバーテロを含む国際的な組織犯罪対策の一環として問題とされてきたものであることは、留意しなければならない。これに対して、わが国における不正アクセス禁止法の制定にあたっては、欧米でなされている規制をわが国でも行うべきであるというだけで、組織犯罪やテロとの関連において理解されていたとはいいがたいのであり、別途、サイバーテロに対する諸政策を検討・実施していく必要性があり、それに対する法的な対応も十分にしていく必要がある。

情報セキュリティの刑事的保護に関して、近年重要な意味をもっているのは、2001年に署名された欧州評議会のサイバー犯罪に関する条約(ETS 185)(以下、「サイバー犯罪条約」とする)である。サイバー犯罪条約では、コンピュータシステムを基軸として、締約国が犯罪化すべき行為を規定している。コンピュータシステムに対する脅威・危害とし

てのサイバー犯罪として、不正アクセス(2条)、不正傍受(3条)、データ妨害(4条)、システム妨害(5条)、装置の濫用(6条)を規定している。ここでは、コンピュータシステムにおける情報セキュリティに対する危害を犯罪化の中心においていることに注意しなければならない。

　サイバー犯罪条約批准のための国内法整備にかかる刑法等の改正案(正式には「情報処理の高度化等に対処するための刑法等の一部を改正する法律案」)が、国会を通過し、これにより刑事法の関係規定が改正された。しかし、条約に対応するために規制されるべき行為という側面から立案されているものの、情報セキュリティを正面から保護するものとなってはいない[7]。

(執筆担当：石井徹哉)

---

7) 以上の点については、石井徹哉「サイバー犯罪条約と刑法上の課題」『犯罪と非行』168号、pp.51-74、日立みらい財団、2011年参照。

6.2 デジタル・フォレンジックとサイバー犯罪条約

6.2.1 はじめに

　現代社会のおけるコンピュータとそのネットワークの活用は著しく、それを支える情報通信技術の進歩と発展には依然目覚ましいものがある。その結果、人類は世界的規模で多様な恩恵に浴する反面、負の面といわれる社会のコンピュータへの依存度の高まりやそれに伴う脆弱性の増大に悩まされ、その副作用ともいうべきサイバー攻撃やサイバー犯罪等の脅威の「甚大化」[8]に晒されるようになった。

　なかでも、情報通信の基本技術であるデジタル技術は、応用範囲が広く、現在では携帯電話やスマートフォン、タブレットはもとより、テレビや音響機器、FAX、コピー機にまで応用され、個人レベルの日常生活に深くかかわるようになり、まさに、社会インフラの大規模システム制御から個人の音楽鑑賞等趣味の世界まで支えているのである。しかし、それは、同時に、同一の基盤上で情報が共存することとなり、必然的に、デジタル・データはもう一つの特色である瞬時に世界を駆け巡り、グローバルなレベルでのインシデントやトラブルに巻き込まれる脅威に晒されることにもなった。

6.2.2 グローバル化の背景

　デジタル・フォレンジック技術がその真価を発揮する場面は、社会インフラとして複雑に制御されるシステムに対するテロ対策であったり、多国籍企業も含めた企業商取引の事実確認や内部機密漏洩等のいわゆる民事的非違行為の調査・分析のほか、企業活動に絡む争訟面での対抗資料の収集、分析、証拠化等の場面である。また、刑事捜査面でもその活動場面は多く、今や世界的レベルで、サイバー社会における事案の真相究明や責任の所在解明、証拠化による立証活動等に広く活用されるべきものとして認知されるようになった。

　とりわけ、コンピュータ社会の最先端を走り、コンピュータへの依存性が最も高く、その脆弱性が極めて高いといわれるアメリカにおいては、広い分野でデジタル・フォレンジックに対する関心や期待は高く、法制的にも実務技術的にも著しい発展を遂げるに至っている。また、政府関連機関は言うまでもなく、多くの専門民間企業や研究機関が有力な対応技術集団として高く評価・期待され、それに恥じない顕著な実績を残している。

　他方、わが国においては、民事面では、欧米との取引等の企業活動で外国企業からのチャレンジに対応せざるを得ないという事例を除けば、国内的には、裁判等の争訟に対す

---

8) 内閣官房情報セキュリティセンター（NISC）「サイバーセキュリティ戦略」
　http://www.nisc.go.jp/active/kihon/pdf/cyber-security-senryaku.pdf

る国民気質やそれを反映しての裁判制度の運用実態の違い等からして、期待されたほどには活用されていない状況にある。

これに対し、わが国の刑事面では、従来型犯罪捜査において有力な捜査支援技術として、警察を中心に早くからコンピュータ技術等ハイテク技術を活用しようという動きがあった。犯罪捜査における支援的活動としては、通信記録や通信内容の解明、押収デジタル・データの解析、現場写真・ビデオ画像の鮮明化等が、昭和50年台中頃には既にかなり活用されるようになっていた。その後、サイバー攻撃やサイバー犯罪の刑事罰化等が進むなかで、これらはデジタル・フォレンジック技術としてクローズアップされ、有力な捜査支援技術として認知されるようになった。取り分け、この10数年において産官学が関係団体を結成するなど積極的な取組みを行うに至って、その有用性は広く認知され、各種の装備資機材や解析手法・活用方法の研究・開発等が進められたところである。

このような背景のなかで、容易に国境を超えて犯行が敢行されるサイバー犯罪について、欧州評議会(Council of Europe)[9]は、ガイドラインを作成したりその対策に強い関心をもつようになり、1990年代半ば頃から、欧州評議会サイバー犯罪に関する条約(Council of Europe Convention on Cybercrime)（以下、「サイバー犯罪条約」という）への取組みを始めたことは刮目すべきことであった。また、わが国も早い段階から積極的な取組みを見せ、その制定に貢献したことは有意義なことであった。

以下、ここにその制定の経緯や現行の条約の概要を記すこととする。

（1） サイバー犯罪条約の制定

欧州評議会においては、情報技術やコンピュータネットワークの発展により、社会の一層の発展可能性があるとしながら、サイバー犯罪が発生し、しかも、その犯罪行為の結果が瞬時に国境を越え広範な影響を及ぼし得るという特色に備えるため、その防止、抑制のために国際的協調にもとづく有効な手段が必要であるとして、法的拘束力のある国際文書が必要であるとの認識が共有されるようになった。

そこで、サイバー犯罪を取り扱う専門家会合を新たに設置し、1997年以降この条約案文の起草作業が行われた[10]。その結果、2001年9月、欧州評議会閣僚委員会代理会合(Ministers' Deputies)において条約案文の合意が成立し、同11月8日の同評議会閣僚委員会(Committee of Ministers)会合において正式に条約として採択された。また同月23日にハンガリーのブダペストで署名式典が開催され、すべてのG7諸国を含む30カ国が署名

---

9) 1949年、フランス・ストラスブールに設立された汎欧州の国際機関。人権、民主主義、法の支配の分野で国際社会の基準策定を主導。最近は、サイバー犯罪、テロ等の分野でも活動。
10) 同専門家会合には、同評議会加盟国委員の外に、アメリカ合衆国、カナダ、オーストラリア、日本、南アフリカが起草委員国として参加。正確には、1996年末、欧州評議会情報犯罪の領域に関する専門家委員会として設置。

して、その後2004年7月に条約として発効した。この条約は、サイバー犯罪対策の分野における世界で最初の包括的な条約であり、2013年現在においても、事実上のグローバルスタンダードとしての信頼を得、引き続き高い評価を得ているといわれる。

わが国にあっては、サイバー犯罪に効果的に対処するため国際的な取組みに寄与しなければならないとの見地から、オブザーバーとして条文起草段階から参画し、上記式典において署名をし、2004年4月に国会の承認を得た。この間、条約批准のための国内担保法の制定をめぐり活発な議論が交わされ、紆余曲折[11]を経た後、2011年6月17日に刑法等の改正法が成立したことを受けて[12]、2012年7月受諾書を同評議会に寄託し、同年11月1日第37番目の締約国として効力が発生した。なお、オーストラリアが2013年3月に参加し、その時点で、日、米、英、独、仏、伊等の主要国を含む39カ国が締約国となっているが、中国およびロシア等にあっては、この条約に反対し、参加していない[13]。

(2) サイバー犯罪条約の概要

この条約は、サイバー犯罪から社会を保護することを目的として、締約国に一定のサイバー行為を国内犯罪化する実体法の制定およびコンピュータ・データの迅速な保全等サイバー犯罪の特性を踏まえた証拠収集の刑事手続の整備等を求めるとともに、他の締約国からの捜査共助要請に対して、自国の手続規定が使用できるようにすることおよび国内犯罪化が義務づけられた犯罪を犯罪人引渡対象にするなど国際協力の法制化等を求めている。

---

11) 改正案提出までの経緯
　　2003(平成15)年3月11日、政府は、「犯罪の国際化及び組織化に対処するための刑法等の一部を改正する法律案」を第156回国会に提出。第157回国会において、同年10月10日、衆議院解散により廃案。
　　2004(平成16)年2月20日、政府は、先の法律案にサイバー犯罪に関する内容を加えた「犯罪の国際化及び組織化並びに情報処理の高度化に対処するための刑法等の一部を改正する法律案」を第159回国会に提出。第160回、第161回国会とも継続審議、第162回国会において、同年8月8日、衆議院解散により廃案。
　　2005(平成17)年10月4日、政府は、第159回提出法律案と同内容の「犯罪の国際化及び組織化並びに情報処理の高度化に対処するための刑法等の一部を改正する法律案」を第163回国会に提出。第164回から第171回国会まで継続審議、2011(平成21)年7月21日、衆議院解散により廃案。
　　2011(平成23)年4月1日、政府は、第163回提出法律案から、組織的な犯罪の共謀等の行為についての処罰規定等を除いた「情報処理の高度化等に対処するための刑法等の一部を改正する法律案」提案。
12) 受諾書作成等の準備作業や2012(平成24)年3月の「不正アクセス行為の禁止等に関する法律の一部を改正する法律」の成立を待って、批准書を寄託した。
13) その理由は明らかではないが、両国は、国家主権とサイバー空間のあり方をめぐり、何らかの規制権限を国家が有すべきとの立場にあり、ここ数年間、欧州評議会のような特定地域の国際機関が、すべての国が利害をもつサイバー犯罪条約のようなものを扱うのは不合理であり、世界を代表する国連を舞台にすべきだと主張しているといわれる。

構成は前文、本文48ヵ条および末文からなる[14]。

以下、デジタル・フォレンジック運用に関係のありそうなものを中心に、主な内容を簡記する。なお、文中、編、章、節、条とあるのは、条約上のものである。

(a) 定義（第1章第1条）

冒頭で「コンピュータ・システム」、「コンピュータ・データ」、「サービス・プロバイダ」および「通信記録」について定義しているが、条約名に使われている「サイバー犯罪」そのものの定義はない。

(b) 国内的にとる措置（第2章）

本章では、刑事実体法（第1節）、手続法（第2節）、裁判権（第3節）に分けて規定する。

(i) 刑事実体法（第2章第1節）

本節では、コンピュータ・データ及びコンピュータ・システムの秘密性や完全性、利用可能性に対する犯罪（第2条～第6条）及びコンピュータに関連する犯罪（第7条、第8条）、児童ポルノに関連する犯罪（第9条）、著作権及び関連する権利の侵害に関連する犯罪（第10条）、付随的責任及び制裁（第11条～第13条）について規定する。

(ア) 違法なアクセス及び違法な傍受（第2条、第3条）

ここでは、コンピュータ・システムに対するアクセス（第2条）及びコンピュータ・データの非公開送信に対する技術的手段による傍受（第3条）が、故意ある違法行為として行われることを犯罪として法制化するため必要な措置をとるとしているが、その場合、一定の追加的要件を設けることができる。

(イ) データの妨害及びシステムの妨害（第4条、第5条）

本条では、コンピュータ・データの破損、削除、劣化、改ざん又は隠ぺいが故意ある違法行為として行われること（第4条）及びこれらの行為によりコンピュータ・システムの機能に対し重大な妨害が故意ある違法行為として行われること（第5条）を犯罪として法制化するため必要な措置をとるとしている。なお、留保について、次の①、②に規定するものの販売、頒布又はその他の方法によって利用可能とする行為に関するものでない場合に限って、次の規定を適用しない権利を留保できるとされる。

① 第2条から第5条までの規定に従って定められる犯罪（以下、「本条指定犯罪」という）を行うために使用されることを意図して、次のものを製造し、販売し、使用のために取得し、輸入し、頒布し又はその他の方法によって利用可能とすること。

---

14) 外務省ホームページ（http://www.mofa.go.jp/mofaj/gaiko/soshiki/cyber/index.html）から条約本文（和文）と条約説明書が入手可能である。

1. 本条指定犯罪を主として行うために設計又は改造された装置（コンピュータ・プログラムを含む）
　　　2. コンピュータ・システムにアクセス可能なコンピュータ・パスワード等
　　② 本条指定犯罪を行うために使用されることを意図して、①の1.又は2.に規定するものを保有すること。

(ウ) **コンピュータに関連する犯罪（第7条、第8条）**

コンピュータ・データの入力、改ざん、削除又は隠ぺいにより、真正でないコンピュータ・データを生じさせる行為が、権限なしに故意に行われること（第7条）及びコンピュータ・データの入力、改ざん、削除若しくは隠ぺい又はコンピュータ・システムの機能に対する妨害が、詐欺的又は不正な意図をもって、違法な故意行為として行われ、他人に財産上の損害を加えること（第8条）を犯罪行為とするため必要な措置をとるとする。

(エ) **著作権及び関連する権利の侵害に関連する犯罪（第10条）**

本条では、著作権及び著作隣接権の侵害が故意に、商業的規模で、かつ、コンピュータ・システムによって行われることを犯罪行為とするため必要な措置をとるとするが、限定的ではあるが、刑事責任を課さない権利を留保できると規定する。

(オ) **未遂及びほう助又は教唆（第11条）**

本条は、第2条から第10条までの規定に従って定められる犯罪の実行を故意にほう肋し又は教唆すること並びに第3条から第5条まで、第7条、第8条及び第9条の規定に従って定められる犯罪で故意に行われるものの未遂を犯罪とするため必要な措置をとるとする。

(ⅱ) **手続法（第2章第2節）**

この節では、共通規定（第14条、第15条）及び蔵置されたコンピュータ・データの迅速な保全（第16条、第17条）、提出命令（第18条）、蔵置されたコンピュータ・データの捜索及び押収（第19条）、コンピュータ・データのリアルタイム収集（第20条、第21条）等が規定され、デジタル・フォレンジック技術の運用にあたり重要な規定を定める。

(ア) **手続規定の適用範囲（第14条）**

本条は、本節の共通規定であって、特定の捜査又は刑事訴訟を対象にして、第2章第2節（第14条〜第21条）に定める権限及び手続を設定することとし、必要な立法等の措置をとることを明記する。また、第2条から第11条までの規定に従って定められる犯罪及びコンピュータ・システムによって敢行される他の犯罪、犯罪に関する電子的形態の証拠の収集については、第21条に別段の定めがある場合を除き本節に定める権限及び手続を適用する。なお、第20条、第21条について、制限的ながら一部留保できると規定する[15]。

(イ) **条件及び保障措置（第15条）**

本条は、第2章第2節に定める権限及び手続の設定、実施及び適用が、自国の国内法に

定める条件及び保障措置であって、「人権及び自由の適当な保護を規定しており、かつ、比例原則を含むものに従うことを確保する」と規定する[16]。

(ウ) **蔵置されたコンピュータ・データの迅速な保全（第16条、第17条）**

自国の権限ある当局がコンピュータ・システムによって蔵置された特定のコンピュータ・データ（通信記録を含む）の迅速な保全を命令すること又はこれに類する方法によって迅速な保全を確保することを可能にするため、必要な立法その他の措置をとると規定する。なお、第16条によって保全される通信記録について、サービス・プロバイダーが複数関与する場合であっても、その経路を特定するに足る十分な量の通信記録が自国の当局等に迅速に開示されることを確保するため立法等必要な措置をとると明記する。

(エ) **提出命令（第18条）**

自国の権限ある当局に対し、自国領域内に所在する者に対するコンピュータ・データの提出命令及び自国領域内でサービスを提供するサービス・プロバイダーに対する加入者情報の提出命令を行う権限を与えるため、必要な立法その他の措置をとると規定する。

(オ) **蔵置されたコンピュータ・データの捜索及び押収（第19条）**

自国の権限ある当局に対し、コンピュータ・システム及びその内部に蔵置されたコンピュータ・データ並びにコンピュータ・データ記憶媒体に関し自国領域内において捜索又はこれに類するアクセスを行う権限を与えるため、必要な立法その他の措置をとると規定する。また、自国の権限ある当局に対し、アクセスしたコンピュータ・データの押収又はこれに類する確保を行う権限を与えるため、必要な立法その他の措置をとるとする。

(カ) **通信記録のリアルタイム収集及び通信内容の傍受（第20条、第21条）**

本条は、自国の権限ある当局に対し、コンピュータ・システムによって伝達される自国領域内における特定の通信に係る通信記録について（第20条）、また、自国の国内法に定める重大な犯罪に関しては当該通信の通信内容について（第21条）技術的手段を用いることによりリアルタイムで収集し又は記録する権限を与えるため、必要な立法その他の措置をとることを規定する。

(iii) **裁判権（第2章第3節第22条）**

締約国は、次の場合において第2条から第11条までの規定に従って定められる犯罪について自国の裁判権を設定するため、必要な立法その他の措置をとると規定する。

① 犯罪が自国の領域内、自国の船舶内又は自国の航空機内で行われる場合

② 犯罪が行われた場所の刑事法に基づいて刑を科することができる場合又は犯罪が

---

15) この留保の規定については、第20条、第21条に「定める措置を最も幅広く適用することができるように留保を制限することを考慮する」と規定しており、両条の扱う通信傍受情報等の特異性に配慮しながらもコンピュータ犯罪捜査におけるこれらの手法の重要から明記されたものである。

16) 独立した条項としてセーフガード条項を設け、その保証内容を詳細に明記している。

すべての国の領域的管轄の外で行われる場合において、当該犯罪が自国の国民によって行われるとき。

(iv) 国際協力（第3章）

サイバー犯罪に関する国際協力について、一般原則や犯罪人引き渡しに関する原則（第23条、第24条）のほか、コンピュータ・データの迅速な保全やアクセス、通信記録のリアルタイム収集等電子的形態の証拠収集のため広範な相互協力をすることを規定する。

(ア) 国際協力に関する一般原則（第23条）

締約国は、この章の規定に従い、かつ、刑事問題についての国際協力に関する国際文書等により、コンピュータ・システム及びコンピュータ・データに関連する犯罪に関する捜査若しくは刑事訴訟のため又は犯罪に関する電子的形態の証拠収集のためにできる限り広範に相互に協力する。

(イ) 蔵置されたコンピュータ・データの迅速な保全（第29条）

締約国は、他の締約国に対し、蔵置された特定のコンピュータ・データの迅速な保全を命令し又はその他の方法によって迅速な保全を確保するよう要請できると規定する。

(ウ) 蔵置されたコンピュータ・データに対するアクセスに関する相互援助（第31条）

締約国は、他の締約国に対し、蔵置された特定のコンピュータ・データの捜索、押収、開示等を要請できると規定する。

(エ) 通信記録のリアルタイム収集及び通信内容の傍受に関する相互援助（第33条、第34条）

締約国は、コンピュータ・システムによって伝達される自国領域内における特定の通信に係る通信記録をリアルタイムで収集すること（第33条）並びに自国に適用される条約及び国内法によって認められている範囲内で、コンピュータ・システムによって伝達される特定の通信の通信内容をリアルタイムで収集し又は記録すること（第34条）について、相互に援助を提供する。

6.2.3 おわりに

サイバー犯罪条約が呱々の声をあげて今年で13年になる。当時、わが国は、コンピュータの「2000年問題」を無事乗り切ったが、その直後に中央省庁のホームページが連続的にハッキングされ、政府がコンピュータ・セキュリティにやっと重い腰を上げたところであった。そのような状況のなか5年の歳月をかけ条約を成立させた先人の慧眼と情熱に感動すら覚える。その先見性は現在も事実上のグローバルスタンダードとして君臨する条約の輝きに現われている。

しかし、その後のサイバー犯罪やサイバー空間を取り巻く情勢を見れば、2013年現在の批准国39という数字は何といっても少ない。ロシアや中国の思惑は如何なるものであ

ろうと、我々としては、目下の最重要課題として、まずはこの条約の普及に努めるべきであろう。国際経済援助等あらゆる国際活動の機会をとらえ、その推進を図るべきである。また、この問題は、未締約国内に蔵置されたデータの取り扱い方、取り分けその法的評価等という形で現存する課題でもある。締約国の数は暫定的な問題といわれるかもしれない。しかし、この分野における事実上唯一のグローバルスタンダードである本条約としては避けて通れない喫緊の課題であろう。

　また、現実性を優先して、制定時に積み残してきた「データ保存問題」等とともに随所に留保等の例外規定がある。この13年間のサイバー空間を取り巻く環境や情勢の変化は著しく、まさに今こそこれらの点について調整や改変の要否を個別に取り上げ議論し始めるべき時期ではないかと思う。なお、本条約は締約国内の法制度の変更はできるだけ回避するように工夫して制定されたと聞くが、現場の法執行に携わるなかで部内外での検討や説明に際し、各締約国の固有制度や事情に苦労することがあるとも聞いた。現場で積み上がってきた改善点や要望を上述の本格的議論の際に考慮すべきであろう。

(執筆担当：西川徹矢)

6.3 デジタル・フォレンジックと法

6.3.1 民法(契約法総論・不法行為)

(1) 契約法総論

　会社で働く、家を借りる、インターネットを使う、宅配便で荷物を送る、本を買う……。これらはすべて契約にもとづく行為である。このように、契約が私たちの生活や企業活動に果たす役割は極めて大きい。本項では、契約とは何か、当事者の合意と法律の規定の優劣、契約の効果、契約が成立するための要件などについて簡単に説明する。

(a) 契約とは何か

　契約とは、2人以上の間で交わされる合意であって、法律的な権利義務(債権債務)を発生させるものである。

　契約が成立すると、当事者が合意した内容に従って債権が発生し、一方当事者(債権者)は、相手方(債務者)に対して特定の行為を要求できるようになる。もし、債務者がその特定の行為を行わない場合には、裁判所に訴えて強制的にその権利を実現したりすることができる。契約と単なる約束とは、このような法的な強制力の有無が異なるのである。

(b) 当事者の合意と法律の規定の優劣

　各当事者は、契約を締結するか否か、契約の内容をどのようなものにするかの自由を有している[17]。そして、当事者が特定の内容で合意し、契約が成立すると、その合意した内容に従った効力が認められるのが原則である。

　民法は、売買、賃貸借、雇用、請負などの典型的な契約について標準的な契約内容を定める規定を設けている[18]。例えば、①売買契約の目的物に瑕疵(キズ)があったときは、契約の解除や損害賠償請求などをすることができる(民法561条から572条まで)、②売買目的物の引渡しの期限を定めたときは、代金の支払いについても同じ期限を定めたものと推定する(民法573条)、③建物賃貸借の賃料は、毎月末に(6月分の賃料は6月末に)支払わなければならない(民法614条本文)などの規定が設けられている。

　ところが、これらの規定の多くは、当事者がこれと異なる合意をすれば、その合意が優先するものである[19]。例えば、建物賃貸借の賃料について毎月分を前月末に支払う(6月

---

[17] 当事者がこのような自由を有していることを、契約自由の原則という。
[18] 会社や商人が行う商取引の契約については、商法も規定を設けている。
[19] このように当事者間の合意のほうが優先する法律の規定は、任意規定や任意法規と呼ばれる。

分の賃料を5月末に支払う)と合意すれば、そのとおりの効力が認められる(この合意が民法614条本文の規定に優先する)。

このように、法律は、当事者があらゆる事態を想定して細かく契約内容を定めなくてもよいように標準的な契約内容を定めているが、当事者間でこれと異なる合意がされれば、原則として、その内容が法律の規定に優先する[20]。

(c) 契約の効果

契約が成立すると、当事者が合意した内容に従って債権が発生する。

債権は、特定の相手方(債務者)に対して特定の行為を要求する権利であり、債務者が履行しない場合には、裁判(民事裁判)を通じて国家の助力を得ることにより、強制的にその権利を実現したり(強制執行)、損害賠償を請求したりすることができる法的な効力が認められる[21]。例えば、100万円の貸金債権を有している者(債権者)は、相手方(債務者)に対して100万円の返還を請求することができるし、債務者が支払わない場合には、裁判所に訴えて債務者の財産を差し押さえ、100万円を強制的に回収することができる。契約が成立すると、債権が発生し、上記のような法的な効力が認められるのである[22]。

契約によって発生した債権は、債務者によって履行(弁済)されたり、契約が解除されたり、履行されないまま10年間や5年間の消滅時効期間[23]が経過したりすることによって消滅する。

(d) 契約の成立要件

契約が成立するためには、原則として、申込みと承諾の2つの意思表示が合致することが必要であり、かつ、それで足りる。

申込みとは、一方当事者が相手方に対して、特定の内容の契約を締結したいと伝えることであり、承諾とは、申込みを受けた当事者が相手方に対して、その契約を締結すると伝

---

20) 法律の規定のなかには、当事者の合意よりも優先し、これと異なる合意の効力を否定するものもある(強行規定や強行法規と呼ばれる)。例えば、金銭消費貸借(お金の貸し借り)の利息の上限を定める利息制限法1条の規定は、これに反する当事者の合意(高い利息を定める合意のうち法定の限度を超える部分)は無効であると定める。そのほか、消費者、建物賃借人、労働者などの社会的・経済的な弱者を保護するため、これらの者に不利な契約を制限する強行規定は多く存在する。
21) 債務とは、債権を債務者側からみたよび方である。本文の例でいえば、債務者は、債権者に対して100万円の貸金債務を負っているということになる。
22) ただし、当事者間で一定の内容を合意し、契約が成立したとしても、それが強行法規に違反するなどして無効であると判断されれば、債権は発生しない。
23) 個人同士の契約にもとづく債権は10年(民法167条1項)、会社が締結した契約にもとづく債権は5年(商法522条本文)が原則であるが、例えば、売掛金債権については2年(民法173条1号)など、さらに短い時効期間が定められている債権もある。

えることである。当事者間で申込みと承諾が合致することで、特定の内容の契約が成立する。

ここで重要なことは、契約が成立するためには、申込みと承諾の合致があれば足り、一定の方式を要しないという点である[24]。したがって、契約書を作成したり、発注書や請書を送付したりすることは契約成立の要件ではなく、口頭での合意でも契約は成立する。例えば、書店で本を買うのも立派な売買契約であるが、「これください（買います）」、「1000円です（売ります）」といった口頭の合意だけで成立している。

契約の成立に必要ないとすれば、契約書を作成したり、発注書や請書を送付したりする意味は、どこにあるのであろうか。社内的なコンプライアンスの観点もあろうし、税法が取引証憑の保存を求めていることもあろうが、いずれにしても、当事者間で契約が成立したことやその内容を明確にし、その証拠を残すことにあるといってよい[25]。先ほど挙げた書店での買い物は、極めて単純な売買契約であり、商品の引渡しと代金の支払いが即時に行われるから、契約の成否やその内容について後に争いが生じることはあまり想定されない。しかし、ビジネス上の契約は、内容も複雑であり、金額も多額に及ぶうえ、商品の納品や代金の支払いもただちに行われるわけではないから、後日、契約の成否やその内容をめぐってトラブルが生じる可能性がある。このようなトラブルは、最終的には裁判（民事裁判）で決着をつけることになるが、民事裁判では証拠の有無が極めて重要である（後記(3)参照）。そこで、契約書を作成したり、申込み（発注書）と承諾（請書）を紙やメールの形で残したりしているのである。

(2) 不法行為法総論

サーバに不正アクセスされた場合や、交通事故にあってケガをした場合など、契約関係にない第三者（加害者）の違法な行為によって権利・利益を侵害されて損害を受けた者（被害者）は、その損害の賠償を請求することができる（民法709条）。この制度を不法行為という。本項では、不法行為とは何か、不法行為が成立するための要件、不法行為の効果などについて簡単に説明する。

(a) 不法行為とは何か

不法行為とは、加害者が被害者の権利・利益を違法に侵害して損害を生じさせた場合に、当事者の意思とは直接関係なく債権を発生させ、被害者から加害者に対する損害賠償請求を認める制度である。

---

24) これも契約自由の原則の一内容である。
25) 法律が契約書などの書面の作成を義務づけている場合もある。例えば、民法も、保証契約は書面ですることを求めており、口頭での契約を認めていない（民法446条2項）。

不法行為も契約と同じく債権を発生させるものではあるが、契約が当事者の意思にもとづいて債権を発生させるのに対し、不法行為は当事者の意思とは直接関係なく債権を発生させる点で大きく異なる。また、契約が合法的な行為を基礎としているのに対し、不法行為は権利・利益の侵害という違法な行為を基礎としている点も異なる。

（b）　不法行為が成立するための要件

　不法行為が成立するためには、大きく分けて、①加害者が被害者の権利または法律上保護される利益を侵害し、それによって被害者に損害が発生したこと（侵害行為と損害の発生）と、②加害者に故意または過失があったこと（故意または過失の存在）が必要である。

　上記①の侵害行為は、侵害された権利・利益の種類と、侵害行為の態様の両面から検討して、違法であると評価されることが必要である。例えば、サーバへの不正アクセスの場合には、サーバの管理権や保存されている顧客データなどの管理権が侵害されているし、交通事故の場合には、被害者の生命または身体が侵害されているから、原則として違法であるといえる。これに対し、脆弱性を突いてサーバに侵入する行為であっても、管理者の依頼にもとづく脆弱性テストの一環として行われた場合であれば、違法な行為とは評価されず、不法行為は成立しない。

　また、上記①のとおり、損害が発生したことが必要であるから、損害が発生していなければ、権利・利益が侵害されたとしても、不法行為は成立しない。この損害は、侵害行為との間に相当因果関係（そのような侵害行為があれば、通常そのような損害が生じるという関係）が認められるものでなければならない。例えば、サーバに不正アクセスされて顧客データが消されたような場合には、消されたデータの復旧費用などは相当因果関係が認められると考えられる。交通事故の場合には、ケガの治療費、入院中の収入減少分、後遺症が生じたことによる慰謝料などは相当因果関係が認められると考えられる。これに対し、サーバに不正アクセスされても、データの改ざんや流出などがなく、何らの損害も発生していないとすれば、不法行為は成立しない[26]。

　上記②にいう故意とは、自分の行為が他人に損害を及ぼすことを認識しながら、その結果を許容し、あえてその行為を行うことである。同じく過失とは、自分の行為が他人に損害を及ぼすことを認識しながら、または予見することができたのに、その結果の発生を回避しようという十分な努力を行わないことである。故意はわざと侵害行為を行うこと、過失はうっかり侵害行為を行うことと考えればわかりやすい。例えば、サーバへの不正アクセスの場合には、故意であろうし、交通事故の場合には、運転手に過失があることが多いであろう。

---

26)　ただし、不正アクセス行為の禁止等に関する法律違反罪（同法11条）が成立するから、刑事罰が科せられる。

（c） 不法行為の効果

　不法行為が成立すると、被害者を債権者、加害者を債務者として、債権（損害賠償請求権）が発生する。加害者と被害者の間に合意は存在しないから、損害賠償請求権の内容は、法律の定めによって決まる。

　被害者が加害者に請求することができるのは、金銭での損害賠償であり、その額は、相当因果関係が認められる損害（上記(b)参照）の額である。交通事故で自動車が壊れた場合には、その修理費の支払いを求めることはできるが、自動車を修理しろと請求することはできない。また、外国では実損害を超える賠償（懲罰的損害賠償）を認める例もあるが、わが国では認められていない。

　不法行為によって発生した債権は、債務者によって履行されたり、3年間の消滅時効期間（民法724条前段）が経過したりすることによって消滅する。

（3） 権利の実現と裁判

　先に述べたとおり、債権とは、特定の相手方（債務者）に対して特定の行為を要求する権利であり、債務者が履行しない場合には、民事裁判を通じて国家の助力を得ることができる法的な効力が認められる。債権者であっても、勝手に債務者の財産を奪ったりすることはできず、裁判を通じて国家の助力を求めることが必要である[27]。

　民事裁判の流れや証拠の扱いについては、4.2節を参照していただきたいが、契約や不法行為との関係を踏まえ、改めてその概略を説明すると、以下のとおりである。

（a） 民事裁判の概略

　債権者が訴えを提起した場合、裁判所は、債権者が主張する債権の存否を判断して判決を言い渡すことになるが、債権は観念的な存在であり、直接目で見て存否を確認することができないから、債権の発生原因や消滅原因である事実の存否の組合せによって債権の存否を判断する。

　すなわち、債権は、契約や不法行為によって発生し、弁済や消滅時効によって消滅するといったように、債権の発生や消滅の原因は法律に定められているから、発生原因である事実が存在し、かつ、消滅原因である事実が存在しない場合には、その債権は存在することになるし、発生原因である事実が存在しない場合か、または消滅原因である事実が存在する場合には、その債権は存在しないことになる。例えば、売買契約が締結された事実（発生原因事実）があれば、売買代金債権が発生したと判断されるし、それに加えて、その売買代金が支払われた事実（消滅原因事実）があれば、売買代金債権は消滅したから存在しないと判断される。

---

[27] 自力救済禁止の原則という。

このように、裁判所は、争われている債権の存否を、発生原因や消滅原因などの事実の存否を通じて判断するのであるが、当事者間に争いがある事実は、証拠によって証明されたものだけが判断の前提となる[28]。実際に存在した事実であっても、証拠によって証明できなければ、裁判では、その事実は存在しなかったものとして扱われてしまう(その結果、敗訴するということもある)。

(b) デジタル・フォレンジックの活用

以上から明らかなとおり、民事裁判において証拠の収集は極めて重要である。

民事裁判では電子データも証拠とすることができるので(4.2節)、契約の成否やその内容が争われている場合にはメールなどが重要な証拠となる。

また、サーバに不正アクセスされ、顧客データとともに侵入の痕跡を消された場合のように、通常の操作方法では不法行為があった事実を証明する証拠を収集するのが難しい場合には、デジタル・フォレンジックの活用が必要になってくるのである。

(執筆担当:行川雄一郎)

6.3.2 刑法

(1) 刑法における情報の保護

情報に一定の経済的ないし財産的価値がある場合、情報の不正取得を刑法上の財産犯として処罰することが、まず考えられる。しかしながら、刑法上、情報それ自体は犯罪の客体として規定されていないものと解されている。刑法上、財産犯の客体となる財物の意義に関して、空間の一部を占める有形的存在に限定する有体性説と管理可能性を有するものを財物とする管理可能性説との対立があるものの、いずれの立場によっても、情報は財物とはされない。また、強盗、詐欺、恐喝の罪については、財物だけでなく、財産上の利益も客体とされるが、これにも情報は含まれない。

これは、刑法上の財産犯が、領得罪ないしは奪取罪を中心に構成されていることによる。すなわち、奪取罪(窃盗、強盗、詐欺、恐喝)では、行為客体である「財物」もしくは「財産上の利益」を被害者から行為者(もしくは第三者)へ移転することが犯罪の要件となっている。奪取罪のほかに横領罪を含めた領得罪では、財物の排他的な支配を確立することによって、財物の排他的利用可能性を取得するところにその本質があるとされる。しかし、情報それ自体は、移転的性質を有するのではなく、複製により情報が伝達していくという特性がある。つまり、情報を入手するということは、情報を複製するということと同義なのである。それゆえ、情報それ自体は、有体物でないがゆえに財物となり得ないだけでなく、移転的性質をもち得ないゆえに、財物はもとより、財産上の利益とみることもできな

---

[28] 当事者間に争いがない事実は、それがそのまま判断の前提となる。

い[29]。

（a） 情報媒体が財物となる場合

　情報それ自体は財物とは解されないが、情報の化体した媒体が有体物である場合、その媒体が財物に該当し、窃盗罪、横領罪あるいは盗品等関与罪などの財産犯の客体となる。これは、すでに書籍が情報の化体した媒体であり、情報の価値と媒体の価値とを総合されて、その財産的価値を評価され、財物とされていることから、すでに明らかである。したがって、企業における秘密情報であっても、それが紙や磁気ディスク等の媒体に化体して存在している場合には、媒体の不正な取得が財産犯を構成することになる。

　情報の不正入手が媒体に対する財産犯が成立し得るのは、①書類等の記録媒体を持ち出して利用しまたは外部の者の利用に供した場合[30]、②社内において情報を媒体に複製またはコンピュータ等に蔵置された情報をプリントアウトするなどして、複製物を社外へ持ち出した場合[31]、③書類等の媒体を複製目的で社外に持ち出し、複製後元の場所に戻しておいた場合[32]がある。これらの場合、（業務上）横領罪となるか、窃盗罪となるかは、有体物である媒体の所持が行為者にあったと認められるか否かによって決まる。自己の所属する部課の長であり、媒体の管理・保管の責任者となっている場合には、自己の占有するものとして、業務上横領罪となるが、上司等が保管・管理している場合には、窃盗罪が成立する。

---

[29] 山口厚「刑法における財物の意義」『刑法基本講座　第5巻　財産犯論』p.29以下（阿部純二ほか編、法学書院、1993年）参照。

[30] 大阪地判昭和42年5月31日判時494号、p.74は、工場の技術課長代理が退職するにあたり、少量の薬剤と生産方法に関する文献ファイルをもちだしたという事案で、窃盗罪を肯定している。東京地判昭和59年6月28日刑月16巻5＝6号、p.476（新薬産業スパイ事件）では、媒体に化体されてこそ情報は、管理可能であり、本来の価値を有しており、情報の価値は、権利者において独占的・排他的に利用されることによって維持されることが多いこと、および、権利者によって複製を許諾することにより、一層の価値を生み出すことも可能な旨が指摘されている。

[31] 東京地判昭和40年6月26日下刑集7巻6号、p.1319（大日本印刷事件）では、原本を借りだして会社の複写機で感光紙に複写した稟議決裁一覧表について窃盗罪の成立を認めた。東京地判平成9年12月5日判時1634号、p.155（城南信用金庫事件）では、支店長が、事務センターのホストコンピュータに電磁的に記録保存されている預金残高明細等をアウトプットさせて、支店備えつけの用紙に印字し、共犯者宛の私信用封筒に封入した事案で、預金残高明細等をアウトプットさせて用紙に印字した書類を私信用の封筒に封入した行為全体について犯罪の成否を論じるべきとした。

[32] 東京地判昭和59年6月28日判時1126号、p.3（新薬産業スパイ事件）は、国立予防衛生研究所の技官が上司の専用戸棚に保管されていた新薬承認申請用ファイルをもちだし、共犯者に渡しコピーさせた上で元の場所にもどしておいたという事案で、情報の化体された媒体の財物性は、情報と媒体が合体したものの全体について判断すべきであり、その財物としての価値は、主として化体された情報の価値に負うと判示した。また、東京地判昭和60年2月13日刑月17巻1＝2号、p.47（新潟鉄工事件）は、機密資料を退職後新会社で利用するためにコピーする意思で、社外に持ち出し、コピー作成後元に戻した事案で、業務上横領罪の成立を肯定した。

これらの場合、特に上記③の場合のように一時的に持ち出す行為については、当該媒体が返還されていることから、一時使用にあたるとして窃盗罪・横領罪の成立を否定され得る可能性が考えられる。しかしながら、このような場合であっても、当該媒体の権利者を排除し、自己の物と同様にその経済的用法に従って利用する意思（不法領得の意思）があるものとされ、犯罪が成立するものとされている[33]。

（b） 財産上の利益の侵害となる場合

　すでに述べたように、情報それ自体に財産的価値があったとしても、これを財産上の利益として、詐欺罪や恐喝罪の客体と解することはできない。この結論は、いくつかの立法によっても裏付けられる。例えば、不正競争防止法では、欺罔、脅迫等の不正行為によって取得した財産的情報を不正競争目的で使用し、または、開示した場合、3年以下の懲役または300万円以下の罰金に処される（不正競争防止法14条1項3号）。もし情報が財産上の利益であるならば、同号の行為は、すでに欺罔・脅迫を手段として情報を入手した段階で、二項詐欺罪あるいは二項恐喝罪（いずれも法定刑は10年以下の懲役）が成立するのであって、改正法は意味のないものとなるであろう。また、1987年の刑法改正において、電子計算機使用詐欺罪が新設された際に、立法担当者は、情報の不正入手を同罪の対象外とするだけでなく、欺罔によって情報を聞き出した場合に詐欺罪が成立しないことを前提にしていたのである[34]。

　財産犯は、詐欺罪や窃盗罪のような奪取罪のみ尽きるものではなく、財産全体の価値の減少をもたらした場合には、背任罪が成立する可能性がある。すなわち、従業員が、職務遂行上の義務に反して情報を漏洩し、会社に財産的損害を与えた場合には、背任罪が成立

---

[33] 東京地判昭和55年2月14日刑月12巻1=2号47頁（建設調査会事件）は、本件購読会員名簿の経済的価値は、それに記載された内容自体にあるものというべく、…（本件の態様により）利用することの意思は、権利者を排除し、右名簿を自己の所有物と同様にその経済的用法に従い利用する意思であったとしている。新薬産業スパイ事件（前掲注6）は、本件各資料の経済的価値がその具現化された情報の有用性、価値性に依存するものである以上、資料の内容をコピーしその情報を獲得しようとする意思は、権利者を排除し右資料を自己の物と同様にその経済的用法に従って利用する意思にほかならないとする。また、新潟鉄工事件（前掲注5）は、本件資料は、コンピュータシステムの機密資料であって、その内容自体に経済的価値があり、かつ、所有者以外の者が同社の許可なしにコピーすることは許されないものであるから、所有者を排除し、本件資料を自己の所有物と同様にその経済的用法に従って利用する意図があったとしている。いずれも、媒体に化体した情報の価値とその利用に係る意思に着目しているところに特徴がある。そのほか、刑法上の諸問題については、松原芳博「情報の保護」『法学教室』298号、p.54、2005年以下参照。

[34] 米澤慶治編『刑法等一部改正法の解説』p.131、1988年（的場純男執筆）。ノウハウや優良情報を不正入手すること自体によって得られる利益と、被害者側における情報自体の価値の減少とはかならずしも対応するものでなく、財産上の利益が被害者の不利益において犯人に移転したものとはいえないとする。

する。綜合コンピュータ事件では、営業課長とプログラム入力を担当していたインストラクターが共謀し、顧客以外のコンピュータに、自社が開発したシステムをインストールしたという事案で、会社の顧客にのみプログラムをインストールするなど会社のために忠実にその業務を遂行すべき任務を有しているとして、インストラクターに対して背任罪の成立を認め、営業課長をその共犯とした[35]。

(c) 特別刑法における情報の保護

　以上のように、刑法では、情報それ自体を保護の対象としているとはいえない。これに対して、特別刑法の領域では、情報の不正な取得・利用を処罰の対象として、情報それ自体を保護するものがある。この場合、情報内容とその法的な評価に応じた規制がなされる。

　すでに言及したように、知的財産法の領域では、情報の複製あるいは複製された情報の利用を規制することによって、情報の保護を図っている。例えば、著作権法では、著作物の複製およびその周辺行為を規制することによって、著作権者の権利を保護している。工業所有権の領域でも、特許法や実用新案法など、一定のノウハウや発明の情報を公開し、その複製可能性は許容するものの、情報の利用形態に規制を及ぼすことで、情報を保護している。さらに、不正競争防止法が改正され、営業秘密に関して一定の要件もとで法的保護が図られている。

　財産的情報以外では、近時、個人情報について、その基本的な保護の枠組みが法的に整備されるに至っている（ただし、現行法は、個人情報取扱業者の一定の違反行為について、主務大臣から中止命令や是正命令が出され、これに違反した場合に刑罰を科すという方式をとっている（個人情報の保護に関する法律56条））。ただ、現在、このような規制ではなく、個人情報漏洩行為それ自体を刑罰の対象とすべきであるとの意見も有力であり、そのような改正案が国会に提出される可能性もある。いずれにせよ、少なくとも現行法においては、個人情報の漏洩それ自体は処罰の対象とされていない。しかしながら、一定の身分を有する者に対する秘密漏示罪が、刑法134条、国家公務員法109条12号、地方公務員法60条2号などで規定されており、これらに該当する場合には、個人情報の漏洩も処罰されることとなる。

　このほか、電気通信事業法179条1項は、電気通信事業者の取扱中に係る通信の秘密を侵した者を処罰し、2項で、電気通信事業に従事する者に対する加重処罰を規定している。もっとも、本条にいう「通信の秘密を侵」すが具体的に何を意味しているのかは明らかでなく、その構成要件の明確化は解釈に委ねられている。まず「侵す」ということであるが、

---

[35] 東京地判昭和60年3月6日判時1147号、p.162。就業規則あるいは雇用契約にもとづく一般的な忠実義務があるわけではなく、具体的な職務行為との関係において任務違背性が決まるということになる。この意味で、情報漏洩それ自体について背任罪の成立が認められたわけではない。神戸地判昭和56年3月27日判時1012号、p.35参照。

これが秘密の探知、漏示、窃用のいずれを意味するのかが明らかではない。電話の盗聴がこれに該当することについては争いがないであろう[36]。さらに、最高裁は、盗聴録音に関与していなくとも、録音された通話内容の一部をそのまま再生して他に漏らした場合であっても、通信の秘密を侵したものとしている[37]。しかし、行為者が不正な探知を行っていない漏示行為を処罰対象とすることには、疑問が残る。

次に、本条の「通信の秘密」の内容も明らかではない。これを憲法21条の「通信の秘密」と同義のものとして、通信にかかわるあらゆる情報をこれに含める見解がおそらく多数説であろう。たしかに、かつて通信事業が電電公社という形態で国家により運営されていた時代であれば、国家に対する人権保障の一環として、このように解することにも十分な根拠があるといえる。そこで、憲法21条の通信の秘密と同義であるとしつつも、その内容を限定的に解し、通信内容の秘密に限定すべきであるとの見解もあり得る。しかしながら、このような見解も、人権保障の私人間効力における妥当性を図るために、人権保障そのものを制限しようとするものであって、人権保障の意味を軽視するものであり、妥当ではない。電気通信事業が民間事業者によって運営されている現状に鑑みるならば、電気通信事業法における通信の秘密と憲法における通信の秘密はこれを切り離して解釈すべきであるといえる。そして、電気通信事業者も、その業務・運営において取得した情報は、その他の民間事業者と同様、個人情報ないし業務記録としての性格を有するのであり、電気通信事業法の趣旨からもこれを通信の秘密に含める必要はない。むしろ通信内容の秘密のみを電気通信事業法が対象としていると解すべきであり、これは同法3条において、電気通信事業者による検閲が禁止されていることとも合致する。

このように解釈しないと、ネットワークにかかわるデジタル・フォレンジックの作業が電気通信事業法違反となり、許されないこととなる。例えば、ハニーポットプロジェクトでは、ここのパケットの解析を行うことがあるが、通説的な通信の秘密の解釈によれば、パケットの解析は通信の秘密を侵すものとして許容されないことになる。しかし、そこでは、通信内容の解析がなされないかぎり、パケット解析は、通信の秘密を害するものではなく、パケット解析は許容されるものと解すべきである。もしこれを違法とするのであれば、ネットワークにおけるルーティングも、ヘッダ情報を解析するものであって、違法となり得る。同様に、電子メールの送受信においても、通信内容とそれ以外を峻別し、通信内容に該当しないヘッダ情報については、これを探知し、利用したとしても、通信の秘密を侵したものと解すべきではないといえる[38]。

---

[36] 電話の盗聴により通話内容を録音すれば通信の秘密の侵害になるとするものとして、森岡地判昭和63年3月23日判時1269号、p.159。

[37] 最決平成16年4月19日刑集58巻4号、p.281。

（2） 不正指令電磁的記録に関する罪
（a） 立法趣旨と背景

　コンピュータシステムないしはネットワークにおける情報処理の確実性ないし信頼性を確保するには、不正アクセスを規制するだけでなく、コンピュータシステムの機能それ自体を阻害する行為をも刑事的に規制する必要がある。この関連において、近年注目されてきたのが、コンピュータウイルス等悪意あるプログラムを作成・頒布する行為に対する刑事法的な対応である。従来は、このような行為は電子計算機損壊等業務妨害罪の幇助の限度においてのみ処罰可能とされたが、その前段階の未遂行為および予備行為（悪意あるプログラム等の作成・配布）だけでは不可罰とされてきた。しかし、サイバー犯罪条約の締結にともない、その犯罪化を国内法で担保することが必要となり、2012年の刑法改正により新に犯罪として規定されたのが、不正指令電磁的記録に関する罪である（刑法168条の2、168条の3）。

　サイバー犯罪条約がその6条（装置の濫用）において締約国に要請しているのは、(1)コンピュータウイルス等の作成、販売等の犯罪化（1項a号ⅰ）、(2)識別符号等の製造・販売等の犯罪化（1項a号ⅱ）、(3)1項a号ⅰまたはa号ⅱ所定の客体保有の犯罪化（1項b号）である。このうち、(1)がここで問題となる。この点に関して、法案では、刑法第19章に続く第19章の2「不正指令電磁的記録に関する罪」として章を新設し、そこに刑法168条の2（不正指令電磁的記録作成等の罪）及び162条の3（不正指令電磁的記録取得等の罪）を新たに新設して規定するものとなっている。

（b） 不正指令電磁的記録作成等の罪の保護法益

　不正指令電磁的記録に関する罪の各条項は、以下のとおりである。

不正指令電磁的記録作成等

第168条の2　正当な理由がないのに、人の電子計算機における実行の用に供する目的で、次に掲げる電磁的記録その他の記録を作成し、又は提供した者は、3年以下の懲役又は50万円以下の罰金に処する。

一　人が電子計算機を使用するに際してその意図に沿うべき動作をさせず、又はその意図に反する動作をさせるべき不正な指令を与える電磁的記録

二　前号に掲げるもののほか、同号の不正な指令を記述した電磁的記録その他の記録

2　正当な理由がないのに、前項第1号に掲げる電磁的記録を人の電子計算機におけ

38）以上の点に関しては、石井徹哉「通信の秘密侵害罪に関する管見」『千葉大学法学論集』27巻4号、p.121、2013年以下参照。

> る実行の用に供した者も、同項と同様とする。
> 3　前項の罪の未遂は、罰する。
>
> 不正指令電磁的記録取得等
> 第168条の3　正当な理由がないのに、前条第1項の目的で、同項各号に掲げる電磁的記録その他の記録を取得し、又は保管した者は、2年以下の懲役又は30万円以下の罰金に処する。

　不正指令電磁的記録に関する罪は、犯罪化に際して、とりわけ起草当時社会的に問題とされるようになった立法事実に即して起草されたところに特徴がある。インターネットが社会的に普及することによって、専門的な知識を有する者だけでなく、ごく普通の一般の人たちの多くがネットを利用するようになり、インターネットを介して情報通信、情報処理が一定の社会的基盤となったが、これに比して、有害なプログラムにより、コンピュータを利用した情報処理、情報通信が阻害されることが顕著になってきた。これに加え、有害なプログラムの動作内容が、コンピュータのデータの破壊や動作の阻害にとどまらず、個人の私的情報や秘匿したい情報を知らないうちに第三者に送信するものも出現し、一般の人たちが安心してコンピュータを使用できない状況が出現しているというものである。

　こうした事実に着眼し、コンピュータによる情報処理の正常性に対する信頼が確保されることが必要であるとして、プログラムの動作が意図せざるものではないとの信頼を害する行為を処罰の対象とする必要があるとして、不正指令電磁的記録の罪が立法されたものである[39]。コンピュータによる情報処理の正常性は、公電磁的ないし私電磁的記録損壊罪や電子計算機損壊等業務妨害罪等においても阻害される。しかし、不正指令電磁的記録の罪において問題とされるのは、個人が情報ないしデータを管理・支配しつつ処理をする前提として、コンピュータが意図どおりに動作することで情報ないしデータの管理・支配を確保できることを保護すべきであるということである。コンピュータの動作に対する信頼が重要なのは、この信頼が害されることによって、情報処理における情報の管理・支配が危うくされるからである[40]。この意味において、自己の保有する情報ないしデータの管理・支配という観点での情報セキュリティの前提条件としてのコンピュータにおけるプロ

---

[39] 山口厚「サイバー犯罪条約に対する実体法的対応」『ジュリスト』1257号、p.15、2003年以下、p.18。なお、佐久間修「情報犯罪・サイバー犯罪」『ジュリスト』1348号、p.109、2008年以下、p.112は、不正指令電磁的記録に関する罪をネットワークを直接に保護する犯罪であるとして評価するが、情報セキュリティの保護が十全ではない現状において、情報セキュリティの保護の前段階的なところを処罰するにすぎないものであって、少々過大評価ともいえる。また、本罪で問題となる行為は、必ずしもネットワークの存在を前提としないことにも注意を要する。

[40] これを徹底して、本罪を予備行為を処罰する罪として構成し、処罰範囲の限定を図るほうが望ましいとするものとして、渡邊卓也「サイバー関係をめぐる刑法の一部改正」『刑事法ジャーナル』30号、p.27以下、p.29、2011年。

グラムの動作の信頼を保護法益とするものと理解できる。

なお、不正指令電磁的記録の罪は、いずれも、抽象的危険犯であり、プログラムの動作に対する社会的信頼を害し得るかという観点から個々の構成要件の解釈を行うべきではあるが、具体的な事案において現にそのような社会的信頼の侵害ないし危険が存したことまでは、犯罪の成立要件とはならない。不正指令電磁的記録供用罪は、未遂処罰規定(168条の2第3項)をもつが、「実行の用に供した」という文言が不正指令電磁的記録が実行可能な状態にあるという結果とそのような結果をもたらすための行為を併せて規定しているにすぎないためであり、この文言から侵害犯として構成されるわけではない

(c) 不正指令電磁的記録に関する罪の解釈論上の問題
(i) 客体：不正指令電磁的記録の意義

不正指令電磁的記録の罪の中核的な要素は、客体である不正指令電磁的記録にあることが明らかとなる。168条の2第1項1号は、「人が電子計算機を使用するに際してその意図に沿うべき動作をさせず、又はその意図に反する動作をさせるべき不正な指令を与える電磁的記録」として客体を規定する。このような不正指令に該当するかどうかは、本罪がプログラムの動作に対する社会的信頼を保護するものであるという点から検討されなければならない。したがって、「その意図に沿うべき動作をさせず、又はその意図に反する動作をさせる」か否かは、現に具体的な個人の意図に反したか否かではなく、当該電磁的記録の諸機能、これらについての説明、具体的に想定され得る利用者および利用方法等を基礎として判断されることになる。コンピュータによる情報処理過程を前提とし、情報処理過程には多様な態様があることを考慮するならば、不正指令か否かの判断において、具体的な利用状況等を加味することは必要であり、プログラム等単体でのみ判断すべきではない。もっとも、プログラムの機能ないし構造上、「不正指令」を与えるものとして設計されているものもあり、このようなプログラムは、それ自体で不正指令電磁的記録に該当するといえる。例えば、ウェブページに無限に大量の画像情報が掲載されているページをポップアップして開いていくスクリプトを記述している場合、当該スクリプトが実行されれば、ブラウザが常にポップアップウィンドウを開き続けるためブラウザを使用しているコンピュータの正常な使用が困難になり得る。このような場合、当該スクリプトを記載したウェブページのファイルは、それだけで不正指令電磁的記録に該当することになる。

これに対して、立法担当者の説明があるように、例えば、ハードディスク内のファイルをすべて消去するプログラムが、その機能を適切に説明したうえで公開されるなどしており、ハードディスク内のファイルをすべて消去するという動作が使用者の「意図に反する」ものとみることが困難な場合、処罰の対象とすることはできない。

(ⅱ) 供用行為・供用目的

　不正指令電磁的記録作成、提供、取得及び保管罪は、いずれも目的犯であり、「人の電子計算機における実行の用に供する目的」(以下、「供用目的」)が必要である。これは、不正指令電磁的記録を実行の用に供する不正指令電磁的記録供用罪のもつ処罰の実質を目的要件にいれることで、作成行為等に処罰根拠を具備させる機能をもつものである。不正指令電磁的記録の罪がプログラムの動作に対する社会的信頼を保護するものであることから、供用罪及び供用目的における「人の電子計算機における実行の用に供する」とは、不正指令電磁的記録を、コンピュータ等の電子計算機を使用する者がこれを実行しようとする意思がないのに実行され得る状態に置くことを意味することになる[41]。

　供用行為ないし供用目的における「人の」という文言は、自己以外の第三者を意味するだけでなく、情を知る者もこの「人の」から除外される。これは、同様に社会的信頼の保護を保護法益とする偽造罪における行使の目的において、情を知らない第三者を相手方とする場合に限定されているのと同様の論理にもとづく。不正指令電磁的記録の罪がプログラムの動作に対する社会的信用を保護するものであること、そのような社会的信用を保護することによって最終的には個人の保有する情報・データの管理・支配の意味での情報セキュリティの確保が図られ得ることなどに鑑みると、不正指令電磁的記録との情を知る者は、「人の電子計算機」の「人」から除外されると解釈するのが妥当である。

(ⅲ) 正当な理由

　刑法168条の2及び168条の3は、「正当な理由がないのに」各条項に規定する行為を行った場合を処罰する旨を規定している。これは、違法阻却事由または正当化事由が存在しないことを意味するものと解すべきである[42]。問題は、どのような場合に違法性が阻却されるのかというところにある。不正指令電磁的記録の作成、保管あるいは供用が緊急行為としての正当防衛や緊急避難となることは、想定することは困難である。それゆえ、通例、正当行為(刑法35条)として正当化されるかどうかだけが問題になるものと解される。正当行為の一つとしての法令行為に該当するには、不正指令電磁的記録の作成等が法令上許容されていなければならない。しかしながら、現行法上明文でそのような行為を可能とする法令は、存在しない。

---

[41] このような理解に反対するものとして、渡邉・前掲注、p.30。このような見解からは、「正当な理由がないのに」の要件に違法の実質的判断を移行することになるが、正当な理由がないという実質的違法性判断を構成要件該当性判断に持ち込むことになる。これは、不正指令電磁的記録の罪の構成要件をいわば「開かれた構成要件」とするだけでなく、「正当な理由がないのに」以外の構成要件要素から違法の基礎づけ機能を奪うことになり、解釈論上、明確な限定をすることを妨げることになる。

[42] 住居侵入罪でも同様の文言が規定されているが、同罪でもこのように理解されている。

不正指令電磁的記録にあたるプログラムで正当行為による許容可能性が問題となる形態としてまず想起されるのは、デジタル・フォレンジック技術のひとつとして採用されている対象コンピュータの動作状況を秘密裡に調査するタイプのものである。これは、対象となるコンピュータにエージェントをインストールし、稼動させて、ネットワークを通じて、何らかの問題となるイベントが起きた場合に、当該イベントに関するコンピュータの操作状況等の情報をシステム管理者あるいは不正調査の担当者の管理するサーバへ送信するものが典型である。このような調査手法は、個人のプライバシー領域への侵襲となり得るため、調査の必要性があるからといってただちに正当化されるわけではない。企業等が業務上の秘密等が漏洩することを防止するために、従業員の行動を監視する措置として、上記のようなプログラムを業務で使用するために貸与しているパソコン等に導入する場合、従業員に対して情報漏洩のためその行動を監視する旨のみ説明している場合には、パソコンを使用するに際して当該プログラムがインストールされていることを知らないとき、構成要件該当性を否定することは困難である。

　判例は、正当行為として違法性を阻却するための判断基準として、当該行為の目的、手段・方法そのほか当該行為の具体的状況その他諸般の事情を考慮に入れ、法秩序全体の見地から許容されるべきかどうかということを示している[43]。これに従って判断するのであれば、会社業務における情報管理の必要性とそれにもとづく監視体制に対する従業員の包括的な同意を前提として、従業員の使用するパソコンへ導入したエージェントが管理サーバへ送信される契機を漏洩等不正行為の具体的な危険を示すものに設定している場合に、不正指令電磁的記録供用罪の違法性が否定されるものと解される。他方で、従業員のパソコン操作を逐一記録し、これを管理サーバへ送信するようなものを導入する場合には、構成要件該当性を否定する態様での供用でない限り、違法性を否定することは困難であろう。いずれにせよ、通例、会社業務で使用するパソコンには、個人のプライベートないしセンシティブな事柄に関するデータが蔵置されることはなく、もっぱら会社業務において必要とされる事柄に関するデータのみが蔵置されている（あるいは、そのことが予定されているまたは業務用パソコンの私的利用が禁止されている）ということが違法性を否定する前提となっていることには、留意すべきである。

　さらに問題となるのは、ここで問題となっているツールが、通例、商業ソフトとしてソフトウェア制作会社により開発・提供されていることから、このようなプログラムの作成及び販売が不正指令電磁的記録作成罪及び同提供罪にあたるのではないかということである。この場合にも、実際に当該プログラムを供用されることになる従業員は、具体的な動作を知っているわけではなく、その限りで、作成行為及び提供行為の時点において、供用

---

43) 最大判昭和48年4月25日刑集27巻3号418頁、最決昭和53年5月31日刑集32巻3号、p.457など。

目的を否定することは困難であろう。そのため、企業が現に供用する場合と同じく、違法阻却の可能性を検討せざるを得ない。

しかし、開発・提供行為について正当化を肯定し得るとすれば、提供後においても供用する会社等において適切な使用がなされるようにコントロールするところに求めるしかないが、このようなコントロールは、提供時、当該プログラムの導入時においてせいぜいなし得るにすぎず、開発行為及び提供行為に随伴するとはいえない。それゆえ、開発・提供行為の正当化の可能性は、きわめて厳しいといわざるをえない。したがって、デジタル・フォレンジック・ツールの提供を適法に受けることが必要と考えるのであれば、現に当該ツールを使用する企業等においても、当該ツールの供用対象となる従業員にその機能に関する詳細な説明をあらかじめしておくことが必要ということになる。

(執筆担当：石井徹哉)

6.3.3　不正アクセス禁止法
(1) 問題の所在

ネットワークないしコンピュータシステムに対する危害をもたらす犯罪で重要なものは、不正アクセス罪(不正アクセス禁止法8条ないし9条)である。不正アクセス禁止法の主たる内容は、不正アクセス行為を定義づけ、これを処罰することにある。同法によると、不正アクセス行為とは、①特定電子計算機(電気通信回線に接続している電子計算機をいう)であってアクセス制御機能を有するものに、電気通信回線を通じて当該アクセス制御機能に係る他人の識別符号を入力して当該特定電子計算機を作動させ、当該アクセス制御機能により制限されている特定利用(特定電子計算機をその接続されている電気通信回線を通じて利用することをいう)をし得る状態にさせる行為(同法3条2項1号)、②特定電子計算機であってアクセス制御機能を有するものに、電気通信回線を通じて当該アクセス制御機能による特定利用の制限を免れることができる情報または指令を入力して当該特定電子計算機を作動させ、その制限されている特定利用をし得る状態にさせる行為(同法3条2項2号3号)をいう。①は識別符号窃用型といわれ、他人の識別符号を無断で入力する方法により実行するものであり、②はセキュリティホール攻撃型といわれ、いわゆるコンピュータシステムのセキュリティホールを攻撃する行為によるものである。いずれにしても、アクセス制御機能による特定電子計算機の特定利用の制限を免れて、当該特定利用を可能にさせる行為であるということができる。

これらの行為は、同法1条の目的を達成するために犯罪化されたものである。しかしながら、その保護法益をいかに理解すべきかについては、同条が列挙する個々の目的との関連、及び、コンピュータないしネットワーク犯罪の特徴との対応関係との関連において、議論がある。また、保護法益の議論をふまえたうえで、不正アクセス行為の限界についても議論がなされている[44]。

（2） 保護法益をめぐる議論

　不正アクセス禁止法は、(1)電気通信回線を通じて行われる電子計算機に係る犯罪の防止及び(2)アクセス制御機能により実現される電気通信に関する秩序の維持を図り、もって(3)高度情報通信社会の健全な発展に寄与することを目的として規定している（同法1条）。ただし、最後の(3)は、前二者の(1)(2)を達成することにより実現されるものであるから、不正アクセス禁止法の直接的な目的は前二者にあるといえよう。ただし、注意しなければならないのは、そのような目的がただちに保護法益として理解されるわけではないということである。

　まず、(1)の目的をそのまま保護法益として理解するとなると、不正アクセス罪は、電気通信回線を通じて行われる電子計算機に係るさまざまな犯罪の予備行為を処罰する罪として理解されることになり、換言すれば、その保護法益は犯罪に対する社会的な安全ということになる。例えば、他人のIDやパスワードを利用してサーバへアクセスして、その蔵置するデータを損壊して業務を妨害し（電子計算機損壊等業務妨害罪）、あるいは、財産上不法な利益を取得する（詐欺罪または電子計算機詐欺罪）などの場合、前段階としてサーバへのアクセスが必要であり、犯行の容易性・被害の甚大性などに鑑みると、そのような犯罪の前段階を処罰すべきだと解するのである。しかし、予備行為の処罰は殺人罪・強盗罪などの重大な犯罪に限定されている現状では、ネットワーク上の行為だからという理由だけで、予備的行為の処罰を容認することは困難である。

　次に、(2)の目的を保護法益として理解するとしても、「アクセス制御機能により実現される電気通信に関する秩序」の内容が多義的であり、その内実により保護法益の理解が異なることとなる。秩序をネットワークにおけるルールと理解し、ルールに違反したから処罰するのであるとの理解がまず考えられる。しかし、ルール違反といっても、エチケットやマナーもルールであり、それに反するからといって処罰されるだけの理由にはならない。ルール違反の内実に着目し、そこに刑罰を科すにふさわしい実体が存在することが必要である。

　このような内実を住居侵入罪とのアナロジーで説明したり、あるいは、不正アクセス罪を公共危険罪として理解するという考えもある。たしかにネットワーク上の諸現象について、実生活における行為等に関係する言葉を利用することは多く、不正アクセスについても、これを住居侵入を持ち出して説明されることが多い。しかしながら、このような言葉の使用はネットワーク上の現象をわかりやすくするための例示的な使用もしくは比喩的な表現にすぎないのであって、それが問題の本質を示しているわけではない。また、侵入行

---

44) 立法者による解説として、不正アクセス対策法研究会編著『逐条　不正アクセス行為の禁止等に関する法律』（第2版、立花書房、2012年）が有益である。さらに、本節の内容については、石井徹哉「不正アクセス禁止法の意義と限界」『千葉大学法学論集』19巻3号、2004年参照。

為の反社会性に着目した公共危険犯ということも、妥当でない。個々のコンピュータに施されたアクセス制御機能が侵害された場合、アクセス制御機能を施した管理権者等の利益を超えてなぜ社会的な利益の侵害の危険が認められるのかがそれほど明確ではないからである。そもそも、公共の危険とは不特定多数の者の生命、身体または財産に対する危険をいうのであって、不正アクセスそれ自体がそのような危険を備えているとはとうてい解することができない。

　もっとも、立法関係者は、(1)及び(2)の目的を統合する形で、不正アクセス罪の保護法益を、アクセス制御機能に対する社会的信頼として理解するようである。例えば、アクセス制御機能による利用権者の識別が正しく行われているとの信頼感によって、安心してネットワークを利用でき、あるいは、そのような信頼感によって電気通信の秩序が実現されると考えるのである。このような保護法益の理解からは、アクセス制御機能に対する信頼が揺らいだ場合には、たとえ施されたアクセス制御機能が具体的に侵害されなくとも、法益侵害を肯定すべきこととなる。したがって、このような保護法益の理解では、情報セキュリティを実質的には保護しているものとはいえなくなるのである。極論すれば、アクセス制御機能に対する信頼への侵害を基礎として不正アクセス罪の成否を論じることになり、異なるアクセス制御機能であっても、同一の信頼を害したといえるときには、一罪として評価すべきことになる。

　したがって、不正アクセス罪を情報セキュリティを保護する犯罪として位置づけるには、行為態様の不当性に着眼するのではなく、不正アクセスがもたらす情報処理に着眼すべきであり、そのように不正アクセス罪を再構成することが必要である。すなわち、コンピュータシステムは、個々のデータを処理することがその本質であるから、コンピュータシステムにおいて処理されるデータの完全性あるいはコンピュータシステムでのデータ処理の確実性・信頼性を保護法益として理解すべきことになる。そして、不正アクセス罪は、管理権者の施したアクセス制御機能を回避してコンピュータシステムにアクセスすることが、データの完全性またはデータ処理の確実性・信頼性を毀損し、あるいは、危殆化するものと解すべきである。

　このような理解からは、アクセス制御機能の侵害を基礎として不正アクセス罪の成否を検討することになる。なお、同一の法益に対して、時間的場所的接着性をもって反復して犯行に及んだ場合、包括一罪として処理されるが、時間的に接着していたとしても、犯行場所が異なり、社会的に同視し得ない場合には、複数の不正アクセス罪が成立することになる（東京高判平成15年6月25日判時1846号、p.158）[45]。

---

45) 速度違反の事案ではあるが、制限速度を超過した状態で継続して自動車を運転し2地点を進行した場合、2地点間の距離が約19.4キロも離れ、その間道路状況等も変化しているので、2地点における速度違反行為は併合罪の関係にあるとしている（最決平成5年10月25日刑集47巻8号、p.97）。

(3) 「不正アクセス」の意義と限界

　不正アクセス罪が成立するためには、識別符号によるアクセス制御が施された特定電子計算機に対して、他人の識別符号を使用して（不正アクセス禁止法3条2項1号）、または、アクセス制御を回避して（同法3条2項2号ないし3号）、アクセス制御により制限されている特定利用を可能とする行為が必要である。他人の識別符号を使用する場合については、構成要件も明確であり、解釈上それほど問題は生じない。

　これに対して、アクセス制御機能を回避して行う場合は、その犯罪成立の限界をめぐって議論がなされている。このような問題が生じるのは、同法が、アクセス制御機能を電子計算機の利用に関連づけているのに、他方でアクセス制御機能により制限された特定利用を可能にするという結果を要求していることによる。というのも、ネットワークに接続されたコンピュータないしサーバは、通常、複数のサービスないし利用形態を単一のハードで提供しているのであり、そのそれぞれの利用形態・サービスごとにアクセス制御機能の付加の仕方が違っているのに、前提としてアクセス制御機能は単一のハードについてのみ想定されており、ある意味で、矛盾が生じているからである。

　このことはいわゆるACCS事件（東京地判平成17年3月25日判時1899号155頁）において問題となった。本件において、被告人は、サーバ管理者が設置したCGIを利用して、HTTPのドキュメントルート以下の領域外にあったデータにアクセスして、閲覧したことが、不正アクセス行為に該当するとして、その刑事責任を問われたものである。当該データへのアクセスは、識別符号を利用してFTPにより可能となるものであった。しかし、本件CGIを動作させるためのhtmlファイルにフォームに正しくないデータを入力させた場合に、それを利用者に知らせるために、タグ内でパラメータを設定し、エラー内容をブラウザに表示するようにしていたため、被告人は、当該htmlファイルを自己のパソコンにダウンロードし、パラメータを書き換え、エラー時に当該CGIファイルそれ自体をダウンロードするように設定して、CGIを動作させ、CGIファイルを取得し、そのソースコードから、問題のデータが格納されているパスを発見し、再度htmlファイルのパラメータを当該データのパスに書き換えて、CGIを動作させ、当該データの内容を表示させたものである。

　弁護側は、当該データは識別符号を通じて保護されていないので、不正アクセス罪は成立しないと主張した。これに対して、東京地裁は、当該データの閲覧というという各特定利用を制限しているFTPプロトコルを利用したアクセス制御機能を有する本件サーバに、その制限を免れる指令を電気通信回線を通じて入力して本件サーバを作動させて前記各特定利用をし得る状態にしたといえるとして、不正アクセス罪の成立を肯定した。すなわち、「アクセス制御機能の有無については、特定電子計算機ごとに判断するのが相当であり、特定電子計算機の特定利用のうち一部がアクセス制御機能によって制限されている場合であっても、その特定電子計算機にはアクセス制御機能があると解すべきである」とし、

「本件の各特定利用ができたのは、プログラムないし設定上の瑕疵があったためにすぎないのであり、アクセス管理者が本件アクセス行為のような形で特定利用をすることを誰にでも認めていたとはいえない」と判断した。

　しかしながら、このような判断の枠組みは適切とはいえない。アクセス制限の有無が管理権者が望むような形態でのアクセスであったかどうかによって決せられることになるからであり、そのような管理権者の意思は、ネットワークの利用において、ネットワークを通じて客観的に明らかにならないからである。この点、脆弱性が甚だしく、社会的にアクセス制御がなされているとはいえない場合には、故意を否定すべきであるとの考えも主張されるが、行為者は自己の行為の外形的事実及びその意味を認識しているのであり、故意を否定することは困難である。むしろこのような場合は、まさに客観的にアクセス制御がなされていないと解されるからこそ、その反映として故意がないかのように解されるにすぎない。すくなくとも、ACCS事件における東京地裁の立場によるとしても、行為者がFTP上のアクセス制御機能を回避して本件行為を行ったということをより詳細かつ具体的に認定すべきであり、アクセス制御機能の有無を管理権者の意思にかからしめるのは妥当とはいえない。

(4)　フィッシング行為等の処罰

　2012年に不正アクセス禁止法が改正され、識別符号の不正流出、不正流通を阻止し、不正アクセス行為の実効性を確保するために、従来禁止されていた他人の識別符号の提供行為の禁止範囲を拡張するとともに、フィッシング行為、取得行為及び保管行為を新たに禁止し、刑罰を科すこととした[46]。

　まず、不正アクセス行為の直接的な準備行為としての他人の識別符号の不正取得（同法4条）及び不正保管（同法6条）を禁止し、その違反行為に刑罰を科し（同法12条1号及び4号）、不正取得罪及び不正保管罪の犯罪化を行っている。ここでは、不正アクセス行為の用に供する目的をもつ行為に限定して禁止・処罰している（目的犯）が、一般的な保管・取得では、いまだ法益侵害またはその危殆化が認められないことによる。不正アクセス行為とその前段階の不正取得・不正保管行為を手段と結果の関係に位置づけることによって、処罰の限定を図るものといえる。

　次に、不正取得・不正保管のための前段階の準備行為または他人による加担行為も犯罪となる。そのうち、他人の識別符号を提供する行為については、改正前から処罰されていた。もっとも、旧法では、目的の如何によらず他人の識別符号を提供する行為を30万以

---

[46]　不正アクセス行為の禁止等に関する法律の一部を改正する法律（平成24年法律第12号）。改正に至る経緯及び背景等に関しては、四方光「不正アクセス禁止法改正の背景・経緯及び不正アクセス対策の今後と課題」『警察学論集』65巻6号、p.13、2012年以下参照。

下の罰金に処するとしていた（同法 4 条、9 条）が、改正後の新法では、「相手方に不正アクセス行為のように供する目的があることの情を知って」提供する場合に加重処罰をし、法定刑を引き上げている（1 年以下の懲役又は 50 万円以下の罰金。同法 12 条、13 条）。また、禁止行為について、旧法では、他人の識別符号を「その識別符号がどの特定電子計算機の特定利用に係るものであるかを明らかにして、又はこれを知っている者の求めに応じて」提供する場合に限定していたが、新法では、この要件を削除している。

　識別符号を取得する手法としては、他人から提供される場合もあるが、いわゆるフィッシングにより取得する方法があり、現在は、このような手法が多用されており、問題となっている。そこで、フィッシング行為を禁止し、処罰する規定（7 条、12 条 4 号）が新たに導入された。フィッシング行為は、不正取得の前段階の行為であるが、フィッシング行為自体が有する悪質性と危険性から、不正取得行為と別個に規定され、またその処罰も不正取得行為と同等となっている。

　フィッシング行為として禁止されるのは、アクセス管理権者になりすますなどしてアクセス管理権者であると誤認させて次の行為を行うことである。

　① いわゆるフィッシングサイトを公開する手法によるフィッシング行為

　　　識別符号の入力を求める旨の情報をアクセス管理権者がウェブサイトに公開したものと誤認させる意図をもって、当該サイトを公衆が閲覧できる状態に置くことである。この場合、実際に閲覧した者がいたかどうかは問われない。

　② 電子メールによって識別符号を詐取するフィッシング行為

　　　識別符号の入力を求める旨の情報をアクセス管理権者が送信した電子メールであると誤認させる意図をもって、当該電子メールを送信する行為である。HTML メールまたは添付のプログラムにより識別符号の入力を求めたりする場合だけでなく、識別符号を入力した電子メールの返信を求める場合も含められる。

　以上により、フィッシング行為が漸く規制されることとなったが、この改正法にもなお問題は残っている。そのもっとも重要なものが、「電子メール」の定義を特定電子メールの送信の適正化等に関する法律に準拠していることである。同法では、電子メールの具体的定義を特定電子メールの送信の適正化等に関する法律第二条第一号の通信方式を定める省令（平成 21 年総務省令 85 号）に規定しているが、通常の smtp のメールと携帯メールのみを規定するのみである。しかし、スマートフォンが普及している今日、アプリ等によりメール同等機能もつものが多数みられるのが現状であり、これらを通じたフィッシング行為を刑罰の射程に置くことを検討すべきであろう。

（執筆担当：石井徹哉）

6.3.4　プロバイダ責任制限法
（1）　プロバイダ責任制限法

　プロバイダ責任制限法（特定電気通信役務提供者の損害賠償責任の制限及び発信者情報の開示に関する法律）は、「不特定の者によって受信されることを目的とする電気通信（特定電気通信）」による情報の流通によって引き起こされた権利侵害について、プロバイダの責任を制限し、発信者に関する情報を開示できる場合を定めた法律で、「特定電気通信役務提供者の損害賠償責任の制限及び発信者情報の開示に関する法律（平成13年法137号）として制定された。

（2）　立法事実―法律ができるまで

　ネットワーク上の名誉毀損等の不法行為に関する規制は、時代とともに変遷している。ネットワークの中心に位置するインターネット自体がその姿を大きく変えているためである。

　当初インターネットは、異論もあるがARPANETと呼ばれる軍事ネットワークとして始まり、1990年代初頭まで大学（Interactive Service Provider―以下「Interactive SP」と略す）を中心とする学術／研究機関の情報・成果共有のためのネットワークとして発展した。学術研究機関に所属していない人はパソコン通信（オンラインサービスプロバイダ―以下「OSP」と略す）と契約し商用ネットワークを利用していたが、インターネットとは接続されていなかった。インターネットは学術情報共有の場であるため、当時はネット上に揚げた情報に著作権を放棄または主張しないことが常識とされ、また、問題が生じても、停学・退学、ネットワーク使用禁止といった学内での処分で対応することができた。

　しかし、日本でも1992年IIJが設立され、翌年からインターネットが商用利用に解放されることにより、インターネット接続業者としてのInternet Service Provider（以下「ISPと略す」）が成立し、一般の人もインターネットに接続できるようになった。パソコン通信とインターネットが相互に接続され、インターネットは世界中のコンピュータを結んだコミュニケーションツールと変わっていった。これに伴い、紛争も大学内の処分では足りず、法律問題として裁判の場で解決され始める。

　問題となったのが「匿名性」と「プロバイダの責任」である。インターネット上では本名ではなくハンドル名と呼ばれるあだ名でやり取りされることがあり、被害者が加害者に対して法的責任を追及する場合、その者がどこの誰なのかはプロバイダに問い合わせるしかない。しかし、電話会社同様、電気通信事業者として登録している大手のISPは、大学と異なり、電気通信事業法上における通信の秘密の規定（電気通信事業法4条等）が適用され、個人の発信者情報を開示することは禁じられている。このため、被害者が裁判を起こそうとすると、まずISPを相手に発信者情報の開示を求める裁判を起こし、これに勝訴したうえで改めて加害者とする者に対し裁判を起こさなければならない状態であった[47]。

1997年以降、ネットワーク上の名誉毀損に関する一連のOSP及び1999年の大学の裁判[48]で、条理を根拠としてプロバイダにも損害賠償責任(不法行為責任)を問い得ると判断された。これによってプロバイダは、名誉毀損等のネットワーク上の不法行為を放置すれば被害者から、書込みの削除等不法行為に対処すれば加害者から訴えられる[49]可能性が生じ、困難な法的な判断を迫られることになった。また、条理を判断の根拠としているため、その適用範囲は広く、さらに、プロバイダの判断基準としては明確なものではなかった。

(3) プロバイダ責任制限法

以上の立法事実から、プロバイダの責任をより明確にし、被害者とされる者からの二回の裁判という上述した負担を除去することが必要となり、「特定電気通信役務提供者の損害賠償責任の制限及び発信者情報の開示に関する法律(平成2年4月26日法律第10号――以下「プロバイダ責任制限法」と略す)が制定された。趣旨及び内容は、プロバイダ(特定電気通信役務提供者)の責任制限と発信者情報の開示のための要件を定めることにある。ここで「特定電気通信役務提供者」とは、不特定の者によって受信されることを目的とする電気通信(特定電気通信　同法2条1項)の設備(特定電気通信設備　同法2条2項)を用いて、他人の通信を媒介し、その通信のために提供している者のことをいう(同法2条3項)。広く、本来のインターネット利用者である大学等を含む双方向通信のサービスプロバイダとなっている。

不特定の者によって受信されることを目的とするため、電子メール等による通話等1対1の通信は含まれない。また、個人間の「他人の権利侵害」を対象とするため、有害情報や社会的法益を侵害する情報は対象とならない。

(a) プロバイダの責任制限(第3条)

① 送信防止措置を講じなかったために権利を侵害された者に発生した損害は、
  1. プロバイダ等自身が情報の発信者でなく、
  2. 情報の送信を防止する措置を講ずることが技術的に可能な場合で、
  3. 他人の権利が侵害されていることを知っていたとき、又は、情報の流通を知っていた場合で、他人の権利が侵害されていることを知ることができたと認めるに足りる相当の理由があるとき

以外は、民事責任(損害賠償責任)を負わないとされた。

② 送信防止措置を講じたために発信者に発生した損害は、

---

[47] 東京地判平成13年8月27日参照
[48] 東京地判平成9年5月26日、同事件控訴審東京高判平成13年9月9日、東京地判平成11年9月24日参照
[49] 東京地判平成10年12月21日、事案は会員契約の解除に関する。

1. 情報の送信防止措置が必要限度内であり、
2. その情報が他人の権利が侵害されたと認めるに足りる相当の理由があったとき、又は、権利を侵害されたとする者からその理由を示して送信防止措置の要求があり、情報発信者に同意を求めた場合において7日以内に返答がなかったとき

は、民事責任(損害賠償責任)を負わないとされた。この期間は、公職選挙法の改正(平成25年4月26日法10号)に伴い第3条の2が追加され、選挙運動期間中の候補者の名誉毀損に関しては、2日間に短縮された(3条の2②項)。選挙運動期間が短期であることに対応して、名誉毀損に対してより迅速に対応する必要があるために設けられた特例である。また、公職選挙法142条の3③項、142条の5①項は、選挙運動用電子メール送信者が、選挙運動用電子メールの送信をしないよう求めるための電子メールアドレスを明らかすることを定めているが、プロバイダ責任制限法3条の2②は、このメールアドレスが表示されていない場合の送信防止措置も免責している。

(b) 発信者情報の開示(第4条)

情報の流通によって自己の権利を侵害されたとする者は、

① プロバイダ等自身が情報の発信者でない場合で、
② 原則として、発信者に開示するかどうかについて意見を聴いたうえで、
③ 侵害情報の流通によって権利が侵害されたことが明らかであり、かつ、
④ 発信者情報が開示請求者の損害賠償請求権の行使のために必要である等、発信者情報の開示を受けるべき正当な理由がある場合、

総務省令で定める発信者情報を開示できることを定めた。

省令で定められた発信者情報は、「発信者その他侵害情報の送信に係る者の氏名又は名称」、「発信者その他侵害情報の送信に係る者の住所」、「発信者の電子メールアドレス」、「侵害情報に係るIPアドレス」、「IPアドレスから侵害情報が送信された年月日及び時刻」、が定められている(特定電気通信役務提供者の損害賠償の制限及び発信者情報の開示に関する法律第四条一項の発信者情報を定める省令　平成14年総務省令第57号)。この省令は平成23年9月に改正され、いわゆる「個体識別番号」が追加された。携帯電話端末等からのインターネット接続サービス利用者識別符号(改正省令第5号)、SIMカード識別番号(改正省令第6号)及びそれらのタイムスタンプ(改正省令第7号)である。

発信者情報を公開しなかったことにより開示請求者に発生した損害は、「故意または重大な過失」がある場合以外は責任を負わない(第4項)。また、発信者情報の開示を受けた請求者は、発信者情報を用いて発信者の名誉や生活の平穏を不当に害してはならない(第3項)と定められている。

この規定により、電気通信事業者等「通信の秘密保持義務」の規定が適用されるプロバ

イダにも、発信者情報を開示する手続と要件が定められ、開示が可能となった。

(4) ガイドライン等の策定

　プロバイダ責任制限法の制定により、「条理」のみを根拠としていた裁判が、プロバイダの責任に関しては「相当の理由」、発信者情報開示請求には「明白な権利侵害」と「正当な理由」、開示しない場合の責任については「故意又は重過失」と一応の基準が設けられ、その責任は制限された。しかし、実務上、具体的にどのような行為がこれらの要件に該当するかは明らかでなく、その具体化の努力がガイドラインの作成という形で継続されている。

　2002年2月に、インターネット関連団体、著作権関係団体を中心にプロバイダ責任制限法ガイドライン等検討協議会が発足し、「名誉毀損・プライバシー」、「著作権」、「商標権」、「発信者情報開示」に関してそれぞれガイドラインが作成され、「送信防止措置手続」、「発信者情報開示」に関しての書式も策定されている[50]。

　ガイドラインの性格上、裁判所の判断を拘束するものではなく、個別の事案により判断も異なり、その判断基準自体も社会環境の変遷で変わり得るものであることは当然である。しかし、裁判例の蓄積がなされ、それぞれの要件に関する判例が蓄積するまで、プロバイダが依拠することができる判断基準として有効に機能していると評価できる。また、ガイドライン自身が判例等社会環境の変化を取り込み、不断の見直しがなされている。

　また、2009（平成21）年4月には、総務省に「利用者視点を踏まえたICTサービスに係る諸問題に関する研究会」が設けられ、「プロバイダ責任制限法検証に関する提言」[51]及び「迷惑メールへの対応の在り方に関する提言」を始めとする、スマートフォン普及による社会環境の変化に対する提言等をとりまとめている[52]。上述した2つの法改正も、この研究会の成果にもとづく。

(5) 判例の蓄積
(a) 法制定前の判例

　プロバイダ責任制限法制定以前の初期の裁判は、ニフティサーブ、PC-VAN等、OSP（パソコン通信プロバイダ）をめぐる事案が多く、対等に議論がなされている場での権利侵害問題が中心であった。問題点は、条理を根拠としてプロバイダの削除等の対応をする作為義務が認められることを前提に、プロバイダが作為義務を尽くしたと評価できるかが中心となった。

---

50) プロバイダ責任制限法関連情報Webサイト参照（http://www.isplaw.jp/）
51) http://www.soumu.go.jp/menu_news/s-news/01kiban08_01000037.html
52) http://www.soumu.go.jp/menu_sosiki/kenkyu/11454.html

（b） 匿名性

その後、裁判に多く現れるようになったのは、2ちゃんねるを中心とする匿名性の高い掲示板での第三者に対する誹謗中傷に対するプロバイダの責任である。インターネット上のコンピュータの住所である「IPアドレス」等のログと呼ばれる「通信記録」を保存していないことにより、発信者情報の開示がより困難であるという意味での匿名性の高い場を作ったこと自体がプロバイダの削除義務等の作為義務を高める根拠となり得るかという点が問題となるようになった。今も、プロバイダ責任制限法3条の下で、どの程度の作為義務が必要とされるかの裁判例が蓄積されている。

（c） 経由プロバイダ

ネットワーク上で情報を発信する場合、通常、大学(Interactive SP)ないしインターネット接続業者(ISP)と接続し、そのうえで情報を提供するInformation Contents Providerに接続することが多い。この場合に大学や接続業者は、当該情報発信に関しては単なる通過点となり、経由プロバイダと呼ばれる。経由するプロバイダが法2条3号の「特定電気通信役務提供者」し、法4条1項にいう「開示関係役務提供者」として、発信者情報を開示すべきかどうかが問題となる。情報の送信をプロバイダごとに個別のものと捉えるか、全体を一体として一個の情報の発信と捉えるかが争われ、最高裁は、発信者情報開示すべき開示関係役務提供者にあたるとした[53]。

（d） 発信者情報の開示

最高裁判所は、プロバイダが不開示による損害賠償責任を負う場合につき、「開示関係役務提供者は、侵害情報の流通による開示請求者の権利侵害が明白であることなど当該開示請求が同条第1項各号所定の要件のいずれにも該当することを認識し、または上記要件のいずれにも該当することが一見明白であり、その旨認識することができなかったことにつき重大な過失がある場合にのみ、損害賠償責任を負うものと解するのが相当である[54]」と判断し、権利侵害を慎重に認定することにより、発信者情報の開示義務に一見明白な権利侵害を求め、制限的に解している。

「経由プロバイダ」との関係で問題が残されている。ISP等の接続プロバイダでネットワークに接続し、コンテンツプロバイダで問題が生じた場合、発信者情報を開示することができる「開示関係役務提供者」としての接続プロバイダは、他のコンテンツプロバイダの情報が「明白な権利侵害（第一項第一号）」にあたるか否かを判断しなければならない。上記最高裁の事例は「2ちゃんねる」の事案で、その内容を見ることができるが、会員制

---

[53] 最高裁判所第1小法廷判決平成22年4月8日
[54] 最高裁判所第1小法廷判決平成22年4月13日

等、閉鎖的なコンテンツプロバイダの場合は当該情報にアクセスすることもできず、接続プロバイダは判断できなくなる。現行法では、コンテンツプロバイダの接続プロバイダに対する開示義務ないし開示手続が規定されておらず、立法の手当が必要であろう。

（e） 著作権

著作権侵害に関しては、MP3の音楽配信ないし動画配信のサーバを運営する会社に対する裁判で、プロバイダの責任を認め、発信者情報の開示を認める諸判決が出されている。さらにピアツーピアの技術を使い、サーバを経由せずに直接にクライアント同士を結びつけるソフトを利用した著作権侵害が問題となり、著作権法が改正された。それぞれ、該当する別項を参照してほしい。

（執筆担当：笠原毅彦）

6.3.5　迷惑メール防止法、特定電子メール送信適正化法

（1）　迷惑メール防止法

「特定電子メールの送信の適正化等に関する法律」（平成14年法律第26号　以下「特定電子メール法」と略す）は、無差別かつ大量に短時間の内に送信される広告宣伝メール（いわゆる迷惑メール）を規制するため2002（平成14）年に施行された。

インターネットの進展に伴い、携帯電話によるものを含む電子メールはコミュニケーションツールとして生活に必要不可欠なものとなった。一方で、利用者の同意を得ずに一方的に送信される広告宣伝等のメールが増加した。個々のメール送信に費用がかからないことから、メールアドレス生成ソフトを利用したランダムなメール送信による、実在しない宛先への大量のメール送信が発生するようになった。2001（平成13）年末の大手通信事業者には、1日当たり約9.5億通のメールがサーバに届き、その内約8億通が宛先不明のメールとして処理されていた。2001（平成13）年には横浜地方裁判所で、このような架空アドレスを多数含むランダムに作成した電子メールアドレス宛への送信を1年間差し止める旨の仮処分も認められている[55]。

このような迷惑メールへの対策のため、平成14年に、参議院の議員立法の形で「特定電子メールの送信の適正化等に関する法律」が制定された（これと同時に「特定商取引法」が改正され、消費者保護の観点から同様の規制がなされた）。

（2）　特定電子メール法

「この法律は、一時に多数の者に対してされる特定電子メールの送信等による電子メー

---

[55]　横浜地裁平成14年10月29日決定

ルの送受信上の支障を防止する必要性が生じていることにかんがみ、特定電子メールの送信の適正化のための措置等を定めることにより、電子メールの利用についての良好な環境の整備を図り、もって高度情報通信社会の健全な発展に寄与することを目的とする。」(1条)

「営利を目的とする団体及び営業を営む場合における個人」が、「自己又は他人の営業につき広告又は宣伝を行うための手段として送信をする電子メール」(2条2項)を、あらかじめ同意を得ている場合等の一定の場合を除き、特定電子メールと定義した。特定電子メールを送信する場合は、特定電子メールであることを表示しなければならず、受信拒否の通知をした者に対して特定電子メールを送信することを禁止した(オプトアウト方式)。

同時に、「多数の電子メールアドレスを自動的に作成する機能を有するプログラム…を用いて作成し(2条4号イ)」、「…利用する者がない(2条4号ロ)」電子メールアドレスを、架空電子メールアドレスと定義し、自己又は他人の営業のために架空電子メール宛の送信すること等を禁じた。

(3) 主な改正

初期の迷惑メールが個人によるものであったのに対し、分業化が進展し、実際に電子メールを送信する送信者以外の者が送信の同意の取得等を行い、送信に責任がある者として電子メールにその氏名等を表示することも起きるようになった。さらには、いわゆるアフィリエイターまでその主体として登場するようになる。また、規制・取締りを逃れるために発信元の情報を改ざんする者が現れ、さらには、海外からの迷惑メールも増加し、国内の法整備のみでは足りなくなった。

これらの動きに対応して、送信委託者に対しても、報告徴収や立入検査、措置命令等を行うための規定、発信者情報の改ざんに対する処罰規定、海外捜査機関との協力が求められるようになった。

(a) 2005(平成17)年改正(平成17年5月20日法律46号)

特定電子メールの範囲を拡大し、企業や事業を営む個人が利用している事業用メールアドレス宛の広告宣伝メールの追加し、送信者情報を偽装する、ないし、架空電子メールアドレスからの送信を禁止した。また、送信元の偽装に直接罰を規定する等、罰則を強化する改正が行われた。

(b) 2008(平成20)年改正(平成20年6月6日法律54号)

あらかじめ同意した者以外の者への特定電子メールの送信を原則禁止するオプトイン方式による規制を導入し、措置命令等の対象に送信委託者を加え、特定電子メール法に相当する外国の法令を執行する外国当局に対する送信者の特定に資する情報の提供に関する規

定を追加し、罰則の強化等が行われた。

特定電子メール法にもとづく措置命令の件数は、オプトアウト方式の規制の下では年間平均約 0.94 件であったが、オプトイン方式の規制の導入以降は年間平均約 7.36 件と約 7 倍に伸びている。

(4) 特定電子メール法の規制
(a) オプトイン(3条)
以下の者以外に対して特定電子メールを送信することは禁止される(3条1項)。

① あらかじめ、特定電子メールの送信をするように求める旨または送信をすることに同意する旨を送信者または送信委託者に対し通知した者(3条1号)　—この通知を受けた者は、原則として1ケ月間、通知の記録を保存しなければならない(3条2項)。

② 自己の電子メールアドレスを送信者または送信委託者に対し、原則書面で通知した者(3条2号)

③ 特定電子メールを手段とする広告または宣伝に係る営業を営む者と取引関係にある者(3条3号)

④ その他総務省令で定めるところにより、自己の電子メールアドレスを公表している団体または営業を営む個人(3条4号)

上記の例外に該当する場合であっても、受信者が送信の停止を求めた場合は、その意思に反して特定電子メールを送信することは原則禁止される(3条3項)。

規制対象の電子メールは、以下の通信方式によるものをいう。

「その全部又は一部においてシンプルメールトランスファープロトコルが用いられる通信方式」、「携帯して使用する通信端末機器に、電話番号を送受信のために用いて通信文その他の情報を伝達する通信方式」(特定電子メールの送信の適正化等に関する法律第二条第一号の通信方式を定める省令　平成21年8月28日総務省令第85号)。

(b) 表示義務(4条)
送信者は、送信者の氏名または名称、受信者が同意等をした送信者からの広告宣伝メールであることが認識できること(氏名・名称、住所)、受信者がオプトアウトするための連絡先(電子メールアドレス、ウェブページ等)を表示しなければならない。

(c) 電子メールの送信者情報の偽装の禁止(5条)
送信者情報を偽った電子メール送信については、迷惑メールに対する行政や捜査機関の追求を困難にすること等から、禁止されている。送信者情報の偽装については、1年以下の懲役又は100万円(法人の場合は3,000万円)以下の罰金の直接罰が課される(34条1

号）。

（d） 架空電子メールアドレスによる送信の禁止（6条）

　実在しないメールアドレス宛に大量に電子メールが送信されると、電気通信事業者等のメールサーバで大量のエラーメールを返信するなどの処理が発生し、電気通信事業者等の設備に過大な負担をかけること等から、自己又は他人の営業のために多数の電子メールアドレスを送信する目的で、架空電子メールアドレスを宛先とする電子メールの送信が禁止されている。

（e） 措置命令と間接罰（7条）

　送信者情報の偽装等一部の例外を除き、直接罰ではなく、総務大臣または内閣総理大臣が措置命令を発し、この措置命令に従わないときに処罰される間接罰が採用されている（これらの権限は、消費者庁長官、さらにその事務の一部は都道府県知事に委任されている。31条）。また、法は登録送信適正化機関（14条-27条）に業務を委託することを定め、日本データ通信協会により、迷惑メール相談センター[56]が設置されている。

　受信者が望まない広告宣伝メールが大量に送信され、さらには通信業者の設備に過剰な負担を与えることが問題となる迷惑メールであるが、一方で、「表現の自由」、「私的自治」の観点からは、必要最小限の規律とすることが望ましく、非営利的な活動を行う者の送信行為を規律の対象としないのはこのためで、法制定当初オプトアウトが採用されたことも同じ趣旨である。

　法制定後、多くの事業者がオプトインに対応し、迷惑メールの多くが海外からのメールになり、国内迷惑メールの七割が出会い系サイトへの誘因メールになった。これまで措置命令を受けても改善せず、また、報告徴収を提出しなかったり、虚偽の報告を行ったりすること等により、罰則が適用された事例はないという。違反が疑われる事業者に対する総務省・消費者庁による警告等の段階で、違法行為を止める事業者が少なくないことによるものであり、現在の罰則により一定の抑止効果があがっていると評価できる。法規制の効果が低下するような状況になった場合には、必要に応じ、オプトイン方式の規制の直罰化等、罰則の強化について検討することが望ましい。

　しかし、現在、迷惑メールの多くは、いわゆるボットネットを利用して送信されるか、特定の送信サーバから大量に送信されている。これらの問題に対しては、サイバークリーンセンター（CCC）[57]による技術的対策が採られている。迷惑メール送信防止のための技術としては、送信通数の制限や送信トラフィックの制御などの大量のメールの一括送信を防止する技術、接続を提供する電気通信事業者のメールサーバを経由しない動的IPアド

56）　http://www.dekyo.or.jp/soudan/info/

レスからのメールの送信を制限する OP 25 B 等がある。迷惑メール受信防止のための技術としては、メールのヘッダや本文中の特定のキーワードに合致するものを迷惑メールと判定するキーワード判定や、ドメイン単位でメール送信元のなりすましを確認可能とする送信ドメイン認証技術等がある。

他人のコンピュータに無許可でアクセスして商業電子メールを送信することは、一定の場合は、不正アクセス行為の禁止等に関する法律（平成 11 年法律第 128 号）での対応が可能である。また、メールアドレスの自動収集ソフトウェアの供給・取得については、個人情報保護法で対応できる場合もあると思われるが、ボットネットに対する包括的で国際的な法規制による取り締まりが検討されなければならない時期に来ている。

(5) 電気通信事業者等による自主的な取組み

迷惑メール対策にかかわる幅広い関係者が集まり、2008 年（平成 20 年）11 月に、「迷惑メール対策推進協議会」が設立され、ガイドラインの策定、立法の提言等、関連する取組が行われてきている。

「特定電子メールの送信等に関するガイドライン」（以下「ガイドライン」という）には、適切な同意の取得に関して、以下のような推奨がなされている。

(a) デフォルトオン・デフォルトオフ

ウェブフォーム等で同意を取得する方法として、同意する旨のチェックボックスにあらかじめチェックを入れ、利用者による作為がない場合には同意したこととなる方法「デフォルトオン」と、同意する旨のチェックボックスにあらかじめチェックを入れず、利用者による作為がない場合には同意はしなかったこととなる方法「デフォルトオフ」の2つの方法がある。「ガイドライン」は、適正な同意の取得という観点から、実施可能な場合には、デフォルトオフによることが推奨している。

(b) ダブルオプトイン

同意の取得にあたっては、誤りのないよう、ダブルオプトイン（通知されたメールアドレスに対し、広告宣伝内容を含まない確認の電子メールを送付し、当該電子メールに対して返信等の受信者本人の操作があって初めてその後の特定電子メールについての同意を確定することとなる方法）がある。ガイドラインは、他人の電子メールアドレスを無断で用いて同意の通知をするいわゆる「なりすまし」の同意を防止するために推奨している。

---

57)　http://www.dekyo.or.jp/soudan/info/

(6) 海外捜査機関との連携

「利用者視点を踏まえたICTサービスに係る諸問題に関する研究会」の「迷惑メールへの対応の在り方に関する提言」[58]によると、わが国の電気通信事業者が受信した電子メールのうち、迷惑メールの占める割合は約7割前後で推移し、それらの迷惑メールに関しては9割以上が外国発となっているという。また、わが国着の迷惑メールでは、出会い系サイトの広告宣伝を内容とするものが約7割を占めている。この意味で、国際的な連携の強化が今後の課題となる。

（執筆担当：笠原毅彦）

6.3.6　e-文書法
（1）　e-文書法の目的と背景

　e-文書法は、法律によって保存が義務づけられている文書について、電磁的な保存等を容認するために制定されたものである[59]。従来「文書」といえば紙媒体を用いたものであり、電磁的記録は文書に該当しないと考えられてきたため、実質的には電磁的記録による保存等が禁止されている状況であった。コンピュータ化推進にとって法的な障害となっており、このような情報化の阻害を解決するために立法されたものであるといえる。

　現在の企業活動においては、多くの事務処理がコンピュータを利用して行われており、コンピュータが扱う電磁的記録をそのまま保存することが許されれば、技術的には紙による保存より遙かにコストや保存スペースを削減することができるようになっている。事実、法的な制約のない分野では、ペーパーレス化が進められてきた。ペーパーレス化はできるだけトータルに進めることが望ましく、一部でも文書等によるマニュアル処理が残ると、効率性を損なう場合もある。しかし、法令によって書面が義務づけられている場合には、電磁的記録によってこれを行うことが法律上の義務違反となる懸念がある。そこで、このような書面には電磁的記録も含まれることを、明確化する必要がある。

　わが国で文書の保存が義務づけられているのは、貸借対照表や損益計算書といった財務諸表、税務処理に使う領収書、保険契約や証券取引に伴う契約書／申込書など、経済活動や証券取引等の安定、税収入の確保、事業者規制等を目的としたものが多いが、個々の法律が文書の保存等を義務づけている理由や、義務違反の場合のサンクションのあり方はさ

---

58)　http://www.soumu.go.jp/menu_sosiki/kenkyu/11454.html
59)　民間事業者等が行う書面の保存等における情報通信の技術の利用に関する法律　第1条「この法律は、法令の規定により民間事業者等が行う書面の保存等に関し、電子情報処理組織を使用する方法その他の情報通信の技術を利用する方法（以下「電磁的方法」という。）により行うことができるようにするための共通する事項を定めることにより、電磁的方法による情報処理の促進を図るとともに、書面の保存等に係る負担の軽減等を通じて国民の利便性の向上を図り、もって国民生活の向上及び国民経済の健全な発展に寄与することを目的とする」

まざまである。

　例えば、商人には一般にその営業及び財産の状況を明らかにするための帳簿(会計帳簿・貸借対照表)を作成することが義務づけられているが、その主たる目的は取引の相手方の保護である。裁判上証拠として残し得るよう10年間それを保存することが義務づけられており、当該商人が会社の場合には罰則規定がある。いわゆる事業者規制においては、業務停止命令等の厳しい措置を定めているものもある。

　電磁的記録の利用に関して障害となっている法制度の見直しは、e-文書法以前から議論されており、一部については法整備もなされていた。個別分野に関するものとしては、「電子情報処理組織による税関手続の特例等に関する法律」、「工業所有権に関する手続等の特例に関する法律」、「電子計算機を使用して作成する国税関係帳簿書類の保存方法等の特例に関する法律」、「電気通信回線による登記情報の提供に関する法律」等があり、それぞれ一定の要件のもとで電磁的方法を認める規定が設けられている。

　しかし、個々の法律の規定をすべて法改正や立法によって整備していくのは迂遠であり、統一的な制度を確立することも難しくなる。そこで、「書面の交付等に関する情報通信の技術の利用のための関係法律の整備に関する法律」(IT書面一括法)やe-文書法のような、電磁的記録による手続を一括して容認する立法がなされることとなった。

　なお、2001年の商法改正によって、会社関係書類(定款・貸借対照表等)の電子化や、株主への株主総会招集通知の電子化、株主総会における議決権行使の電子化、貸借対照表等のインターネットによる公開等が認められるようになった。さらに、「株式等の取引に係る決済の合理化を図るための社債等の振替に関する法律等の一部を改正する法律」によって、2009年までに上場会社の株式等に係る株券はすべて廃止された。株券の存在を前提として行われてきた株主権の管理は、証券保管振替機構及び証券会社等の金融機関に開設された口座において電子的に行うことになっている。

(2)　e-文書法の概要

　e-文書法という呼び方は、「民間事業者等が行う書面の保存等における情報通信の技術の利用に関する法律」(以下、「通則法」という)と「民間事業者等が行う書面の保存等における情報通信の技術の利用に関する法律の施行に伴う関係法律の整備等に関する法律」(以下、「整備法」という)の二法の総称として使われている。

　通則法は、個別の法令で民間事業者等が義務づけられている書面の保存等に関し、原則として、すべての場合に当該書面にかかる電磁的記録による保存等を可能にするための総則的な規定である。これに対して整備法は、特別な措置が必要であり通則法に加えて特に法改正が必要となるものについて、個別の改正を行うものである。e-文書法による措置の対象となる法律数は、約250本であるとされていた[60]。

　通則法では、電磁的記録による保存とその記録をもとにした書面の作成・縦覧・交付等

を容認する旨の規定が置かれている（書面によるものとみなされるとともに、書面の場合と同様の規定が適用される）。一方整備法は、通則法の包括規定の例外事項と、通則法のみでは手当が完全でないもの等、72本の法律について、所要の規定整備を行うために制定されている。

　通則法では、まず第3条で電磁的記録による保存を容認する旨の規定が置かれている。書面の保存が法令で義務づけられているものについて、一括して電磁的記録による保存を認めるものであり、電磁的記録による保存には、当初から電磁的に作成された書類の電磁的保存と、当初書面で作成された書類をスキャナでイメージ化して電磁的に保存することがともに含まれる。

　また、電磁的記録による「保存」だけが容認されても、保存に付随して行われる書面の作成や縦覧、交付等について「書面」によって行うことが義務づけられているのでは、実質的には電子化容認の意義が失われてしまうため、これらについても電磁的記録により行い得ることが規定されている（第4条～第6条）。電磁的記録による保存、作成、縦覧、交付等を行う場合には、書面を義務づけている各法律において書面によって行われたものと同様に扱われる（書面によるものと見なされるとともに、書面の場合と同様の規定が適用される）。

　一方、整備法は、通則法の包括規定の例外事項と、通則法のみでは手当てが完全でないもの等72本の法律について、所要の規定整備を行うために制定されている。

　最も対象法令が多いのは、行政による立ち入り検査に関するものである。書面に加え、当該書面に係る電磁的記録も検査対象に含む旨の規定が、行政書士法等44本について整備されている。次に、特別の法律にもとづいて設立されている協同組合等において、理事による総会等への財務書類の提出の際に、これに添えて保存義務のかかっていない監事の意見書の提出が必要な場合があるが、この意見書を電磁的記録によって提出することができるものとするとした（たばこ耕作組合法等：23本）。また、租税に関しては、すでに電磁的記録に関する規定が設けられているものについて、スキャナによる保存が認められること等を明確化するとともに、文書の性質上一定の要件を満たすことを担保するために行政庁の承認等特別な手続が必要である旨の規定を整備している（電子計算機を使用して作成する国税関係帳簿書類の保存方法等の特例に関する法律等：3本）。この他、電磁的な保存の対象及び方法等について主務省令に代えて条例に委任する規定（特定非営利活動促進法：1本）や、通則法の適用を除外する規定（「政治資金規正法」、「公職選挙法」、「政党助成法」）等が置かれている。

60）　内閣官房IT担当室「e-文書イニシアティブについて　e-文書法の立案方針」（2004（平成16）年6月15日）
　　http://www.mhlw.go.jp/shingi/2004/06/s0624-5a.html

（3） 技術的要件とデジタル・フォレンジック

e-文書法は、法律によって保存が義務づけられている文書について、電磁的な保存等を包括的に容認するものである。これらの文書は、何らかの理由によって紙による原本の保存が必要だと考えられていたのであり、電磁的記録によって保存する際にも、一定の真正性や安全性を担保することが求められる。

しかし、書面による保存を義務づけている法律は多岐にわたり、保存の対象となるものの性質や重要性はそれぞれかなり異なる。したがって、保存に際しての具体的な方法やセキュリティレベルについて一律に定めることは困難である。そこで、電磁的な保存の対象及び方法等については、スキャン文書とする場合の改ざん防止や原本の正確な再現性の要請の程度に応じて、主務省令で具体的に定めることとされている。

例えば、経済産業省が経済産業省所管の対象法令については、電磁的記録による保存を行う際に「経済産業大臣が定める基準を確保するよう努めなければならない[61]」としたうえで、具体的な基準について「文書の電磁的保存等に関する検討委員会報告書—文書の電子化の促進に向けて—」で、電磁的保存等を行う場合の要件や対策のあり方についてのガイドラインを示している[62]。そして、基本的な要件として「見読性」、「完全性」、「機密性」、「検索性」を下記のように定義したうえで、対象となる文書の内容や事故が起きたときなどに及ぼす影響の範囲などに応じて、最も基本となる見読性の確保だけが求められるレベルから、4つの要件すべてが必要となるレベルまでが示されている（表6.3.1）。

e-文書法によって、従来は電磁的記録によって保存することができなかった分野でも、適法に電磁的記録による保存が可能になった。また、直接法律の問題とならないもので

表 6.3.1　文書の電子化における基本的な要件

見読性	電子文書の内容（スキャナを用いて読み取ることにより作成された場合には、必要な程度で読み取られた文書の内容）が必要に応じ電子計算機その他の機器を用いてただちに表示又は書面に出力できるよう措置されること。
完全性	電子文書が、確定的なものとして作成され又は取得された一定の時点以降、記録媒体の経年劣化等による電子文書の消失及び変化を防ぐとともに、電子文書又は原文書の改ざん等を未然に防止し、改ざん等の事実の有無が判断できるよう保存・管理されること。
機密性	電子文書へのアクセスを許されない者からの電子文書へのアクセスを防止し、電子文書の盗難、漏えい、盗み見等を未然に防止するよう、保存・管理されること。
検索性	検索することのできる機能を有すること。

出典）　経済産業省「文書の電磁的保存等に関する検討委員会報告書—文書の電子化の促進に向けて—」p.24
（http://www.meti.go.jp/policy/it_policy/e-doc/）

---

61)　経済産業省の所管する法令に係る民間事業者等が行う書面の保存等における情報通信の技術の利用に関する法律施行規則　第4条第4項

62)　経済産業省「文書の電磁的保存等に関する検討委員会報告書—文書の電子化の促進に向けて—」
http://www.meti.go.jp/policy/it_policy/e-doc/

あっても書面記録が求められているものと関連の深いために今まで書面で記録されていたものも電子化が進みつつある。デジタル・フォレンジックとの関係では、これらの書面が電磁的記録となることによって、裁判に際して電磁的記録を対象とした証拠保全、調査分析の必要性が高まることが予想される。この場合、個々の法律が要求する技術水準と、法廷で証拠とされる際の評価基準は必ずしも一致しないことに注意が必要であろう。

法や政令が要求する要件は、あくまで書面を義務づけている個別の法律の規定を満たすためのものである。要求事項に合致しないような形で保存等を行った場合には、個々の法律の義務を果たしていないと評価されることになる。義務違反に対するサンクションも個々の法律に定めるところによる。裁判において争われる場合には、その時々の技術の状況を背景に裁判官の心証によって評価がなされることになる。企業にとって重要な文書の電磁的記録による保存等を進めるにあたっては、こういった観点にも留意してセキュリティ技術の有効な活用を図っていくことが重要である。

（執筆担当：小向太郎）

6.3.7　著作権法30条　私的複製の権利制限の解説（いわゆる海賊版ダウンロードの違法化、技術的保護手段の回避について）

著作権法は、著作者もしくは著作者より権利を継承した著作権者に、知的財産として独占権を与えるものである。よって、その著作物を使用するにあたっては原則として著作権者の許諾が必要となる。使用には複製や、上演・演奏、展示などとさまざまな形態がある。すなわち著作権とは、著作権者がユーザに対し与えることのできる使用許諾権である。そのうちもっとも一般的なものが「複製権」[63]であり、インターネットへのアップロードに対して与える許諾が「公衆送信権」[64]と呼ばれるものである。他には「上映権」、「頒布権」、「貸与権」、「翻訳・翻案権」などがある。著作権とは、これらの個々の支分権の集合体として構成されている。

しかしながら、家庭内での些細な複製に至るまでいちいち権利者へ許諾を求めることは、現実問題として甚だ不都合である。そこで、そういった場合のために設けられた規定が「権利制限規定」である。権利制限規定とは、特定の条件が満たされた場合には著作権者が著作権を主張できないというルールである。ユーザ側に使用できる権利が移るわけでは決してないのであるが、この点を誤解している人が多いので注意が必要となる。著作権法の30条より50条にどのような使われ方の場合が権利制限に該当するかが列挙されている。

権利制限規定のうち、もっとも身近なものが30条に定められている「私的使用のための複製」であろう。同条の第1項は、「著作権の目的となつている著作物（以下この款にお

---

[63]　著作権法21条
[64]　同23条

いて単に「著作物」という。)は、個人的に又は家庭内その他これに準ずる限られた範囲内において使用すること(以下「私的使用」という。)を目的とするときは、次に掲げる場合を除き、その使用する者が複製することができる。」と単純なものであるが、『次に掲げる場合を除き』という文言が示す部分(すなわち、その後の1項の1号〜3号、及び2項部分)こそが、最も特筆すべき点であり、デジタル・フォレンジックにも大きな影響を与える部分である。本稿ではこのうち、順番は逆になるが、1項3号及び1項2号について解説する。

(1) 違法複製著作物のダウンロードの違法化及び刑罰化

2009(平成24)年に追加された30条1項3号は、2012(平成24)年に追加された119条3項とともに、一般には「海賊版ダウンロード違法化」、「海賊版ダウンロード刑罰化」などと呼ばれるものである。以下にこれらの条文を解説する。

(a) ダウンロード違法化

〈30条1項3号〉
「著作権を侵害する自動公衆送信(国外で行われる自動公衆送信であつて、国内で行われたとしたならば著作権の侵害となるべきものを含む。)を受信して行うデジタル方式の録音又は録画を、その事実を知りながら行う場合」

「著作権を侵害する」という文言がすなわち、海賊版などの違法にコピーされた著作物を指す。括弧内はサーバが海外にある場合であっても同様なことを示す。「受信して行う」ということがネット上のものを閲覧することであり、本条はその後に「録音・録画を」とあるとおり、HDDやSDカードなどの記録媒体に保存した段階で権利制限の枠から外れることになる。いわゆるストリーミング動画をただ見るだけの行為は本条の適用外であり、録音・録画が伴う必要がある。その際に揮発性のキャッシュメモリなどに一時的にデータが保存されるわけであるが、これは同じく権理制限規定の第47条の8(電子計算機における著作物の利用に伴う複製)によって問題とならない。さらに、ここでいう「録音又は録画」とは、著作権法2条1項13号、14号で定義されるものをいう。

十三　録音　音を物に固定し、又はその固定物を増製することをいう。
十四　録画　影像を連続して物に固定し、又はその固定物を増製することをいう。

よって、本条の対象となるのは、映像や音楽ファイルといったものに限定され、コンピュータ・プログラムやコミック・写真集などの静止画像は含まれないことになる。この点は法の保護範囲が欠けている問題点といえよう。最後に、「その事実を知りながら」とあるとおり、その作品が著作権を侵害された違法にアップロードされたものであることを知っていることが必要であるが、この点の判断基準には未だ明確なものはない。一般的に考えれば、違法であると十分に認識できる状態、例えばヒットソングとして絶えず広範囲に放送されたりしているものであれば、「著作権を侵害している事実を知らなかった」という抗弁は通用しないといえよう。

なお、本条においてアップロードも同時に刑罰化されたものだという誤解が一部にあるようだが、著作権者の許諾を得ないアップロードは、前述のとおり、著作権の支分権の一つである「公衆送信権」(23条)そのものの侵害となり、権利制限規定の例外という回りくどい論理は必要ない。公衆送信権は1997(平成9)年に従来の「放送権・有線放送権」を改訂して制定された権利である。よって、もし公衆送信権侵害で告訴された場合は、従前から定められている119条1項の罰則規定がそのまま適用され、量刑は最大で「十年以下の懲役若しくは千万円以下の罰金、又はこれを併科」となる。

(b) ダウンロード刑罰化

この30条1項3号は2009(平成21)年の制定時には、違法複製著作物のダウンロード行為が違法である旨が示されたのみで、罰則規定まではなかった。その後、2012(平成24)年改正時に、著作権法における罰則を定める第8章中の119条に新たに第3項を追加し、刑罰が付された。

〈119条3項〉
第三十条第一項に定める私的使用の目的をもつて、有償著作物等(録音され、又は録画された著作物又は実演等(著作権又は著作隣接権の目的となつているものに限る。)であつて、有償で公衆に提供され、又は提示されているもの(その提供又は提示が著作権又は著作隣接権を侵害しないものに限る。)をいう。)の著作権又は著作隣接権を侵害する自動公衆送信(国外で行われる自動公衆送信であつて、国内で行われたとしたならば著作権又は著作隣接権の侵害となるべきものを含む。)を受信して行うデジタル方式の録音又は録画を、自らその事実を知りながら行つて著作権又は著作隣接権を侵害した者は、二年以下の懲役若しくは二百万円以下の罰金に処し、又はこれを併科する。

条文冒頭の「第三十条第一項に定める私的使用の目的をもつて」が2009(平成21)年改正の違法著作物のダウンロードを指すことはいうまでもないが、この罰則規定において特

筆すべき点はその次の「有償著作物」という文言が新たに用いられたことにある。すなわち、違法にアップロードされた著作物であるということを認識していたことに加えて、その著作物がさらに有償著作物であった場合に初めて刑罰が適用される可能性が生じるということになる。

有償著作物とは、文化庁が本条制定時に公開したQ&Aによれば[65]、「録音され、又は録画された著作物又は実演等であって、有償で公衆に提供され、又は提示されているもの」とされており、その具体例として「CDとして販売されていたり、有料でインターネット配信されているような音楽作品や、DVDとして販売されていたり、有料でインターネット配信されているような映画作品」が挙げられている。ここで問題になるのが、日常的に放映されているテレビドラマなどであるが、同Q&Aでは、単に放送されただけの番組は有償著作物にあたらず、DVDとして販売されていたり、課金制のオンデマンド配信がなされている必要があるとされている[66]。しかしながら、実際には、人気ドラマがDVDとしてまとめて販売されるのは、最終回まですべての放送が終了した後であり、結果として、番組がシリーズとして放送されている最中は問題なく、終了後には刑罰規定に該当するという不都合が考えられる。NHKの語学番組のようなものも同様で、期間限定でオンデマンドにて再配信したり、番組の一部をCD教材として書店で販売しているものもあるなど、非常に混乱が生じる事態となっている。

その他の細かな留意点としては、条文によれば、有償著作物のなかには「実演等」も含まれるため、舞台での演劇や音楽コンサートもその範疇に入ることになる。

また「著作権又は著作隣接権を侵害した者」とあるため、著作権者のみならず、放送局やレコード会社といった著作物のディストリビューションを担う「著作隣接権者[67]」も被権利侵害者として告訴が可能なことになる。

最後に法定刑が記されており、これは「二年以下の懲役若しくは二百万円以下の罰金に処し、又はこれを併科」となっている。知的財産権侵害の刑事罰においては、最近の傾向として懲役もしくは罰金だけでなく、その刑の併科を定めることが恒常化していることを

---

65) 文化庁「違法ダウンロードの刑事罰化についてのQ&A」
http://www.bunka.go.jp/chosakuken/download_qa/pdf/dl_qa_ver2.pdf
66) ただし、これはあくまで119条3項の刑罰規定に該当するか否かの判断基準であり、放映されたテレビ番組を動画共有サイトなどに投稿することは、もちろん公衆送信権(23条)の侵害である。さらにこれをダウンロードする行為も、30条に示す私的複製の例外にあたるので、違法であることには変わりはない。この点は注意が必要である。
67) 著作権法が定める著作隣接権者は、「実演家」、「レコード製作者」、「放送事業者」、「有線放送事業者」の四者である。なお、電子書籍の普及により電子書籍出版社にも著作隣接権を付与する旨の主張及び検討がなされているが、本稿執筆時点ではこの案は不採用となる可能性が高く、代わりに電子書籍出版社にも紙の出版社と同様の「出版権」のようなものの設定を認める方向で議論がなされている。

補足しておく。
　なお、著作権侵害は親告罪であるがため、この119条3項を実際にどのように運用するのかについては、疑問点も多く、本条の施行から1年以上経った本稿執筆時点では、まだこの適用事例はない[68]。

（2）　技術的保護手段の回避

> 〈30条1項2号〉
> 　技術的保護手段の回避（第二条第一項第二十号に規定する信号の除去若しくは改変（記録又は送信の方式の変換に伴う技術的な制約による除去又は改変を除く。）を行うこと又は同号に規定する特定の変換を必要とするよう変換された著作物、実演、レコード若しくは放送若しくは有線放送に係る音若しくは影像の復元（著作権等を有する者の意思に基づいて行われるものを除く。）を行うことにより、当該技術的保護手段によつて防止される行為を可能とし、又は当該技術的保護手段によつて抑止される行為の結果に障害を生じないようにすることをいう。第百二十条の二第一号及び第二号において同じ。）により可能となり、又はその結果に障害が生じないようになつた複製を、その事実を知りながら行う場合

　著作権法において、いわゆる「コピー・プロテクション」を外したうえでの複製は、従前から、これも私的複製の権利制限には該当しないものとして、30条1項2号に明記されていた。2012（平成24）年改正時には、この規定をさらに深め、多くの技術的保護手段の回避行為を違法とするようになった。
　「技術的保護手段」とは、上記条文中にあるとおり著作権法2号1項20号に定義されているが、その定義を記した文言をわかりやすく再編集すると、「電子的方法、磁気的方法その他の人の知覚によって認識することができない方法により著作権を侵害する行為の防止又は抑止をする手段」であり、具体的には「機器が特定の反応をする信号を音若しくは影像とともに記録媒体に記録し、若しくは送信する方式、<u>又は機器が特定の変換を必要とするよう音若しくは影像を変換して記録媒体に記録し、若しくは送信する方式</u>」となる。
　このうち、下線の部分が2012（平成24）年時改正の際に新たに付け加えられた技術的保護手段である。これはすなわち、単純な防壁型のプログラムだけでなく暗号化などによりデータ変換されて保護されているタイプの技術をも念頭においているものと考えられる。
　よって30条1項2号の、「このような技術的保護手段の回避により可能となり、又はそ

68）　本条改正は、著作権法としては珍しく議員立法にてなされている。そのため、十分な審議期間がとられておらず、法の執行や違法か否かの判断基準において不明瞭な部分が残るとの指摘も多い。

の結果に障害が生じないようになった複製を、その事実を知りながら行う場合」とは、コピー・プロテクションが解除されたものを意図的に記録媒体に保存するという複製行為は権利制限規定に該当せず、それを私的使用のための複製とは見なさないと規定していることになる。技術的保護手段の回避自体を禁じているのではなく、プロテクションを外したものを再コピーする行為を禁止していることになる。

今回の改正によってもっとも身近なところでは、例えば、CSS技術によってプロテクトされている市販もしくはレンタルの映画DVD等を、これを解除するDeCSS系のソフトウェアを用い自身のパソコンのHDD等にリッピングして保存する行為も違法(すなわち、私的複製に該当しない)なものとなる。なお本条文においては、現時点では罰則規定はない。

従前は、著作権法に定める技術的保護手段が「コピー・コントロール」として扱われ、不正競争防止法(同法2条1項10号、11号及び21条2項4号)が定める技術的制限手段が「アクセス・コントロール」を扱うものとしてその役割を分担してきたが、今改正により、著作権法上の技術的保護手段にもアクセス・コントロール的な要素が取り込まれたことになり、その境界は曖昧なものとなったといえよう。しかしながら、技術的側面からみれば、その根底にあるテクノロジーは同一のものであり、今後これらの規制の融合はさらに進むものと思われる。

(執筆担当:須川賢洋)

6.3.8 不正競争防止法による営業秘密の保護

情報そのものを盗んでも刑法には「情報窃盗罪」という罪が存在しないため、刑法そのものによって直接に裁くことはできないことは6.3.9項で述べているとおりであるが[69]、決してすべての場合において無罪になるわけではない。場合によっては刑法以外の法律によって、情報(及び、それに類するもの)の持出しに対して罪を問われたり、損害賠償請求を起こされることがある。

その最たる例が、不正競争防止法による営業秘密の持出しである。不正競争防止法は近年になって情報保護のための法律として非常に多用されるようになっている。本項では営業秘密漏洩罪を中心に、不正競争防止法について解説する。

不正競争防止法は、その名のごとく不正な競争を排除するための法律であり、英訳では"Unfair Competition Prevention Act"と称される。もともとは他人の商品等表示の便乗的な使用や、食品の産地偽造などを規制するための法律であった。損害賠償だけでなく差止請求も認められており、迅速な処理を行いやすいため、最近では広義の知的財産保護のための法律としても多用されるようになっている。特許権や著作権のような厳格な権利規

---

[69] 窃盗罪と有体物の関係についても6.3.9項を参照のこと。

定を記載していないという性質上、逆にさまざまな事案を追記しやすいがため2〜3年頻度で改正されており、営業秘密の保護だけでなく、インターネット・ドメインの不正取得[70]や有料テレビ放送のスクランブル・デコーダを解除する「技術的制限手段の回避装置」の禁止などについても、本法に規定されている。

（1） 営業秘密とは

不正競争防止法にいう「営業秘密」は海外では「trade secret（トレード・シークレット）」と表記し、これは日常会話で使われている「企業秘密」とは意味が異なるので注意が必要である。同法が定めている営業秘密の定義は以下のようになっている[71]。

「この法律において「営業秘密」とは、秘密として管理されている生産方法、販売方法その他の事業活動に有用な技術上又は営業上の情報であって、公然と知られていないものをいう。」

つまり上記の条文定義は、営業秘密として認められるためには次の三要件をすべて満たしている必要があることを定めている。
① 秘密として管理されていること（秘密管理性）
② 商業上・技術上、役に立つものであこと（有用性）
③ 外部の者が知らないこと（非公知性）

（a） 秘密管理性

秘密として管理されていることとは、文字どおりの意味である。社内でも一部の者しか知らないこと、知っていても守秘義務契約などによって厳重に口外禁止されていることなどが必要である。外部の者が社内に入って容易にアクセスできるような場所にあってはならないし、営業秘密といいながら㊙印もなく机の上に置きっぱなしになっているものでは成立しない。判例では「情報にアクセスできる者を制限すること」、「アクセスした者が秘密情報だということが認識できること」などが要求されている[72]。

サーバ等に保管されているデータであってもこの三要件を満たせば営業秘密となり得るが、当然のごとく、パスワード保護やアクセス制限、その他、暗号化などの技術的なデータ保護措置がとられていることが必要になる。逆に、パスワードを画面に付箋で貼っていたり書類が無造作に置いてあったりして管理がずさんであったがため、営業秘密であることが否定された判例[73]もあるので注意が必要である。

---

70) 同法2条1項12号。
71) 同法2条6項。
72) 東京地判平12.9.28 不正競争民事訴訟事件。

今後は、営業秘密保護ポリシーの設定や保管庫(あるいは保管サーバ)への入退出管理・アクセス管理などがきちんと行われているかどうかなども判断基準となっていくものと思われる。

(b) 有用性

有用性に関しても言葉どおりである。事業を行うにあたって、知られれば有益な情報でなければ保護されない。有益なものとは、直接に利益を上げるものだけではない。その情報を利用した結果、省力化や効率化が図られ、結果として会社の利益に結びつくようなものももちろん含まれる。それゆえ、顧客名簿などの情報も他の二要件を満たせば営業秘密となり得る。

(c) 非公知性

これも文字どおり、ほかには知られていないことをいう。しかし、たとえ一般人が知らなくても、専門家や同じ業界の者であれば当然に知っていたり、思いつくこと、行われている手法などには当てはまらない。工場や職人などの世界ではこの非公知性の部分を称して「ノウハウ」ということも多い。競合他社から見たときに「おそらく試薬A＋試薬Bであろうが、肝心のAとBの比率だけがどうしてもわからない」などといった場合のその比率の部分が、この非公知性に相当する。

(2) 営業秘密の事例

これらの営業秘密の三要件を満たしたもっとも代表的なものとして挙げられるのは、「コカ・コーラの成分」や「ケンタッキー・フライドチキンのスパイス調合比率」である。

コカ・コーラを例に、3つの条件を検討してみよう。①まず、コカ・コーラの成分原表は米国のアトランタにある本社金庫で厳重に管理されており、役員会の承認なしにその保管金庫にアクセスすることはできないとされている[74]。②コカ・コーラは絶大な売上げを誇っており、商業上の有益性は十分にある。③競合他社のコーラはコカ・コーラ社のコーラと完全に同じ味にはならないことからも、成分の完全な比率は未だ解明されていない。以上のことから三要件をすべて満たしている。ケンタッキーのスパイスにしても同様であり、他の店や一般家庭で同じスパイスを入手することは不可能である。

(3) 営業秘密による保護が多用される理由

このように不正競争防止法によって営業秘密が保護されることを述べてくると、すべて

---

[73] 東京地判平 15.5.15 不正競争民事訴訟事件など。
[74] 世界各地にあるコカ・コーラの製造会社は単なるボトリング工場であり、本社から出荷された原液を希釈し瓶詰めして売っているにすぎない。

の情報を営業秘密として保護しておくことが有益であるかのように受け取られがちであるが、実際にはそうではない。再度、コーラを例に解説する。なぜコカ・コーラ社はコーラの成分を営業秘密として保護しているのであろうか。その製法で特許を取得し、他の清涼飲料会社にライセンス生産させたならば膨大な特許使用料を得ることも可能である。

　ここで重要になるのは、"特許を取得するためには技術情報としてすべての成分と調合法を公開しなければならない"という点と、"特許権による保護期間は有限である"という点である。つまり、特許が公開された時点でトレード・シークレット成立の三番目の要件である「非公知性」を失う[75]。そして出願から20年経つと特許自体の期限が切れ効力を失う。他人からロイヤリティをとれるのは20年間だけであり、その後は誰もが自由に使ってよいことになる。もし最初に特許による保護を選んでいたならば、一世紀以上にもわたるコカ・コーラ社の市場独占はあり得なかったであろう。

　自社のもつ技術や情報を営業秘密として長期の保護を目指すべきかどうかは、まさに経営判断といえよう。次項で営業秘密を漏洩した場合の刑罰について解説するが、相手に対して刑事的制裁や損害賠償を課することはできても、特許のように権利として保護されているわけではない以上、漏れたらそれまでであり救済手段はないことに注意が必要である。

（4）　営業秘密の保護範囲の推移

　不正競争防止法に営業秘密の保護が取り入れられたのは、実はそんなに古い話ではない。1990(平成2)年のことである。当初は、営業秘密の不正取得が「不正競争行為」であることだけが明記され、刑事的な罰則規定をもたなかった。つまり、民事訴訟による損害賠償の対象のみに限定されていたのである。これが2003(平成15)年にようやく刑事的制裁による保護規定も導入され可罰化された。この直接の引き金になったのは、2001年に米国で起きた理化学研究所職員による遺伝子サンプル持出し事件である。

　さらにその後、2005(平成17)年に行われた改正では、退職者による情報の持出しに対する規制が強化され、これも処罰の対象となった。また営業秘密を持ち出させた犯人の属する法人に対しても法人処罰規定が設けられた。つまり、営業秘密にアクセスする権限がない者を使って企業ぐるみで情報を持ち出させた場合、その本人だけでなく会社をも処罰することが可能になったわけである。

　営業秘密侵害罪に対する量刑は、2013(平成25)年時点では最大で「10年以下の懲役又は1000万円以下の罰金(又はこの併科)」となっている。また、法人への罰金額に関しては最大で3億円となっている。

　不正競争防止法は、日本政府による知財立国政策もあり、ここ数年ほぼ毎年のように見

---

[75]　特許成立の三要件は「有用性」、「新規性」、「進歩性」であり、営業秘密の三要件と似て非なるものである。

直しがなされている。そしてその都度、罰金額や営業秘密漏洩に関する罪の適用範囲がどんどん大きくなっていることに留意しておくべきである。

(5) 2009(平成21)年の法改正

国内の機械メーカーなどから機密情報の持ち出し等による被害が多発[76]し、これを受けて2009(平成21)年には法改正がなされた[77]。最大の改正点は、営業秘密侵害罪の目的要件の拡大で、2条1項7号や21条第1項各号の文言を、改正前の「不正の競業その他の不正の利益を得る目的で…」から、「不正の利益を得る目的で…」といった表現等に変更し、これによって図利加害目的による持出しを営業秘密の侵害と問えることになる。すなわち、競合関係を伴わない営業秘密の持出し、例えば第三者に売り渡すことにより自身の利益を得た場合や愉快犯的に営業秘密を暴露した場合も同罪が成立することになる。

また、営業秘密を不当に保有し続ける行為である「領得行為」についても処罰対象が拡大され、例えば営業秘密を開示された従業員や取引先等が複製禁止や消去の取決めに違反してその情報を領得(権限のない者が本来の保有者の管理支配外に置く行為)した場合には、その段階で刑事罰を科すことが可能になった[78]。改正前はさらに営業秘密を使用、又は開示する必要があった。

(6) 2011(平成23)年の法改正

2011(平成23)年にも主に2点の大きな法改正が行われている[79]。特にそのうちの一点は「技術的制限手段の回避」に対して刑事罰を科すものであり、デジタル・フォレンジックとも関連が深い。技術的制限手段の例としては、テレビの有料放送にかけられている視聴スクランブルのような「アクセス・コントロール」がある。この改正によってこういったアクセス・コントロールを回避する装置の提供に対して刑事罰を科すことができるようになり[80]、さらに従来はアクセス・コントロール回避機能"のみ"を有するものが規制の対象であったが、本改正により、他の機能を有する汎用装置についてもその規制範囲に含むものとなった[81]。この改正の最大の目的は、家庭用ゲーム機などで本来は動作するはずのない違法コピーソフトの起動を可能にする、いわゆる「マジコン」を規制することにあり、このために不競法のみならず関税法なども同時に改正されている。

---

76) 例えば、大手自動車部品メーカーでの外国人技術者による、社内技術データの大量ダウンロード事件など。
77) 施行は翌2010年(平成22年)7月1日
78) 同法21条3号。
79) 施行は同年12月1日。
80) 同法第21条2項4号。
81) 同法第2条1項10号、11号。

もう一点の改正は、万が一に営業秘密が漏洩された場合の裁判において、その営業秘密の具体的な内容を非公開のままに審議を行うことを可能にしたものである。これによって、被害者の申出により、営業秘密の内容の秘匿決定[82]や、公判期日外の証人尋問又は被告人尋問を行う[83]ことなどが可能になった。例えば、ある化学反応が起こる温度が営業秘密であれば、裁判中にその温度をX℃と言い換えたり、秘密事項に対して別の呼称を用いることができる。

(7) 特許等を補完する営業秘密による保護範囲

次に、営業秘密が他の知的財産制度(特に特許権)では保護しきれない部分の知財保護もカバーしている点について簡単に解説しておく。営業秘密ではいわゆる"失敗情報"をも保護可能である。薬品を例に解説する。ある薬の成分と別のある薬の成分を混ぜれば目的のものが作れることまでは誰にでもわかっていて、後はその成分比率を10万とおりのなかから試すだけの場合があったとする。そしてこれらを9万とおりまで既に試したがそのすべてが失敗だった場合、この9万とおりの調合比率の情報は「営業秘密」となり得る。競合他社がそれを入手すれば、残りの1万件分の労力だけで製品開発が可能になるからである。当然であるが特許権では成功した事例のみしか保護できない。それゆえ、このような不足部分を不正競争防止法の営業秘密規定によって補っている。

(8) 個人情報と営業秘密

個人情報、特に顧客情報の取扱いに関しても簡単に触れておく。就業状況の流動化により、昨今、転職時における企業秘密の持出しが問題になっている。コンシューマ(一般消費者)向けのビジネスを行っている会社では、ダイレクトメールの発送に使う顧客名簿も場合によっては営業秘密の対象になり得る。もちろんそのためには前述の3つの要件(秘密管理性、有用性、非公知性)を満たしていることが必要である。データベースが、各種の認証装置や入室制限付きのサーバにきちんと格納されていたり、金庫にしまわれていて、さらには、タウンページ等の情報とは明らかに異なる、他社がもたない独自収拾した情報であることが必要であろう。

そして上述のように保護されているものを持ち出した場合には、もちろん営業秘密の漏洩罪に問われるわけである。

(9) 営業秘密管理指針

経済産業省より「営業秘密管理指針」が公表されているので参考にするとよいであろう。

---

[82] 同法第23条。
[83] 同法第26条。

2003(平成15)年1月に最初の版が公開され、その後逐次改訂されている。本稿執筆時の最新版は2013(平成25)年8月版である。経済産業省のWebページより入手できる。「営業秘密管理チェックシート」なども併せて公開されている。

(執筆担当：須川賢洋)

6.3.9 公益通報者保護法
(1) 内部告発者保護の必要性

公益通報者保護制度の必要性が認識されたのは、近年のいくつかの事件がきっかけである。その代表的なものの一つは雪印食品の牛肉偽装事件であり、もう一つは三菱自工のリコール隠し事件である。

雪印食品の牛肉偽装事件は、2001年の狂牛病(BSE)対策をきっかけとする。牛肉の在庫過剰に悩む雪印食品が、国の国産牛肉買い取り制度に乗じて不良在庫肉を偽装し、買い取り申請したのである。この件が明るみに出たのは、偽装の舞台となった倉庫を経営する西宮冷蔵の社長による告発のおかげであった。ところが、西宮冷蔵はその後、取引先が逃げていき、行政からも営業停止処分を受けるなどのダメージにより、営業休止に追い込まれてしまった。それはともかく、このケースでは、社内従業員からの告発ではなく、厳密には取引先に該当する倉庫業者からの告発であったことは注意すべきである。

三菱自工のリコール隠し事件も、内部告発により運輸省に情報が伝わり、立ち入り検査によって動かぬ証拠を突きつけられたという経緯により表沙汰となった。この内部告発者が誰であったかは明らかにされていない。

このほか、東京電力の原子力発電所に生じたトラブル隠し事件も、内部告発者が行政庁に告発文書を提出したことにより、調査が行われて事実が明らかになった。この事件では告発者が身元を明らかにしており、しかも告発を受けた行政庁が当の被告発企業である東京電力に告発者の身元を伝えるという事態も起こっている。

さらに、トナミ運輸の従業員が、ヤミカルテルを告発したことで長年にわたり職場内差別を受けていたという事件において、富山地裁は2005年2月23日に、会社側へ損害賠償を命じる判決を言い渡した[84]。判決の認定によれば、原告は1973年ころトラック協会支部の会合に出席するようになってヤミカルテルが結ばれていることを知り、そのことを74年に新聞社へ告発し、記事となった。その翌月には公正取引委員会に告発するなど、継続的にヤミカルテルや類似行為の告発を続けた。その後、75年に原告はトナミ運輸の本社が移った高岡市に転勤となり、教育研修所に配属され、トレーラーコースの整備や研修生の送迎といった雑務のみを担当し、昇格は一度もないまま、約30年過ごしたという。

このように、これまでは内部告発が企業等の不当違法な行為を明るみに出すという現象

---

84) 富山地判平成17年2月23日判時1889号、p.16。

が見られる一方、内部告発者に対してはなんらの保護もないに等しい状態であった。しかしながら、近時のコンプライアンス重視の傾向を踏まえるならば、内部告発には重要な価値が認められて然るべきである。消費者からの商品に対するクレームも、かつては企業や商品の信用を失墜させる厄介者という扱いだったが、次第に商品品質向上のための宝の山であるとの認識が一般化してきた。これと同様に、内部告発も企業の不当違法な行為を表面化させるという点で都合の悪い存在だが、コンプライアンス向上のためにはむしろ歓迎すべき情報である。

諸外国においても、例えばイギリスでは Public Interest Disclosure Act 1998 [85] により、the Employment Rights Act 1996 の 43 A 条ないし 43 L 条に公益通報者保護のための規定がおかれている。またアメリカでも、いくつかの法令があるが、とりわけ一連のいわゆる SOX 法の一つとして制定された Corporate and Criminal Fraud Accountability Act (CCFA)[86] が、18 USC Section 1514 A として被用者であるホイッスルブロワーの不利益取扱い禁止を定めている。

こうした状況から、わが国でも公益通報者保護制度が立法されるに至った。

(2) 公益通報者保護立法
(a) 立法過程

内閣府の国民生活審議会消費者政策部会は、『21 世紀型の消費者政策の在り方について』(2003 年 5 月)と題する報告[87]を公表し、そのなかで公益通報者保護制度の必要性を説いた。

そのうえで、制度の目的としては消費者保護法令違反に限らず、人の健康・安全への危険、環境への悪影響などの幅広い公益通報を対象として検討すべきであり、従業者は事業者の内部情報を通報することにより、守秘義務違反等を理由として事業者から解雇等の不利益な取扱いを受けるおそれがあるので、公益通報については、事業者がこれらの不利益な取扱いをしてはならないこととすべきこと、企業内部での通報の取扱いを適切に行う体制作りが必要であること、外部への通報についてはさらに検討すべきとされている。

この報告書の内容が基本的枠組みとなり、2004 年 6 月、国会で可決成立したのが「公益通報者保護法[88]」である。2006 年 4 月に施行された。

---

85) http://www.opsi.gov.uk/acts/acts 1998/19980023.htm
86) 連邦労働省のサイト
http://www.osha.gov/dep/oia/whistleblower/acts/ccfa.html
87) http://www.consumer.go.jp/seisaku/shingikai/bukai 21/hokokusyo.pdf
88) 以下では単に「法」という。

(b) 法律の内容
(ⅰ) 公益通報

公益通報とは、労働者が、不正の利益を得る目的、他人に損害を加える目的その他の不正の目的でなく、その労務提供先(雇用主、派遣先、または請負などの取引先)又はその役員、従業員、代理人などについて通報対象事実が生じ、又はまさに生じようとしている旨を、当該労務提供先等や監督官庁、またはその他の者に通報することをいう(法2条1項)。

(ⅱ) 通報対象事実

公益通報の対象となる事実は、個人の生命又は身体の保護、消費者の利益の擁護、環境の保全、公正な競争の確保その他の国民の生命、身体、財産その他の利益の保護にかかわる以下の法律に違反し、犯罪または処分理由となる事実である。

一　刑法(明治四十年法律第四十五号)
二　食品衛生法(昭和二十二年法律第二百三十三号)
三　証券取引法(昭和二十三年法律第二十五号)
四　農林物資の規格化及び品質表示の適正化に関する法律(昭和二十五年法律第百七十五号)
五　大気汚染防止法(昭和四十三年法律第九十七号)
六　廃棄物の処理及び清掃に関する法律(昭和四十五年法律第百三十七号)
七　個人情報の保護に関する法律(平成十五年法律第五十七号)
八　前各号に掲げるもののほか、個人の生命又は身体の保護、消費者の利益の擁護、環境の保全、公正な競争の確保その他の国民の生命、身体、財産その他の利益の保護にかかわる法律として政令で定めるもの[89]

(ⅲ) 通報先

通報先は企業など労務提供先、行政機関(処分等の権限を有する行政機関)、そしてその他の事業者外部で被害の拡大防止等のために必要と認められる者である(法3条)。

労務提供先は、通報対象となる違法行為を行っている企業、またはその役員等が行っている企業であり、当該企業が他の者、例えば弁護士などを通報先と定めている場合には、その通報先に通報することも含まれる。

第二に行政機関は、通報の対象となる法令違反行為について、法的な権限にもとづく勧告や命令を行うことができる行政機関のことであり、中央省庁のみならず地方自治体など

---

[89] 公益通報者保護法別表第八号の法律を定める政令(平成17年政令第146号)により、413本もの対象法律が確定されている。これは本稿執筆時点であり、対象法律が改廃されれば変動する。対象法律については内閣府のウェブサイトにある一覧(http://www5.cao.go.jp/seikatsu/koueki/gaiyo/files/taisho.pdf)を参照。

も含まれる。

　第三はその他の事業者外部で通報の対象となる法令違反の発生や被害の拡大を防止するために必要と認められる者である。被害者も含まれる。例えば、報道機関、消費者団体、事業者団体、労働組合、被害にさらされている周辺住民などがこれにあたり、ライバル企業など競争関係にある者は該当しない。

(ⅳ) 保護要件

　まず労務提供先に対して通報する場合は、それが金品の要求など不正の目的でなされる通報でなければよい（法2条及び3条参照）。

　行政機関に対する通報は、不正の目的で行われた通報でないことに加え、通報内容が真実であると信じる相当の理由があることが必要となる。その他の事業者外部に通報する場合は、不正の目的で行われた通報でないことと通報内容が真実であると信じる相当の理由があることに加え、次のいずれか1つに該当する必要がある。

　　ア　事業者内部又は行政機関に公益通報をすれば解雇その他不利益な取扱いを受けると信ずるに足りる相当の理由がある場合
　　イ　事業者内部に公益通報をすれば当該通報対象事実に係る証拠が隠滅され、偽造され、又は変造されるおそれがあると信ずるに足りる相当の理由がある場合
　　ウ　労務提供先から事業者内部又は行政機関に公益通報をしないことを正当な理由がなくて要求された場合
　　エ　書面[90]により事業者内部に公益通報をした日から20日を経過しても、当該対象事実について、当該労務提供先等から調査を行う旨の通知がない場合又は当該労務提供先が正当な理由がなくて調査を行わない場合
　　オ　個人の生命又は身体に危害が発生し、又は発生する急迫した危険があると信ずるに足りる相当の理由がある場合

(ⅴ) 通報を受けた機関の措置

　公益通報を受けた労務提供先の事業者は、必要な是正措置を行った場合はこれを通報者に通知する。そのほか、内閣府は「公益通報者保護法に関する民間事業者向けガイドライン[91]」を作成し、公表している。

　また、行政機関が公益通報を受けた場合は、法令違反による国民への被害の未然防止や拡大防止を図るため、その是正機能を一層発揮し、必要な調査や適切な措置を行わなければならない。処分等の権限を有する行政機関であることが必要だが、この点を通報者が

---

　90)　紙媒体に限らず、電子メールなど電子媒体も含まれる。
　91)　http://www.caa.go.jp/seikatsu/koueki/minkan/files/minkan.pdf

誤った場合には、正しい行政機関を通報者に教示しなければならない。そのほか内閣府が「国の行政機関の通報処理ガイドライン[92]」を作成し、公表している

(ⅵ) 公益通報の効果

　公益通報が適法になされた場合の効果は、そのことを理由とする解雇、派遣契約解除その他の不利益取扱いの禁止である（法3条、4条、5条）。不利益取扱いとしては降格、減給、嫌がらせ、専ら雑務に従事させる、通報者が退職者の場合は退職年金の差止め、通報者が派遣労働者の場合、その交代を求めるなどが想定されている。

(3) 公益通報をめぐる裁判例

　公益通報者保護法に関する裁判例は、現在までのところ、後述の1件が報告されている。法制定以前の裁判例も、公益通報者保護のあり方に関連し、その解釈に参考となるものがあるので、あわせて紹介しておく。

　内部告発を理由とする解雇や懲戒処分を無効とした事例としては、大阪地判平成12年10月25日労判790号44頁（戒告処分の無効確認認容）、前橋地判平成12年4月28日労判794号64頁及びその控訴審である東京高判平成14年4月17日労判831号65頁（解雇無効確認認容）、横浜地小田原支判平成12年6月6日労判788号29頁（解雇無効確認認容）、福岡高宮崎支判平成14年7月2日判時1804号131頁（解雇無効確認認容）[93]などがある。これらは、内部告発対象事実が真実または真実と信じるにつき相当の理由があると認められ、正当な行為と評価できると判断されている。

　これに対して、前述のトナミ運輸事件判決は、公益通報者保護法の定める要件を意識しつつ、以下のような判断枠組みで昇格昇級の停止や雑務のみを行わせる不利益取扱いを違法とした。

　まず、内部告発対象事実たるヤミカルテルが真実であり、少なくとも真実と信じるに足りる合理的な理由があったと認めた。次いでヤミカルテルが競争阻害と顧客の利益を損なうものであることから、その是正を目的とした内部告発には基本的に公益を実現する目的が認められるとした。第三に、内部告発方法の妥当性も、告発対象事実が不特定多数に知られると企業として打撃を受ける可能性があるので、ある程度企業側の被る不利益にも配慮する必要があるとしつつ、企業内部での是正努力を通報者が行っても企業が何らかの是正措置を講じた可能性はきわめて低かったと認められ、このことを考慮すると報道機関への内部告発は無理からぬものがあったと認められ、不当とはいえないと判断した。かくし

---

92) http://www.caa.go.jp/seikatsu/koueki/gaiyo/guideline.html　このページから行政機関自体に対する公益通報と、監督官庁としての行政機関への公益通報とのそれぞれのガイドラインがリンクされている。

93) なお本件の原審・宮崎地判平成12年9月25日判時1804号、p.137は、解雇を有効としていた。

て、「告発に係る事実が真実であるか、真実であると信じるに足りる合理的な理由があること、告発内容に公益性が認められ、その動機も公益を実現する目的であること、告発方法が不当とまではいえないことを総合考慮すると、原告の内部告発は正当な行為であって法的保護に値する」とした。

公益通報者保護法が施行された後には、オリンパスの従業員がコンプライアンス室に通報したことなどに対する報復として配転命令を受けたという事案で、不法行為の成立を認めた事例がある[94]。

（4） デジタルフォレンジックとの関連性

最後に、デジタルフォレンジックと公益通報者保護制度との関係を考えてみたい。

デジタルフォレンジック技術は、企業内コンピュータの使用履歴・ファイル履歴を明らかにし、アクセス記録などのメタデータを解析することを可能とする。公益通報の対象事実の有無については、フォレンジック技術の活用によりかなりの程度まで、明るみに出るものと考えられる。

このことは、虚偽の事実を指摘したり、真実を隠蔽したりすることは困難になるので、公益通報者にとって真実を立証しやすくなるとともに、その対象となった企業にとっても、不当な言いがかりには事実にもとづいて反論が可能となる。

ただし、日本の民事裁判制度では、強制的に企業のデジタルディスクを捜索し、フォレンジック技術により内容を徹底的に確認することはできない。あくまで当該企業が進んで探索を望む場合に限られる。そうだとすると、フォレンジック技術の活用によって不正の事実を暴くことはあまり期待できない。むしろ、不当な言いがかりに対する防御としての利点が重要な機能として期待できるであろう。

思うに、公益通報によるコンプライアンス向上にデジタルフォレンジック技術を役立てるためには、公益通報者が企業外の行政機関その他の公益的機関に対して通報することが容易に認められ、かつその機関のイニシアティブにより企業のデジタルディスクの検証が可能となる必要がある。現在のところ、刑事手続による捜索差押えはもちろんだが、監督と調査の権限を有する行政機関の場合にも、デジタルフォレンジック技術の応用による真相究明が可能となる。したがって、法3条2号の公益通報については、それに続く調査においてデジタルフォレンジック技術の応用が大いに考えられるところである。同条3号の公益通報においてデジタルフォレンジック技術が威力を発揮するには、eディスカバリがわが国でも実現されるのを待たなくてはならないであろう。

（執筆担当：町村泰貴）

94） 東京高判平成22年8月31日判時2127号、p.124。この判決は最高裁に上戸及び上告受理申立てされたが、上告棄却決定及び不受理決定により確定している。

6.3.10 行政機関の保有する情報の公開に関する法律
（1） 情報公開の概念

情報公開は、多義的に用いられているが、いわゆる情報公開法において、情報公開とは、主権者である国民の信託を受けて活動を行う政府が、主権者に対するアカウンタビリティ（説明責務）の観点から、政府情報を公開していくことを意味するとされている[95]。

「行政機関の保有する情報の公開に関する法律」（以下「行政機関情報公開法」という。平成11年5月14日公布、平成13年4月1日施行）は、「国民主権の理念にのっとり、行政文書の開示を請求する権利につき定めること等により、行政機関の保有する情報の一層の公開を図り、もって政府の有するその諸活動を国民に説明する責務が全うされるようにするとともに、国民の的確な理解と批判の下にある公正で民主的な行政の推進に資することを目的とする。」とするのもその趣旨である。

また、国から独立した法人であっても、政府の一部としての性格を有する独立行政法人についても、情報公開の趣旨に照らし、行政機関情報公開法と同様に「独立行政法人等の保有する情報の公開に関する法律（平成13年法律第140号）」（以下「独立行政法人等情報公開法」という。平成13年12月5日公布、平成14年10月1日施行）が制定された（以下行政機関情報公開法と独立行政法人等情報公開法とをあわせて「情報公開法」ということがある）。

（2） 情報公開法の概要
（a） 対象機関

行政機関情報公開法は、法律にもとづき内閣に置かれる機関（内閣官房、内閣府等）、内閣の所轄の下に置かれる機関（人事院）、国の行政機関として置かれる機関（省、委員会及び庁）及び会計検査院が対象とされる（2条1項）。

また、独立行政法人等情報公開法では、独立行政法人（全104法人）、国立大学法人（全86法人）、大学共同利用機関法人（4法人）、特殊法人（7法人）、認可法人（3法人）及びその他の法人（1法人）が対象とされている[96]。

---

[95] 宇賀克也『新・情報公開法の逐条解説 第5版―行政機関情報公開法・独立行政法人等情報公開法』p.1、有斐閣、2001年。
　なお、情報公開は、国民のいわゆる「知る権利」を保障するものであるとして、目的規定に明文化すべきとの議論があるが、憲法解釈において、その概念が多様であることから、情報公開法では「知る権利」という言葉は用いられていない。

[96] http://www.soumu.go.jp/main_content/000121077.pdf

(b) 対象文書の範囲

　行政機関情報公開法及び独立行政法人等情報公開法において、対象とされる行政文書または法人文書は、行政機関の職員・独立行政法人等の役職員が職務上作成し、又は取得した文書、図画及び電磁的記録であって、職員・役職員が組織的に用いるものとして、当該行政機関・独立行政法人等が保有しているものである（2条2項）。

　行政機関情報公開法では、「行政文書」[97]を開示の対象とし、「情報」とはしていない。「情報」を開示の対象とした場合には、その範囲を確定することが困難であったり、同様な情報がさまざまな媒体に記録されている場合にどの情報を請求するものであるかの特定が困難となるなどの問題が想定されることによる[98]。

　対象となる文書は、行政機関情報公開法では、「行政機関の職員が職務上作成し、又は取得した」文書等で、「当該行政機関の職員が組織的に用いるもの」とされている（2条2項）。

　これは、行政機関の職員が当該職員に割り当てられた仕事を遂行する立場で、すなわち公的立場において作成し、又は取得したことをいい、作成したこと及び取得したことについて、文書管理のための帳簿に記載すること、収受印があること等の手続的な要件を満たすことを要するものではない。また、作成又は取得に関与した職員個人の段階ものではなく、組織として共用文書の実質を備えた状態、すなわち、当該行政機関の組織において、業務上必要なものとして、利用又は保存されている状態のものを意味する[99]。

　なお、対象文書として、「電磁的記録」があげられているが、「電磁的記録」とは、電子的方式、磁気的方式その他人の知覚によって認識することができない方式で作られた記録をいい（刑法7条参照）、電子計算機による情報処理の用に供されるいわゆる電子情報の記録だけでなく、録音テープ、ビデオテープ等の内容の確認に再生用の専用機器を用いる必要のある記録も含まれる。また、電子計算機による情報処理のためのプログラムについても、行政機関情報公開法2条2項ただし書に該当するものを除き、電磁的記録に該当する[100]。

97）　独立行政法人等情報公開法2条2項は「法人文書」とする。
98）　総務省行政管理局編『詳解情報公開法』p.22、財務省印刷局、2001年。
99）　総務省行政管理局編『詳解情報公開法』pp.22-24、財務省印刷局、2001年。独立行政法人等情報公開法2条2項参照。
　　組織共用性については、①職員が単独で作成し、又は取得した文書であって、専ら自己の職務の遂行の便宜のためにのみ利用し、組織としての利用を予定していないもの（自己研鑽のための研究資料、備忘録等）、②職員が自己の職務の遂行の便宜のために利用する正式文書と重複する当該文書の写し、③職員の個人的な検討段階に留まるもの（決裁文書の起案前の職員の検討段階の文書等。なお、担当職員が原案の検討過程で作成する文書であっても、組織において業務上必要なものとして保存されているものは除く）などは、該当しない。

(c) 文書の開示

 何人も、国の行政機関の長または独立行政法人等は、上記の行政文書または法人文書について開示を請求することができる（3条）。

 開示請求があったときは、国の行政機関の長または独立行政法人等は、開示されると第三者の権利利益や公共の利益を害するおそれがある情報が記録されている場合を除き、行政文書または法人文書を開示するものとする。

 不開示情報は、①個人に関する情報、②法人等に関する情報、③国の安全等に関する情報、④公共の安全等に関する情報、⑤審議、検討等に関する情報、⑥事務又は事業に関する情報である。すなわち、

① 個人に関する情報で特定の個人を識別できるもの等（ただし、法令の規定又は慣行により公にされている情報、公務員や独立行政法人等の役職員等の職に関する情報等は除く）。

② 法人等に関する情報で、公にすると、法人等の正当な利益を害するおそれがあるもの、非公開条件付の任意提供情報であって、通例公にしないこととされているもの等

③ 公にすると、国の安全が害されるおそれ、他国との信頼関係が損なわれる等のおそれがあると行政機関の長が認めることにつき相当の理由がある行政文書に記録されている情報

④ 公にすると、犯罪の予防、捜査等の公共の安全と秩序の維持に支障を及ぼすおそれがあると行政機関の長が認めることにつき相当の理由がある行政文書に記録されている情報

⑤ 国の機関、独立行政法人等及び地方公共団体の内部又は相互の審議、検討等に関する情報で、公にすると、率直な意見の交換が不当に損なわれる等のおそれがあるもの

⑥ 国の機関、独立行政法人等又は地方公共団体等が行う事務又は事業に関する情報で、公にすると、その適正な遂行に支障を及ぼすおそれがあるもの

である。

 なお、不開示情報が記録されている場合であっても、行政機関の長又は独立行政法人等が公益上特に必要があると認めるときは、開示することができる。

 また、行政文書・法人文書の存否を答えるだけで、不開示情報を開示することとなるときには、当該文書の存否を明らかにしないで、開示請求を拒否することができる（存否応

---

100) なお、「電磁的記録」には、ディスプレイに情報を表示するため一時的にメモリに蓄積される情報や、ハードディスク上に一時的に生成されるテンポラリファイル等は含まれない。総務省行政管理局編『詳解情報公開法』p.23、財務省印刷局、2001年。

答拒否)。

　開示請求があった場合、開示決定等は、開示請求があった日から30日以内に行う(30日以内の延長可)。

　開示請求された行政文書・法人文書が他の行政機関や独立行政法人等により作成されたものであるなどの場合は、その行政機関の長や独立行政法人等に対して事案を移送することができる(独立行政法人等から行政機関の長への移送は、公にすると国の安全が害されるおそれがある情報等が記録されている等の場合も可能)。

　行政文書・法人文書に第三者に関する情報が記録されているときは、その第三者に意見書の提出の機会を付与できる。また、公益上の理由で開示するとき等は、その機会を与えなければならない。

　文書・図画の開示は閲覧又は写しの交付により、電磁的記録の開示は、行政機関の場合は政令で定める方法により、独立行政法人等の場合は自らが定める方法により行う。

　開示請求及び開示の実施に係る手数料は、行政機関の場合は実費の範囲内でできる限り利用しやすい額とするよう配慮して政令で定め、独立行政法人等の場合は実費の範囲内で行政機関情報公開法の手数料の額を参酌して自ら定める。

(d)　不服申立て等

　開示決定等に対する不服申立てについて、第三者的な立場から、調査審議を行う諮問機関として、内閣府に情報公開・個人情報保護審査会が設置されている。

　開示決定等について不服申立てがあったときは、行政機関の長又は独立行政法人等は、内閣府情報公開・個人情報保護審査会に諮問(会計検査院長は会計検査院情報公開・個人情報保護審査会に諮問)する。

　情報公開・個人情報保護審査会は、諮問庁に対し、①不服申立てに係る文書の提示(インカメラ審理手続)、②不服申立てに係る文書に記録されている情報を審査会の指定する方法により分類・整理した資料(ヴォーン・インデックス)の作成・提出等を要求できる。

　情報公開・個人情報保護審査会は、その指名する委員に不服申立人等の意見の陳述を聴かせること等ができる。

　答申に不服があれば、情報公開訴訟は、原告の住所地等を管轄する高等裁判所の所在地の地方裁判所にも提起することができる。

(e)　情報提供

　政府及び独立行政法人等は、情報の提供に関する施策の充実に努めるものとする。

　特に独立行政法人等は、組織、業務及び財務に関する基礎的な情報等を記録した文書等を作成し、適時に、かつ国民が利用しやすい方法で提供する[101]。

(f) 文書管理

文書を適正に管理するため、行政機関は行政機関情報公開法施行令で定めるところにより、独立行政法人等は行政機関情報公開法施行令の規定を参酌して、行政文書・法人文書の管理に関する定めを設ける。また、この定めは一般の閲覧に供しなければならない[102]。

(g) 地方公共団体の情報公開

地方公共団体は、行政機関情報公開法の趣旨にのっとり、その保有する情報の公開に関し必要な施策を策定し、及びこれを実施するよう努めなければならない。

(3) 公文書等の管理に関する法律

情報公開制度が機能するためには、行政文書を含む公文書(立法府、司法府の文書を含む)の作成、管理、保存が適切に行われている必要がある。そこで、①行政目的による利用に現に供されている行政文書、及び、重要な公共的事務を担う独立行政法人等の文書の作成、保存、管理について具体的な法的規律を置くとともに、②現用期間が終了した行政文書の廃棄について定め、③歴史的な意義をもつ公文書を公文書館等に移管する体制を確保し、④公文書館等における歴史的公文書の管理、保存と利用の体制を整備するために、公文書等の管理に関する法律(平成21年法律第66号)が制定された。

この法律では、行政文書の作成、管理、保存、廃棄・移管、歴史的意義をもつ公文書の管理、保存、利用について、責任をもつ中央担当機関として内閣府を位置づけ、さらに、独立の諮問委員会として公文書管理委員会を置いて、これらの機関に対し、各府省の文書管理体制に関与し、これを監視する権限を付与している。

この法律では、行政機関の長に行政文書の管理に関する定めを設けなければならない(10条)とし、独立行政法人等に法人文書を適正に管理しなければならない(11条)とする[103]。

これをうけて、行政文書管理規則を作成するうえで、行政文書の管理に関するガイドラインを定めている。

(4) 情報公開に関する条例

情報公開制度は、法律によるだけでなく、自治体においていわゆる情報公開条例が制定されている。

(執筆担当:安冨潔)

---

101) 独立行政法人等情報公開法施行令において、情報提供の方法(事務所における閲覧、インターネット等の利用)、範囲等について規定されている。
102) 行政機関情報公開法施行令において、行政文書の分類、作成、保存及び廃棄に関する基準その他の行政文書の管理に関する必要な事項について規定されている。
103) http://www8.cao.go.jp/chosei/koubun/hourei/kanri-gl.pdf

6.3.11 個人情報保護法
（1） 個人情報の保護の必要性

「情報社会」の進展は、情報技術をわれわれの生活に不可欠なインフラストラクチャとするに至った。今後、情報社会が健全な発展を遂げていくためには、その安全性及び信頼性等の確保を図ることが必須である。

ところで、「高度情報通信ネットワーク社会」においては、情報通信技術を利用した大量で多様な個人情報の処理が日常的に行われている。個人情報の利用はさまざまな事業活動等の面で国民生活に欠かせないものとなっている反面、個人情報漏洩やプライバシー侵害の危険も増大している。

高度情報通信ネットワーク社会において、保護の対象となる情報には、①個人情報、②プライバシーに係る情報、③通信の秘密に係る情報がある。個人情報については個人情報保護に関する法律や条例、各種ガイドラインにより、プライバシーに係る情報については判例により、通信の秘密に係る情報については電気通信事業法や関連ガイドラインによりそれぞれ法的保護の枠組みが設けられている[104]。

このような高度情報通信社会における個人情報の有用性に配慮した個人の権利・利益の保護のための個人情報の適正な取扱いが求められている（図 6.3.1）。

（2） 個人情報の保護に関する法律
（a） 目的

個人情報の保護に関する法律（以下「個人情報保護法」という。平成 15 年 5 月 30 日法律第 57 号）個人情報の有用性に配慮しつつ、個人の権利利益を保護することを目的としている（1 条）。個人情報保護法が立法された背景には、情報通信技術の発達によるコンピュータやネットワークを利用した大量の個人情報処理が行われるようになり、個人情報漏洩などによる個人情報の取扱いに対する社会的な不安が拡大したことから、個人情報の適正な取扱いのルールを定め、国民の権利利益の侵害を未然に防ぐ必要性があると考えられたことによる。

---

[104] 個人情報保護法は、個人情報取扱事業者が個人情報の適正な取扱いのルールを遵守することにより、プライバシーを含む個人の権利利益の侵害を未然に防止することを狙いとしている。したがって、個人情報の取扱いとは関係のないプライバシーの問題などは、個人情報保護法の対象とはならない。プライバシー侵害などが実際に発生した後の個人の権利利益の救済については、民法上の不法行為や刑法上の名誉毀損罪などによって図られることになる。

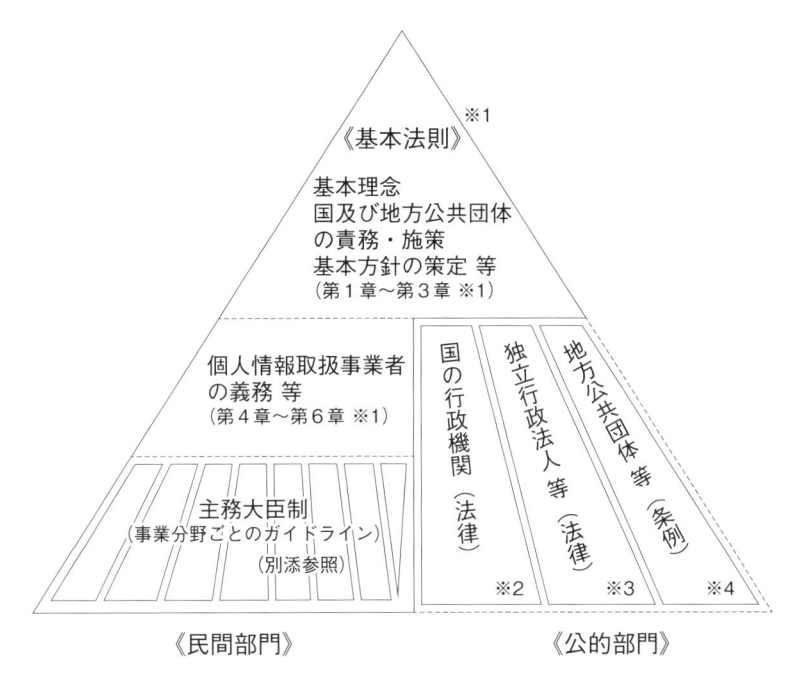

※1 個人情報の保護に関する法律
※2 行政機関の保有する個人情報の保護に関する法律
※3 独立行政法人等の保有する個人情報の保護に関する法律
※4 各地方公共団体において制定される個人情報保護条例

図6.3.1 個人情報保護に関する法体系イメージ

（b） 定義

個人情報保護法では、「個人情報」とは、「生存する個人に関する情報であって、当該情報に含まれる氏名、生年月日その他の記述等により特定の個人を識別することができるもの（他の情報と容易に照合することができ、それにより特定の個人を識別することができることとなるものを含む）という。」（識別可能情報）と定義している（2条1項）。

また、個人情報保護法では、「個人情報」のほか、「個人情報データベース等」、「個人情報取扱事業者」、「個人データ」、「保有個人データ」という概念を定義している（2条2～5号、図6.3.2）。

「個人情報データベース等」とは、個人情報を含む情報の集合物（検索が可能なもの。一定のマニュアル処理情報を含む）をいう（2条2号）[105]。

105） 個人情報データベース等には、従業員が、名刺の情報を業務用パソコン（所有者を問わない）の表計算ソフト等を用いて入力・整理し、他の従業員等によっても検索できる状態にしている場合や氏名、住所、企業別に分類整理されている市販の人名録などがある。一方、従業員が、自己の名刺入れについて他人が自由に検索できる状況に置いていても、他人には容易に検索できない独自の分類方法により名刺を分類した状態である場合や、アンケートの戻りはがきで、氏名、住所等で分類整理されていない状態である場合などはこれにあたらない。

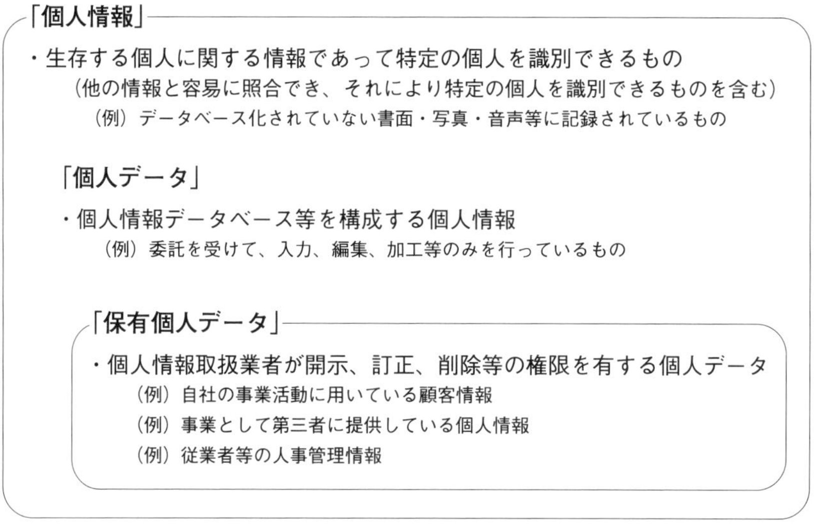

```
┌─「個人情報」──────────────────────────────────────┐
│ ・生存する個人に関する情報であって特定の個人を識別できるもの          │
│   （他の情報と容易に照合でき、それにより特定の個人を識別できるものを含む）  │
│    （例）データベース化されていない書面・写真・音声等に記録されているもの  │
│                                                      │
│  ┌─「個人データ」────────────────────────────────┐  │
│  │ ・個人情報データベース等を構成する個人情報                │  │
│  │    （例）委託を受けて、入力、編集、加工等のみを行っているもの  │  │
│  │                                                │  │
│  │  ┌─「保有個人データ」──────────────────────────┐  │  │
│  │  │ ・個人情報取扱業者が開示、訂正、削除等の権限を有する個人データ │  │  │
│  │  │    （例）自社の事業活動に用いている顧客情報          │  │  │
│  │  │    （例）事業として第三者に提供している個人情報        │  │  │
│  │  │    （例）従業者等の人事管理情報                 │  │  │
│  │  └────────────────────────────────────┘  │  │
│  └──────────────────────────────────────────┘  │
└──────────────────────────────────────────────┘
```

図 6.3.2 「個人情報」、「個人データ」、「保有個人データ」の関係

「個人情報取扱事業者」とは、個人情報データベース等を事業の用に供している者（国、地方公共団体等のほか、取り扱う個人情報が少ない等の一定の者を除く）をいう（2条3号）[106]。

「個人データ」とは、個人情報データベース等を構成する個人情報をいう（2条4号）[107]。

「保有個人データ」とは、個人情報取扱事業者が開示、訂正等の権限を有する個人データであって、その存否が明らかになることにより公益その他の利益が害されるものとして政令で定めるもの又は1年以内の政令で定める期間以内に消去することとなるもの以外のものをいう（2条5号）。

なお、個人情報保護法において個人情報について「本人」とは、個人情報によって識別される特定の個人をいう（2条6号）。

（c）　基本理念（3条）

個人情報は、個人の人格尊重の理念の下に慎重に取り扱われるべきものであり、その適正な取扱いが図られなければならない。すなわち、「利用目的による制限」、「適正な取得」、

---

[106] 例えば、特定の個人の数に算入しない事例としては、電話会社より提供された電話帳及び市販の電話帳CD-ROM等に掲載されている氏名及び電話番号、市販のカーナビゲーションシステム等のナビゲーションシステムに格納されている氏名、住所または居所の所在場所を示すデータガイドラインがあたる。

[107] 例えば、個人情報データベース等から他の媒体に格納したバックアップ用の個人情報やコンピュータ処理による個人情報データベース等から出力された帳票等に印字された個人情報があたる。しかし、個人情報データベース等を構成する前の入力帳票に記載されている個人情報は個人データに該当しない。

「正確性の確保」、「安全性の確保」、「透明性の確保」が挙げられる。

(d) 個人情報取扱事業者の義務

個人情報取扱事業者に求められる義務には、利用目的の特定(15条)、適正な取得(17条)、利用目的の通知(18条)、正確性の確保(19条)、安全管理措置(20条)、第三者提供の制限(23条)、開示・訂正・利用停止(25〜27条)、苦情の処理(31条)などがある。

(i) 利用目的の特定、利用目的による制限

個人情報取扱事業者は、個人情報を取り扱うにあたり、その利用目的をできる限り特定しなければならず、特定された利用目的の達成に必要な範囲を超えた個人情報の取扱いは原則として禁止される(15条、16条)。

なお、利用目的の特定にあたっては、利用目的を単に抽象的、一般的に特定するのではなく、個人情報取扱事業者において最終的にどのような目的で個人情報を利用するかを可能な限り具体的に特定する必要がある。

(ii) 適正な取得、取得に際しての利用目的の通知等

個人情報取扱事業者は、偽りその他不正の手段により個人情報を取得してはならない。個人情報を取得した際には、利用目的を通知又は公表する必要がある。本人から直接個人情報を取得する場合には、その利用目的を明示しなければならない(17条、18条)。

個人情報取扱事業者は、個人情報を取得する場合、あらかじめその利用目的を公表すべきであるが、公表していない場合は、取得後速やかに、その利用目的を、本人に通知するか、または公表しなければならない。個人情報取扱事業者は、書面等による記載、ユーザ入力画面への打ち込み等により、直接本人から個人情報を取得する場合には、あらかじめ、本人に対し、その利用目的を明示しなければならない。なお、口頭による個人情報の取得にまで、当該義務を課すものではない。

(iii) データ内容の正確性の確保

個人情報取扱事業者は、利用目的の達成に必要な範囲内で個人データの正確性、最新性を確保しなければならない(19条)。

(iv) 安全管理措置、従業者・委託先の監督

個人情報取扱事業者は、その取り扱う個人データの漏えい、滅失又はき損の防止その他の個人データの安全管理のため、①組織的安全管理措置、②人的安全管理措置、③物理的安全管理措置、④技術的な安全管理措置を講じなければならない(20条〜22条)。その際、本人の個人データが漏洩、滅失又はき損等をした場合に本人が被る権利利益の侵害の大き

さを考慮し、事業の性質及び個人データの取扱状況等に起因するリスクに応じ、必要かつ適切な措置を講じることが求められる[108]。

そして、個人情報取扱事業者は、20条にもとづく安全管理措置を遵守させるよう、従業者(個人情報取扱事業者の組織内にあって直接間接に事業者の指揮監督を受けて事業主の業務に従事している者)に対し必要かつ適切な監督をしなければならない。また、個人情報取扱事業者は、個人データの取扱いの全部または一部を委託する場合、20条にもとづく安全管理措置を遵守させるよう、受託者に対し必要かつ適切な監督をしなければならない。

(ⅴ) 第三者提供の制限

本人の同意を得ない個人データを、原則として、第三者に提供してはならない。

第三者提供とされる事例として、親子兄弟会社、グループ会社の間で個人データを交換する場合、フランチャイズ組織の本部と加盟店の間で個人データを交換する場合、同業者間で、特定の個人データを交換する場合や外国の会社に国内に居住している個人の個人データを提供する場合がある。他方、第三者提供にあたらない場合には、委託先への提供(委託元に管理責任)、合併等にともなう提供(当初の目的の範囲内)、グループによる共同利用(共同利用する者の範囲や利用目的等をあらかじめ明確にしている場合に限る)、同一事業者内で他部門へ個人データを提供することがある。

同意の取得にあたっては、事業の性質及び個人データの取扱い状況に応じ、本人が同意に係る判断を下すために必要と考えられる合理的かつ適切な範囲の内容を明確に示すことが求められる。

また、本人の求めに応じて第三者提供を停止することとしており、その旨その他一定の事項を通知等しているときは、第三者提供が可能となる。委託の場合、合併等の場合、特定の者との共同利用の場合(共同利用する旨その他一定の事項を通知等している場合)は第三者提供とみなさない(23条)。

(ⅵ) 公表等、開示、訂正等、利用停止等

個人情報取扱事業者は、保有個人データの利用目的、開示等に必要な手続等についての

---

[108] 「安全管理のために必要かつ適切な措置」は、大別すると、組織的な観点から必要な措置と技術的な観点から必要な措置に分けられる。組織的な措置の具体例としては、個人情報の取扱いに関する内部規程の整備、安全管理者の設置、安全確保のための組織の整備、従業員に向けた研修の実施などが考えられる。技術的な措置の具体例としては、コンピュータへのファイアウォールの構築、情報の暗号化、データベースへのアクセス制限などが考えられる。なお、安全管理のために、具体的にどの程度の対応が必要かについては、一律に定まるものではない。取り扱う情報の性質や利用方法、情報通信技術の発達などを勘案し、社会通念上合理的な程度の安全管理措置をとることが必要と考えられる。

公表等が求められる。保有個人データの本人からの求めに応じ、開示、訂正等、利用停止等をしなければならない(25条〜27条)。

(3) 行政機関・独立行政法人等における個人情報の保護

行政機関の保有する個人情報の保護に関する法律(平成15年5月30日法律第58号)及び独立行政法人等の保有する個人情報の保護に関する法律(平成15年5月30日法律第59号)は、基本法である個人情報保護法に対する個別法として、行政機関や独立行政法人等の保有する個人情報に関して、事務及び事業の適正かつ円滑な運営を図りつつ、個人の権利利益を保護することを目的として定められている。

(4) 個人情報保護のためのガイドライン

個人情報保護法は、個人情報保護のための基本法としての性格から、個人の権利利益を保護するための具体的な運用について、それぞれの分野でのガイドラインが作成されている[109]。

(執筆担当：安冨潔)

6.3.12 電気通信事業法

(1) 電気通信事業法の目的・概要

電気通信事業法は、①電気通信事業の運営を適正かつ合理的なものとし、②公正な競争の促進することで、③円滑な提供の確保と、④利用者の利益の保護すること、を目的として(第1条)[110]、電気通信事業者を規制する法律である。

1980年代までの電気通信の主役であった電話サービスは自然独占性がある事業であると考えられ、どの国でも独占的な事業体によって始められることが多かった。わが国でも1985年まで、国内通信は日本電信電話公社(電電公社)、国際通信は国際電信電話株式会社(KDD)によって、専ら提供されてきた。

国民生活に不可欠な公益性のあるサービスを独占的な事業体が提供する場合には、その事業体が独占利潤を得られるような料金設定をしたり、採算性の悪い地域にサービスを提供しなかったりすることがないようにする必要がある。電気通信事業についても、公衆電気通信法を中心とする法律によって政府規制が課せられていた。

しかし、技術革新によるコストダウンや電話の普及によって事業参入のハードルや設備

---

109) http://www.caa.go.jp/seikatsu/kojin/gaidorainkentou.html
110) 電気通信事業法第1条「この法律は、電気通信事業の公共性にかんがみ、その運営を適正かつ合理的なものとするとともに、その公正な競争を促進することにより、電気通信役務の円滑な提供を確保するとともにその利用者の利益を保護し、もって電気通信の健全な発達及び国民の利便の確保を図り、公共の福祉を増進することを目的とする。」

表 6.3.2　電気通信事業者規制の概要

目的	規制対象	料金規制
競争促進	相互接続義務	接続料
利用者保護	提供義務・参入規制	サービス料金

出典）　小向太郎「通信・ブロードバンド規制」、山本哲三・野村宗訓編著『規制改革 30 講　厚生経済学的アプローチ』p.185（中央経済社、2013 年）

　投資のリスクが下がり、技術が標準化されることでネットワークが単一の事業者によって提供されていなくても相互に通信が可能になってきた。また、サービスの高度化等、さまざまなニーズが顕在化し、自由競争（料金競争、サービス競争）による市場の活性化を求める声が高まり、電気通信事業に競争を導入するべきであるという意見が強まってきた。そして、1985 年に電気通信事業者を規制する法律として電気通信事業法が制定され、電電公社が民営化され日本電信電話株式会社（NTT）となり、電気通信事業に新規事業者が参入し、競争原理が導入された。

　自由化によって競争が有効に機能すれば、独占的事業体に対して行われてきたような規制は本来は必要がなくなる。しかし、自由化当初に新規事業者が電話事業に参入しても、例えば NTT の利用者と通話ができなければ、サービスとして成り立たない。特に既存事業者には接続に応じるインセンティブが働かない可能性がある。また、代替手段が少ない必需サービスについて、不採算地域のサービスが提供されなかったり、料金が高騰してしまったりすることは望ましくない。十分な体力のない事業者が参入してサービス提供が途絶えることも、避けるべきであろう。

　電気通信事業法における事業者規制は、このような競争促進と利用者保護の観点から、事業者に相互接続やサービス提供に関する義務を課すことと、必要な場合に料金を規制することが、その中心的な役割となっている（表 6.3.2）[111]。

（2）　デジタル・フォレンジックと通信の秘密

　デジタル・フォレンジックの観点からみると、電気通信事業法の規定のなかでも、通信の秘密に関するものが特に重要である。ネットワークのインフラを担っている電気通信事業者のシステムを、インターネットでやりとりされる膨大な情報が通過することになる。通信自体が違法な行為に使われる場合もあれば、紛争が起こった際にある通信に関する情報が重要な証拠となる場合もある。これらの情報は、通信の秘密として保護される場合が多い。

---

[111]　小向太郎「通信・ブロードバンド規制」山本哲三・野村宗訓 編著『規制改革 30 講 厚生経済学的アプローチ』p.182 以下、中央経済社、2013 年。

電気通信事業法は、「電気通信事業者の取扱中に係る通信の秘密」を侵すことを禁じており(第4条)、通信の秘密を侵した者に対して刑事罰を科している(第179条)。

通信の秘密として保護される情報としては、通信内容以外に、個別の通信の通信当事者がどこの誰であるかということや、いつ通信を行ったかということも含まれると考えられている[112]。したがって、かなり広い範囲の情報が通信の秘密にあたることになる[113]。なお、通信の秘密を「侵害する」とは、通信の当事者以外の第三者が知得、漏洩(他人が知り得る状態にしておくこと)、窃用(本人の意思に反して自己または他人の利益のために用いること)することである[114]。

通信の秘密として保護される情報は個別の通信に関する情報全般にわたるため、電気通信事業者は、通信の秘密にあたる情報を使わなければ通信事業を行うことができない。ただし、電気通信事業者の従業員等が業務上必要な情報を知得することは、形式上、通信の秘密侵害に該当するが、正当業務行為として違法性が阻却されると考えられている[115]。

総務省では、電気通信分野における個人情報の取扱いについてガイドラインを策定し、適宜改訂を行っている。個人情報保護法の制定に伴い改正された「電気通信事業における個人情報保護に関するガイドライン[116]」では、個人情報の収集が許されるのは電気通信サービスを提供するため必要な場合に限るとして、目的を限定してその範囲内で利用等をすること、適正に管理を行うこと、個人情報の開示及び訂正等についてもできる限り応じること、個人情報の取扱いに関する責任者を明確にすること等が定められている。さらに、電気通信事業者に特有の「各種情報の取扱い(「通信履歴」、「利用明細」、「発信者情報」、「位置情報」、「不払い者情報」、「迷惑メール等送信に係る加入者情報」、「電話番号情報」)」について規定を設けているが、特に「通信履歴」、「利用明細」、「発信者情報」については通信の秘密に該当する場合が多いとして慎重な考えが示されている[117]。

---

112) 「電話の発信場所は、発信者がこれを秘匿したいと欲する場合があり得るから、右の第2項にいう『他人の秘密』に該当すべきものと解すべき」昭和38年12月9日内閣法制局一発第24号。「通信内容はもちろんであるが、通信の日時、場所、通信当事者の氏名、住所・居所、電話番号などの当事者の識別符合、通信回数等これらの事項を知られることによって通信の意味内容が推知されるような事項全てを含むものである」(多賀谷一照他編著『電気通信事業法逐条解説』p.38、財団法人電気通信振興会、2008年)。

113) 「これらの通信の構成要素は、それによって通信の内容を探知される可能性があるし、また、通信の存在の事実を通じて個人の私生活の秘密(プライバシー)が探知される可能性があるからである」(多賀谷一照他編著『電気通信事業法逐条解説』p.38、財団法人電気通信振興会、2008年)。

114) 多賀谷一照他編著『電気通信事業法逐条解説』pp.38-39、財団法人電気通信振興会、2008年。

115) 「電気通信事業の従事者が業務上の必要から行う知得行為や捜査機関等が職務上適法に行う知得行為は、「正当行為」として違法性が阻却される」(多賀谷一照他編著『電気通信事業法逐条解説』p.39、財団法人電気通信振興会、2008年)。

116) 平成16年総務省告示第695号。その後も適宜見直しがされており、最終改正は2010(平成22)年7月29日総務省告示第276号である。

また、特定のIPアドレスを誰が利用しているかといった、インターネット上のサーバへアクセスしてきた者を特定するための情報についても、従来の考え方が通信の内容だけでなくその構成要素まで含めて通信の秘密として保護すべきとしていることを重視すれば、独立して通信の秘密保護の対象となると考えられる[118]。

　これらの情報が紛争等の過程でデジタル・フォレンジックの対象になる場合、通信の秘密に該当する情報について開示を求めたり探査したりすることができるのは、捜査機関（警察・検察）による強制捜査が行われる場合や、名誉毀損等の権利侵害に対して訴訟が提起されようとしている場合（プロバイダ責任制限法に基づく発信者情報掲示請求）などに限られる。

（3）　情報セキュリティと通信の秘密

　インターネットの標準プロトコルであるTCP/IPでは、通信データが細かく宛先付きのパケットに分けて送信され、伝送する情報に関するヘッダ情報がデータ本体に付加されている。インターネットを流通する情報はパケットの形で不特定多数のルータを通過するため、IPパケットのヘッダ情報[119]を多数のルータが参照して、情報を伝達していくこと

---

[117]　なお、通信の秘密として保護されるのは「電気通信事業者の取扱中に係る」ものであるため、電気通信事業者がコンテンツやWebサービスを提供する場合の利用履歴も通信の秘密として厳格に保護されるとも考えられる。しかし、これらのサービスを提供する場合には、基本的に通信の一方当事者として行っているのであり、サービス提供者が電気通信事業者である場合のみ利用履歴の利用が制限されるというのは、合理的ではない。本来は、電気通信事業者であるかどうかにかかわらず、実質的に他人の通信を媒介することに伴う情報かどうかによって、通信の秘密の該当性を判断すべきであろう。また、ネットワークを通じて提供されるサービスは多様化しているため、どの事業者が電気通信事業者であるかという境界も、あまり明確ではなくなっている。例えば、総務省の「電気通信事業参入マニュアル」では、「電子メールマガジンの媒介」、「コンテンツの媒介」、「クローズド・チャット」、「フリーメール」、「国外サーバを用いた電子メール」などについても電気通信事業にあたり得るとしており（総務省電気通信事業部データ通信課『電気通信事業参入マニュアル［追補版］―届出等の要否に関する考え方及び事例―』（平成17年8月18日）pp.24-25）、かなり広い範囲の事業者が、論理的には電気通信事業者に該当し得るとも考えられる。

[118]　ただし、従来から特定の電話番号を誰が利用しているかという情報は、通信の秘密とは扱われていない。例えば、特定の電話番号からそれを使用している契約者に関する情報について開示請求が行われるような場合、電話会社は通信の秘密に該当する情報の場合とは異なり、捜査関係事項照会（刑事訴訟法197条2項）等の正当な事由にもとづくものであれば、開示に応じている（行方美和「電話料金明細書の差押」判タ1121号、p.63、2003年）。このような考えにもとづけば、インターネットの接続情報のうち、固定IPアドレスは契約者情報であって通信の秘密にはあたらないが、DHCP（Dynamic Host Configuration Protocol：利用者がインターネットに接続するたびに、新たにIPアドレスが付与される方式）のIPアドレスは通信の秘密であるという見解もあり得る。もし、将来的にIPV6等への移行によってすべてのユーザに固定IPアドレスが割り当てられるようになれば、IPアドレスか電話番号と同じように取り扱われる可能性もある。

になる。アクセスプロバイダ等のネットワーク設備（ルータ、サーバ等）は、通信の媒介に際して、媒介するパケットのヘッダ情報を参照して伝送処理を行っている。

　従来の見解によれば、これらのヘッダ情報も原則として通信の秘密に該当することになる。そこで、ISP 等の電気通信事業者が自社のサーバやルータを経由する迷惑メールへの対策や、集中的な大量通信の制限などの情報セキュリティ対策を行う場合に、これらの情報を利用できるかどうかが問題となる。そして、通信の秘密にあたる情報を利用することができるのは、具体的な脅威が発生しているなどの緊急時に正当防衛、緊急避難の要件を満たす場合や、ネットワークの安定的運用のために必要不可欠かつ相当な手段の範囲であるなど正当業務行為として違法性阻却が認められる場合に限られ、攻撃検知のためにパケットの経路分析を常時行うことは難しいと考えられている[120]。これは、諸外国と比較しても、わが国で通信の秘密として保護される情報の範囲が広いことによる。一方で、サイバー攻撃の深刻化を踏まえて情報セキュリティ対策を強化すべきであるという意見も強まっており、2013 年度の「サイバーセキュリティ戦略」では、情報セキュリティ対策にかかわる通信の秘密の制度や運用について、踏み込んだ検討を行うべきとする記述が見られる[121]。

　通信の秘密が厳格に保護されているのは、これが脅かされると人権侵害の恐れが大きいことによる。通信ネットワークが社会生活に欠かせないものになっている現代においてこ

---

[119]　IP ヘッダには、バージョン番号、IHL（IP ヘッダの長さ）、パケット長（データ部も含めた長さ）、識別子・フラグ・フラグメントオフセット（パケットに分割されたデータにおける位置）、TTL（パケットの生存時間：ループに入ったパケットを破棄するためのフラグ）、ヘッダチェックサム（ヘッダのデータが壊れてしまったときにそれを検出できるようにする値）、プロトコル（TCP、UDP など当該パケットが運ぶデータの上位層プロトコル）、送信元 IP アドレス、宛先 IP アドレスが含まれる。

[120]　例えば、DDos 攻撃等の大量通信に対する対処に関して電気通信事業関連団体が策定した「電気通信事業者における大量通信等への対処と通信の秘密に関するガイドライン」（第 2 版、2011 年 3 月 25 日）では、具体的な脅威が発生しているなどの「緊急時に行われる対策については、一般的に、正当防衛、緊急避難の要件を満たす場合には通信の秘密の侵害について違法性が阻却される」のに対して、「常時行われる対策については、急迫性、現在の危難といった要件を満たさないものと思われるため、正当業務行為に当たる場合に違法性が阻却される」として、「電気通信事業者の事業の維持・継続に必要な行為」に限定されることが強調されている。

[121]　「情報セキュリティを目的とした通信解析の可能性等、通信の秘密等に配慮した、関連制度の柔軟な運用の在り方について検討する」、「サイバー犯罪に対する事後追跡可能性を確保するため、関係事業者における通信履歴等に関するログの保存の在り方やデジタルフォレンジックに関する取組を促進するための方策について検討する。特に、通信履歴の保存については、通信の秘密との関係、セキュリティ上有効な通信履歴の種類、保存する通信事業者等における負担、海外でのログの保存期間、一般利用者としての国民の多様な意見等を勘案した上でサイバー犯罪における捜査への利用の在り方について検討する」。情報セキュリティ政策会議「サイバーセキュリティ戦略～世界を率先する強靭で活力あるサイバー空間を目指して～」（平成 25 年 6 月 10 日）、pp. 31-33。

そ、通信の秘密の意義は大きい。しかし、過度に厳格な保護が情報セキュリティ対策の足かせになっていないかどうかは、改めて考える必要がある[122]。

(執筆担当：小向太郎)

6.3.13　電子署名及び認証業務に関する法律
(1)　電子署名法の背景
(a)　立法過程

電子署名及び認証業務に関する法律(以下、電子署名法)は、2000年5月に成立し、2001年4月に施行された法律である。この法律は法務省、経済産業省、総務省の三省が共同で所管している。

電子署名法附則3条では、法律施行から5年を経過した後に同法の施行の状況について検討を加え、その結果にもとづく必要な措置を講ずることとされている。

これを受けて所管三省は、まず2007年度に「電子署名及び認証業務に関する法律の施行状況に係る検討会」を開催して電子署名の普及促進に必要な課題等を整理し[123]、さらに2012年度に「電子署名法の施行状況に係る調査研究会」を開催し、報告書[124]を取りまとめた。

(b)　立法の必要性

1990年代以降、一般家庭にもパソコン、携帯端末、インターネット等が普及し、官民における電子申請や、電子商取引が日常化してきた。その一方で、発信者と受信者が非対面の状態で行うやりとりは本人確認が困難であり、なりすましや情報の改変のおそれが懸念されるようになった。そこで、インターネットを利用した社会経済活動の推進に向けて、電子申請、電子商取引等の安全性や信頼性の確保を目的に、電子署名やその運用にあたる認証業務に関する法律を定めることになった。

現在、実用化の主流となっている公開鍵暗号方式を用いた電子署名は1970年代[125]から実用に向けた研究が進められてきた技術である。こうした電子署名技術が有する機能を法律で定義したうえで法的効果を与え、さらに運用にあたる第三者機関を規律する事業法

---

[122]　小向太郎『情報法入門―デジタル・ネットワークの法律』p.71以下、NTT出版、第2版、2011年。

[123]　『2007年度報告書』
　http://www.meti.go.jp/policy/netsecurity/docs/esig/080530_esignreport.pdf

[124]　『2012年度報告書』
　http://www.meti.go.jp/policy/netsecurity/docs/esig/h24esig-report.pdf

[125]　R. L. Rivest, A. Shamir, and L. Adelman, "A Method for Obtaining Digital Signature and Public-key Cryptsystems," MIT Laboratory for Computer Science, 1977.
　http://people.csail.mit.edu/rivest/Rsapaper.pdf

としての性質をもたせた点[126]、また、技術的中立性や将来的な安全性を確保するために技術の進捗に合わせた見直しを前提とした施行規則を定めた点において、わが国の電子署名法は画期的な法律である。

(c) 海外の状況

電子署名法と類似した制度を有する国として、ドイツ、フランス、英国、シンガポール、韓国等がある。米国では連邦電子署名法[127]のほか、カリフォルニア州、ワシントン州、ユタ州等の各州に州法として制定されたものがある。

2013年現在、EUでは、域内の電子署名の利用をさらに促進するために、各国の電子署名法制度を規則(Regulation)によって直接整備することをねらいとしたEU電子署名規則案[128]が検討されている。これまでEUの各国で運用にばらつきのあった認証機関について今後は統一的ルールが設けられる可能性がある。

(2) 法律の内容
(a) 目的規定

電子署名法の目的は「電子署名に関し、電磁的記録の真正な成立の推定、特定認証業務に関する認定の制度その他必要な事項を定めることにより、電子署名の円滑な利用の確保による情報の電磁的方式による流通及び情報処理の促進を図り、もって国民生活の向上及び国民経済の健全な発展に寄与すること」にある(電子署名法1条。以下、法と表記する)。

電子署名法は大きく分けて2つの項目により構成される。
① 電子署名による電磁的記録の真正な成立の推定
② 特定認証業務に関する認定の制度等

次にそれぞれの定義及び法律の概要について述べる。

電子署名法は、総則(第一章)、電磁的記録の真正な成立の推定(第二章)、特定認証業務の認定等(第三章)、指定調査機関等(第四章)、雑則(第五章)、罰則(第六章)、附則という構成で成り立っている。

以下では、電子署名による電磁的記録の真正な性質の推定、特定認証業務に関する認定の制度等の内容を中心に概観する。

---

126) 夏井高人『電子署名法』p.212、リックテレコム、2001年
127) Electronic Signatures in Global and National Commerce Act
http://www.ftc.gov/os/2001/06/esign7.htm
128) EU電子署名規則案は以下を参照のこと
http://eur-lex.europa.eu/LexUriServ/LexUriServ.do?uri=CELEX:52012PC0238:EN:NOT

(b) 定義
(ⅰ) 電子署名

電子署名とは、電磁的記録（電子的方式、磁気的方式その他、人の知覚によっては認識することができない方式で作られる記録であって、電子計算機による情報処理の用に供されるものをいう）に記録することができる情報について行われる措置であって、次の要件のいずれにも該当するものである（法2条1項各号）。

① 当該情報が当該措置を行った者の作成に係るものであることを示すためのものであること
② 当該情報について改変が行われていないかどうかを確認することができるものであること

上記はそれぞれ本人性と非改ざん性を要求するものであり、その双方の性質を有するものが電子署名法のいう電子署名となる。電子署名には複数の技術的な方法があるが、現行法では特に方法に関する限定をしていない。しかし、後述する特定認証業務で扱う電子署名に関しては、電子署名及び認証業務に関する法律施行規則（以下、施行規則）が定める基準を充足する必要がある。施行規則では、電子署名の安全性が次のいずれかの困難性に基づくものであることが求められる（施行規則2条各号）。

① ほぼ同じ大きさの二つの素数の積である千二十四ビット以上の整数の素因数分解
② 大きさ千二十四ビット以上の有限体の乗法群における離散対数の計算
③ 楕円曲線上の点がなす大きさ百六十ビット以上の群における離散対数の計算
④ 前三号に掲げるものに相当する困難性を有するものとして主務大臣が認めるもの

(ⅱ) 認証業務

認証業務とは、利用者等の求めに応じて当該電子署名を利用者本人が行ったことを証明する業務のことである（法2条2項）。

そして、認証業務を行う事業者が主務大臣の認定を受けることにより、特定認証業務を行う認定認証事業者となることができる（法4条1項）。

(c) 電子署名による電磁的記録の真正な成立の推定

電磁的記録の真正な成立の推定については、法3条に「電磁的記録であって情報を表すために作成されたもの（公務員が職務上作成したものを除く。）は、当該電磁的記録に記録された情報について本人による電子署名（これを行うために必要な符号及び物件を適正に管理することにより、本人だけが行うことができることとなるものに限る。）が行われているときは、真正に成立したものと推定する。」という定めがある。

これは、書証に関する規定である民事訴訟法228条4項「私文書は、本人又はその代理人の署名又は押印があるときは、真正に成立したものと推定する。」を踏まえたものとさ

れる。すなわち、民事訴訟法が紙による文書を想定した規定であるのに対し、電子署名法は民事訴訟法の趣旨を踏まえたうえで電子的文書を対象とした定めを置いたものである。

文書が「真正に成立した」とは、ある文書がそれを作成したとされる本人の意思にもとづいて作成されたことをいう。ところが署名又は押印が本当に本人の意思にもとづいて行われたか否かは、人間の内心の状態であることから、客観的にそれを裁判で立証することは容易ではない。

そこで、民事訴訟法では二段の推定[129]という考え方を採用している。

① まず、紙の文書に本人名義の署名や印影等が存在している場合にはそれらが本人の意思にもとづいて行われたものと事実上推定する。
② そして、本人名義の署名や印影等がある文書は本人の意思にもとづいて作成された文書として法律上推定する。

このような2つの段階の推定を経て文書が真正に成立したものとする考え方である。この推定を裁判において覆すには、署名又は押印の真正な成立を否認する側の者が自己の主張が正しいことを明らかにしなければならない。

この考え方は、重要な文書に使用する実印等は自ら厳重に保管せねばならないものであって、安易に他人が冒用しないであろう、というわが国で確立してきた長年の経験則が背景の一つになっている。

電子署名法においてもこの民事訴訟法の考え方が踏襲されている。付与された電子署名が本人によるものであればその電子的文書が真正に成立したものと法律上推定されることになる。すなわち、真正な成立の推定の効果が及ぶ「本人だけが行うことができる」電子署名とは、公開鍵暗号方式の場合でいえば電子署名を生成する署名鍵が適正に管理されていることが真正性の前提となるといえる。

しかし、署名鍵の取扱いについては実印のように一般的な経験則にもとづく慣習は存在しない。これを改めて規定するために電子署名法では後述の特定認証業務に関する定めが置かれた。特定認証業務の認定や更新にあたって、本人確認方法の厳格化、暗号アルゴリズムの移行切替えが重要視されるのは、電子署名の法律上の真正性を確保することが主な目的ということができる。

(d) 特定認証業務に関する認定の制度等

認証業務のうち一定の要件を充たし、主務大臣への申請にもとづく認定を受けたものは特定認証業務を行う認定認証事業者となる。

電子署名法や施行規則が、認証業務の用に供する設備や業務の実施方法の基準、その変更、欠格条項や承継等に関する詳細な定めを置いたのは、認証業務の適正さを保持し、組

---

[129] 藤田広美『講義 民事訴訟法』p.243、東京大学出版会、2007年

織として長期的安定性を確保することで電子署名の信頼性を高め、法的効力を確保することが主眼である。

なお、認証業務の認定を受けた機関は 2013（平成 25）年 1 月 27 日現在で 13 社ある[130]。

また、主務大臣は、電子署名及び認証業務に係る技術の評価に関する調査及び研究を行うとともに、特定認証業務を行う者及びその利用者に対し必要な情報の提供、助言その他の援助を行う指定調査機関を設置し、認証業務の認定にあたる調査の全部または一部を委ねることができる。このように認定適合性を調査する専門の機関を設置することにより、認証業務の技術的かつ専門性の高い部分についても適確かつ円滑な調査が実施できるようになっている[131]。

（3） まとめと今後の展開

現在の電子署名の多くは暗号技術にもとづく公開鍵暗号方式を採用している。電子署名を支える暗号アルゴリズムに対する解析や攻撃技術の高度化や新たな暗号アルゴリズムの開発の進展に伴い、暗号アルゴリズムの安全性が低下するおそれが生じ得ることから、暗号を利用したシステムには適切なタイミングでの移行対策が必須となる[132]。これらは認定認証事業者の業務の更新期間にも関わることから、指定調査機関や認定認証事業者等の負担を最小限にすることも制度継続のうえで留意すべき視点となる。

先述のとおり、電子署名法は民事訴訟法を踏まえた裁判における電子的文書の証拠性に関する定めを置くものである。デジタル・フォレンジックの観点からいえば、電子的文書の原本性を主張するために非改ざん性、作成者、作成日時を証明するには電子署名の付与が有力な方法となる[133]。

将来的に電子署名の真正性が訴訟上の主な争点となる時代が来るかどうかは今後の電子署名制度の普及次第である。時代の進展を見ながら技術的論点を踏まえた法の適宜見直しを進め、電子署名法が支える制度の安定を継続的に図ることが重要であると考えられる。

（執筆担当：藤村明子）

---

130) 「認定を受けた認証業務」のリストを参照のこと
　　http://www.moj.go.jp/MINJI/minji32.html
131) 一般財団法人日本情報経済社会推進協会 電子署名・認証センター
　　http://www.jipdec.or.jp/esac/index.html
132) 独立行政法人情報処理推進機構『「暗号アルゴリズムの利用実績に関する調査」報告書』
　　（2012）
　　http://www.ipa.go.jp/security/fy24/reports/cryptrec/crypto-algorithm/index.html
133) 夏井高人『電子署名法』p. 101、リックテレコム、2001 年

6.3.14 電子記録債権法
(1) 電子記録債権法制定の背景
(a) 立法過程

電子記録債権法は2007年6月20日に成立、2008年12月1日に施行された法律である。2004年「e-Japan戦略Ⅱ加速化パッケージ」で電子的手段による債権譲渡の推進と中小企業の資金調達の促進が論じられた後、2005年の「IT政策パッケージ-2005」で電子債権法(仮称)の制定が検討された[134]。そして経済産業省、法務省、金融庁の各審議会にて要綱案作成が進められ、閣議決定を経て成立した。

電子記録債権の名称は、法律の検討が進む段階ごとに電子債権→電子登録債権→電子記録債権という変更を経ている。その理由は、この法律が記録原簿への電子的な記録をもって金銭債権の発生、譲渡等の要件とすることを目的とするものであるにもかかわらず、旧名称のままだと、まるで電子商取引等で発生する債権のみを規律する法律であるかのように誤解されるおそれがあったからである。また、「登録」という用語も、講学上別の概念と誤解されるおそれがあることから、適切な名称へ変更が加えられたものである[135]。

(b) 立法の必要性

わが国では長年、民法の指名債権や手形法の手形債権を利用することが取引の信頼性の法的基盤となってきた。時代に伴い、情報通信技術の発展による大容量データの迅速処理や遠隔地間の取引が容易になったことから、電子的手段を用いた取引を積極的に導入し、企業間の金銭債権取引の電子化の促進、決済処理コストの削減、効率的な早期資金調達等を実現可能とする新たな社会インフラを作り、社会経済活動を活性化させようという動きが生じた[136]。このような社会的要望に応じる形で、指名債権と手形債権の法的性質を引き継ぐまったく新たな金銭債権として電子記録債権が創設された。

電子記録債権は発生原因となった法律関係にもとづく債権とは別個の債権である。そして、電子記録債権の法的位置づけは、指名債権や手形債権の廃止や、今後の利用を否定するものではなく、新たな第三の債権として従来手段に代替する担保手段としての活用が見込まれている。そして、情報通信技術が実現可能としたさまざまな機能を生かしながら、

---

[134] 「IT政策パッケージ-2005—世界最先端のIT国家の実現に向けて」を参照
http://www.kantei.go.jp/jp/singi/it2/kettei/050224/050224pac.html

[135] 池田真朗、太田穣『解説 電子記録債権法』p.4、弘文堂、2010年。同本は著者が過去の法学系雑誌等に掲載した論文の内容をまとめたもので、電子記録債権法の先端的な問題提起も数々なされている

[136] 大垣尚司『電子債権』日本経済新聞社、2005年。なお、同書は現行法の成立以前に出版されたものである

既存の金銭債権の取扱いにおける実務的課題を可能な限り解決できるよう配慮した制度設計がされたものである。

(c) 特徴

情報通信技術の発展を背景に既存の指名債権、手形債権と異なる新たな類型の債権を創設した法律をもつ国は珍しい。韓国には電子手形・電子債権の制度があるが既存の債権やその対抗要件をそのまま電子化することを趣旨とする点で、日本の電子記録債権法と法的性質がやや異なる[137]。

その点で日本の電子記録債権法は世界に先立つ画期的な法律という特徴を備えている。同時に、わが国の電子記録債権法が他国に先んじて予測しえない運用面の現代的課題に直面するということも意味するといえよう。

(2) 法律の内容
(a) 目的規定

電子記録債権法の趣旨は「電子記録債権の発生、譲渡等について定めるとともに、電子記録債権に係る電子記録を行う電子債権記録機関の業務、監督等について必要な事項を定める」ことにある(同1条)。

電子記録債権法は、総則(第一章)、電子記録債権の発生、譲渡等(第二章)、電子債権記録機関(第三章)、雑則(第四章)、罰則(第五章)、附則、という構成で成り立っている。

以下では主に第二章、第三章の内容を中心に概観する。

(b) 電子記録債権の発生、譲渡等
(i) 定義

電子記録債権とは、その発生又は譲渡について電子記録がなされることを要件とする金銭債権のことをいう。電子記録は、電子債権記録機関が管理する記録原簿に債権記録を記録することでなされるものである。記録原簿とは磁気ディスクなどで調製されたデータベースであって、電子記録債権ごとに債権記録を保存、区分して電子的に管理するものである。このとき、債権記録ごとに記録事項を付記する。

電子記録債権の内容は、このような記録原簿に記録された内容によって定まる。

(ii) 発生、譲渡の効力要件

電子記録債権の発生、譲渡の効力は、当事者の意思表示に加えて、記録原簿に発生記録や譲渡記録が行われることによって生じる。記録は原則として当事者による請求又は官庁、

---

[137] 始関正光、高橋康文『一問一答電子記録債権法』pp.15-17、商事法務、2008年。

公署の嘱託によって行われ、当事者による請求は、電子記録権利者と電子記録義務者の双方によって行わなければならない。請求が行われたときは、電子債権記録機関は原則として遅滞なく請求に係る電子記録をその順序に従って処理しなければならず、記録原簿に記載された電子記録名義人は、電子記録債権についての権利を適法に有しているという推定が働く。電子記録債権とともに記録される事項には必要的記録事項と任意的記録事項があり、前者が欠けている場合は当該電子記録債権の効果は生じない。

(ⅲ) 消滅について

電子記録債権は弁済、相殺、消滅時効等により消滅する。ところが消滅の場合は、発生記録、譲渡記録とは異なり、消滅の旨が記録原簿に記録されなくとも消滅の法的効果に影響は及ばない。言い換えると電子記録債権法では記録を行うことを消滅の効力要件としていない。

この法律の検討段階では、発生や譲渡と同様に、消滅も記録（当時の表現では「登録」）が効力要件とされていたこともあった。ところが、当事者間で弁済が既に行われた場合でも、電子債権記録機関に消滅の記録がなされるまでは弁済の効力が生じないのは民法の理論上不合理が生じる旨が指摘され、これを受けて電子記録債権の消滅の効力要件として消滅記録を行う旨の記述を法案から抹消するという変更が行われた。

電子記録債権の消滅に関するものとして、支払等記録の定めがある。支払等記録の定義の明文規定がないことから法的機能については見解が分かれるところである。限定的場面ではあるが支払等記録が効力要件、対抗要件にならなくても、支払等記録によって債務消滅原因が記録原簿に記録される結果、支払の事実を第三者に対抗するための抗弁の「手段」として用いることができるのではないかという指摘がある[138]。これは電子記録債権の支払等記録の存在を主張立証に用い得る場面の例として、デジタル・フォレンジックの観点から重要な示唆である。

(ⅳ) 電子記録債権の保存期間、開示請求、訂正、変更

電子債権記録機関は自己が保存する債権記録等を条件に応じて5年又は10年間保存しなければならない。電子記録名義人や電子記録債務者等は、原則として自己の関係する権利について開示請求が可能となる。電子債権記録機関は記録漏れや記録間違いがあった場合には、訂正を行わなければならず、保存期間内に電子記録が消去された場合には、それを回復しなければならない義務を負う。また、電子記録債権等の内容を意思表示によって変更する場合は、変更記録をしなければ効力は生じない。

このように電子記録債権はその内容が可視性をもったことにより、債務者等は適宜、記

---

[138] 池田真朗、太田穣『解説　電子記録債権法』pp. 21–23、弘文堂、2010年。

録原簿から自らが関係する債権の情報を得ることができるようになった。

(c) 電子債権記録機関の業務、監督

電子債権記録機関になるためには申請にもとづいて主務大臣から電子債権記録業を営む指定を受けなければならない。金銭債権を扱う機関という点で厳格な公正性、安定性、中立性が担保される必要がある。そこで電子債権記録機関の主な要件として専業制、財産的基盤の確保、業務の適正性が法律で定められている。

例えば、電子債権記録機関は株式会社でなければならない。これは、同機関は会社法の諸規定に服し、法定の組織、監督、外部監査等の制度下に置かれることを意味する。

そして、銀行などを除き原則として電子債権記録業以外の兼業を営むことはできない。

さらに、資本金の額の下限を五億円と定め、電子債権記録業に係る収支の見込みが良好であることや、適正かつ確実に業務を遂行することができる知識、経験、十分な社会的信用を有する人材の配置などを定めている。その趣旨は、潤沢な資本金を背景に破綻リスクを回避し、業務の健全な遂行のために電子債権記録業を健全に遂行するに足りる財産的基礎、社会的信頼を有することを求めるところにある。なお、電子債権記録機関として2013（平成25）年7月31日現在、4つの事業者が指定を受けている[139]。

(d) 電子記録債権法と民法や消費者保護法との関係

電子記録債権法では取引の当事者を保護し、かつ、債権の流通の安定性を確保するために、独自の規定を置くと同時に民法に関する規定の修正を行っている。以下、主なものを挙げる。

① 民法の規定の修正

意思表示の無効又は取消し、無権代理人の責任、電子債権記録機関の責任について特則を定めている。

② 消費者保護

消費者保護法2条2項が定める個人が当事者となる場合には適用除外となるものがある。また、電子債権記録機関に対しては取引安全のために、利用者保護義務、差別的取扱い禁止が義務付けられている。

③ 保証・質権・分割

電子記録債権に係る債務を主たる債務とする保証のことを電子記録保証という。これによって生じた債務を電子記録保証債務といい、保証した者を電子記録保証人という。電子記録保証による債権も、保証記録という電子記録を要件として発生する電子記録債権にあたる。

---

[139] 「電子債権記録機関指定一覧」(www.fsa.go.jp/menkyo/menkyoj/denshisaiken.pdf)を参照

また、電子記録債権は質権設定記録により質権を設定できる。これらには原則として民法の保証、質権に関する規定が適用される。
　さらに、電子記録債権は分割することができる。分割記録の請求ができるのは新たな債権記録に債権者として記録される者であり、元となる債権記録の一部事項を分割された債権に記録しなければならない。

(3) まとめと今後の展開

　民法の指名債権、手形法の手形債権は、わが国の歴史的な商慣習にもとづいて構築されてきた運用実績があり、特に手形債権は中小企業の資金調達の手段として活用されてきた。一方で、民法の指名債権には以前より以下の問題が指摘されてきた。

① 債権譲渡の場面で譲受人が債権の実在や、当該債権に特約や抗弁事由が存在しているか確認することが困難
② 譲渡人による二重譲渡や債務者にとっての二重払いの危険性
③ 債権譲渡の債務者その他の第三者への対抗要件として、譲渡人によって債務者への通知又はその承諾が必要で、第三者に対しては確定日付が付与された証書によってしなければならない。

　また、手形債権には以下の課題があるため、流通量が減少の一途をたどっている[140]。

④ 手形は紙面に表象することが前提であるため、盗難・紛失のリスクがあり、券面の作成・保管・運搬にもコストがかかる。

　電子記録債権法は指名債権、手形債権それぞれの課題を克服しつつ、長所を生かす性質を有している。
　①の確認については、電子債権記録機関の記録原簿の記録事項に対して開示請求をかけることができる。また紙面に比べてより多くの記載事項を残せるのも電子記録債権のメリットである。②の危険性については、権利移転の事実と記録原簿上の譲渡記録との一致により債権譲渡があったことを裏付けることができるし、第三者に対抗できることで、二重譲渡のリスクは軽減される。また先述したように債務者は弁済に伴い支払等記録を行うことでこれを抗弁の「手段」とすることが考えられる。③については、従来の債権譲渡の対抗要件具備の手続やコストが電子化によって軽減できる。④については、電子債権記録機関に管理が委ねられることにより当事者にとって物理的な盗難紛失リスクが回避できることが期待される。
　デジタル・フォレンジックとの関係でいえば、電子記録債権のメリットは指名債権や手

---

[140] 全国銀行協会『決済統計年報（平成18年度版）』によれば、1986（昭和61）年〜2006（平成18）年の20年間に手形の流通量は約3分の1に減少している。
http://www.zenginkyo.or.jp/stats/year1_01/details/cont_2006.html

形債権にかかる民事訴訟の紛争解決に資することにある。利用者にとって利便性及び安全性を高められるかは、電子債権記録機関が利用者の紛争を想定し、その解決を視野にいれたサービスを展開できるかにかかっているといえよう。

　今後は競争原理のなかで各機関が相互に電子記録債権を流通させて全体として取引市場を形成することにより、自由な流通を確保しつつ新たな社会インフラとして成長することが期待される。他の国が日本のような電子記録債権法の立法に追従するかどうか、普及や活用がどの程度まで進むか未知数であるが、このことは戦略次第で海外において同分野を大きくリードする可能性を示しているといえるだろう。

（執筆担当：藤村明子）

6.3.15　電子消費者契約法

（1）　法律の概要

　電子商取引の拡大などに伴い、電子的な方法を用いた新たな契約締結の手法が増加してきたが、そのような契約をめぐる紛争のなかには、明治時代に作られた民法では迅速かつ適切に解決することが困難なものも含まれている。そのような問題に対応するため、2001（平成13）年に「電子消費者契約及び電子承諾通知に関する民法の特例に関する法律」（平成13年法律第95号。以下「電子消費者契約法」という）が制定された。

　電子消費者契約法は、消費者が行う電子消費者契約の要素に錯誤があった場合及び隔地者間の契約において電子承諾通知を発する場合に関して民法の特例を定めるものである。本項では、電子消費者契約法が定める2つの民法の特例について順に説明する[141]。

（2）　電子消費者契約に関する民法の特例（電子消費者契約法3条）

　電子消費者契約法の制定当時、電子商取引の拡大などに伴い、消費者[142]がインターネット上で電子商取引をする際に、操作ミスによって意図しない契約を締結してしまうというトラブルが急増していた[143]。例えば、①申込みボタンをミスクリックして、契約する意思がないのに契約を締結してしまった、②注文する個数などについて入力ミスをして、意図していたのと違う内容で契約を締結してしまったなどである。

　民法もこのような場合に対応するため錯誤無効の制度を設けているが、電子消費者契約法3条は、当事者間の衡平の見地から民法の特例を定めている。以下では、民法の定める

---

141)　電子消費者契約法の解釈については、経済産業省商務情報政策局情報経済課が作成した逐条解説[1]が参考になる。

142)　電子消費者契約法において、「消費者」とは個人のことであり、「事業者」は法人その他の団体のことであるが、個人が事業としてまたは事業のために契約をする場合は「消費者」ではなく「事業者」として扱われる（2条2項）。この定義は、消費者契約法と同様である。

143)　参考文献[1]、p.2、p.16

内容について説明した後、電子消費者契約法の定める特例の内容を説明する。

(a) 民法の定め

民法は、上記のような操作ミスによって意図しない契約を締結した場合には、その契約は無効であると定めている(民法95条本文)。これを錯誤無効という。錯誤無効が認められると、消費者は、操作ミスによって締結した契約について代金支払いなどの責任を負わなくなる。

錯誤無効が認められるための要件は、①契約の要素に錯誤があること(同条本文)、②表意者に重大な過失がないこと(同条ただし書)などであり、操作ミスによって意図しない契約を締結した場合に特に問題となるのは、表意者(操作ミスをした消費者)に重大な過失がないこと(上記②)の要件である。重大な過失とは、通常人に期待されるレベルの注意を著しく欠くこと(著しい不注意)であり、重大な過失がある場合には、その表意者を保護する必要がないので錯誤無効は認められず、契約当事者としての責任を負う必要がある。

このように、錯誤無効が認められるかどうかは、操作ミスについて重大な過失(著しい不注意)があったかが問題となるが、その判断は容易ではないから、この点をめぐってトラブルが長引きかねないという問題があった[144]。

(b) 電子消費者契約法3条が定める特例の概要

上記のような操作ミスによるトラブルは、①コンピュータを使用すること(クリックするだけで容易に意思表示をすることができる反面、操作ミスが起きやすい)、②事業者が設定した手続に従って申込みをしなければならないことといった、電子的な方法による契約締結の特殊性に由来する部分が大きいと考えられる[145]。他方、事業者は、消費者が操作ミスによって意図しない契約を締結するのを防止するための措置(確認画面を表示するなど)を容易に講じることができる。そこで、電子消費者契約法3条は、当事者間の衡平の見地から、電子消費者契約に錯誤があった場合の扱いについて、民法の特例を定めている。

先に述べたとおり、消費者が事業者との間でコンピュータの操作ミスによって意図しない契約を締結した場合には錯誤無効が問題となるところ、民法では、錯誤無効が認められるためには、①契約の要素に錯誤があること(民法95条本文)のほか、②消費者に重大な過失がないこと(同条ただし書)が必要である。

これに対し、電子消費者契約法3条が定める特例が適用される場合には、契約の要素に錯誤があること(上記①)だけで錯誤無効が認められ、消費者に重大な過失がないこと(上

---

144) 参考文献[1]、p.17
145) 参考文献[1]、p.17

記②)は不要となる。別の観点でいえば、消費者に重大な過失があっても錯誤無効が認められるということである。

(c) 電子消費者契約法3条が定める特例が適用される場合

電子消費者契約法3条が定める特例が適用されるのは、消費者が事業者との間でコンピュータの操作ミスによって意図しない電子消費者契約[146]を締結した場合である。

この操作ミスに含まれるのは、①契約する意思がないのに操作ミスによって契約を締結してしまった場合と、②操作ミスによって意図していたのと違う内容で契約を締結してしまった場合である(電子消費者契約法3条本文各号)[147]。それ以外の場合、例えば、③ドルとユーロを同じものであると誤解したために、本来は10ドルと入力すべきところを10ユーロと入力した場合[148]や、④動画も撮れると思って買ったデジタルカメラが、静止画しか撮れない機種であった場合[149]などは含まれないから、これらの場合には、民法の原則どおり、表意者に重大な過失があると錯誤無効は認められない。

また、消費者が事業者との間でコンピュータの操作ミスによって意図しない電子消費者契約を締結した場合であっても、①契約締結の際に、事業者が、契約締結の意思の有無について消費者に確認を求める措置を講じたときや、②消費者が、そのような確認は不要であるとの意思を表明したときは、電子消費者契約法3条が定める特例は適用されない(同条ただし書)。例えば、①申込みボタンを押すと確認画面が表示され、改めて最終的な申込みボタンを押して初めて申込みが完了するようになっている場合や、②確認画面の表示を省略するというチェックボックスに消費者が自らチェックを入れた場合などである[150]。これらの場合も、民法の原則どおり、表意者に重大な過失があると錯誤無効は認められない。

つまり、消費者が事業者との間でコンピュータの操作ミスによって意図しない電子消費者契約を締結した場合には、原則として、契約の要素に錯誤があることだけで錯誤無効が認められ、事業者が確認措置を講じたときや消費者が確認不要との意思を表明したときに限り、消費者に重大な過失がないことも必要となるのである。

---

146) 「電子消費者契約」とは、消費者が、インターネットや専用線などの通信回線に接続されたコンピュータを用いて、事業者側がディスプレイに表示する手続に従って申込みまたは承諾を行うことにより、事業者との間で締結する契約である(2条1項)。なお、ここでいうコンピュータは、CPUを内蔵し、かつ、ディスプレイなどの表示装置を有する機器であれば足りるから、携帯電話などもこれに含まれる。
147) 講学上、表示上の錯誤と呼ばれる類型である。
148) 講学上、内容の錯誤と呼ばれる類型である。
149) 講学上、動機の錯誤と呼ばれる類型である。
150) 参考文献[1]、p.19以下。参考文献[2]、p.6以下。

(3) 電子承諾通知に関する民法の特例（電子消費者契約法4条）

契約は、申込みと承諾の2つの意思表示によって成立する（6.3.1項(1)を参照）。

意思表示は相手方に伝わってこそ意味があるから、意思表示の効力は相手方に到達した時から生ずるのが原則である（到達主義。民法97条1項）。この原則に従えば、申込みを受けた者が発した承諾の意思表示は、相手方（申込みをした者）に到達した時に効力を生じ、その時に契約が成立することになるはずである。しかし、民法は、この原則の例外として、隔地者間の契約は、承諾の通知を発した時に成立すると定めている（発信主義。民法526条1項）。隔地者とは、申込みに対する応答がただちになされることが期待できない関係にある者のことである。例えば、郵便やファクシミリ、メールで契約締結のやりとりを行っている場合など、申込みに対するリアルタイムの応答（承諾または不承諾の返答）が期待されない場合がこれに該当する[151]。この場合には、承諾の意思表示が相手方に到達するのにも一定の時間を要すると考えられるところ、迅速な取引の成立を図るため、例外的に早い段階で契約が成立することを認めたものである。

しかしながら、承諾の通知が電子的な方法（電子承諾通知）で行われる場合には、その通知はただちに相手方（申込みをした者）に到達するから、隔地者の契約だからといって上記のように例外的な扱いをする必要性はない。そこで、電子消費者契約法4条は、隔地者間の契約において承諾の通知が電子的な方式（電子承諾通知）で行われる場合には、上記の例外的な扱い（発信主義）を適用しないという民法の特例を定めている[152]。その結果、電子消費者契約における電子承諾通知については、原則的な扱い（到達主義）が適用されることになり、承諾の意思表示は相手方（申込みをした者）に到達した時に効力を生じ、その時に契約が成立することになる。

この特例が適用されるのは、隔地者間の契約において承諾の通知が電子承諾通知で行われる場合である。具体的には、電話回線やインターネットなどの通信回線に接続されたコンピュータ、ファクシミリ装置、テレックスまたは電話機を用いて承諾の通知を発する場合である。

この特例が適用される場合には、承諾の通知を発したとしても、それが相手方に到達しなければ契約は成立しないことになる。例えば、メールによって契約締結のやりとりを行っている場合には、承諾のメールを送信しただけでは足りず、それが相手方に到達しなければ契約が成立しないので注意を要する。

（執筆担当：行川雄一郎）

---

[151] これに対し、直接会って対話している場合や、電話やチャットでリアルタイムに会話をしている場合など、申込みに対するリアルタイムの応答が期待される場合は、隔地者に該当しない。

[152] 発信主義を定めた民法526条1項を適用しないと定めるほか、発信主義を前提とした規定である民法527条1項についても適用しないと定めている。

6.3.15 項の参考文献
［1］ 経済産業省商務情報政策局情報経済課「電子消費者契約及び電子承諾通知に関する民法の特例に関する法律　逐条解説（平成13年12月）」http://www.meti.go.jp/topic/downloadfiles/e11225bj.pdf
［2］ 経済産業省商務情報政策局情報経済課「電子商取引及び情報財取引等に関する準則（平成25年9月）」http://www.meti.go.jp/press/2013/09/20130906006/20130906006-3.pdf

6.3.16　番号制度と電子行政
（1）　はじめに
　2013年5月24日、「行政手続における特定の個人を識別するための番号の利用等に関する法律案」（以下、「番号法案」とする）[1]及び関連法案が、第183回通常国会で成立した。この番号法は、社会保障・税番号制度に関連する法律で、「個人番号」と「法人番号」について述べられている。本法の成立は、わが国におけるIT戦略の大きな一歩でもある。

　民主党政権下で検討されてきた番号法案は、一度は廃案になったが、その重要性のため、自民党に政権が移行した後も引き続き議論され、成立に至ったものである。

　第2次安倍内閣は、「アベノミクス」と呼ばれる「3本の矢」、すなわち①大胆な金融政策、②機動的な財政施策、③民間企業を喚起する成長戦略を政策として挙げ、その実現を進めている。行政等の効率化・スリム化に役立つ個人番号と法人番号は、これらの政策に大いに役立つものといえる。

（2）　番号法の概要
　番号法の概要は、第183回国会提出法案の「行政手続における特定の個人を識別するための番号の利用等に関する法律案（番号法案）」の概要には、「行政事務を処理する者が個人番号及び法人番号の有する特定の個人及び法人その他の団体を識別する機能を活用し、並びに当該機能により異なる分野に属する情報を照合してこれらが同一の者に係るものであるかどうかを確認するための情報システムを運用して、効率的な情報の管理及び利用並びに他の行政事務を処理する者との間における迅速な情報の授受を行うことができるようにするとともに、これにより、公民が手続の簡素化による負担の軽減、本人確認の簡易な手段その他の利便性の向上を得られるようにするために必要な事項を定めるほか、特定個人情報の取扱いが安全かつ適正に行われるよう行政機関個人情報保護法等の特例を定めるもの。」[2]と書かれている。

　番号法は、以下の項目から構成されている。
　　① 総則
　　　　目的、定義、基本理念、責務等
　　② 個人番号
　　　　市町村長は住民票コードを変換して得られる個人番号を指定し通知カードにより本人に通知、個人番号の利用範囲を法律に規定、他人に個人番号の提供を求めるこ

とは禁止
③ 個人番号カード
写真付きの個人番号カードを交付、ICチップの空き領域を本人確認のために利用
④ 特定個人情報の提供
特定個人情報の提供の制限、情報提供ネットワークシステムによる特定個人情報の提供
⑤ 特定個人情報の保護
特定個人情報保護評価、行政機関個人情報保護法等の特例
⑥ 特定個人情報保護委員会
組織、業務、雑則
⑦ 法人番号
国税庁長官は法人等に法人番号を通知、法人番号は原則公開、民間での自由な利用も可
⑧ 雑則
主務省令、政令への委任等
⑨ 罰則
個人番号を利用する者、個人番号等を不正に取得する行為、特定個人情報保護委員会
⑩ 附則
別表第一(利用範囲関係)、別表第二(提供制限関係)

(3) 番号制度における安心・安全の確保

番号制度を実現するのに最も重要な機能の一つとして、下記3点を踏まえた安心・安全の確保が挙げられる。
① 個人番号の保護等の必要性
成りすましを防止する観点から、個人番号のみでの本人確認を禁止
② 個人情報の保護の必要性
国家管理、意図しない個人情報の名寄せ・突合・追跡、財産その他の被害等、これらの懸念の払拭
③ 最高裁判例への対応の必要性
住民基本台帳ネットワークシステム最高裁合憲判決(最判平成20年3月6日)を踏まえた制度設計

上記の3点を踏まえて、制度上の保護措置とシステム上の安全措置を実施する。
❶ 制度上の保護措置

(ア)　番号法の規定によるものを除き、個人版の利用、特定個人情報の収集、保管、提供、特定個人情報ファイルの作成を禁止
　(イ)　特定個人情報へのアクセス記録を個人自らマイ・ポータルで確認
　(ウ)　第三者機関(特定個人情報保護委員会)による監視・監督
　(エ)　システム上、情報が保護される仕組みとなっているか事前に評価する特定情報保護評価の実施
　(オ)　罰則の強化
❷　システム上の安全措置
　(ア)　個人情報の分散管理
　(イ)　個人番号を直接用いず、符号を用いた情報連携
　(ウ)　アクセス制御により、アクセスできる人を制限・管理
　(エ)　公的個人認証の活用
　(オ)　個人情報及び通信の暗号化を実施

これらの安心・安全を確保した番号制度における情報連携のイメージを示す(図6.3.3)。本イメージを説明するにあたり、中心となるのが、情報提供ネットワークシステムによる特定個人情報の提供である。具体的に、情報照会・情報機関Cが、情報提供ネットワークシステムを用いて、情報照会・提供機関Aに照会する場合について解説する。

　①　情報照会・情報機関Cが、「符号C」と「照会要求の特定個人情報」を情報提供ネットワークシステムに送信
　②　情報提供ネットワークシステムが、「符号C」を「符号A」に変換

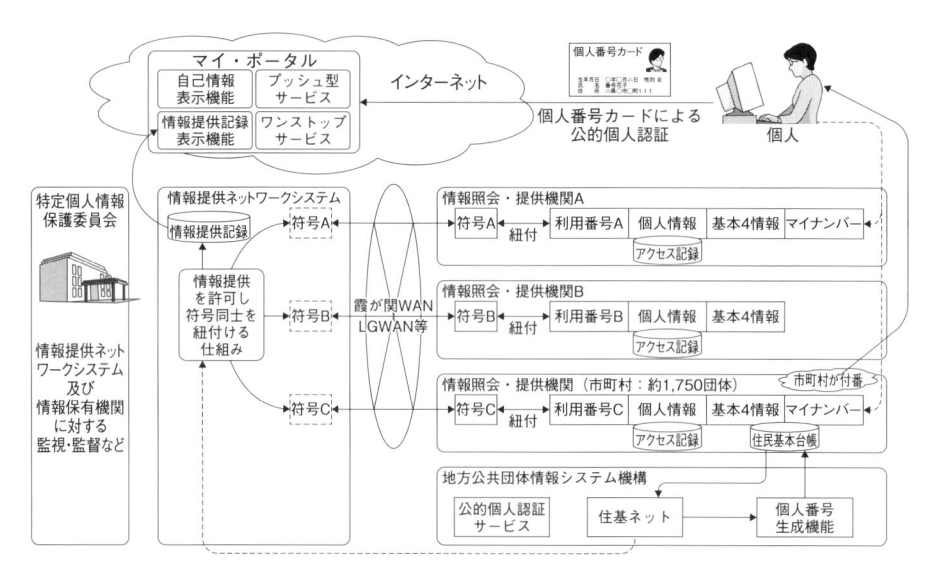

出典)　内閣官房社会保障改革担当室資料(http://www.cas.go.jp/jp/seisaku/mynumber/chihou/setumeisiryou.pdf)

図6.3.3　番号制度における情報連携のイメージ

③ 情報提供ネットワークシステムが、「符号A」と「照会要求の特定個人情報」を情報照会・提供機関Aに送信
④ 情報照会・提供機関Aが、「照会要求の特定個人情報」を抽出
⑤ 情報照会・提供機関Aが、抽出した「照会要求の特定個人情報」を、情報照会・情報機関Cに直接送信

以上のようなプロセスの動きと、情報の流れを想定している。

番号制度における情報連携のイメージは、番号法にもとづいて、安心・安全を確保したシステム構築がされる。

(4) 電子行政における番号制度の導入メリット

電子行政の一つである税分野において、番号制度が導入されることで得られるメリットについて説明する（図6.3.4）。

番号制度導入以前は、例えば、納税者が講演等を行い、謝金を取引の相手方Aから支払うとすると、その際、納税者は氏名、住所を記載した領収書を取引の相手方Aに提出し、氏名、住所、生年月日、性別を記載した納税申告書に謝金を収入として記入し、税務署に提出する。一方、取引の相手方Aは、法廷調書に謝金を支払した講演者である納税者の氏名、住所を記入し、税務署に提出する。税務署では、納税証明書と法廷調書を突合して、謝金の収入と支払いの金額が一致するか確認する。この突合が、氏名と住所では、表記が一意に決まっていないことから、機械的な突合が必ずしも正確にできるものではない。そこで、番号制導入後は、個人番号も記載することで、確実に突合を実現する。

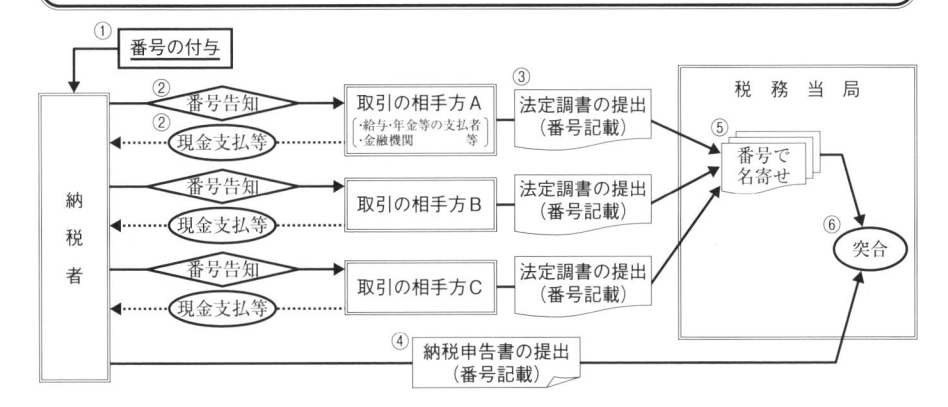

出典）財務省ホームページ（http://www.mof.go.jp/tax-policy/summary/tius/n03.htm）

図 6.3.4 番号制度導入のメリット

以上のことにより、納税者の所得情報をより的確かつ効率的に把握することが可能となる。

(執筆担当：手塚悟)

6.3.16項の参考文献
［1］ 第183回国会議案の一覧
　　　http://www.shugiin.go.jp/index.nsf/html/index_gian.htm
［2］ 第183回国会提出法案
　　　http://www.cas.go.jp/jp/houan/183.html

6.3.17　金融庁ガイドライン

　金融機関が遵守すべき法令は他の一般業種に比し多岐にわたっている。金融機関の業務に関連し、デジタル・フォレンジック技術がかかわる可能性のある法令は、個人情報保護法をはじめ数多くある。

　金融機関の実務上、金融庁ガイドラインの存在は大きな比重を占めているが、その理由としては、業務の手順に沿って内容が構成されており、具体的で判りやすいという点があげられる。また、多岐にわたる法令を個々に確認しなくてもガイドラインに準拠することで実務処理にかかわる法令の要件をクリアすることができるというメリットもある。

　ガイドラインは「従うべき指針」であり直接的には強制力はない。このため、罰則付きの法律より法的な縛りが弱いといえるが、逆に書類の作成実務や記載内容に至るまで細かな点が規定されており、これに反して事務処理することは実務的に不可能である。

　「金融庁ガイドライン」は、ルールにもとづく透明かつ公正な金融行政への転換の一環として、1998(平成10)年6月に監督当局の部内手引きとして定められた。当時は単に「事務ガイドライン」という名称であった。ガイドラインの目的が、透明性にあることから一般に公表された。

　それ以前は、いわゆる行政指導の世界であり、基準が不透明で恣意的との批判が強かった。このため金融機関側も「MOF担」と呼ばれた大蔵省専属の情報収集担当者を配し、当局の意向をきめ細かく探る体制をとっていた。大蔵省時代の部内処理の基準については、当時の通達などを見れば一定のルールが存在していたとわかる。しかし、公表される通達は一覧性と網羅性に欠け、通達の行間を埋める情報は「MOF担」が収集していた。

　これに対し、行政の統一的な運営を図るための法令解釈、行政部内の手続及び金融機関の財務の健全性や業務の適切性等の着眼点等につき網羅的にとりまとめたものが「事務ガイドライン」である。その後、多面的な評価にもとづく総合的な監督体系の構築のため、監督事務の基本的考え方、監督上の評価項目、事務処理上の留意点について、「事務ガイドライン」の内容を踏まえて体系的に整理し、必要な情報を集約してブラッシュアップしたものが「監督指針」である。

「監督指針」は、具体的には以下の3つに分けられている。

（1）「中小・地域金融機関向けの総合的な監督指針」

中小・地域金融機関は、市場によるチェックが行われにくく、相対的にガバナンスが弱くなる可能性があることからコーポレートガバナンスや経営の質の観点も加え、さらには地域社会や取引先企業へのコミットメント（地域貢献）が収益力や財務の健全性に与える影響等の観点も取り入れたものとなっている。

（2）「主要行等向けの総合的な監督指針」

大手金融機関についての監督指針策定は、不良債権問題が正常化した段階で実施することが適当と判断され、主要行の不良債権問題が正常化した2005（平成17）年10月に策定された。

（3）「その他の業態等における監督指針」

2005（平成17）年6月「金融先物取引業者向けの総合的な監督指針」、2005（平成17）年7月「証券会社向けの総合的な監督指針」、2005（平成17）年8月「保険会社向けの総合的な監督指針」等が順次策定された。

中小・地域金融機関向けの総合的な監督指針（2013（平成25）年3月）を例にとると概略以下の内容となっている。

  Ⅰ　基本的考え方
   Ⅰ-1　金融監督に関する基本的考え方
   Ⅰ-2　監督部局の役割と監督事務の基本的考え方
   Ⅰ-3　監督指針策定の趣旨
  Ⅱ　銀行監督上の評価項目
   Ⅱ-1　経営管理（ガバナンス）
   Ⅱ-2　財務の健全性等
   Ⅱ-3　業務の適切性
（以下省略）

上記のなかでデジタル・フォレンジックとの関連が深いと判断されるのは、「Ⅱ-3　業務の適切性」の項目である。その詳細を列挙する。

   Ⅱ-3-1　法令等遵守
    Ⅱ-3-1-1　不祥事件等に対する監督上の対応
    Ⅱ-3-1-2　役員による法令等違反行為への対応
    Ⅱ-3-1-3　組織犯罪等への対応
    Ⅱ-3-1-4　反社会的勢力による被害の防止

Ⅱ－3－1－5　資本金の額の増加の届出の手続等
　　　Ⅱ－3－1－6　不適切な取引等
　　Ⅱ－3－2　利用者保護等
　　　Ⅱ－3－2－1　与信取引に関する顧客への説明態勢
　　　Ⅱ－3－2－2　顧客の誤認防止等
　　　Ⅱ－3－2－3　顧客等に関する情報管理態勢
　　　Ⅱ－3－2－4　外部委託
　　　Ⅱ－3－2－5　預金・リスク商品等の販売・説明態勢
　　　Ⅱ－3－2－6　苦情等への対処（金融ADR制度への対応も含む）
　　Ⅱ－3－3　事務リスク
　　Ⅱ－3－4　システムリスク
　　　Ⅱ－3－4－1　システムリスク
　　　Ⅱ－3－4－2　ATMシステムのセキュリティ対策
　　　Ⅱ－3－4－3　金融機関相互のシステム・ネットワークの利用
　　Ⅱ－3－5　インターネットバンキング
　　Ⅱ－3－6　システム統合リスク・プロジェクトマネジメント
　　Ⅱ－3－7　危機管理体制

　金融機関の実務に即して具体的なデジタル・フォレンジックとの関連をケーススタディとして考えてみよう。

　窓口に個人客が訪れ、マネーロンダリングと疑わしい預金取引の申出があった。定められた手続に則り、当該個人客から取引内容についての申告を提出してもらったが、ただちにマネーロンダリングと判断できない。しかも、業務が立て込んでおり、申告書を吟味するにしても時間が足りない。また、必要以上に突っ込んで聴取すると、当該個人客に不快な思いをさせることになる。システム的に適正な取引であることの証明ができれば安心であるが、現在のところ方策はない。

　もし、このケースについて、将来的にはデジタルな「適正取引証明」を作成し、窓口での提示・確認が簡便にできれば、安心で便利である。

　金融システムを標的とした犯罪の犠牲者は高齢者に多い。高齢者の判断力の衰えに乗じ給付金があるように装って振込みをさせる事件は依然として多い。古典的な犯罪は、盗難通帳に偽造印鑑を使った犯罪であるが、近年は副印鑑の廃止によりレアケースとなった。導入が遅れていた郵便局（ゆうちょ銀行）も2013（平成25）年6月にようやく印影確認システムが全店配備になったことに伴い、副印鑑制度を廃止した。システム開発が業務の利便性を高め、かつセキュリティの向上に寄与した事例として評価される。高齢者をターゲットにした金融犯罪も将来はデジタル・フォレンジック技術の活用によって防止される日が来ることを期待したい。

本人確認手続については、金融機関の窓口で頻繁に求められる。一番確実かつ簡便なのは運転免許証やパスポートなど行政機関が発行する顔写真付の証明書の提示である。しかしながら、高齢者の場合、これらをもっていないケースもあり、実務上は顔写真なしの2点以上の証明書類で確認している。この点についても将来的にデジタル・フォレンジック技術の活用によって簡便・確実な証明システムが導入されることを期待したい。

（執筆担当：伊藤一泰）

6.4 デジタル・フォレンジックと法運用

6.4.1 刑事手続とデジタル・フォレンジック
(1) 刑事手続の流れとデジタル社会への対応改正

通常の刑事手続は、①捜査(警察による初動捜査、同送検、検察官の捜査)、②公訴(検察官の起訴・不起訴)、③公判(法曹三者による証拠調べ等)、④判決(裁判官の判決宣告)、⑤執行(罰金納付・執行猶予等・懲役受刑)の流れで進む。いずれの段階においても、終戦直後に制定されたわが国の刑訴法は、伝統的な書面(文書)、証拠物、証言(被告人、証人、鑑定人)という証拠方法の採証や取調べが規定されたのみで、デジタルデータ(電磁的記録)やデジタル・フォレンジックなどのデジタル社会に対応していなかったので、平成23年6月24日法律第74号として刑訴法の所用の改正(以下「改正刑訴法」)がなされた[153]。

(2) 捜査
(a) デジタルデータの押収手続原則

デジタルデータそのものは、そのままでは可読可視的な証拠とすることができないので、目に見える有体物として証拠化する必要がある。その場合は、最良証拠法則[154]にもとづき

① デジタルデータが記録されたメディア(記録媒体)ごと、メディアを内蔵するマシンごと証拠物として押収(差押え、任意提出を受ける[155])する

---

[153] 「情報処理の高度化等に対処するための刑法等の一部を改正する法律」は、いわゆるサイバー犯罪に対応するため、刑法、刑訴法、国際捜査共助法など関連法の一部改正を一括して行う法律である。2011(平成23)年4月1日に内閣提出第42号として国会上程、同年5月31日衆議院本会議可決及び同年6月17日に参議院本会議可決を経て成立した。同年6月24日に公布され、同年7月14日から順次施行され、このうち「手続法の整備に関する規定(同法律第2条の規定、第3条のうち組織的な犯罪の処罰及び犯罪収益の規制等に関する法律第71条第1項の改正規定、第4条及び第5条の規定)」については、同法律の施行期日を定める政令(平成24年政令第154号)により、2012(平成24)年6月22日から施行された。

[154] 「最良証拠法則」とは、証拠の取調べは原本そのものによって行わなければならないとされる法則である(刑訴310条の趣旨)。従来から、原本が提出不能あるいは困難である場合に限り、証拠調べのための便宜として最良証拠法則の例外として、写しによって原本の取調べを行うことを認められてきた。写しは原本の内容を同一の文字・符号で完全に転写した文書であるが、認証文を欠く点で謄本等と異なるので、原本との同一性立証が必要である(団藤重光編・本田正義、桂正昭著『法律実務講座刑事編 第8巻証拠法(1)』、p.1935、有斐閣、1956年、東京高判昭和54年6月22日判時958号、p.131、東京高判昭和54年8月23日判時958号、p.133、東京地決昭和56年1月22日判時992号、p.3、東京高判昭和59年4月27日判時1129号、p.3、東京高判昭和58年7月13日)。

というのが原則である（原本押収主義）。

しかし、被害者のパソコンや通信事業者のサーバからの押収では、被押収者等のマシンやメディアの継続利用に配慮する必要があるし、膨大なサーバデータの一部のデジタルデータで済む場合も多いので、「差押状……の執行については、……その他必要な処分をすることができる」（刑訴111条1項2項）を根拠として

　②　デジタルデータを紙媒体にプリントアウトしたものを押収する
　③　デジタルデータをHD等の内容を別のHDやCD-ROMやDVD等の別のメディアにコピーして、そのコピーしたHD等を押収する

などの方法で、デジタルデータを証拠化する合理的な方法も実務で普及した[156]。

ただ、この②と③は非押収者の協力が不可欠であり、非押収者のシステムを使ってよいかが明確ではなかった[157]。そこで、改正刑訴法は、デジタルデータのメディア原本押収に代えて、他のメディアに「複写、印刷又は移転」したものを押収することを認め（改正刑訴110の2第1項）、被押収者に、他のメディアに「複写させ、印刷させ又は移転させ」たうえ、当該他のメディアを押収する（同2項）ことを明文で認めた。法文にいう「複写」はコピーであり、「印刷」はプリントアウトであり、「移転」はムーブすなわちコピー＆原本デリートである。コピーやプリントアウトにとどまらず「移転（ムーブ）」まで認めたのは、押収対象となるデジタルデータが、①没収対象データ（児童ポルノや偽造文書等の法禁データ）、②再利用不許データ（著作権侵害等のデータ）、③残置で証拠隠滅データ（逃走マニュアル、証拠隠滅マニュアル等のデータ）という場合を想定したものとされる。

差押えでは、旧来のメディアやマシン原本を押収するか、それとも、改正刑訴法規定する複写等（複写、印刷または移転のいずれの方法によるか）を押収するか（補充性）。現場で現実に発見されたデジタルデータの証拠価値や証拠の性質、被押収者は誰か（被疑者に複写させるためにコンピュータシステムの操作を許すのは証拠隠滅の危険が高度に存在するだろう）等で個々的に判断されるので、被押収者に不必要な負担をかけない配慮をするという一般原則のもと、捜査機関の裁量に委ねられている。

---

155)　捜査機関が令状等にもとづき強制的に証拠物を押収することを「差押え」という。証拠の管理者が任意に証拠物件を捜査機関に提出する手続を「任意提出」といい、捜査機関が任意提出を受けた証拠物件を受領する手続を「領置」という。「押収」は、この「差押え」と「任意提出・領置」の双方を含む概念である。

156)　削除ファイルの痕跡を捜査する必要がある場合は、イメージコピーでダビングすべきなのはもちろんである。

157)　古田佑紀「コンピュータネットワーク上の捜査と第三者保護」『松尾浩也先生古稀祝賀論文集下』p.193、有斐閣、1998年

(b) 記録命令付差押え

コンピュータネットワークが高度に発展した現代では、クラウドコンピュータシステムのように、遠隔地や海外に分散配置した複数サーバにデジタルデータやネットワークソフトを分散保管して、処理の都度データやソフトをダウンロードして使用したり、遠隔地の複数クラウドサーバを遠隔操作して処理する例も一般化した。また、コンピュータセキュリティの関係で、サーバの所在地は、公開されなくなることが多くなり、甚だしい場合は自社の社員や情報管理者までも、当該データ等を分散保管したサーバの所在地が皆目検討がつかない場合もまれではない。それでは、旧来の個々のサーバを特定して押収することは困難であるし、複数分散サーバを特定できても、複数分散サーバから当該分散データを切り分けて押収してこれを一つのデータ(構造)にまとめるには、分散型サーバシステム構成に始まる高度な専門的技術的な知識内容が解明できないと事実上不可能に等しい。

そこで、改正刑訴法は、「記録命令付差押え」という手続を創設し、デジタルデータの保管者に、必要なデジタルデータをメディアに記録させたうえ、当該メディアを押収することができるようにした(改正刑訴99条の2、同218条1項)。ここでは、押収すべきデータを特定するだけで足り、個々のサーバを特定することを要しないし、分散管理されたデータであっても、これを一つのメディアにまとめたデータを押収することができるとした[158]。被押収者のワークフローの負担も少ないし、各地分散型サーバをレンタルサーバであればレンタルサーバ丸ごと全部押収されて業務が完全ストップする弊害も回避できるから、被押収者側にも被押収者がレンタルサービスを受けているレンタルサーバ業者側にも多大なメリットがある。

捜査機関は、証拠として必要があるときは、裁判官の発する令状により、デジタルデータの保管者その他利用権限者に命じて、デジタルデータをメディアに記録させ、または印刷させたうえ、当該メディアを押収することができる。ここにいう「記録」とは、デジタルデータの単純複写(コピー)のほか、暗号化されたデータを複合化(デコード)し、複数メディアに分散したデータを一つのデータにまとめ、これを他のメディアに複写することを含むが、「移転(ムーブ)」は含まれない。「印刷」とは単純プリントアウトのほか、「記録」同様に暗号データの符号化や複数メディア分散データを一つのデータにまとめることも含むと解されている。

---

158) 「記録命令付差押え」は、サイバー犯罪条約18条1項aの立法措置義務に応じたものである。
「18条 提出命令
1 締約国は、自国の権限のある当局に対し次のことを行う権限を与えるため、必要な立法その他の措置をとる。
　a 自国の領域内に所在する者に対し、当該者が保有し又は管理している特定のコンピュータ・データであって、コンピュータ・システム又はコンピュータ・データ記憶媒体の内部に蔵置されたものを提出するよう命令すること。」

(c) リモート差押え

「記録命令付差押え」で説明したとおり、コンピュータネットワークで分散処理が当たり前となった今日、あるコンピュータでデジタルデータ処理がなされていると把握できても、デジタルデータ自体がどこにあるか特定できない場合が多い。それに前記の「記録命令付差押え」は、被押収者が協力を拒否した場合にこれを強制する手段を欠いている。そこで改正刑訴法は、押収すべきコンピュータが、ネットワークを通じて他のサーバ内のデジタルデータを処理する権限を有しているデジタルデータに限り、捜査機関自身が、令状にもとづき、他のサーバ内からデジタルデータを押収すべきコンピュータ内に複写(ダウンロードコピー)したうえ、この複写したデジタルデータを押収すべきコンピュータごと押収できる、または他のメディアにデジタルデータを複写したうえで押収できるという制度を新設した(同法99条2項、218条2項)。俗に「リモート差押え」と呼称されている[159]。

(ⅰ) 前提条件

リモート差押えは、差し押さえるべき物がコンピュータである場合に限られ、現実にコンピュータの差し押さえることまでは要しないが、前提条件である。コンピュータすなわち刑法上の電子計算機(自動的に計算やデータ処理を行う電子装置)であれば、サーバやパソコンのほか、スマホやガラケーの携帯電話やネット接続対戦のできるゲーム機器も含む。

(ⅱ) 対象記録媒体

リモート差押えの対象となる記録媒体(サーバやメディア)は、差し押さえるべきコンピュータと電気通信ネットワークで接続された他のサーバやメディアであって、当該コンピュータで作成・変更・削除の処理をするアクセス権限を有するデジタルデータを当該コンピュータの処理のため保管されていると認められる状況にあるものをいう。

具体的には、メールサーバ、リモートストレージサーバ、ファイルサーバ、ウェブサーバなどであり、差し押さえるべきコンピュータとインターネットや社内LAN・WANで電気通信回線で接続されたものであれば、有線接続や無線接続を問わない[160]。

(ⅲ) 複写可能なデジタルデータ

リモート差押えで、サーバ等の対象記録媒体からダウンロードコピーして押収できるデ

---

[159] 憲法35条は住居の不可侵を人権として認め、捜査機関の捜索押収に際しては、同条1項で押収物を特定明示する令状を要求し、同条2項は捜索押収は司法官憲の発する格別の令状を要求している。リモート差押えは、本文記載のとおり、複写の対象となるデジタルデータの特定明示が令状記載の要件とされ、裁判官が捜索押収の必要性や正当性を審査したうえで発する令状によりなされるから、憲法35条の要請を満たしている。

ジタルデータは、差し押さえるべきコンピュータが作成・変更・削除する権限を有するものに限られる。そもそも、差押えは、「証拠物又は没収すべき物」を押収する手続であるから(刑訴99条1項)、被疑事実との自然的合理的関連性があるデジタルデータにさらに限定されるのは当然である。

(ⅳ) 手段方法(リモート差押え)

リモート差押えは、①対象記録媒体から被疑事実と合理的関連性を有する複写可能なデジタルデータを差し押さえるべきコンピュータまたはこれに接続した外部メディアに複写すなわちダウンロードコピーすることである。印刷(プリントアウト)や移転(コピー&原本デリート)は認められていない。②そしてダウンロードコピーしたデジタルデータを差し押さえるべきコンピュータごと押収するか、外部メディアにダウンロードコピーしたデジタルデータを外部メディアごと押収することとなる。

(ⅴ) 補論

リモート差押え手続に際して、当該押収すべきコンピュータと本来ネットワークを通じて接続されているサーバや外部メディアが切断されていた場合はどうか。リモート差押えも差押えの一種であるから、後記の「(令状執行時の)協力要請」(改正刑訴111条の2)を被押収者に行って接続してもらうことができるし、協力を拒まれたら、差押えに「必要な処分」(刑訴111条1項)として捜査機関自らが行うことができると解される。

(d) 通信履歴の保全要請

サイバー犯罪や通信利用犯罪では、匿名性の陰に隠れた犯罪が多く、まず犯人を特定するためにIPアドレスや電話番号の履歴からトレーシングを行うことが多いが、このような通信履歴は3カ月ないし6カ月程度の短期間で消去されることも多いので迅速に保全す

---

160) ただし、対象となる電気通信回線で接続された物理的なサーバ等が、国外に物理的に存在する場合、日本の捜査機関がサーバ等存在国の主権を侵害しないかという問題が存在する。この点、サイバー犯罪条約は32条「蔵置されたコンピュータ・データに対する国境を越えるアクセス(当該アクセスが同意に基づく場合又は当該データが公に利用可能な場合)」で、「締約国は、他の締約国の許可なしに、次のことを行うことができる。a 公に利用可能な蔵置されたコンピュータ・データにアクセスすること(当該データが地理的に所在する場所のいかんを問わない。)。b 自国の領域内にあるコンピュータ・システムを通じて、他の締約国に所在する蔵置されたコンピュータ・データにアクセスし又はこれを受領すること。ただし、コンピュータ・システムを通じて当該データを自国に開示する正当な権限を有する者の合法的かつ任意の同意が得られる場合に限る。」と定めるのみであるから、他国の主権侵害の虞がある場合は、できるだけ捜査共助を要請するほうが望ましいと考えられる。というのは、この問題は、サイバー犯罪条約の起草段階で長年にわたり議論されたが、包括的に法的拘束力がある制度を整備するのは困難だと判断されたからである(サイバー犯罪条約注釈書293項参照)。

る必要性が高い。他方、通信履歴は、重要な人権である「通信の秘密」(憲法21条2項後段)の保障が及ぶから、必要最小限の規制でなければならない。

そこで改正刑訴法は、犯人特定等のために通信履歴を迅速に確保するため、「保全要請」という令状を要しない捜査手段を新設した[161]。そこでは通信の秘密の保障に配慮し、捜査対象は、差押えまたは記録命令付差押えの必要がある場合で、通信事業者が業務上現実に記録している特定の通信履歴に限り、手段方法は単に消去しないで通信記録を保全することを要請するに過ぎず(内容は開示されない)(改正刑訴197条3項)、その保全期間も通じて60日(約2カ月)しか認めないし(同条4項)、要請を無視しても刑事罰等の制裁もないものである。

この保全要請は、書面で行うことを要し、要請の相手方は、通信事業者または自己の業務のため電気通信設備を設置している者に限られるから、キャリア通信事業者、プロバイダ、LANやWANを設置している官公庁や民間組織に限られる。相手方が保全要請を拒否しても罰則等の制裁がないので、差押えや記録命令付差押えを迅速に執行することで対応することとなる。

(e) (令状執行時の)協力要請

デジタルデータの差押えや検証に際しては、コンピュータネットワークシステムの操作方法など専門的技術的知識が必要な場合が多く、捜査機関が自力単独執行できないことが多いうえに、被押収者や第三者の利益を保護するためには被押収者側のシスオペがシステムを操作したほうが望ましい場合も多々ある。そのため、これまで捜査機関は、被押収者・被検証側の職員等に協力依頼をしてきたところであるが、職員側も執務上の守秘義務を負う場合が多く、協力する法的根拠を明確に示すことが望ましい。そこで、改正刑訴法は、111条の2で、差押え対象がデジタルデータにかかわるメディアであるときは、処分を受ける者に対して、コンピュータシステムの操作その他の必要な協力を求めることができる、と明文化し、同法142条で検証にも準用した[162]。その他の必要な協力には、コンピュータネットワークシステムのセキュリティの解除、暗号の復号化、押収対象のファイルが存在するメディアやディレクトリ(フォルダ)の場所・位置、システム構成やディレクトリ構造の説明などが含まれる。

しかし、法は不能を強いるものではないから、協力要請や相手方に協力義務を負わせ、これに従って協力していたとしても社会的相当行為(法令行為)として免責されるにとどま

---

161) 裁判官の令状を要しないとされたのは、保全要請が「現実に保管している特定の通信履歴をデリートしない」という不作為を義務づけるだけに過ぎず、要請に違反しても刑事罰の制裁もないうえに、もし令状を要するとしたら、令状発付の準備・申請・発付・執行のワークフローを要し、迅速な保全という目的・趣旨が達成できないからである。

り、相手方の知識技能を超える協力や業務や事業に著しい支障を生じる場合は、正当な理由がある場合として協力を拒むことができよう。もとより協力要請を拒否しても刑事罰等の制裁はないし、その場合は、捜査機関自身が、押収における「必要な処分」として、自らコンピュータネットワークシステム等を操作し、または専門的知識技能を有する補助者に操作させることができる(刑訴111条1項)。

(f) 証拠化の具体例
(i) メディアごとの押収

　これは犯人が犯行に供用したデジタルデータやパソコンを押収するときに多く用いられる。この場合は、FD、HD、MD、CD、DVDが証拠物として押収されることはもちろん、内蔵HDごとパソコンやサーバを押収する場合もある。それは、犯人が犯行に供用したパソコン等は犯罪供用物件といってパソコンごと没収の対象となるので、むしろ押収が必須となる場合が多いし、被害者のサーバと異なり、犯人のパソコンを押収しても、弊害が少ないうえに、事案によっては、デリートファイルなどの削除痕跡を直接HDから解析復元する必要が高い場合が少なくないからである。被害者や第三者のパソコンやメディア原本そのものは、これを押収すると被害者らのネット活動に支障が生じる場合が多いので、デジタルデータを複写コピーしたものを押収する場合が多い。

---

162) 「(令状執行時の)協力要請」は、サイバー犯罪条約19条4項の立法措置義務に応じたものである。
　「第19条　蔵置されたコンピュータ・データの捜索及び押収
　1　締約国は、自国の権限のある当局に対し、自国の領域内において次のものに関し捜索又はこれに類するアクセスを行う権限を与えるため、必要な立法その他の措置をとる。
　　a　コンピュータ・システムの全部又は一部及びその内部に蔵置されたコンピュータ・データ
　　b　コンピュータ・データを蔵置することができるコンピュータ・データ記憶媒体
　2　締約国は、自国の権限のある当局が1aの規定に基づき特定のコンピュータ・システムの全部又は一部に関し捜索又はこれに類するアクセスを行う場合において、当該捜索等の対象となるデータが自国の領域内にある他のコンピュータ・システムの全部又は一部の内部に蔵置されていると信ずるに足りる理由があり、かつ、当該データが当該特定のコンピュータ・システムから合法的にアクセス可能であるか又は入手可能であるときは、当該権限のある当局が当該他のコンピュータ・システムに関し捜索又はこれに類するアクセスを速やかに行うことができることを確保するため、必要な立法その他の措置をとる。
　3　〈中略〉
　4　締約国は、自国の権限のある当局に対し、1又は2に定める措置をとることを可能にするために必要な情報を合理的な範囲で提供するようコンピュータ・システムの機能又はコンピュータ・システムの内部のコンピュータ・データを保護するために適用される措置に関する知識を有する者に命令する権限を与えるため、必要な立法その他の措置をとる。
　5　この条に定める権限及び手続は、第14条及び第15条の規定に従うものとする。」

(ⅱ) 紙媒体のプリントアウトしたものの押収

この方法は、テキストファイルや表計算ソフトで整形される簡易なログの証拠品化としてよく用いられる。典型例は、電話の通信履歴やアクセスログ、携帯電話の電子メール履歴等である。また、容易な視覚化を確保するため(法執行機関は目で証拠を調べる)、各種画像ファイルなら画像状態でプリントアウトすべきである。防犯カメラ画像など動画の場合は、その要旨を視覚化するため、前記デジタルデータをコピーしたものを押収したうえ、主要部分をコマ撮りしたものを抜粋して印刷する方法がとられている。ただし、印刷したら数万ページとなる膨大なログや多数の画像ファイルは、この方法では不適であるから、デジタルデータをコピーしたものを押収する方法がよい。

(ⅲ) デジタルデータを複写(コピー)したものの押収

プロバイダや通信事業者などで、ハードディスク内に証拠となる電子ファイルを発見したが、ハードディスクを差し押さえると業務に支障がある場合には、前述のとおり、記録命令付差押え等のようにデジタルデータを他のメディアにコピーして証拠化することになる。

その具体的方法は、①捜査官が、当該ハードディスク内の当該ファイルを捜査官が持参した電磁記録媒体にコピーする(捜査官媒体・捜査官コピー)、②当該ハードディスク内の当該ファイルを立会人所有の電磁記録媒体に立会人がコピーする(立会人媒体・立会人コピー)、③捜査官が持参した電磁記録媒体を立会人に渡し、当該ハードディスク内の当該ファイルを立会人がコピーする(捜査官媒体・立会人コピー)、などという方法が考えられる。

なお、数百ギガないし数テラバイトのHDの電磁的データをコピーするには、別のHDにコピーするしかないが、大容量HDは「高額の備品」扱いなので立会人が無償提供という経済的負担を断る例があるため、捜査機関(国または都道府県)が所有するHDを立会人に「一時使用」させる方法をとっている。つまり、①捜査官が「HD」を立会人に手渡しして「一時使用」を許可し、②立会人がHD内のデータを「HD」にコピーし、③立会人が「HD」を任意提出または捜査官が令状で差し押さえる、という手続をとる。

(g) 押収・証拠化する範囲

デジタルデータは、一つの電子ファイルをそのまま全部証拠品化する必要がない場合が多い。例えば、多数の顧客のアクセス履歴が一括して記録された認証ログファイルである。その場合は、ログカッターを用いて、事件の捜査処理に必要な特定の顧客IDに関する部分を抽出して、その抽出した部分のみを押収する方法がとられている。これは、第三者からの電子ファイルの差押えは必要最小限にすべきであるとする「ベッコアメ事件準抗告審」(東京地裁決定平成10年2月27日平成10年(む)第141号準抗告申立事件)の判例に適

合している。

　ただし、犯人が犯行に使用したディスクを犯人の居宅で差し押さえるような場合なら、捜索現場でフロッピーディスクの中身を確認していては損壊される危険があるときは中身を確認しないでも差押えが許容されるとする「浦和 FD 差押え事件抗告審」(最高裁決定平成 10 年 5 月 1 日・平成 10 年（し）第 45 号特別抗告事件・裁判所時報 1219 号、刑集 52 巻 4 号 p. 275) という判例にもとづくことになる。

　そして、ディスク丸ごと押収する特段の必要があるとき（デリートファイルを復活させて証拠収集する必要がある場合など）は全部押収できるとした前述「浦和 FD 差押え事件抗告審」の判例があるので、捜査の必要があるなら、ディスクのイメージ状態を保持したままで原本を差し押さえることも可能である。

　なお、サーバ内のデジタルデータは刻一刻と変動していくから、サーバを停めないでデジタルデータをコピーして押収するときは、コピー開始と終了の時刻を必ず記録に残して、どの範囲のデジタルデータをどのようにコピーしたかを記録しておく必要がある。ことに、スナップショットでデジタルデータの動きを刻一刻と証拠化するときは、コンマ以下の秒数までサーバ内蔵の時計と連動して記録化できるように準備をしておく必要がある。

(h)　原本とコピーの同一性の証拠化

　デジタルデータの原本に換えてコピーを押収した場合、デジタルデータの原本とコピーとの同一性を確保・証拠化するにはどうしたらよいか[163]。ことに、押収したデジタルデータをプリントアウトすれば何百ページから何百万ページにも相当するデジタルデータを押収する例もまれではない。

　一番簡単なのは、「FC(File Compare)実況見分」による同一性の証拠化である。すなわち FC ツール[164]を用いて、デジタルデータの原本ファイルとコピーファイルを比較（コンペア）させるのである[165]。これは、捜査官が、補助機器を使って、押収対象物の形状等を五感の作用を用いて認識した結果を証拠化する捜査なので、実況見分（検証令状を得ていれば検証）で実施するもので、対象の原本と写しという 2 データに対して、FC ソフトに

---

163)　米国連邦刑事手続では、押収捜査官が宣誓供述書(affidavit)を作成して、コピーと原本の同一性を確保している。

164)　FC とは、2 つのファイルを比較して異同の有無内容を出力するツールであり、古く MS-DOS 時代から、存在する小物ソフト（ツール）であるワープロのソフトやテキストファイルだけではなく、2 進数で表示される実行プログラムすなわちバイナリーコードのファイルでも比較できるものが多い。

165)　押収捜査官にしろ、立会人にしろ、数万ページといかなくても、数百ページのプリントアウト 2 冊を前にして、これが同じかどうか目で確認しろ、と言われた場合を考えればわかると思う。人間の目による確認行為は、精緻かつ正確性が期待できないからである。このような対差は、コンピュータが最も特異とする分野であり、機械的な正確性も相当高度である。

よって、原本と写しを見分して比較させたところ、「両者が同一の内容であった」という実況見分である。

次に、ハッシュ値の比較でデジタルデータの原本ファイルとコピーファイルの同一性を証拠化する方法がある。ただし、この場合は、技術に明るくない法執行機関関係者に対し、「ハッシュ関数の説明から始まりハッシュ値が同一ならデータが同一であることの証明になる」という趣旨の説明書（技術素人にわかりやすいもの）を作成する必要があろう[166]。

（3） 公訴・公判手続

捜査段階で証拠化されたデジタルデータは、捜査書類（プリントアウトしたもの）または証拠物件（メディア等）として検察官に引き継がれる。そして、犯人が起訴されれば、検察官は、裁判所に対して、これら捜査書類や証拠物件（証拠品）の取調べを請求することとなる。

裁判で刑事事件を審理する手続は、公判手続と呼ばれるが、厳格な手続が求められている（4.1.1項を参照）。

（4） 証拠法

（a） 概　論

事実の認定は証拠による（事実認定は価値判断に先行する）。事実認定に用いる証拠は、刑事訴訟では厳格に規制されている（4.1.3項を参照）。

（b） 伝聞（証拠）法則

伝聞証拠は、原則として証拠能力がない。しかし、伝聞証拠であっても、内容の正確さが信用できる情況的保障があれば、一定の条件下に例外的に証拠能力を取得することが認められている（4.1.3項を参照）。現在のデジタルデータは、パソコン等の電子機器が自動的に作成するものが多いため、機械的正確さが本来的に担保されているので、後述のとおり、例外的に証拠能力が認められるものが多い。

（c） 自白（補強・排除）法則

自白は、犯人は自白だけでは有罪とされず補強証拠を要する。また、任意性に疑いのある自白は証拠から排除される（4.1.3項を参照）。

現代では、意図的な虚偽自白による誤認逮捕の危険という点も軽視できない。デジタルデータのフォレンジックは、この補強証拠のなかでも重要な部類に属すると思われる。

---

[166] ハッシュ値やハッシュ関数と聞いて、それが意味する概要が頭に浮かぶ一般法曹は皆無といってよい（技術系出身の弁護士や特定非営利活動法人デジタル・フォレンジック研究会会員法曹を除く）。

例えば、犯人から「私は架空経費を計上して会社の金を横領しました」と自白があったので調査したが、架空経費の計上に協力した得意先数社は後難を恐れて不知を装い、会社の経理サーバは経理データが改ざんされて不正データが残っていないとしても、経理サーバのログから、犯人が経理サーバに不正アクセスして送金先データを改ざんしていたことが判明したような場合である。そして、改ざん前の送金データ（送金先と金額）が復元され、これに符合する銀行振込記録がAの預金通帳に記載されていれば完璧である。

(d)　デジタル証拠法
　デジタルデータは、どのような法理論によって、前述の証拠能力を取得するのであろうか。

(ⅰ)　わいせつ画像のデジタルデータ
　これは、ポルノビデオやわいせつ写真と同様であり、有体物であるビデオテープや写真そのものが「わいせつ図画」と評価されるのだから、デジタルデータが記録されたメディアそのものが、証拠物として証拠能力を取得し、証拠物として取り調べれば足りる。わいせつ画像のデジタルデータは、裁判官がデジタルビデオデッキやパソコンで画像化して調べたり、これに代えて捜査機関がプリントアウトしたものを目で取り調べれば足りる。

(ⅱ)　通信履歴（トラフィックデータ）やサーバ関連のログ
　トラフィックデータやサーバ関連のログは、業務の通常過程で継続的機械的に作成された日誌・帳票類であるから、たとえ、デジタルデータの段階であっても、電子的な帳票であるから商業帳簿の原票（バーチャ）としての性格を有する。したがって、刑事訴訟法323条2号の業務書面として証拠能力を取得する。これらのデータやログを採るのには、おおむね2つの理由がある。一つ目は、課金情報と呼ばれる売上帳票をつけるためである。この場合、プロバイダや電気通信会社がログを採るのは、一種の売上帳票兼請求明細内訳伝票をつけるための原票である。二つ目は、プロバイダと一般会社とを問わず営業日誌・業務日誌などを作成するためであり、船舶・航空機の「ログ・ブック（航行日誌）」と同様前の性格を有するから、これらのデータやログは、各日誌等の原票となる。最高裁も、要旨「電磁的記録であっても直ちにプリントアウトできるので、パソコンの帳簿ファイルも破産法上の商業帳簿にあたる」と判断している（最判平成14年1月22日刑集56巻1号1頁）。
　ただし、これらのデータやログは、そもそもコンピュータログであって、コンピュータがプログラムに従い機械的正確さで自動的に作成するものであり、ヒトの認識や記憶を経ないどころか、個々の人為的な介在が通常は想定されていないものである。つまり、人の知覚・認識・記憶・再現・叙述・表現という供述証拠の過程を踏まないから、供述証拠で

はなく非供述証拠だから、もともと伝聞法則の適用はなく、「非供述証拠」という「証拠物たる書面」として証拠能力を取得するのが理論的に正しいであろう。

(ⅲ) 電子メール等

パソコン内の電子メールやショートメッセージサービスの存在そのもの、および通信履歴(ヘッダ部分)なら、コンピュータが機械的な正確さで作成したデジタルデータであるから、非供述証拠(前記参照)であり、そもそも伝聞法則の適用はないので、事件と証拠の関連性が認められて証拠として採用するのが相当であるから、「非供述証拠」として取り調べるのが相当である。横浜地裁で同旨の証拠採用決定例(公刊物未登載)がある。

注意すべきなのは、この場合、そのような本文が記載された電子メールが存在すること、そのような電子メールが送受信されたことが立証されているだけであり、電子メールの本文に書いてある内容が間違いない事実であるとの立証されたわけではない。要するに、「本文に書いてある内容がウソでもホントでも、とにかくそのような内容の電子メールが送受信された」という事実の証拠として、証拠能力を取得しただけである。この点は注意を要する。

(ⅳ) 附属文書・添付文書の法理

デジタルデータが記録されたメディアが証拠物として証拠採用された場合に限られるが、これと同時に証拠請求されたデジタルデータのプリントアウト(紙媒体に印刷したもの)は、証拠能力を取得するはずである。

録音テープが証拠物として採用された場合で当該録音テープの反訳文書の証拠能力が争われた事案では、原本が証拠能力を取得すればそれと同一内容を有する附属文書(添付文書)も証拠能力を取得するとの理論にもとづき、反訳文書は、録音テープの附属文書として証拠採用した判例がある(被告人奥平純三に対するハーグ事件等における東京地裁昭和52年3月8日第4回公判証拠決定・公刊物未登載)。

すなわち、録音テープの反訳文書は、原本に附属する文書であることが明らかであるから、原本と一体化するものとして取り調べられるのが相当であるとする判例である。この理は、電子データのプリントアウトにも適用があるはずである。

(e) デジタルデータのコピーの証拠能力

前述したデジタルデータの原本メディアに代えて、これを別のメディアにコピーしたデジタルデータは、「写し」としてどのような論拠や条件の下に「証拠能力」が認められるか。「写しの証拠能力」の実例としては、謄本があり、謄本認証が適正になされれば、判例上、原本と同一の証拠能力が認められている[167]。また、謄本は、刑訴法令や他の法令上、公務員しか作成できないので、一般人や弁護士が証拠に関して同様の写しを作成する

場合は、「上記は正写である。」とか、「上記は原本の正写に相違ありません。」とかの正写文言に正写した人(先生)の記名押印を付記するのが実例である。

以上の「写し」の証拠能力の問題や判例は、「デジタルデータのコピー」でも同様に当てはまることになる。むしろ、前述のとおり、デジタルデータに関しては、「コピー」の押収・証拠化が原則であり、原本の押収は犯罪供用物件などの例外と見られるようになるだろう。

（5） 判決と執行

犯人に下される刑には、罰金や懲役という主刑のほかに、付加刑といって、犯行供用物件や犯行取得物件などの「没収」というものがある。すなわち、犯行に使ったデジタルデータ(供用物件)、犯行の結果取得したデジタルデータ(犯罪取得物件)は、本来没収されることがあることを予定されているのである(必要的に没収するか、裁量的に没収するかは犯罪の種類により異なる)。

ところが旧来は、デジタルデータという無体物・無形物を没収することはできないので、没収対象のデジタルデータを記録するメディアごと没収するしかないというのが判例であった[168]。そこで改正刑訴法は、判決の執行を超えて証拠品の返還等においても、498条の2で、「不正に作られた電磁的記録又は没収された電磁的記録に係る記録媒体を返還し、又は交付する場合には、当該電磁的記録を消去し、又は当該電磁的記録が不正に利用されないようにする処分をしなければならない(1項)。不正に作られた電磁的記録に係る記録媒体が公務所に属する場合において、当該電磁的記録に係る記録媒体が押収されていないときは、不正に作られた部分を公務所に通知して相当な処分をさせなければならない(2項)。」とデジタルデータの没収手続を整備した。

(執筆担当：大橋充直)

6.4.2 民事証拠法とデジタル・フォレンジックの効用

（1） 証拠保全過程

民事訴訟法における証拠保全の規定は、ある証拠を将来使用することが困難となる事情があるときにあらかじめ証拠調べをすることを認めている[169]。あらかじめとは、本来の証拠調べの期日より前という意味であり、訴え提起の前後を問わない。

---

[167] 写し自体に証拠能力が認められるためには、写しである以上、原本の証拠能力のほかに、①原本が存在すること、②原本の提出が不能または困難であること、③原本の正確な転写であることを証拠によって証明することが必要である(最高裁決定昭和35年2月3日刑集14巻1号、p.45、最判昭和35年3月24日刑集14巻4号、p.447)。

[168] 東京高判平成14年12月17日判時1831号、p.155。

[169] 民訴234条

将来使用することが困難となる事情とは、改ざんのおそれがあるときも含まれるので、デジタルデータの改ざんを防ぐためにコピーをとっておき、コピーと原本との一致を保証するフォレンジック技術が最もなじみやすい。

　また、最近では、証拠保全の対象も電磁的記録が増加しており[170]、その検証方法としてフォレンジック技術が用いられるべき場面も既に生じているものと思われる。

　ただし、現在の実務は電子カルテをプリントアウトすることによって内容を保全するか、あるいはモニターに映し出した場面を写真撮影することにより内容を保全することが標準であり、ディスクコピーを取るということは想定されていない[171]。デジタル・フォレンジック技術を用いた正確な保全と事案解明が裁判実務上に取り入れられるのは、まだ先のことのようである。

　このほか、いくつか検討すべき点がある。

　第一に、証拠保全の事由として、改ざんのおそれがあることなどは疎明[172]しなければならないので、デジタルデータを保有する者の改ざんや廃棄のおそれがある程度推察できる事情が必要となる。この点について裁判実務上は、抽象的に改ざんのおそれとのみ記載する例もあるとの報告がなされているが、それだけでは疎明したことにならないとして、医療過誤事件に関して以下のように一般的基準を判示した例もある[173]。

　「人は、自己に不利な記載を含む重要証拠を自ら有する場合に、これを任意にそのまま提出することを欲しないのが通常であるからといった抽象的な改ざんのおそれでは足りず、当該医師に改ざんの前歴があるとか、当該医師が、患者側から診療上の問題点について説明を求められたにもかかわらず相当な理由なくこれを拒絶したとか、或いは前後矛盾ないし虚偽の説明をしたとか、その他ことさらに不誠実又は責任回避的な態度に終始したことなど、具体的な改ざんのおそれを一応推認させるに足る事実を疎明することを要するものというべきである。」

　この事件では、患者の家族が医師に、患者に対する治療方法や病状悪化の理由を再三尋ねたのに対し、何ら詳しい事情を説明しようとせず、逆に説明を求める家族を叱りつけた

---

[170] 東京地裁の証拠保全を担当した裁判官に対するアンケート調査として、1994（平成6）年から10年間の証拠保全対象物のうち7.5％が電磁的記録となっている。門口正人編集代表『民事証拠法大系　第5巻　各論Ⅲ　鑑定　その他』、p.162、青林書院、2005年
[171] 東京地方裁判所証拠保全・収集処分検討委員会、医療訴訟対策委員会「電子カルテの証拠保全について」『判例タイムズ』1329号、p.5、2010年
[172] 疎明とは、通常の裁判で要求される「証明」よりも低い程度の確からしさで足りる立証のことをいう。
[173] 広島地決昭和61年11月21日判時1224号、p.76。

り、さらには、入院中に患者の身体障害者等級が三級になったことにかこつけて、「身体障害者手帳が三級になったんだからいいじゃあないか」との発言をしたことや、患者の入院中に病院の看護師らから再三「早くつれて帰ってよい病院へ入れてあげてください」との忠告を受け、医師に退院を申し入れたが、医師は容易に退院の許可を出さず、外泊許可によって自宅へ連れ帰ることができたことなどの事実を挙げて、家族から診療上の問題点について説明を求められたのに相当な理由なくこれを拒絶し、不誠実かつ責任回避的な態度に終始しているとして、改ざんのおそれがあることの疎明があったとしている。

そこで例えば、電子カルテのような場合も従来の診療録に関する実務の傾向が当てはまるであろう。これに対してISPの通信ログなどは、監督官庁である総務省が速やかな廃棄を推奨しており、保全の必要性を基礎づけるのに十分な事情があるといえそうである。

第二に、証拠保全とはいえ、証拠調べの必要性があること、具体的には紛争が存在し、これを対象とする訴訟において重要な事実の立証に必要な証拠であることが求められる。そして、デジタルデータが記録されているディスクの全部を保全対象とすることは認められないので、証拠調べの対象となる部分を特定し、その部分のみを保全することになる。フォレンジック技術のなかで、ディスクの一部を特定してコピー保存することや、それが原本の一部を忠実にコピーしていることが可能でなければならない。この点において、デジタル・フォレンジック技術による原本との同一性保証が重要となる。

第三に、証拠保全として検証を行う場合、主宰者は裁判官である。そこでデジタル・フォレンジック技術を用いてカルテなどの医療記録の保全を行おうとすれば、それを裁判所の実務として取り入れなければならない。紙媒体の証拠保全でもコピーをとることは普通に行われているが、ビデオで記録する試みもまだ一般的ではなさそうである。デジタル・フォレンジック技術を用いた検証を具体的にどう進めるのかは、実験的な試みを積み重ねる必要があろう。

なお、後述するように、デジタル・フォレンジック技術はデジタルデータの保有者がその内容を改ざんしていないことの証明にも用いられる。そこで、カルテ改ざんなどしていないにもかかわらず、その疑いをかけられた医療側にとっては、デジタル・フォレンジック技術を用いた証拠保全を積極的に希望することもあるだろう。同様のことは、さまざまな責任を追及されうる企業にとってもいえることである。

(2) 証拠提出過程

デジタルデータを証拠として提出する場合、デジタル媒体を原本とするにせよ、そのプリントアウトを原本とするにせよ、その真正な成立をどうやって証明するかが問題となる。例えば、電子商取引で取引記録が電子メールデータにより証明されるとしても、送信側の保有するデータと受信側の保有するデータとが食い違った場合には、いずれが真正か問われるが、通常の手段では立証は無理である。

消費者が事業者のウェブページ上で申込みをしたような場合は、もともと消費者側が証拠となる画面データを保存していないこともあり得る。

そのような場合に、フォレンジック技術を利用すれば真正な成立を立証することが可能となる局面もある。電子メールデータが送信者と受信者とのそれぞれで食い違ったような場合、それぞれのコンピュータの利用履歴から改ざんの有無を明らかにすることができよう。いわば筆跡鑑定に相当するフォレンジック鑑定である。

そのような争いを防ぐために、あらかじめデジタルデータの保有者がフォレンジック技術を用いて原本との一致が保証されたバックアップをとっておくことも考えられる。これによって実質的証拠力を確保することが可能である。

(3) 証拠獲得過程

提訴前の証拠収集処分として、執行官による現況調査が規定されていることは、4.2.2項を参照されたい。その場合に、調査対象がコンピュータディスクであるとすれば、フォレンジック技術を用いたディスクの保存と解析を行うことができ、必要な証拠と不必要かつ提出拒絶事由のある部分との分別をトレース可能な形で行えれば、極めて有力な証拠収集手段となる。現在の裁判実務や執行官の執務体制で可能かということは別にすると、将来の可能性は認められる。

提訴後においても、コンピュータディスクの検証とその際の鑑定にデジタル・フォレンジック技術を利用すれば、事実の解明に大きく寄与するだろうと思われる。データ保有者の協力が得られない場合には、検証物提示命令により、ファイルに対する強制的なアクセスも予定されている。

なお、知的財産に関する各法[174]は、文書提出義務を拡充し、その秘密保護を図るなどの種々の手当を行っている。以下では例として著作権法の規定を見ていくと、同法114条の3は、著作権等の侵害訴訟において、当事者の申立てにもとづき、侵害行為の立証または侵害による損害の計算をするため必要な書類の提出を当事者に命じることができると規定している。同種の規定は特許法、実用新案法など、各種の知的財産法にもおかれている。

正当な理由があれば、提出義務を免れる(著作権法114条の3第1項但書)が、その有無についてはインカメラ手続[175]による審査が予定され(著作権法114条の3第2項)、相手方も含む当事者や訴訟代理人等に対して開示して、提出を拒む正当な理由があるかどうかの意見を求めることができる(著作権法114条の3第3項)。この場合、開示された書類に

---

174) 著作権法114条の3、特許法105条、実用新案法30条、意匠法41条、商標法39条。
175) インカメラとは裁判官室(カメラ=室)のなかでの手続を意味する。民事訴訟法では、文書提出義務について、営業秘密などの除外事由があるかどうかを審理するため、裁判所に当該文書を提示して、相手方には見せないで除外事由の有無を判断する手続をいうが、本文で述べたように知財関係訴訟などでは相手方にも開示するインカメラ手続が予定されている。

営業秘密が含まれている場合には秘密保持命令が発せられることもある（著作権法 114 条の 6）。

　正当な理由については、単に営業秘密が含まれているというだけでは足りず、秘密保護の必要性と訴訟追行上の不利益との利益考量によって決せられる[176]。これに対して提出させたうえで訴訟指揮権にもとづき閲覧謄写できる時期や範囲、取扱い方法、誓約書の提出など詳細な内容を織り込んだ決定を出すなど、二者択一的な解決によらずに秘密保護と文書提出の両立の途を探る実務も試みられている[177]。

（4）　訴訟当事者自身のためのデジタル・フォレンジック技術利用

　企業が違法行為を行っている場合を想定すると、デジタルデータを証拠として用いるようになれば、違法行為のプロセスを隠しておくことは、上記のように困難になっている。これに対して企業が法令遵守を心がけていたとしても、情報が漏洩したり、結果的に違法性のある行為がなされてしまったりすることはありうる。民事的に違法な行為で他人に損害を与えれば、損害賠償義務を負うことになる。取引過程でも、何らかの原因で履行障害が発生すると、その賠償責任の有無が問われることになる。

　しかし不法行為であれ債務不履行であれ、原則として無過失ならば、賠償義務を負わない。その立証責任は不法行為責任を追及する側にあるとはいえ、情報が乏しいところではしばしば裁判所の微妙な判断に結果を委ねるという不安定さを覚悟しなければならない。さまざまな記録がデジタルデータによって運用され、保管されていくようになれば、この不安定さはますます増大するであろう。

　そのようなリスクを回避するためには、当然のことながら、企業自身のデータ保管と、そのデータの信憑性を高めておくことが重要である。要するに、デジタル・フォレンジック技術の利用により、万一賠償責任を追及される場面に立たされたとしても、必要な注意を尽くしていたということを立証することにより、不測の損害を回避することが可能である。

　さらにこうした「備え」は、責任を回避できる決め手となるばかりでなく、提訴リスク自体を回避することにもつながる。コンプライアンスを追求するうえで、紛争予防効果は一層の効用をもたらすことであろう。

（執筆担当：町村泰貴）

---

[176]　特許法を中心とする解説だが、門口正人編集代表『民事証拠法大系　第 4 巻　各論 II　書証』p.222 以下、青林書院、2003 年（森義之・内藤裕之）。
[177]　東京地決平成 9 年 7 月 22 日判タ 961 号、p.277。

6.4.3 米国におけるeディスカバリとデジタル・フォレンジック[178]
(1) はじめに

　米国民事訴訟における電子情報(Electronically Stored Information：ESI)の増大に対応するべく、2006年12月に米国連邦民事訴訟規則のディスカバリに関連する諸規定に改正が加えられて以降、米国におけるeディスカバリに関する実務は急速に発展を遂げてきている。そこで、本項においては、米国におけるeディスカバリの歴史を概観したのち、eディスカバリに関する今日的な問題を検討し、それがデジタル・フォレンジックとどのようにかかわってきつつあるのか、そして、eディスカバリとデジタル・フォレンジックという切り口から考えた場合、今後それらがどのような展開をしていくのかについてもみてみたい。

　ここで、eディスカバリを論ずるにあたって、若干の注意点に触れておきたい。比較的最近に上述の連邦民事訴訟規則改正が行われたこともあって、そもそも、eディスカバリという用語が広く使用されるようになってからまだ日が浅い。また、eディスカバリがわが国に紹介されるにあたっては、その制度の詳細に傾きがちで、ディスカバリという米国固有の制度の展開という文脈において、eディスカバリに関連する諸規定の紹介が十分になされてきていないのではないか、という印象もある。ディスカバリ全体についての解説は本項の範囲を超えるが、読者にあっては、eディスカバリを理解するにあたって、常にそれを包摂する、いわば上位概念としてのディスカバリの理解が前提であることを、念頭においておく必要があろう。

　さらに、eディスカバリに関するルールの発展の態様についても、十分な注意が必要である。連邦民事訴訟規則は、連邦最高裁判所が法律の授権の下[179]に制定する規則であり法律ではないものの、それが明文のルールであることに変わりはない。ところが、2006年の改正以降、どの程度eディスカバリ関連の修正が連邦民事訴訟規則に加えられているかを見てみると、その後のeディスカバリの実務の発展に比して、実はその修正はそれほど大きなものではない。これは、eディスカバリ関連のルールの展開が、すぐれてコモンロー[180]的な方法によるためである。

　連邦民事訴訟規則全86条を見てみると、そのうち、ディスカバリに関するものは第26条から37条であり、さらにその一部のみがeディスカバリに関連している。例えば、そ

---

[178] 本項執筆にあたっての判例検索は、西村あさひ法律事務所 Tony Andriotis 弁護士の作業によるところが大きい。ここに記して謝意を表する。なお、本項においてeディスカバリという場合、特に明示的に言及がない場合には、米国連邦民事訴訟規則(Federal Rules of Civil Procedure：FRCP、2010年12月1日改正)の下でのそれを指す。

[179] Rules Enabling Act, 28 U. S. C. §2072

[180] コモンローとはイングランド法を起源とする法制度をいい、それを母法とする米国のシステムもこれによることから、英米法と呼ばれることもある。法の解釈適用にあたり、先例としての判例の解釈適用を重視することが特徴で、制定法の解釈適用を重視する大陸法系と異なるとされる。

のうち条文のタイトルに"Electronically Stored Information"という語が含まれているのは、第34条のみである[181]。これからも容易に推測されるように、eディスカバリに関する連邦民事訴訟規則の規定はごく概括的なものであり、そのため、実際の論点の解決にあたっては、概括的な規定にもとづいて下される裁判所による個々の判断が、実際のルールとして集積していくことになる。ところが、米国の訴訟は対審構造（adversarial system）を前提としているため、実際の問題解決にあたっては、当事者が議論を闘わせ判事（judge）がその当否を判断のうえ決定を下す、という形をとるので、実際のルールは、連邦民事訴訟規則の諸規定をベースとした、当該法廷による判決、決定、命令として形成されることになるのである。これはすなわち、連邦民事訴訟規則の諸規定を熟読し、解釈することのみで現場のルールを理解することが、実際上ほぼ不可能であるということを意味する。eディスカバリをめぐるルールは現実の判例や裁判所の決定、命令などにより刻々ダイナミックに変化しているのである。

(2) 2006年連邦民事訴訟規則改正まで——eディスカバリ前史

　1950年代に登場したメインフレームコンピュータからパーソナルコンピュータへと、コンピュータは小型化するとともに、特に1980年代以降爆発的な勢いで普及していった。それに伴って、まず、企業内の情報が電子的に保管されることがよく見られるようになり、それとともに民事訴訟の場面においても、電子情報をどのように取り扱うか、ということが問題となり始める。

　判例を紐解いてみると、1970年代から、米国の裁判所では電子情報をディスカバリとの関係でどのように取り扱うかについて、既に検討を行っていたことがわかる。例えば、1972年の *Adams et al. v. Dan River Mills, Inc.*[182]は、そういった判例のなかでも最も初期のものであると思われるが、そこでは、雇用差別を理由として提起された訴訟において、原告従業員から被告企業に対して、"computer cards or tapes"に記録されていた"computerized master payroll[183] file"とW-2[184]のプリントアウトの提出が求められた。これについて裁判所は、当時の連邦民事訴訟規則第34条は、ディスカバリにおいて、電子的方法で保管されている情報を（例えば印字等することなく）電子的な情報そのものとして提出することを妨げない、として、原告の請求を認めるとともに、証拠の提出にかかる費用は原告の負担とした[185]。

　初期の判例としては、また、*Bills et al. v. Kennecott Corporation*[186]も興味深い。この判

---

181)　同条のタイトルは、"Producing Documents, Electronically Stored Information, and Tangible Things, or Entering onto Land, for Inspection and Other Purposes"である。
182)　*Adams v. Dan River Mills, Inc.*, 54 F. R. D. 220 (W. D. VA, 1972).
183)　給与台帳のこと。
184)　従業員に年度末に送付する当該年度の給与明細。

例については、"electronically stored information" という言葉が既に新奇な用語ではなくなっているのが窺われることや、これに先立つ15年間の革命的な技術の発展により、当時においてもすでにほとんどの訴訟においてコンピュータに保管されている情報が関係してきている、という言及がなされていること[187]も興味を引くが、それとともに、当事者間の費用負担に関する論理構成もたいへん参考になる。

本事件においては、不当な雇用差別を理由として、原告である従業員から被告企業に対して訴訟が提起されたところ、原告が被告企業に対して、電子的に保管されていた人事情報を印字したうえで提出するよう求めた際の費用負担が問題とされた[188]。裁判所は、以前のように手作業により記録をしていた時代であれば、原告が記録にアクセスすることを認めるだけで被告側の作業は終わっていた、と述べ、その場合、実質上、被告は情報開示にかかるコストを原告に転嫁することができていたに等しい、と断じた。そのうえで、上述の手作業による記録とは異なり、コンピュータ上に電子的に保管されている記録の場合は、アクセスを認めただけでは、原告はそれを解読できるわけでは必ずしもなく、むしろそれを自ら認識できる形式に変換することが必要である場合が多く、しかもそれは技術的な理由から現実問題として困難なことが多い、と述べた。そして、被告は、自らが費用を負担することが "undue burden"（不当な負担）であると立証できない限り、原告が認識できるような形式で情報を開示する義務とその費用を負担する義務を負う、と結論づけた[189]。この論理は、2006年改正後のeディスカバリに関する費用負担についての考え方のベースとなっているものであるといえるが、その考え方が2006年改正以前の条文の解釈として、すでに1985年時点で判例に盛り込まれていたということは、eディスカバリがあくまで従来のディスカバリの延長である、という視点が大切であることの証左であるといえよう。

2006年改正以前のeディスカバリ関連の重要判決としては、これらに加えて、Scheindlin判事による2004年のZubulake V [190]判決を挙げておかねばなるまい。この判決を理解するにあたっては、litigation hold [191]について、まず説明をしておく必要がある。訴訟が提起されたか、または合理的、常識的に考えて訴訟が起きそうだ、という時点で当該訴訟の

---

185) 54 F. R. D at 222. これは、後述のeディスカバリに関する費用負担の観点からも興味深い判例である。おそらく、まだこのような論点が新奇なものであったため、請求を行った側である原告に全額費用を負担させたのではないかと思われるが、現状は、むしろ、原則として提出する側がそのコストを負担する、というルールとなっている。

186) *Bills v. Kennecott Corp.*, 108 F. R. D. 459（UT, 1985 D. utah 1985）.

187) *Id*. at 462.

188) *Id*. at 460.

189) *Id*. at 462.

190) Zubulake v. UBS Warburg LLC, 229 F. R. D. 422（S. D. N. Y. 2004）. 本件は、同一の事実関係に関する一連の判決の判決の5番目のものであるので、このように呼ばれる。

当事者（または当事者となりうる者）には関連文書の保全義務が生じるので、その義務を果たすために文書を保全する、というのが litigation hold の基本的な考え方である。そして、本判決においては、その保全義務の内容に関して詳細な説明が行われている。

　Zubulake V 判決など Scheindlin 判事による一連の判決[192]は、弁護士が文書で litigation hold の通知を出すことを怠った場合、当該不作為は重過失を構成する、と判示したものと解されている。そして、Zubulake V 判決ではそれに加えて、litigation hold の実施にあたっては、実施のための通知を出すだけではなく、担当弁護士は litigation hold の実施に関与すること、具体的には、

　　① 依頼者である企業の通常の文書保管・廃棄規定の適用を中止し、関連文書が確実に保全されるよう litigation hold を実施すること
　　② 依頼者の文書保管規定、データ保管の枠組みを理解すること
　　③ 訴訟における主要人物のデータ保管の態様を確認しておくこと
　　④ 依頼者における litigation hold の実施状況について監視できるようにし、ディスカバリの対象となる情報源を特定し調査すること
　　⑤ 情報源をすべて特定したところで、ディスカバリの対象となる情報を保全し、相手側当事者からの情報開示要求に十分応えること

といった諸点が要求された[193]。そして、2006 年の連邦民事訴訟規則改正へと、時は移るのである。

（3）　2006 年改正での変更点とその後の展開

　上述のとおり、1970 年前後から始まった民事裁判における証拠の電子化の波に対しては、提起された個々の論点に対する裁判所の判断という形で、現場レベルでの対応が積み重ねられてきていた。しかし、特に 1970 年代末から 1980 年代以降のパーソナルコンピュータの爆発的普及とそれに続くネットワーク化の流れは、裁判における電子情報の量を幾何級数的に増大させた。その結果、連邦民事訴訟規則そのものに電子情報への対応を盛り込むべきであることが明白となってきたため、上述のとおり、2006 年に連邦民事訴訟規則に e ディスカバリ関連の改正がなされ、その後も若干の追加的な改正を経て、現在に至っている。そこで、本項では 2006 年の改正とその後の e ディスカバリ関連ルールの展

---

191) "legal hold" と呼ばれることもある。「訴訟ホールド」という「訳」が使われることもあるが、わかりにくいと思われるので、本項ではあえて英語のまま使用することとする。

192) 例えば、*Pension Committee of the university of Montreal Pension Plan v. Bank of America Securities, LLC*, 685 F. Supp. 2d 456 (S. D. N. Y Jan. 15, 2010 as amended May 28, 2010)

193) 同判決結論部分に簡潔に要約されている（Zubulabe. supra at 439）。ただし、これらの要件に近年修正を加える判決も出てきている（See e. g., *Chin v. Port Auth. of N. Y. & N. J.*（685 F. 3d. 135, 2 d. Cir. 2012））

開のうち、主要なものについて、可能な限り条文の番号に沿って、以下に見てみたい。

(a) 訴訟開始当初の対応について

連邦民事訴訟規則の下では、訴訟が開始されると、まず当事者同士が協議を行いディスカバリの計画(discovery plan)を策定するとともに、ディスカバリの対象となる情報、事項、事物などに関する基本的な情報を、その協議の場で、もしくはその協議の後14日以内に、相手方当事者に開示すること(initial disclosure)が義務づけられている。この協議は、後述の①裁判所が行う日程に関する会議、または②日程に関する判断が出される日の、少なくとも21日以上前に行われることが義務づけられている[194]。

ディスカバリ計画と当初の情報開示(initial disclosure)とに関連する規定について注目すべきは、電子情報に関する言及であろう。ディスカバリ計画においては、電子情報の提出形式を含む、電子情報の開示またはディスカバリに関するすべての問題について網羅することが要求されているとともに[195]、当初の情報開示においては、自らがその主張や反論の根拠とする電子情報の写し、またはその種類と保管場所とを開示することが求められている[196]。

そして、通常訴訟開始から当初90日から120日の間に、裁判所は上述の協議の結果を踏まえ、日程に関する命令(scheduling order)を行うか、または日程に関する当事者を交えた協議を行い、事実審前の手続など諸事項に関する日程に関する命令を出すかして、日程についての基本事項を決定する[197]。その際、ディスカバリとの関係では、その期間がこの段階で決定されることに注意が必要である[198]。

以上から、連邦民事訴訟規則の下では、すでに訴訟の開始当初に、電子情報について迅速にその情報の管理者や保管者、保管場所、保管方法、内容といった事柄について確認が必要であることが見てとれる。これを、上述のlitigation holdとの関係で考えてみるのも興味深い。すなわち、litigation holdは手続上行う必要のあることというだけではなく、実際に、訴訟開始当初の手続に対処していくことを容易ならしめるという機能もある、といえるであろう。そのため、対象となる電子情報が多量にわたる場合などは、訴訟開始当初に弁護士、訴訟サポートのコンサルタント、情報技術の専門家などを総動員して、訴訟開始早々に手続上必要な事柄をこなしていかねばならない状況も生じうる。

---

194) Rule 26(a)(1), 26(f).
195) Rule 26(f)(3)(C).
196) Rule 26(a)(1)(A)(ii).
197) Rule 16(b)(2).
198) Rule 16(b)(3)(A).

(b) 秘匿特権の問題

コモンロー系の法制度の下では、一定の条件[199]の下で依頼者と弁護士との間の交信の機密が保護される。これは依頼者と弁護士との間の交信に関する秘匿特権(以下「秘匿特権」)といわれるが、依頼者または弁護士が秘匿特権の対象となる情報をたとえ誤ってでも開示してしまった場合、秘匿特権は放棄されたものとされ、当該情報[200]については機密性の保護が失われてしまう。

これは、電子情報が今日のように大量に存在する場合、場合によっては深刻な問題を引き起こすことがあり得る。すなわち、電子情報を精査し秘匿特権の対照となる文書が開示されないように、依頼者と弁護士とがどのように努力したとしても、その量が膨大であれば不可避的に誤りが生ずることが考えられるからである。このような場合、連邦民事訴訟規則は、正当な理由がある場合には、いったん提出した秘匿特権対象文書の開示書類からの除外を認めるとともに[201]、秘匿特権を誤って放棄してしまった場合の対処方法について、当事者間で合意をすることを認めることがありうることを規定している[202]。これら当事者間の合意としては①"clawback Agreement"と呼ばれ、秘匿特権対象の情報が開示された場合に、一定の条件下でその情報の回収削除を認めるものや、②"quick peek agreement"と呼ばれ、当事者間で秘匿特権を失うことなく事前のスクリーニングを行い、開示要求の対象となっている文書を、正式な開示前に開示対象から除外してしまうものなどがよく見られる。

(c) 費用負担の問題

上掲の *Bills et al. v. Kennecott Corporation* にも見られたように、電子情報をディスカバリにおいて開示するにあたっては、時によって開示を要求された当事者に多大な費用が生ずることがあり得る。その場合、開示を要求した当事者も費用を負担するべきではないのか、という問題意識に対して、連邦民事訴訟規則は、開示を要求された当事者が、対象となる電子情報には合理的な方法ではアクセスすることができず、当該要求に従えば過度の負担と費用とが生じる、と立証した場合には、そのような電子情報を開示する必要はないものとした[203]。しかしながら場合によっては、裁判所がそのような電子情報の開示を、一定の条件の下で当事者に命ずる可能性があるとも規定されており、その場合の「条件」

---

199) ①依頼者と(正当な資格を有する)弁護士との間で、②法的アドバイスを受ける目的で、③当該交信が守秘義務の対象となることを前提とし、④犯罪の幇助など不法な目的のためになされたものではなく、⑤当該依頼者も弁護士も本特権を放棄していない場合、に弁護士と依頼者との間の交信に関する秘匿特権が成立し保護される。
200) 場合によってはその関連事項まで含むこともあり得る。
201) Rule 26(b)(5)(B).
202) Rule 26(f)(3)(D).
203) Rule 26(b)(2)(B).

の一つとして、開示を要求した当事者にも費用負担を命ずることがある[204]。例えば、訴訟の当事者が、当事者ではない第三者に対して電子情報の開示を求めた際、裁判所がそれにかかる費用 7,200 ドルは小さいものではないので、開示を要求した当事者がそれを支払うべきである、と判示した例[205]や、原告側から被告側に対してバックアップテープのディスカバリを要求した際、当該ディスカバリ要求自体は正当なものであるが、そこにかかる費用 124,000 ドルについては、当初被告が負担するものの、ディスカバリの進展に従い改めてその費用負担につき判断する、とした例[206]などがある。

(d) ディスカバリにおける電子情報の取扱い

連邦民事訴訟規則第 34 条は、上述のとおり、唯一その表題に"electronically stored information"の語を含む条文である。本条ではディスカバリにおいて提出要求の対象となるものとして、電子情報が含まれることを明示したことが重要である。2006 年改正までは、電子情報がディスカバリにおける開示対象となる、という判断を行うにあたっては、"documents"(「文書」)という語が電子情報を含むものである、という拡張解釈をその根拠としていたが、2006 年改正により、改正後の本条では、「文書」と並び「電子情報」も提出要求の対象となるものと規定した[207]。

(e) 電子情報の改竄や削除などへの対応とセーフ・ハーバー・ルール

電子情報の特徴は、その量が膨大であることに加え、複製、削除、改竄などが容易である、ということも指摘される。したがって、ディスカバリに際して、当事者が自らに不利な証拠を提出しなかったり、改竄・削除したり、ということが起こりうる。連邦民事訴訟規則は、このような場合には、電子情報が、電子情報システムの日常的な運用を誠実に行った(原文は"the routine, good-faith operation of an electronic information system")結果として失われたために、それを提出することができなかった場合については、裁判所は当該当事者に制裁を課すことを得ないものとした[208]。これをセーフ・ハーバー・ルールとよんでいる。典型的な例は、litigation hold が実施される前の時期の電子情報を、社内の文書管理規定に従いシステムから削除してしまったような場合である。

一方、このセーフ・ハーバー・ルールは、裏を返せば good faith ではなく、bad faith(悪意)や willfulness(故意)をもって電子情報を喪失した場合には制裁の対象となる、とい

---

204) Rule 26(b)(2).
205) *Guy Chemical Co. Inc. v. Romaco AG*, 2007 u. s. Dist. LEXis 37636(N. d. Ind. May 22, 2007).
206) *John B. v. Goetz*, 2007 u. s. Dist. LEXis 75457(M. D. Tenn. Oct. 10, 2007), mondified, 2010 . u. s. Dist. LEXis 8821(M. D. Tenn. Jan. 28, 2010)
207) Rule 34(a)(1)(A).
208) Rule 37(e).

うことになる。故意または悪意によりデータが失われ、それによって相手方当事者に訴訟上の不利益(prejudice)が生じた場合、多くの州においては、連邦民事訴訟規則の下でのディスカバリ命令に対する不服従の場合の一般的制裁規定を準用する形で、裁判所は当該当事者に制裁を課すことができるとされている。例えば、20万ページ以上の証拠文書が開示されていなかったケースについて、「広範囲にわたる明白な不正行為」や「組織的な訴訟上の不正行為及び隠匿行為のための計画」が存在した、として制裁が課された例[209]や、提出を要求された電子情報が、実際は自らの所有・管理下にあったにもかかわらず、第三者の所有・管理下にあったとして提出を拒んだ場合に、故意に当該情報を秘匿しようとしたものとして、当事者に制裁を加えた例[210]などがある。

（4） eディスカバリとデジタル・フォレンジックとの交錯──今後の展開を見据えながら

　本項においてはこれまで、2006年の連邦民事訴訟規則改正に至るまでの経緯と、改正後のeディスカバリ関連のルールの展開について見てきた。それでは、デジタル・フォレンジックは、米国の民事訴訟、特にeディスカバリとの関連においてはどのような役割を果たしてきているのだろうか。以下においては、eディスカバリとともに、米国連邦証拠規則も視野に入れながら、デジタル・フォレンジックが米国の民事訴訟手続にどのようにかかわっているのかを見ていくこととする。

　本書の随所にデジタル・フォレンジックの定義や内容は詳述されているので、ここで詳細に再説することは避けるが、標準的と思われる定義を引用してみたい。

　「…*forensics* という語は、法律的事象に対する科学の適用として定義される。最も広く受け容れられているデジタル・フォレンジック（訳注：原語では、digital forensics）の定義はコンピュータ・フォレンジックからくるものである。すなわち、コンピュータ・フォレンジックはフォレンジックの観点から適切で、かつ一般に受け容れられたプロセス、ツール、実務に添ったかたちで、電子証拠の収集、保全、分析及び提示を、法律的事案において使用するために行うものである。…」[211]

　これは、私たちに多くのことを示唆してくれる。すなわち、電子情報の「収集、保全、分析及びその提示」という流れを追っていくと、デジタル・フォレンジックにおける情報の収集、保全、分析、提示のすべての段階がeディスカバリにかかわるものである一方、

---

209) Qualcomm, Inc. v. Broadcom Corp., 539 F. Supp. 2d 1214(S. D. Cal. August 6, 2007).
210) *Juniper Networks, Inc. v. Toshiba Am., Inc.*（2007 u. s. Dist LEXis 50096(E. D. Tex., July 11, 2007)）.
211) *Digital Forensics for Legal Professionals─Understanding Digital Evidence From the Warrant to the Courtroom*, p.3, Larry E. Daniel and Lars E. Daniel, Syngress(2012).（訳は筆者による。）

分析から提示の段階には、これまでわが国ではあまり紹介や議論がされてこなかった、米国連邦証拠規則(Federal Rules of Evidence)もかかわってくることになる。そこで、以下においては、まず、e ディスカバリとデジタル・フォレンジックとのかかわりを見たうえで、連邦証拠規則との関係も概観してみたい。

ここで、e ディスカバリとデジタル・フォレンジックといえば、当然 e ディスカバリも連邦証拠規則とも関係があるのではないか、と訝しがられる読者もおられるかもしれない。しかしながら、「電子情報」は連邦証拠規則と関係があるものの、「e ディスカバリ」は連邦証拠規則とは別の体系の規則に規律される分野である。e ディスカバリ(それはディスカバリの一局面である)といった場合、あくまでそれは法廷に提出できる証拠となりうる情報、または合理的、常識的に考えてそのような証拠につながると考えられる情報を、事実審の前の段階において当事者間で提示しあう、という手続である[212]。したがって、実際に証拠として法廷に提出を許される証拠(admissible evidence)であるかどうかの判断は、当然ディスカバリの範疇を超え、連邦証拠規則の適用を受ける領域となるわけである。e ディスカバリを、ディスカバリという文脈のなかで理解することが重要である所以である。

(a) e ディスカバリとデジタル・フォレンジック

前述(3)項の(e)において、電子情報の特徴は、その量が膨大であることに加え、複製、削除、改竄などが容易であることである、と述べた。この特徴から発して、e ディスカバリの段階ではいろいろな場面で、デジタル・フォレンジックの技術が活用されることになる。まず、挙げられるのは、情報の収集・保全である。これは、e ディスカバリに関する作業の根底をなすものであり、この作業にあたっては、後述するように、証拠の真正性を証明する段階でハッシュ値を用いその証明ができるように、証拠の継続性・一貫性が損なわれない形で保全が行われる。特に厳しく情報の保全を要求される際には、例えばパーソナルコンピュータの場合、フォレンジックコピーと呼ばれる、ハードドライブ上の未使用領域までを含めた完全複製をとる、といった手法がとられる[213]。

また、収集・保全された証拠の分析・解析にあたっては、その内容はもちろん、そこに含まれているメタデータなどの分析を行い、単なる文書の精査や関係者からの聞き取り調査だけでは得ることのできない情報を得る、という目的もある。そのような情報を得ることにより、収集・保全時に捕捉しきれなかった情報がありそうな場合には、その内容、在処を推測し、さらなる収集・保全を行うことが可能になる場合もある。例えば、ディスカバリ準備の段階において収集保全にあたって、残念ながら隠匿されている情報がある、と

---

212) Rule 26(b)(1).
213) 町村泰貴・小向太郎 編、デジタル・フォレンジック研究会 監修:『実践的 e ディスカバリ―米国民事訴訟に備える』pp.90-93、NTT 出版、2010 年。

いう極端なことがないわけではないので、これは実際訴訟上の当事者としての自らの立場を守るために役立つ。また、相手方当事者との交信記録にまつわるメタデータなどの情報も、当然解析の対象となり得る場合が多くあるので、そのような情報を利用して相手方に対するディスカバリ要求の精度を上げる、ということも考えられるであろう。

（b） デジタル・フォレンジックと連邦証拠規則

ディスカバリで収集した情報は、連邦証拠規則上の要件に従って証拠として法廷に認められることとなる。そして、興味深いことには、電子情報に関して2006年に改正を行った連邦民事訴訟規則とは異なり、連邦証拠規則は電子情報の増大に対応するための大幅な改正はしていない[214]。判例[215]によると、連邦証拠規則の下では特定の電子情報が証拠として認められるためには、以下の5つの要件を満たさなければならないとされる[216]が、その適用は従来の証拠に対してのそれと大差がないといえる[217]。

① 事件に関連性（relevancy）があること[218]。
② 真正性（authenticity）を有していること[219]。
③ 伝聞証拠でないこと[220]。
④ 原本提出の原則（"original document rule"）に触れないこと[221]。
⑤ 証拠力と、当該証拠を認めることによる一方当事者への過度の不利益や、審理の混乱、時間の浪費とを比較しても、証拠として認める意義があること[222]。

このなかで、デジタル・フォレンジックとのかかわりが深いのは②の真正性の問題であろう[223]。複製、削除、改竄などが容易な電子情報の真正性を担保することは、当然通常の文書とは方法が異なり、そこで活躍するのがデジタル・フォレンジックなのである。具

---

214) *The admissibility of Electronic Evidence Under the Federal Rules of Evidence*, Jonathan D. Frieden and Leigh M. Murray, XVII Rich. J. L. & Tech. 5 (2011), p. 2.
215) Lorraine v. Markel Am. Ins. Co., 241 F. R. D. 534 (D. Md. 2007).
216) *Id*., Frieden, *supra*, pp. 3–4.
217) Frieden, *supra*, p. 3.
218) Rule 401
219) Rules 901–902.
220) Rules 801–807.
221) Rules 1001–1008.
222) Rule 403.
223) "original documents rule"（Rule 1002）によれば、文書の内容を立証しようとする場合、当該文書の原本の提出が必要とされる。そして、本ルールは電子情報にも適用があるものの、例えばRule 1003により、多くの場合写しが認められるなどしているため、実際上はあまり大きな問題とならない場合が多い。したがって、本項ではデジタル・フォレンジックとの関係で重要な点としてb.の文書の真正性に焦点を絞った。ちなみに、original document rule の歴史的背景に鑑みると、電子証拠、デジタル・フォレンジックとの関係をより大きな視野で捉えなおすことも重要である。

体的には、聞き取り調査、文書精査などとともに、デジタル・フォレンジックの技術を活用して、メタデータなどを解析することにより、"chain of custody"すなわち、文書の管理責任者の時系列に沿った一覧を作成し、文書がどのような経路をたどって現状に至ったかを追跡することもその一つのやり方である。また、上述のとおり、メタデータを用いたり、ハッシュ値を用いたりして文書の真正性を担保する、というのも判例で確立した重要な方法である[224]。

(5) 今後の展開

それでは、技術の発展ともに、eディスカバリとデジタル・フォレンジックとの交錯はどのような様相を見せていくのだろうか。技術の発展はあまりにめまぐるしく、それにつれて提起される法律上の論点も多岐にわたる。そこから将来を見通すことはなかなか困難であるが、それでも若干の傾向は見出すことができるように思われる。

まず、すでにその傾向は明らかになりつつあるが、eディスカバリとデジタル・フォレンジックとが、より密接に連携するようになるのではないだろうか。eディスカバリは、これまでは文書の収集保全を行った後、文書の精査をいかに効率的に行うか、という問題意識から、使用されるソフトウェアも文書管理的色彩が強いところから出発していた。ところが、ディスカバリで提出される情報自体がビッグデータといっても良い程度にまで増大してしまっている現在、膨大な量の「生データ」、すなわち構造化されていないデータを、どのように解析して訴訟遂行に有用なデータベースにしていくのか、という観点から情報の解析を機械化しようという試みが、開始されている。

例えば、最近喧しい"predictive coding"であるが、これは文書を精査しその属性を認識し、文書を範疇ごとに分類してデータベースに載せる、という作業を機械化しようという試みだといえるであろう。このような作業は機械化することによって、人間の側は、生データの精査に時間をとられることなく、機械が出力してくれる「データを解析したデータ」からスタートして、より戦略的な思考に時間を割けるようになる。これを一歩進めれば、フォレンジック的な観点から「データを解析したデータ」を機械に出力させることで、前述(4)項の(a)で述べたような、より高度なディスカバリ戦略も立てることができるようになるであろう。

また、企業側でのデータの管理、保存、運用がいっそうクラウド化を進めていくと、そこにおける情報セキュリティの問題もさることながら、そこに保存されている情報の保全、証拠としての真正性の担保といった問題に対してどのように対処するかも問題となる。具体的には、例えばアクセスログなどを重視してこれに対応していくことになるであろうが、

---

[224] 241 F. R. D at 546–548；(刑事事件ではあるが)*United States v. Finley*, 612 F. 3 d 998, 1000 (8 th Cir. 2010).

その場合デジタル・フォレンジックの技術を多用してこれにあたることにならざるを得ず、ここでもデジタル・フォレンジックがeディスカバリとの交錯をより深いものとしていくように思われる。

　最後に、これまであまり問題とされてきていないサイバー攻撃とeディスカバリとの関係も、考えてみる必要があるのではないかと筆者は考えている。例えば、証拠の改変、改竄、削除といった場合、連邦民事訴訟規則は、ある当事者が自らの管理下にある不利な証拠に手を加える、ということを前提にしているように思われる。これは、第37条の罰則が、ディスカバリ命令の違反に対するもの、として規定されていることからも容易に看てとれる。しかしながら、サイバー攻撃の高度化により、裁判の相手方となる可能性のある企業のシステムに侵入してデータを改竄、削除する、というシナリオが荒唐無稽なものではなくなっている今日、そのような事態が万が一にも起こった場合の対処は、少なくとも法律の側からはまだ行われていない。当事者としては、改竄を行ったものが誰か特定はできなくても、少なくとも自らそのような改竄を行ってはいない、ということを立証する必要があり、その場合もデジタル・フォレンジックの技術が活躍するであろう。

（執筆担当：橋本豪）

第7章

企業におけるデジタル・フォレンジック

Chapter 7

Chapter 7

企業における
デジタル・フォレンジック

　企業におけるデジタル・フォレンジックといった場合、その言葉から、法的紛争解決に備えて法務部門が知っておけばよいものと思うかもしれない。しかし、実際には事業の運営を行う経営層が基本的な考え方を理解しておく必要があり、より詳細については、法務部門だけではなく、情報を管理するIT部門と、そのIT部門に対して事業の遂行支援に必要なITの要求を出す事業部門も知っておく必要がある。米国におけるSOX法が示したように、近年の企業においてITを切り離して、企業活動のコンプライアンスを確立することは難しい。また、eディスカバリによって、直接的に電子的な情報の管理整備を求められることもある。それらとデジタル・フォレンジックが関係することは明白だ。

　企業におけるデジタル・フォレンジックについて、業種共通の事項を7.1節で、業種による個別の事項を7.2節で説明する。

（第7章主査：佐藤慶浩）

7.1 業種共通の事項

業種ごとにあまり特殊性がなく共通となる基本的な考え方を、業務全般や公認会計士監査との関係として説明する。

7.1.1 業務との関係

業務に必要な文書の管理についてフォレンジックなどに備えて紙書類などの文書管理規程や保管規程を定めて実施してきたように、文書が電子化され対象とする情報が電子的になった現代の企業では、デジタル・フォレンジックを意識して情報管理を実施しなければ実効性はない。なぜなら、紙媒体を想定した規程を各自の解釈で、電子的な情報に適用するということには限界があるからだ。

サーベンス・オクスリー(SOX)法やeディスカバリに相当するものへのコンプライアンスを求められた場合には、それを達成するための実施策の検討において、デジタル・フォレンジックを意識することは自然だ。なぜなら、電子情報の処理には、電子的なことを意識した手法を用いるのが効率的だからだ。人が人力で作り出す紙書類の量には限界があるが、コンピュータなどが機械的に生成する電子情報は紙書類に比べて膨大な量になり、それらを人力でフォレンジックのための処理をするのは現実的ではない。ITが作り出すデータは、人力だけではなくITにもフォレンジックのための処理をさせることを考えなければならない。しかし、非電子情報には電子的ではない手段を、電子情報には電子的な手段をという単純なことではない。どの手段を適用するかは、情報が電子化されているかどうかよりは、むしろ、どのような業務や業務手順であるかで決まる場合も多いからである。業務の遂行として、情報の電子化をする際には、その後のフォレンジックの観点での影響も検討したうえで、電子化を決定するべきである。紙書類だけを想定した業務を単に電子化するのではなく、電子情報を想定したうえでフォレンジックの精度や負担工数も減らすように業務手順を必要に応じて改善して電子化するのがよい。情報の電子化が事業効率の向上だけで決定されてしまうと、コンプライアンス対策のためのツケを後付けで非効率に払うことになりかねない。事業の効率化とコンプライアンスについてのリスク管理のバランスを判断してIT施策を決めなければ、ITによって処理能力が飛躍的に向上した企業活動に対するコンプライアンスを、後付けのコンプライアンス対策だけですべて完全に実施していては、せっかくの処理能力の向上を後付けの対策負担で相殺しかねない。実際には、厳しいコスト低減が求められている現場では事業効率だけがそのままになり、必要なコンプライアンス対策が疎かになり、保有するリスクだけが潜在的に増大していくことも考えられる。そのようなことになれば、効率が相殺されることでは済まず、企業としては情報の電子化が害になるかもしれない。したがって、それらのコンプライアンスに責任

をもつ企業の経営層も、デジタル・フォレンジックの基本的な考え方について理解し情報戦略におけるIT施策を決定する必要がある。

　デジタル・フォレンジックと業務との関係について、調査対象にするデータの状態や意味、使う局面、データが誰のものかによる違いを考察したうえで、デジタル・フォレンジックを選択することの妥当性について説明する。

（1） デジタル・フォレンジックの対象にするデータの状態の違い

　ここでは、「デジタル・フォレンジックでどのような状態のデータを調査するのか」を考えてみる。

　調査するデータの状態として、静的か動的かということと、構造化されているかいないかということを、それぞれ2つに分けて考えることができる。

　デジタル・フォレンジックを実施する時点で、調査するデータが静的に変化しないものであれば、解析の処理速度は比較的低くてもよい。しかし、調査するデータが継続的に生成され蓄積されている場合もある。そのような場合には、それらのデータが生成される速度と同等か、それよりも高速に解析処理する必要がある。

　また、データの形式として、構造化データと非構造化データの2つに分けて考えることができる。構造化データとはデータベースなどへの格納を意識して項目ごとに構造化したデータであり、表形式にまとめたり、リストとして列記したりできるものである。非構造化データとは構造化データ以外のものであり、例えば文章や会話音声、動画などデータが構造化されていないものである。

　デジタル・フォレンジックで構造化データを扱う場合には、調査するデータをデータベースなどで直接処理することができる。非構造化データについては、コンピュータがすぐに直接処理できるとは限らないため、必要に応じて意味解析などの前処理をしたうえで、集計、相関分析といった処理をする必要がある。

（2） デジタル・フォレンジックの対象にするデータの意味の違い

　ここでは、「デジタル・フォレンジックでどのような目的のデータを調査するのか」を考えてみる。

　企業において、コンピュータやネットワーク機器などが取り扱うデータについて、デジタル・フォレンジックに用いられるものを大きく2種類に分けて考えることができる。一つには、データの内容が文章や数値として意味をもつ文書としてのデータである。これには契約書など各種書類の電子文書、コンピュータへの入力内容や電子メールの本文などがある。これらのことを「電子文書等」ということにする。もう一つは、何らかの事象の記録としてのデータである。これにはアクセスのログファイル、コンピュータの操作内容や日時などの記録や電子メールの送受信日時の記録などがある。これらのことを「ログファ

イル等」ということにする。

　これらの2種類に分けて考える理由は、データの種類によって情報管理のために求められる要件が異なるためである。したがって、企業としてそれに必要な対策を決める際に、データの種類を区別しておく必要がある。

　1つ目の電子文書等とは、内容が証拠として意味をもつものである。情報セキュリティの要件としては、このデータについては、完全性[1]が求められる。情報管理の要件としては、データをありのままに保存しておく必要がある。

　2つ目のログファイル等とは、行為の記録発生の事実が証拠として意味をもつものである。情報セキュリティの要件として、このデータについては、否認不能性[2]が求められる。情報管理の要件としては、データは生成されたままのものでなく、それと同等のことを示せるようなものに形式を変換して保存しておいてもよい場合がある。

　データによっては、電子文書等とログファイル等の両方の要件が求められるものもある。その場合には、ログファイル等の部分については、元のありのままを電子文書等と同様に保存するほうが無難であるが、ログファイル等の部分は形式変換してしまい、個々の事象と対をなす電子文書等との紐付けを確実にすることでこと足りることもある。例えば、電子文書等の部分については一意となる文書番号を付したうえで、ログファイル部分については日時などに加えて文書番号を紐付けしたものとしてデータベースにするということでよい場合もある。

　ただし、電子文書において、完全性の確保は技術的に可能だが、いわゆる原本性についてはある一定以上の確保は、当該の電子文書だけで確保することが技術的に極めて困難であるということに注意すべきである。

　これについては、電子文書法ガイドライン[3]のp.25にて「紙文書についても原本の意味は明確ではなく、電子文書についてのみ法的意味での原本や原本性の定義を検討しない」という総務庁(現 総務省)が過去に示した考え方を踏襲することを示している。さらに、同ページの脚注では、「医師が発行する処方箋について、交付の1回性(one and only)を確保する必要性があり、電子文書においてこれを実現することは困難であるため、処方箋についての電子的な交付は認められていない」という厚生労働省の報告書[4]の一部を引用していることから、いわゆる原本性を厳しく求められる文書については、電子文書

---

[1]　完全性(integrity)とは、情報が破壊、改ざんまたは消去されていない状態を確保すること。
[2]　否認不能性(non-repudiation)とは、行為の事実が否定されない状態を確保すること。通常は、行為に関係する5つの事項(行為の内容と発生時刻、回数、行為をしたもの、行為をされたもの)の完全性により確保される。
[3]　経済産業省商務情報政策局「文書の電磁的保存等に関する検討委員会報告書」、2005年5月6日
[4]　厚生労働省医療情報ネットワーク基盤検討委員会最終報告「今後の医療情報ネットワーク基盤のあり方について」、2004年9月30日

の対象としない可能性が高いことを示唆している。

　紙面と異なり、電子的なデータは、複製の痕跡を一切残さずに複製できるため、原本性を保証することは技術的に困難である。現在の技術では、複製の痕跡を知るためには、当該の電子文書そのものではなく、それを保管するシステムや付加情報部分などで、複製の有無を検知するしかない。したがって、特定のシステム内だけで運用される電子文書については、原本性の保証ができる場合もあるが、電子文書単独でそれを保証させるのは困難であると考えるべきである。このことは、学術的な解として電子文書の原本性について否定するものではないが、現時点において実用性のある技術として、広く認められる電子文書の原本性の一般解はないということである。

　ただし、第三者サービスなどを利用することで、電子文書の原本性についてもある程度を認めようとする民間同士の電子文書取引きと、e-文書法ガイドラインが対象とする行政文書は必ずしも同じではない。

(3) デジタル・フォレンジックを使う局面による違い

　ここでは、「デジタル・フォレンジックをどこで使うのか」を考えてみる。

　企業がデジタル・フォレンジックに接する場合に、その立場を2つに分けて考えることができる。一つには、原告としての立場であり、何らかの被害者としてのフォレンジックということになる。もう一つは、被告としての立場であり、加害者として何らかの嫌疑をかけられた者としてのフォレンジックということになる。

　いずれにしても、通常の場合には、人による何らかの能動的な行動がなされない限り、企業がフォレンジックを処理することに直接迫られることはない。人による行動である限り、その者の立場と主張を伴うことになり、それを解決するために、フォレンジックについての対応をするわけである。したがって、その立場の違いにより、フォレンジックの達成目標の内容は異なり、それを明確にしておくことが重要である。

　フォレンジックでは何らかの処理や行為などの正当性が多面的に問われることになる。

　原告としての立場は、何かを追及する立場といえる。被害を受けたという行為等について、それが事実であることの立証が目的であり、被害を受けたということを認めさせる主張のためにフォレンジックを使う。

　被告としての立場は、何かから防衛する立場といえる。被害を与えたという行為等について、それが事実と異なることの立証が目的であり、被害を与えたということが虚偽であるとする主張のためにフォレンジックを使う。もしも、被害者が申告している行為等が本当であれば、その事実を否定して対抗しようとすることは企業倫理としてあってはならないことである。しかし、その申告内容が虚偽のものであれば、それを主張して加害者についての疑念を払拭する必要がある。仮に申告内容が相手の視点からすると事実であっても、それによって発生した被害における自社の責任範囲の考えが異なれば、それを主張して加

害者としての責を軽減することで、自社を防衛する必要がある。

　これらの立場の違いを踏まえて、対象とする行為等について、行為者の別と、行為の作為・不作為の別の違いによって、主張の内容が変わることについて考えておく必要がある。行為者の別としては、それが組織内の者か、組織外の者かによって変わる。そして、それらの者が、何らかの行為をしたことを立証するのか、逆に何らかの行為を怠ったことを立証するのかによって変わる。そのような区別を検討するとよい。

　フォレンジックを処理するときには、主張の立場は原告か被告か、主張の争点となっている人は組織内か組織外か、主張の争点は行為の作為か不作為かの別によって、その目的を明確にしておく必要がある。ここで示した、それぞれのために必要となる処理の要件は異なるものであることに注意しなければならない。目的を明確にしていなければ、必要な処理を見落としたままで、無駄又は逆効果な処理をしてしまうことになりかねない。

　フォレンジックの処理の必要に迫られたときに、前述のような目的を達成するために、それらに備えた対策を日々の企業活動のなかで講じることが必要である。原告の立場と被告の立場で目的が異なり、それに必要な対策が異なることを示したが、何らかの事態が発生したときには、それを引き起こしたある行為が、被害者の立場になることも、逆に加害者の立場になることもあることに注意する必要がある。

(4)　デジタル・フォレンジックの調査対象にするデータが誰のものかによる違い

　ここでは、「デジタル・フォレンジックで誰のデータを調査するのか」を考えてみる。

　誰のものかによって必要な手続が異なる点で3種類に分けることができる。1つ目は、自社のもの。2つ目は、自社以外の当事者のもの。3つ目は、当事者以外の第三者のものである。

　自社のものであれば、比較的自由に調査が可能である。

　自社以外の当事者のものについては、その相手にとって調査が利益となるか、不利益となるか、どちらでもないかで調査できる範囲が制限される場合がある。不利益となる場合には、相手方から協力を得ることは困難となる。

　第三者のものについても、当事者と同じく、利益・不利益による影響があるが、それに加えて守秘義務による制限がある可能性もある。また、利害関係がない立場であっても、調査に協力することで新たな利害関係が生じてしまうことから、それを回避するために調査への協力を得られない場合もある。

　デジタル・フォレンジックのためには、データの所有者または管理者から調査のためのアクセスの了解を得る必要がある点について注意する必要がある。

　また、大量な構造化データや非構造化データはビッグデータと呼ばれ、その解析技術が向上したことで新たな観点も出てきた。以前ならば、データにアクセスできれば、そこにある情報を知ることができた。しかし、ビッグデータについては、データにアクセスでき

ても、それを情報として解析処理する能力がなければ、そこから情報を引き出すことができない。これは訴訟などにおいて、証拠となる大量のデータのなかから、自分に有利な情報または相手に不利な情報を得る解析能力と速度が勝敗に影響することを意味する。

(5) デジタル・フォレンジックを選択することの妥当性

ここでは、「フォレンジックとして、なぜデジタルを選択するのか」を考えてみる。

企業がデジタル・フォレンジックに関する何らかのことを実施するということは、最終的に果たしたいフォレンジックの手段として、デジタルか否かの選択において、デジタルを選択したということである。デジタル・フォレンジックの対策について検討する際には、フォレンジックの手段はデジタルだけではないということを常に意識しておかなければならない。すべてをデジタル・フォレンジックだけで解決する必要はないし、現実的ではないこともある。通常は電子的な情報処理が、電子的でない処理に比べて効率的だが、人による判断が多く介在するフォレンジックの処理では、電子的ではない処理のほうが単純で効率的にできる場合があることを忘れてはならない。

デジタルでしか、そのフォレンジックが実施できないのであれば、その選択には疑問の余地がない。しかし、デジタル以外でもできることであれば、なぜ、それをデジタルですることにしたのかの理由、あるいは、デジタルを使わざるを得ない原因について確認し、それらがフォレンジック以外の企業活動全体も含めて考えた場合にも最善のものであるかを、選択の妥当性として確認することが重要である。業務手順を少し手直しすれば、フォレンジックに役立つのであれば、そのような手順の変更の実現性についてもよく検討するべきだ。

特に、業務に必要な文書の電子化が一方向的に推進されているが、電子文書というものは、処理の効率を高めるのは確かだが、その完全性や原本性の担保については、リスクを高めることも多くあるということに注意すべきである。

現場担当者からすれば、不正なことさえしていなければ、それらの担保を低く抑えておいてよいと思うかもしれない。しかし、実際に不正がなくても、社内外から不正についての嫌疑を受けたときには、不正が事実ではないことを立証するための担保が低いと、不正の有無を組織として判断するための材料がなくなってしまうかもしれない。

従来の企業では、現場担当者に業務についての基本的な手順を定めて実施させることで、手順の処理量によって各自の達成度を見て事業を遂行していた。もしも、事故が発生したときには、手順の内容に問題があれば組織の責任である。そうではなく、手順に誤りはなく、それを遵守していなかったことが原因であったならば、担当者の責任という具合に、組織と個人の責任の所在は単純であった。

しかし、近年の企業では、現場担当者に対して事業の達成目標数値を与えたうえで、手段や手順については各自に創意工夫させて、結果としての実績値によって目標数値に対す

る達成度を見ることで事業を遂行する場合がある。このような場合には、事故が発生した場合に、その責任の所在は単純ではない。そのようなことになったときに、組織としての説明責任を果たせないと、経営層がもつべきリスク管理を単に下の者に丸投げしていたとみなされてしまう。そして、その事故の再発防止策について客観的な理解を得るためには、少なくない業務改善を短期間のうちに迫られることになる。業務ばかりではなく、事業計画そのものの見直しまで必要となることも考えられるので、企業におけるIT化や文書の電子化については、経営層はリスク管理の観点についても慎重に判断する必要がある。

(執筆担当：佐藤慶浩)

7.1.2 公認会計士監査の関係
(1) はじめに

企業において、会計データは早くからコンピュータ化された情報の一つである。多くの企業では、取引が伝票に入力されると、その後の会計処理はコンピュータで行われる。しかし、まだ紙ベースの取引が多く使われている場面がある。それは顧客や取引先との接点である。しかし、電子計算機を使用して作成する国税関係帳簿書類の保存方法等の特例に関する法律(以下、「電子帳簿保存法」という)、民間事業者等が行う書面の保存等における情報通信の技術の利用に関する法律及び民間事業者等が行う書面の保存等における情報通信の技術の利用に関する法律の施行に伴う関係法律の整備等に関する法律(以下、あわせて「電子文書法」という)が整備され電子決済や電子商取引が増えてきている。例えば、鉄道会社(ICカードを通じた決済など)、クレジットカード会社、インターネット銀行、携帯電話会社、ソフトウェアのダウンロード販売の企業、通信販売の会社などでは、売上の局面で書面が存在しない場合も多いだろう。

一方、大会社等および上場企業等の有価証券報告書提出会社は公認会計士の財務諸表監査を受けなければならない。財務諸表監査は、企業が作成する財務諸表が一般に公正妥当な会計基準に従って作成されていることを監査し、保証することであるが、この監査の過程で監査人は、さまざまな証拠を調査、検査している。今までは、顧客との接点に紙ベースの取引が多く使われていたため、それを証拠として監査を進めることができたが、今後は証拠のほとんどが電子化されていくことも考えられる。

今回は、企業の電子化の進展がどのように財務諸表監査に影響を与え、今後、どのような方向に進んでいくべきか、そして、重大な不正を発見する義務を負わされている監査人が電子化された社会でどのような手法を用い財務諸表監査を進めていかなければならないのか、裏返せば、企業はどのような準備をしなければならないのかを検討する。

(2) 監査と不正調査

公認会計士がかかわる業務には大きく分けると2つある。一つは、財務諸表監査に代表

される、「財務諸表は適正である。」ということを立証する業務、つまり財務諸表監査業務と、それ以外の業務である。財務諸表監査以外の業務には、不正調査が含まれる。特定の事実、例えば「現金が不正に流用されていたという事実」の有無を調査する業務である。前者の財務諸表の監査の目的は、経営者の作成した財務諸表が、一般に公正妥当と認められる企業会計の基準に準拠して、企業の財政状態、経営成績およびキャッシュフローの状況をすべての重要な点において適正に表示しているかどうかについて、監査人が自ら入手した監査証拠にもとづいて判断した結果を意見として表明することにある。したがって、財務諸表監査は直接的に不正を発見することを目的とはしていない。ただし、重大な不正がある場合は、財務諸表は適正とはいえない。結局、財務諸表監査においても重大な不正は発見されなければならないことになる。

後者は一定の時間のなかで専門家として発見できた事象を明らかにするものである。これは、監査業務と異なり、直接の依頼者のために行われるコンサルティング業務となる。なお、日本公認会計士協会では、経営研究調査報告第51号「不正調査ガイドライン」を2013（平成25）年9月4日に公開しているので、不正調査業務を進めるうえでの留意点が記されており、参考となるだろう。

会計士が発見した事象が事実であるかどうかは、民事上、刑事上の裁判のなかで争われ評価されることになる。つまり、裁判における原告または被告の証拠の一つとなるものである。そういう意味では、他の裁判上の証拠と異なるところはない。特徴的なものは、財務諸表監査のなかで、監査人が財務諸表の適正性を評価するところだろう。そこで、財務諸表監査における立証過程で電子化された証拠をどのように評価すべきか、また、そのために企業はどのような観点に留意しなければならないのかを検討することとする。

（3） 財務諸表監査における監査意見形成

日本の法律においては、財務諸表監査は、会社法にもとづく監査と金融商品取引法にもとづく監査に大別されるが、その実質はほぼ同じであり、監査手続上は大きく変わることがない。これらはいずれも財務諸表に関する監査であり、監査の目的は、財務諸表が一般に公正妥当な会計原則に準拠しているかについて保証することであり、適正性あるいは適法性の保証といえる。

財務諸表が適正であることを保証する枠組みのなかで特に重要となるのが、監査意見形成過程である。監査意見形成の過程は次のとおりである（図7.1.1）。

公認会計士は、最終的には財務諸表が一般に公正妥当な会計原則にもとづいて作成されていることを証明しなければならない。しかし、財務諸表が適正であることを直接立証することができない。このため、立証可能な個別要証命題にまでブレークダウンしていく必要がある。まず、勘定科目ごとにブレークダウンする。しかし、このレベルであっても直接立証することはできない。例えば、売上高は45億2430万円であるとしても、それを直

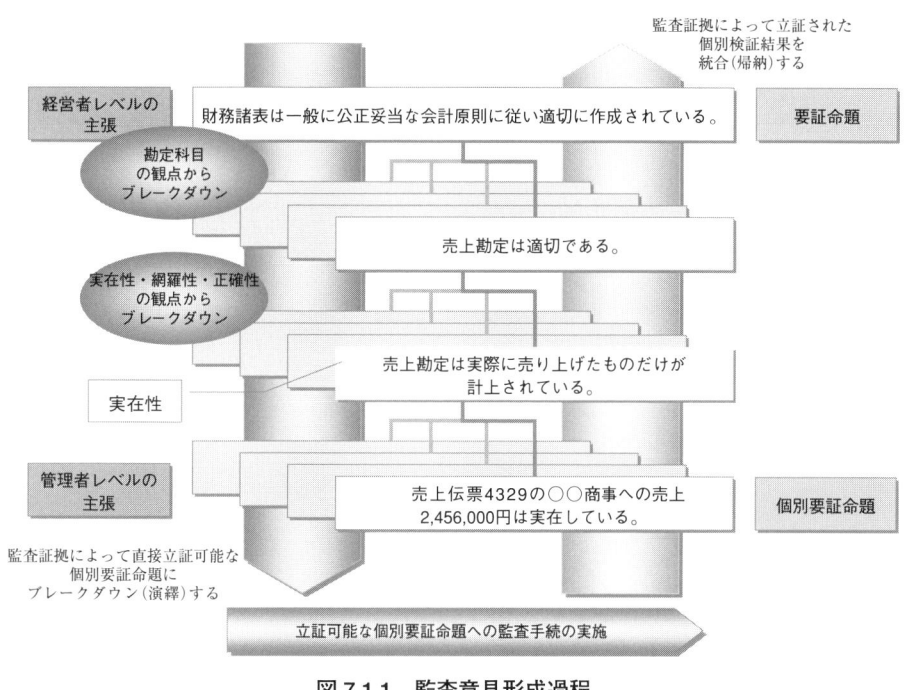

図 7.1.1 監査意見形成過程

接立証することができない。そこで、さらに個々の取引レベルまでブレークダウンしていくことになる。例えば、「○○商事に対する伝票番号 4329 の売上高 2,456,000 円は○○商事対するものである」というのは立証可能である。このような個別要証命題に対する立証を積み重ね、統合させ、最終的に財務諸表の適正性を立証することになる。財務諸表を構成するすべての勘定科目について、監査人が立証可能な個別要証命題にまで分解し、個別要証命題を立証し、その結果を統合することにより、最終的に財務諸表の適正性を立証するのである。

（4） 監査証拠

このような監査意見形成の過程の重要なポイントは監査証拠という概念である。監査証拠とは、日本公認会計士協会の監査基準委員会報告書(以下、「監基報」という)500「監査証拠」によると次のように定義されている。

「3.「監査証拠」―監査人が意見表明の基礎となる個々の結論を導くために利用する情報をいう。監査証拠は、財務諸表の基礎となる会計記録に含まれる情報及びその他の情報からなる。」

財務諸表監査においては、取引の発生、網羅性、正確性、期間帰属、分類の妥当性といった観点から財務諸表全体の適正性を証明をしていくことになる。つまり、○○商事に

対する2,456,000円という売上は本当に発生したのか(発生)、伝票番号4329に記載されるべき売上は2,456,000円で網羅的に記載されているといえるのか(網羅性)、2,456,000円は正確に伝票等に記載され会計システムにおいて正しく処理されているのか(正確性)、2,456,000円は、当期の売上と認識してよいのか(期間帰属)。伝票番号4329に記載されている取引は売上として処理してよいものかということを契約書等の監査証拠にもとづき検証することになる。なお、監査証拠は特定の何かを指すものではない。監査人が立証しようする命題との関係で何が監査証拠となるかが決まる。そこで、監査証拠を考える場合には、何を立証しようとしているかということが重要となる。監査人が、立証する命題はアサーションといわれる。「監基報」の315「企業及び企業環境の理解を通じた重要な虚偽表示リスクの識別と評価」では、監査人が立証すべき命題、すなわちアサーションについて、次のように分類している。

「A107. 発生する可能性のある様々な種類の潜在的な虚偽表示を考慮するために監査人が利用するアサーションは、以下の三つの区分に分類される。
(1) 監査対象期間の取引種類と会計事象に係るアサーション
    ① 発生
      記録された取引や会計事象が発生し企業に関係していること
    ② 網羅性
      記録すべき取引や会計事象がすべて記録されていること
    ③ 正確性
      記録された取引や会計事象に関する金額や他のデータが正確に記録されていること
    ④ 期間帰属
      取引や会計事象が正しい会計期間に記録されていること
    ⑤ 分類の妥当性
      取引や会計事象が適切な勘定科目に記録されていること
(2) 期末の勘定残高に係るアサーション
    ① 実在性
      資産、負債及び純資産が実際に存在すること
    ② 権利と義務
      企業は資産の権利を保有又は支配していること。また、負債は企業の義務であること
    ③ 網羅性
      記録すべき資産、負債及び純資産がすべて記録されていること
    ④ 評価と期間配分

資産、負債及び純資産が適切な金額で財務諸表に計上され、評価の結果又は期間配分調整が適切に記録されていること
(3) 表示と開示に係るアサーション
① 発生及び権利と義務
開示されている取引、会計事象及びその他の事項が発生し企業に関係していること
② 網羅性
財務諸表に開示すべき事項がすべて開示されていること
③ 分類と明瞭性
財務情報が適切に表示され開示が明瞭であること
④ 正確性と評価
財務情報及びその他の情報が適正かつ適切な額で開示されていること」

(5) 電子化された契約書等を監査証拠として利用する場合の留意点
(a) 監査証拠の証明力

売上取引の実在性を確認する場合には、その取引の必要性、見積書、発注書、契約書、受領書(製品の販売であれば)、請求書、入金を確認することになる。また、このような販売プロセス全体の内部統制が適切であるかを確認することになる。従前は、これらのほとんどは紙で残されていたし、プロセスも人間を中心としたシステムであったので、一部が電子化されていても全体としての検証は比較的過去の延長線上で行うことができた。しかし、販売プロセスのほとんどすべてが電子化された場合には、電子化された情報として入手した監査証拠について評価しなければならない。

さて、監査証拠の証明力は証拠の量と質の両面から評価することになる。主にここでは、質に関する議論をしよう。質については、監査証拠の適合性と証明力に依存する。「監基報」500「監査証拠」では、一般的に「監査証拠として利用する情報の信頼性ひいては監査証拠自体の証明力は、情報源及び情報の種類、ならびに関連する場合には情報の作成と管理に関する内部統制を含む情報を入手する状況によって影響される。」(A 31)とし、例外はあるものの、一般的にはとして、次のように説明している。

「● 監査証拠の証明力は、企業から独立した情報源から入手した場合には、より強くなる。
● 企業内部で作成される監査証拠の証明力は、情報の作成と管理に関する内部統制等、関連する内部統制が有効な場合には、より強くなる。
● 監査人が直接入手した監査証拠(例えば、内部統制の運用について観察により入手した監査証拠)は、間接的に又は推論に基づいて入手する監査証拠(例えば、内部統制の運用について質問により入手した証拠)よりも、証明力が強い。

- 監査証拠は、紙媒体、電子媒体又はその他の媒体にかかわらず、文書化されたものの方が、口頭で得たものよりも、証明力が強い(例えば、議事録は、会議の後の口頭による議事説明よりも証明力が強い)。
- 原本によって提供された監査証拠は、コピーやファックス、フィルム化、デジタル化その他の方法で電子媒体に変換された文書によって提供された監査証拠よりも、証明力が強い。原本以外の文書の信頼性は、その作成と管理に関する内部統制に依存することがある。」

ここでのポイントは、原本以外の文書の信頼性は、その作成と管理に関する内部統制に依存することがあるとしている点である。デジタル化その他の方法で電子媒体に変換された文書、つまり電子的証拠であっても、適切に作成され、管理されていれば証明力のある証拠として活用できるのである。ただし、電子的証拠はその性質から留意が必要である。日本公認会計士協会では、この点を踏まえて IT 委員会研究報告第 43 号電子的監査証拠～入手・利用・保存等に係る現状の留意点と展望～」を 2013 年 7 月 30 日に公開した。この分野では、ややもすれば遅れがちであった、公認会計士業界もやっと電子データをどのように電子的証拠として取り扱うかについて進み出したといえよう。

(b) 電子データと文書による書類の信頼性の違い

電子データと文書による書類の信頼性について、その両者の特質の違いを考えれば、考慮すべき事項のうち重要な点は

　① 情報量の違い
　② 改ざん・喪失の容易性の違い
　③ 原本性確認の容易性の違い

の 3 点であろう。この違いは、電子データがデータとしてのみ流通するのに対し、紙の場合は、媒体にデータが物理的または化学的に載っていてそれが一体となって流通するという特質から導かれている。この 3 点についてカナダ勅許会計士協会の『電子的監査証拠』[5]と日本公認会計士協会の「電子化された会計帳簿の監査対応」[6]を踏まえて説明したいと思う。

　① 情報量の違い

　　　取引データとして電子データを考えた場合、情報量が紙の契約書等による情報力より格段に少ないことに留意しなければならない。紙の契約書や請求書であれば、

---

5) カナダ勅許会計士協会 著、日本公認会計士協会 訳『電子的監査証拠』第一法規、2007 年
6) 日本公認会計士協会ホームページ「「電子化された会計帳簿の監査対応」について」2001 年
　http://www.hp.jicpa.or.jp/specialized_field/main/post_192.html

その会社がいつも利用している契約書や請求書のフォーマット(例えば、余白、行間、フォント)、紙の質(白色度の違いなど。また、重要な契約書には、透かし入りの紙を利用している場合もある)など契約書や請求書のコンテンツ情報以外の情報も多く含まれている。このように、契約書や請求書自体に含まれている情報の量が、電子化された情報と紙の情報では異なる。

② 改ざん・喪失の容易性の違い

電子文書法および電子文書法に関連するガイドラインの策定時にも議論されているところであるが、紙に印刷またはサインされた文字や数字を偽造するためには、紙やインキに対して物理的または化学的な変化を加えなければならず、その痕跡は必ず紙に残ることになる。一方、電子情報は特別な仕組みを用意しなければそれを検知することが困難である。したがって、電子署名を付して改ざんされていないことを保証する仕組みなどを用意する必要がある。「電子的監査証拠」では、紙文書の変更は容易に検知できるとしているのに対し、電子情報の変更を確かめるためには電子情報だけを確認しても不可能で、アクセスコントロール等とそれを支えるセキュリティ技術が必要としている。

③ 原本性確認の容易性の違い

紙の契約書の場合は、朱肉や筆跡などにより原本性を確認することが比較的に容易である。一方、一般的に電子データは複製が容易であるため、原本なのか複写なのかを容易に見分けることができない。したがって、原本性を確保するために電子署名を付けるなど特別な対策を行う必要がある。「電子化された会計帳簿の監査対応」では、「正本としての特定」が紙であれば「容易であり識別可能」としていることに対し、電子媒体であれば「システム的な制御が必要であり、識別も困難」としている。

④ その他のポイント

その他の違いとしては読取りに関する機器等への依存度の問題、つまり人間が直接データを読めるか、機器を介してでなければ読み込めないのか、という問題やデータに対して承認が行われているかどうかといったことの確認も電子データでは困難になる。これらの詳細については、以下の表7.1.1を参考にしてほしい。視点は異なるものの重要な問題については理解できるのではないかと思う。

(6) 米国公認会計士監査マニュアルにおけるデジタル・フォレンジックについての記述

公開会社監視委員会(Public Company Accounting Oversight Board)が発行している当座の監査マニュアル実施基準 セクション316 財務諸表監査における不正についての考慮事項では、以下のとおりデジタル・フォレンジックについて触れられている。

表 7.1.1　伝統的な監査証拠と電子的監査証拠の違い

	伝統的な監査証拠	電子的監査証拠
源泉	基点の立証は容易である。	基点の立証は、電子情報を確かめることによってだけでは困難である。 認証と否認防止を考慮するコントロールとセキュリティ技術を使って決定される。
変更	紙文書の変更は容易に検知される。	電子情報を確かめるだけで変更を検知するのは不可能でないにしても困難である。 情報のインテグリティは信頼できるコントロールとセキュリティ技術に依存する。
承認	紙文書は紙面に承認の証拠を示している。	電子情報を確かめるだけで承認を確認するのは困難である。 情報の認証を考慮するコントロールとセキュリティ技術を使って、決定される。
完全性	取引のすべての関連事項は通常一つの文書に含められている。	取引の関連事項はしばしば別々の記録又はデータのなかに含まれている。
読取り	機器は必要ない。	さまざまな技術や機器がしばしば必要である。
フォーマット	文書に組み込まれている。	データと別になっており、変更可能である。
可用性とアクセス容易性	監査における制約は通常存在しない。	データの監査証跡は監査時には使用できないかもしれず、データにアクセスすることはより難しいかもしれない。
署名	紙文書に署名し、署名をレビューするのは単純な問題である。	信頼できる電子的署名を発行し、それをレビューするため、適切な技術が必要とされる。

出典）　カナダ勅許会計士協会　著、日本公認会計士協会　訳『電子的監査証拠』第一法規、2007年

AU Section 300 THE STANDARDS OF FIELD WORK
AU Section 316 Consideration of Fraud in a Financial Statement Audit
Source : SAS No. 99.

Overall Responses to the Risk of Material Misstatement

50　Judgments about the risk of material misstatement due to fraud have an overall effect on how the audit is conducted in the following ways:
Assignment of personnel and supervision. The knowledge, skill, and ability of personnel assigned significant engagement responsibilities should be commensurate with the auditor's assessment of the risks of material misstatement due to fraud for the engagement(see section 210, Training and Proficiency of the Independent Auditor, paragraph. 03). For example, the auditor may respond to an identified risk of material misstatement due to fraud by assigning additional persons with specialized skill and knowledge, such as forensic and information technology(IT)specialists, or by assigning more experienced personnel to the engagement. In addition, the extent of supervision should reflect the risks of material misstatement due to fraud(see section 311.11).

　この基準によると、不正により重要な誤謬につながるリスクを識別した場合の対応として、監査人は専門的なスキルや知識をもったフォレンジックやIT専門家を監査チームに配員することになる。

(7)　電子証拠を利用した監査の重要性の増加
　電子署名による契約が今後増加していけば、財務諸表監査においても、従来の紙の監査において行われていたことと同程度の証明力をもった監査証拠を入手するための監査手続の実施が必要となる。特に、電子データの改ざん防止、原本性を考えた場合、電子署名、タイムスタンプの信頼性についての監査手続の増加が考えられる。現在においては、会社の内部統制として実印の管理が行われている。実印の物理的管理、実印をいつ押印したかについて押印簿による押印管理などが行われている。これと同様の仕組みが必要である。すなわち、電子署名の管理が必要となる。PKI全体の内部統制、すなわち、適切なCP/CPS、TP/TPSを整備しているか、CP/CPS、TP/TPSに従った運用を適切に行っているかについての監査が必要となるだろう。
　また、取引が実在するかを確認するために、電子署名が付されているか、その電子署名が有効かを確認する必要があるだろう。このようなことは電子署名だけでなく、他の技術に依存した方法についても同様である。

(8) サーベンス・オクスリー法、金融商品取引法の改正の影響—監査の強化と管理の強化

エンロン、ワールドコムの粉飾決算事件を契機に米国ではサーベンス・オクスリー法が成立した。ニューヨーク証券取引所、ナスダックに登録している企業はその対応に追われた。サーベンス・オクスリー法が施行された結果、会社は従来の財務諸表監査に加えて、財務諸表を適切に作成する内部統制が適切に整備、運用されているかについての監査を受けることになった（サーベンス・オクスリー法第404条）。したがって、監査人は、従来の監査よりもより深く、会社の内部統制についての監査を実施する必要がある。そのために収集し、評価する監査証拠は増えることになる。内部統制の監査において、電子署名の管理についてはより深く監査することになるはずである。

このように監査が強化されることにより、会社もその監査に耐えうる管理体制を構築維持しなければならないことになる。サーベンス・オクスリー法に対応している企業ではまさにその問題に直面している。

一方、日本においても金融商品取引法の制定により、2006（平成18）年4月1日以降開始事業年度の決算より、財務報告に係る内部統制の経営者の評価（金融商品取引法第24条の4の4）および外部監査人による監査（金融商品取引法第193条の2第2項）が開始された。経営者は、取引に係る会計処理について発生、網羅性、正確性、期間帰属、分類の妥当性を自ら証明していかなくてはならない。その際には、取引に係る会計処理に関係する証拠を収集し、評価し、保存していかなくてはならない。その際に、従来の紙による証拠と同等の管理を、電子データによる証拠にも実施する必要があることに留意しなければならない。

(9) これからの課題

電子化が進めば、企業はそれに合わせた管理を行っていかなくてはならない。特に、財務諸表監査および内部統制監査を意識すると、財務諸表に関連するデータの改ざん防止、原本性の確保のために会社がとるべき課題はある。しかも、内部統制の監査が行われるようになるとその重要性はさらに高まる。金融商品取引法の施行に伴い、財務報告に係る内部統制の評価と監査の制度が始まることになる。日本企業においても、電子データの管理について真摯に取り組む必要がある。

（執筆担当：丸山満彦）

7.1.2項の参考文献
[1] 日本公認会計士協会監査基準委員会報告書500「監査証拠」
[2] 日本公認会計士協会監査基準委員会報告書315「企業及び企業環境の理解を通じた重要な虚偽表示リスクの識別と評価」
[3] 日本公認会計士協会監査基準委員会報告書330「評価したリスクに対応する監査人の手続」

[4]　日本公認会計士協会監査基準委員会報告書240「財務諸表監査における不正」
[5]　日本公認会計士協会IT委員会実務指針第6号「ITを利用した情報システムに関する重要な虚偽表示リスクの識別と評価及び評価したリスクに対応する監査人の手続について」2011.12.22
[6]　日本公認会計士協会IT委員会研究報告第43号「電子的監査証拠　〜入手・利用・保存等に係る現状の留意点と展望」2013.07.30
[7]　日本公認会計士協会IT委員会研究報告第42号「IT委員会実務指針第6号「ITを利用した情報システムに関する重要な虚偽表示リスクの識別と評価及び評価したリスクに対応する監査人の手続について」に関するQ&A」2012.06.11
[8]　日本公認会計士公開情報システム委員会研究報告書第21号「電子化された会計帳簿の監査対応」2001.3.21
[9]　日本公認会計士協会IT委員会研究報告第30号「e-文書法への対応と監査上の留意点」2005.09.08
[10]　Public Company Accounting Oversight Board, Interim Auditing Standards AU 316 Consideration of Fraud in a Financial Statement Audit
[11]　カナダ勅許会計士協会 著、日本公認会計士協会 訳『電子的監査証拠』第一法規、2007年

7.2 業種による個別の事項

前節では、業種共通の事項について説明したが、業種によって異なる留意事項もある。すべてが共通にならない理由は、業種ごとに関係する法令等が異なることなどにもよるが、ここでは、例として、電気通信事業者と金融機関について説明する。それら以外の業種についても、**第6章**で解説した法令等の内容を参考に留意事項を整理して、企業におけるデジタル・フォレンジックを考える必要がある。

7.2.1 電気通信事業者における留意事項
（1） 電気通信事業者とは

電気通信事業者とは、電気通信事業法（昭和59年法律86号）にもとづき電気通信役務を行う者を指す。電気通信事業法については**6.3.12項**において、デジタル・フォレンジックとの関係について詳説されているので参考にしていただきたい。

電気通信事業者の代表例は固定電話や携帯電話などの電話会社や、インターネット接続事業者（プロバイダ）、電子メールやWebサイトなどのホスティング事業者やクラウド事業者などであり、通信回線やクラウド環境を先行投資し、契約者にサービスとして提供し、利用状況に応じて課金した料金を回収することで事業を営んでいる。

電気通信事業者は大規模なコンピュータシステムを運用する代表的な事業分野の一つであるといえる。電気通信事業者も、他の企業と同様に、自社のシステム上で行われる情報処理に関してフォレンジック技術を適切に用いていく必要があることはいうまでもない。例えば、電気通信事業者の社内で行われた不正について、コンピュータ上に残されたデータを証拠としてどう扱うかという点については、通常の企業となんら変わりがない。

一方で、電気通信事業者は「他人の通信を媒介し、その他電気通信設備を他人の通信用に供すること」[7]を業とするため、「他人の通信」に関する情報を保有している。通信自体が違法な行為に使われる場合もあれば、紛争が起こった際には、ある通信に関する情報が重要な証拠となる場合もある。そして、その通信記録は課金根拠等の目的で一定期間保存されており、裁判の証拠として扱われるケースも珍しくない。

本項では企業がデジタル・フォレンジック技術を活用し事案に対処する場合など、プロバイダ等の電気通信事業者から通信記録等の情報提供を受ける際の注意事項について解説を行う。

---

7) 電気通信事業法2条

（2） 通信記録の守秘

電気通信事業者が取り扱う通信については、通信内容を含まない通信記録であっても、通信の秘密に該当するため、容易に開示されることはなく、厳正な手続によって守られてきた。

わが国において通信の秘密は、個人の私生活における秘密・プライバシーを保護することで個人生活の安穏を図る観点から、基本的人権の一つとして憲法21条2項によって保障されている。

電気通信における通信の秘密に関しては、電気通信事業法4条の通信の秘密保護規定によっても保護されており、秘密として保護される範囲は「通信内容にとどまらず、通信当事者の住所、氏名、発信場所等通信の構成要素や通信回数等の存在の事実の有無を含む」と考えられている[8]。

一方で、個別の通信にかかわらない場合を含む個人情報保護については、電気通信サービスの利便性の向上を図るとともに利用者の権利利益を保護することを目的とした「電気通信事業における個人情報保護に関するガイドライン及び解説」[9]で詳細に定められているので参考にしていただきたい。同解説によれば、通信の秘密と個人情報保護は図7.2.1の関係にあるとされる。

通信の秘密の侵害とは、通信の当事者以外の第三者が、知ろうという積極的意図をもって知ること（知得）のほか、第三者の通信の秘密を他人が知り得る状態におくこと（漏洩）、および本人の意図に反して、自己または他人の利益のために用いること（窃用）も、それぞれ侵害にあたると考えられている。ただし、発信者・着信者両当事者の同意がある場合や、

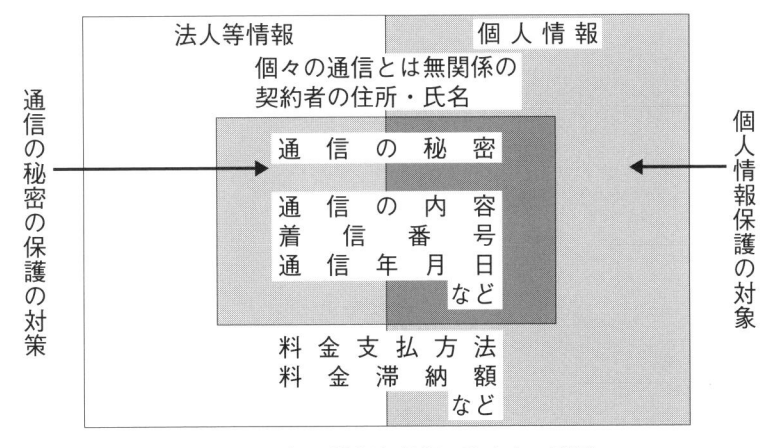

図7.2.1　個人情報と通信の秘密との関係

---

8) 電気通信法制研究会 編著『逐条解説電気通信事業法』、p.23、第一法規、1987年
9) 「電気通信事業における個人情報保護に関するガイドライン（平成16年総務省告示第695号。最終改正平成23年総務省告示第465号）」の解説 p.5

正当業務行為、緊急避難などの要件を満たす場合には違法性が阻却され、通信の秘密の侵害にはあたらないとされる[10]。

例えばプロバイダはインターネット通信を成立させるため、通信先のIPアドレスを機械的に判読し相手先に送り届ける。ルーティングといわれるこの行為は、現在の電気通信事業法の解釈によれば、通信の秘密を侵害する行為とされる。しかし実際には、ルーティングはプロバイダにとって通信を媒介するための正当業務行為であり、違法性が阻却されるため罰せられることはない。

業務目的以外の通信ログ利用や開示に関しては、プロバイダ責任制限法にもとづく発信者情報開示請求の対象となった場合や、犯罪捜査において裁判所の発付する令状による場合に限定されている。

(3) 民事訴訟における通信記録等の情報開示

電気通信事業者が保有する情報のなかでも、特に紛争との関係で開示要請が多いのは、情報の発信者に関する情報である。インターネットの掲示板での誹謗中傷や、著作物の不正流通などの権利侵害事案においては、その発信者を特定し損害賠償請求等が行われており、プロバイダ等の電気通信事業者はプロバイダ責任制限法にもとづき、送信防止措置や発信者情報開示を行っている。プロバイダ責任制限法とデジタル・フォレンジックの関係は、6.3.4項に詳説されているので参照していただきたい。

プロバイダ責任制限法にもとづき発信者情報の開示請求を行った場合、明確な権利侵害の事実が確認され、円滑に開示手続が進んだとしても最終的に発信者情報が開示されるまで、想像以上に時間がかかる場合がある。例えば、大手プロバイダから設備を借りて自らもプロバイダ事業を営んでいる中小の事業者も数多く存在するが、この場合IPアドレスの登録情報は大手プロバイダ名になっていることが多いため、いったんは大手プロバイダに問い合わせて契約関係にあるプロバイダ名を開示してもらうなど、手続が一段か二段増える可能性があることに留意が必要である。

プロバイダ責任制限法に関しては、通信関連三団体が共同で「プロバイダ責任制限法関連情報Webサイト」を開設しており、詳細な情報が紹介されているので参考にされたい。

しかし、プロバイダから最終的な発信者情報が開示された場合でも、Tor[11]などインターネット通信経路を匿名化するツールを悪用している場合や、不正に設置された中継サーバを経由している場合があり、サーバの設置場所が海外の場合も多く、真の発信者にたどりつかない場合があることを想定しておくべきである。

---

10) 電気通信法制研究会 編著『逐条解説電気通信事業法』、p.23、第一法規、1987年
11) The Tor Project(https://www.torproject.org)が開発した接続経路の匿名化ツール。P2P通信技術により通信を複数ノードを経由させることで匿名性を高めている。

(4) 刑事訴訟における通信記録等の情報開示

　法執行機関から通信事業者に対しては、捜査関係事項照会や裁判所の令状による通信記録の差押えを通じて情報開示要請が行われる。通信の秘密に該当しないサーバ管理者等の契約者情報については、所轄警察署から捜査関係事項照会によって開示要請が行われることが多い。通信の秘密に該当する「通信記録」等の開示には原則として裁判所の令状が必要であり、通信記録が格納された電磁的記録媒体を対象に捜索差押令状にもとづいて行われる場合が多い。

　しかし、コンピュータ本体や通信機器に付属する電磁的記録媒体を取り外して法執行機関に提出すると、通信事業者の事業そのものが継続できない場合がある。そこで実際には、データを他の記録媒体に複製または移転、紙媒体に印刷したものを提出することで可とされている。

　これら刑事訴訟時の手続は「情報処理の高度化等に対処する為の刑法等の一部を改正する法律」によって整理されており、6.4.1節に詳説されているので参照していただきたい。

　ところで、通信事業者が電子データを複製または移転する段階で、データが改ざんされるなど、その原本性が脅かされる事態も想定されるものの、デジタル・フォレンジックで重要とされるデータの原本性の証明に関しては、まだ特段の議論が行われている段階にはない。

(5) 通信記録の電磁的記録の保全要請

　電気通信事業者に対して、通信記録の電磁的記録の差押え令状の発布を想定し、通信記録の電磁的記録の保全要請が行われる場合がある。あくまでも要請であり通信事業者には従う法的義務はないが、手続等に時間を要する場合を想定した制度である。この保全要請に関しては、法務省ホームページ「通信履歴の電磁的記録の保全要請に関するQ&A」に詳しく解説されているので参考にされたい。

（執筆担当：小山覚）

7.2.2　金融機関における留意事項
(1)　金融機関とは

　金融機関とは、狭義には、銀行法(昭和56年6月1日法律59号)にもとづく預貯金取扱金融機関を指す。本項では、原則として、この狭義の定義にもとづき記述する。ただし、金融機関が行っている業務は、他社(金融機関の子会社等を含む会社)にアウトソーシングされていることが多いため、金融機関の業務については、これらのアウトソーシング先の業務も含めて、金融機関の業務と定義して記述することをご了解願いたい。

　金融機関は、かつては、典型的な規制業種であり、法令によって業務内容や商品内容などが画一的に規定されていた。しかしながら、1996年からスタートした大規模な金融制

度改革（金融ビッグバン）を契機に、金融機関業務金融自由化の流れによって次第に規制緩和が進んできた。そして、口座開設時に交付される約款（規定集）も分厚いものとなってきた。今までの、「護送船団方式」による規制一辺倒の業務スタイルから、金利自由化をはじめとする規制緩和で多種の商品が取り扱えるようになっている。今では預金金利・貸出金利だけではなく、手数料収入を確保するための新たな業務のウエイトも大きくなってきたため約款の種類も増大した。今の金融機関は、企業のみならず各個人のメインバンクの座を確保すべく資金の運用、調達まで幅広い金融機能の役割を担っており、常に新しい業務が追加されている。

　また、取り扱っている業務の性質上、顧客の個人情報や企業機密にかかわる情報が大量に蓄積されている点も特徴といえる。このため一般の業種に比して情報の管理は厳重であるが、一方で犯罪を企てる側から標的にされる業種でもある。犯罪の形態も従来は、銀行強盗に代表される粗暴犯が中心であったが、上記の金融制度改革の歩調を合わせるかのごとく、業務の高度情報化が進展し、金融機関を標的とする犯罪もインターネット犯罪にシフトしてきた。

(2) 金融機関の情報管理

　犯罪対策面での情報管理は一般企業より厳重であるのは前述のとおりであるが、内部犯罪についてもデータの特性上から外部持ち出しを防ぐ対策など厳重管理がなされている。内部犯罪や規則違反の防止策は、従来から経営の大きな課題となっていたが、残念ながら、軽微な事案については金融機関内部で処理され、公表されないケースもあった。これに対し、大きなインパクトを与えたのは、2005年4月に施行された個人情報保護法（平成15年5月30日法律第57号）であり、さらにその詳細を規定した「ガイドライン」[12]や「実務指針」[10]が定められた。これまで漠然と管理されていたものの、具体的な細則については、各金融機関任せになっていた。個人情報保護法施行により、細部についても統一的な管理ルールが定められた。一部については、過剰反応から本来の業務に支障を来す事態も散見されたが、時間の経過とともに標準化され、安定的な運用がなされるようになった。

(3) インターネットバンキングのセキュリティ対策

　インターネットバンキングについては、今や、企業のみならず個人の利用も一般化しており、今後ますます利用の増大が予測される状況にある。一方で、インターネットバンキングを標的とした犯罪も増加している。これに対応して、各金融機関ではセキュリティ対策を強化しているが、次々に新手の犯罪が現出し「もぐらたたきゲーム」が続いている。

---

12) 詳細については、寺田達史ほか 編著『金融分野における個人情報の保護—金融庁ガイドラインおよび安全管理措置の解説』金融財政事情研究会、2006年を参照。

インターネットバンキングにおいてスタンダードとなっている二要素認証についても、金融機関の画面を模倣した不正な画面をPCに表示し、認証番号表の情報ならびに取引パスワードを入力させようとするコンピュータウイルスの発生が確認されている。

一部の金融機関では、インターネットバンキングのセキュリティ強化策として、カード型のワンタイムパスワード生成機を導入するなど、新たな試みを図っている。従来のメール送信によるワンタイムパスワードでは、預金者のPCがウイルスに感染している場合、IDやパスワードを第三者に盗み取られる恐れがあった。取引のたびに数字の並び方を変える「ワンタイムパスワード」の利用者も、利用者がウイルス感染したPCを使っていれば、パスワードを送信した際に盗み取られるため危険である。

また、ATMの利用においても、ATMに小型カメラを設置し、遠隔操作でパスワードを盗み取る犯罪も多発している。利用者のちょっとした隙に乗じた犯罪は今後も新たな態様のものが続く可能性が高い。

金融機関としても犯罪の未然防止に努力しているが、どうしても犯罪の後追いにならざるを得ず、対処療法しかないのが現状である。

(4) 金融機関における本人確認

2008年3月1日以降、「犯罪による収益の移転防止に関する法律(平成19年法律第22号)」(以下「犯罪収益移転防止法」という)にもとづき、金融機関に対し本人確認が義務づけられることとなった。

犯罪収益移転防止法の施行に伴い、従来、金融機関に本人確認を義務づけていた「金融機関等による顧客等の本人確認等及び預金口座等の不正な利用の防止に関する法律(平成14年法律第32号)」(以下「本人確認法」という)は廃止されたが、金融機関との取引に際して行われる本人確認手続の内容は基本的に変わっていない。

なお、マネーロンダリング、テロ資金対策などのため、国際的な要請を受けて、2007年1月4日以降、10万円を超える現金送金などを行う場合に、金融機関に対し送金人の本人確認等が義務づけられた。現金での振込を行う場合には10万円を超えるとATMではできなくなり、金融機関の窓口で運転免許証、パスポートなどの本人確認書類を提示する必要がある。

一方、現金ではなく預貯金口座を通じて送金を行う場合には、ATM・窓口のいずれにおいても、引き続き従来と同様のやり方で振込を行うことが基本的に可能である(もし、口座開設時に本人確認手続が済んでいない場合には、本人確認書類の提示が必要)。

(5) 電子記録債権の利用

企業の資金調達方法の多様化に資するため「電子記録債権」の利用が普及しつつある。これは、2008年12月に施行された電子記録債権法(平成19年6月27日法律第102号)に

より創設された新しい決済制度で、手形・指名債権（売掛債権等）の問題点を克服した新たな金銭債権である。ペーパーレスにすることで、コストカットやリスク回避ができ、手続も金融機関に出向く必要がないなど、利便性が高い。手形という資金繰りに適した機能はそのままに、さらに使い勝手が良くなっているのが「電子記録債権」である。サービスが開始から1年で、利用者登録数は25万社を超えている（2013年9月20日、全銀電子債権ネットワーク社調べ[13]）。

「電子記録債権」は紙ベースの手形に比べて使い勝手が良いとされており、具体的なメリットは以下のとおりである。

- 手形を保管するための場所が不要。
- ペーパーレスになることで印紙税が課税されない。
- 手形発行の事務負担、郵送コストの削減。
- 多様な取引（手形を一部は割引、一部は譲渡といった分割ができるなど）が可能になる。
- 紛失や偽造、盗難などのリスクを回避できる。
- 期日に自動入金されるため資金を回収する側の手間が軽減される。

「電子記録債権」を利用するためには、事前に金融機関と利用契約を結ぶ必要がある。一定の審査を受けた後に利用契約の締結となる。

ただし、上記メリットだけでなく、以下に述べる注意点も確認しておきたい。「電子記録債権」はインターネットで手続を行うため、PCがダウンして処理が不能となったり、人的ミスで、手形の内容を間違ってしまうということもあり得る。また、インターネットで不正アクセスをされる可能性もあることから、セキュリティ対策を強化しておくことも必要になる。あくまでも人の手が介することを忘れずに、慎重に二重チェックを行うなどの体制を整えて利用する必要がある。

（6） 金融機関と刑事捜査

捜査関係事項照会（刑事訴訟法197条2項）によって、金融機関が捜査機関から利用者との取引に関する捜査関係事項の照会を受ける場合があるが、顧客等のプライバシーに配慮した慎重な対応が求められるのは当然である。

捜査関係事項照会への回答を拒否したとしても、法律上の罰則や制裁は存在しないが、個人情報保護法において本人の同意を要しない開示事例として捜査関係事項の照会が明示されており、通常は、金融機関側も粛々と応じている。ただし、漫然と捜査関係事項照会に回答すると、回答したことが不法行為として損害賠償請求の対象となり得るし、照会に応じた者（金融機関職員）が法的責任を負う可能性があるので注意が必要である。

---

13) 全銀電子債権ネットワークのホームページ「統計情報」(http://www.densai.net/stat)

刑事訴訟法の注釈書[14]によれば捜査関係事項照会を受けた相手方は、「原則として報告すべき義務を負う」とされているものの、捜査機関がその義務を「強制する方法はない」。

したがって、捜査関係事項照会に対して回答を拒否したとしても、そのことで直ちに警察官が資料等を押収することはできないし、拒否した者を処罰することもできない。捜査関係事項照会については、無視ないし回答拒否した場合の罰則・制裁規定は存在しない。

むしろ、警察からの概括的な捜査関係事項照会に対し、個人情報等について網羅的・包括的に回答することは、「第三者提供の制限」(個人情報保護法23条)に抵触して、回答した者に不法行為責任(民法709条)が生じる可能性があることに注意しなければならない。

(執筆担当：伊藤一泰)

---

[14] 松尾浩也監修『条解刑事訴訟法〈第四版〉』弘文堂、2009年

第8章

デジタル・フォレンジックの実際

Chapter 8

Chapter 8
デジタル・フォレンジックの実際

　デジタル・フォレンジックを運用している主体を大きく分けると捜査機関（法執行機関）と企業に分類することができる。本章では、デジタル・フォレンジックの実際として捜査機関（法執行機関）と企業に関して、デジタル・フォレンジックの活用されている実態とそれぞれの項目に対していくつかの事例を記載している。

　捜査機関（法執行機関）ではデジタル・フォレンジックは犯罪捜査に使用され、その運用方法や組織に関して述べている。企業においては、主に内部監査や内部不正調査などに使用されているが、本章においてはインシデントレスポンスにおけるデジタル・フォレンジックの活用および不正抑止のための活用ならびに近年多発しているサイバー攻撃の概要とデジタル・フォレンジックとのかかわりに関して言及している。また、米国において民事訴訟手続のひとつのプロセスとされているディスカバリ制度とデジタル・フォレンジックは非常に密接な関係があり、最新の技術動向と合わせてそれらに関しても本章では述べている。

（第8章主査：守本正宏）

8.1 9.11テロ事件後のフォレンジック調査

8.1.1 調査に必要なデジタル・フォレンジック技術

　米国では、1985年ごろからデジタル・フォレンジックは犯罪捜査になくてはならないものとして、その技術・運用方法をコンピュータの発展とともに進化させてきた。なぜならば、コンピュータが社会活動、市民生活のなかに深く広く浸透していき、多くの犯罪や企業内不正行為にコンピュータが関与していることになり、被疑者の行動を調査するためにはコンピュータのデジタルデータを調査しなくてはならなくなったからである。近年では急速なIT技術の発達により、コンピュータの記憶装置の大容量化およびデータ転送の高速化が実用化されたため、膨大な情報を一瞬にして転送したり、またその持出し・改ざん・隠蔽・消去などが可能となった。そして大容量デジタルデータに対する調査に必要なデジタル・フォレンジックの技術が開発された。大容量デジタルデータに対してフォレンジック的調査を行った有名な事例としては、エンロンやワールドコムの事件が挙げられる。そのときの調査対象のデータ量は10 TB以上にものぼった。そのため、このような大量のデータを、効率的にかつ必要な証拠を漏らさず確実に調査する技術が必要になってきた。そしてこれらの条件を満たすために重要な技術が、証拠保全したデジタルデータをファイルタイプ別や状態などにより分類し、単語ごとにインデックスを付けるフォレンジックデータベースの作成技術と、分散コンピューティング技術であるといえる。これらの技術を利用することによって、大量のデジタルデータを迅速に調査しなければならないような大規模な事件の調査が可能になった。

　2001年9月11日に発生した9.11同時多発テロに関連する調査においても多くのコンピュータの調査が実施された。テロの直後、FBIはテロに関係があると思われる70台以上のコンピュータを調査し、その調査過程においては、多くのフォレンジックツールが使用された。その際に取得したデータを高速に仕分けし、データベースを作成する技術は、膨大なデータを短期間のうちに調査することに大きく貢献した。また、再発するテロの可能性を調査し、適確かつ適切に対処するためには、膨大なデータから少しの予兆も見逃すことなく、早急に結果を出さなければならなかった。そのためのフォレンジックデータベース作成技術は必要不可欠な技術であり、実際に効果を発揮した。

　調査対象コンピュータにはあらゆる言語が存在し、コンピュータの型や使用しているアプリケーションが異なっていることは珍しいことではない。それらに対応するために、現場ではさまざまな種類のフォレンジックツールが使用されている。各フォレンジックツールには、長所・短所があり、それらの長所を生かした最適な方法で調査を行っている。

　また、数多くの調査対象ハードディスクを効率的に解析する手法としてフォレンジック

ネットワークを利用した解析手法を採用している。その仕組みはフォレンジックサーバに取得した証拠データを高速転送により蓄積し、複数台の解析専用ワークステーションから調査を実施するというものである。すなわち、フォレンジックデータベースを作成する技術に加えて、フォレンジックネットワークによる分散コンピューティング技術が必要なのである。

テロ後の調査において担当の調査官は、米国国内にある調査対象となるコンピュータをくまなく調査した。そのことによって多くの決定的な情報を把握することができた。

（1） 靴爆弾事件とデジタル・フォレンジック調査

コンピュータ・フォレンジック調査によって、大惨事を未然に防ぐことができた事例は、靴爆弾事件である。9.11同時多発テロの3カ月後（2001年12月22日）、リチャード・リードという人物がパリからマイアミへ向かうアメリカン航空の機内で、靴に隠し持ったプラスチック爆弾による爆弾テロを計画していた。彼は靴の中の爆弾に火をつけようとしていたところを乗務員と乗客に気付かれ、取り押さえられた。このアメリカン航空機の離陸後、米軍の戦闘機がその航空機に付き添い、着陸するとFBI捜査官が機内に突入した。このように靴爆弾事件においては結果的に賢明な客室乗務員や乗客によって大惨事は阻止されたのだが、実はリチャード容疑者に協力していた共犯者をFBIのフォレンジック調査官が調査したことによって、その計画は事前にほぼ把握されていた。コンピュータの中にあったデータファイルの解析を行い、暗号がかかっているファイルに関しては暗号解読を実施するなど、一連のフォレンジック調査により、靴爆弾による航空機爆破以外のリチャード容疑者のテロ計画も含めて明るみにすることができた。この靴爆弾事件においては、航空機までテロリストに侵入され、危うく大惨事になるところであったが、少なくともリチャード容疑者に関連するデジタル・フォレンジック調査は靴爆弾テロ未遂事件以降の犯行の防止に大きく貢献したといえる。

9.11同時多発テロ以降、米国はもとより世界各国でテロ対策を行う組織に、コンピュ

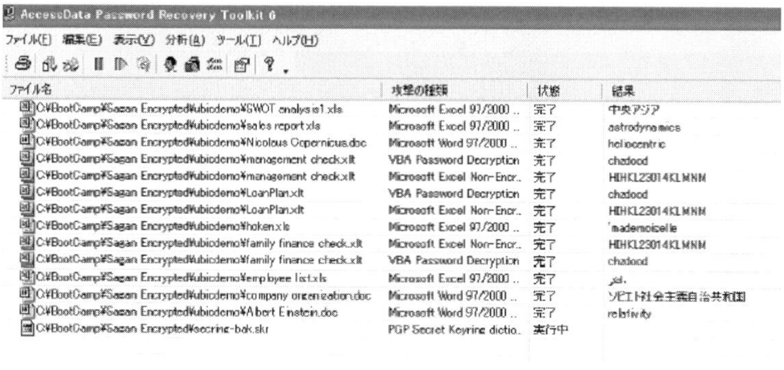

図8.1.1　パスワード解析結果の例

ータを調査するフォレンジック調査部隊が置かれるようになった。また、テロの対象が、英語圏だけではないため英語だけでなく、アラビア語のみならず、中国語、日本語などの調査が必要になり、これらの言語に対応したフォレンジックツールが必要になってきた。特にパスワードの解読においても、さまざまな言語のパスワードに対応したコンピュータ・フォレンジックツールが必要である（図 8.1.1）。

(2) オウム真理教事件とデジタル・フォレンジック調査

米国 9.11 同時多発テロ以前にも大きなテロ事件において行われたコンピュータ調査の事例がある。それは、わが国で発生したオウム真理教による地下鉄サリン事件を含む一連のテロ活動に関するものである。この際の調査にもオウム真理教の教団内で多数のコンピュータが押収された。そのコンピュータにインストールされているアプリケーションにはオウム真理教が独自に開発したものもあった。また、パスワードもかかっていたため、解析には多大な労力が費やされた。つまり、わが国では米国 9.11 同時多発テロより以前の 1995 年にすでにテロ組織に対するコンピュータ・フォレンジック調査を実施していたことになる。

8.1.2　テロ対策におけるデジタル・フォレンジック調査の役割

9.11 同時多発テロ以降、各国の国土安全保障組織は、いつテロが発生するかもしれないという脅威をいかに早期に察知し、防止するかということが喫緊の課題となっている。早期に察知するためには、普段から情報を収集し、疑わしいと思われる対象の調査を直ちに行い、そこから見つかる事実から脅威の可能性を分析する必要がある。テロリストがその目的を達成するには、適切な現場に移動する必要があり、彼らが人やお金、貨物を運ぶために空港や駅、港湾を利用する機会が多くなる。そのため、このような交通の要所はテロリストの活動を暗躍させる場所になる。しかし、テロリストが集まるということから、取り締まる側が重点的に網を張っておくことにより、テロリストにとっても発見される危険性が高い場所になる。したがって、交通の要所となる空港や駅、港湾における旅行者のチェックは重要である。現在のチェック手法は高度な科学技術を利用したものであり、金属探知機や生物化学兵器に対しラマン分光[1]などを利用した識別法、指紋や虹彩による生体認識システムおよび監視カメラなどがある。それらに加えて、所持しているコンピュータの調査は非常に有力なチェック手法である。

テロの予兆を知り、またテロ犯罪後の調査により犯人グループを捕らえ、今後の計画を把握し、テロの再発を防止するためにも、コンピュータの調査は欠かせないものであり、

---

[1] 光が物質中で散乱され、入射光と波長の異なる光が放出される現象。ラマン分光の観測によりその物質の化学組成の同定や分子構造の解析が可能となる。

コンピュータ・フォレンジックの重要性はますます高まっているといえる。

(執筆担当：野﨑周作)

8.1 節の参考文献

［1］ Eric Thompson「米国での問題解決例」『COMPUTER & NETWORK LAN』オーム社、Vol. 257、2005 年

8.2 サイバー攻撃におけるフォレンジックの活用

　最近のサイバー攻撃に関するキーワードとして、「高度化」というものがよく見られるようになってきているが、このキーワードから受ける印象は、「技術的に難しい」であると思う。しかし、実際のサイバー攻撃には、「高度な技術」に加えて「（高度とは言い難い技術で組み立てられた）斬新な手法」も存在している。残念ながら、このような事実かうまく伝えられていない。

　セキュテリィ対策に関する製品やサービスは、「サイバー攻撃が通常ではない状況を発生させる」ところに注目しているが、既存のセキュテリィ対策の回避に成功している状況をよく観察すると、コンピュータ・システムの利用者による挙動とほぼ同じような挙動で攻撃を仕掛けてくる場合もあれば、システムの仕様を巧妙に利用しただけものもある。つまり、これまで発想することが難しかった全く新しいアイディアによる手法が目立つようになってきているのである。

　最近のサイバー攻撃の実態を解明するにあたっては、表面的な事象のみを分析するだけでは、非常に難しいと言わざるを得ない。人間が自らの認識能力だけで、最近のサイバー攻撃の実態を理解することは、ほぼ不可能になってきている。

　そのため、現在、コンピュータ・システムやネットワーク装置等に残存するログや痕跡を見出すことが期待できるフォレンジックは積極的に活用されており、サイバー攻撃の実態解明においては、フォレンジックが必須であると言っても過言ではないくらいである。

8.2.1　サイバー攻撃の実例と技術・手法

　2013年時点において、国内で多発しているサイバー攻撃の事例を眺めると、次のように大別することができる。

- 内部データの窃取を狙ったもの。
- 大規模なマルウェア感染を狙ったもの。
- ネット上のサービス提供の阻害を狙ったもの。

　ここ数年の行政機関および企業における、さまざまな活動や取り組みに、インターネットおよび情報通信技術を積極的に利用した製品・サービスが組み込まれているが、まさに、そのようなところで深刻なサイバー攻撃が頻度よく発生している。そして、そのようなサイバー攻撃の実態を解明するということは、行政機関および企業において「想定していなかった」データ等の流れや機微情報に関する取り扱いの状況も明らかにすることにもなる。つまり、コンピューターおよびネットワークのシステムと、処理されるデータおよび取り扱われる情報は、密接不可分な関係になってきている。

　そのため、個別具体的なサイバー攻撃の事例とその技術・手法を紹介することは、特定

組織の内部状況を詳らかにすることと同義になることが多くなってきたため、一般抽象的な形で伝えることとしたい。

(1) 内部データの窃取を狙ったもの

　クラウドコンピューティングに関する技術の向上により、それにもとづく(クラウド)サービスが急激に発展している。これは、クラウドサービスを利用するユーザ数が劇的に増加していることを示している。同時に、特定のところにデータが集中するようになってきているが、その集中したデータを格納しているシステム群は、ユーザからインターネットを経由して確実につながることを前提にしているため、完全にクローズな環境ではない。

　最近は、このような集中したデータを利活用する「ビックデータビジネス」が出現し、そのようなデータを用いた社会・経済の問題解決や業務の付加価値向上が行われ、ビックデータ間の連携や協調も始まっている。一部はインターネットを介して行われている。

　このような状況に対して、攻撃者は、集中したデータやビックデータそのものを価値ある情報資産として認識し、それらをターゲットとした窃取目的の活動を発生させている。

　しかし、そのようなデータを格納しているシステム群は、極めて高いセキュリティ対策が施されており、直接的な不正アクセスによる侵入活動をすることは難しい。そのため、攻撃者は、そのシステム群の設計者や運用者が気づくことができなかった「想定外」の侵入可能な入口を見出し、そこからのドミノ効果(Domino Effect)を期待した技術・手法で、最終的な目的である内部データの窃取を狙う。

　ドミノ効果とは、「風が吹けば桶屋が儲かる」あるいはバタフライ効果理論と同義に捉えられることが多いもので、ある「小さな変化」が近くの「小さいな変化」を発生させ、さらにそれらが別の「小さな変化」を発生させること繰り返していくという、一連の連鎖反応的な事象を発生させていくものである。

　利用される技術・手法は、個人認証の回避技術、ネットワークリソースへの不正アクセス、アプリケーションの脆弱性を突いたエクスプロイトコードの悪用などが挙げられるが、内部データに行き着くまでに、さまざまなコンピュータシステムに対する不正アクセスやオンラインサービスの不正利用等を繰り返していくため、各プロセスでどのような技術・手法が利用されるかを注目すべきである。

　これまで確認されている内部データの窃取をするまでのプロセスは、次のとおりである。

(a) 事前準備

　攻撃者は、価値ある情報資産が保有されていると捉えたシステム群に対して、ネットワーク管理者がよく利用する技術・手法を用いて、ネットワーク越しで確認できるシステム状況を把握し、侵入が成功する可能性の高い技術・手法を検討あるいは構築する。また、そのシステム群の所有者である組織(企業)と近い関係にある組織のなかで、セキュリティ

管理や対策の甘いところを探し出し、攻撃活動を経由あるいはコントロールできる場所（踏み台）を確保し、侵入活動の準備をする。

（b）ゼロデイ攻撃

ターゲットとしたシステム群の開発者、設計者に認識されていないセキュリティ上の脆弱性を利用する。また、設置および実装されているセキュリティ対策では検知することが難しいマルウェアや悪性コードを使用して、ターゲットのなかに侵入する。

（c）ソーシャルエンジニアリング

ターゲットのシステム群に対するゼロデイ攻撃のみではなく、そのシステム群にアクセスする運用者や管理者の端末PCを経由した攻撃活動を行うため、マルウェアを添付や悪意のあるサイトのリンク情報を記した電子メール、メッセンジャー、SNSなどを通じて送付する。最近は、実際の知人や友人を騙るなど、巧妙な手法で騙す方法もあるが、いつもやり取りしている関係者のメールアカウントの乗っ取りやメールサーバへの侵入等により、本物の関係者メールアカウントから、悪意のある電子メールを送りつけるようになってきている。

（d）なりすまし活動

ターゲットのシステム群やその運用者等の端末PCへの侵入に成功した後、その利用者になりすまして、内部の設定状況や接続状態等を、そのアカウントがもつ権限の範囲内で取得可能なすべての情報を収集し、継続的な監視を行う。これは、本格的な情報窃取を成功させるために必要な準備活動と捉えることができる。

（e）特権昇格

なりすまし活動による情報収集が終わった後、他のシステムにアクセスするための活動を行う。具体的には、アカウント情報やパスワードを得るためにブルートフォース攻撃や、認証手続を悪用したPass The Hash攻撃を行い、特権昇格を狙う。

（f）窃取活動

特権昇格まで成功させると、他のシステムに対するアクセスが成功することが多い。例えば、ネットワーク管理者が、リモート保守目的で使用するPsExec等の管理ツールを、そのまま攻撃技術として悪用することがある。そして、最終的なターゲットとなる内部データへの参照、修正、削除などを行う。国内で多く発生しているのは、データの参照による不正取得である。具体的には、不正取得するファイル群を複数のファイルに圧縮および暗号化し、その後、インターネットに接続している端末に移動させた後、ネットワーク監

視に検知されないように不定期に外部に流出させる。この一連の窃取活動は、攻撃者がリアルタイムで行うことができないため、Windows OSであれば、ネットワークを介してコピーされたマルウェアを、タスクスケジューラやWindowsサービスに登録して実行させるという手法をとっている。

(g) 潜在活動

内部データの窃取が成功あるいは失敗によらず、攻撃者は、継続的な情報窃取をするために、継続的なアクセスを維持する目的で、発見することが難しいバックドアのマルウェアを設置する。

(2) 大規模なマルウェア感染を狙ったもの

以前までのマルウェア感染で主流だったものは、「不審なメール」や「悪意のあるWebサイト」の閲覧であったが、最近の「不審なメール」については、前述の「内部データの窃取を狙ったもの」でも説明したとおり、第三者に乗っ取られたアカウントからのメールを開いたことによるマルウェア感染という事例が、頻度よく報告されるようになってきている。

最近では、正規で、かつほとんどの利用者から信頼されているWebサイトを一時的に改ざんして、利用者が閲覧しただけでマルウェアに感染するという手法が急増している。

改ざんされるWebサイトへの攻撃技術や手法はさまざまであるが、国内で特に目立っているのは、特定のオープンソースのWebアプリケーションフレームワークの脆弱性を突いた攻撃である。

ここ数年のWebシステム運用開始までに許される設計・開発・実装までの期間が短くなり、求められる機能が格段に増えているのにもかかわらず、割り当てられる費用は目減りしている。したがって、必然的に、比較的簡便でミスが紛れ込みにくいオープンソースのプラットフォームによるWeb開発を選択して、確実に動作して安定した運用を実現することが優先される。このようなプラットフォームが積極的に利用されることが多くなると、そのシステムに関心をもつ技術者が増え、結果として、発見される脆弱性も増えることになる。ちなみに、そのような工程において、高コストとなる「有能なセキュリティ人材」を関与させることは非常に難しい。

このように概観すると、このようなWeb改ざんは、必然的に発生するものということができるが、攻撃者は、これを見逃していないのである。

(3) ネット上のサービス提供の阻害を狙ったもの

これは、詳細な説明は必要のないと思われる「DDoS攻撃」である。しかし、その技術や手法および規模は、急激に発展している。

まず、攻撃技術は、これまでの大規模に分散配置することに成功したBotネットワークを利用した攻撃に加え、管理の甘いDNSキャッシュサーバを踏み台にしたDNS Amp攻撃が実際に発生するようになった。また、計算コストがかかるSSLプロトコルを狙ったDDoS攻撃がすでに発生している。

さらに、SNS等を通じたDDoS攻撃の呼びかけと、それに伴う攻撃ツールの急激な拡散により、発生予測することが非常に難しい大規模なDDoS攻撃が頻度よく発生するようになってきている。

このような深刻なDDoS攻撃の要因として、SNSの急激な発展と、ネットワークインフラの拡充による通信速度の向上による攻撃元からの通信量の急増も挙げられるが、(一部を除いた)ほとんどのサーバが、このような急激な通信量の増加に耐えることができない設計となっている。

8.2.2　サイバー攻撃事案におけるフォレンジックの活用

前項のサイバー攻撃事案において、フォレンジックの活用が求められるサイバー攻撃事案は、「内部データの窃取を狙ったもの」がほとんどである。理由は、直接的な被害を受けた主体が、社会的に重要な役割を持つ組織あるいはそれと近い関係にある組織であることが多いためである。加えて、発生した事象を一見する限り、内部関係者による不正行為の疑いを拭えないものもある。

法的証拠にかかわるデジタル的な法科学の一分野としてのデジタル・フォレンジックと比較すると、サイバー攻撃事案におけるフォレンジックの活用の大きな特徴は、「厳格な指針や(法的)手続にもとづく法的証拠の保全・解析」より、「徹底的な痕跡やログの解析により、行為者(攻撃者)および(攻撃者により流入された)アーティファクト(マルウェアや悪性コードなどのこと、以下、マルウェア等と呼ぶ)の挙動の解明」に重きが置かれる。

ところが、ここ数年のクラウドコンピューティングに代表されるような、あらゆるコンピュータシステムがネットワークでつながり、有機的に連携することが当たり前のようになってきている環境のなかで発生するサイバー攻撃に対しては、旧来のフォレンジックの活用による実態解明が難しくなってきた。

なぜならば、最近のサイバー攻撃そのものも、相当数のコンピュータシステムに分散配置されたマルウェア等が、互いに有機的な連携をして動作するようになってきているためである。単体のコンピュータシステムに対するフォレンジックでは、攻撃の全体像の一部分が判明するだけで、被害を局限するどころか、有効な再発防止策を立案することもできないという結果になってしまう。

また、旧来のフォレンジックの考え方を踏襲すると、サイバー攻撃を受けた可能性のあるすべてのコンピュータシステムに対してフォレンジック調査を行うという発想となってしまうが、その台数が膨大な数になることが多く、コストの面で現実的ではなくなる。そ

れ以上に、自組織の管理外のコンピュータシステムもフォレンジック調査を行う必要性が出てくるところに絶望的な限界がある。例えば、自組織内のコンピュータシステムに感染したマルウェアが通信する先のホストは、日本以外の地域であることが多いため、フォレンジック調査の協力を受けることは非常に難しい。

そこで、自組織が管理内および管理外の境界の内側に存在する「ネットワーク装置等の記録保存される通信ログ」に対するフォレンジック調査を並行して行うことで、サイバー攻撃の実態解明の努力をすることが多くなってきている。

以上のような現状の認識を踏まえ、「内部データの窃取を狙ったもの」に対するフォレンジック調査の一例を、次に紹介する。

(1) (攻撃者による)事前準備

インターネットに露出しているネットワーク装置やサーバ群において、「クライアントからのリクエストとそれに対するサーバ等のレスポンス」のログを積極的に精査することで、攻撃者による事前準備の活動の痕跡を特定することが期待できる。例えば、事前のポートスキャン、特定サービスに対する執拗なリクエスト、同一IPアドレスからの不自然なアクセス(複数アカウント認証の試みや異常なリクエストなど)が挙げられる。

しかし、膨大なログデータのなかから見つけ出すには、調査する者が高度な攻撃技術・手法の理解や多種多様な調査用ツールに関するリテラシーを有していなければならず、同時に、ネットワーク装置およびサーバのオペレーティングシステムとその上で動作するアプリケーションが出力する「さまざまな種類のログ」の出力の仕組みやそのフォーマットなどの十分な理解をしていることが前提となる。

(2) ゼロデイ攻撃

旧来のシグニチャ手法(パターンマッチング)をベースとした検知装置では、有用なログを得ることは非常に難しい。ヒューリスティック手法(マルウェア挙動の統計的な学習にもとづくもの)をベースにした検知装置が出力するログにより、その存在を見つけ出す可能性がある。

しかし、一般的なヒューリスティック手法は、誤検知が発生することが多く、さらに、未知な挙動を発生させるマルウェアには無力であるため、2013年時点では、完全な検知装置の存在は確認できていない。

(3) ソーシャルエンジニアリング

国内では、「標的型攻撃メール」という問題認識で、さまざまなサービスや製品が存在しているため、そのようなものが出力するログで、見出すことが期待できる。

しかし、いくつの事例において、まったく検知できていない状況が発生しているため、

このようなサービスや製品のログのみでフォレンジック調査をすることは難しいと言わざるをえない。

(4) なりすまし活動、特権昇格、窃取活動、潜在活動

　侵入することに成功したマルウェアが内部ネットワークで動作する痕跡を残すためには、内部のすべてのコンピュータシステムにおいて、その攻撃動作を想定したログを取得する設定をしておかなければならない。しかし、現実的には、そのようなログを残していることはほとんどないため、オペレーティングシステムの初期設定の監査ログや、ファイルシステム、レジストリ、プログラムの実行履歴を残す特殊なファイル内のデータを調査することが多い。

　この領域は、マルウェアの挙動痕跡を調査することとほぼ同義になる。

（執筆担当：名和利男）

8.3 捜査機関におけるフォレンジック

8.3.1 はじめに

デジタル・フォレンジックは1960年代からすでに活用されてきたが、ほぼ現在の形になったのは、1990年代後半である。この年代からIT技術が急速に進歩し、人々の生活にデジタルデータが深く浸透するようになってきた。デジタルデータを使用している機器のなかで最も中心的な存在は間違いなくパソコンである。パソコンは人類の生活に革新をもたらし、そのなかに組み込まれているプログラムを使用することにより、利便性・経済性を向上させてきた。そして、今やほとんどすべての人がといっていいほどパソコンを持ち、それらを使いこなす時代となってきた。

それにともない、あらゆる犯罪がなんらかの形でパソコンとかかわりがないとはいえない状況に陥ったのも事実である。欧米の法執行機関では1990年代後半からすでに、コンピュータをネットワークハイジャック、アカウントハイジャック、ハッキング、クラッキング、スパイ活動、データ流出、ウイルス攻撃などの特別なハッカーによるハイテク犯罪にのみ使用されるツールであるとは見ていない。窃盗、詐欺、横領、麻薬、婦女暴行、強盗、児童ポルノ、テロおよび殺人のようなすべての犯罪において使用されているものであると認識するようになった。米国でのハイテク犯罪捜査とは「ハイテク技術を使用した犯罪に対する捜査」という意味より、むしろ「ハイテク技術を利用した犯罪捜査」といった意味合いが強いのである。

8.3.2 犯罪捜査におけるデジタル・フォレンジック

犯罪捜査において、見つかった人体やその一部などの証拠物は発見された状態を完全に保存し、解析するために科学技術による捜査手法が必要になる。それはわが国では、科学捜査または鑑識と呼ばれる分野である。科学捜査によって、DNAや指紋、血痕、毛髪などのわずかな断片からでも事件を解決する重要な情報を得ることが可能となる。証拠が法廷において価値のあるものにするために、調査にかかわるすべての人が細心の注意を払って証拠品を取り扱わなければならない。その手順も高度に標準化されており、その標準化された手順に従うことにより、証拠性を保つことが可能となる。これが科学捜査と呼ばれている従来のフォレンジックである。デジタル・フォレンジックは膨大なデジタルデータから科学技術を用いて事件を解決するための重要な情報を得るという点では、従来のフォレンジックと同じであるといえる。

捜査現場におけるデジタルデータは、事件における証拠そのものでもあり、また情報屋や目撃者の役割をも演じていると考えられてきた。基本的には証拠は被害者か容疑者ある

いは目撃者によって形づくられるのだが、デジタルデータはそれらに加えられるべき4番目の要素であり、多くの場合にそれら3つの要素よりも重要な役割を果たすのである。そしてハイテク技術はコンピュータのHDDや監視カメラのデジタルビデオデータからデジタルの証拠を取り出すことを可能とし、そのハイテク技術を使って法的問題を解決する手段がデジタル・フォレンジックなのである。

かつてはサーバや大型のワークステーションがコンピュータの世界では中心的な役割を果たしていたが、今や無数に普及したデスクトップパソコン、ノートパソコン、スマートフォンのような小型コンピュータや電子記憶装置が中心的な役割を果たしているといえる。

そのような状況により、ハイテク技術が犯罪捜査の上で非常に重要になるとの観点から、ハイテク犯罪捜査部隊が法執行機関に設立された。ハイテク犯罪捜査部隊の対象領域は、デジタルデータに対するデジタル・フォレンジック、オーディオ・フォレンジックおよびビデオ・フォレンジックの3つが挙げられ、それぞれの特徴に応じてさまざまなフォレンジック技術を確立している。

8.3.3　フォレンジックトレーニング

前述したように従来のフォレンジックと同様に、デジタル・フォレンジックにも特別な手法や技術が必要であるため、デジタル・フォレンジックを実際に使用するためにはフォレンジック専用ツールや、そのトレーニングが必要になる。一般的なトレーニングカリキュラムを表8.3.1に記載する。

デジタル・フォレンジックにかかわるすべての捜査官が受講する必要があるトレーニングは証拠保全トレーニングである。証拠保全にかかわる知識／スキル／能力、保全すべき証拠の特定や取得に必要なリソースの特定に必要となる業務計画立案能力、証拠保全に関するベストプラクティスの知識は、デジタル・フォレンジックを行うなかでも、主にファーストレスポンダーとして捜査現場にて証拠物の適切な取扱いを行い、現場で証拠保全作業を行う担当者に必須の知識となる。フロントとなる捜査現場で適切な証拠保全を行うことにより証拠データを持ち帰った後、フォレンジックラボにて詳細な調査が可能となる。証拠保全は捜査現場の限られた時間のなかで実施するケースが多く、証拠保全までを確実に実施できる捜査担当者が多く必要になると想定される。

調査・分析に関するトレーニングのなかには、特定の商用ツールを用いた効果的な捜査手法を学習するツールトレーニングがあり、初級者向けから中上級者向けのコースに分かれていることが多い。また、Windows、MAC、LinuxなどのOSごとやスマートフォンなどのパソコン以外の端末に特化した深い捜査手法を学習するトレーニングも存在する。これらのトレーニングにて得られる調査実践計画の立案、調査プロセスの記録、文書化手法、SOPに関する実践的知識はデジタル・フォレンジックを行うなかでも、保全されたデータを捜査現場やフォレンジックラボにて調査、分析を行う担当者に必須の知識となる。

表 8.3.1　一般的なトレーニングカリキュラム

トレーニングカリキュラム一覧	
フォレンジック基礎	コンピュータ犯罪
	フォレンジックに関する法律
	フォレンジック概要
コンピュータ基礎	ハードウェア構成
	BIOS
	ブートプロセス
	パーテーション
	OS
	ファイルシステム
証拠保全	証拠保全手法
	証拠物の取扱い
	ハッシュ値
調査・分析	Windows アーキテクチャ
	Windows レジストリ調査
	削除データ復元
	特殊なデータ復元(カービング)
	メタデータ調査
	キーワード検索
	特殊なキーワード検索(正規表現)
	電子メール調査
	インターネットブラウザ調査
	パスワード解析

　調査、分析は調査官のスキル、経験によって調査結果の質や調査にかかる時間が大きく左右されるため、ある程度固定された捜査官が経験を積み、スキルを上げていくことが想定される。調査対象となるパソコンやスマートフォンは年々新しい製品、ソフトウェアバージョンが発売され、暗号化等のセキュリティも変化していくことから、捜査官は証拠をいかに抽出するかを定期的にトレーニングし、調査技術のスキル向上・維持に努めなければならない。

8.3.4　フォレンジックラボラトリ
(1)　フォレンジックラボ
　デジタル・フォレンジックでは、デジタルデータの法的証拠能力を維持しつつ、いつ、誰が、何を行ったかなどのデータを見つけ出さなければならない。そのため、非常に高度

な技術・ツールとセキュアな環境が必要になり、米国では、コンピュータ・フォレンジックラボ、デジタル・フォレンジックラボラトリ（フォレンジックラボ）と呼ばれるフォレンジック専用施設で、その活動を行っている。それは、従来の指紋やDNA鑑定、化学分析などの科学捜査（フォレンジック）が専用の解析施設、研究所で行っているのと状況は同じであるといえる。法執行機関のフォレンジックラボは、中央政府機関だけでなく、各州FBIラボ・郡保安官事務所ラボ・市警察ラボなどが存在し、それぞれの部隊単位で専用ラボを保持しその活動を行っている（**図8.3.1**）。

　フォレンジックラボではデジタルデータを一切変えることなく、調査解析を行うための方策に重点を置いている。ラボ全体として外部からデジタル的には絶対に侵入できないように、外部とのネットワークは一切接続されていない。また、持ち込んだデータそのものが書き換わらないように、証拠データが接続されるすべての装置に書込み防止装置が組み込まれている。さらに、フォレンジックラボにはいくつもの事件の証拠データが持ち込まれるが、それぞれが相互に汚染しないように工夫されており、証拠保全と解析を行う部屋は完全に分離されている。解析室では、一つの部屋にいくつかの解析専用PCを設置しているラボもあるが、捜査官一人ずつの専用解析ブースを設けているラボが現在では主流となりつつある。また、捜査官が解析データへアクセスする際の認証はパスワードではなく、

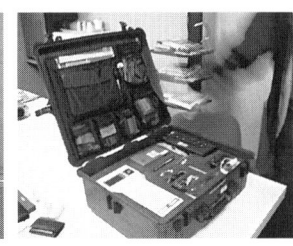

カリフォルニア州
サンバルディーノ郡
フォレンジックラボ

ユタ州FBI
リジョナルラボ
（写真提供：舟橋信氏）

ウィスコンシン州
裁判所内にある
フォレンジックラボ

図8.3.1　米国のフォレンジックラボ

バイオメトリックス(生体認証)を採用し、誰が捜査をしているかを正確に記録している。

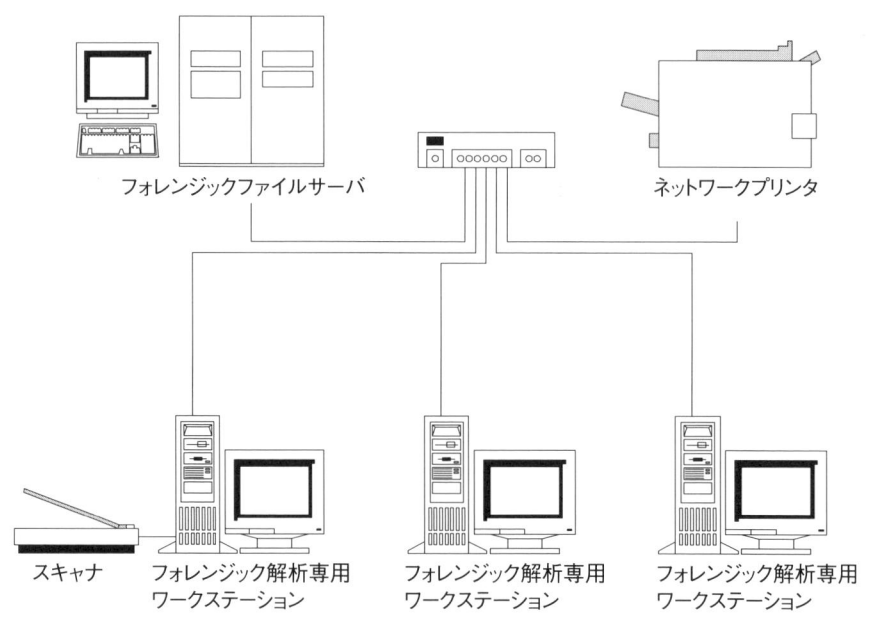

(2) フォレンジックネットワーク

法執行機関の行う捜査には、個人が行う犯罪だけではなく、大規模犯罪組織や、テロ組織などの捜査も行うため、一度に数十台以上のパソコンを調査する場合がある。その場合には、フォレンジック調査専用のサーバを中心としたネットワークを形成して調査を効率的に行っている。このフォレンジック調査専用のネットワークシステムをフォレンジックネットワークと呼んでいる(図8.3.2)。ただし、これは民間企業などで、社員の行動を監視し、ログを記録し、あるいは何かあれば警告を発するネットワーク・フォレンジックとは異なるものである。証拠保全したデータをフォレンジックネットワークの中核をなす専用サーバに高速転送し、フォレンジックネットワークの解析用クライアントPCで分散コンピューティングのコンセプトを用いて解析を行う。通常、解析対象HDDを解析用PCに捜査の度にマウント(接続して解析するために読み込ませる)し、解析が終わったらディスマウント(接続を解除する)しなければならないのだが、実際に調査する際には、一つのHDDを何度も調査することがほとんどである。しかしながら特に一つの案件で大量のHDDを調査しなければならない場合には、一度調査したHDDを何度も繰り返し調査しなければならないことがある。そのような機会が非常に多い法執行機関のフォレンジックラボではフォレンジックネットワークが多く採用されている。

図 8.3.2　フォレンジックネットワークの例

8.3.5　ハイテク犯罪捜査部隊
（1）　米国におけるハイテク犯罪捜査部隊

　カリフォルニア州サンバルディーノ郡の場合、デジタル・フォレンジックは一つの部署で実施している。ハッキングやDoS攻撃、ウイルス被害などすべてを一つのセクションが担当し、それ以外の化学や生体学の鑑識・科学捜査は別の部隊が独立して行っている。ハイテク捜査部隊は、デジタルデータを調査し、そのなかに隠された事実を見つけ出し、法的に問題を解決する証拠レポートを作成するために、特別な技能をもった捜査官と装置を装備している。ハイテク捜査部隊は、SWAT（米国警察組織の特殊火器戦術部隊の略）のように非常に特殊化された部隊であるといえる。

　ITの発達により今ではほとんどの人がコンピュータを所有するようになった。そのため、前述したように捜査対象はハッカーのような特殊な技術をもった犯罪者だけではなく、コンピュータサイエンスをほとんど知らないような犯罪者も対象になってきた。すなわち、殺人、詐欺、強盗などのあらゆる種類の犯罪に関与しているデジタルデータを調査対象としなければならない。その結果、ハイテク犯罪捜査部隊の守備範囲は広大なものであり、データ量も莫大なものとなった。

　現在では捜査現場でデジタル機器を捜査する機会が多くなり、通常の捜査官もデジタル・フォレンジックの基礎知識をもっていなければ、捜査現場でのデジタル機器を取り扱う段階で証拠そのものを破壊する可能性が高い。そのため、デジタル・フォレンジックのなかでも少なくとも証拠保全に関する知識は、すべての捜査官がもっておく必要がある。少なくとも、ハイテク捜査官が現場に到着するまで何をすべきか、何をしてはいけないかの判断力が必要である。

　なお、ハイテク捜査部隊の隊員選考時には他の特殊部隊と同様に、候補者の人物と経歴を調べ、部隊に加えるかどうかを決めている。

　警察組織以外でフォレンジックを使用している法執行機関としては軍隊が挙げられるが（米国では軍隊も法執行機関とされている）、軍隊では、さまざまな情報分析や内部犯罪の調査を実施しているあらゆる機関においてフォレンジックが使用されている。内部犯罪には、窃盗や傷害事件のようなものに加え、テロ組織の内部誘導や情報漏洩なども重要な調査対象になる。

　国防総省にはDoD（Department of Defense）Computer Evidence Laboratoryにて二百数十台のフォレンジックワークステーションとフォレンジック解析専用サーバからなるフォレンジックネットワークを保持し、大規模データ解析を行っている。

　その他、フォレンジックを活用している法執行機関として財務省米国国税局や米国国土安全保障省のUS Customs & Border Protectionにおいても、調査すべき対象がもっているコンピュータの調査を行っている。コンピュータの調査によって、脱税などの証拠事実をつかむだけではなく、それ以外に潜んでいる犯罪の事実をつかむことも可能となる。

(2) 日本における犯罪捜査部隊
(a) 警察組織

　フォレンジックという言葉は耳慣れない言葉かもしれないが、わが国の法執行機関におけるフォレンジックの運用は実はかなり以前から行われている。警察庁科学警察研究所では、法科学部という部門が4つ存在し、英語表記は Forensic Science という部署名になっている(図 8.3.3)。ここ数年、フォレンジックという言葉が話題になるよりも以前から、生物、物理、化学および情報科学に関する科学捜査・鑑識であるフォレンジックサイエンスは存在していた。しかし、デジタルデータを対象とした科学捜査であるデジタル・フォレンジック(あるいはコンピュータ・フォレンジック)の名称をもつ部署は存在していない。ただし、実際には警察大学校などのいくつかの部署でデジタル・フォレンジックの研究は実施されており、以前から捜査現場では、デジタル・フォレンジックは運用されている。押収物の法的証拠能力を維持することに常に留意している捜査機関では、証拠となりうるデジタルデータの取扱いにおいても保全方法・解析手法を注意深く検討してきた。そのため、警察庁では研究・開発を行い、さまざまなデバイスに対する証拠保全技術および解析技術を培ってきた。その技術は世界の法執行機関のハイテク捜査部隊と比較してもトップレベルであるといえる。

　警察庁が 2004 年に出した『警察庁情報セキュリティ政策大系—2004』において、高度情報通信ネットワーク社会における警察の基盤の確立に向けた取組みのなかで、「情報技

日本語		英語	
法科学第一部	生物第一研究室 生物第二研究室 生物第三研究室 生物第四研究室 生物第五研究室	First Forensic Science	First Biology Section Second Biology Section Third Biology Section Fourth Biology Section Fifth Biology Section
法科学第二部	物理研究室 火災研究室 爆発研究室 機械研究室	Second Forensic Science	Physics Section Fire Investigation Section Explosion Investigation Section Mechanical Section
法科学第三部	化学第一研究室 化学第二研究室 化学第三研究室 化学第四研究室	Third Forensic Science	First Chemistry Section Second Chemistry Section Third Chemistry Section Fourth Chemistry Section
法科学第四部	情報科学第一研究室 情報科学第二研究室 情報科学第三研究室	Fourth Forensic Science	First Information Science Section Second Information Science Section Third Information Science Section

出典) http://www.nrips.go.jp/

図 8.3.3　科学捜査研究所の組織図(抜粋)

術解析に関する研究」として、「電磁的記録の解析等のための手順や捜査現場におけるコンピュータの取扱いなどを定めた標準的な作業要領及び使用するツール等の統一化を図るため、コンピュータ・フォレンジックに関する調査研究を行う。また、当該作業要領及びツール等の取扱いに係る技術を全国で共有するとともに、作業に携わる警察職員の能力向上のための教育訓練を実施する。」として、フォレンジックに関して言及している。また、『警察庁情報セキュリティ重点施策プログラム―2005』においてもコンピュータ・フォレンジックに係る取組みの強化として「電磁的記録の解析手順や捜査現場におけるコンピュータの取扱い手法等を定めた標準的な作業要領及び使用するツール等の統一化を始めとして、コンピュータ・フォレンジックに係る研究を行い、警察活動に支障のない範囲で当該技術の民間への移転を進める。」と記述している。

　現在、わが国の警察機関においてデジタル・フォレンジックを所掌している部署は、警察庁情報技術解析課、管区警察局情報技術解析課および府県情報通信部情報技術解析課等である。フォレンジックに関する教育は、警察情報通信学校や管区警察学校等において行われている。管区警察局等の情報技術解析課は、府県警察の要請に応じてフォレンジックを行っている。東京都（警視庁）においては2000年度にハイテク犯罪対策総合センターが設立され、2012年度より組織名称がサイバー犯罪対策課に変更された。東京都以外の各道府県警察においてもサイバー犯罪捜査にあたって、サイバー犯罪対策課が、デジタル・フォレンジックを実施している。

（b） 財務省（国税庁、税関）

　財務省の外局である国税庁や財務省の本省にある税関においては、脱税や密輸入などの犯罪が発覚した場合、被疑者が使用していたコンピュータの記録を調査する必要がある。そのためコンピュータ記録の調査には、デジタル・フォレンジックの導入が必要である。脱税などでは、その被疑者の手帳や帳簿、場合によっては日記などの手がかりとなる可能性がある書類等を調査する必要がある。今日に至っては、コンピュータで帳簿を作成していたり、脱税に関係する内容の電子メールをやりとりしていたりなど、コンピュータ記録の調査の重要性が高まっている。不正帳簿を作成するほとんどの場合において、不正帳簿と不正をする前の正規の帳簿を2つ作成して両者とも保存しておくことが多い。デジタル・フォレンジックによりコンピュータを調査することによって、このような2種類の帳簿を発見することも可能となる。

　また、税関では密輸品などの不正が発覚した場合は、その関係企業にあるコンピュータに保存されているデータの解析を行い、不正証拠を調査することもある。このように不正調査におけるコンピュータ調査の機会は非常に多くなり、いまではデジタル・フォレンジックを利用する必要性が高くなってきている。

　さらに税関においては、現在テロ対策の一環として水際でフィルタリングするための税

関の役割が重要になってきている。不審な人物が仮にコンピュータを持っていた場合、そのコンピュータを調査しなければならない。不審人物がそのときにはコンピュータを携帯していなくても、必要に応じて自宅などのコンピュータを調査する必要はある。米国9.11同時多発テロ後に空港などで不審人物が所持するコンピュータを調査して、そこから得たさまざまな情報から事件を未然に防止できたという報告もあり（第8章8.1節を参照）、その重要性はきわめて高い。わが国も今後デジタル・フォレンジックに関して空港・港湾などの税関における導入が必要といえる。

（c） 自衛隊

自衛隊では自衛隊員による犯罪を取り締まっている警務隊においてフォレンジック技術・手法が使用されている。警務隊警務官とは、「自衛官のうち、部内の秩序維持に専従する者」のことであり、その任務は、部内の秩序維持、犯罪捜査、要人の警護・交通整理のような保安業務になる。警務官には、特別司法警察職員としての権限があり、その取締りの対象とする犯罪とは、「自衛官並びに陸上幕僚監部、海上幕僚監部、航空幕僚監部及び部隊等に所属する自衛官以外の隊員並びに学生、訓練招集に応じている予備自衛官及び即応予備自衛官並びに教育訓練招集に応じている予備自衛官補（以下この号において「隊員」という。）の犯した犯罪又は職務に従事中の隊員に対する犯罪その他隊員の職務に関し隊員以外の者の犯した犯罪」「自衛隊の使用する船舶、庁舎、営舎その他施設内における犯罪」「自衛隊の所有し、又は使用する施設又は物に対する犯罪」（自衛隊法第96条より）となる。

警務隊におけるデジタル・フォレンジック技術・手法に関しては警察のサイバー犯罪対策担当部署との情報交換なども行っている。自衛隊員による犯罪の取締りだけではなく、いわゆる情報漏洩の調査にも使用できる。自衛隊のもつ機密情報は自国の安全保障だけでなく、周辺国や同盟国の安全にもかかわる重要事項である。そういう意味においてデジタル・フォレンジックを利用したコンピュータの内部監査機能は、自衛隊にとって必要不可欠だといえる。

自衛隊にかかわらず一般的に軍隊ではデジタル・フォレンジック技術は必要不可欠なものであるといえる。もし、内部犯罪が発生しその結果警察に引き渡さなくてはならないという状況が発生すると、当然被疑者の使用していたコンピュータの調査が必要になる。通常フォレンジック調査は、コンピュータのデータを100%そのまま複製して解析を行う。そのコンピュータには、その者が行った犯罪以外の軍事上の機密情報が含まれている場合がある。もしコンピュータ自体を警察などに提出することになれば、結果的にその情報も軍隊の外部に流出することになる。それは相手がたとえ警察機関だとしても自衛隊管轄外に情報が流出するという点においては好ましいことではない。そのため、米国においては必要に応じて軍隊のフォレンジックチームが適切な手順に従って証拠保全・解析を行い、

必要証拠だけを提出するという方法を採用する場合がある。わが国の自衛隊が米国と同様なことを行うのは現時点では困難な点が多々あると思われるが、国家安全保障の観点から同様な手法を採用することを研究する必要があると考える。

(d) 金融庁(証券取引等監視委員会)

証券取引等監視委員会(SESC)は特別調査課にDFT(Digital Forensic Team)を設立し、内閣総理大臣および金融庁からの委任を受けて行われる検査(金融商品取引業者等に対する立入検査など)・取引審査、およびインサイダー取引・有価証券報告書虚偽記載などの犯則事件の捜査において、最終的に検察庁へ告発することから厳格な証明が求められ、デジタル・フォレンジック技術の活用が必要とされている。また、被疑者、参考人、企業などから大量のデータを収集して捜査する必要があり、大量データのレビューツールの導入に注力している。

8.3.6 産官学の連携

米国の法執行機関に所属するハイテク犯罪捜査官は、フォレンジックツールのベンダや大学などの研究室と密接に協力することが一般的である。例えば、ツールベンダと契約して装置の評価を実施したり、自ら雑誌や新聞でツールの評価に関する記事を書いたり、またある者はツールベンダの行うトレーニングの講師をしていることもある。米国では、MBAのコースのなかに、フォレンジックのカリキュラムがあることが少なくない。大学のフォレンジック研究室などとハイテク捜査官およびベンダが協力して研究・開発などを行っている。

■デジタル・フォレンジック関連団体

欧州においては、欧州評議会でサイバー犯罪条約が2001年に締結され、加盟国および米国や日本も含めてサイバー犯罪に対する対応指針が取り決められた。また、Cyber Tools On-Line Search for Evidence(CTOSE、http://www.ctose.org/)において、欧州でのデジタルデータの取扱い方法についての技術的な指針を取り決めている。この指針にもとづいて、各国内の電子証拠の取扱い指針と加盟国間の電子証拠のやり取りに関する取り決めをしている。この指針の特徴は、欧州評議会の加盟国外に出るデータと、加盟国外から加盟国内に入ってくるデータのいずれの場合も、そのデジタルデータの取扱いに関しては、CTOSEで定められた指針に則る必要がある、というところにある。

米国においては、High Tech Crime Investigation Association(HTCIA、http://www.htcia.org/)が最大規模のハイテク犯罪捜査官の集まる組織として有名であり、International Association of Computer Investigative Specialist(IACIS、http://www.iacis.info/iacisv2/pages/home.php)は連邦政府、州、郡、市および国際警察機関などのすべての法

執行機関に所属するハイテク捜査官の教育を主な目的として活動している組織もある。このIACISの公認資格であるCFCE（Certified Forensic Computer Examiner：認定コンピュータ・フォレンジック調査官）は米国で最も権威のあるフォレンジックエキスパートの資格といわれている。その他、資格に関していえば、民間企業のフォレンジックソフトウェアベンダーが公認している資格もある。世界最大のフォレンジックソフトウェア企業であるGuidance Software社（http://www.guidancesoftware.com/）が公認しているEnCE（EnCase Certified Examiner）、およびAccessData社（http://www.accessdata.com/）が公認しているACE（AccessData Certified Examiner）などがある。

このようにさまざまなデジタル・フォレンジックに関する認定制度が存在する米国においてもデファクトスタンダードと呼ばれるものは形成されていないのが実状である。このような状況を受け、全米司法研究所（National Institute of Justice：NIJ）などが中心となり、デジタル・フォレンジック認定の総本山的な位置づけとなる制度を構築しようとしている。

これは、NIJの支援を受けたデジタル・フォレンジック認定委員会（Digital Forensic Certification Board：DFCB）が具体的に進めているもので、セントフロリダ大学に設置予定となっている。

このDFCBが検討を進めている認定制度では、関連する学界、政府、民間組織等の識者を集めて開催された準備会合にて、デジタル・フォレンジック調査官に必要とされる能力についての合意が形成されている。

また、米国の各郡や州などの地域単位でもハイテク捜査官の団体がいくつも存在している。彼らは、このような組織での集まりを通じて情報交換を行い、高度なハイテク捜査技術の維持に努めている。

米国でデジタル・フォレンジックを利用して捜査を行っている主な組織は、FBI、CIA、国防総省、陸海空軍、各州、郡保安官、市警察などが挙げられる。

欧米ではフォレンジック調査技術や手法は、法執行機関によって開発され、やがてその技術は民間へと移管されてきた。民間の調査官はもともと法執行機関出身者が多く、彼らの手によって民間へのフォレンジック技術・手法の移管がスムーズに行われたといえる。

8.3.7　証跡を形成する重要な要素

人の指紋はこれまで捜査官にとって極めて重要な役割を演じてきた。そして科学技術の進歩により、DNAが先進的な証拠として活用されるようになり、さらなる革新により、ハイテク機器のデジタルデータも重要な証拠として認められるようになってきた。すなわちハードディスク、CD、DVDのような電子記憶装置に納められているデジタルデータは非常に貴重な証拠物品であるといえる。デジタルデータは現在では世界中の多くの国の法廷において、公平で反論できない証拠の一つとして指紋と同様に認められるようになった。正しく収集され、解析し、管理されたデジタルデータは特に強力な証拠能力をもっている

のである。

　急速なIT技術の進歩に応じて、捜査機関もこれまで以上に迅速に技術の進歩に対応することが求められている。このような時代に対応するために、デジタルデータに対する調査とそれを行うデジタル・フォレンジックの技術の開発・習得を避けて通ることはできない。

　捜査現場におけるデジタルデータは、事件における証拠そのものでもあり、また情報屋や目撃者の役割をも演じることが可能である。これまで証拠は被害者か容疑者あるいは目撃者によって形づくられてきたが、それらに加えて新たにデジタルデータが、被害者や容疑者、目撃者よりも重要な役割を果たすことができる場合があり、デジタルデータは証拠を形成する重要な要素ともいえる。

　法執行機関が行うフォレンジック調査で重要なことの一つは、調査結果の均一性である。捜査官、組織ごとで調査結果が異なることは、法の下で平等な捜査を行う組織としてはあってはならないことである。そのために、欧米ではフォレンジックを行う捜査官は、適切なトレーニングを受け、常に錬度の向上・維持に努めている。また、捜査に重要なフォレンジックツールは、品質保証されている専用の商用ツールを使用するべきであると彼らは考えている。加えて、フォレンジックツールは一種類ではなくて、複数の種類を使用することも推奨されており、ほとんどのフォレンジックラボは複数種のフォレンジックツールを保持している。あるフォレンジックツールで得られた結果と、それ以外のツールで得られた結果に相違がないことが確認できれば捜査結果の信用度が証明されるからである。また、フォレンジックツールにはそれぞれ得意・不得意な部分があり、複数種のツールを使用することにより機能を補完し合い、できる限り完全な結果が得られるよう調査に臨んでいるのである。

　また、解析結果の証拠性を証明するために、証拠保全の段階から、解析・結果報告の段階までデータが一切改ざんされていないことを証明する必要がある。以前は、そのためにベリファイ[2]という機能を使用していたが、やがて、ハッシュ値を利用して証拠性の証明を行うようになった。現在ではその運用上の有効性から、ハッシュ値による証拠性保持の証明が主流になっている。

8.3.8　デジタル・フォレンジック捜査の実例

（1）　米国

　米国において最近有名なデジタル・フォレンジック案件にデニス・レイダーによる

---

[2] データに誤りがないか、規格に従っているかなどを検査すること。ディスクに書き込まれたデータが正確かどうか（この用法が最も多い）、プログラムのソースコードに問題がないかを検査することを指す（「IT用語辞典　e-Words」（http://e-words.jp/w/E38399E383AAE38395E382A1E382A4.html）より）。

BTK 連続殺人事件がある。

30 年にわたり未解決であった事件の特徴は「ああナンシーの死」という表題の詩を次の標的にメールや手紙で送りつけるという異常な点であった。また同様に容疑者が標的に送りつけた物品のなかにはこの連続殺人にそっくりな内容の「犠牲者のルール」という本や、金色のネックレスも含まれていた。

しかし、この送付物に含まれていたフロッピーディスクのコンピュータ・フォレンジックによって真相がついに明るみに出ることになった。捜査員はディスク内部に残っていたマイクロソフトオフィスのファイル復元に成功し、ファイル名に特徴点を見つけた。ファイル名には「聖ルースレン教会」と書かれていた。

捜査員は続けてメタデータ解析を行い、ファイルを最後に使用した人物がデニス・レイダーであることを特定した。また同時に教会名を調べていた別の捜査チームがデニスが「聖ルースレン教会」の会衆評議会長を務めていたことも突き止めた。これらの十分な証拠によりデニスは無期懲役刑に処せられ、コンピュータ・フォレンジックによってその後何十人という新たな犠牲者が出ることが防がれた。

一方、オンラインチャットが発端となった有名な事件ではスコット・ウィリアム・タイリー事件がある。幼児性愛者が誘拐目的でチャットルームを駆使し少女たちの住所や個人名を突き止め犠牲者と接触を図っていた事件である。捜査官は最終的にチャットルームのログ解析を行い容疑者の動きを見つけることができた。捜査官はおとり捜査用サイトを作成し、そこで容疑者の住所を特定することに成功し、スコット・ウィリアムに容疑者を絞ることに成功した。早速スコットのコンピュータが保全されそこから出てきたさまざまな証拠が調査され、ついには立件逮捕されることとなった。

不動産業で有名なコーコラングループの事件は、消去されたファイルが案件の中心となったが、あるべきファイルがそこになかったという単純な事実が審判を大きく決定づけた案件として興味深い。建物の雨水漏れが引き起こされた原因がコーコランの設計不具合にあるという原告側の主張を元に争われた事件だが、デジタル・フォレンジックを行うまで原告側はまったくコーコラン側の意図的な隠匿を証明する術がなかった。

早速捜査員は企業側のハードドライブを保全し、調査を実行した。そして終にあるべきメールやファイルが存在しないことを証明した。この事実に対して当初陪審員は消したことだけで隠蔽はないだろうとの判断を下したが、裁判官はデジタル・フォレンジック調査の結果を重く受け止め、より深く追求し、終には原告側の全面勝訴につながった。また意図的な隠蔽が証明されたことによってすべての訴訟費用に関しても被告に課されることにつながった。

(2) 日本
(a) PE&HR事件(平成18年11月10日判決)

　本件は、Y社(被告)との間でパートナー契約を結んで就労していたXが、勤務期間中の時間外労働賃金、過重労働とY会社代表者の暴言等により体調不良になったとして治療費と精神的損害等を求めたものである。Xは、インターネットを通じてY社の求人を知り、これに応募して採用された者である。Xは、平成17年4月から就労したが、Y社からの内定通知では職制を「パートナー」とし、勤務時間は「9時～18時」とされていた。なお、Y社は、従業員が10人に満たない会社であり、就業規則は制定されていなかった。また、本件紛争当時、パートナー以外の一般従業員はいなかった。Y社においては、代表取締役のほか、実働人員の仕事を管理部門と営業部門に分け、管理部門には経営企画、経理・労務、公報・採用(中途)、採用(新卒)があり、営業部門はファンド、コンサルティング、人材紹介、オフィス、代理店、セミナー、新規事業に分けられていた。Xは、管理部門としては経理・労務を担当し、営業部門にあってはオフィス担当の職にあったが、部下はいなかった。Y社では、タイムカード等による出退勤管理・時間管理は行われておらず、日課として朝9時過ぎにスタッフ全員が集まって予定を確認しあい、日中はホワイトボードで勤務状況を明らかにする方法がとられていた。

　Xは、同年9月に入ってから、Y社の代表者から仕事に関連してしばしば叱責を受けるようになり、そのためやる気を喪失し、同月末でY社を退職した。

　まず、Xの管理監督者性について裁判所は、次のように判断している(Y社は、Xが労基法における労働時間、休日に関する規定が適用除外される者である、管理監督者であり、Xには時間外賃金は発生しないと主張していた)。「管理監督者とは、労働条件の決定その他労務管理について経営者と一体的立場にある者と定義される」ところ、ライン管理職だけではなく、ライン上にはないスタッフ職をも包含するが、XについてY社から出退勤時刻の厳密な管理はなされていたようには思われないものの、①出勤日には社員全員が集まりミーティングでお互いの出勤と当日の予定を確認しあっており、実際の勤務面における時間の自由の幅は相当狭いものであったと見受けられること、②時間外賃金はがつかないかわりに管理職手当、特別手当が付いているとの事情もなく、月額支給の給与額(28万円)もそれに見合うものではなかったことなどからすると、Xが、適用除外対象者たる管理監督者とは認めることはできない。

　問題は、Xが何時間の時間外労働をしたかである(Xの時間当たり単価は、Y社の月総労働時間数〈8×256日÷12〉を月例給与28万円で除して1641円26銭と算定されている)。この点、裁判所は、Xの手帳に記載されていた始業・終業時間はXの主観的な認識によるもので、必ずしも正確なものとはいえず、全面的にこれによることはできないとしたうえで、デスクワークをする人間は通常、パソコンの立ち上げと立ち下げをするのは出勤と退勤の直後と直前であることを経験的に推認できるので、他に客観的な時間管理資料

がない以上、その記録を参照するのが相当というべきであるとして、パソコンのログデータで労働時間を推定している(例えば、平日については、Xのパソコンの立ち上げ時刻が午前9時前のときは同時刻まで早出残業時間、立ち下げ時刻が18時以降のときは同時刻以降の居残残業時間、立ち下げ時刻が22時以降の分は深夜残業時間とし、出勤が午前9時以降の場合、あるいは退勤が18時以前の場合でも、当日の勤務時間が休憩1時間を除く8時間を超える場合には、残業時間とされる)。なお、Y社の代表者の「暴言」による体調不良については、Xの業務遂行態度、考え方の改善を促したもので不法行為とは評価できないとして慰謝料請求については棄却された(新株予約権については省略)。

(b) 金沢強盗殺人、死体遺棄事件(平成24年3月2日判決)

「被告人は、平成22年11月17日ころ、知人の被害者から、従前から持ちかけていた株式投資のための資金名目で、現金800万円を受領したが、平成23年1月19日ころ以降、同女から、複数回にわたり、元金として受け取った800万円を含む運用益等の支払いを迫られていたところ、その支払いに窮し、同女に対する債務の支払いを免れるために、成り行きによっては、同女を殺害するのもやむを得ないなどと考え、同年2月6日午後9時ころ、同女を呼び出した上、同日午後9時35分ころから同月7日午前2時16分ころまでの間に、金沢市内又はその周辺に駐車した普通乗用自動車内において、前記運用益等の支払いを免れる目的で、同女(当時27歳)に対し、殺意をもって、所携の刃物でその左頸部を数回突き刺し、よって、そのころ、同女を頸部刺創に基づく出血性ショックにより死亡させて殺害し、もって同女に対する債務の支払いを免れて財産上不法な利益を得た、また前記日時ころ、石川県河北郡内灘町字K地内砂浜において、前記被害者の死体を埋め、もって死体を遺棄した。」[3]

本事案における重要な証拠として、被告人が、被害者が殺されたと推定される日時の翌日未明、インターネット検索を行っており、その検索履歴が殺害および死体遺棄の証拠の1つとして上げられている。以下、判決文から引用する。

「本件当日後の被告人の行動等について
被告人方のパソコンのインターネット検索履歴について
捜査報告書等の関係証拠によれば、被告人は、平成23年2月7日午前2時16分ころから同日午前3時27分ころにかけて、被告人方において、自宅パソコンを用いて、「血の臭い消す」「殺人懲役」「海岸白骨」などといった語句を、インターネットで検索している事実が認められる。」[4]

---

3) 裁判所判例Watch(http://kanz.jp/hanrei/detail/82511/)

「被告人の本件当日後の行動のうち、前記のインターネット検索は、被害者が殺害された時点と極めて近接した時期においてなされたものであり、かつ、その検索語句には、被害者が殺害され、その死体が海岸に遺棄されていることをうかがわせるものが含まれていることから、この時点で、被告人は被害者がこうした状況にあることを把握していたことをうかがわせるものであり、被告人が犯人でなければ、説明することが極めて困難な事実であるといえる。」[5]

(執筆担当：池上成朝、野﨑周作)

---

4) 裁判所判例 Watch(http://kanz.jp/hanrei/detail/82511/)
5) 裁判所判例 Watch(http://kanz.jp/hanrei/detail/82511/)

8.4 企業におけるフォレンジックの活用

8.4.1 インシデントレスポンス

(1) インシデントレスポンス

「インシデント(incident)」は一般的に「出来事・事件」を意味する言葉ですが、情報セキュリティ分野ではコンピュータやネットワークのセキュリティを脅かす事象を意味します。この場合、偶発的であるか意図的であるかは問題ではありません。インシデントと呼ばれるものには、情報漏洩、不正アクセス、システムへの侵入、データの改ざん、サービス妨害行為(DoS：Denial of Service)などがあります。

また、インシデントレスポンスとは、このようなインシデントの発生に対し、適切な対応を行うことです。主に原因の調査や、対応策の検討、サービスの復旧、再発防止策の実施などの対応を意味します。コンピュータシステムの高度化や多様化が進んでいるため、予見できないインシデントに対応するには、事故を前提としたポリシー策定や手順の確立をしておくこともまた重要です。

インシデント発生時における緊急対応は、主に以下の4つの機能で構成されます。

(a) モニタリング(事象の検知、報告受付)

リスク管理体制を実装するうえでの課題の一つがモニタリングである。リスク管理の一環として、情報資産に係るリスクの状況を把握する方法は、ITの業務利用環境や社内の管理体制によって大きく異なる。ただし、一般に情報セキュリティインシデントについてはユーザ部門や情報システム部門でも状況把握が困難なケースが多く、実害が生じるまで発覚しにくい傾向がある。また、関連部署のスタッフが予兆に気づいても、相談・報告すべき先がわからず、結果的に放置されることも考えられる。したがって、情報セキュリティインシデントを検知、あるいはその報告を集約して、意思決定者の判断を支援するよう状況を分析するモニタリング機能が必要となる。

(b) トリアージ(事実確認、対応の判断)

事業継続性を重視する企業組織では、全体フレームであるBCP(事業継続計画)を策定し、事故発生時にはその手順に則って対処することが一般的である。ただし、その際、実務上問題となるのはBCPの発動基準である。物理的被害が明らかな場合にはBCP発動の判断が容易だが、情報セキュリティインシデントの場合、事象そのものの事実確認や判断に手間がかかるため、BCPの発動が遅れるケースが想定される。

また、BCPにおいては、中断による影響が大きい事業・業務を中心にBIA(Business Impact Analysis)を行い、対応の優先順位をあらかじめ明確にしておくが、情報セキュリティインシデントの対応方針を適切に判断する体制がなければ、そうした優先順位に沿った対処の実行性が損なわれることは否めない。

(c) インシデントレスポンス(分析、対処、エスカレーション、連携)

被害の局限化、早期復旧、事業継続を実現するために最も重要なのは、インシデントの分析や対処等のインシデントレスポンス機能である。しかし実際には、情報インフラの運用を担当する情報システム部門に割り付けられ、事業における当該システムの役割や復旧の条件、情報流出時の影響規模などを把握しないまま、権限もなく対処を迫られているケースが少なくないと考えられる。

適切なインシデントレスポンスを行うためには、トラブルシューティングの技術だけでなく、関係者間の連携や合意形成、内部統制を考慮したエスカレーションの手続など、調整能力とそれを支えるルールが不可欠である。

(d) リスクコミュニケーション(報告・情報公開)

インシデント対応は、ともするとインシデントが発生したことの隠蔽も含む、内向きの処理に終始しがちである。しかし、適法性だけでなく適正性にも配慮すれば、利害関係者に対しリスクの存在やインシデントの影響、原因分析や再発防止策を積極的に説明することは極めて重要である。したがって、インシデント対応に関する報告や情報開示など、リスクコミュニケーションを適切に行う機能を強化することが望ましい。

これら4つの機能の一部もしくは全部を有し、インシデント発生時における緊急対応の実務を担う体制のことを、CSIRT(Computer Security Incident Response Team)と呼ぶ。CSIRTは、発生した事象を検知およびその報告を受け、組織におけるインシデントと判断でき、解決に向けた対応および調整ができる機能あるいはチームであり、特にインシデントの発生抑止あるいは解決のため、外部との技術的な連携ができる機能あるいはチームでもある。

(2) PCを調査する際に注意すべきこと

インシデントレスポンスにおいて、PCを調査する際に非常に多く見受けられる失敗例は、証拠保全を行う前に企業内のIT担当者などが直接調査対象となるPCにアクセスし、調査を開始してしまうことである。

例えば、情報の不正な持ち出しを調査する過程で、持ち出された可能性のあるファイルを探し、ファイルの内容を確認し、場合によってはその情報の重要性を社内で確認するために、当該PC上からUSBメモリなどにコピーしてしまうことがある。これは、PC上の操作履歴だけを見れば不正な情報持ち出しをした行動と同じであり、このようなPCに直

接アクセスした調査では、削除済みファイルなど重要な痕跡は調査できないばかりか、最も重要な証拠である、調査対象者が情報を持ち出した履歴を自ら上書きして消してしまう危険性もある。

このような証拠データの改変を引き起こさない為にデジタル・フォレンジックの手法を用いることはインシデントレスポンスにおいて必要不可欠である。

（3） デジタル・フォレンジック調査を行う時期

調査対象者は、社内調査が行われていることを知れば、データ削除による証拠の隠滅に動くと考えられる。証拠データの削除前にPCのデジタル・フォレンジック調査を行うことができれば、証拠データを取得することが可能となる。

また、調査対象者本人が社内調査の事実を知った後、証拠の隠滅行為を行ってからデジタル・フォレンジック調査を行うことも有効である。例えば、ヒアリングが行われた直後にデータを削除していることが調査結果として判明した場合、そのデータは調査事案と関係する証拠データである可能性が高く、調査対象者自ら、自分が知られたくない情報がどこに存在するのかを明らかにすることとなる。

データを上書きし、復元不可能な形で削除を行う「完全削除」という方法で証拠隠滅が図られた場合、証拠隠滅を行った行為を確認できても、実際のデータ内容までは復元できない状況となる。また、パソコンを意図的に破損・故障させることにより証拠隠滅を図る可能性もある。これらの場合を想定すると、調査対象者本人が社内調査の事実を知る前にパソコン内HDDの証拠保全だけでも行っておくことを推奨する。証拠保全が行われていれば、その保全データに対していつでもデジタル・フォレンジック調査を実施する事が可能となる。

在職社員に対する社内調査の場合、証拠保全は調査対象者に内密に行う必要がある。調査対象者が退社した後の夜間や出社していない休日などを利用して証拠保全を行う。PC1台当たりの証拠保全にかかる時間はHDD容量にもよるがおおよそ3時間ほどである。

日常業務のほとんどがPCを使って行われており、必要な文章の作成、保存は電子データの形式で行われている。また、電子メールが重要なコミュニケーションの手段となっている現代社会においては、不正の証拠そのものはもちろんのこと、発覚を防ぐための証拠隠滅行為を行った証拠もパソコンの中に記録されている。パソコンの中に記録されているこれらの証拠を明らかにするデジタル・フォレンジック調査技術は、今後あらゆる社内調査において重要な技術となっていくと考えられる。

（4） 退職者PCのデジタル・フォレンジック調査

転職やヘッドハンティングなどの雇用の流動化が活発になっている現在では、営業情報等の企業秘密が競合他社などに漏洩することのないよう日頃から配慮する必要がある。不

幸にして、元役員・元従業員による情報漏洩が発生した場合には、法的手続による対応をとる必要がある。その際、退職者のPCデータを完全消去したうえで他の社員に付与していたために、情報漏洩の有無を確認するためのデジタル・フォレンジック調査を断念せざるを得ない場合も少なくない。社内の機密情報へのアクセス権限をもっていた社員が、急に退職を申し出てくる場合や、会社に不満をもって退職していくような場合には、使用していたPCデータをすぐに消去せず、証拠保全だけでも行っておくことを強く推奨する。証拠保全という形でデータの確保さえしておけば、いざというときに調査を行うことが可能である。

（5） デジタル・フォレンジックによる調査事例
（a） PCからの情報の持ち出しに関する調査
　デジタル・フォレンジック技術を用い、証拠保全したデータから、主に下記の経路から情報が不正に持ち出された痕跡が存在するか調査を行う。

（i） 外部接続機器へのコピー
　調査対象PCにおける外部接続機器(USBメモリや外付けHDD)の接続履歴を調査し、それらの機器にファイルがコピーされ持ち出された痕跡がないか調査を行う。外部接続機器の接続履歴は、Windowsのレジストリファイルに記録されている。ファイルへのアクセス日時や外部接続機器の接続履歴等を時系列に整理していき、ファイルがコピーされた決定的な情報を見つけ出す。
　最近は音楽プレーヤーや携帯電話にも外付けのデータストレージとして、ファイルをコピーできるものがあり、場合によってはこれらの電子機器も調査対象となる。

（ii） CD/DVDへのデータ書き込み
　CD/DVDドライブといった光学ドライブが接続されている場合、ファイルをCD/DVDメディアに書き込んだ痕跡がないか調査を行う。ファイルをこれらの光学メディアに書き込む場合、一般的にライティングソフトウェアを利用することが多い。ソフトウェアの実行履歴や、ファイルを書き込む際に一時的に作成されるテンポラリーファイルを復元し、いつどのようなファイルが書き込まれたか特定を行う。

（iii） 電子メール添付による外部送信
　電子メールにファイルを添付し、社外のアドレスへ送信することで情報を持ち出す事案が非常に多い。外部接続機器やCD/DVDにファイルをコピーして持ち出す場合、最終的にその"媒体"を社外に持ち出すという心理的障壁があるのに対して、電子メールは通常業務と同じ、PCを操作するだけで情報の持ち出しを完了できることが一つの理由と考え

られる。

　送信した後の電子メールは「送信済」のフォルダに格納されるが、意図的に情報を持ち出した場合、必ずといってよいほど、この電子メール不正行為者によって削除される。このような削除された電子メールの情報も、電子メールアプリケーション上から確認できなくなっただけであり、HDD上の全領域をくまなく解析することで電子メール送信の痕跡を探し出すことができる。電子メールにはヘッダー情報(送受信アドレス、件名、送信日時等)が付随するため、これらの特徴的な情報をキーワードとしてHDD全領域を検索することにより発見できることが多い。

　電子メールには会社で使用しているOutlookなどの電子メールアプリケーションの他に、インターネットにアクセスすることで利用できるWebメールと呼ばれる電子メールが存在する。会社で使用している電子メールアプリケーションの送受信記録は社内でバックアップまたはログが取られている可能性もあり、不正行為者はWebメールを利用して情報を持ち出す場合がある。Webメールはインターネットサーバ上で送受信されるため、PC上にメール使用の痕跡は残らないと思われがちだが、インターネットキャッシュファイルやレジストリファイルに使用の痕跡は残っており調査が可能だ。

(ⅳ)　FTP／オンラインストレージなどへのアップロード

　電子メール以外にもFTPやオンラインストレージなど、インターネットを介して情報を持ち出す方法がある。会社からこれらのサイトにファイルをアップロードしておき、自宅など外部からそのサイトにアクセスし、ファイルをダウンロードする。FTPやオンラインストレージを利用した情報の持ち出しを調査する場合、インターネット閲覧履歴やレジストリファイル、FTPクライアントソフトウェアの使用履歴など複合的な調査を行う必要がある。

(b)　PCを使用していた時間帯の調査

　PCが起動していた時間を調査する際には、イベントログの調査を行う。イベントログとはOSやアプリケーションが正常に動作しているか、問題があるならば何が原因なのかといった情報を記録したものである。イベントログの一つである「システムログ」にはPCが起動およびシャットダウンした際にログが記録されるため、このログを調査することによりPCが起動していた時間帯を正確に知ることができる。イベントログの記録される領域には上限があり、古いログは自動的に消去されていく。しかし、このように消去されたログもHDD全体を解析することにより復元することが可能である。

　次に、PCをシャットダウンせずに起動したまま帰宅していた場合を考えてみたい。PCをシャットダウンせずにログオフだけ行い、帰宅することはよくあることである。

　PC内のデータにはさまざまな時間情報が記録されている。例えば、ファイルのタイム

スタンプ(作成日時／最終更新日時／最終アクセス日時)や電子メールの送受信日時などが挙げられる。こられの日時情報をタイムラインという手法でプロットし、可視化することにより、どの時間帯に実際にPCを使用していたかを調査することができる。

これらの調査より得られた、PCを使用していた時間帯の情報とタイムカードの勤怠記録を照合することにより、明らかに業務を行っていない時間まで残業申請されている実態をつかめる可能性がある。

(c) PC使用時における業務外行為の調査

PC使用時における業務外行為として最も懸念されるのは、業務と関係のないWebサイトの閲覧であろう。いつどのようなWebサイトにアクセスしていたかを明らかにする閲覧履歴はPC上の特定の領域に記録されている。また、キャッシュファイルと呼ばれる一時ファイルも閲覧していたWebサイトを調査するうえで重要な情報となる。

これらの閲覧履歴やキャッシュファイルはPCの使用者が任意で消去することが可能なため、定期的にこれらの情報を消去していることが予想される。しかし、消去された履歴やキャッシュファイルもHDD全体を解析することにより復元することが可能である。

Webサイトの閲覧履歴を調査することにより、オンライントレードやインターネットオークション、ブログ、掲示板の使用、Webメールの使用などさまざまな業務外使用の形跡を調査することができる。

その他の業務外行為としては、インスタントメッセンジャーやゲームなど、業務と関係のないアプリケーションの使用が挙げられる。アプリケーションの実行履歴はレジストリファイルの中に記録される。これらのアプリケーションを使用した後、証拠隠滅のためにアプリケーションをアンインストールしていたとしても、インストール／アンインストールそのものの履歴もまたレジストリファイルに記録されているため、どのような期間にそれらを使用していたのかは明らかである。

以上のように、コンピュータ・フォレンジック技術を使用することによりPC上のさまざまな行動履歴を明らかにすることが可能であり、PC上の業務外行為の調査を行うことは勤務実態を把握するうえで非常に有効である。

8.4.2　抑止のための活用

通常、企業における社員のほとんどは、法令や社内規則を遵守する人たちであるが、そういう人たちが行う正しくない行為は、ミスや事故によるものがほとんどで、内部統制による業務フローや内部牽制によってそれらは抑止することが可能である。そして、ある確率で軽微な不正(わいせつなWebサイトを閲覧や私的メール、出来心的な機密情報アクセスなど)を行う人たちも企業には存在している可能性があることも否めない。そういう人たちに対しては、アクセス制限や暗号化、Webサイトの閲覧制限やWebメールの禁止

などのITによるセキュリティシステムによって抑止することが可能である。

　しかしながら、グレーゾーンの軽微な不正を行う人やそうでない規則を遵守するまじめな人も、抑圧・機会・正当化などの不正のトライアングルが成立し、かつ見つからないだろうという確信が生まれたとき、悪意を伴った不正を実際に行う可能性が出てくる。発生した不祥事に対して対応するのがインシデントレスポンス体制であり、必要に応じて訴訟対応ができるような体制が必要となる。そのため、デジタル・フォレンジックは有効な手段であるといえる。そして、実際に発生した不祥事に対して訴訟対応ができる実行力をともなった体制は、「見つからないだろう」という悪意をもった不正行為者に不正の実行を思いとどまらせ、結果的に非常に有効な抑止力ともなる。

　デジタル・フォレンジックを利用したPC監査のような内部不正防止の対策は、投資効率が非常に高いといわれている。それは、個人情報漏洩のような事件での損害を少なくするという意味だけではなく、技術情報などの知的財産の漏洩を防ぎ、企業の競争力を守り、正当な利益を得ることができるからである。

　また、企業価値を判断する際に、企業の成長度合いとダウンサイドリスクの2つの角度から判断するが、特にダウンサイドリスクの低減は企業価値の向上に大きく貢献する。

　内部不正や訴訟に巻き込まれるリスクを完全になくすことは極めて困難である。これらのリスクからダメージを軽減し、事業を継続させるにはリスクに対しリスクコントロールプランと、クライシスマネジメントなどを含んだダメージコントロールの具体的な方策が必要になってくる。企業は内部不正を断固として許さない姿勢やさまざまな訴訟に対応する姿勢、およびそれらの具体的対応であるデジタル・フォレンジック体制をもつことはリスクに強い企業にとって必要不可欠なソリューションであるといえる。

（執筆担当：野﨑周作）

8.4節の参考文献
［1］　JPCERTコーディネーションセンター、CSIRTマテリアル
　　　https://www.jpcert.or.jp/csirt_material/

8.5 eディスカバリ

8.5.1 はじめに

　証拠を網羅的に探すためにデジタル・フォレンジック技術を最も活用している領域としてeディスカバリが存在する。日本では馴染みが薄いが、大陸法において、審議前にお互いに関連する証拠を開示し合い、早期に和解、もしくは結審を導くディスカバリという規則は非常に有名である。米国、ヨーロッパでは広く用いられている手法であるが、オーストラリア、インドでも同種の規則が存在する。日本でも導入の議論がなされたくらいである。またディスカバリ自体は訴訟だけでなく、欧米の司法当局をはじめ、多くの行政調査にも用いられている程である。

　一方、ディスカバリ自体古くは紙の文書が主に提出されていた。しかし、2000年代になり人々のビジネスにおけるコミュニケーションに電子メールが不可欠となり、併せて添付され転送されるさまざまな電子ファイルが多くの係争を終結させる証拠として重要な役目を果たすようになってきたのである。

　最近では次々と大きな民事訴訟、行政調査でeディスカバリが適用されており、この訴訟ステップを適切に切り抜け、審判に持ち込むための費用と労力は巨大なものになりつつある。一方、eディスカバリにかかわらず個人のもつ電子データの量は毎年数倍になりつつあるというリサーチ結果が出るほど急速に増えてきている。これほど巨大になった証拠データのなかから訴訟を有利にかつスムーズに切り抜けるための重要証拠を見つけることは並大抵の努力ではできない。さらにコスト管理をしながら遂行するためにはさまざまなノウハウの取得が必要となる。これほど多くのノウハウの蓄積が巨大となった今、eディスカバリ自体のノウハウ、ハンドリング技術は米国訴訟・調査の主役である米国法弁護士ではなくeディスカバリベンダに集積するようになってきた。本節ではそのノウハウの一部を事例などを含めながら解説する。

8.5.2 EDRM各工程

　EDRM工程とは、弁護士事務所・ベンダによってさまざまに捉えられていたeディスカバリの工程をシンプルに図解し定義づけたものである。2006年12月に連邦民事訴訟規則が改変され、明確に訴訟に関連する電子情報の保全と抽出および提出が義務づけられ、それまで大きな相違はなかったがさまざまな手法で行われてきたeディスカバリ工程を統一化する声が高まった。そこで法律事務所でeディスカバリに深くかかわる弁護士や、ベンダの代表者が集まり、工程に関する議論が続けられEDRM工程(Electronic Discovery Reference Model)を制定した。設立の中心にいたのがソチャコンサルティンググループ

を長年率い、eディスカバリの市場、ベンダ情報、技術に明るいジョージ・ソチャ氏である。彼は工程設定に合わせ、EDRMという組織も設置し、EDRM内各工程に係る技術ごとにワーキンググループを設定し、ベンダや弁護士が議論を重ね技術を向上する環境づくりに今でも尽力している。

　それではEDRM工程について説明を行う。左から右へ行くにつれてデータ容量は絞込みにより減少し、それにつれ案件に関連する情報の含有率は高くなる。まずInformation management（情報管理）から工程が始まる。訴訟に関連する情報を企業は管理しておくべきというメッセージだが、訴訟や行政調査がいつ提起されるか、その対象は何であるのかは誰も知らない。つまり平時からすべての情報に対して、情報管理を行うことはコスト、労力を考えると企業にとって大きな困難となる。特定の訴訟を想定し管理を行っている企業を知っているが、行政調査を含めたすべての案件を想定し、管理をしている企業は非常に珍しいといえるだろう。

　次にIdentification（情報特定）に進む。ある特定の案件が発生する、もしくは発生が想定されると企業においてアクションがとられる。「訴訟に関連する資料は何処に存在するのか」、「保持者は誰なのか」、「資料が必要とされる時期はいつか」、「文書作成時期の設定は」などさまざまな議論が社内、もしくは代理人も交えながら行われる。訴訟および調査に対する企業としての戦略も多く決められる議論が続くため、秘匿特権も考えたアプローチが併せて重要になる。担当米国弁護士も来日し、必要情報の特定が行われるが企業情報セキュリティ部やeディスカバリベンダも含めた検討の機会をもつとよい。最初に記載したようにeディスカバリのノウハウは今やベンダに集積している。この後何が発生するのかを予測しながら、社内の情報管理の専門家と日本語で一度話合いをもつと、法務部や知財部担当者にとって社内からの応援も得やすくなる。ベンダとは守秘義務を結び話し合う分には費用はほとんど発生しないといってよい。ここで航空機の運賃を請求してくるようなベンダではもともと日本企業のもつeディスカバリの困難点を理解しているはずがない。この話合いはできるだけ早期に行っておくと後々米国弁護士が来日しeディスカバリについての議論になった際に企業としての意見を言えるというメリットが大きい。ときどき、「eディスカバリベンダと会うのはわれわれと会った後でよい」という米国弁護士を見かけるが、ほとんどの米国企業は平時からeディスカバリベンダと話している。守秘義務を結んで事前に起こりうる問題を想定することにまったく問題はない。むしろ行うべきだ。

　次にPreservation（文書保持）とCollection（文書収集）である。代理人と文書を特定した後、保管者が誤ってもしくは故意に文書を消去しないよう通達を出す必要がある。弁護士やベンダによってさまざまな呼称があり、混乱しやすい工程だがPreservationとCollectionは違うものである。Preservationは、犯罪捜査の場面を例にとると、現場が変化しないよう「立ち入り禁止」のテープを張る作業である。次にCollectionによってラップトップコンピュータ、サーバ、携帯電話からデータをコピーする作業がCollectionである。年

間複数の訴訟を抱え、管理すべき大企業になると、何処に「立ち入り禁止」のテープを張ったのか、どの対象者からコピーをしたのか管理が難しくなるため、Preservation、Collection 工程を管理するリーガルホールドと呼ばれる機能をシステム導入している企業も存在する。

次の Processing ではその後の Review、Analysis を行うため、コピーしたデータのテキスト情報の抽出、圧縮ファイル解凍、電子メールの本文・添付の関係を保ったまま文字情報、プロファイル情報（メタデータとも呼ばれる）の取り出しなどが行われる。併せて重複ファイルの除外、類似データ特定、ファイルの使用言語ごとの仕分けも並行して行われることが多い。本工程を適切に行わないと、大量の「文字化け」が発生するためベンダによってさまざまな工夫を施している部分でもある。EDRM において Process を含む 3 つの工程が並行して記載されている理由は、案件ごとに Processing より先に Review（文書閲覧）や Analysis（文書内容分析）を行うことがあるからである

Review 工程では主にインターネットを介してアクセスできるようになった文書をデスクトップコンピュータを用いて 1 ページ、1 ページ閲覧し、関連ある文書を探していく工程である。古くは紙の文書を山積みにしながら付箋をつけて行っていた作業である。数十人から数百人の契約弁護士が数カ月から数年掛けて行う作業であり、EDRM のなかでも最も費用が掛かる部分である。その額は数億から数十億円にわたる。また本工程が e ディスカバリの中心であり、この Review をいかにスムーズに正確に行うかが e ディスカバリを担当する弁護士やベンダの最も関心が高い部分であり、その他の工程はすべて本工程の補助として機能している。

Analysis は文書の内部を精査し、閲覧が効率化できるように、また調査対象者の相関関係を確かめながら Review を行ったりできるよう解析を行う工程である。キーワード検索を使った関連文書の捜索や弁護士指示の下、適切なデータの絞込みなどが本工程に含まれている。一方先に説明した Processing の工程で「文字化け」が発生していれば、精度が大幅に落ちてしまう工程でもあり、Processing 工程の出来が解析精度のすべてであると言っても過言ではない。最近ではこの工程を Preservation、Collection 工程に持ち込み Collection 前に文書容量を精査し、早期に案件に対する戦略立案に役立てたり、Collection する文書容量を管理し全体の e ディスカバリ費用を大幅に低減することに成功している企業や、提案に盛り込むベンダも存在する。

Production は相手方もしくは当局が求める提出フォーマットに電子文書を加工する工程である。提出された電子データを見る側も、同種の閲覧システムで効率よく見ていく必要があるため、フォーマットを合わせてお互い効率よく証拠データを交換していくことが目的である。通常は Tiff や PDF フォーマットといわれる形式に電子データを変換し、ページ番号を連番で入れたり、Confidential マークをフッターに電子印刷したりする。Production では、PDF、Tiff のような画像データ、ファイルに含まれるテキストデータ、そ

れらを紐づけるロードファイルをひとまとめにしてCDにコピーしたり、ファイル転送システムを通じて弁護士事務所にベンダから提出する流れが最も多い。国際訴訟においてはさらに翻訳されたデータも紐づける。米国司法省の求めるフォーマットの複雑さはeディスカバリベンダのなかでも知れ渡っており、ノウハウが無い人員で対応しようとしてもとても一朝一夕で会得できるものではない。

これら提出したデータに対してコピーや解析手法に説明が求められた際に証人として説明する場合、Presentation工程が発生する。この場合担当弁護士が相手方へ説明するケースがほとんどであるためベンダから弁護士への説明は頻繁に発生する。ここではCollectionに関する質問が一番多い。データを収集した際の状況や、収集時にデータの改変がなかったことを説明することが多い。

EDRM工程は上記で説明したようにReview工程を中心にできている。Identificationのような工程初期ではデータ容量は大きく、まだ案件に関係ないデータが多く含まれているが、プロダクション工程へ向けて逆に容量は減少し、関連データの含有密度が高くなる。また最近では、今までReview工程以前でデータを絞り込み不必要なデータを除外し、効率化を行ってきた手法が、人工知能を応用したPredictive Coding（コンピュータによる自動文書仕分け機能）の出現により変化してきた。Review工程において契約弁護士が1ページ1ページ文章を読まなくても、関連ある文書、案件戦略に大きく係る重要証拠文書をコンピュータが仕分け可能になったため、関連が低いデータをReview工程内でもソフトウェアが自動で除外することが可能となってきたのだ。

8.5.3　De-Duplication（重複の除外）および証拠データ統合

De-Duplicationとは、重複したファイルを除外することである。重複ファイルを特定し除外することで、レビュー対象ファイルの絶対数削減を目的として行われる。ファイル数を削減することで、レビュー期間の短縮、コストの削減が可能となるが、特に大量のデータから証拠となるファイルを絞り込んでいくディスカバリ作業において有効な処理といえる。

De-Duplication処理が必要になる背景として、デジタルデータの増加が挙げられる。デジタルデータの特性の一つとして、複製が容易であるという点がある。例えば、1通の電子メールを関係者間で共有するために、複数の宛先に送信するといったことが日常的に行われている。これらはほんの一例に過ぎないが、多くの企業においてデジタルデータは増加の一途をたどっている。

その結果、当然のことながらeディスカバリ作業の対象ファイルも増加することとなり、レビュー期間の増加、それにともなうコスト増といった問題が発生することとなった。この問題を解決する一つの手段がDe-Duplication処理による、重複ファイルの特定と除外である。

通常、重複ファイルの特定にはコンピュータ・フォレンジックのコア技術の一つであるハッシュエリミネーション（ハッシュ値による同一データの削除）を使用する。ハッシュ値が同一であれば重複ファイルとみなし、定めたルールに従って残すファイルと除外するファイルの選別を行う。

　なお、一つの文書ファイルとして存在するデータであれば、ファイルのハッシュ値が有効であるが、ファイルがアーカイブされ、複数の文書が一ファイルとなっているケースもある。その場合は、アーカイブのなかからデータを取り出し、De-Duplication 処理を行う必要がある。また電子メールの同一性を判断するには、メタデータ、メール本文によって行うほうが、より厳密な判断が可能である。

　e ディスカバリだけではなく、フォレンジックについても調査対象データが増加していく傾向にあるため、De-Duplication の重要性は高まっていくものと思われる。

8.5.4　不要データに対する防御策

　不要データと一言で言ってもいくつか種類がある。企業が不要と考えている、もしくは弁護士が不要と考えているケース。また弁護士や企業から指示を受けたベンダが設定したシステムが不要と捉えたケースまで存在する。これら不要データを意図的に混ぜて大量に相手方へ送りつける、または送りつけられるケースを『デジタル・フォレンジック事典』の初版で説明したが現在では取り扱うデータ容量が加速度的に多くなってきているので意図的に関連の薄いものをディスカバリ戦略でわざわざ混入し提出することは少なくなっている。逆に Predictive Coding のような技術で、あるレベルまで文書の関連性の濃淡が自動的に仕分けられるようになってきているので意図的な文書の混入は相手方にわかってしまい、相手方に行為自体を非難される環境を自らつくってしまうこととなる。

　一方、意図せず不要データとシステムが判断し、相手方に自らが不利になるような文書を提出してしまう事態をベンダは最も恐れている。特に米国を係争地として争う国際訴訟においては、例えばアジア企業が一般的に使用するメールアプリケーションを把握しない米国のベンダが、秘匿特権に係るメールデータが大量に含まれていることを検知できず提出してしまうような悲劇も発生している。このような事態を完全に予防するには、企業の傍に常に拠点を構えるベンダを選択するしかない。どの企業にもその企業でしか使用していないアプリケーションがいくつか存在する。それをベンダが把握するためには何度も同じ企業と仕事をするしかない。米国では約 8 割の企業がそのような常設のベンダサービスを利用しているといわれている。

8.5.5　多言語の壁

　コンピュータシステムにおける言語誤認の多くは、1 バイトのアルファベット文字を採用する西洋言語系と、1 バイト文字の他に漢字などの 2 バイト文字を採用するアジア言語

系のシステム間で発生するが、そこにはいくつかの複合的な要因が存在する。

　システムの言語設定はいくつかのレイヤにまたがっている。最もベースになるのがOSのレイヤである。その次はアプリケーションのレイヤ、最後はファイルのレイヤーである。

　OS、アプリケーションのレイヤでは、扱いたい言語に対応しているか否かが問題となるが、ファイルについて主に問題となるのは、どの文字コードで作成されているかという点である。また、ファイルのなかには、HTMLやメールアプリケーションで作成されたファイルのように、ヘッダ情報として文字コードが指定されているものもあるが、しばしば実際の文字コードと異なっているケースもあり、文字コードが正確に識別されない要因の一つとなっている。アプリケーションが正確にファイルの文字コードをハンドリングできない場合、該当ファイルは文字化けを起こし、正常に表示できないといった事象が発生する。

　このような言語の誤認はeディスカバリ作業においても非常に大きな問題で、例えばファイルをProcessingする際に問題が発生すると、そもそも該当ファイルに対してProcessing作業が行われない、仮にProcessingできたとしても正確な検索が行えない、といった状況が予測される。

8.5.6　Predictive Coding

　現在eディスカバリの世界で最も注目を集めているのがPredictive Codingである。Predictive Codingとは、調査対象ファイルの一部をエキスパートの調査員が仕分けを行い、その仕訳内容をシステムが学習し、残りの調査対象ファイルの仕分けを自動化するものである。調査の効率化、調査コストの削減を行える技術として注目されている。

　現在、eディスカバリを行ううえで大きな問題となっているのが、調査対象ファイルの爆発的な増加である。対象ファイルが増えることで、調査にかかる時間、コストも比例して増加するからだ。

　そこで注目されているのがPredictive Codingである。通常、一人の調査員が仕分けることができるファイル数は1時間当たり約80ファイルだが、Predictive Codingを利用すれば、1時間当たり33万ファイルの仕分けが可能になる。実に4,000倍以上の効率化である。

　作業はまず、教師データを作成することから始まる。これはシステムに、どういった内容のファイルが証拠となり得るのかを学習させるためのデータ群である。通常、調査対象ファイルのなかから無作為に抽出したファイルに対し、エキスパートの調査員が仕分けを行い作成する。この人間による判断の組み合わせが教師データである。

　この教師データに対し、AI技術、テキストマイニングの技術を応用して、システムが分析、学習を行い、学習した判断に従って残りの対象ファイルの仕分けを自動的に行う。

　結果は例えば仕分け結果やスコアで表現される。自動仕分けによって、案件に関連性が

認められたファイルやスコアが高いファイルほど、証拠となる可能性が高く、そうしたファイルを優先的に調査することで、早い段階で重要な証拠を発見することが可能になる。これは、単に調査の効率化、コスト削減だけではなく、早い段階での訴訟戦略の確立が可能になるといった面からも、非常にメリットのある機能である。

8.5.7 事例
（1） EDRM 工程において極力自国内で必要データだけを絞り込み、データの機密性を守りながら e ディスカバリを管理できた事例

韓国の大手ハイテク企業が、米国特許訴訟に巻き込まれ、被告になった。訴訟において同企業は、韓国本社および米国子会社で収集したデータのなかから証拠を抽出し、提出する必要に迫られた。e ディスカバリベンダは、韓米合わせて数百人の調査対象者データを収集し、合計 50 テラバイト以上のデータを処理することになった。膨大なデータ量のため、従来から使用していた米国の e ディスカバリベンダではとても期限に間に合わないことを察知した知財部長は米国外でこの膨大なデータを検索し安全に保管できる e ディスカバリベンダに急遽変更することを決断した。

同企業は機密を守りきるため Collection から Processing の一部を社内で行うことを決定し、e ディスカバリベンダはすぐに経験のある調査士を企業内部に用意された e ディスカバリ専用ルームに派遣、データの絞込みにあたった。また同企業は特殊メール形式やファイル種類に起因した文字化けが以前から多発しており e ディスカバリベンダは数年掛けてそのような特殊形式向けに既に開発してあったシステムで Processing を行った。

しかし、訴訟相手方との合意をした Processing 速度は 1 日当たり 300 万通の電子メールを検索可能にするという途方もないものであったので、e ディスカバリベンダは米国以外に展開する複数の e ディスカバリシステムを十数台並行して動かし、ついには数日内で目標の対象者数十人のデータの必要部分だけを米国弁護士がインターネットを経由し米国からリーモートで分析できる環境を作り上げた。その後すべてのデータは韓国内の設備に統合された。

知財部長の素早い判断と e ディスカバリベンダとの協業により同企業は今まで相手方に対して遅れが生じていた e ディスカバリを完全に対等の立場になるまで回復させ、かつ同社の機密を韓国内で管理しながらその後の訴訟を相手方と対等の立場で進めることができた。

（2） Review 工程において Predictive Coding を採用し、国際知財訴訟においても大幅なコスト管理を成功した事例

日本の大手ハイテク企業米国子会社が、米国特許訴訟に巻き込まれ、被告になった。訴訟において同企業は、米国と日本本社両方で収集したデータのなかから証拠を抽出し、提

出する必要に迫られた。eディスカバリベンダは、日米合わせて10人の調査対等者データを収集し、日米で合計1テラバイト以上のデータを処理することになった。膨大なデータ量のため、従来の人間によるReview（閲覧作業）だけでは、莫大なコストと時間の負担を強いられることを懸念した同企業は、Predictive Codingを活用し、レビューコスト削減へと舵を切ることを決断した。

　ベンダのプロジェクトマネージャは、同企業の社内弁護士と助け合い、本案件に対するワークフローを構築した。そのフローとは、まずキーワード検索でデータを絞り込んだ後、Predictive Codingで訴訟に関係する可能性のあるドキュメントを、スコアにより自動的にランク付けするというものであった。

　キーワード検索後のデータセットからランダムに選択したサンプルファイルを、訴訟に関係ある・なしの判断基準にもとづいてトレーニングデータを作成した。そのトレーニングデータをコンピュータに学習させ、1回目のPredictive Codingを実行し、指定された閾値以上のスコアがつけられたドキュメントのみ、人的レビューが実行された。一方、人的レビューを実施しなかったドキュメント群に対してサンプルレビューを実施し、その結果を初回のPredictive Codingで使用したトレーニングデータに追加して、2回目のPredictive Codingを実行した。指定された閾値以上のスコアがつけられたドキュメントのみ、さらに人的レビューが実行された。同様の手順で3回目のPredictive Codingと人的レビューも実行された。

　次にコンピュータが訴訟に関係ないと判断したドキュメントに対して「HOTキーワード」による検索を実行し、「HOTキーワード」による検索でヒットしたドキュメントに対してのみ人的レビューを実行した。その結果日本で収集・分析された約29万のスコアの低いドキュメントに関しては、人的レビューを実行する必要がないと判断された。

　また米国で収集・分析されたスコアの低いドキュメントに関しては、人的レビューを実行したが、スコアの高いドキュメントよりも早い速度でレビューすることができ結果的に40%近くのコスト削減と文書仕分けの品質向上に成功し、同企業はeディスカバリを上手くコストと合わせて管理し乗り切ることができた。

（執筆担当：池上成朝、武田秀樹）

第9章

デジタル・フォレンジック
ツールの紹介

Chapter 9

Chapter 9

デジタル・フォレンジック ツールの紹介

　デジタル・フォレンジック調査を行う際に、デジタル・フォレンジックツールの使用は非常に有用である。

　特に世界中を飛び交うデータ量は、『デジタル・フォレンジック事典』の初版が刊行された 2006 年と比較しても、飛躍的な増加の一途をたどっている。コンピュータのハードディスクの容量の単位がテラバイトであることが当たり前となった現在、デジタル・フォレンジックツールを使用せずに、膨大なデータのなかから求めるデータを探し出すことは非常に困難を極める。さらに、携帯電話やスマートフォン、クラウドや SNS など、調査者は常に新しい情報や技術を学び続けていく必要がある。

　適切なデジタル・フォレンジックツールの使用は、調査者を強力にサポートし、調査結果の信頼性・再現性を高め、調査者をはじめ解析結果を求めるすべての人に時間と費用の大幅な削減効果をもたらすであろう。

　本章では、証拠保全用ハードウェアと、調査・解析用ソフトウェア、e ディスカバリツールのそれぞれ代表的なツールを紹介する。

（第 9 章主査：金子寛昭、監修：守本正宏）

9.1 証拠保全用ハードウェア

　デジタル・フォレンジックにおいて重要なことの一つは、いかに速く正確に証拠保全を行うことができるかである。インシデント発生後もデジタルデータは刻々と変化を続けており、解析結果にとって重要なデータが消失し続けている可能性も考えられる。証拠保全の速度・精度は、その後の解析結果に大きな影響を及ぼす。

　また、証拠保全後のデータに対して変更を加えないことも重要である。変更を加えることは、解析結果に対しての信用性を低下させ、改ざんの疑いをもたれてしまう可能性も考えられる。

　本節では代表的な証拠保全ハードウェアである、データ複製ツールおよび書込み防止ツールについて紹介し、その特徴を説明する。もちろん、本節で紹介する証拠保全用ハードウェアを使用するだけでなく、正しい知識と手順によって証拠保全を行う必要がある。参考情報の一つとして、本研究会の証拠保全ガイドラインを参考にしていただきたい。

9.1.1　データ複製ツール

　証拠保全を行う際に用いるデータ複製ツールには、ハードウェア・ツールとソフトウェア・ツールがある。両者を比較した場合、速度の点においてハードウェア・ツールが優れており、限られた時間内での証拠保全に適している。また、ソフトウェア・ツールの場合、データの複製中はそのソフトウェアがインストールされたコンピュータを占有することになる。ハードウェア・ツールの使用は、限られた資源の有効活用という面でも優れているといえる。

　一方ソフトウェア・ツールでは、ハードウェア・ツールに比べて、よりきめ細やかな設定が可能である。例えば、特定の拡張子を持つファイルのみ複製をしたり、解析対象となるインターネット関連データのみを収集・複製したりすることが可能である。

　データ複製ツールに搭載されているデータの複製機能は、コピー元と全く同じクローンを作成する機能と、コピー元のイメージファイルを作成する機能に大きく分けることができる。また、データが正しく複製されたかどうかを検証する機能も搭載している。検証にはハッシュ値と呼ばれる一定長の文字列が使用される。このハッシュ値を比較することにより、データの複製の検証をはじめ、その後に続く解析作業において、データに対して変更がされていないことを確認することができる。他には、ハードディスク内に隠された領域を発見し解除する機能や、コンピュータを分解することなくデータの複製を行う機能などが搭載されている。

　本項では、代表的なデータ複製ツールについて紹介する。

（執筆担当：金子寛昭）

(1) ImageMASSter Solo-4 Forensic

ImageMASSter Solo-4 Forensic(以下、Solo-4)は、データ複製ツールの分野で先駆的存在であるIntelligent Computer Solutions社(以下、ICS社)が開発および販売しているデータ複製ツールである(図9.1.1)。Solo-4の前身であるImageMASSter Solo-3 Forensic(以下、Solo-3)も、簡易な操作でハードディスクの複製や消去などができ、また可搬性に優れるという評判がある。Solo-4はSolo-3同様に可搬性を保ったまま、外形および機能をすべて一新しており、より優れた機能を有している。今日でもなお世界的なシェアを誇るSolo-4は、更なる機能向上を図って開発が進められている。

(a) インタフェースと作業

Solo-4はSATA/SASおよびUSBのそれぞれのポートのSuspect(コピー元)を2つ、Evidence(コピー先)を2つ兼ね備えている。これにより1対1系統、もしくは1対2系統の複製や消去といった作業が可能であり、1対1系統の複製作業を2つ起動させての作業(パラレルコピー)も可能である。例えば、Suspect 1とEvidence 1のポートを用いて複製作業を行いながら、Evidence 2のポートで消去作業、Suspect 2のポートでハッシュ値算出作業も同時に稼働できる。転送処理速度については、各SATA/SASポートにおいてはSATA 3.0規格が採用されているため、最高速度37 GB/minでの処理が可能である。

Solo-4は2.5インチ、3.5インチ型のSATA、SAS、USB、IDEのインタフェースに対応しており、さらにオプション機能を付加することで、1.8インチ型SATA(Micro SATA)、ZIF、SDカード各種、SCSIやFiber Channelの複製および消去作業にも対応

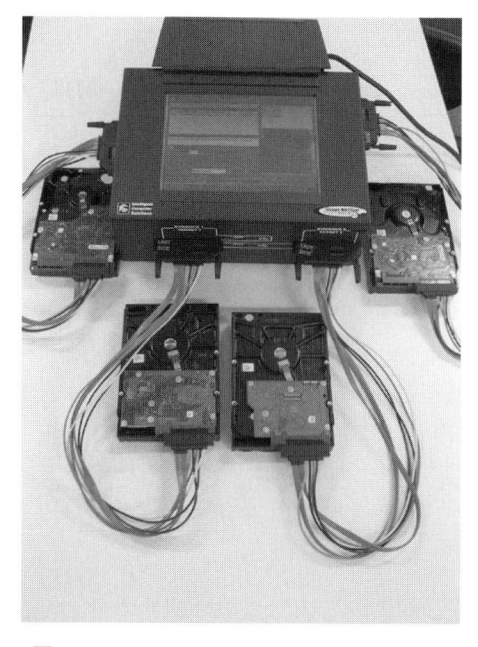

図9.1.1 ImageMASSter Solo-4 Forensic

している。また、Solo-4 の背面ポートに USB ケーブルおよび eSATA ケーブルを接続することで、接続先のハードディスクを対象とした複製および消去作業も可能であり、幅広いインタフェースに対応していることも、Solo-4 の大きな特徴である。なお、SATA から SATA への複製に留まらず、各種インタフェースを越えての複製作業（クロスコピー）にも対応している（図 9.1.2）。

対応可能作業は以下のとおりである。

- Single Capture （100 パーセント物理コピー）
- Wipe Out （完全消去）
- Linux DD Capture/Restore/Verify （DD イメージコピー・リストア・ハッシュ値算出）
- E 01 Capture/Restore （E01 イメージコピー・リストア）
- Hash （ハッシュ値算出）
- Format Disk （exFAT、NTFS へのディスクフォーマット）

以上に挙げた作業について、成功あるいは失敗にかかわらず、テキストおよび PDF 形式でログが自動的に生成される。記録されたログは、Solo-4 背面にある USB ポートより、出力が可能である。

また、Solo-4 はディスク内の不良セクタ対処の機能をもっている。これにより、不良セクタの多発による複製作業のエラー終了とならぬよう、コピー元とコピー先のデータに差異が生じることなく、複製作業を完了することができる。

なお、Linux DD Capture および E01 Capture で生成されたイメージファイルのフォルダにパスワードをかけることも可能であり、その解除キーは Solo-4 上で生成する。暗号化されたフォルダを開く際には、再度 Solo-4 上でその解除キーを当てることにより、読み込めるようになる。

出典） http://www.ics-iq.com/Multi-SCSI-Option-for-IM-Solo-4-Expansion-Box-p/f.gr-0053-000a.htm

図 9.1.2　Multi SCSI Option

（b） HPA/DCO 機能

さらに Solo-4 は、対象ディスクが HPA および DCO を保有していた場合の自動認識機能を持っている。通常のパソコンの OS では HPA および DCO を認識することができないが、Solo-4 では HPA および DCO を認識して、その領域を含めた複製作業や消去作業を行うことができる。同様に、本機能を用いて、Evidence ポート側に接続したディスクの HPA および DCO の設定や解除も可能である。

（c） Windows OS 搭載

Solo-3 と Solo-4 の大きな違いであり、また他のデュプリケータにはない特徴でもあるのが、Windows OS を搭載していることである。現行の Solo-4 では Windows 7 を搭載しており、パソコン操作と変わらない利便性を提供している。Solo-3 においてもタッチパネル方式が採用されていたが、Solo-4 においても同様にタッチパネル方式が採用されている。

Windows OS を搭載していることで、その場でのディスク内部の閲覧が可能であることに留まらず、LAN ケーブルを用いて、Evidence 先をネットワークドライブに指定しての複製作業も可能である。Solo-4 の背面にある LAN ポートや USB ポート、eSATA ポートを利用して接続すると、Windows OS が接続先のドライブなどとして認識する。この方法を応用して複製作業を行う例として、Solo-4 の Evidence ポートに接続したハードディスクではなく、LAN ケーブルを用いたネットワーク経由の共有フォルダにコピー先を指定することも可能である。

さらに、Windows OS にもとづいている利点として、解析ソフトウェアのインストールが可能であることも挙げられる。これにより、複製作業前後のハードディスクの閲覧、また解析も行うことができる。また、この利点に共通することとして、Solo-4 での複製など作業を担うアプリケーションである ImageMASSter のソフトウェアバージョンアップが、容易であることも挙げられる。ImageMASSter は、日々開発や改善が進められており、ソフトウェアのリリースも日進月歩である。Windows OS にもとづいていることで、最新のソフトウェアを簡単にインストールでき、その機能を享受できることも強みである。

（d） LinkMASSter 機能

近年パソコンの小型軽量化が進んでおり、しばしばハードディスクの取り出しや解体が困難であるノートパソコンが、保全作業の対象となっている。この際、ハードディスクの取り出しを行わずに、Solo-4 での複製作業を実現させるのが LinkMASSter である。LinkMASSter の CD を外付けの CD/DVD ドライブ、あるいはパソコン内蔵の CD/DVD ドライブから起動させ、LAN クロスケーブルでパソコンと接続した Solo-4 を用いて、複

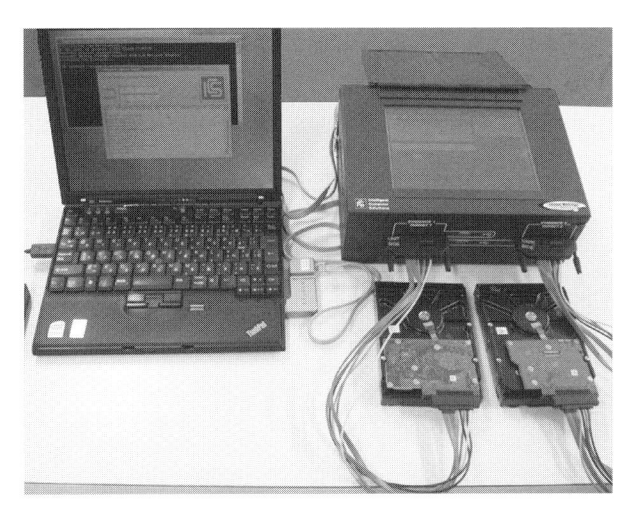

図 9.1.3　LinkMASSter による複製の様子

製作業を行う。LinkMASSter は、解体時のパソコン破損のリスクを大幅に回避できる方法として、非常に有効である。

　LinkMASSter はパソコン自体に内蔵されている RAM を認識して複製作業を可能とするため、Windows OS のパソコンのみならず、Intel ベースの Macintosh の複製作業も可能である。Intel ベースではない Macintosh に対しては、MAC Option と呼ばれる LinkMASSter の別 CD を用いなくてはならないが、昨今流通している Macintosh のノートパソコンには通常の LinkMASSter CD で対応ができる。

　LinkMASSter を用いたときの転送処理速度は、最新の LinkMASSter で行った場合、2 GB/min から 3 GB/min 強を記録している。通常の Solo-4 本体のみの複製作業と比較すれば、LAN ケーブル経由のために転送速度は劣るが、近年の LinkMASSter CD 自体のバージョンアップにより、転送速度の高速化がなされてきている（図 9.1.3）。

　以上に挙げたように、Solo-4 は優れた機能を多く有しており、現場でのディスク複製をよく考慮された装置である。近年では SATA 3.0 ポートの導入による転送速度の向上、およびソフトウェアのバージョンアップによる機能改善も常に行われており、時代のニーズを反映した更なる発展が期待される。

（執筆担当：野﨑周作）

（2）　Tableau Forensic Duplicator

　Tableau Forensic Duplicator とは、米国ガイダンスソフトウェア社（Guidance Software, Inc）が開発・販売しているデータ複製ツールである。

　Tableau Forensic Duplicator として、Tableau TD 2 Forensic 1：2 Duplicator（TD 2）と、Tableau TD 3 Touch Screen Forensic Imager（TD 3）の2種類があり、軽量・コンパクトが特徴の一つに挙げられるデータ複製ツールである。

（a） Tableau TD 2 Forensic 1：2 Duplicator（TD 2）

　TD 2 は、ガイダンスソフトウェア社が販売していた Tableau TD 1 Forensic Duplicator（TD 1）の機能を拡張・改良したデータ複製ツールである（図 9.1.4）。シンプルなインタフェイスと必要十分な機能を兼ね備えている。寸法が約 14.4 cm×12.7 cm×5.7 cm、本体重量が約 350 g（付属品除く）とコンパクトで持ち運びやすいことも特徴の一つである。

　SATA/ATA インタフェースをもつハードディスクのデータ複製を行うことが可能であり、オプションによって SAS/USB インタフェースをもつデバイスからのデータ複製も可能である。液晶表示部と 8 個のボタンのみのシンプルなインタフェースをもち、簡便な操作でデータの複製を行うことが可能である。

　TD 1 においては、1 つのコピー元のハードディスクを、1 つのハードディスクにデータを複製することが可能であったが、TD 2 では 1 つのコピー元ハードディスクのデータを、2 つのハードディスクにデータを同時に複製することが可能である。TD 2 はデータの複製を作成する「Disk-to-Disk」機能と、イメージファイルを作成する「Disk-to-File」機能を搭載する。作成可能なイメージファイルの形式は、DD イメージファイル形式および EnCase イメージファイル形式である。

　コピー先ハードディスクとコピー元ハードディスクを取り違えてデータの複製を行ってしまうと致命的な結果を招くため、TD 2 には接続したハードディスクの簡易診断機能が搭載されており、コピー先とコピー元のハードディスクの接続間違いを防止することができる。

　その他、USB ポートを備えており、ログファイルの USB メモリ等への保存や、USB キーボードの使用も可能である。

出典）http://www.tableau.com/index.php?pageid=products&model=TD2

図 9.1.4　Tableau TD 2 Forensic 1：2 Duplicator

（b） **Tableau TD 3 Touch Screen Forensic Imager（TD 3）**

TD 3 は、タッチスクリーンを搭載した高性能データ複製ツールである（図 9.1.5、図 9.1.6）。SATA/ATA デバイスだけでなく、FireWire、USB 3.0／2.0／1.0 デバイスからのデータ取得が可能であり、オプションの TDPX 6 モジュールにより SAS デバイスにも対応できる。TD 2 以上の機能を持ったデータ複製ツールである。

TD 3 には、SATA ハードディスクを格納可能な TDS 1 モジュールが標準添付されており、本体部と接続してコピー先ハードディスクの格納先として利用できる。図 9.1.7 は、TDS 1 モジュール（本体下部）および ATA インタフェース用の TDPX 5 モジュール（本体左部）を接続したものである。

TD 3 もデータの複製を作成する「Disk-to-Disk」機能と、イメージファイルを作成する「Disk-to-File」機能を搭載する。作成可能なイメージファイルの形式は、DD イメージファイル形式および EnCase イメージファイル形式である。Apple 社製コンピュータか

出典）http://www.tableau.com/index.php?pageid=products&model=TD3
図 9.1.5　Tableau TD 3 Touch Screen Forensic Imager

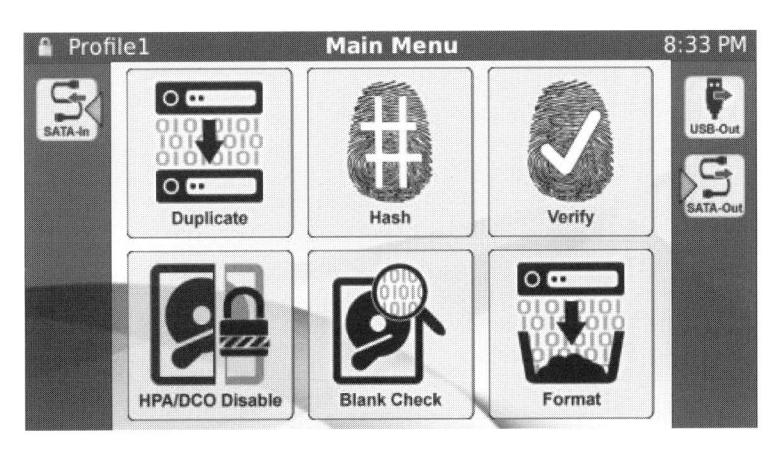

出典）http://www.tableau.com/pdf/en/Tableau_TD3_Four_Sheet.pdf
図 9.1.6　TD 3 タッチパネルスクリーン

出典） http://www.tableau.com/index.php?pageid=products&model=TD3
図 9.1.7　TDS 1／TDPX 5 モジュールを接続した状態

ら、内部のハードディスクを取り出すことなくデータの複製が可能な FireWire ポートも備える。Apple 社製コンピュータからのデータ複製には、9.1.2 項の書込み防止ツールにて述べる T 9 も使用可能である。

　加えて、TD 3 は書込み防止ツールとしても使用が可能である。TD 3 は LAN ポートを本体部右側に備えており、解析用コンピュータと TD 3 をネットワーク接続し、TD 3 に解析対象デバイスを接続することによって、ネットワークベースの書込み防止ツールとしても動作する。同じ LAN ポートを使用し、作成したイメージファイルをネットワーク上の大容量ストレージに保存することも可能であるため、コピー先のハードディスクを入れ替える必要がなくなる。

（執筆担当：金子寛昭）

（3）　Demi

　Demi とは株式会社ワイ・イー・シーが開発・販売しているデータ複製ツールのシリーズ名称であり、主に日本国内の司法機関（警察）、民間企業で利用されている。

　初期の Demi はデータ複製機能とディスク診断機能を搭載するのみであったが、最新の Demi シリーズでは従来の機能に加えデータ消去機能、ディスク診断機能そして証拠保全機能など多彩な機能を持つに至っている。

　2013 年 7 月時点の最上位モデルは Demi YG 1040 であり、特長として SATA 3.0 6 Gb/s に対応したポートを標準で 4 つ搭載し、近年、利用が増えている USB メモリや USB ハードディスクからのデータ複製にも対応するべく、USB 3.0 に対応したポートを 1 つ搭載している点にあり、高速転送に対応したハードウェアとなっている（図 9.1.8）。

　そして Demi YG 1040 の転送性能は従来の Demi XG シリーズを大きく上回り、1：2 コピー時の実測値では、データ複製処理は 25 GB/min、データ比較処理では 16 GB/min に

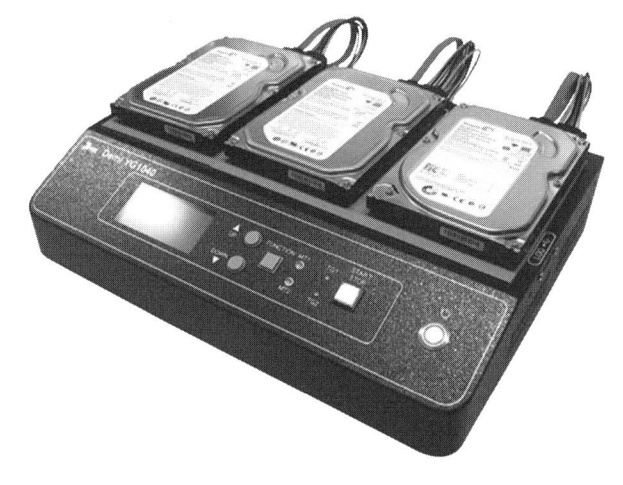

図 9.1.8　Demi YG 1040

まで到達している。

　また、オプションボードを増設することで、上記以外のインタフェースをもつディスクへの対応が可能であるのも特徴の一つであり、2013年7月時点では Ultra 320 SCSI、SAS 6 Gb/s、FibreChannel 4 Gb/s および USB 3.0 5 Gb/s の各インタフェースに対応したオプションボードが用意されている。

　以降では Demi YG 1040 の以下のデジタル・フォレンジック用機能について解説する。

　① データ複製機能
　② イメージファイル作成機能
　③ iSCSI ターゲット機能

（a）　データ複製機能

　Demi YG 1040 は「HPA スキップ複写」、「HASH スキップ複写」、「HPA 全面複写＆比較」、「HASH 全面複写」の4つのデータ複製機能を搭載している。各データ複製機能で異なるのはハッシング処理の有無とデータ比較処理の有無である（表 9.1.1）。

　各データ複製機能に共通な処理としては「不良セクタスキップ」、「マスタ HPA 解放」、「自動容量設定」、「誤接続検出」の4つがある。

（ⅰ）　不良セクタスキップ

　本処理はマスタディスクに不良セクタが存在する場合は、該当セクタのデータはすべて0であるとし、ターゲットディスクの該当セクタのデータすべてに0を書き込み、データ複製処理を継続する処理である。

表9.1.1 データ複製機能の違い

機能名称	ハッシング	データ比較
HPAスキップ複写	無	無
HASHスキップ複写	有	無
HPA全面複写＆比較	無	有
HASH全面複写	有	有

(ⅱ) マスタHPA解放

本処理はマスタディスクにHPA(Host Protected Area)が存在するか否かを自動的に検出し、HPAを解放する機能である。本処理によるHPAの解放は一時的であり、マスタディスクの電源切断後も解放され続けることはない。また、本処理は「動作設定」の「HPA解放」が「有効」に設定されている場合のみ実行される。

(ⅲ) 自動容量設定

本処理はHPAを用いてターゲットディスクをマスタディスクと同一容量に設定する。本処理では「マスタHPA解放」とは異なり、ターゲットディスクに設定されたHPAは電源切断後も設定されたままとなる。

(ⅳ) 誤接続検出

本処理ではターゲットディスクが消去済みディスクであるか否かを検証し、マスタディスクとターゲットディスクの接続先を誤り、ターゲットディスクのデータでマスタディスクを上書きするなどの事故を未然に防ぐことが可能である。

各データ複製機能は以下の順序で処理を実行し、ハッシング処理はデータ複製処理と並列にマスタディスクのデータに対してのみ実行する。

① ディスク電源投入
② 諸元情報取得
③ マスタディスクのHPA解放
④ ターゲットディスクのHPA設定
⑤ データ複製
⑥ データ比較（表9.1.1のデータ比較が「有」の場合）
⑦ ディスク電源切断

(b) イメージファイル作成機能

Demi YG 1040は「DD作成＆ハッシュ」、「DD作成＆比較」、「E 01作成」、「E 01作成＆比較」、「Ex 01作成」「Ex 01作成＆比較」の6つのイメージファイル作成機能を搭載し

ている。各イメージファイル作成機能で異なるのは作成されるイメージファイルのファイル形式とデータ比較処理の有無である。

各イメージファイル作成機能は以下の順序で処理を実行し、ハッシング処理はイメージファイル作成処理と並列にマスタディスクのデータに対してのみ実行する。

① ディスク電源投入
② 諸元情報取得
③ マスタディスクのHPA解放
④ イメージファイル作成
⑤ データ比較（表9.1.2のデータ比較が「有」の場合）
⑥ ディスク電源切断

（c） iSCSIターゲット機能

最後にiSCSIターゲット機能の解説を行う。Demi YG 1040は「MT外付HDDモード」および「TG1外付HDDモード」の2つのiSCSIターゲット機能を搭載している。各iSCSIターゲット機能で異なるのはディスクの接続先と書き込み防止処理の有無である（表9.1.3）。

本機能を利用するとDemi YG 1040はiSCSIターゲットとして動作し、PCにネットワーク経由で接続された外付けHDDとして認識させることができる。iSCSIターゲットではNASとは異なり、セクタ単位でのディスクへのアクセスが可能であるため、EnCaseやFTKなどのフォレンジックソフトウェアと組み合わせて、ディスクの調査・解析を行うことも可能である。

表9.1.2　イメージファイル作成機能の違い

機能名称	イメージファイルの形式	データ比較
DD作成&ハッシュ	Linux DDイメージ	無
DD作成&比較	Linux DDイメージ	有
E 01作成	EnCase証拠ファイル	無
E 01作成&比較	EnCase証拠ファイル	有
Ex 01作成	EnCase証拠ファイル Ver.2	無
Ex 01作成&比較	EnCase証拠ファイル Ver.2	有

表9.1.3　iSCSIターゲット機能の違い

機能名称	接続先	書き込み防止
MT外付HDDモード	マスタ	有
TG1外付HDDモード	ターゲット1	無

また、本機能の書き込み防止処理はマスタポートとして利用可能なインタフェースすべてに有効であり、Demi YG 1040 を USB、SCSI、SAS および FC の書き込み防止装置として利用することも可能である。

　なお、本機能を利用するため、PC に必要な iSCSI イニシエータ機能は Windows Vista 以降では標準搭載されている。

（執筆担当：横川龍雄）

9.1.2　書込み防止ツール

　デジタル・フォレンジックにおいて、証拠保全を行ったデータに対していかなる変更も行われないように留意しなければならない。不用意にデータを変更することにより、証拠の信用性の低下につながる可能性がある。また、OS やアプリケーションによって、使用者が意図しない変更がデータに加えられ、データの日時情報など調査にとって重要な証拠が書き換えられる可能性もある。

　データへの変更を防止する方法の一つとして、本項で紹介する書込み防止ツールのようなハードウェアによる方法以外に、OS の機能等、ソフトウェア的によりデータの書込みを防止する方法もある。しかし、本項で紹介する書込み防止ツールを使用することにより、解析対象となるデータへの書込みが防止されていることを明示的に視認することが可能となる。

　本項では、さまざまな書込み防止ツールを紹介し、その特徴について説明する。

（1）　Tableau 書込み防止ツール

　Tableau 書込み防止ツールとは、米国ガイダンスソフトウェア社（Guidance Software, Inc）が開発・販売している商用の書込み防止ツールであり、日本を含めた世界中の法執行機関だけでなく、民間企業でも広く使用されている。

　Tableau 書込み防止ツールは、書込み防止措置を行いたいハードディスクや USB メモリなどのデバイスと、解析用コンピュータとの間に接続して使用する（図 9.1.9）。書込み防止措置を実施するデバイスの各種インタフェース（SATA や SAS、USB など）ごとに製品ラインナップが存在する。

　Tableau 書込み防止ツールは、製品名の"T"の後ろの数字によって接続可能なインタフェースを表す。製品名の"TK"は、解析用コンピュータとの接続に必要なケーブル一式を含んだキットを表している。

　ガイダンスソフトウェア社では、書込み防止機能をもつ製品以外にも、読込み・書込みができるツールも開発・販売している。書込み防止機能の有無は本体の色によって、明確に分けられており、書込み防止機能をもつツールは本体部が黒色、読込み・書込みができるツールは本体部が黄色となっている。

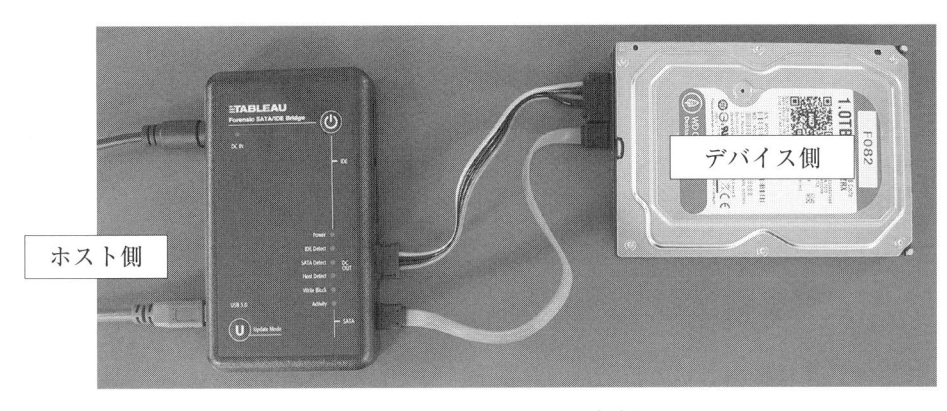

図 9.1.9　T 35 u を使用した接続例

また Tableau 書込み防止ツールで解析対象デバイスを接続した場合、ガイダンスソフトウェア社が開発・販売するソフトウェア EnCase において、解析対象デバイスが書込み防止状態で解析コンピュータに接続されていることが表示される。

(a)　Tableau T 35 u Forensic Bridge

T 35 u は、SATA/ATA インタフェースをもつデバイスに対して書込み防止を行うツールである（図 9.1.10）。

デバイス側インタフェースに SATA/ATA インタフェースを備えているため、変換アダプタを使用することなく、デバイスを T 35 u に直接接続が可能である。ホスト側インタフェースには、高速データ転送が可能な USB 3.0 インタフェースをもつ。これにより USB 2.0 に比べて約 10 倍の速度でデータ転送が可能になる。

本体部には各種インジケータを備え、デバイスやホストの状態を確認することが可能である。

(b)　Tableau T 8-R 2 Forensic USB Bridge

T 8-R 2 は、USB インタフェースをもつデバイスに対して書込み防止を行うツールである（図 9.1.11）。

デバイス側インタフェースに USB 2.0 インタフェースを備え、ホスト側インタフェースには、USB 2.0 および FireWire 400 インタフェースを備えている。

本体部には各種インジケータおよび液晶表示部を備え、デバイスやホストの状態を確認することが可能である。液晶表示部には、接続しているデバイスのメーカ名やモデル名、シリアル番号などを表示可能である。

(c)　Tableau T 6 es Forensic SAS Bridge

T 6 es は、SAS インタフェースをもつデバイスに対して書込み防止を行うツールであ

出典） http://www.tableau.com/index.php?pageid=products&model=T35u

図 9.1.10　Tableau T 35 u Forensic Bridge

出典） http://www.tableau.com/index.php?pageid=products&model=T8-R2

図 9.1.11　Tableau T 8-R 2 Forensic USB Bridge

る（図 9.1.12）。SAS インタフェースをもつデバイスに対する書込み防止ツールとしては、世界で最初に販売されたツールである。

　デバイス側インタフェースに SAS インタフェースを備え、ホスト側インタフェースには、高速データ転送が可能な eSATA インタフェースをもつ。これにより USB 2.0 に比

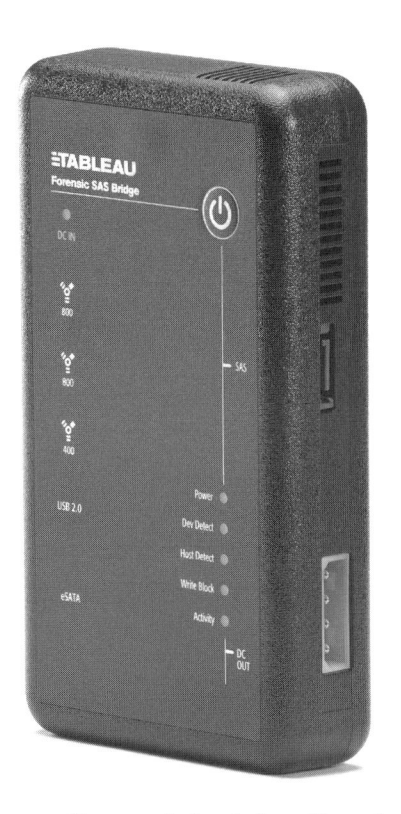

出典）http://www.tableau.com/index.php?pageid=products&model=T6es

図 9.1.12　Tableau T 6 es Forensic SAS Bridge

べて約 5 倍の速度でデータ転送が可能になる。eSATA インタフェース以外にも、USB 2.0、FireWire 800／400 インタフェースも併せもっている。

本体部には各種インジケータを備え、デバイスやホストの状態を確認することが可能である。

(d)　**Tableau T 35 es-R 2 eSATA Forensic Bridge**

T 35 es-R 2 は、SATA/ATA インタフェースをもつデバイスに対して書込み防止を行うツールである(図 9.1.13)。

デバイス側インタフェースに SATA/ATA インタフェースを備えているため、変換アダプタを使用することなく、デバイスを T 35 es-R 2 に直接接続が可能である。ホスト側インタフェースには、高速データ転送が可能な eSATA インタフェースをもつ。これにより USB 2.0 に比べて約 5 倍の速度でデータ転送が可能になる。eSATA インタフェース以外にも、USB 2.0、FireWire 800／400 インタフェースも併せもっている。

本体部には各種インジケータを備え、デバイスやホストの状態を確認することが可能である。

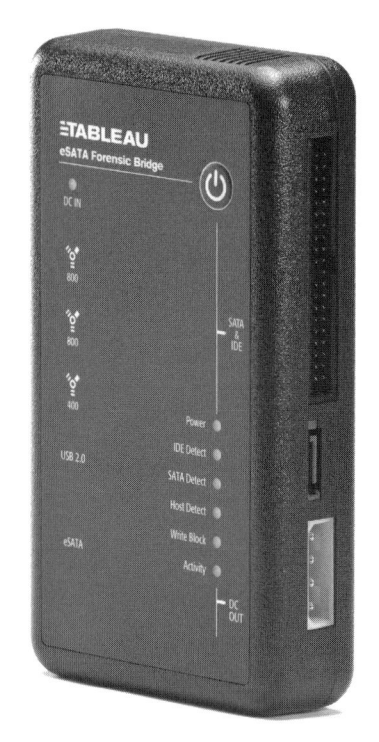

出典）http://www.tableau.com/index.php?pageid=products&model=T35es-R2
図 9.1.13　Tableau T 35 es-R 2 eSATA Forensic Bridge

（e）　Tableau T 9 Forensic FireWire Bridge

T 9 は、FireWire インタフェースをもつデバイスに対して書込み防止を行うツールである（図 9.1.14）。

デバイス側インタフェースに FireWire 800 インタフェースを備え、ホスト側インタフェースには、USB 2.0 および FireWire 800 インタフェースを備えている。

本体部には各種インジケータおよび液晶表示部を備え、デバイスやホストの状態を確認することが可能である。液晶表示部には、接続しているデバイスのシリアル番号などを表示可能である。

T 9 は、特にターゲットディスクモード[1]で起動した Apple 社製のデスクトップおよびノートブックからの証拠保全に使用される。ターゲットディスクモードおよび T 9 を組み合わせることによって、コンピュータを分解することなく Apple 社製コンピュータからの証拠保全が可能である。

---

1) ターゲットディスクモードとは、Apple 社製コンピュータに搭載されている機能であり、ターゲットモードで起動したコンピュータを、別のコンピュータから外付けハードディスクとして認識することができる機能である。

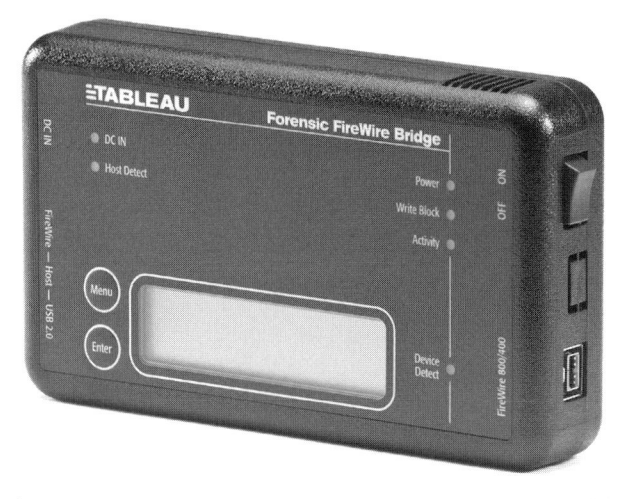

出典）http://www.tableau.com/index.php?pageid=products&model=T9

図 9.1.14　Tableau T 9 Forensic FireWire Bridge

（2）　Shadow 3

　Shadow 3 とは、米国 VOOM Technologies, Inc が開発・販売している商用の書込み防止ツールである。Shadow 3 は解析対象のコンピュータの内部のデータに変更を加えずに、解析対象コンピュータを起動することができるユニークなツールである。液晶表示部と 3 個のボタンを備えたシンプルなインタフェースをもつ（図 9.1.15）。

　通常は解析対象コンピュータを起動するだけで、コンピュータ内部のデータが変更されてしまう。そのような事態を防ぐために、データ複製装置を使用してハードディスクの複製を行い、複製したハードディスクを用いて解析を行う。しかし Shadow 3 の使用により、解析対象コンピュータのデータを変更することなく、解析対象コンピュータを起動し、解析対象コンピュータを直接解析することが可能になる。

　Shadow 3 は本体内部にハードディスクをもち、本来であれば解析対象コンピュータのハードディスクに書き込まれるはずのデータを、Shadow 3 内部のハードディスクに記録する。Shadow 3 内部に記録されたデータは、解析対象コンピュータの電源を切った後も保持されるため、変更状態を保ったまま解析対象コンピュータの再起動・シャットダウンが可能である。Shadow 3 内部に記録されたデータは、本体前面のボタンを操作することにより、任意に消去できる。

　Shadow 3 は、解析対象コンピュータのマザーボードと内部ハードディスクとの間に接続して使用する（図 9.1.16）。

　Shadow 3 本体部には SATA インタフェースが備えられており、SATA ハードディスクに対応している。アダプタを使用することにより、ATA ハードディスクにも対応が可能である。

　Shadow 3 を使用して解析対象コンピュータを起動することによるメリットしては、①

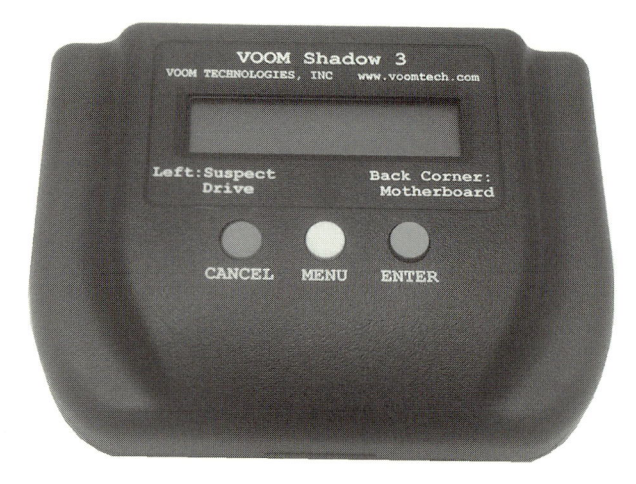

図 9.1.15　Shadow 3

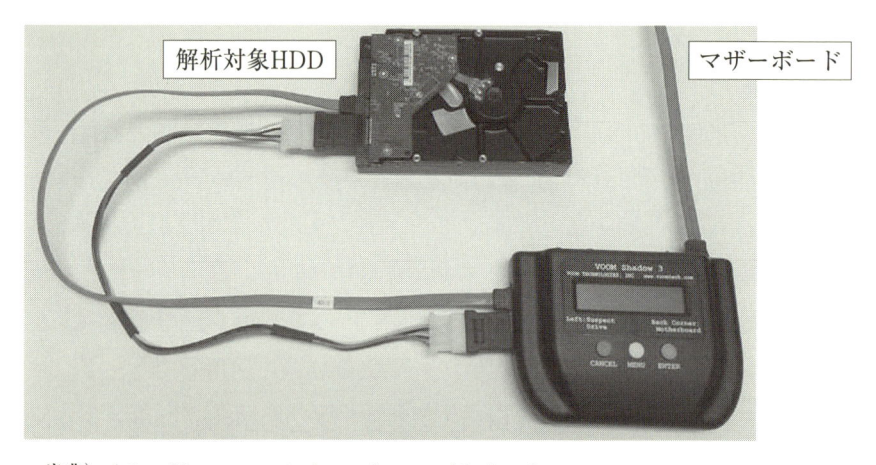

出典）http://www.voomtech.com/content/shadow-3
図 9.1.16　Shadow 3 の接続例

解析対象コンピュータの使用者と同じ環境・目線での調査が可能、②ハードディスクコピーに必要な時間の短縮、が挙げられる。他にも、簡単なボタン操作によって変更前の状態にコンピュータを戻すことができることから、Shadow 3 はマルウェアの動作検証や、ソフトウェアのインストールの検証、レジストリ変更の検証などの用途にも利用できる。

（執筆担当：金子寛昭）

9.2 調査・解析用ソフトウェア

前節で述べた証拠保全用ハードウェア等で作成した解析用データを、調査・解析用ソフトウェアを使用して解析を行う。デジタル・フォレンジックにおける調査・解析は、ハードディスクの大容量化に伴って、解析対象となるデータ量は増加の一途をたどっている。まるで広大な砂漠のなかから一粒の金を探すようなものともいえる。さらに解析対象についても、コンピュータだけでなく、携帯電話やスマートフォンなど多岐にわたっており、調査者に対しては、ファイルシステムだけでなく各種アプリケーション、サービスなどさまざまな知識が要求される。

調査・解析ソフトウェアを使用することにより、上記の問題を軽減し、より広く深い調査・解析を調査者は行うことが可能となる。調査者は、調査・解析ソフトウェアをよく理解し、目的に沿った適切なソフトウェアを選択・使用することによって、解析作業の効率を飛躍的に向上させることができる。

本節では、代表的な調査・解析ソフトウェアについて紹介し、その特徴について説明する。

(執筆担当：金子寛昭)

9.2.1 EnCase Forensic
(1) 概要

EnCase は、米国ガイダンスソフトウェア社(Guidance Software, Inc)が開発・販売している商用のコンピュータ・フォレンジックツールの一つであり、米国の司法機関(FBI、CIA)、民間企業などで多くの利用者をもつ。

EnCase は Windows 上で動作する GUI アプリケーションであり、主にハードディスクおよびファイルシステム(イメージファイル)を対象とした調査・解析用ツールである。機能として大きく①取得、②解析、③報告の3つをもっている。EnCase を利用することで、ハードディスクのイメージファイルの作成(取得)、取得したイメージファイルに含まれているファイルやデータの調査(解析)、調査した結果レポートの作成(報告)までを一通り実現することができる。

EnCase 製品のラインナップとしては、スタンドアロン環境で利用する EnCase Forensic 版(FE)と、大規模環境での利用を想定した EnCase Enterprise 版(EE)、EnCase Enterprise 版の機能を拡張した EnCase eDiscovery や EnCase Cybersecurity などがある。

本節で解説している EnCase は、基本的にスタンドアロン版の EnCase FE を対象としている。EnCase EE は、EnCase FE の機能をネットワーク経由で利用できるようにしたものであり、主に大規模環境向けの製品となっている。

FE 版が保全したハードディスク(電源を落としてから複製したもの、デッドコピーと呼ばれる場合もある)を解析対象とするのに対し、EE ではサーブレットと呼ばれるエージェントプログラムを調査対象システムへインストールし、実行する必要がある。調査員は EE のサーブレットに TCP/IP ネットワーク経由で接続し、リモートから該当システムの調査を実施することができる。TCP/IP で通信できる環境であれば、遠距離にあるシステムの調査も即時に開始できることから、現地まで移動してから複製し調査を開始するといったタイムラグが発生しない。EE は TCP/IP ネットワークを経由して操作すること以外は、基本的に FE と同等の機能をもち、スタンドアローン版で可能なことがネットワーク経由ですべて可能となる。スタンドアローン版との最大の違いは、EE では調査対象のシステムを稼動させたまま調査することが可能な点にある。これにより、重要なサーバシステムなどを停止することなく調査することが可能になり、従来の電源を落としてから調査する場合に発生していたシステム停止時間の発生問題を解決することが可能となっている。また、EE には実行中プロセスや通信状況といった情報を収集する Snapshot モジュールや、メモリイメージを収集する機能も備わっており、昨今のディスクに痕跡が残りにくいマルウェアなどについても、メモリイメージを収集することでその後のより詳細な調査との連携が可能になっている。

　最新の EnCase Ver.7 では、FE 版についてもサーブレット経由でイメージを収集できるように Direct Network の機能が追加されている。基本的には EE と同じくサーブレットを対象上で実行する形を取るが、1 対 1 での接続のみがサポートされている。

　EnCase 製品群の詳細についてはガイダンスソフトウェア社の Web サイトを参照していただきたい(http://www.guidancesoftware.com/)。

(2) EnCase の取得機能

　EnCase はハードディスクや USB ドライブなどのビットストリームイメージ[2]を取得(複製)する機能をもっている。EnCase の取得機能を利用することで、ハードディスクドライブ(物理ディスク)の内容を論理的な証拠ファイル(イメージファイル)として複製・保存することが可能になる。作成された証拠ファイルは、EnCase へロードすることで、イメージファイルに含まれているファイルやデータにアクセスできるようになる[3]。

　EnCase Ver.7 からは、iPhone や Android といったスマートフォンの取得にも対応しており、EnCase を通じてこれらのデバイスの保全も可能になっている。

---

2) ハードディスクなどの内容をセクタ単位で読み取りファイル化したもの。
3) EnCase は証拠ファイルを読取り専用でアクセスするのでデータ内容が変化することはない。

（a） イメージファイルの取得方法

EnCase はビットストリームイメージを取得する方法として、①Linux ベースの CD-ROM から起動する Linen プログラムを利用して取得する方法と、②Windows 上の EnCase プログラムからライトブロッカーを経由してハードディスクから直接取得する方法、TCP/IP ネットワークを経由して取得する Direct Network の 3 つを用意している。

（ⅰ） Linen を利用して証拠イメージを作成

EnCase には、Linux 環境のブート CD-ROM で実行することができる Linen が付属している。Linen は保全対象の機器を Linux ベースの起動 CD-ROM から起動して実行する必要がある。

Linen を利用することで、CD-ROM から起動した Linux 環境からハードディスクのプレビュー（後述）や、証拠イメージ（E 01 形式ファイル）の取得を実行することができる。

例えばハードディスクの取り外しが困難なノート型パソコンなどであれば、CD-ROM から Linux ベースの OS を起動し、そこから Linen を実行すれば煩雑なハードディスク取り外し作業を行う必要がなくなり、安全に作業を行うことができる。なお、保全対象の起動に利用する Linux ベースの起動 CD-ROM だが、対象ディスクに書込みを行わないよう、書込み禁止の措置がとられているフォレンジック用途のものを利用する必要がある。

保全対象で Linen を起動したら、次に EnCase の実行環境とはクロスケーブルを使い 1 対 1 で接続を行う。EnCase 上からはプレビュー機能を使うことで Linen を実行している環境にあるハードディスクの内容を保全したり、その場で解析を行うことが可能である。

（ⅱ） Windows 上の EnCase から証拠イメージを作成

Windows のアプリケーションとして起動した EnCase から、取得の対象となるハードディスクへアクセスし証拠イメージファイルを作成できる。イメージファイルの取得対象となるハードディスクは、OS などからのアクセスによりデータ内容が変化しないように、Tableau 製品のようなライトブロッカー（書込み禁止装置）を利用して接続する必要がある。

なぜなら、Windows の標準機能には、読取り専用で物理的なハードディスクドライブやボリュームをマウントする機能がないためである。

EnCase Ver. 7 から標準モジュールとして提供されている EnCase FastBloc SE モジュールは、Windows 上でソフトウェアによるライトブロックを実現している。FastBloc SE を利用すると、Windows 上から利用可能な IDE デバイス、SCSI デバイス、USB デバイスなどを任意に書込み禁止とすることができ、例えば、USB メモリの内容を調査しなければいけない場合、直接 Windows に接続するとタイムスタンプなどが変化することから問題となるが、FastBloc SE モジュールを使い書込みを禁止することで、内容を改変せずに取得や調査が可能になる（図 9.2.1）。

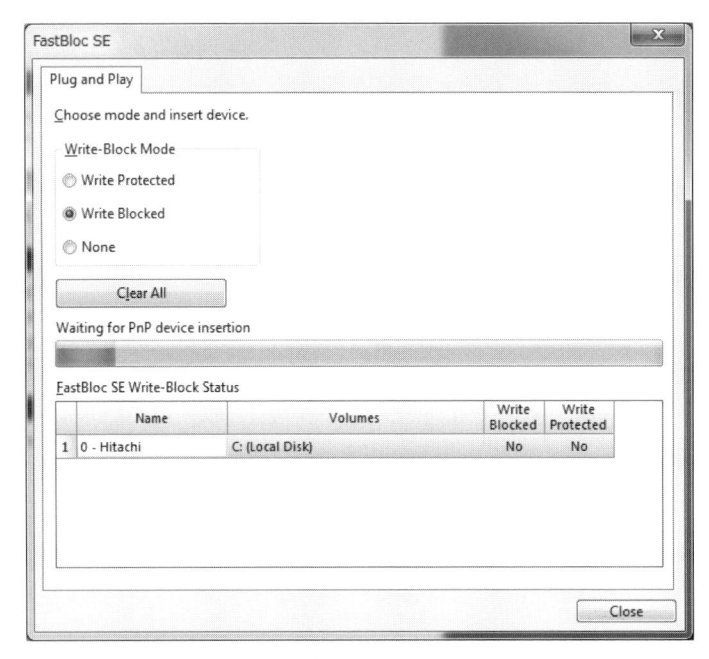

注) ソフトウェア的に書込み禁止を実現することができる。

図 9.2.1　EnCase FastBloc SE モジュールの画面

(b) HPA、DCO 領域の取得

Windows 上のアプリケーションである EnCase は、通常 Windows がアクセスできない ATA 規格のハードディスク上にある Host Protected Area (HPA) 領域や Device Configuration Overlay (DCO) 領域にはアクセスすることができない。

HPA 領域や DCO 領域を含んだドライブのイメージを EnCase で取得する場合、Direct ATA モードをサポートした Linux 環境下での Linen を経由するか、Tableau のような書込み禁止装置がもつ HPA/DCO の解除機能を利用して収集する必要がある。

(c) EnCase 証拠ファイル形式

EnCase は、ハードディスクの内容をビットストリームデータとして取得(複製)・保存するための専用フォーマットとして拡張子 ".E 01" 形式という専用フォーマットを従来利用してきた(図 9.2.2)。EnCase Ver.7 からは、証拠ファイルの暗号化機能などが付与された新たな Ex 01 形式が提供されている。EnCase 以外のフォレンジック製品との互換性を考慮した場合には、従来の E 01 形式を利用するほうがよい。

E 01 形式のイメージファイルは、UNIX の dd コマンドで作成したフラットなビットストリームイメージと異なり、先頭のヘッダ(CASE)部分には日付や Note メッセージ、CHS (シリンダ:ヘッダ:セクタ)情報などが記録されており、64 セクタごとにデータと CRC 32 のチェックサム値が記録されるようになっている。イメージファイル全体の整合性を

- EnCase 証拠ファイル（専用）形式
- CASE 情報、CRC 値、ハッシュ値を含む

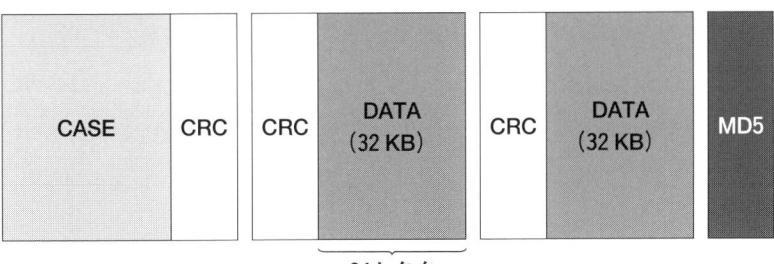

| CASE | CRC | CRC | DATA (32 KB) | CRC | DATA (32 KB) | MD5 |

64セクタ

注）E01 形式に対応しているツールでなければ解釈できない。

図 9.2.2　EnCase 証拠ファイルの構成図

維持するため、イメージファイルの末端にはMD5ハッシュ値、SHA1ハッシュ値が記録されるようになっている。これらのCRC値とハッシュ値を併用することで、イメージファイル内に何かしらの異常が発生した場合には、イメージファイル内の何処に問題があるのかを特定することができるようになっている。

EnCase 証拠ファイル形式としては、主にフルディスクイメージで利用されるE01、Ex01形式とは別に、論理証拠ファイル（Logical Evidence File）形式として、拡張子LEF形式のファイルも作成が可能になっている。例えば、ディスク内の部分的な範囲のみを証拠ファイル化するようなケースでは、LEF形式を利用するほうが効率がよい。

イメージファイルの作成を開始すると、"イメージファイル名.E01"というファイルがまず作成され、指定された分割サイズを超えた場合、"イメージファイル名.E02"が次に作成される。例えば、40 GBのハードディスクでイメージファイル（分割サイズ2 GB）を取得すると、拡張子としてE01～E20が割り振られる。

E01ファイル形式は、イメージの内容を圧縮しないものと、二段階の圧縮レベルのものをサポートしている。

E01ファイル形式でイメージファイルを作成した場合、以後このイメージファイルの内容を変更することはできない。EnCaseはイメージファイルがロードされた時点で、CRC値とMD5またはSHA1ハッシュ値を自動的に確認する仕組みをもっており、もしイメージファイルの内容が毀損・改ざんなどにより変化した場合には、CRCとMD5／SHA1の値が一致しない旨を示すエラーを出力する。イメージファイルが何らかの理由で破損し整合性を確認できない場合は、保存しておいたバックアップデータを復元して利用することになる。

EnCaseのE01ファイル形式は、EnCaseに限らずオープンソースで開発されているフォレンジックツールであるThe Sleuth Kitや、商用のForensic Toolkit（FTK）やSMARTといった他社のコンピュータ・フォレンジックツールでも読み取ることができ

る。ただし、EnCaseを利用するにあたり、必ずしもE01形式のイメージファイルの作成が必要となるわけではない。EnCaseは、ハードディスクドライブを直接閲覧・調査することや、ddコマンドで作成したRAWイメージファイルの読取りにも対応している。昨今は、フォレンジック専用のハードディスク複製装置でもddイメージだけでなく、EnCase証拠ファイル形式の作成に対応している場合もあり、環境や運用に応じてE01形式での取得か、ddコマンドを用いたイメージファイルの作成かを選択すればよい。なお、ddで作成したビットストリームのイメージファイルには、CRCやMD5、SHA-1といったイメージファイルそのものの整合性を検証する仕組みがないため、イメージファイルの整合性はハッシュ値(MD5やSHA-1など)を利用して調査員が個別に確認する必要がある。E01またはEx01形式であれば、調査員が誤って本来の調査対象とは異なるイメージを指定した場合は警告が表示されるため、人為的なミスを防ぐことができる。

　EnCaseはRAWイメージとして、ddで作成したイメージファイルをロードすることが可能だが、ロードされたddのイメージファイルをEnCaseから再度取得しなおすことで(ddのイメージファイルを)E01またはEx01形式へ変換することも可能だ。なお、FTK Imagerを利用すれば、E01形式のイメージファイルをddと同じくフラットなRAWイメージに変換することが可能である[4]。

(d) プレビューモード

　EnCaseでは、証拠イメージ(E01またはEx01形式)ファイルを作成せずに、ハードディスク内のデータを確認する方法としてプレビューモードを用意している。プレビューモードを利用することで、ハードディスクの内容(データファイルなど)をEnCaseから直接閲覧できる。プレビューモードでのデータへのアクセスは、証拠イメージ(E01形式)ファイルへのアクセスと同様に書込みが禁止された状態で行われる。プレビューモードの利用方法としては、①EnCaseを実行するWindowsにプレビューモードで閲覧したいハードディスクを(ライトブロッカー経由で)接続する方法と、②Linenを利用する方法の2つがある。Linenを利用したプレビューモードの実行手順は次のとおりである。

　① プレビューモードで閲覧するPCと、調査用(EnCase環境)PCをクロスケーブルで(1対1で)接続
　② プレビューモードで閲覧するPCをLinenで起動しサーバモードに設定
　③ EnCaseからLinenのサーバへ接続する(クロスケーブル経由のアクセス)
　④ EnCaseからLinenのサーバ経由でハードディスクの内容を閲覧

　プレビューモードは、証拠イメージ(E01形式)ファイルを作成することなく実施することができるため、簡易的な調査での利用や、証拠イメージ(E01形式)ファイルの作成前に

---

4) EnCaseでE01形式ファイルをddイメージへ変換するにはEnScriptを利用する。

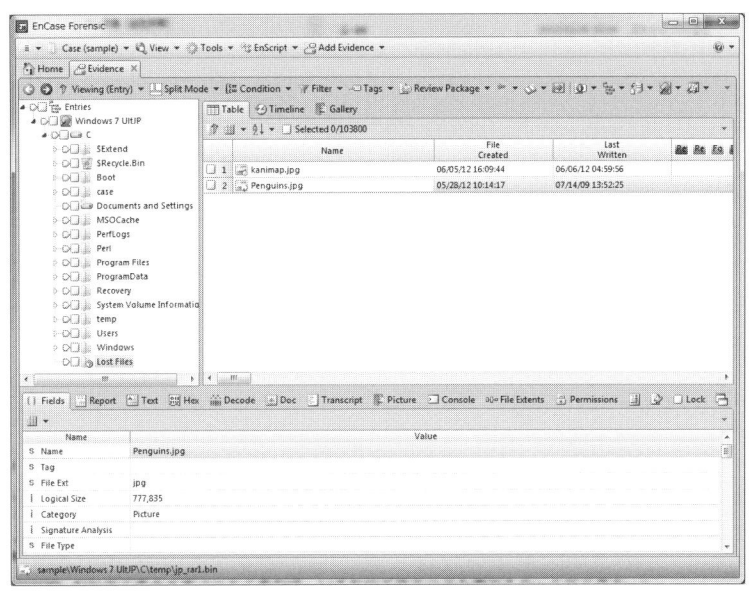

図 9.2.3　EnCase によるハードディスク内容の表示画面

ハードディスクの内容を確認し、取得が本当に必要かどうかを判断するといったことで、利用されるケースが多い（**図 9.2.3**）。

（3）　EnCase の解析機能

EnCase はコンピュータ・フォレンジックツールとして、ハードディスク本体やファイルシステムの内容について調査（解析）するためのさまざまな機能をもっている。EnCase がもつすべての解析機能について詳細に解説することはできないため、以下ではフォレンジック調査で使われる基本的な機能について紹介する。

（a）　ファイルシステム

EnCase はさまざまなファイルシステムを調査することが可能であり、EnCase Ver.7 では以下のファイルシステムを解析することができる。

- Windows 系
- FAT 12、FAT 16、FAT 32、ExFAT、NTFS
- UNIX 系
    EXT 2/3/4（Linux）、Reiser（Linux）、UFS（Sun Solaris）UFS 2、AIX Journaling File System（JFS and jfs）、LVM 8.FFS（OpenBSD、NetBSD、and FreeBSD）
- その他
    Palm、HFS、HFS +（Macintosh）、HFSX
    CDFS、ISO 9660、UDF、DVD、ad TiVo 1 and TiVo 2 file systems

昨今の Windows 環境では、ファイルシステムとして NTFS が一般的に利用されるよう

になっているが、NTFS の標準的なディスク形式であるベーシックディスクへの対応だけでなく、Windows 2000 以降の NTFS でサポートされたダイナミックディスクにも対応している。

また、ハードウェアおよびソフトウェアによる RAID 構成にも対応しており、RAID を構成するハードディスクのイメージファイルから、EnCase が仮想的に RAID を再構築し、RAID が構成する論理ドライブへアクセスすることも可能である。

EnCase で読取り可能なイメージファイルの形式としては、EnCase 証拠ファイル形式（E01 形式）以外にも、dd コマンドで作成された RAW イメージファイルや、VMware の仮想ディスクを EnCase で直接読み込み解析することが可能になっている。

EnCase Ver.7 からは従来のパソコン関連のファイルシステム以外にも、iPhone や Android といったスマートフォンで利用されるファイルシステム（例えば YAFFS ファイルシステムなど）もサポートしている。

(b) ファイルタイプとファイルシグネチャ

EnCase では、ファイルがもつ拡張子の関連づけをファイルタイプ（File type）で、ファイルのもつ特徴的なデータ構造（ヘッダパターンなど）をヘッダシグネチャ（Header Signatures）として管理している。

ファイルタイプでは、例えばオフィス製品のドキュメントや画像ファイルなどをグループ分けし、それぞれに対応する拡張子（.doc や.xls など）を事前に登録する。なお、デフォルトで一般的な拡張子はグループ分けした状態で登録されている（図 9.2.4）。

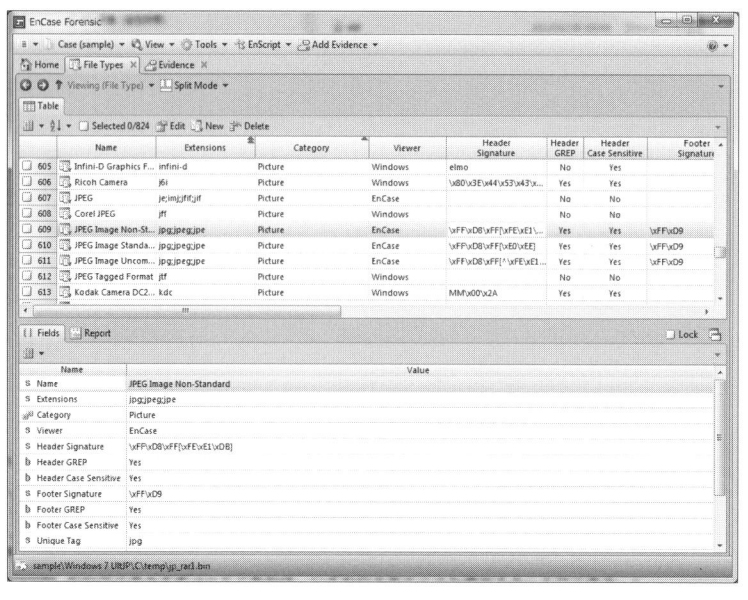

注）画像（Picture）グループには.jpg、.gif などの拡張子が登録される。

図 9.2.4　EnCase にあらかじめ登録された JPEG 画像のシグネチャを表示した画面

登録されたグループや拡張子は、ファイルを表示する際のフィルタや、検索などで利用することができる。例えば数多くあるファイルのなかから画像グループ(.jpgや.gifといった拡張子をもつもの)を抽出するといった場合に利用できる。

　また、ファイルタイプに登録された拡張子をもつファイルをEnCaseの内部ビューアで表示するのか、外部ビューアを利用して表示するのかを指定することもできる。JPEGやGIFといった基本的な画像ファイルフォーマットであればEnCaseの内部ビューアで表示できるが、専用の画像ビューアプログラム(例えばAdobe Photoshopなど)と関連づけることで、該当ファイルを指定したプログラムで開くことが可能になる。

　ファイルシグネチャは、ファイル拡張子に依存せずにファイルの内容を判別するために利用される。例えば画像フォーマットの一種であるJPEGでは、一般的にファイルの先頭部分が16進数で0xFF 0xD8　0xFFといったパターンで開始されている。Windowsの実行ファイル(.exe)であれば、ファイルの先頭部分が"MZ"になっているなど、それぞれのファイル形式に応じた特徴をもっている場合がある。

　たとえ悪意のある人物によって画像ファイルの拡張子が本来の".jpg"ではなく、まったく異なる拡張子(例えば.docなど)に変更・改ざんされたとしても、ファイルシグネチャを確認することで拡張子の偽装を見抜くことができる。ファイルシグネチャを利用することで、単に拡張子の変更を見破るだけでなく、ハードディスク上の未使用領域(削除されたデータが存在している)や、スワップ領域(WindowsであればPagefile.sys)からファイルシグネチャのパターンに従ってファイルをリカバリすることも可能となる。

　EnCaseのデフォルトでは220種類以上のファイルシグネチャがあらかじめ登録されており、さらに調査員が独自のシグネチャパターンを登録することもできる[5]。

(c) キーワード登録と検索機能

　EnCaseは非常に強力な検索機能をもっている。EnCaseにおける検索は大きく16進数によるバイナリ検索とインデックス検索の2つが提供されている。

　EnCaseでバイナリ検索を行う場合には、以下のような流れで利用することができる。

① 検索したい文字列(キーワード)を設定
② キーワード設定時に、検索の対象としたい文字コードを指定
③ 検索範囲(全体か指定範囲か)を指定
④ 検索を実行
⑤ 結果を確認

　EnCaseの検索機能は多言語に対応しており、当然日本語文字列も対応するコードページをキーワードに対して指定する事で検索できる。複数の文字コード(コードページ)を一

---

[5] ファイルシグネチャのパターン登録には正規表現を利用することもできる。

括検索することも可能となっており、例えば、「フォレンジック」という単語を検索する場合、このカタカナ文字列を示すことが可能な文字コード（コードページ）は多数存在するが、EnCaseではShift_JISとEUC-JP、ISO-2022-JPで書かれた「フォレンジック」を一度の検索で調べることが可能である。また、必要であればさらにコードページを指定することや、UTF-16やUTF-8での検索を同時に指示することもできる（図9.2.5）。

EnCaseの検索機能にはGREP機能があり、正規表現を利用することができる。EnCaseのGREP正規表現を利用することで、複雑な数字や文字列の組合せを検索することができる。また、GREP機能には16進数でパターンを登録する方法があり、EnCaseが対応していない文字コード（コードページ）があった場合でも、16進数の正規表現パターンで文字を検索することができるようになっている。

EnCaseはファイル（データ）がハードディスク上でフラグメントされている場合でも、論理的な単位で構成し検索するので、仮にファイルが複数のクラスタ（セクタ）上に分散して記録されているフラグメント状態であっても影響を受けない。

EnCase Ver.7ではインデックス検索も提供されているが、この機能はEnCaseのコンポーネントとして組み込まれているOracle OutsideInを利用して実現している。例えばPDFファイルはバイナリレベルで検索しても正しく文字列をヒットさせることができない。そこで組み込まれているOracle OutsideInがまずPDFからテキストを抽出し、このテキストファイルをインデックスする処理をEnCaseが行っている。これにより、バイナリ検索では適切に検索できないPDFファイルについても、インデックス検索を利用すれば検索を行うことが可能になる。

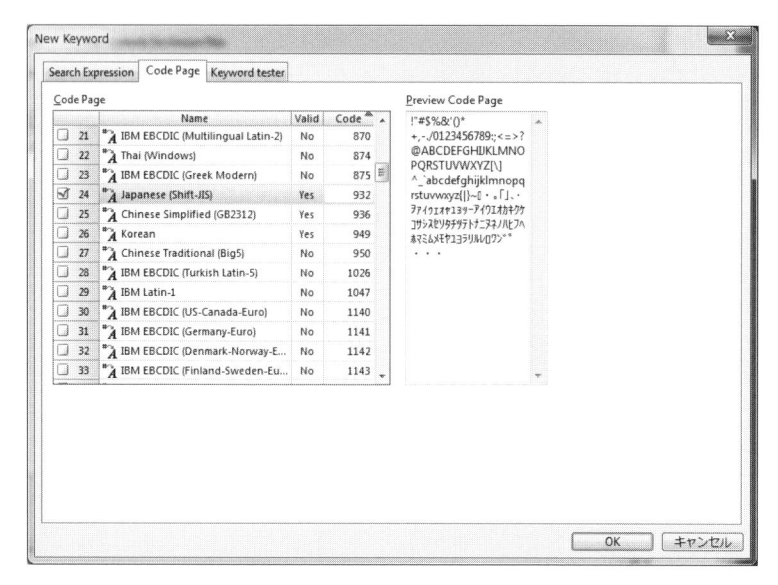

注）調査員は検索したい文字列の文字コード（コードページ）を任意に指定することができる。

図9.2.5　検索キーワードの登録画面

(d) 多言語対応（テキストスタイル）

EnCase は多言語に対応しており、英語や日本語、アラビア語といったさまざまな言語（データ）を EnCase 上から表示・検索することができるようになっている。EnCase の内部的には Unicode に対応することで多言語を処理しており、テキストスタイル（文字コードのコードページを指定）とフォントを切り替えることでさまざまな言語を表示することができる。

マイクロソフトの Office 製品には Unicode 対応フォントとして Arial Unicode MS フォントが付属しており、EnCase でこのフォントを利用するように設定すれば、Windowsがサポートしているコードページであればどの言語でも表示できる（図 9.2.6）。

(e) ブラウザの履歴と電子メール

EnCase はディスクイメージの内容を HEX レベルで解析する機能の他に、ブラウザの履歴およびキャッシュファイル（インターネット・アーティファクト）の解析、電子メールの解析機能をもっている。例えば、ブラウザとして一般的に利用されている Internet Explorer であれば、履歴およびキャッシュファイルを管理している Index.dat ファイルを自動的に検索・解析し、ユーザがいつ、どのようなサイトを閲覧していたのかを簡単に調査できる。

EnCase Ver.7 で対応しているブラウザの履歴形式は次のとおりである。

- Internet Explorer
- Mozilla
- FireFox
- Safari
- Chrome

EnCase Ver.7 から導入された Evidence Processor 機能にある Find Internet Artifacts モジュールを利用すれば、サポートされているブラウザ履歴の解析を自動的に行うことが

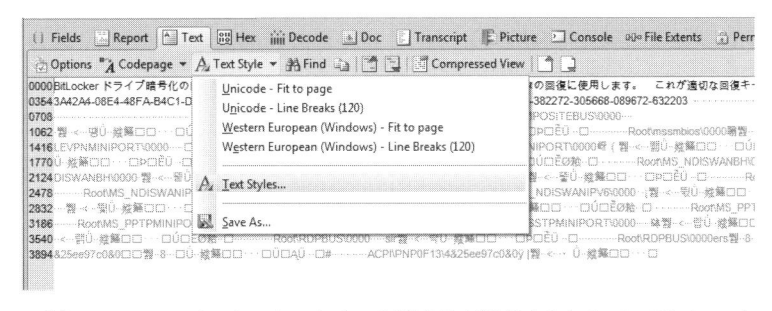

注）EnCase ではテキストスタイルを調査員が選択することで、Windows 上で扱うことができる文字コードであれば、いずれの文字データも表示することができる。

図 9.2.6 EnCase で表示スタイルを選択する画面

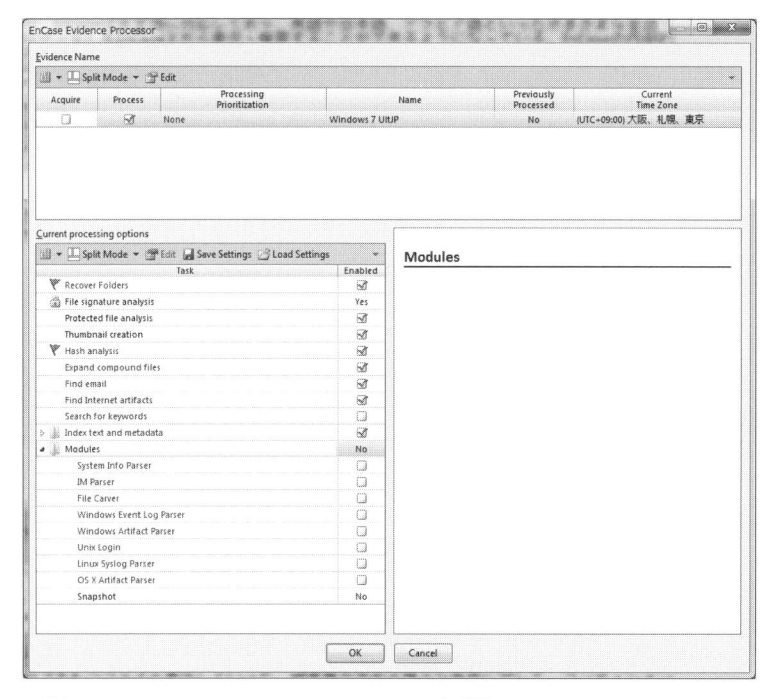

注） Evidence Processor のモジュールから各種機能を選択し利用できる

図 9.2.7　EnCase の Evidence Processor 画面

できる。このモジュールには、さらに広範囲に未割り当て領域(Unallocated space)を検索するオプションも提供されており、削除された履歴の痕跡なども調査することができるようになっている。

EnCase Ver.7 からは、Evidence Processor にさまざまなモジュールが統合されており、この他にも電子メールを自動的に探し出して処理するためのモジュールとして、Find email オプションなどが提供されている(図 9.2.7)。

(f)　スクリプト機能(EnScript)

EnCase には、EnScript と呼ばれる独自のスクリプト言語が搭載されており、スクリプトファイルを編集することで情報の収集や調査の自動化を行うことが可能である。

EnScript で記述されたスクリプトは、特にフィルタやコンディションと呼ばれる機能で利用されており、「特定の拡張子をもつファイルだけを表示する」といった要求には該当する機能をもったコンディション(Conditions)に登録されているスクリプト(を実行することで実現される(図 9.2.8)。

一般的な調査で要求される「削除されたファイルの表示」「指定時間内のタイムスタンプをもつファイル表示」といった、調査員が求めるさまざまな条件に対して、コンディション機能を利用すれば、GUI ベースで簡単に複雑な条件についても定義ができる。調査員はスクリプト(プログラム)の内容を意識することなく、単に目的に応じて条件を定義

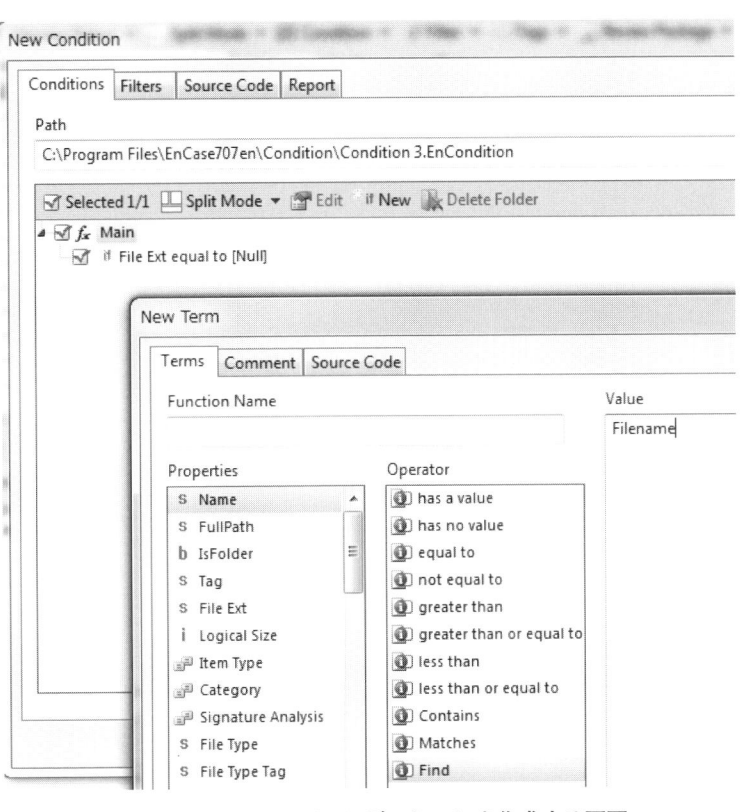

図 9.2.8　EnCase でコンディションを作成する画面

すればよく、一度作成・保存したコンディションは繰り返し別ケースなどでも利用することができる。

コンディションやフィルタを利用することで、表示や検索において柔軟な条件設定が可能となるが、スクリプトには条件設定をするためのものだけでなく、EnCase 内部のモジュールとして提供されているものも存在する。

従来、個別のスクリプト機能として提供されていたが、EnCase Ver.7 ではこれらのスクリプトが EnCase Evidence Processor に統合され、モジュールという形で従来のスクリプトが提供されている。

デフォルトで提供される Evidence Processor のモジュールとしては以下のようなものがある（Evidence Processor に含まれる機能の一部を抜粋）。

- System Info Parser
- IM Parser
- File Carver
- Windows Event Log Parser
- Windows Artifact Parser
- Unix Login

- Linux Syslog Parser
- OS X Artifact Parser

　EnScriptを使うことで、調査員は新たに必要な機能をEnCaseに追加することができるとともに、他の調査員が開発したコードを利用することもできる。ガイダンスソフトウェア社のWebサイトでは、EnCase App Centralというサービスが提供されており、ここでは無償または有償のさまざまなEnScriptが提供されている。ガイダンスソフトウェア社の社員が開発したスクリプトもあれば、EnCaseユーザが作成し提供しているスクリプトもあり、さまざまな用途に適したスクリプトが提供されている。EnCaseの標準機能だけでは実現できない調査も、App Centralで提供されているスクリプトを利用することで解決できる可能性もあるため、ぜひ積極的に活用していただきたい。

（g）　ハッシュライブラリ

　EnCaseはハッシュ値を利用したライブラリ機能をもっており、既知ファイルのMD5ハッシュ値をハッシュセットとして登録することで、表示フィルタや検索の条件として利用することができる。例えばWindows環境に含まれるシステムファイルを既知のファイル群としてハッシュセットを登録するのであれば、ハッシュセットを作成するシステム（通常は調査対象システムとは異なる）で以下のような流れで利用することができる。

①　ハッシュセットとして登録したいシステムファイル群を選択
②　選択したファイルのハッシュ値を計算
③　ハッシュセット作成（Create Hash Set…）を実行
④　ハッシュセットと名前とカテゴリを設定
　　名前：Windows XPシステムファイル
　　カテゴリ：Known
⑤　ハッシュセットが登録されたらリビルドライブラリを実行

　ハッシュセットを登録する際、カテゴリを指定する必要があるが、通常は既知のファイルを意味する"Known"と、調査員に注意をよびかける必要のあるファイルを意味する"Notable"が利用される。既知ファイルとして、調査対象から除外したい安全なファイルのハッシュのセットであればKnownを、違法な画像やウイルスやRootkitのような注意が必要とされるファイルのハッシュセットであればNotableを指定することになる（任意のカテゴリを設定することも可能）。例えば、先ほど例示したWindows XPのシステムファイルのハッシュセットをKnownカテゴリとして構築・登録しておけば、表示条件のコンディションフィルタ"Remove Known Files"を利用すればシステムファイルを除外した表示が可能になる。

　逆に、ウイルスやRootkitのハッシュ値をNotableのハッシュセットとして事前に構築・登録しておいた場合、調査対象にハッシュ値が一致するファイルが存在すれば、それ

はファイルの内容を調べるまでもなくウイルスか Rootkit であることが確認できる。

ハッシュセットは、検索実行時に既知ファイル(Known カテゴリ)を検索対象から除外することにも利用できる。検索の実行時にファイルのハッシュ値を既知ファイルのハッシュライブラリと比較し、一致した場合にはそのファイルは検索対象にはしないというオプション指定が可能である。このオプションを利用することで、検索対象となるファイル数を減らし、検索の速度と精度を上げることができる。

また、National Software Reference Library(NSRL)が提供しているハッシュライブラリを EnCase 上で利用することも可能だ。残念ながら日本語版の OS やアプリケーションに関連したハッシュ値はあまり多くは含まれていないが、既知ファイルのハッシュセットとして広範囲に確認する際には役立つはずだ。

(4) EnCase のレポート機能

EnCase を使って証拠イメージファイルを解析した調査結果は、最終的にレポート(報告書)として提出する必要がある。EnCase にはレポートを作成する支援機能として「ブックマーク」と呼ばれる機能があり、調査員は証拠イメージファイルのなかで発見したさまざまなファイルやデータ、電子メールといった情報をその都度ブックマークに登録していき、最終的にブックマークされた情報をレポートとして出力することができる。

■ブックマークとレポートテンプレート機能

調査員は、証拠イメージファイルのなかで発見したデータを、ファイルやフォルダまたは任意の範囲などの単位でブックマークに登録できる。例えば、電子メールを調査している最中に、重要な手がかりとなる文章を発見した場合であれば、登録しておきたい範囲を選択(スイープ)した後、ブックマークに登録する。ブックマークに登録する際には、文字コードや種類(テキストやバイナリ、BASE 64 など)をデータタイプとして指定することができる。また電子メールに添付された画像ファイルが BASE 64 でエンコードされている場合、BASE 64 でエンコードされた文字列部分を範囲指定(スイープ)したのち、データタイプを画像(Base 64 Encoded Picture)として登録すれば、ブックマークには BASE 64 をデコードした結果の画像イメージが登録される。最終的に出力されるレポートには BASE 64 でエンコードされた意味不明な文字列が並ぶのではなく、画像が表示されることになり報告書を読む人間がより理解しやすい文章が作成できる。

ブックマークは階層構造をもつことができ、登録する内容やカテゴリグループによって分けて管理することができ、この階層構造は文書の章や節に該当する。ブックマークに登録された情報は、最終的にレポート用文書としてレポートテンプレートを通じてエクスポートすることができる(図 9.2.9)。

EnCase のブックマークとレポートテンプレート機能を使うことで、調査員は最終報告

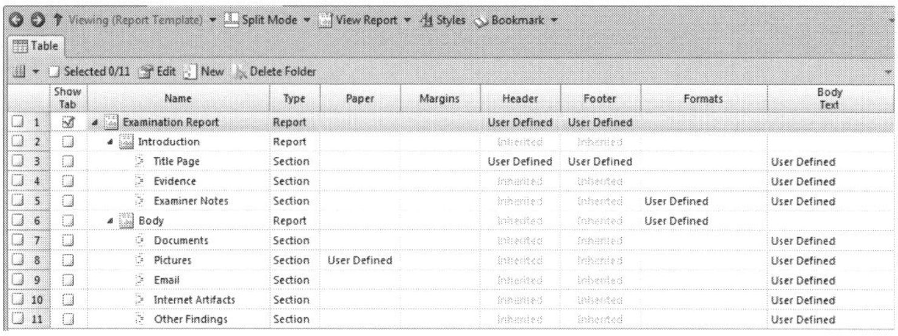

図9.2.9 EnCase の Report Templates 画面

に必要な、ハードディスク上に残されていた根拠となるデータを簡単に取り揃えることができる。報告書そのものは調査員が記述する必要があるが、報告に必要となる各種データを資料として取り揃える必要がある場合には、EnCase のレポート機能が強力な助けとなる。

（執筆担当：伊原秀明）

9.2.1項の参考文献
[1] 「EnCase フォレンジック製品マニュアル」ガイダンスソフトウェア社
[2] 「EnCase 中級コース　トレーニングマニュアル」ガイダンスソフトウェア社
[3] Steve Bunting, William Wei, "Encase Computer Forensics The Official EnCE：Encase Certified Examiner Study Guide", Sybex Inc；Bk&CD-Rom
[4] 渡辺勝弘、伊原秀明『不正アクセス調査ガイド—rootkit の検出と TCT の使い方』オライリー・ジャパン、2002 年

9.2.2　Forensic Toolkit

Forensic Toolkit(FTK)は、米国 AccessData Corporation, Limited が開発・販売する調査・解析ソフトウェアである。

FTK は、主にデスクトップやノートパソコンなどのコンピュータを調査・解析するコンピュータ・フォレンジックツールである。近年のバージョンアップなどによりメモリなどの不揮発性情報や、スマートフォンなど解析可能な対象が追加されている。また、パスワード解析ソフトウェアである Password Recovery Toolkit(PRTK)や、Windows レジストリ解析ソフトウェアである Registry Viewer(RV)などを同梱し、解析の対象によって適切なアプリケーションを切り替えて使用する、調査・解析ソフトウェアパッケージとして提供されている。

(1)　Forensic Toolkit(FTK)

FTK の特徴として、インタフェース部分と解析データを保存するデータベース部分に構成が分かれることが挙げられる。使用できるデータベースは、PostgreSQL、SQL Server、

Oracleから選択可能である。

FTKのインタフェースは、解析対象によってタブで区切られているのが特徴である（図9.2.10）。タブは、①Explore、②Overview、③Email、④Graphics、⑤Video、⑥Bookmarks、⑦Live Search、⑧Index Search、⑨Volatileに分けられる。調査対象によって、調査者は適切なタブを選択して解析を行う。例えばメールの解析の場合は、③Emailタブを選択し、メール本文や添付ファイルを確認する。画像の解析の場合は、④Graphicsタブを選択し、画像をサムネイル一覧から確認できる。

FTKの特徴的なタブとして②Overviewタブがある。Overviewタブでは、FTKに読込んだデータがファイル拡張子や種類、状態によって分類されている（図9.2.11）。

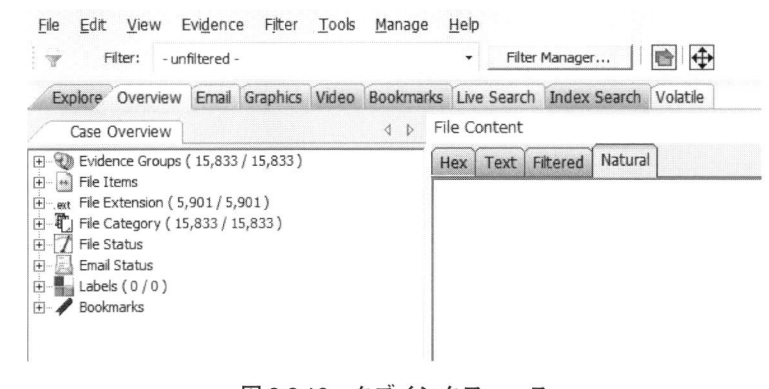

図9.2.10　タブインタフェース

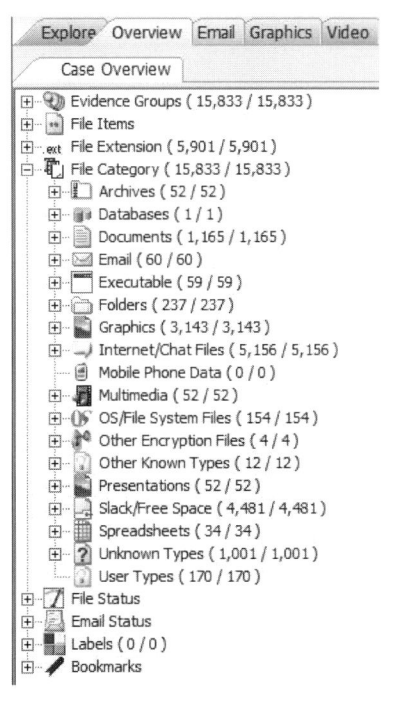

図9.2.11　Overview

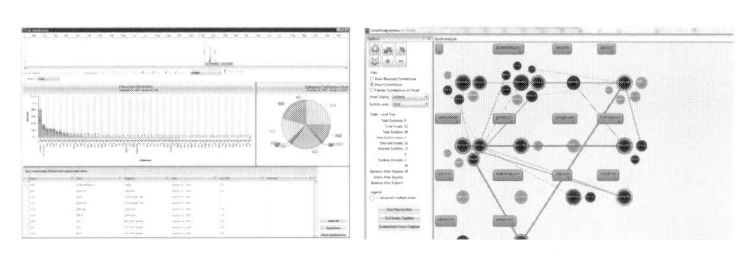

図 9.2.12 Visualization 機能

　ファイルの種類(File Category)では、ファイルが文書ファイルや、表計算ファイル、画像、メールなどファイルの種類ごとに分類されている。ツリーを展開するとアプリケーションごとなどのさらに細分化された分類が表示される。ファイルの状態(File Status)では削除されていたファイルや、パスワードがかかっているファイルなど、ファイルの状態によって分類がされている。他にもブックマークをつけたファイルや、メール関連の分類もなされている。

　FTK には多くのファイル形式に対応したファイルビューアが搭載されている。これにより、ファイルに対応するアプリケーションを準備することなく、ファイルの内容を確認することが可能になる。

　データを視覚的に解析するために、Visualization 機能が搭載されている。この機能では、ファイルの日時情報や、種類の割合などをグラフ化し、視覚的な解析が可能である。また、ファイルだけでなくメールについても、メールの送受信を頻度や数によって視覚化することができる(図 9.2.12)。

　FTK は、その他にもインデックス検索や、マルウェアの初動解析を行うことができる Cerberus 機能、レポート作成を補助する機能など、調査・解析に必要な機能が多く搭載された総合調査・解析ソフトウェアである。

(2) Password Recovery Toolkit(PRTK)

　PRTK は、FTK に同梱されているパスワード解析ソフトウェアである。PRTK へのドラッグ&ドロップなどの簡単操作でパスワード解析を開始することができる(図 9.2.13)。

　パスワード解析の攻撃方法は、一般的に総当たり攻撃と辞書攻撃に分けられる。パスワードの桁数が短く、使用されている文字の種類が少ない場合は、総当たり攻撃による解析は可能であるが、桁数がある程度の長さをもち、英数字記号が混在するパスワードに対しては、辞書攻撃が有効である。PRTK は、主に辞書攻撃を行うソフトウェアであり、あらかじめ内部に辞書をもっている。辞書はユーザによる作成・変更が可能であり、解析対象者の名前や住所、生年月日、電話番号などをランダムに組み合わせることにより、パスワード解析の成功率を上げることができる。

　また、PRTK は FTK と連携して動作することができる。具体的には、①FTK からの

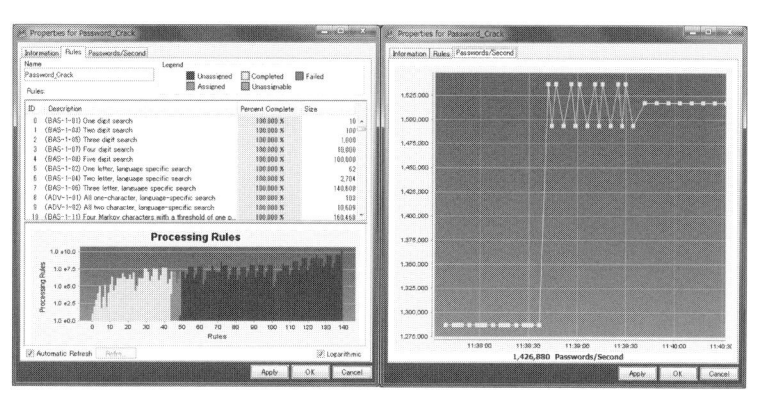

図 9.2.13　パスワード解析画面

辞書の取り込み、②パスワードを解除したファイルのFTKへの取り込みである。FTKから辞書を取り込むことによって、解析対象コンピュータに残された単語をパスワード解析辞書として利用できる。

(3) Registry Viewer (RV)

RVは、FTKに同梱されているレジストリ解析ソフトウェアである。Windows標準搭載のレジストリエディタでは閲覧できない部分も解析することが可能である。レジストリからは、アカウント情報や、実行したファイルの履歴、外部接続機器情報など調査に有用な情報を多く得ることができる。RVでは、解析作業を効率よく進めるために、重要な情報が保存されている部分のみを表示させることができたり、HTML形式のレポートを作成することができたりする機能などが搭載されている。

（執筆担当：金子寛昭）

9.2.3　Lit i View Xaminer

Lit i View Xaminerは、UBIC社が開発した初の純国産電子証拠開示支援システムLit i Viewをベースに開発され、既存のフォレンジックソフトウェアにはない新しい検索機能である上級検索(Predictive Coding)機能の実装に加え、eディスカバリで培われた膨大な量のデータ調査に最適化された分析・解析機能や高度かつ多彩な検索機能など、多くの優れた機能を継承した、次世代フォレンジックソフトウェアである。

Lit i View Xaminerでは、証拠保全プロセスで作成した複製ハードディスクを外部接続機器を介してシステムに接続することにより、イメージファイル[6]およびネイティブデータの読み込みが可能となり、読み込んだデータ内の特定ディレクトリ配下層データや指定

---

[6]　Lit i View Xaminerでは、Linux DDイメージファイル(.001)、EnCaseイメージファイル(.E 01)の読み込みが可能。

した拡張子をもつデータだけを処理対象とする機能も備えている。また調査対象データをシステムのローカルに保存した場合でも同様の処理を行うことが可能であり、分析・解析可能なデータの収集、削除済みデータの復元、レジストリファイルの閲覧といったフォレンジックソフトウェアとしての機能も備え、一般的にWindows環境で使用されるNTFSやFATを含む多くのファイルシステム[7]に対応している。

処理可能なファイル形式も多く、その主なものにはビジネスシーンで多用されるMS Office系のWord、Excel、PowerPointやPDFに加え、OpenOffice、一太郎といったアプリケーションで作成されたファイルなど121のファイル形式に対応している。また多くの形式の圧縮ファイル[8]にも対応し、圧縮ファイルの自動展開・解凍処理を行い圧縮ファイル内のファイルに対しても調査が可能である。

このような専門性に特化した機能面だけではなく、ユーザの操作性や分担作業も考慮しLit i View Xaminerは開発されている。IT担当者や情報システム担当者でなくても直感的な操作が可能なインタフェースには、日本語インタフェースと英語インタフェースの切り替え機能や操作手順をアシストする機能を提供するなど、フォレンジック調査における「収集」「探す」「分類」といった基礎的なデータの取り扱い機能を、快適に使用できるように設計されている。また異なる権限[9]を付与した複数のユーザアカウントによる調査も可能で、データ閲覧などの調査作業を分担させることで調査の効率化も図れる。

今後のリリース予定の機能には、ハードディスク上の未使用領域からデータの断片を検出するFragment Matching機能(特許出願中)やパスワードファイルの解析機能、メールデータからの相関図作成機能など、より高度な機能のリリースも予定されている。

Lit i View Xaminerには、以下に挙げる特徴的な機能が実装されている。

(1) 上級検索(Predictive Coding)

上級検索(Predictive Coding)とは、一定のサンプルデータ(教師データ)を元に独自のアルゴリズムによるファイルの重みづけを行い、未調査データに対し関連性の分類を自動で行う機能である。eディスカバリにおいては、この機能により調査対象全データの約30%のデータを閲覧した時点で、証拠となり得るデータの約90%に相当するデータ閲覧を終え大幅な時間短縮を実現させた事例(図9.2.14)や、人によるデータ閲覧作業で見過ごされていた範囲のデータを検出する(図9.2.15)などその機能は高く評価され、フォレンジック調査においても新たな調査技術・手法として注目されている。

---

[7] 処理可能なファイルシステムはNTFS、FAT 12/16/32のほか、UFS 1/2、EXT 2/3、ISO、HFS、HFS+に対応している。

[8] 処理可能な圧縮ファイル形式はzip、lzh、gz、rar、tar、tgz、7z、alz、bz2、cabに対応している。

[9] ユーザの作業役割に応じ、管理者権限、Reviewerなど機能制限による権限付与が可能。

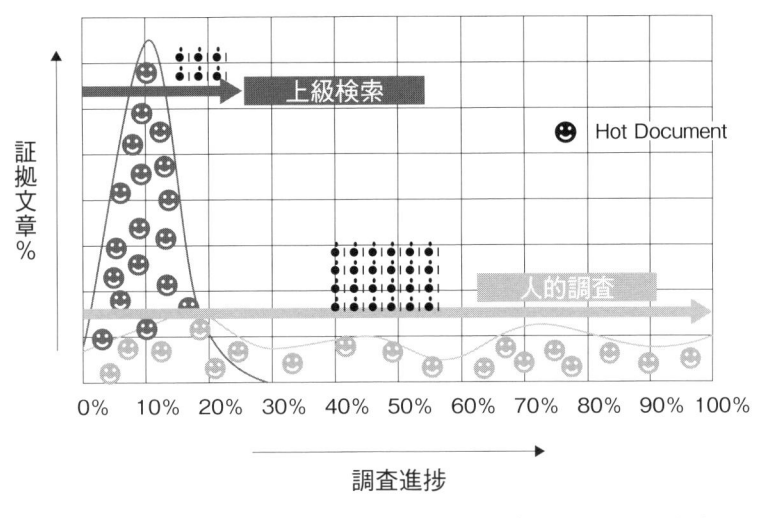

図9.2.14　上級検索(Predictive Coding)によるデータ閲覧進捗の概念図

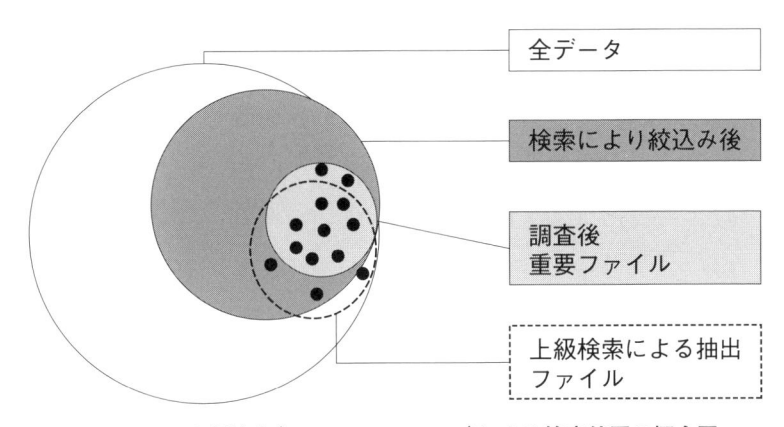

図9.2.15　上級検索(Predictive Coding)による検索範囲の概念図

(2) シミュレーション機能

　シミュレーション機能とは、事前にシステムに登録したキーワードグループ内の検索語句やキーワードグループそのものを用いて、OR検索条件やAND検索条件をシミュレーションする機能である。その操作方法はいたってシンプルであり、画面表示された検索語句をマウス操作によるアイコンのドラッグ＆ドロップでの検索条件設定を行うことで、複雑な検索式を入力する必要のない検索を可能としている(**図9.2.16**)。

　シミュレーションを実行した結果、検索対象としたデータ群に対して何ファイルヒットするのか、どの程度のヒット率となるのかを視覚的に捉えることが可能になり、検索語句自体の有効性を計り検索語句そのものの絞り込みを効果的に行うことで、より効率的なキーワード検索にもつながる。

　またデータベースに登録されているテキストインデックス情報をシミュレーションに用いることで、シミュレーション結果が反映されるまでのレスポンスが短時間で済むことも

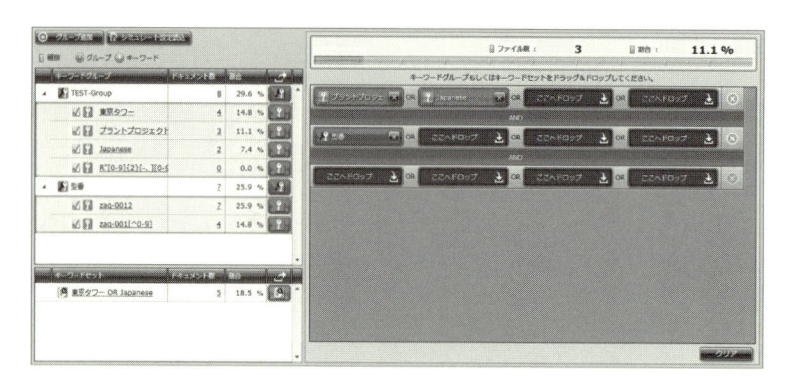

図 9.2.16　シミュレーション機能による検索実行画面

作業効率の向上につながっている。

（3）　電子メールデータへの対応

　電子メールデータの調査においては、電子メール本文だけでなく添付ファイルの調査も重要となるため、フォレンジックソフトウェアには電子メールデータを本文と添付ファイルに展開する機能が求められる。

　Lit i View XaminerではMSG形式やEML形式の電子メールメッセージファイルに加え、既存フォレンジックソフトウェアでの処理が困難であった日本特有の電子メールソフトへの対応を含めさまざまなタイプのメールアーカイブ[10]の自動展開処理が可能で、電子メール本文や添付ファイルの情報に加え、送受信日時やFrom, To, Cc, Bcc, Referenceなどのメールヘッダ情報の収集も行うことが可能である。

　またメールアーカイブから展開された個々の電子メールデータのメールヘッダ情報を解析し、関連する電子メールのメールスレッドをグループ化させて表示する機能も備えている。この機能は既存フォレンジックソフトウェアにはない機能であり、電子メールによるコミュニケーションの調査を効率的に行うことが可能であり非常に有効な機能である。

（4）　高度な検索機能

　Lit i View Xaminerでは、ブーリアン検索（AND検索、OR検索、NOT検索）、正規表現検索、NBA検索[11]、単語検索、近傍検索[12]といったさまざまなタイプのキーワード検索を行うことが可能で、複数の検索式をグループ化したグループ検索を行うことも可能で

---

10)　Lit i View Xaminerは2013年7月時点において、Outlook、Outlook Express、Becky！、Lotus Notes、Thunderbird、Eudora（Ver. 8以降）のメールアーカイブに対応している。

11)　Nothing Before and After：NBA。NBA検索とは、検索語句文字列の前後に英数字がない文字列を検索する際に用いる検索方法である。

12)　Lit i View Xaminerの近傍検索では、検索対象となる複数の検索語句間に出現する検索語句以外の文字数を、検索語句の出現距離として計測している。

ある。さらに通常のキーワード検索に加え、メールの送受信日やデータの作成日などの日付による期間限定、メタデータ項目、メールヘッダ項目、Lit i View Xaminer 独自のカラム項目への検索も可能であり、さまざまな視点からの検索を行うことで大量のデータ群をより絞り込むことが可能となっている。

また英数字の全角と半角や大文字小文字、半角カタカナと全角カタカナをそれぞれ同一視させた検索や判別視させた検索を行うことも可能で、同一視させた場合、検索語句の表記パターンの違いによる複数語句の入力を行うことなく検索することが可能である。

(5) 対応文字コードとテキストインデックス

日本企業においてもその企業活動はグローバル化が進んでおり、企業が取り扱うデータも日本語や英語だけではなく、アジア圏の言語によるデータが急速に増加している。このような背景も視野に入れ、Lit i View Xaminer は開発当初から日本語、韓国語、中国語などのアジア言語への対応が考慮され、ASCII、Big 5、EUC-JP、EUC-KR、GB 18030、GB 2312、ISO-2022-JP、ISO-8859-1、Shift-JIS、UHC、UTF-8、Unicode（UTF-16）の各文字コードに対応し、アジア言語の取り扱いにおいて困難であるといわれているエスケープ文字欠落による文字化けをなくし、それら多言語を含むデータの正確な処理を実現している。

システムに読み込まれたデータは、システム内部処理によりデータのテキスト情報をUTF-8 で抽出しテキストインデックスとしてデータベースに登録することで、オリジナルデータの文字コードに依存することなく正確な検索が可能となっている。

（執筆担当：野﨑周作）

9.2.4　Cellebrite UFED

携帯電話の市場拡大に併せて、デジタルフォレンジックに占めるモバイルフォレンジックの割合も著しく増加してきている。特にスマートフォンは携帯電話の通話要素に加えてかつて電子手帳で管理していたような電子データの管理や Web 検索、SNS、各種アプリによるユーティリティーユーズなど用途は幅広く、スマートフォンの内部データを精査すればその所有者の人格や人間関係まで把握できるとさえいわれている。

Cellebrite UFED はそんな携帯端末のデータを誰にでも簡単に抽出し捜査レポートを作成することができるツールで、全世界の犯罪捜査機関で最も多く使用されているリーディングツールである(図 9.2.17)。

Cellebrite は『Forensic 4cast』においてハードウェア部門(UFED)とソフトウェア部門(Physical Analyzer)両部門で 4 年連続グランプリを受賞している(図 9.2.18)[13]。

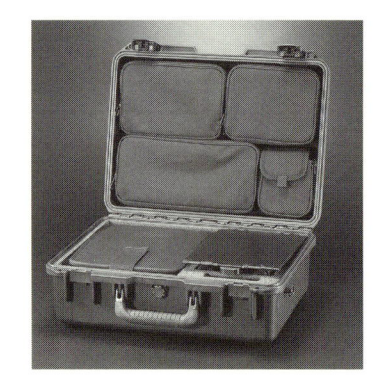

図 9.2.17　UFED

図 9.2.18　Fornesic 4cast Awards

図 9.2.19　Cellebrite UFED Logical System

（1）　Cellebrite UFED Logical System

　Cellebrite UFED Logical System は対象の携帯端末の画面上に表示されるデータを OS 経由で取得するもっともスタンダードなシステムである（図 9.2.19）。抽出したデータは「Logical Analyzer」という専用ソフトウェアでデータ化（可視化）できる。

---

13)　Fornsic 4cast：Forensic 4cast Award 2013 result、Fornsic 4 cast（オンライン）、入手先　http://forensic4cast.com/forensic-4cast-awards/2013-results/

(2) Cellebrite UFED Ultimate System

Cellebrite UFED Ultimate System は携帯端末内のバイナリデータをダンプ抽出し、専用の解析ソフトウェア「Physical Analyzer」でデータ化(可視化)するシステムである(図9.2.20)。削除済みのデータや Web データ、SNS を含むアプリ系のデータ、位置情報など Logical システムでは抽出できないようなデータの取得ができるところが大きな特徴である。

(3) Cellebrite UFED Chinex

中国では毎年数億台の携帯端末が生産され、そのうち約 25% は山寨機と呼ばれるノンブランド端末でその多くが世界に輸出されている。安価で入手できるこれらの端末は今日世界中で使用されている。Cellebrite UFED Chinex はそれら中国の名もなき小さな工場で生産されているノンブランド携帯端末のデータをダンプ抽出するシステムである(図9.2.21)。

(4) Cellebrite UFED Link Analysis

UFED を介して抽出されたデータはそれだけでも十分に有効なデータとなるが、複数の抽出データをクロス解析し、重要な第三者の割り出しや組織の解明などに役立たせるこ

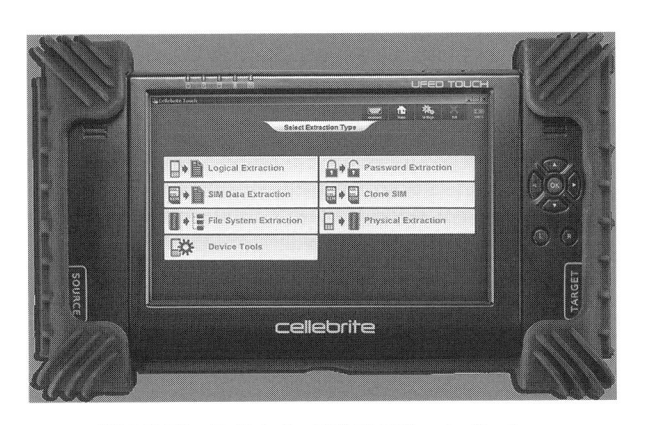

図 9.2.20　Cellebrite UFED Ultimate System

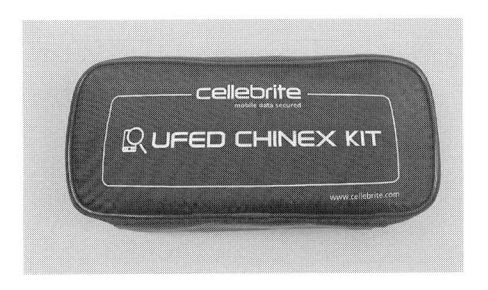

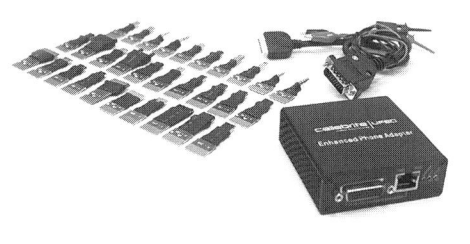

図 9.2.21　Cellebrite UFED Chinex

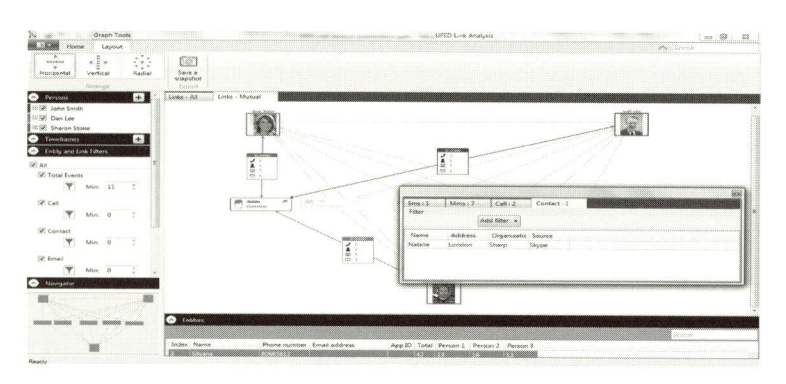

図9.2.22 Cellebrite UFED Link Analysis

とも重要である。Cellebrite UFED Link AnalysisがインストールされたPCあるいはサーバに複数の携帯端末から抽出されたデータを保存して解析することにより、それぞれの関連性を視覚的に表示し、1台のデータでは見抜けなかった組織の姿を解明することができる（図9.2.22）。

（執筆担当：纐纈正典）

9.2.5 Oxygen Forensic Suite

Oxygen Forensic Suiteは、Oxygen Software社が開発・販売するモバイル・フォレンジックツールであり、Windows環境にて動作する。同社は2000年創業で、Oxygen Forensic Suite以外にも携帯電話のデータバックアップソフトウェア等も開発しており、同社の製品は米国の司法機関を始め、多くの捜査機関にて利用されている。

Oxygen Forensic Suite含め、ほとんどのモバイル・フォレンジックツールに備わっているデータ取得機能には、大きく分けて2つある。一つがデータ同期用のプロトコルやエージェントプログラムを使って、現存するデータを収集する論理取得機能である。そして、もう一つがカスタムブートローダやrootアクセスなどを使って、スマートフォン等のモバイル機器内部に設置されたフラッシュメモリの全領域（あるいは特定のパーティション）のデータを複製する物理取得機能である。

Oxygen Forensic Suiteには、両方の取得機能が備わっている（物理取得機能は、Android端末のみ）。以下に、主要なモバイルOSからOxygen Forensic Suiteがどのようなデータ取得を行うかをまとめている。

（1） iOS（iPhone/iPadなど）のデータ取得

Oxygen Forensic Suiteは、iOS端末からデータを使用するため、iTunesのバックアップ等に使用されるAFC（Apple File Connection）プロトコルを使用する。そのため、iTunesのバックアップが実行可能な環境をつくる必要がある。具体的には、iTunesのインスト

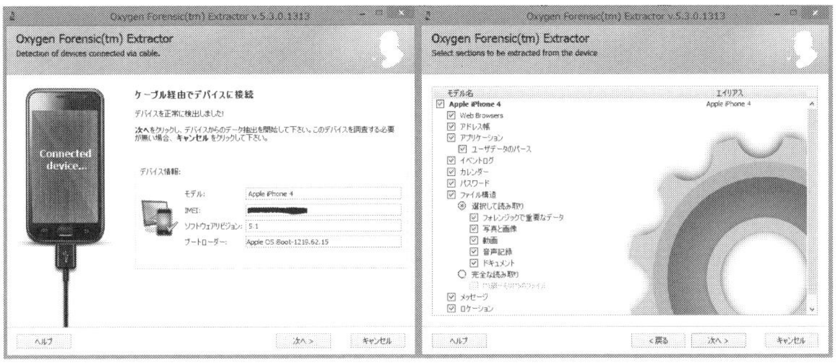

図9.2.23　iPhoneからデータを抽出するための設定画面

ールに加えて、iOS端末のスクリーンロック解除またはロックが解除された状態でiTunesに接続した際に生成されるEscrowキーファイルが必要になる。

　この方法で収集可能なデータは、メッセージ（SMS/MMS）・写真・各アプリのデータ・発着信履歴などである（図9.2.23）。iTunesのバックアップ対象ではない削除された写真や画像、メールアプリのデータなどは取得できない。

　なお、Oxygen Forensic SuiteはiTunesで生成したバックアップファイルや、他のフォレンジックツールで作成されたiOS端末のDDイメージをインポートして解析することも可能である。

（2）　Android（～3.x）のデータ取得

　Oxygen Forensic Suiteは、Android端末からデータを取得するため、アプリ開発者などがAndroid端末へのファイルの転送やコマンド発行に利用するADB（Android Debug Bridge）を使用する。Oxygen Forensic Suiteは、ADBを使いデータ収集用のアプリ「OxyAgent」をAndroid端末にインストールし、データを取得する。しかしながら、Androidにインストールされた各アプリは、基本的に互いのデータを参照できないようになっている。つまり、アプリAからアプリBのデータは参照できないし、その逆も同様となる。OxyAgentも例外でなく、他のアプリのデータは参照できず、Content Providerで共有されている電話帳やSMSデータ程度のデータ取得に止まる。

　そこで、Oxygen Forensic Suiteでは、一時的にroot権限を取得するためのexploitを使用する（図9.2.24）。exploitの実行によりroot権限でのアクセスに成功すると、各アプリのデータファイルを複製する（任意でデータパーティションのイメージファイルを作成可能）。なお、このexploitはフォレンジックを想定して設計された実行コードであり、現存ファイルの上書きなどがなく、書き込むデータ量も必要最低限にしている。また、このexploitは当然ながらすべての機種に対して動作が保証されるものではないことに注意いただきたい。その他、exploitに関する詳細については、Oxygen Software社のWebサイトを参照いただきたい（http://www.oxygen-forensic.com/）。

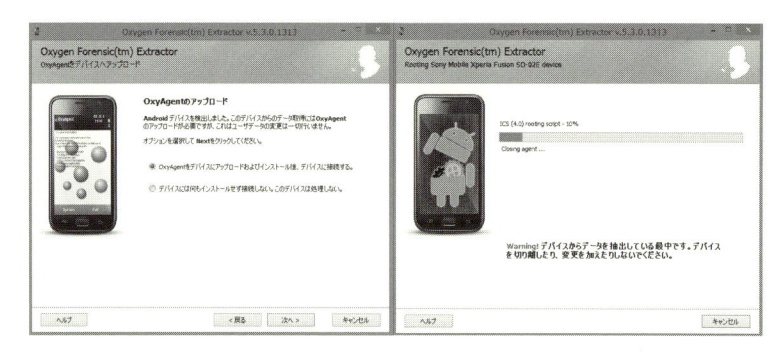

図 9.2.24　OxyAgent のアップロード(左)と exploit の実行(右)

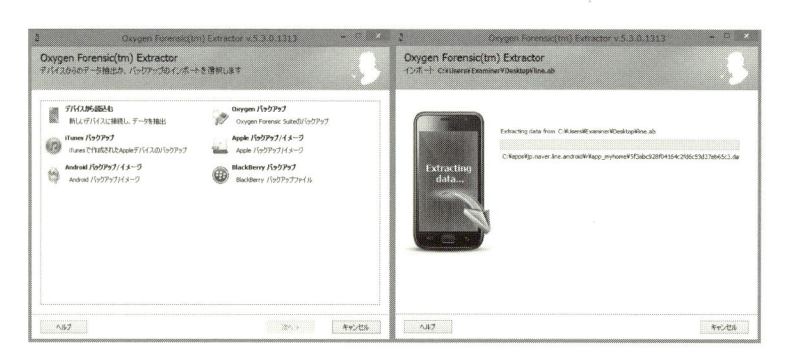

図 9.2.25　バックアップファイルを読み込んでいる画面

(3)　Android(4.x)のデータ取得

　Android 4.x 以降も 3.x までと同様に解析が可能である一方で、Android 4.x では、各アプリのデータをバックアップする ADB Backup コマンドが利用できるようになった。Oxygen Forensic Suite は、このコマンドで生成されたバックアップファイル(*.ab)をインポートし、解析することも可能となっている(図 9.2.25)。

(4)　その他デバイスのデータ取得

　Oxygen Forensic Suite は、Blackberry や Windows Mobile などのモバイル機器のデータ取得も可能である。Blackberry からは、Blackberry Desktop Software などで使用されるプロトコルを使ってデータ取得を行う。そのため、iOS 端末同様に取得可能なデータは、バックアップデータと同等となる。Windows Mobile からは、SD カードにインストールするエージェント「OxyAgent」を介してデータ取得を行う。

(5)　解析機能

　Oxygen Forensic Suite には、データ取得機能以外にも取得したデータの解析機能が備わっている(図 9.2.26)。以下に主な解析機能を記載する。

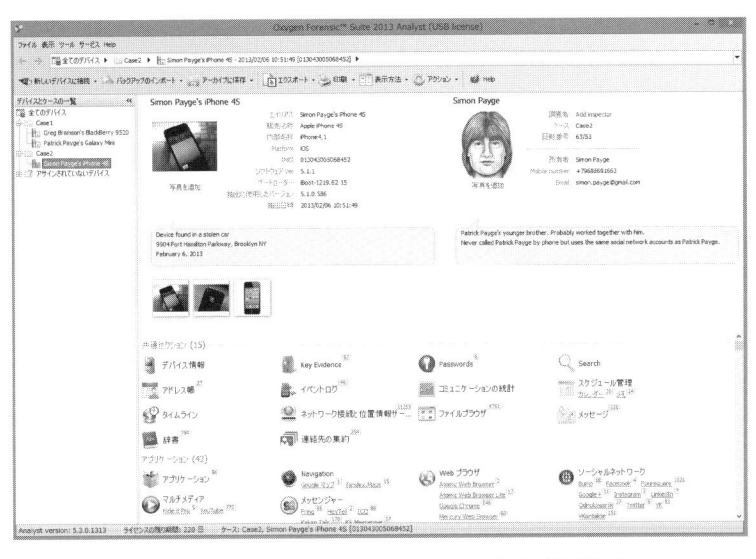

図 9.2.26　Oxygen Forensic Suite のメイン画面

(a)　イベントログ

音声通話、Facetime(iOS 端末のみ)、パケット通信(Symbian 端末の一部)の履歴を表示する。iOS 端末および Android 端末は削除レコードのリカバリが可能となっている。

(b)　アドレス帳

モバイル機器に登録された連絡帳の情報(電話番号、メールアドレス、住所など)を表示するだけでなく、連絡帳情報の更新日時(機種に依存)なども表示する。なお、Oxygen Forensic Suite には、Skype や各種 SNS に記録された連絡先情報を集約して表示する機能も存在する。

(c)　ファイルブラウザ

モバイル機器から取得したフォルダ構造およびファイルの一覧を表示する。各アプリのデータ(履歴や設定)を管理するファイルそのものを参照でき、付属のビューアを使うことでより高度な解析も可能となっている。また、ファイルの種類(位置情報付きの画像、動画、ドキュメントファイルなど)ごとにファイルを一覧表示する機能も備わっている。

(d)　タイムライン

メッセージ(SMS/MMS/Email)、着信履歴、写真の撮影日時、各アプリのメッセージ(Skype、LINE など)、Web 閲覧、WiFi 使用履歴など、時間情報を有するイベントをすべて集約して表示する。これは、モバイル機器の使用者のアクティビティを把握する際に非常に有効である。

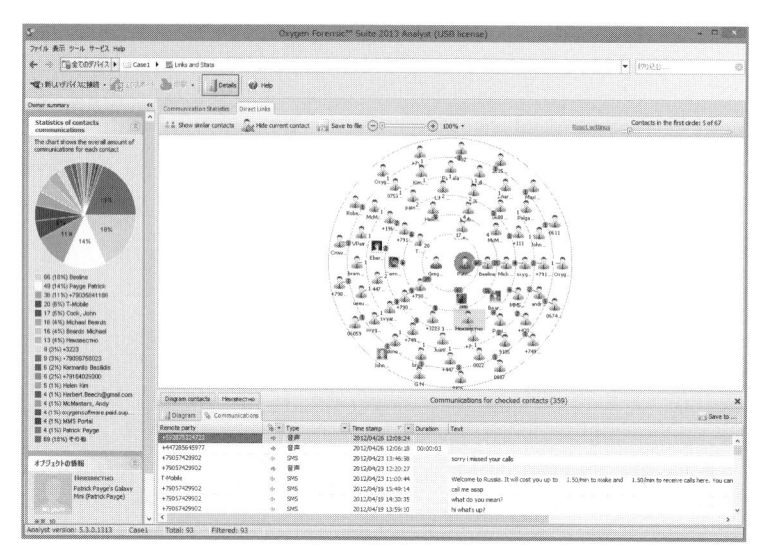

図 9.2.27　コミュニケーションの統計

（e）Key Evidence

従来のフォレンジック製品でいうブックマーク機能に相当する。重要となるファイルやレコードの一覧をまとめるための機能となっている。

（f）コミュニケーションの統計

一つまたは複数のモバイル機器に記録されたコミュニケーション（メッセージ、通話など）の履歴を集約して表示する（図 9.2.27）。この機能により、複数のモバイル機器所有者の共通の知人や SNS アカウントの把握等が可能になる。

（執筆担当：杉山一郎）

9.2.6　Lantern

Lantern（ランタン）は、米国 Katana Forensics 社が開発・販売するスマートフォン・フォレンジックツールである。

Lantern は数少ない Mac OS 上で動作するフォレンジックツールである。直感的に操作が可能なインタフェースのシンプルさと、特に iOS 端末へのアップデート対応の速さに定評がある。当初は iOS 端末のみ解析可能であったが、その後 Android 端末や Mac の解析にも対応している。

（1）データの読込み

Lantern は①デバイス、②Mac、③バックアップファイル、④イメージファイルのデータ読込みが可能である（図 9.2.28）。①デバイスでは、iPhone/iPad/iPod touch/Android の読込みに対応している。iOS 端末については、iTune を経由したデータの取得を行うた

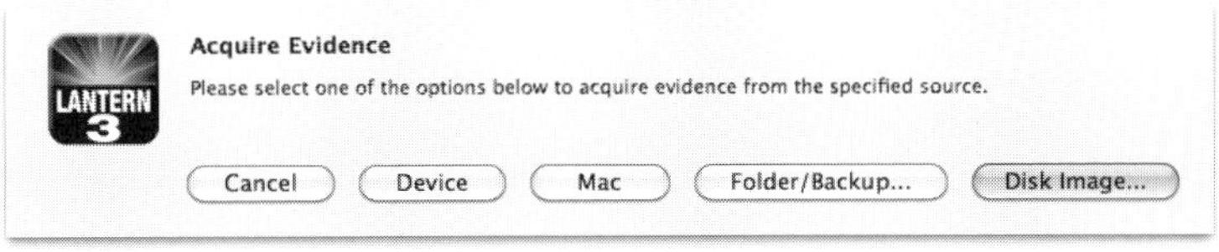

図 9.2.28　データの読込み

め、対象端末への変更を行わないことも特徴の一つである。

また、Lantern では iOS 端末に設定されたパスコードを回避してデータの読込みが可能である。iOS 端末のパスコードは、4桁の数字もしくは任意の長さの英数字が設定可能であるが、Lantern は iOS 端末と同期するソフトウェアが保存するファイルを利用してパスコードの回避を行う。これによりパスコードが不明である iOS 端末からのデータ読込が可能である。

(2) データの解析

シンプルなインタフェースは Lantern の特徴の一つでもある (図 9.2.29)。

画面左側には、連絡先や電話の受発信、メール、インターネットなどのデータのカテゴリが表示され、調査者は、解析を行いたいカテゴリを選択するだけで該当する情報を閲覧することができる。主なカテゴリは次のとおりである。

① Info (デバイス情報)：端末の電話番号や UDID[14] など
② Contacts (連絡先)：名前や電話番号、メールアドレスなど
③ Calls (受発信)：電話の受発信、不在着信など
④ Messages (メッセージ)：MMS、SMS
⑤ Calendar (カレンダー)：カレンダーやリマインダーなど
⑥ Internet (インターネット)：Safari ブラウザの履歴やブックマークなど
⑦ Dictionary (辞書)：端末で入力された単語の一覧
⑧ Image&Video (画像と動画)：端末で撮影されたり、アプリで使用されたりしている画像や動画 (図 9.2.30)
⑨ Timeline (タイムライン)：電話の受発信やメールの送受信、画像や動画の撮影、インターネットの閲覧などを時系列に一覧化

その他にも WiFi 接続履歴やアプリの一覧、音声メモ、保存されている文書一覧、一部のサードパーティアプリ (Facebook や LINE など) が解析可能である。要望の多いサードパーティアプリの解析を可能にする Lantern 用プラグインも、同社のユーザ向けサイトにて提供されている。

---

14) Apple 社の iOS 端末に割り当てられている、その端末固有の識別コードのこと。

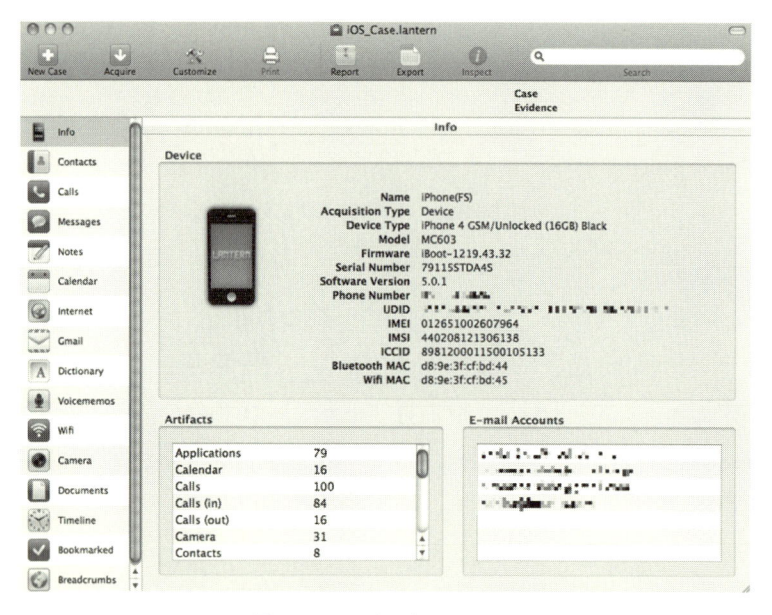

図 9.2.29　インタフェース

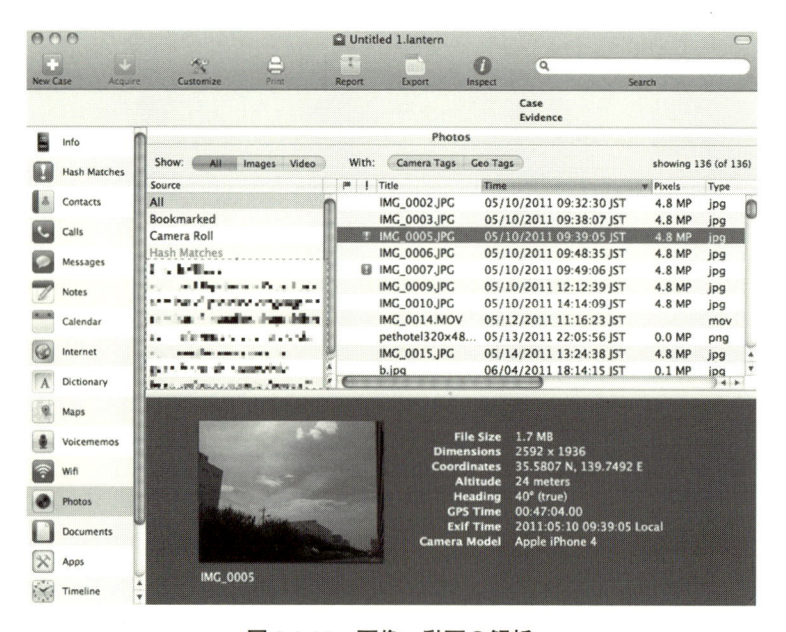

図 9.2.30　画像・動画の解析

　解析結果に対しては、ブックマークを作成しまとめておくことができる。ブックマークしたデータは、レポート機能を使用して出力が可能である。レポートの出力形式は、①HTML、②PDF、③Lantern Readerである。③については、iPad用のアプリとして同社から提供されており、iPad上でLanternのレポートを表示することができる。

（3）　Lantern Lite

　Lantern本体では、iOS端末のイメージファイルの作成はできない。しかし、同社から

Lantern のユーザ向けにイメージファイル作成ツール Lantern Lite が提供されている。Lantern Lite は、特定の iOS 端末からイメージファイルの作成が可能なツールである。さらに、4 桁の数字のパスコードについては、総当たり攻撃によって解読を行うことができる。Lantern Lite は、同社のユーザ向けサイトにおいて提供されている。

（執筆担当：金子寛昭）

9.3 eディスカバリツール

eディスカバリツールとは、米国訴訟において求められる情報開示−ディスカバリについて、デジタルドキュメントの保全、絞り込み、閲覧を行うためのツールである。デジタルデータが劇的に増加し続ける現在、ツールなしでeディスカバリを行うのは、もはや不可能といえる

eディスカバリのよく知られたワークフローとしてEDRMがあるが、現在多くの法律事務所やベンダーがこのEDRMに沿ってeディスカバリ作業を行っている。eディスカバリツールは、このEDRMが定める各フェーズを実行するものだが、EDRMの広い範囲をサポートできるツールはまだ少ない。

昨今のデータ増大を受け、現在もっとも注目されている機能がPredictive Codingである。テキストマイニングやAI技術を応用することで、データの絞り込みを自動化し、早期の重要データ発見、絞り込み業務の省力化、コスト削減などを実現する。この機能に対応しているか否かはツール選定の際の大きなポイントといえる。

またアジア企業に関する訴訟の場合、英語以外のドキュメントも存在するため、ツールの多言語対応が必須である。

(執筆担当：野﨑周作)

9.3.1　Lit i View

(1)　Lit i View 概要

Lit i View SPRINTは、UBIC社が開発・販売しているeディスカバリ支援システムであり、主にアジア圏に展開している企業のeディスカバリにおいて、約200案件の処理実績をもつ。

Lit i Viewは主に、同じくUBIC社が開発、サービス提供しているクラウドプラットホーム、Legal Cloud上でSaaSとして提供される。Legal Cloudはアジア各国および米国にデータセンターをもち、テラバイト規模の訴訟関連データを、その国の法の及ぶ場所で迅速に処理することが可能である。また同時にインターネット上からも接続が可能であるため、遠隔からの操作が可能である。このLegal Cloud上の提供形態により、国境を越えた複数の拠点からもeディスカバリ対応を行うことが可能になる。

Lit i Viewには前述のeディスカバリ版に加え、Forensic調査に特化したLit i View XAMINERがある。Lit i View XAMINERはスタンドアローン形式、およびクライアントサーバ形式でのForensic調査に利用されている。また、AI技術を利用した、重要ファイル自動仕分け機能であるPredictive Coding機能を標準搭載している。これはForensicツールとしては世界初である(UBIC社調べ。2013年11月時点)。

UBIC 社は、大量データを人間の思考と行為の集積とみなす、行動情報科学を提唱しており、テキストマイニングなどの情報科学のみならず、犯罪学、社会学、心理学などの行動科学を分析に応用している。Lit i View の分析機能は、行動情報科学を反映し、人間や人間の集合としてのコミュニティの分析を特色としている。さまざまなコンテクストの証拠を見つけるため、人間の判断を柔軟に学習しドキュメントを抽出する Predictive Coding や、調査対象者の人間関係を分析し、それを起点に証拠を調査できる Central Linkage は、SPRINT、XAMINER ともに搭載されている。

　Lit i View は、アジア言語を正確に処理できるという特徴をもつ。e ディスカバリで取り扱うデータは、ほとんどが非構造化データ（各種メール、テキストデータ、Excel、Word などのビジネスドキュメント）であるため、非構造化データからテキストやメタデータを取り出し、分析可能な状態へ処理するための Processing という処理が必要である。分析の出発点である Processing において、アジア言語特有のエンコーディングやアプリケーションに幅広く対応しているため、CJK TAR（Chinese Japanese Korean Technology Assisted Review）や、CJK での検索など、アジア言語での正確な調査が可能になる。

　Lit i View は EDRM に即した e ディスカバリに求められる、Identification から Production までフェーズに幅広く対応する機能をもつ。また、ユーザに与えられた権限に応じて、利用できる機能を制限することも可能である。例えば、1st レビューアのように特定の機能しか使わないユーザにはシンプルなレビュー機能だけを、全体管理を行うマネージャには、検索や管理機能も合せて提供する、といった柔軟な機能選択と厳密なアクセス管理を実現している。

（2） Lit i View 保全機能

　Lit i View では、ファイルの保全に先立って、Gathering Information 機能により、実ファイルをコピーすることなく、ファイルシステムの情報（ファイル名、ディレクトリ情報、ファイルサイズなど）のみを取得することができる。保全前に、保全対象候補の PC やファイルサーバ上にある、ファイルの全体像を把握し、どのファイルまたはフォルダを保全するかなど、事前に保全方針を策定したうえで、効率的な保全を行うための工夫がなされている。

　Lit i View の保全機能は SMB プロトコルに対応しているため、保全対象端末・サーバにログインするための情報を設定することにより、ネットワーク経由でファイルを保全することができる。小規模データの案件向けには、インターネットを通じて、ファイルを Lit i View に取り込む機能も装備されている。また、Culling 機能を使うことにより、保全対象とする（または保全対象から除外する）ファイル種別、対象ディレクトリ、ファイルサイズなどの条件を指定することで、必要なファイルのみを抽出し、保全することもできる。

　Lit i View では、ファイルを保全する際、ファイルの作成日、最終更新日、アクセス日

時を保持したまま、コピーが行われ、ファイルが改ざんされていないことの証左として、MD5でファイルハッシュの算出を行っている。

　イメージから保全する場合、イメージファイルからファイルを読み出す機能をもつと同時に、削除されたファイルを復元する機能も有している（対応ファイルは、Encase Image、Linux DD）。

　e ディスカバリにおいては、証拠性の担保が重要であるため、アーカイブのなかに入っているファイルや、メールの添付ファイルについても、アーカイブやメールファイルから抽出が行われ、それぞれ独立したファイルとして Lit i View 上で管理される。また同時に、メール添付のファイルは、メール本文との関連性も管理されているため、レビュー時にまとめてレビューすることができるようになっている。

　Lit i View では保全後、検索やレビューのためにファイルからテキスト情報、メタデータ（ファイルの作成日、最終更新日などのファイルシステム関連データ、作成アプリケーション情報など）の抽出を行っている。このテキスト情報、メタデータの抽出にあたって、Lit i View では多段階抽出機構を備えている。その理由は、PDF などファイルの仕様が多様であり、さまざまなアプリケーションで作成されているファイルの場合、一つの抽出エンジンですべてのファイルに対応することが困難であるためである。仮にある抽出エンジンで抽出が失敗したとしても、複数の抽出エンジンが動作することで、抽出の成功確率を上げている。また、抽出後、全文検索のためのインデックス作成を行っている。

　さらに、Lit i View は、Job Controller 機能によって、保全対象ドキュメントの情報収集を行う Gathering から、ドキュメントから各種データを抽出しインデックス化する Indexing までの処理を、設定したスケジュールに沿って自動実行させることが可能である。

　Lit i View ではアジア独自の文字コード（S-JIS、EUC-JP、EUC-KR、BIG5 など）に対応しており、特に電子メールなどにおけるアジア独自のアプリケーション（Becky！、Shuriken、Edmax、Almail、Tsurukame、Wemail、Mysingle）に対応していることもその特長として挙げられる。

　さらに、保全の際のイレギュラー対応を想定した機能も用意されている。例えば、Append 機能を使えば、暗号化されているために情報を抽出できなかったファイルについて、暗号化を解除したうえで解除後のファイルと入れ替えるなど、柔軟なファイルコントロールができる。ファイルが壊れている場合なども、この機能でファイルを修復後、入れ替えることができるほか、対象ファイルの翻訳データを取り込むこともできる。その際、翻訳を重複して行うことがないように、ハッシュ値を参照して同一内容とみなされるファイルに対しては、同時に翻訳ファイルを反映させる。

（3）　Lit i View 分析機能

　Lit i View ではレビューの負荷を低減するため、保全したファイルの絞り込みを行うた

めのさまざまな分析機能が用意されている。

例えば、De-Duplication 機能を用いれば、保全したファイルのなかから重複しているものを削除することができる。重複ファイルか否かは、ファイルのハッシュ値を参照して判断しており、ハッシュ値が同一であれば重複ファイルとみなし、あらかじめ定めたルールに従ってレビュー対象として残すファイルとレビュー対象から除外するファイルの選別を行うことができる。また電子メールの場合は、メタデータ、メール本文から生成されたハッシュによって重複排除を行うため、より厳密な同一性の判断が可能である。

ファイルの検索という観点では、ファイル本文だけでなくメタデータに対しても検索が可能であり、テキストによる検索式の入力のほか、GUI での入力にも対応している。

検索では全角半角の同一視検索、大文字小文字の同一視検索が可能で、通常の全文一致、部分一致のほか、正規表現、近傍検索など、多様な検索手法が用意されている（図 9.3.1）

Lit i View は検索結果を保存することが可能だが、Set Operation 機能を使用することで、保存した検索結果のドキュメント群を、一つの集合単位として取り扱うことができるため、検索結果のドキュメント群同士の論理演算（AND、OR、XOR、NOT）が可能である。この機能を利用することで、複雑な検索を行うことなく、より短時間でファイルの絞り込みを行うことを可能にしている。

短時間でのファイルの絞り込みを支援する機能としては Simulation 機能も挙げられる（図 9.3.2）。キーワードによるブーリアン検索の場合、特定のキーワードがあらかじめキーワードごとのヒット数を把握しておき、論理演算で結果を表示するため、通常の検索に比べ、はるかに短時間でキーワードの選別を行うことができる。複数のキーワードをドラッグアンドドロップで簡単に組み合わせて検証できるため、レビュー対象の選定やレビュー方針の策定の効率化が見込まれる。

ヒットレポート出力機能により、任意のファイル群のなかに設定したキーワードを含む

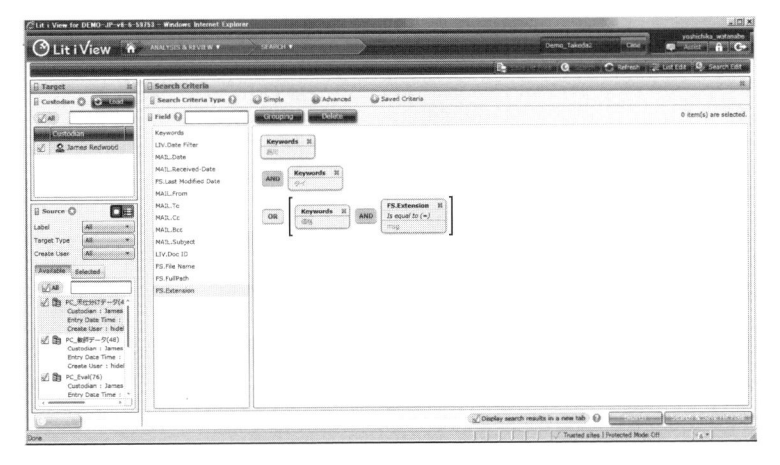

図 9.3.1　Lit i View 検索画面

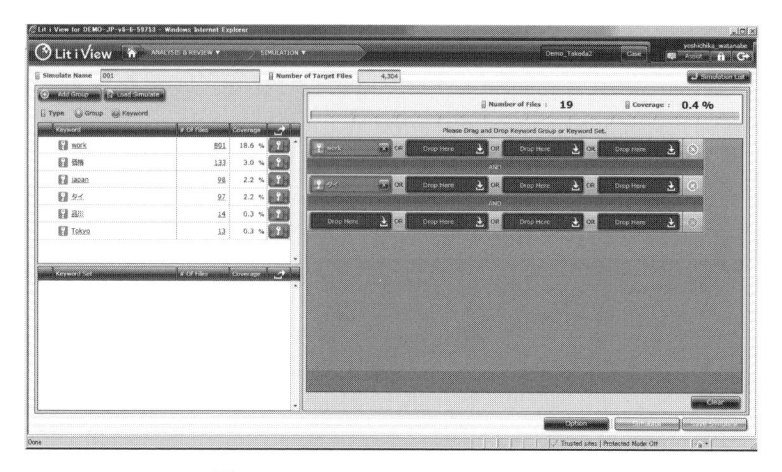

図9.3.2　Lit i View Simulation 画面

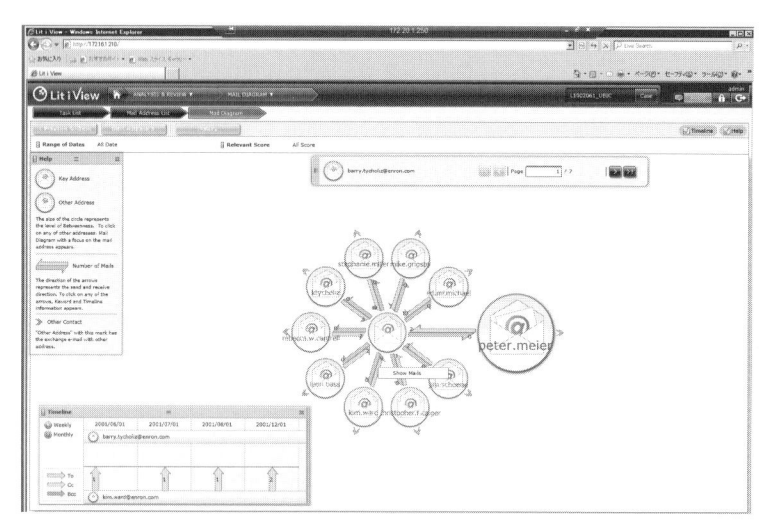

図9.3.3　Lit i View Central Linkage 画面

ファイルがどれだけあるかを把握することもできるため(結果はCSVファイルとして出力される)、ヒットレポートで任意のファイル群とキーワードの関連を網羅的に把握し、Simulation機能でその結果を生かすという使い方も想定される。

　Central Linkageは、メールを元に、人間関係を可視化する機能である。Predictive Codingと組み合わせることにより、ある特定のテーマについてコミュニケーションをとっているカストディアン同士のコミュニケーションを効果的に調査することができる。その結果、見落としているカストディアンを発見することが、可能になる(図9.3.3)。

(4)　Lit i View レビュー機能

　eディスカバリのなかで最もコスト、時間、リソースを必要とするレビューについて、Lit i Viewではより効率的に作業するために、ドキュメントをさまざまなルールに応じて、

レビューしやすいようにまとめて抽出する以下のような機能を提供している。

- Email Threading：電子メールのスレッド単位でドキュメントを抽出。
- Exact Duplicate：ファイル内容が同一のファイル（ファイルハッシュが同じ）を抽出する。
- Near Duplicate：ファイル内容が同じであるが、似ているものを抽出する。
- Family View：メール本文と添付ファイルを抽出する。
- Clustering：同一、もしくは近いテーマについて書かれていると思われるファイルをグループ化して抽出する。Clustering は電子メールスレッドおよびメールタイトル、ファイルタイトルに着目して抽出、グループ化を行っている。

上記以外にもレビューを支援する機能として、キーワードのハイライト機能が用意されている。ハイライトさせたいキーワードをあらかじめ任意にグルーピングして登録し、レビュー中にキーワードを切り替えることで、レビュー効率性や結果の均質性を実現する仕組みとして利用されている。

レビュー対象のドキュメントは、さまざまなアプリケーションで作成されているが、Lit i View が提供するドキュメントビューワはマルチファイルに対応しているため、例えば Outlook などのメールファイル、Word、Excel、PowerPoint、PDF などのファイルも、すべて Lit i View 上で閲覧できる（図 9.3.4）。

ビューワでは、ドキュメントファイルについてさまざまな情報を確認することができる。Native と呼ばれるドキュメント本来の形式のほか、テキストのみ、メタデータ、イメージ、翻訳などをプルダウンメニューから簡単に選び、確認することが可能なインタフェースを実現している。また、Open with Application を使用することで、ドキュメントを作成したオリジナルのアプリケーションでファイルを閲覧することもできる。

さまざまなアジア特有のエンコーディングに対応しているため、アジア言語のファイルを幅広くレビューすることができる。開示対象文書の一部に開示できない情報があった場

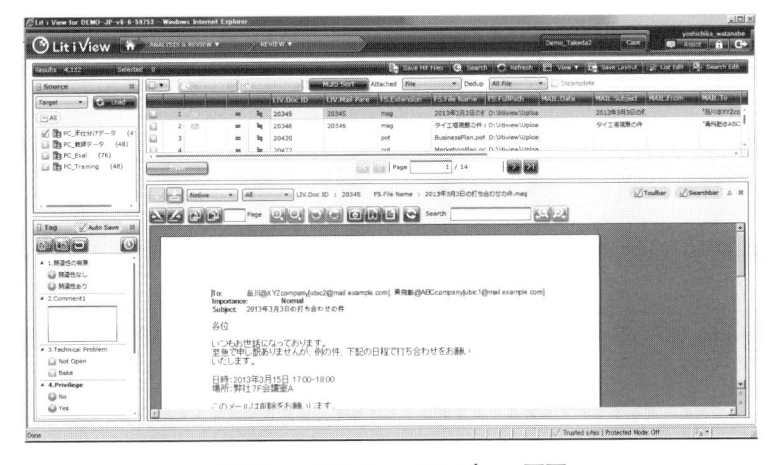

図 9.3.4　Lit i View のレビュー画面

合、リダクションによる墨塗りが可能であり、Production 時にもその状態が出力されるといった配慮がなされている。

　また、電子ファイルだけでなく、紙データも一括で管理できるよう、スキャンした紙データをイメージファイルとして取り込み、レビューすることが可能な設計がなされている。

　次に Lit i View は、案件の性格や、レビューのフェーズによって観点が変わるレビュー方針に応じられるよう、柔軟なタグ設定を行うことができる。択一選択、複数選択だけでなく、それらを組み合わせた分岐型のタグなど、さまざまなパターンに対応したタグ設定が行え、一度作成したタグの組合せはタグセットとして保存、再利用することも可能である。加えて、一度タグを付けたドキュメントについては、変更できないようにロックすることができるセキュリティ機能も有している。

　レビューにおいては、一つのドキュメント群を複数のバッチ（ドキュメントの束）に割り振り、複数のレビューアで分担してレビューすることが可能であり、レビューの進捗状況をレビューアごとや、ターゲットごとなどさまざまな切り口で集計したレポートを出力する機能もあるため、進捗管理も容易に行うことができる。

　さらに、Batch Work Flow 機能でレビューのワークフローをあらかじめ設計し、実行することができる（図 9.3.5）。1 st レビュー、2 nd レビュー、クオリティコントロールなど、設定したレビューフェーズが終了すると、バッチを次のフェーズに手渡す。どのようなタグを付ければレビューを終了するか、どのような条件で次のフェーズに手渡すか、といった設定をあらかじめ行い、ワークフローを管理する機能を有している（図 9.3.6）。

　Lit i View は Predictive Coding を応用し、レビューの品質を確認するための機能 Review Heat Map をもつ（図 9.3.7）。この機能は Processing 状況や Review 状況を管理するためのダッシュボード機能の一つであるが、レビューアごとの仕分けの質を、見える化することが可能である。Predictive Coding のスコアが高いにもかかわらず、案件への関連性があるとみなしていないファイルが多くあった場合、またはスコアが低いにもかかわ

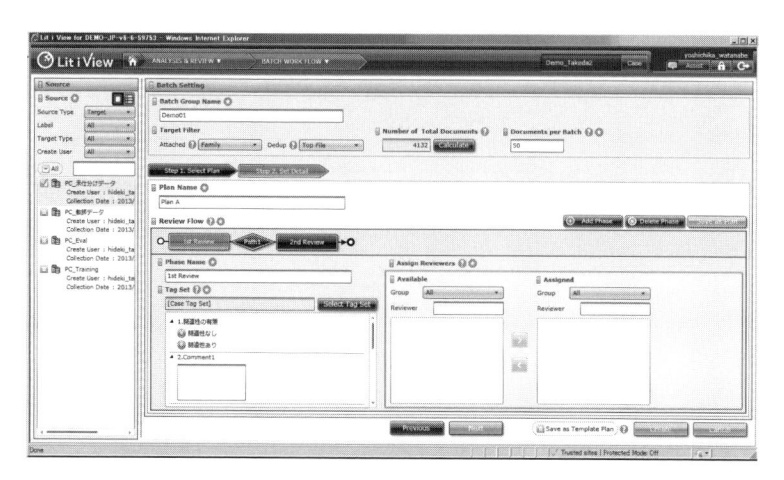

図 9.3.5　Lit i View のバッチワークフロー作成画面

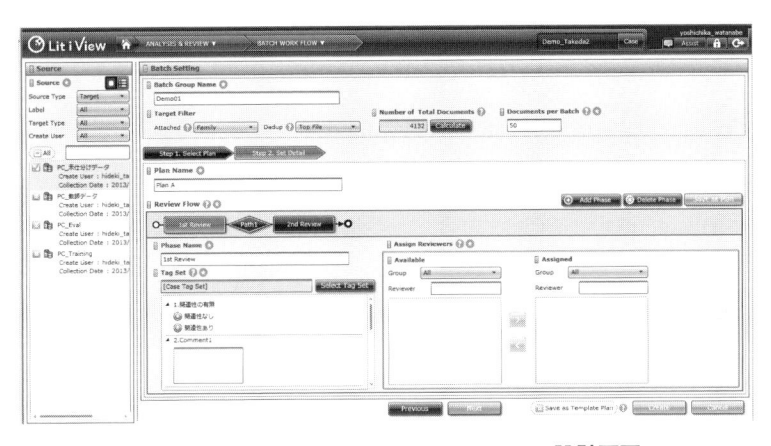

図 9.3.6　Lit i View のバッチワークフロー設計画面

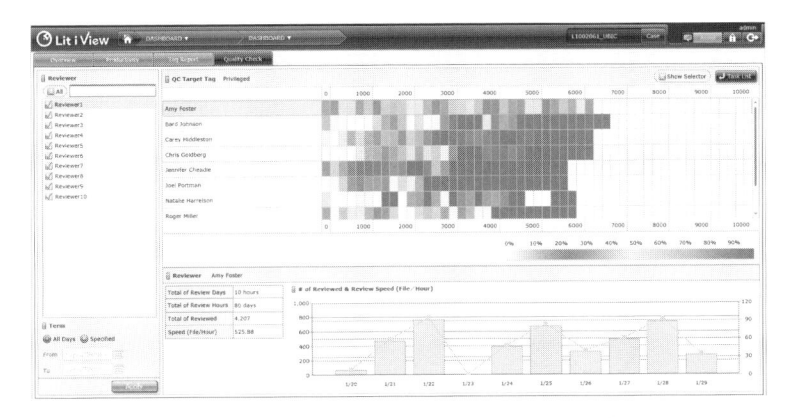

図 9.3.7　Lit i View Review Heat Map 画面

らず、案件への関連性がないと見なしているファイルが多くある場合、レビューア仕分けが正しい判断の下、行われていない可能性が高くなる。

　レビュー対象のデータの増加に伴い、Predictive Coding を使ったレビューは、e ディスカバリソフトウェアになくてはならない機能になりつつある（図 9.3.8）。Predictive Coding を利用することで、レビュー対象ファイルの仕分けを自動化し、レビューにかかるコスト、期間を削減し、正確性も向上することが可能となる。

　UBIC 社の独自の Predictive Coding には 2 つの大きな特長がある。一つ目は文書の特徴抽出アルゴリズムである。相互情報量を用いることにより、ドキュメントの特徴を捉える精度をより高めている。二つ目は Weight Refinement 機能と呼ばれるもので、教師データから抽出されたキーワードの重み付けを自動的に多段的に行う仕組みである。この機能により、より広い観点で文書を探索することが可能になっている。

　また、Predictive Coding を使ったレビューでは、Predictive Coding の結果の正しさを確認するための確認レビューを行うことが通常であるが、どの程度のドキュメントに対して、確認レビューを行うかが、全体のコストにも影響する。Lit i View では、教師データ

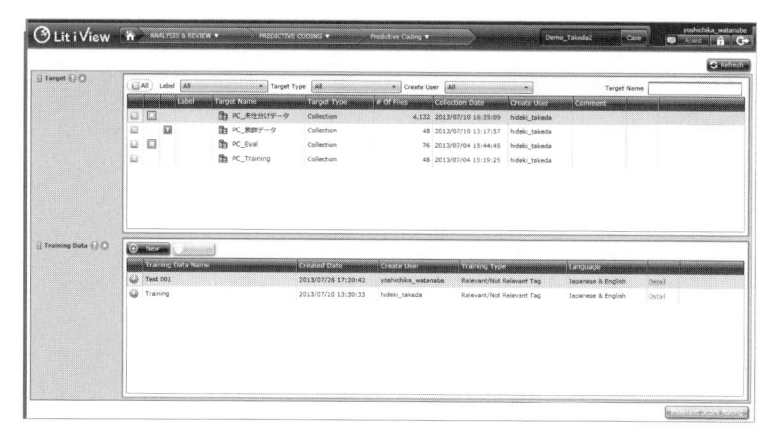

図 9.3.8　Lit i View Predictive Coding 設定画面

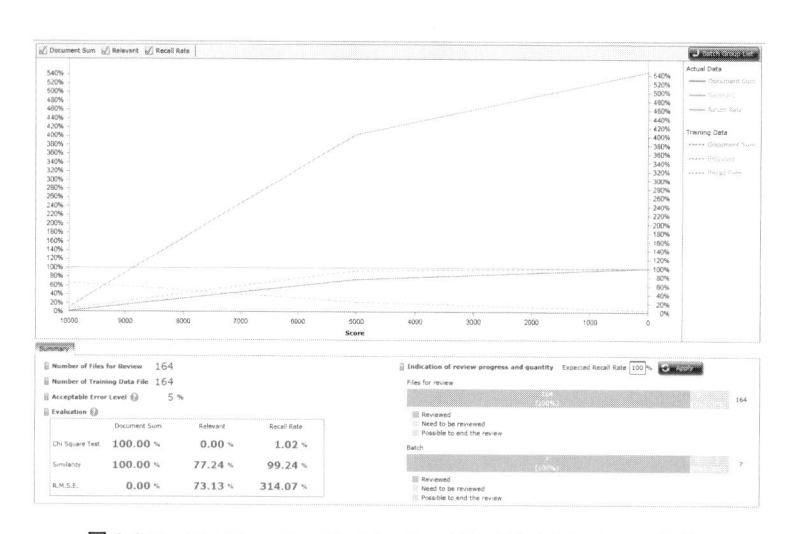

図 9.3.9　Lit i View Quality Monitor / End Point Detector 画面

に対するレビューと Predictive Coding 後のドキュメントの確認レビューの結果を比較し、どの程度確認レビューをすれば統計的に正しさが証明されるのかを計算し、ユーザに提示する、End Point Detector 機能を備えている（図 9.3.9）。

（5）　Litigation Hold 機能

　訴訟が発生した際、もしくはその発生が見込まれた際、まず行うのが Litigation Hold である。企業は証拠となり得るデータが削除、改ざんされることがないよう、速やかに Litigation Hold を実施しなければならない。Lit i View には、この Litigation Hold を効率的かつ確実に行うため、Litigation Hold 対象候補者の登録、選定のためのアンケート作成、アンケート実施などを通達するためのメール作成と配信、アンケートの回答状況の管理、アンケート結果の分析といった機能が用意されている。

(6) Production 機能

レビューの結果、開示すべきと判断されたデータは、Production 機能により、対象となるデータを提出用のファイル形式に変換、出力することになる。ファイル形式は事前に原告・被告の双方での話合いによって決められるが、多くの場合、改ざんの難しい画像ファイルが採用される。Lit i View では TIFF、JPEG、PDF などの画像ファイル形式での出力に対応しており、解像度、圧縮形式などを選択することができる。Bates ナンバーと呼ばれる通し番号をデータに付与する仕組みだけでなく、ファイルに Endorsement を挿入する機能や、画像ファイル化が困難なデータに関しては、slip sheet を出力する機能も装備されている。また、相手側のレビューツールに、Production した画像ファイルだけでなく、必要なメタデータなども読み込むことができるよう、Concordance や Summation 形式でロードファイルを同時に出力することもできる。場合によっては、相手側から Native ファイルの出力が求められるケースも想定されるため、Native ファイルの出力にも対応しており、Bates ナンバーでの検索や、Production した画像ファイルと、Native ファイルを紐付けて閲覧することができるなど、Production 後も相手側とのスムーズなやりとりができるよう配慮されている。

(執筆担当：武田秀樹)

9.3.2 HP オートノミー（HP Autonomy）
(1) 日本ヒューレット・パッカードオートノミー製品

日本 HP は、電子情報開示参照モデル（EDRM：Electric Discovery Reference Model）のすべてのプロセスでのデータを包括的に管理できる非常にユニークな e ディスカバリ（電子的証拠開示手続）対応プラットフォームとして HP オートノミー（HP Autonomy）ソリューションを提供している。法務情報管理、情報統制、法令遵守（コンプライアンス）の分野において、多くの実績を誇るソリューションである。全社の情報識別管理、データ保全、収集、レビュー・分析と情報開示といった EDRM プロセスに準拠した e ディスカバリソリューションは、グローバル Fortune 100 社中 86 社、主要な政府機関、Global 100 法律事務所の 75％、および AmLaw 100 の 73％ に採用されている。

(2) 統合的訴訟業務管理プロセスの重要性

HP オートノミーが最も重要視しているのは、統合された業務プロセス全体を効率よく管理すること、つまり全体を単一のソフトウェアプラットフォームで管理するということである。従来、例えば訴訟が発生した際は、情報管理、情報検索、関係者へのヒアリング、訴訟に必要な情報（ドキュメント）の仕分けといった、それぞれの局面に対応するシステムが個別に存在したため、全体の整合性がとれず、重複した煩雑な業務を行うということが散見された。しかし、HP オートノミーはこれらすべてのプロセスを網羅したソリュー

■EDRM（電子情報開示参考モデル）

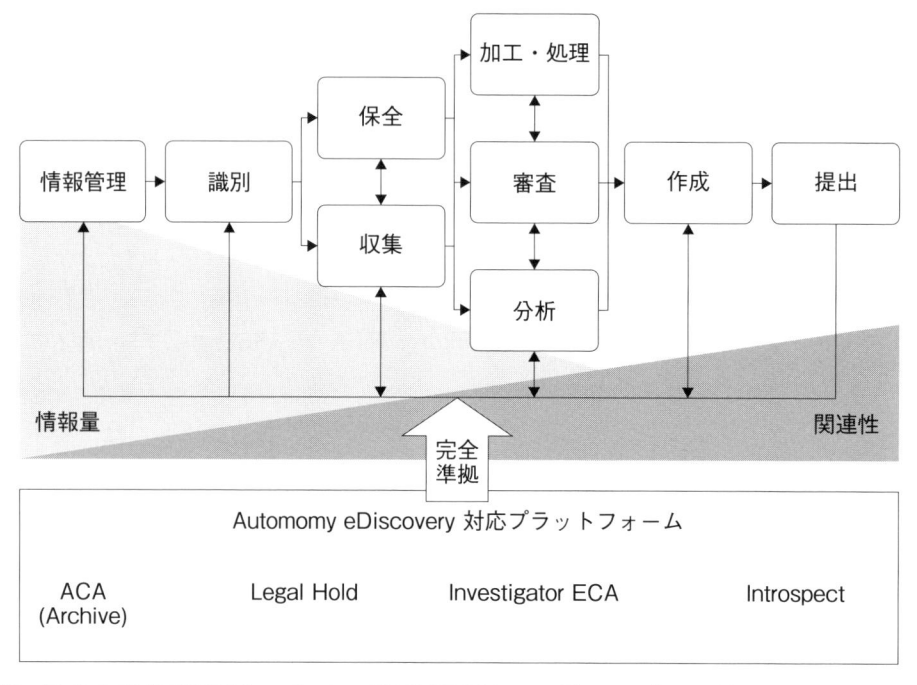

図 9.3.10 EDRM と HP eDiscovery 対応プラットフォーム

出典）図の上部は EDRM ホームページ：EDRM Diagram Elements（http://www.edrm.het/resources/diagram-elements）による。

ションとして、EDRM に完全準拠した e ディスカバリ対応統合プラットフォーム製品を提供する（図 9.3.10）。

EDRM のプロセス全体を、はじめから終わりまで一貫して、オートノミー単一の製品でカバーできる点が大きな特徴であり、訴訟の電子証拠開示プロセスにおいて求められる、電子情報の識別、保全、収集、処理、審査、レビュー・分析それぞれの情報管理機能を以下に紹介する。

(a) **HP Consolidated Archive（HPCA）**

オートノミーの包括的な統合アーカイブソリューションは、電子メール、共有ファイル、SharePoint、Notes、IM、その他のファイルタイプなど企業や機関の貴重な情報資産をインハウス（自社構築）やクラウドサービスにて安全に保管し必要なときに容易に利用することを可能にする。

また、無駄な重複情報（ドキュメント類）や不要な情報、保持期限の過ぎた情報はポリシーに従って自動的に削除することができるため、管理コストの削減という効果を上げることができる。さらに、多くの大手金融機関や政府機関などにおける運用実績からもわかるように、その優れたスケーラビリティ（十数ペタバイト以上のデータ管理実績）、多言語対

応(100以上)、高いセキュリティを誇る。過去の資産となるデータの保全はもちろん必要となるあらゆるデータを瞬時に入手でき、自動化された分類により容易に必要なデータ(例えば、特許関連情報や訴訟に対応する関連情報)の識別が実現される。

(b) HP Legal Hold(証拠保全)

HP Leagal Holdは、全体の証拠保全プロセスを自動化して企業全体の視点から統合的に情報データを管理できる証拠保全ソリューションである。これはすべてのデータ保持(PCからサーバまで)、情報保持管理者(カストディアン)の識別、データマッピング、および訴訟ライフサイクル管理、関係者へのメール通知などを含む総合的な証拠保全全体の

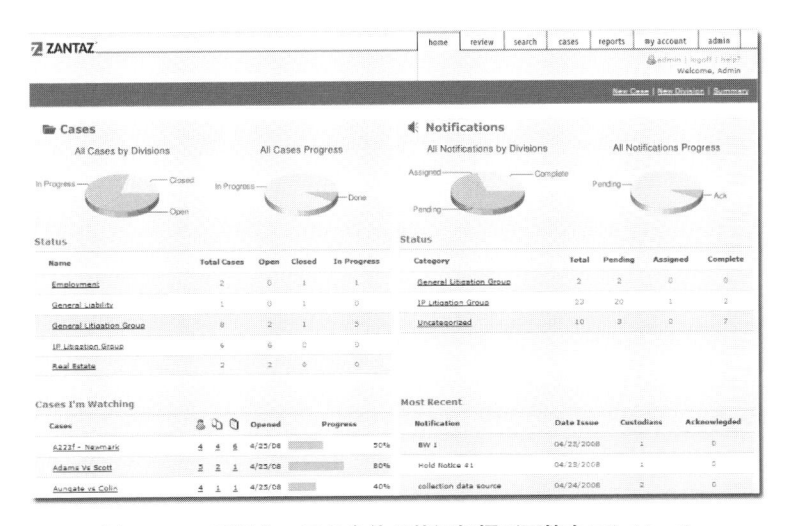

図9.3.11 訴訟ケースの全体の状況把握が可能なコンソール

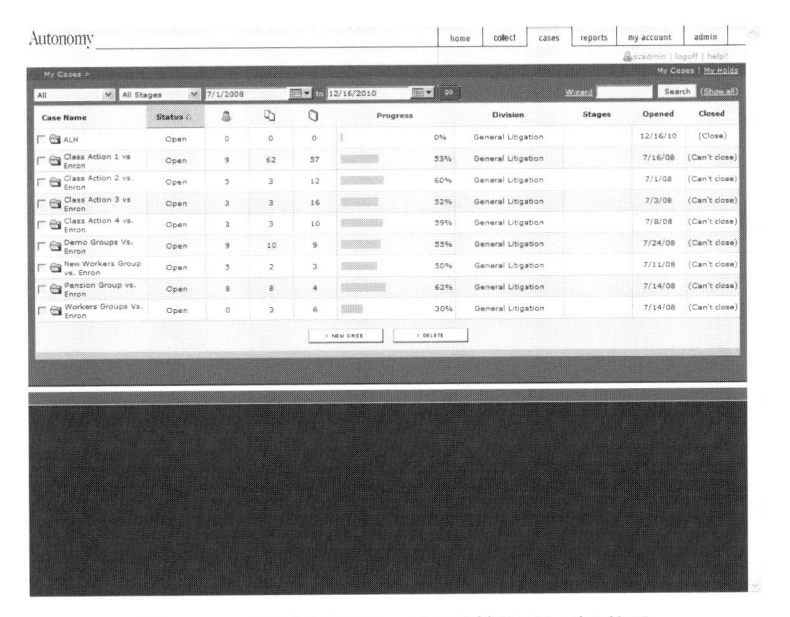

図9.3.12 個別の訴訟ケースの進捗状況などの管理

業務プロセスを管理する(前掲の図 9.3.11、図 9.3.12)。証拠保全の徹底、保全義務違反リスクの低化、保全管理コストの削減などが可能となる。米国では、訴訟の可能性が発生した時点で関連証拠の保全義務が発生するため、保全義務違反(必要情報の削除や非保管、データの開示不能など)により制裁金が課せられるケースが多く見られるため、そのコストを低減する。

(c) HP Investigator ECA(早期訴訟ケース評価)

HP Investigator ECA(Early Case Assessment)は、コンプライアンス担当者や特許管理者、法務部担当者、外部弁護士などが、訴訟や各種データ分析や調査を極めて効率よく実施・管理するための強力なソリューションである。必要と考えられる情報やドキュメント(例えば、技術情報、電子メールなど)を迅速に入手することは非常に重要であり、キーワード検索、概念検索などにより電子メールや関連した電子化されたデータ(音声、動画など)の早期発見や入手した情報の関連性を自動的に見抜くことができる画期的なツールである。関係者の電子メールや電話での通話を視覚的に追跡、分析ができるため、従来見過ごされていたような人物相関関係やその情報の関連性が発見でき、リスクを早期に解明することを支援する(図 9.3.13、図 9.3.14)。ある捜査機関は、従来の手法では 15 カ月以上かかる情報分析をわずか 2 カ月で分析したというケースもあり、必要最少人数で大きな成果を出すことが可能となる。

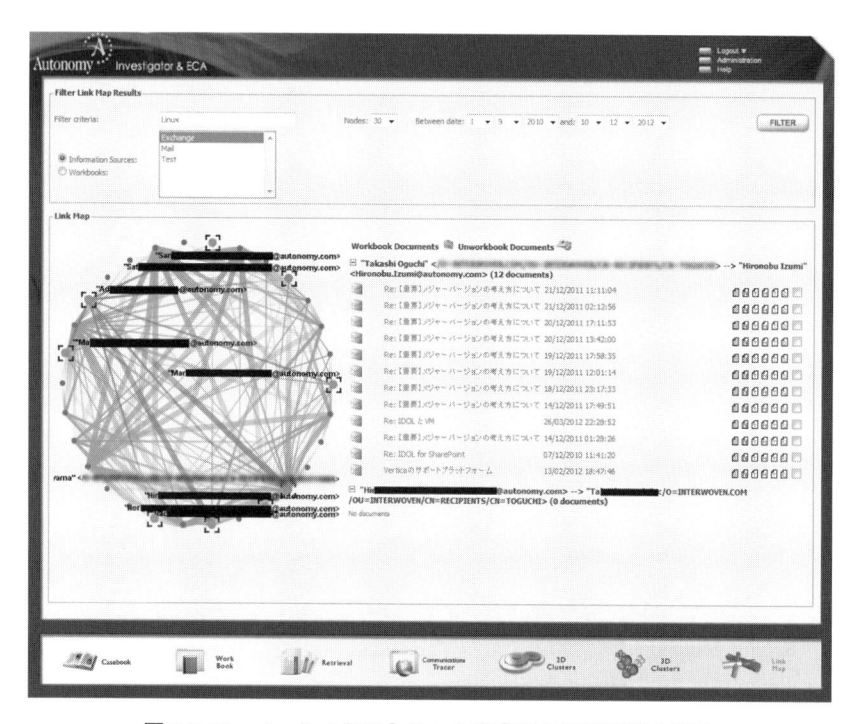

図 9.3.13 メールのやりとりから当事者の相関関係を明示

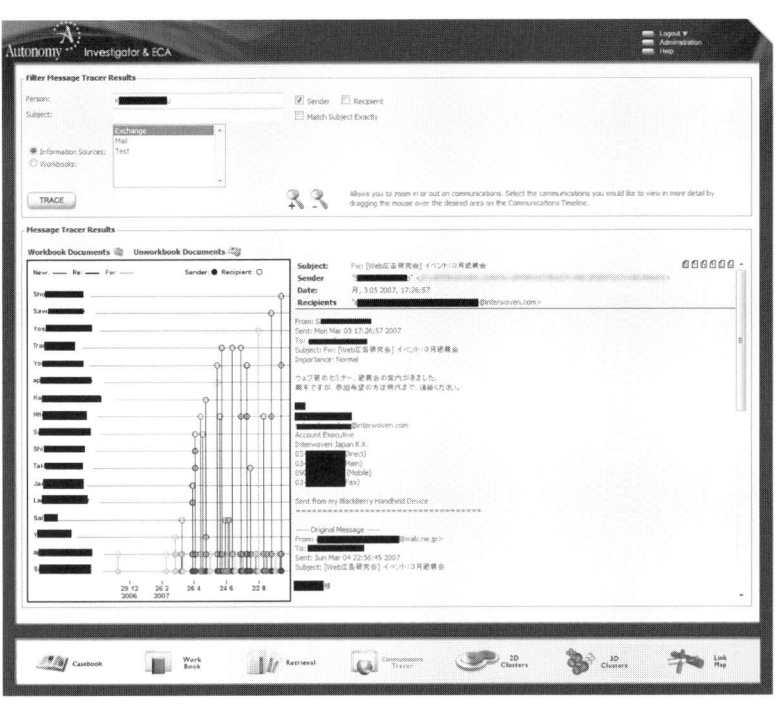

第 9 章　デジタル・フォレンジックツールの紹介　463

図 9.3.14　時系列によりコミュニケーション頻度を分析

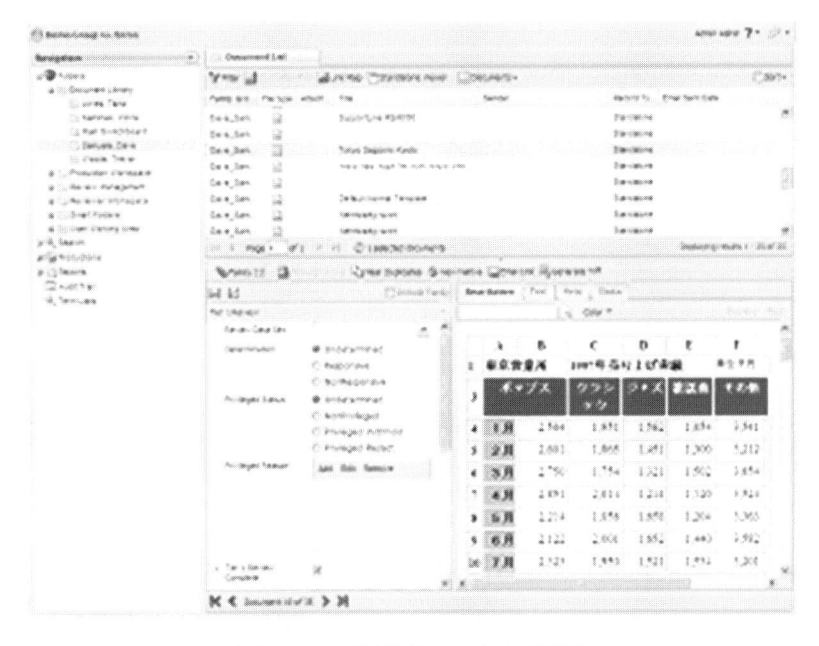

図 9.3.15　必須ドキュメントの選別

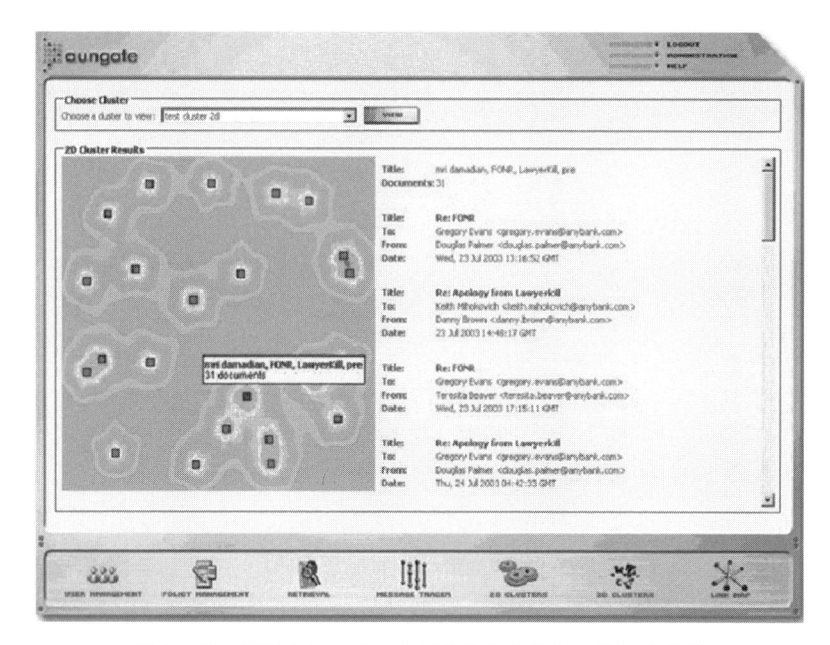

図 9.3.16　証拠ドキュメントのクラスタ化による自動分類

(d)　**HP Introspect**

最も特徴的な内容は、訴訟に関連した証拠となるドキュメント類のレビューそのプロセスの管理、有益な提出すべき資料と証拠から外すべき資料（機密情報など）などの選別（前掲の図 9.3.15）、さらには裁判所への証拠提出物としてきちんと整理することを効率よく実施する（図 9.3.16）。証拠となり得るデータ（設計図面など）あらゆるデータフォーマット（1,000 以上のデータフォーマット）に対応しており、また日本語を含む 100 以上の言語への対応などグローバル企業において十分対応力のある機能を提供している。

（執筆担当：野村麻紀子）

9.3.3　Nuix

Nuix は、オーストラリアに本社をもつ Nuix Pty Ltd が開発・販売する e ディスカバリツールであり、日本を含め世界中の法執行機関や監査法人、民間企業に導入されている。e ディスカバリのワークフローである EDRM に沿ったさまざまな処理を行うことができる。

Nuix は、データの収集を行う Nuix Collector と、データの分析を行う Nuix eDiscovery の 2 種類に大きく分けることができる。データの分析を行う Nuix eDiscovery は、特にテラバイトを超えるような大量データの検索・分析部分に強みをもっている。

Nuix eDiscovery には、Nuix Investigator、Nuix eDiscovery など、ライセンスが数種類あり、対象とするデータ量に応じて適切なライセンスを選ぶ。本項では Nuix の最上位ライセンス Nuix eDiscovery の特徴的な機能について説明する。

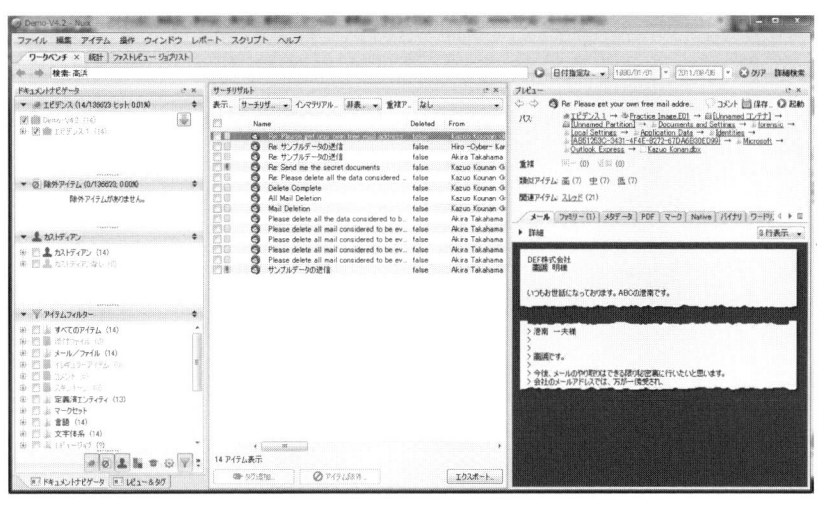

図 9.3.17　Nuix のインタフェース

（1）　インタフェース

　Nuix はユーザに配慮したわかりやすい GUI をもつ（図 9.3.17）。海外製品ではあるが日本語のインタフェースを備えており、日本語以外に英語、中国語、ドイツ語にも対応している。

（2）　データの読込み

　Nuix eDiscovery では、多くの種類のファイルを読込むことが可能である。対応しているファイル形式は、Office ファイルや PDF などのファイルから、Outlook や Lotus Notes などのメールまで多岐にわたる。ファイルやフォルダを直接読込む以外に、DD や E 01 などのイメージファイルにも対応している。

　データ読込み時には、目的と時間に応じて、読込むファイルを取捨選択できる Pre-Filtering 機能も搭載しており、ハードディスク全体のデータ読込みの際にも、関連のないデータを除いた状態でデータの読込みが可能である。

（3）　データの分析

　読み込んだデータに対して、Nuix では横断的に検索が可能である。つまり、文書ファイルやメール本文、添付ファイル、圧縮されていたファイルなどを一度に検索できる。AND や OR などの論理演算子を使用して、数百のキーワードから構成される検索式を作成・保存するための検索式の作成補助機能ももつ。

　ネットワーク表示機能とイベントマップ表示機能は、メールの解析に有効である。ネットワーク表示では、メールアドレス間の送信回数が表示され、誰と誰とのメールのやりとりが多いかがわかる。イベントマップ表示では、返信や転送されたメールが誰に送られた

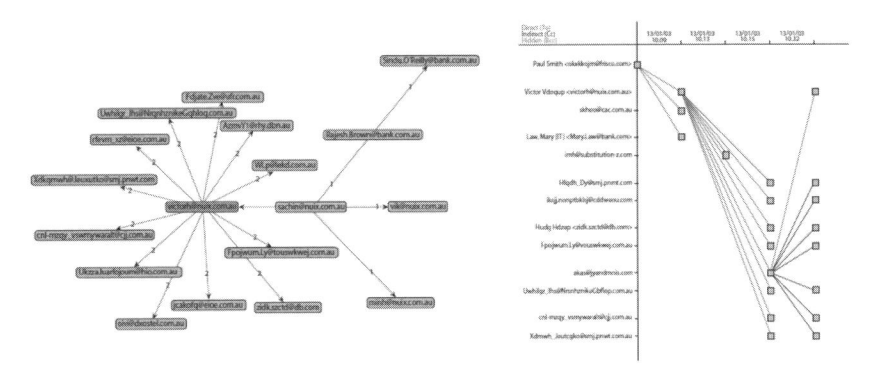

図9.3.18　ネットワーク表示（左）とイベントマップ表示（右）

のか時系列に解析できる（図9.3.18）。

（4）　データの自動分類（Predictive Coding）

　Nuixには、eディスカバリにおけるレビュー工程に有効なPredictive Coding機能が搭載されている。最初に人がある一定数のファイルの分類を行い、教師データを作成する。例えば、案件に関連のあるデータと関連のないデータのように、2つの値に分類する。Nuixはその教師データを元に分類モデルを作成し、作成した分類モデルを使用して、分類されていないデータを関連があると判断されるデータと、関連がないと判断されるデータに自動的に分類する。分類モデルによる分類の判断は、ファイルに含まれる単語の種類と数量から判断している。

　Predictive Coding機能を使用することにより、データのレビューに係る時間を大幅に削減することが可能である。また、これまで発見できていなかった案件に関連する新たなファイルを発見する可能性もある。

（5）　データのレビュー

　データのレビューを効率よく進めるための機能も多く搭載されている。それらの一部を紹介する。

① 検索結果表示：検索キーワードが含まれる前後のみを表示（図9.3.19）
② 差分表示：2つのファイルの内容を比較し、相違部分をハイライトして表示（図9.3.20）
③ アドレス表示：使用されているメールアドレスをドメインごとに一覧化
④ ファストレビュー：複数人での同時レビューを実現
⑤ リダクション：ファイル内容の一部の墨塗りが可能

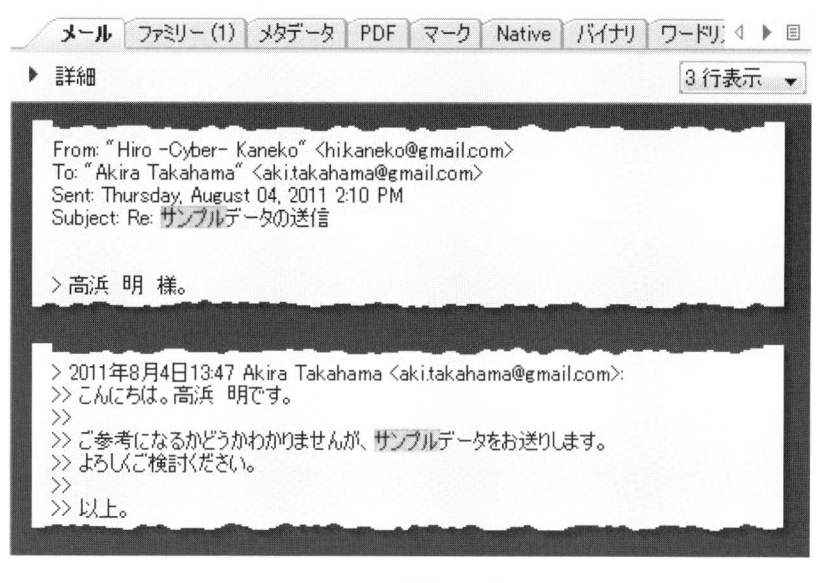

図 9.3.19　検索結果表示

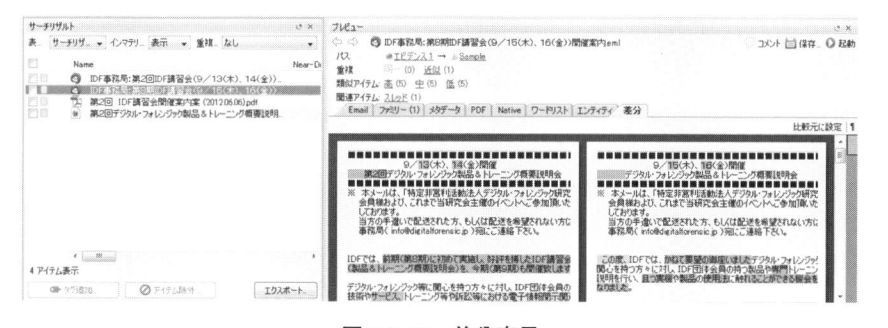

図 9.3.20　差分表示

（6）　データのエクスポート

検索結果を CSV 形式ファイルとしてエクスポートしたり、メールのファイル形式を変換してエクスポートしたりできる機能以外に、Nuix のリーガルエクスポート機能では、他社レビューアに読込むことができるように、データをエクスポートすることもできる。

(執筆担当：金子寛昭)

第10章

デジタル・フォレンジックの今後と課題

Chapter 10

Chapter 10
デジタル・フォレンジックの今後と課題

　デジタル・フォレンジックの今後の課題は、いろいろあるが、ここでは最も重要性が高いと思われる(1)日本語文の論理性向上のための課題とその解決策、ならびに(2)ネットワーク・フォレンジックの統合化、インテリジェント化に絞って考えを述べている。

（第 10 章主査：辻井重男、佐々木良一）

10.1 日本語文の論理性向上のための論理学・自然言語処理・機械翻訳

　Social Network や Open data, Cloud, Big data, My number（OCBM）に代表される情報環境がグローバルに展開されるなかで、デジタル・フォレンジックの将来には多くの課題が存在するが、なかでも、日本語と英語の間の壁は深刻な問題であろう。これは、単にデジタル・フォレンジックの問題に止まらず、日本と日本人にとって深刻な課題であるが、日本全体にその危機感が薄いのも問題である。

　デジタル・フォレンジックに関していえば、米国に子会社のある日本の企業が、米国で訴訟に巻き込まれたとき、日本語で書かれた証拠書類を英語に訳さねばならないという問題がある。例えば、ある薬品会社は、米国での pre trial のために約 80 億円を費やしたが、そのうちの多くは、翻訳に要したとのことである（2013 年 6 月 2 日、日本経済新聞）。今後、OCBM 環境が進むなかで、文書やデータ量は益々膨大になることは必然であり、2012 年現在、米国の 2000 エクサバイト（1 エクサバイト＝10 の 18 乗）、EU の 400 エクサバイトについで日本は 250 エクサバイトのデータを保有しているとも試算されており、データ保有量は、今後、さらに飛躍的に増大するものと予想されている。日本企業も英語で文書を記述して保管するケースが増えるとも考えられるが、いずれにせよ、日本語の文書が増え続けることは不可欠だから、日本語から英語への機械翻訳の効率化を真剣に考えねばならない。そのためには、

① 日本語の論理性を高めること
② 現代論理学と日本語を含む自然言語処理の親和性を高めること

が長期的課題である。

（1）まず、日本語の特徴について考えてみよう。

　例えば、2013 年 4 月 30 日の朝日新聞に「日本語、途方もなく自由だった」と題して、下記のような新聞記事が掲載されていた。

> 「日本語が持つ「途方もない融通無碍な自由さ」だ。「非論理的なものも『てにをは』がつなげてしまうなど意味を超えて感情を喚起する、ある種の分泌性がある」。そして日本語を操る我々にも「つじつまが合わないものを受け入れ、そこに美や叙情を感じる性質がある。」と言うのだ。（赤田泰和）

　このように日本語賛美論もある反面、「日本語は揺れる感情を連綿として綴るのに適した湿度 100 パーセントの膠着語である」との批判も見受けられる。

　さらに、より広く、日本語は、150 年ぶりに大きな変革期を迎えているとの主張も見ら

れる（戸山滋比古「知識と思考」『学士会会報』No.883 2010-Ⅳ）。

　戸山氏によれば、明治初期、先人たちは、苦労して、単語の翻訳、英文法に工夫を凝らしたが、英語の文章（パラグラフ）の論理性を見逃してしまい、今日に至っている。

　英国ではどうだったか。17世紀末、ロイヤルアカデミーの中心人物だったトーマス・スプラットが、「今の英国の英語は、われわれの新しい考えをうまく表現できない。新しい文化を生み出すには新しい英語を作るべきだ。学者や知識人は、これまでのような情緒と感覚を中心にした曖昧模糊たる表現を捨てて、明晰で論理的な英語を作らなければならない」と提唱し、それが大きな反響を呼んで、英語は、科学的・論理的・思考的な言語に大きく変わったということである。日本も、この辺で、日本語の改革を進めないと、世界から取り残されると戸山氏は強く訴えている。

　話を広げすぎたので、小説やエッセイは考慮外とし、デジタル・フォレンジックが対象とする、ビジネス文書、法令文書、科学技術文書など、論理性を重視すべき分野に限って話を進めよう。

　まず、単語レベルの解析、すなわち形態素解析では、日本語では、単語の分かち書きをしていないことが機械翻訳の妨げになる。これについては、手書きが少なくなり、ワープロが多用される今日、単語と単語の間に半角のスペースを空けることを提案したい。全角スペースだと馴染めないが、半角なら違和感が少ないだろう。

　次に、構文解析・意味解析のレベルでは、違和感のない範囲で、主語を明記するなど、ゼロ代名詞の習慣を改めていくことをはじめ、文章の論理性を高めていく努力が必要であろう。

（2）　現代論理学と自然言語・日本語処理の溝埋め

　論理学は、古代ギリシャのアリストテレスに始まり、19世紀末のフレーゲなどによる述語論理の提案から現代に至る永い歴史をもっている。論理学は、これまで、集合論や言語哲学などの数学との関連が強かったが、最近では、北陸先端科学技術大学院大学のプロジェクト研究「法令工学」の成果などの成果もあり、日本語処理（一般には自然言語処理）との親和性も高まっている。

　数学分野では、二重否定＝肯定というような古典論理が有効であるが、現実社会を対象にする法律の世界では、

　　「あなた、Ａさん、好きですか」
　　「好きでないことはありません」
　　「それでは好きなのですね」

というわけにはいかないので、直観主義論理の適用が必要となる。また、「自分はこのように考えている、あるいは信じている」という表現も導入する必要があり、様相論理を導入せねばならない。

論理学は、自然言語とは異なる体系をもつ人工言語であり、両者の相性は悪いと言われていたが、最近では、論理学からの自然言語処理への溝埋めの成果が少なからず、上がってきているように見受けられる。北陸先端科学技術大学院大学の「法令工学」では、法律や条例の間の論理的矛盾の抽出などにかなりの成果を上げている。他方、日本語処理の側から、日本語の論理性を高める努力を重ねていけば、ビジネス文書・法令文書・科学技術文書などに限っていえば、両者の溝を狭めていくことは可能であろう。

　組織間で契約書などのやり取りなどを行う際、法制度や社内規則などとの論理的不整合や矛盾などをあらかじめチェックしたうえで、送受信することが、不完全な文書の氾濫を防ぐ意味から望ましい。従来の通信は、高速大容量化を大きな目標にしてきたが、これからは、通信の本義である、「信を通わす」ことにも重点をおく時代となるのではないだろうか。

　情報セキュリティの三要素であるCIA（Confidentiality、Integrity、Availability：機密性、完全性、利用可能性）についていえば、完全性の概念を、単に文書が改竄されていないというレベルから、文書の論理的完全性まで含めるよう高めることも検討すべきであろう。

　以上、述べた検討対象は、証拠の保全・分析・開示過程における論理性を高め、また、国際間の取引や訴訟対応をより効率化する意味で、将来のデジタル・フォレンジックにおける重要課題であると考えられる。

　この他にもデジタル・フォレンジックという証拠に関する総合的システム科学には、多くの課題が存在する。特に、Social NetworkやOpen data、Cloud、Big data、My numberに代表される情報環境が激変するなかで、証拠保全の必要性の遍在化、すなわち、国民の多くを対象としたデジタル・フォレンジックの研究が必要とされるのではないだろうか。

　20世紀中期に始まったデジタル技術は、すべての情報を、1か0かに還元したうえで処理する離散的技術である。このデジタル技術が基盤となって、反語的表現になるが、社会的機能・構造の連続化、すなわち社会のアナログ化が加速している。これまでばらばらだった個人情報がつなげられていく。例えば、ある人の、特定の時刻の場所がわかるだけなら問題はなくても、Big dataなどの普及で、多くの時点での位置情報がつながると、その人の1日の行動履歴がわかってしまうという連続化現象が生じてしまう。こうしたことから、プライバシー保護が深刻な現代的課題となっている。

　そのような状況に対応するには、個人情報保護法などの法律に準拠しつつ、それを適切に解釈し、各々の事例について、肌理細かい対応をとる必要がある。例えば、ヨーロッパのENISAという組織では、プライバシーをsensitivity（機微性）とidentifiability（識別性）の2つの軸上で、各々を4段階評価し、計16のケースに分けて、対策方策を示している。これに伴って、個人の情報とその受発信記録も詳細化されることになる。

　また、2013年5月に成立した、番号法（マイナンバー法）によって、政府・自治体によ

る個人情報へのアクセス記録、すなわち証拠を国民一人ひとりに明示することも可能となった。番号法の成立に伴って、公的個人認証法(電子署名に係る地方公共団体の認証業務に関する法律)も大幅に改訂された。これまで公的個人認証法は、電子署名のための本人認証に限られていたが、これからは広く認証に利用できるようになるとともに、信頼できる民間組織人にも、利用範囲が拡大されることとなった(**5.2.1項**を参照)。こうして多くの国民が、行政情報を見た、あるいは書いたという記録を残すことになる。

　電子行政に限らず、社会全般に、ネットワークを通しての個人的情報発信が増え続ける状況にあり、その記録・証拠の保全の必要性は高まることになる。このように、今後、デジタル・フォレンジックは、これまでのように裁判での証拠という枠を超えて、国民的広がりをもつようになると考えられる。それにともなうデジタル・フォレンジックの構築を考えて行かねばならない。

〔執筆担当：辻井重男〕

10.2 対策の統合化・インテリジェント化

10.2.1 最近のサイバー攻撃

　最近、サイバー攻撃は厳しさを増しており、特定の個人や組織を集中的に攻撃する標的型攻撃も増加してきている。企業などの組織では怪しいメールを開かなくするための教育が行われているが、巧妙な標的型攻撃に対しては、標的型メール対策などの入口対策の有効性は低い。したがって、入口対策だけで攻撃を防ぎきるのは困難であるという認識に基づき、いろいろな対策を組み合わせて実施する必要があるが、攻撃の証拠性を確保し、事後対策を適切に行うための技術であるデジタル・フォレンジックも重要性を増している。特にネットワーク系のログの適切な保存は現状では十分に行われておらず、デジタル・フォレンジックの一分野であるネットワーク・フォレンジックにもとづく対策が不可欠になっている。しかし、これらは重要でありながら、従来対応が遅れていた分野であり、特に日本では対策がほとんど行われていなかった。これらに関する研究開発を活性化するため、ネットワーク・フォレンジック対策ならびに技術の現状と今後の方向について考えを述べる[1]。

　本節では、10.2.2項で標的型攻撃の概要について説明し、10.2.3項では標的型メール対策の効果の評価結果を紹介する。10.2.4項では著者らが作成したログ保存に関するガイドの紹介などネットワークフォレンジック対策の現状の解説を行う。10.2.5項では、筆者らが研究を進めているILF(Intelligent Live Network Forensics)技術を中心にして、新しい動きと今後の展開について報告する。

10.2.2 標的型攻撃の概要

　近年、特定の個人や組織を集中的に攻撃する標的型攻撃が増加している。特に不正なメールを特定の個人に送りつけ、そのPCにウイルスを感染させたうえで、組織内に侵入を続け、重要な情報を取り出そうという攻撃(これを標的型メール攻撃ともいう)は、2011年以降、三菱重工、衆議院、参議院、総務省、JAXAなど多くの組織に対し実施されている。その攻撃の概要は図10.2.1に示すとおりである。

　従来のスパムメール攻撃と違うのは、①特定の個人向けに、メールの内容がチューニングされており、つい開けてしまいたくなる点や、②数が少ないので、そのようなウイルスがあるとワクチン会社も気づかず、ワクチンにそのような対策が組み込まれていない場合

---

[1] 佐々木良一、上原哲太郎、松本隆「標的型攻撃に対するネットワークフォレンジック対策の現状と今後の展望」情報処理学会コンピュータセキュリティシンポジウム 2013

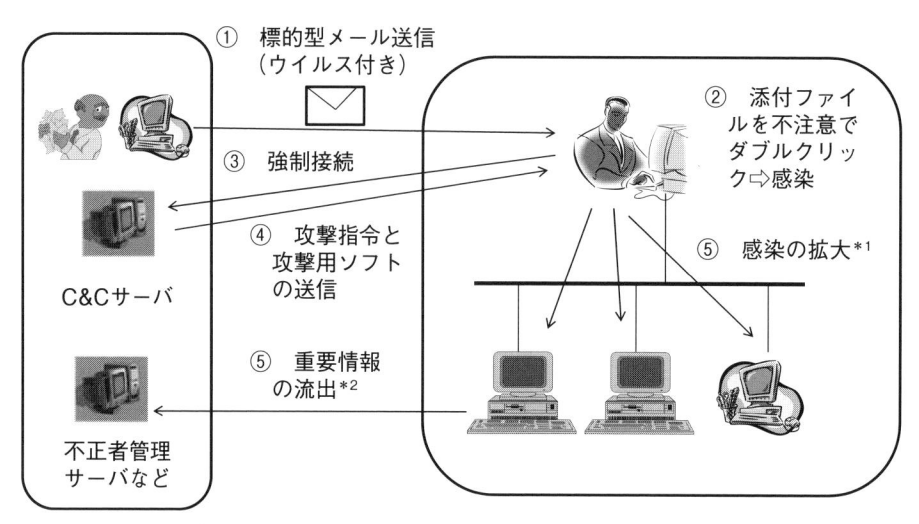

図 10.2.1　衆議院等への標的型攻撃

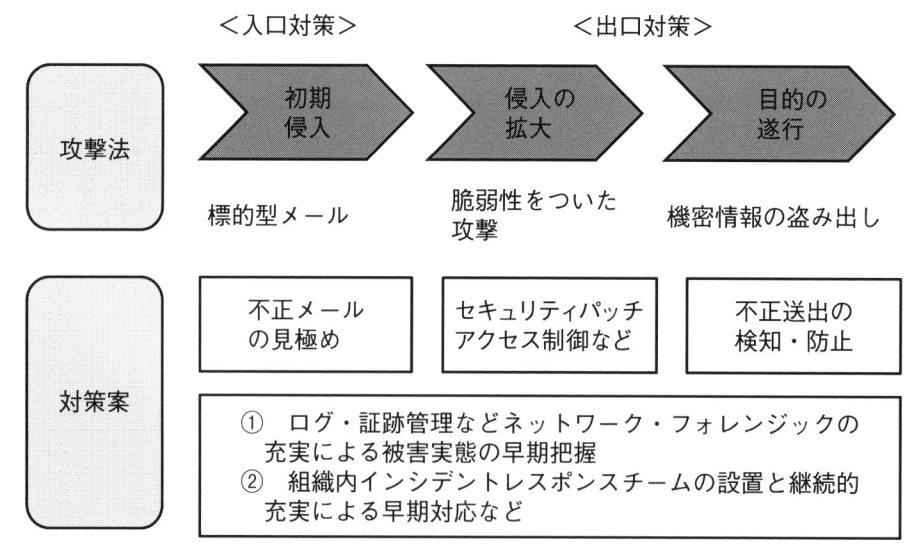

図 10.2.2　衆議院等への攻撃と対策案

がある点である。

これらの攻撃に対する対策は図 10.2.2 に示すように整理することができる。

10.2.3　入口対策の効果

図 10.2.2 に示す、標的型メールによる初期侵入を防止するための不正メールの見極めは入口対策の代表である。企業などの組織では怪しいメールを開かなくするための教育や訓練が行われている。しかし、この対策の効果は本当に大きいのだろうか。

表10.2.1 誰か1人が標的型メールを開ける確率

n \ P_i	1.0	0.1	0.01	0.001
10	1.0	0.65	0.096	0.010
50	1.0	1.0	0.39	0.049
100	1.0	1.0	0.63	0.095
500	1.0	1.0	0.99	0.39

N人の組織で1人でも標的型メールを開けると被害は内部でどんどん拡大する。

今、組織内のn人に標的型メールが送られてきたとしてi人目の人が開ける確率をP_iとすると誰か1人が開ける確率は次式で求められる。

$$PT = 1 - \prod_{i=1}^{n}(1-P_i) \tag{10.2.1}$$

ここで、

n : 標的型メールが送られてきた人の数

P_i : i番目の人が開ける確率

今、nの値を10、50、100、500と変化させ、P_iは全員同じ値をとり、それを1.0、0.1、0.01、0.001と変化させた場合の、「誰か1人が標的型メールを開ける確率」の計算結果は表10.2.1に示すようになる。この表から、500人以上に送られてきた場合には各個人の開ける確率を0.01に抑えられたとしても、誰か1人が開ける確率は非常に大きなものとなることがわかる。

また、$n-1$人が開ける確率を0にできたとしても、残りの1人の開ける確率が0.3なら、誰か1人が開ける確率は式(10.2.1)より、0.3になることがわかる。すなわち、その値はもっとも注意力を欠く人に依存するのである。

したがって、怪しいメールを開かなくするための教育や訓練も不要であるとはいえないが、これらの対策に過剰に期待するのは適切でないことがわかる。このため、入口対策だけで攻撃を防ぎきるのは困難であるという認識にもとづき、いろいろな対策を組み合わせて対処する必要があるが、図10.2.2に示すようにネットワーク・フォレンジックも重要性を増している。

10.2.4 ネットワーク・フォレンジック対策の現状

すでに述べたようにネットワーク・フォレンジックはデジタル・フォレンジックの一分野である。

米国のWikipediaによると、「Network forensics is a sub-branch of digital forensics relating to the monitoring and analysis of computer network traffic for the purposes of information gathering, legal evidence, or intrusion detection. Unlike other areas of digital forensics, network investigations deal with volatile and dynamic information. Network traffic is transmitted and then lost, so network forensics is often a pro-active investigation.」と定義されている。

ネットワーク・フォレンジックも他のデジタル・フォレンジックと同様に、
① アクセスログや通信ログなどの証拠を保全する手順
② 証拠を暗号化や破壊などをされた場合にも利用できるようにする手順
③ データマイニングなどにより有用なデータを抽出するなど証拠を分析する手順
を経て利用される。

Wikipediaの定義で示したように、ネットワーク関連のデータは、何もしないと失われてしまうため、①のリアルタイムで調べたり、ログとして残したりする努力が重要となる。

このネットワーク・フォレンジックの対策のフェーズは図10.2.3に示すように整理することができる。

ここに示すように、現状では多くの組織でパケットログはほとんど残しておらず、ログとして何をどのように残すかのガイドを内閣官房ネットワークセキュリティセンターとデジタル・フォレンジック研究会が協力し、著者らも委員として参加して作成した。

上記のガイドを記述した「政府機関における情報システムのログ取得・管理の在り方の検討に係る調査報告書」[2]では、標的型攻撃などに備えるためすぐに対応可能なものとして次のような対策が必要であるとしている。

	フェーズ1	フェーズ2	フェーズ3	フェーズ4	フェーズ5
対応状況	大多数の企業	→	→	先進的企業	今後
機能		ネットワーク関連ログの収集	各種ログの統合管理	監視情報との統合	管理のインテリジェント化
ツール	なし	ネットワーク監視ツール	ログ統合管理ツール	SIEM	LIFT

SIEM：Security Information and Event Management
LIFT：Live and Intelligent Network Forensic Technologies

図10.2.3 ネットワークフォレンジック対策のフェーズ

---

2) 内閣官房情報セキュリティセンター「政府機関における情報システムのログ取得・管理の在り方の検討に係る調査報告書」平成24年3月
http://www.nisc.go.jp/inquiry/pdf/log_shutoku.pdf

① 機器によらない全般的な対策
　(a) 各ログ取得機器のシステム時刻を、タイムサーバを用いて同期する。
　(b) ログは1年間以上保存する。
　(c) 複数のログ取得機器のログを、ログサーバを用いて一括取得する。
　(d) 攻撃等の事象発生が確認された場合の対処手順を整備する。
② 機器別の対策
　(a) 1.ファイアウォール：「外⇒内で許可した通信」と「内⇒外で許可・不許可両方の通信」のログを取得する。
　(b) Web プロキシサーバ：接続を要求した端末を識別できるログを取得する。
　(c) 他のシステムや機器の権限を管理するサーバ（LDAP、Radius など）：管理者権限による操作ログを取得する。
　(d) メールサーバ：「メールの送受信アドレス」および「メッセージ ID」のログを取得する。
　(d) クライアント PC：マルウェア対策ソフトウェアの検知・スキャンログ・パターンファイルのアップデートログを取得する。
　(e) DB サーバ・ファイルサーバ：特別なログ設定は不要だが、確実にログを取得する。

なお、上記でログは1年以上保存するとしているが、長期化に伴うコストの増大や、ログそのものが攻撃対象になるリスクなどを考え保存期間は短いほうが望ましいとする意見もあり、さらなる議論が必要である。

一部の企業ではネットワーク系のログを積極的にとる試みも行われ始めており、膨大なログを自動的にとるためのネットワーク監視ツールも導入され始めている。これが図10.2.3のフェーズ2に対応する動きといってよいだろう。フェーズ3になると、これらのネットワーク系のログと、サーバ系のログと人間行動のログを統合し、それらの相関を求めることが可能になっていく。さらにフェーズ4になるとときどきに得られる監視情報とこれらのログを組み合わせて用い、リアルタイムで対応を行えるようになってくる。これが、SIEM（Security Information and Event Management：セキュリティ情報およびイベント管理）と呼ばれるものである。フェーズ4まで行っている企業は現状では非常に少ないといってよいだろう。

10.2.5　ネットワーク・フォレンジック対策の今後

今後必要となるフェーズ5のネットワーク・フォレンジック対策は、管理のインテリジェント化を可能とする LIFT（Live and Intelligent Network Forensic Technologies）の概念を導入すべきであると考えている。専門家であっても1人の能力には限界があり、リアルタイムで適切な対応がとれるかわからず、何らかの形で専門家をガイドする仕組みが

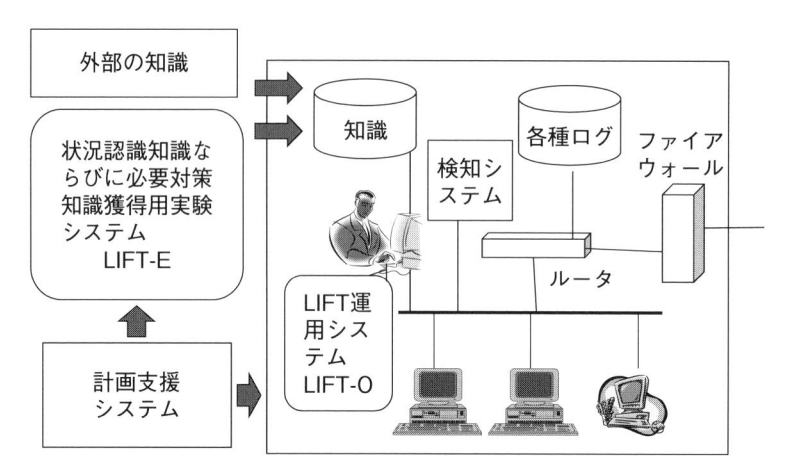

図10.2.4　LIFTシステムの概要と開発構想

必要になってくるからである。特に力のある専門家がいない組織においてはこのような機能が必要になる。

このため図10.2.4に示すようなLIFTシステムの開発に着手した。

これらの研究開発を実施していくうえで、次のような点への注目が重要であると考えている。

① 消去された情報の復元と、消去理由の推定およびそれらの対応への利用：消えるはずのない情報が消されているのは、非常に重要な情報でありこれらを対応に積極的に反映させる。

② ゾーニングなどを能動的に行うことによる情報の積極的収集と対応への反映：防御側から能動的に動くことにより見えてくる情報は多いはずであり、これらを対応に反映させる。

③ AI（人工知能）技術の導入：現在、AI技術が再認識される動きにあり、これらの技術を積極的に取り組んだシステム（LIFT–O）を構築すべき。

④ 実験結果とのリンク：攻撃とログの関係などは実験を行わなければ適切にはつかめず、実験環境（LIFT–E）とのリンクや、別組織によって得られた結果を積極的に利用すべきである。

⑤ 計画支援ツールとのリンク：計画問題と運用問題は、関連させながら解かれなければ満足する解にならない。

以上みてきたように、フォレンジック対策を実施していくうえで、対策の統合化、インテリジェント化がますます必要になっていくと考えられる。おそらく海外でもこのような動きが出てくると思うので早急に対応し、日本のフォレンジック技術の優位性向上に貢献していきたいと考えている。

（執筆担当：佐々木良一）

付　録

付録1　デジタル・フォレンジックにかかわる国際規格

付録2　「証拠保全ガイドライン」の紹介

付録3　データ復旧と証拠保全

> 付録1

デジタル・フォレンジックにかかわる国際規格

　2012年10月、デジタル・フォレンジックにかかわる初めての国際規格が公開された。「ISO/IEC 27037：2012 – Guidelines for identification, collection, acquisition and preservation of digital evidence（デジタル証拠の特定、収集、取得及び保全に関するガイドライン）」は、サイバー犯罪の現場において、デジタル証拠が保存されている可能性がある機器等を特定（Identify）して、それを収集（Collect）し、そのなかからデジタル証拠を取得（Acquire）した後、解析されるまで安全に保全（Preserve）するために必要な最低限のステップを規定したガイドラインである。ここでは、この国際規格の概要を紹介する。

1．背　景

　国際規格ISO/IEC 27037を策定したのは、ISO/IEC JTC 1という団体である。JTC 1は、ISO（International Organization for Standardization：国際標準化機構。電気分野を除く工業分野の国際標準（国際規格）を策定する民間の非政府組織。163カ国が加盟。）とIEC（International Electrotechnical Commission：国際電気標準会議。電気工学、電子工学及び関連する技術を扱う国際標準化団体。82カ国が加盟。）が共同で組織する委員会（Joint Technical Committee 1：第一合同技術委員会）である。JTC 1には38個の分科委員会（Sub-Committee：SC）が設けられており、そのなかのSC 27が「情報セキュリティの要素、管理システム、サービス技術の標準化（共通的、基盤的な技術関連）」を担当している。さらに、SC 27のなかには5つのワーキンググループ（WG）が設置されており、WG 4（Security controls and services）によりこの国際規格が策定された。

2．概要および目的

　この国際規格は、証拠的価値があると考えられるデジタルデータ（デジタル証拠）を法廷に提出するうえで、それらを適切に特定、収集、取得および保全するためのガイドラインを提供している。このガイドラインは、サイバー犯罪の現場に最初に到着する初動対応者（Digital Evidence First Responder：DEFR）やデジタル証拠の取扱専門家（Digital evidence Specialist：DES）を対象としている。

　デジタル・フォレンジック関連の国際規格は、デジタル証拠のフォレンジック調査手法やプロセスに関する規範を促進することを目的としている。国、司法管轄、組織、個々の専門家等において、さまざまな調査手法やプロセスが実施されているなかで、それらを国際規格によって国際的に共通なアプローチとして定義し、採用されることを促進することで、組織や司法管轄を越えて実施された調査結果を簡単に比較、結合、対比等できること

が期待される。

3．対象機器

この国際規格のなかでは、デジタル証拠を抽出する対象機器として、ハードディスク、フロッピーディスク、光磁気ディスク、その他類似する機能をもつデータ機器やデジタル記憶媒体、携帯電話端末、携帯情報端末（Personal Digital Assistants：PDA）、メモリカード、移動ナビゲーションシステム、デジタルスチルカメラ、デジタルビデオカメラ（CCTV含む）、ネットワーク接続可能なコンピュータ、TCP/IPやその他のデジタルプロトコルにもとづくネットワークなど、幅広い分野を網羅している。

4．デジタル証拠の取扱い

デジタル証拠を取り扱ううえで、デジタル証拠が保存されている可能性がある機器の特定段階から保全段階までの証拠の状態、保管場所、実行した処理等をある一定期間、詳細に追跡、記録することにより、責任の所在を明確化し、証拠の一貫性（Chain of Custody）を保持する必要がある。

また、インシデントの調査現場においては、到着した直後に実施すべき、潜在的なデジタル証拠を保護するために必要な活動として、調査者や関係者の安全確保や、潜在的なデジタル証拠の収集・取得などに利用されるツールの適正性の検証等の活動が規定されている。

さらに、潜在的なデジタル証拠の収集・取得にあたっては、データの揮発度やインシデントとの関連性、証拠的価値などをもとに優先順位をつけて処理する。特に、RAMやスワップ領域、実行中のプロセスなど、電源供給が絶たれると失われる可能性が高い揮発性データは優先的に取得する必要がある。

デジタル証拠を収集する場合には、対象のデジタル機器の電源がオンの場合は揮発性データから収集し、その後、適切な方法（通常のシャットダウンまたはケーブルを抜く）で電源をオフにする。電源がオフであることを再度確認した後、デジタル機器側のケーブルを引き抜き、ケーブルの接続状況をあとで再現できるよう、各ケーブルとポートにラベルを付ける。電源がオフの場合には、デジタル機器から電源ケーブルを引き抜く。

デジタル証拠を取得する場合、対象のデジタル機器の電源がオンである場合、オフである場合、オンであるがオフにできない場合の3通りのシナリオが考えられる。電源がオンである場合は、揮発性データを取得する。この場合、スクリーンセーバーなどが起動して、デジタル機器がロックされないように注意する必要がある。電源がオフの場合も含め、その後、潜在的なデジタル証拠が保存されている可能性がある記憶媒体の物理コピーを作成する。電源がオフにできない場合には、ライブ取得または部分取得等の方法をとる。

収集・取得した潜在的なデジタル証拠は、検証関数やデジタル署名などを利用して、そ

の完全性と信頼性を維持し、証拠の一貫性を保ちながら保全する。また、衝撃や静電気による影響、破損や改竄などを防ぐとともに、物理的に保護された施設において保管する必要がある。

デジタル証拠や機器を移送する場合には、すべての機器や証拠に適切なラベル付けを行い、必要な場合には電源供給を確保し、移送中の衝撃や振動、静電気などによる損傷を防ぐ形で梱包する。移送先に到着後は速やかに証拠保管場所に収め、長期間、車両内などに放置されることがないように注意する。

有線または無線でネットワーク接続されたデジタル機器の場合、潜在的なデジタル証拠がどこに保存されているか判断するのが難しい。まず始めに、ネットワーク接続されたデジタル機器を収集するか、その場で潜在的なデジタル証拠を取得するかを決定する。ネットワークを切断して行う取得活動は、上記の通常のデジタル証拠取得と同じであるが、切断できない場合は、接続を維持したまま、ライブ取得を行う必要がある。特に無線でネットワーク接続されている場合、被疑者がネットワーク経由で妨害活動を行う可能性があるため、注意が必要である。

ISO/IEC 27037 の巻末付録には、デジタル証拠の特定、収集、取得及び保全をする際に、DEFR が保有すべき主要なスキルや資質が表にまとめられている。

（執筆担当：山田晃）

付録2

「証拠保全ガイドライン」の紹介

　本研究会では、インシデントの現場で最初に電磁的証拠の保全にあたる「ファースト・レスポンダー」等やデジタル・フォレンジック関連技術を運用するすべての者が利用可能なものとして「証拠保全ガイドライン」を作成・公開しております。

　2010年4月に第1版を公開し、その後、逐次年度ごとに検討内容を追加した改訂版を本研究会ホームページ（http://www.digitalforensic.jp/eximgs/20130930gijutsu.pdf）にて公開しております。参考資料としてお役立てください。

■**ガイドラインの趣旨**

　社会がICTに深く依存するにつれ、個人や企業・組織間、国境を越えた主体間など、さまざまなレベルの紛争において、電磁的記録の証拠保全および調査・分析を適切に行い、それぞれの主体における行動の正当性を積極的に検証するデジタル・フォレンジックの必要性・有用性が益々高まっているといえる。

　デジタル・フォレンジックのプロセス全体像は図A.1のように表すことができる。そのデジタル・フォレンジックのプロセスのなかで基本となるのは電磁的証拠の保全（Digital Evidence Preservation）の手続である。事故や不正行為、犯罪といったインシデントにかかわるデジタル機器に残されたデータのなかから、電磁的証拠となり得るものを、確実に、そのまま（As-is）で、収集（Collection）・取得（Acquisition）し、保全（Preservation）しておくことは、デジタル・フォレンジックの運用者にとって最も重要なことである。この手続に不備があり、証拠の原本同一性に疑義が生じると、後の電磁的証拠の分析結果の信頼性を失うため、これを行う者は、非常に神経を使うことになる。

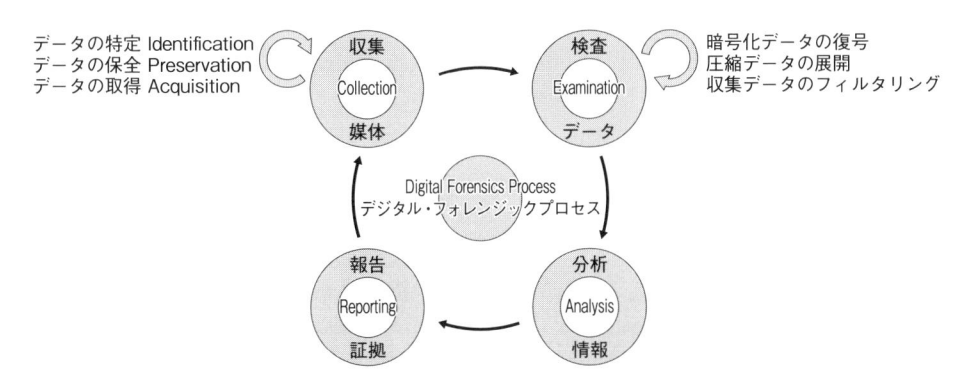

出典）　NIST SP 800-86（http://csrc.nist.gov/publications/nistpubs/800-86/SP800-86.pdf）などを参考にデジタル・フォレンジック研究会作成

図A.1　デジタル・フォレンジックのプロセス全体像

この電磁的証拠の収集・取得・保全に関し、運用上の課題は「取得の対象となるデータはどの範囲であるべきか」、「保全した証拠の原本同一性の保証はどの程度確実にするべきか」の2つである。前者は、主に技術的及び時間的制約から、状況によってはすべての関連データの複製を取得することが現実的でない場合がある。後者も同様の制約から、取得したデータについては変更や改ざんがないという意味での原本同一性を当然確保するとしても、データ複製に関して完全に副作用なきデータ複製ができず、取得時に証拠の一部が破損または紛失する可能性を覚悟しなければならない場合もあり得る。

　このような状況に応じた「電磁的証拠の保全をどの範囲で、どこまで原本同一性を保ちつつ行うべきか」という課題に対し、特に欧米ではさまざまな標準的手続のガイドラインが作られており、これらを基準にして、電磁的証拠の保全に関する相場観が醸成されてきた。これに対し、デジタル・フォレンジックの歴史が比較的浅いわが国においては、未だに広く認識された標準的な取得手続のガイドラインが存在しないため、それぞれの運用者および団体が自主的に作成したガイドラインや、海外のガイドラインを参考にしたものを中心に実運用がなされてきた。このような状況は、特に複数の組織が利害関係者となるような事案において、互いのもつ電磁的証拠の相互運用に対して障害となりかねない。

　最近では、サイバー攻撃で利用される技術や手法が急激に高度化および複雑化しているため、コンピュータシステムに残存する痕跡やログに依存するデジタル・フォレンジックで実態解明をすることが困難になる場合が発生し、さらに、インターネットを積極的に利用したサービスやネットワークでつながることを前提としたアプリケーションサービスを悪用したサイバー攻撃が増加傾向にあるため、被害の発生する場が広範囲になってきている。したがって、調査すべき対象が管理外のコンピュータシステムに及ぶことになるため、自組織内で実態解明するには、その境界の内側に位置する装置等に残存する「ネットワーク上のパケット通信の流れの記録として残されるさまざまなログ（以下、ネットワークログ）等」を集約および分析して攻撃実態を解明するようになってきている。

　本ガイドラインは、デジタル・フォレンジック研究会として、わが国における同関連技術の普及を目指す立場からこのような状況に対処するため、わが国での電磁的証拠の保全手続の参考として、さまざまな事案についてその特性を踏まえつつ広く利用していただけるガイドラインを目指して作成されたものである。

　本ガイドラインの立ち位置は、以下のようにまとめられる。

① 実際にデジタル・フォレンジック関連技術を実運用している企業からの参加を得て、現時点でのわが国における同関連技術の運用状況と大きく乖離しないガイドラインとすることを心がけた。

② 海外の関連ガイドラインなどを参考にしながら、グローバルに活動する企業や組織にも利用できるように配慮しつつ、ノートパソコンや高機能携帯端末の普及率が高いわが国の独自性も反映させたガイドラインとすることを心がけた。

③　デジタル・フォレンジックの観点で基本的なネットワークログの収集と分析のあり方を追求した。

　本ガイドラインは、インシデントの現場で最初に電磁的証拠の保全にあたる「ファースト・レスポンダー」を主な対象としているが、これに限らず、デジタル・フォレンジック関連技術を運用するすべての者が利用可能なものである。本ガイドラインは、この手続により収集・取得・保全等された電磁的記録が法廷において証拠として必ず採用されることを保証するものではなく、また、犯罪捜査や金融調査など、それぞれの特性と法制にもとづく手続が存在することを前提としたものではあるが、わが国における電磁的証拠保全の一般的な手続がどうあるべきか、どの程度まで行えばデータが「法的紛争・訴訟に際し利用可能な（Forensically-sound な）」電磁的証拠となりうるか、という運用現場の悩みに対し、コンセンサスの形成の一助になることを意図して作成された。各現場においてご活用いただければ幸いである。

　　　　　　　　　　（執筆担当：デジタル・フォレンジック研究会「技術」WG）

付録3

データ復旧と証拠保全

　一般的に、データ復旧とデジタル・フォレンジックは、誤解や混同されていることを否定できない面が存在するが、本来は似て異なるものである。混同される原因は、「故意に削除されたデータ(電磁的記録)を、証拠とするための作業はデータ復旧である」と理解されているためであり、実際に行われる作業が、対象となる電磁的記録の複製の作成から開始されることが挙げられる。しかしながら、デジタル・フォレンジックは、電磁的記録の内容を詳細に調べ、証拠となる情報を探し出すことを目的としているのに対し、データ復旧は、情報を回収し再使用することを目的にしているので、実際に行われる作業は類似していても、データ復旧の場合は、法的な制限事項が存在するのである。しかし、この点については、データ復旧業者でも正確に認識しているとは言い切れない現実が存在する。ここではそれら制限事項についての詳細な解説をするのではなく、データ復旧サービスを長年提供することによって得た、デジタル・フォレンジックの対象となる電子記録媒体、特にハードディスクドライブ(HDD)に存在する、見逃すことのできない特徴とその現実について解説する。

1．データ復旧とは

　データ復旧を定義すると、「正常動作不能な、障害を有する電子記録媒体または、電子記録媒体に含まれる電子書式(データファイル：情報)(以下、電磁的記録)を、その電磁的記録のもつ固有の論理に従って、内容、正誤、可用性にかかわることなく、再利用を目的として、回収返却することを目的として行う一連の科学的手法・技術をいう」となる。またデータ復旧は、電磁的記録の再利用が目的であるがゆえに、電磁的記録(情報)の内容を、その情報の正当な所有者・管理者の許可を得ることなく認知することは、著作権法、個人情報保護法等の法規制に抵触するリスクが生じることになる。そのリスクを回避するために、電磁記録の内容には一切かかわることなく、また一切加工を行わないことがデータ復旧の基本である。

　データ復旧の実際の作業は、データ復旧が必要になった時点の状態をそのまま維持し、電磁的記録にそれ以上の変化を与えることを防止することから始めることが理想であり、デジタル・フォレンジックにおける証拠保全に対する要求内容と同様の行為が求められているといっても過言ではない。

　データ復旧における電磁的記録の回収作業は、どのような場合においても、障害の進行防止、現状維持を目的に、障害を有する電子記録媒体そのもの(原本)に対して行うのではなく、クローン(複製)を作成し、そのクローンに対して行うことが原則であり、フォレン

ジックにおける証拠保全と異なる点を強いて挙げるのであれば、データ復旧においては、依頼者以外の当事者、第三者は存在しない場合がほとんどであるため、原本と複製との同一性の証明を目的として行う付加作業を必要としていない点であろう。ただし、データ復旧の対象となる電子記録媒体(原本)に何らかの障害が存在し、正常動作が妨げられている場合には、一時的にでも電磁的記録が読み出し可能になるように、事前に適切な処置を加える必要が存在することはいうまでもなく、それら作業が電磁的記録の保全が目的であるがゆえに、充分に安全な、リスクを排除した手法、環境下にて実施することが必要である。

2．データ復旧における電子記録媒体の障害と対策

データ復旧の依頼を受けた電子記録媒体の障害を発生件数の多い順番に挙げると、媒体種別では、ハードディスクドライブ(以下、HDD)であるが、そのHDDにおける障害内容は上位から、1位：リードエラー、2位：ファームウェア障害、3位：ヘッド障害となり、1位のリードエラーが全体の半数以上を占めている実態がある。ここで、バッドセクタではなくリードエラーと表記する理由は、電磁的記録が書き込まれている円盤(プラッタ)上に存在する記録(情報)そのものに障害が存在するのではなく、通常のHDDの読み出し動作では電磁的記録を読み出すことが不可能な状態にあるが、部品交換等に代表される物理的な処置を加える必要はなく、専門業者のもつ設備・装置・ソフトウェアなどを用いることによって、その電磁的記録を読み出すことが可能な状態にあるためである。

HDDが精密機械の極致であることは周知の事実であり、プラッタ上の電磁的記録を読み書きするためのヘッドと呼ばれる部品は、プラッタとは接触することなく僅かな隙間をもって動作しているのであるが、最近の大容量化を実現するために、その距離(浮上量)は、僅か2nm(1ミクロンの500分の1)程度、書き込まれている情報の幅(トラック幅)は55nm程度と微小化が進んでおり、使用されているHDDの周囲の温度、姿勢等の外的・物理的要因によって電磁的記録の読み出し時に不具合(リードエラー)が発生しやすいクリティカルな状態になっている。

HDD製造業者は、そのリードエラーの予防を目的に、リードリトライと呼ばれる機能を搭載することにより、そのリードエラーの顕在化を予防している。現在用いられているリードリトライの具体的な手段としては下記のようなものを挙げることができる。

① リゼロ：ヘッドの位置が正しく制御されていない場合を想定して、一度基準となる原点に戻し、再度目的の位置にヘッドを移動させる。

② ヘッドオフセット：HDDの周囲の環境や、姿勢、あるいはHDDの機構に起因する原因で電磁的記録を書き込む位置に僅かなズレが発生していたことを想定して、ヘッドの位置を正規の位置から意図的に微少な差異をもった位置になるように制御する。

③ ヘッド浮上量の変更：HDDの周囲の温度変化や気圧の変動による、空気密度の

変化によってヘッドの浮上量が変動したことを想定して、ヘッド付近を加熱する等の手段によって浮上量を変化させる。

④ リードフィルターの定数変更：HDDを取り巻く種々の環境条件の変化や、部品の経時変化による劣化等によって、ヘッドの読み出し出力が変動し、所定のアナログ－デジタル信号変換が正常に行われなくなったことを想定して、積分回路や微分回路の定数を変化させる。

しかしながら、これらの機能が存在するにもかかわらず、データ復旧業者の取り扱うHDDの障害の半数以上がリードエラーであることが現在のHDDの姿であり、言い換えれば、HDDのヘッドのトラッキングサーボの特性およびリードリトライ機能だけでは読み取り機能として性能が不足していることになる。

2012年夏頃からHDD製造会社である、東芝およびウエスタンデジタル（WD）から、ヘッドの位置決め制御に、DSA（Dual Stage Actuator）[1]と呼ばれ、従来のVCM（Voice Coil Motor）だけでなく、圧電素子を搭載することによって、制御性能を向上させた製品が発表・発売されていることでも、その認識が間違いではないことが証明されている。

3. リードリトライ機能で回復不能なリードエラーの発生原因

東芝の上記論文によると、通常のVCMだけを用いたヘッドのトラッキング制御の位置決め制御性能は、3σ値（99.7％の確率）で約8 nmであり、HDDのトラック幅約55 nmの1／2の28 nmに対して30％弱にもなり、仮にそれが読み取り可能範囲限界値であったとしても、最近の1億を越えるセクタをもつ大容量HDDでは、当然3σ値を超えたずれをもってトラッキングする場合が多数存在することになり、リードリトライ機能の必要性がここでも確認できる状況といえる。ヘッドのトラッキング制御におけるずれの発生は、HDDのヘッド支持機構の軸受（ボールベアリング）に起因する、避けることのできない原因によると解釈することができ、細かく要因分析を行うと、ボールベアリング内部の潤滑油（グリス）の粘度・ちょう度による摩擦力やボールの直径の微小なばらつき、ボールの接する内輪、外輪のでき上がり精度等による非直線性抵抗によるものといえる。このため、厳密にいうと同一トラック上のセクタにヘッドを移動する場合においても、その移動条件によってヘッドの最終位置が微小な寸法の差異をもち、リードエラーの発生原因になる可能性を意味している。これは特に、HDDにおける通常使用状態においてリード・ライト動作（ファイルアクセス）と、複製作成時に一般的に行われる電子記録媒体自体のもつ論理により構成された順番に従ったシーケンシャル動作では、ヘッドの移動条件が異なる場合が発生し、これによってリードエラーの発生リスクが増大することを意味している。

---

[1] DSAの技術説明詳細は、佐々木康貴、原武生「位置決め精度の改善と広帯域化を実現するHDD用2段アクチュエータ」『東芝レビュー』Vol. 66、No. 11、pp. 60-63、2011年を参照してほしい。

リードエラーによる障害としてデータ復旧業界で有名な事例は、いささか古い話ではあるが、WindowsXPのSP1(サービスパック1)アップデートのときに発生した、SP1特需がある。これは、SP1アップデートを行った後にパソコンが起動不能に陥ってしまう現象であり、その原因は、Windowsのアップデートされたシステムファイルが、再起動時に読み込めないために、パソコンが起動不能に陥ったことによる。そしてその障害は、データ復旧業者がそのHDDの複製を作成し換装するだけですべて解消してしまったのである。このように、HDDのリードエラーは、いつ何時、何処ででも発生する危険性をもつことを認識しておく必要性が高い現象なのである。

4．複製の作成

フォレンジックおよびデータ復旧の双方において求められている電子記録媒体の複製の作成は、デュプリケータと呼ばれる機器やソフトウェアを用いて行われているが、一般的にそれらの機器やソフトウェアはその性格上、取り扱う対象に異常がなく正常に動作すること、また不具合が存在する場合においては、その不具合が再現可能で不変であることが前提条件になっている。

しかしながら、実際のHDDにおいては前述のように通常動作上においてもリードエラーが発生し、それをリードリトライ機能を用いて顕在化を予防しているが、それらの機能も残念ながら完全であるとは言い切れず、リードエラーが残存するがゆえに障害となり、さらにデータ復旧において用いられる機器・ソフトウェアによっても最終的な結果に差異が発生してしまうのが実態だ。この現実は、データ復旧であれば、業者間の技術力の差として容認してしまうことも可能であるが、デジタル・フォレンジックの場面でこのような機器・ソフトウェアによる依存性が存在することは、リードエラーやバッドセクタの存在によるセクタスキップなどが発生した場合は、証拠としての信頼性が保証されないことを意味し、読み取れなかった(スキップした)すべてのセクタのアドレス等詳細な作業記録(ログ)など、その複製を作成した前提条件を明確化しておく必要があるとともに、仮にその複製の作成に使用された機器やソフトウェアにおいてハッシュ値などが示されたとしても、複製として不完全なものであり、実際に存在したDNA鑑定の精度が原因で不幸にも発生してしまった冤罪と同様の問題になりかねない問題を内包していると意識する必要がある。このために、証拠保全の基本である複製の作成に用いる機器やソフトウェアの選定については、その読み出し性能について充分な比較検討を行い、その時点において最高の読み出し性能をもつものを選択することが必要であり、上記で解説したようなHDDの基本的な特性についても知識を所有する必要も存在する。

現在、一般的に使用されている証拠保全を目的としたデータ複製ツールにおいても、上記のようにHDDの現実の姿を知る側から見ると、それら機器の性能について疑問を払拭しきれないのが現実である。

5．MASAMUNE について

　データ復旧サービスを 10 年以上提供している、データサルベージコーポレーションが開発し、電子記録媒体の複製作成用ソフトウェアとして最近注目され始めているものに、MASAMUNE という製品が存在する。本書においてフォレンジックにおける証拠保全を目的に使用されている製品を紹介しているが、現在主流として使用されている製品に留めており、MASAMUNE は 2013 年に発表・発売開始されたものであり、まだ本編で紹介できるほどの実績をもたないため、ここでの紹介に留めておくことになるが、開発の目的は、現状存在するデータ復旧用途やフォレンジック用途の複製作成ツールに満足することなく、1 セクタでも多くの情報を読み出し、データ復旧サービスにおける返却データの品質を向上させることを目的に、現在存在する製品と比較しても、HDD におけるリードエラーの解消・削減については最高性能をもつことを目標に、前述の解説の観点に立ち、HDD 本体に搭載されているリードリトライ機能では実現することができないリードエラーの解消を、データ復旧サービスの作業現場で培ったヘッド駆動制御アルゴリズム（特許出願中）によって実現しようとした、LINUX ベースの CD-ROM ブートのソフトウェアである。

6．MASAMUNE の特徴

　現在使用されている一般的な電子記録媒体の複製作成ツールと比較した、MASAMUNE の特徴を、以下に列記する。

　① CD-ROM ブートの LINUX ベースのソフトウェアのため、HDD を PC、サーバから取り外すことなく外部の電子記録媒体に複製を作成することができる。特に最近のウルトラブックや MacBook（Intel 製およびその互換 CPU が使用されている製品に限る）のように SSD（Solid State Drive）が使用されている場合や、分解作業に困難が存在するもの、分解を行うと製品保証の点等に支障を生じるもののような場合に、本体の OS による起動を行う必要がないので、証拠保全に対して何の差し障りも起こすことなく複製の作成が可能である。また、複数の HDD により構成された RAID システムのサーバの場合においても、個別の HDD を別々の複製を作成した後に、再度 RAID の再構成を行うような作業を必要とせず、複数の HDD によって構成されている 1 台の論理 HDD として、直接 1 台の HDD に複製を作成することも可能である。この場合、仮に複製を作成する対象となるシステムに CD/DVD ドライブが付属していない場合でも、USB 接続のドライブを接続して MASAMUNE を起動し、USB 接続などで外部に設置した HDD に複製を作成することももちろん可能である。

　② リードエラーが存在する場合においても、自動的に独自のアルゴリズムを駆使したリードエラーの解消・削減動作を行い、最高品質の複製の作成作業を実施し、最

終的に読み取ることが不可能であった場合には、その読み取り不可能と判定されたすべてのセクタアドレスをログとして出力することができる(エラーカウントではなく、実際のセクタアドレスを出力するので、正確な把握が可能)。
③　動作状況を画面上で確認することができる。
　(i)　ソース(原本)とターゲット(複製先)をモニタ画面上で確認することができ、誤操作を予防することができる。
　(ii)　進行状況の確認ができる。
　　(a)　平均速度
　　(b)　終了予測時間
　　(c)　バッドセクタ検出数
　　(d)　スキップセクタ数
④　複製の同一性を証明することを目的としたハッシュ値の演算は、オリジナルの電子記録媒体から読み出されたデータと、作成された複製の読み出しデータを対象として行うので、複製の書き込みエラーや読み出しエラーの存在も同時に判定することが可能である(データ復旧サービス提供の経験により、所要時間の短縮より、複製作成時のターゲットとなる電子記録媒体に起因するエラーを判定する必要性を重視)。
⑤　TEXTで可視確認可能なログ情報出力に付随して出力される暗号化データを利用すると、ログデータの改竄確認を行うことができる。

7．おわりに

　証拠保全を目的とした複製の作成は、不十分な精度のDNA鑑定を証拠としたことが原因で不幸にして生み出してしまった冤罪のような事例の発生を予防することを常に意識して行うことが必要であり、そのためには電子記録媒体についての充分な知識と、その現実を意識した装置・ソフトウェアの使用が不可欠であることをご理解いただければ幸いである。

（執筆担当：沼田理）

巻末資料

巻末資料1
「特定非営利活動法人デジタル・フォレンジック研究会」の紹介

巻末資料2
わが国におけるデジタル・フォレンジックの研究団体・組織一覧

巻末資料1

「特定非営利活動法人デジタル・フォレンジック研究会」の紹介

1．設　立
2004(平成16)年8月23日　　特定非営利活動法人認証　2004(平成16)年12月15日
東京都認証番号：16生都管法特第2012号

2．会員数(2014(平成26)年2月現在)
　正会員：個人会員217名、学生会員6名、団体会員：51企業、特別会員：3団体(JNSA、JASA、DRAJ)　※オブザーバー：11省庁から52名

3．目　的(定款第3条による)
　この法人は、広く一般市民を対象として、情報セキュリティの新しい分野である「デジタル・フォレンジック」の啓発・普及、調査・研究事業、講習会・講演会、出版、技術認定等の事業を通じて、健全な情報通信技術(IT)社会の実現に貢献することを目的とする。

　　※「デジタル・フォレンジック」とは、インシデント・レスポンス(コンピューターやネットワーク等の資源および環境の不正使用、サービス妨害行為、データの破壊、意図しない情報の開示等、並びにそれらに至るための行為(事象)等への対応等をいう。)や法的紛争・訴訟に際し、電磁的記録の証拠保全および調査・分析を行うとともに、電磁的記録の改ざん・毀損等についての分析・情報収集等を行う一連の科学的調査手法・技術をいう。

4．設立趣旨
　市場経済グローバル化の急速な進展や、少子高齢化の到来は、官公庁および企業において、管理部門の生産性や市民生活の利便性の一層の向上および新しいビジネスモデルの構築等に、IT機器・技術の利用促進は喫緊の課題となっている。一方、経済社会における情報化の急激な進展は、個人情報漏洩およびウイルスの蔓延等の情報セキュリティ上のさまざまな問題を惹き起こしているところである。

　情報セキュリティの各問題に対処するため、セキュリティポリシーの策定・実行、セキュリティホールの迅速な修正、ファイアーウォールや侵入検知システムの導入等の"受動的な措置"が講じられてきたのが実情である。

　近年、企業活動においてコンプライアンスの問題がクローズアップされるなど、組織およびその構成員の行動が、社会規範に照らして容認されるものであるのか、その正当性が問われる時代となっている。また、企業等における危機管理の一環としてインシデント・

レスポンスの重要性が高まってきているところであり、これらの問題の対応如何により、企業等の死命を制する場合も生じてきている。さらに、企業活動の国際化に伴う国内外の法的紛争に備えておくことも企業にとって必要不可欠なこととなってきている。

また、同時にモバイル端末等の急速な普及に加え、クラウドや電子行政等の新しいインフラやサービス、施策等も加わってきており、その安全性の担保や、インシデント対応におけるデジタル・フォレンジックに関連する技術(手法)の導入および関連法制度整備等の課題はますます多くなってきている。

インシデント・レスポンスや法的紛争・訴訟の際には、組織等の行動の正当性評価が重要であり、組織内で使用されるIT機器の電磁的記録の証拠保全および調査・分析を行うとともに、改ざん・毀損等についての分析・情報収集により組織体における行動の正当性を積極的に検証する"能動的な情報セキュリティ手法"、いわゆる「デジタル・フォレンジック」を活用することの重要性もますます高まってきている。

「デジタル・フォレンジック研究会」は、2004(平成16)年8月23日に法執行機関をはじめとして、他の官公庁、民間企業において「デジタル・フォレンジック」の普及促進を図り、健全なIT社会の実現に貢献するために設立され、2004(平成16)年12月15日付で特定非営利活動法人として認証された。

5. 事業領域(定款第5条による)

① デジタル・フォレンジックの重要性の各種メディアを活用した啓蒙・普及事業
② デジタル・フォレンジックに関わる法学及び工学の学術的及び国際的研究事業
③ デジタル・フォレンジックの手法及びツールの研究開発事業
④ デジタル・フォレンジックに関わる国際的標準化の研究・提言事業
⑤ デジタル・フォレンジックに関する海外の動向調査及びケーススタディ調査事業
⑥ デジタル・フォレンジックに関する講習会、講演会、ワークショップ等の事業
⑦ デジタル・フォレンジックに関する上記の成果をまとめた出版事業
⑧ デジタル・フォレンジック技術認定事業

6. 役員構成(2014(平成26)年2月現在)

会　　長　佐々木良一　　東京電機大学　未来科学部情報メディア学科　教授
副 会 長　安冨　潔　　　慶應義塾大学大学院　法務研究科　教授、弁護士
理事・顧問　辻井　重男　　中央大学　研究開発機構　教授
理　　事　林　紘一郎　　情報セキュリティ大学院大学　教授
　　　　　須川　賢洋　　新潟大学大学院　現代社会文化研究科・法学部　助教
　　　　　舟橋　信　　　㈱UBIC　取締役
　　　　　町村　泰貴　　北海道大学大学院　法学研究科　教授

	石井　徹哉	千葉大学大学院　専門法務研究科　教授（刑法）
	秋山　昌範	東京大学　政策ビジョン研究センター　教授
	古川　俊治	慶應義塾大学大学院　法務研究科・医学部　外科教授（兼担）弁護士、参議院議員
	伊藤　一泰	栗林運輸㈱　監査役
	守本　正宏	㈱UBIC　代表取締役社長
	佐藤　慶浩	日本ヒューレット・パッカード㈱　個人情報保護対策室　室長
	小向　太郎	㈱情報通信総合研究所　法制度研究グループ　部長 兼 主席研究員
	山田　晃	㈱サイバーディフェンス研究所　情報分析部　上級分析官
	和田　則仁	慶應義塾大学医学部　一般・消化器外科　講師
	宮坂　肇	NTTデータ先端技術㈱　セキュリティ事業部セキュリティソリューションBU
	松本　隆	ネットエージェント㈱　フォレンジックエバンジェリスト
	名和　利男	㈱サイバーディフェンス研究所　理事　上級分析官
	西川　徹矢	㈱損害保険ジャパン　顧問、笠原総合法律事務所　弁護士
	小山　覚	NTTコミュニケーションズ㈱　経営企画部　マネージドセキュリティサービス推進室　担当部長
	上原哲太郎	立命館大学　情報理工学部　情報システム学科　教授
	手塚　悟	東京工科大学　コンピュータサイエンス学部　教授
理事・事務局長	丸谷　俊博	㈱フォーカスシステムズ　新規事業推進室　室長
監　事	丸山　満彦	デロイト トーマツ リスクサービス㈱　代表取締役社長
	熊平　美香	（一財）クマヒラセキュリティ財団　代表理事

7．分科会活動等について

　研究会内部に「技術」、「法務・監査」、「医療」の3つの分科会等を編成し、各分科会ごとに年数回の講演会を実施しています。

　また、毎年9月に「デジタル・フォレンジック製品&トレーニング概要説明会（通称IDF講習会）」を、12月に「デジタル・フォレンジック・コミュニティ」を開催しております。

8．出版、公開資料等

　① 『デジタル・フォレンジック事典』（初版）、日科技連出版社、2006年12月刊行
　② 「証拠保全ガイドライン第3版」（http://www.digitalforensic.jp/eximgs/20130930gijutsu.pdf）　2013年10月公開
　③ 『デジタル・フォレンジック・コミュニティ報告書』　2004年～2013年版

役員構成、分科会等イベントの履歴・開催予定、出版、公開資料等の最新情報は研究会

ホームページ（http://www.digitalforensic.jp/）をご覧ください。

9．お問合せ・ご入会に関して
（1）　お問合せ先
「特定非営利活動法人デジタル・フォレンジック研究会」事務局

〒141－0022　東京都品川区東五反田1－23－1　フォーカス五反田第2ビル6階

電話　03－5420－1805　　FAX　03－5420－3634

電子メール：info@digitalforensic.jp

（2）　ご入会に関して
ご入会を希望される方は、当研究会ホームページの入力フォーム、または、上記事務局まで電話、FAX、または電子メールにてその旨をご連絡ください。

入会金および年会費は以下のとおりです。

① 正会員（個人）　　入会金：5,000円、　年会費：5,000円
② 正会員（団体）　　入会金：10,000円、　年会費：50,000円
③ 学生会員　　　　　入会金：免除、　　　年会費：3,000円
④ 賛助会員（個人）　入会金：5,000円、　年会費1口：5,000円
⑤ 賛助会員（団体）　入会金：10,000円、　年会費1口：50,000円

※賛助会員の口数は1口以上

巻末資料2

わが国におけるデジタル・フォレンジックの研究団体・組織一覧

特定非営利活動法人デジタル・フォレンジック研究会(IDF)
URL http://www.digitalforensic.jp
〒141-0022　東京都品川区東五反田1-23-1　フォーカス五反田第2ビル6階
☎ 03-5420-1805　FAX 03-5420-3634
✉ info@digitalforensic.jp

特定非営利活動法人日本ネットワークセキュリティ協会(JNSA)
URL http://www.jnsa.org/
〒105-0003　東京都港区西新橋1-22-12　JCビル3階
☎ 03-3519-6440　FAX 03-3519-6441
✉ sec@jnsa.org

特定非営利活動法人日本セキュリティ監査協会(JASA)
URL http://www.jasa.jp/
〒135-0016　東京都江東区東陽3-23-21　プレミア東陽町ビル
☎ 03-6675-3820　FAX 03-6675-3819
✉ office@jasa.jp

一般社団法人日本データ復旧協会(DRAJ)
URL http://www.draj.jp/
〒107-0062　東京都港区南青山1-1-1　新青山ビル地下1階(株式会社データサルベージコーポレーション内)
☎ 03-5771-2262　FAX 03-5772-2371

一般社団法人日本公認不正検査士協会事務局(ACFE JAPAN)
URL http://www.acfe.jp/
〒101-0062　東京都千代田区神田駿河台3-4　龍名館本店ビル12階
☎ 03-5296-8338　FAX 03-5296-8337
✉ info@acfe.jp

日本セキュリティ・マネジメント学会（JSSM）

- http://www.jssm.net/
- 〒169-0073　東京都新宿区百人町1-20-3　バラードハイム703
- ☎ 03-3371-5183　　FAX 03-3371-5185
- office@jssm.net

情報ネットワーク法学会

- http://in-law.jp/
- 〒166-8532　東京都杉並区和田3-30-22　大学生協学会支援センター内
- ☎ 03-5307-1175　　FAX 03-5307-1196
- un-ei@in-law.jp　office@in-law.jp

一般財団法人保安通信協会

- http://www.hotsukyo.or.jp/
- 〒130-0012　東京都墨田区太平4-1-3　オリナスタワー15階
- ☎ 03-6381-3100

情報セキュリティ大学院大学

- http://www.iisec.ac.jp/
- 〒221-0835　神奈川県横浜市神奈川区鶴屋町2-14-1
- ☎ 045-311-7784　　FAX 045-311-6871
- iisec@iwasaki.ac.jp

東京電機大学 未来科学部 情報メディア学科　情報セキュリティ研究室（佐々木研究室）

- http://www.im.dendai.ac.jp/labs/isl.html
- 〒120-8551　東京都足立区千住旭町5番
- sasaki@isl.im.dendai.ac.jp

立命館大学 情報理工学部 情報システム学科　サイバーセキュリティ研究室（上原研究室）

- http://www.cysec.cs.ritsumei.ac.jp/
- 〒525-8577　滋賀県草津市野路東1-1-1
- ☎ 077-599-4357　　FAX 077-561-5203
- info@cysec.cs.ritsumei.ac.jp

索　引

A
ACCS 事件　225
ACE　376
AES　25, 92
AI　394
Analysis　391
Anonymous　26
Antinny　24, 25, 41
ARPANET　21
Authorization　93
Availability　473

B
Big data　471
Blaster　24, 25

C
Central Processing Unit　119
CFCE　376
Chain of Custody　323, 484
CIA　473
Cloud　471
COC　175
CodeRed　25
Collection　390
Confidentiality　473
CPU　119
CRYPTREC　102
CSIRT　383

D
DCO　15, 402
DDoS　25, 26, 36
　　──攻撃　36
DD イメージコピー　401
DD イメージファイル形式　404
De-Duplication　392
Demi YG 1040　406
Denial of Service　36
DES　21, 23, 25, 92
DFCB　376
DFRWS　29
Digital Forensics　5
discovery　7
DiskEdit　27

Distributed Denial of Service　36
DNS Amp 攻撃　363
DNS キャッシュポイズニング　26
Domino Effect　360
DoS　36
　　──攻撃　36

E
E 01 イメージコピー　401
EDRM　389, 460
EFS　29
EnCase　16, 28
　　──Cybersecurity　417
　　──eDiscovery　417
　　──Enterprise　417
　　──Forensic　417
　　──イメージファイル形式　404
EnCE　376
Erecrtonic Discovery　8
Expert Witness　28
e ディスカバリ　8, 11, 313, 327
　　──対応技術　172
　　──ツール　450
　　──の流れ　173
　　──プロトコルの取決め　173
e-文書法　238

F
FAT　142
　　──ファイルシステム　141
FC（File Compare）実況見分　304
Fiber Channel　400
Flame　26
Forensic Toolkit　16, 432
FTK　432

G
Gauss　26
Gumbler　26

H
HD　122
HDD　123, 492
HFS　148
HP Introspect　464
HP Investigator ECA　462
HPA　15, 402

I
I/O　121
IDE　14, 400
Identification　92, 390, 473
IDF　113
Information management　390
Integrity　473
Inverce Document Frequency　113
iSCSI ターゲット機能　409
ISO/IEC 27037　483
ITC　7

J
Jailbreak　41

L
Lantern　446
　　──Lite　448
Latent Semantic Analysis　116
LIFT　479
LinkMASSter　402
Lit i View　450
　　──Xaminer　435
　　──レビュー機能　454
Litigation Hold　11, 458
LoveLetter　25
LSA　116

M
Mace Utilities　27
Macintosh　403
Makus Hess 事件　30
MD 4　25
MD 5　9, 23, 25
MSBlast　31

My number　471

N
Nimda　25
NTFS　145
Nuix　30, 464

O
Open data　471
Operation Aurora　26
OSのスナップショット機能　158
Oxygen Forensic Suite　442

P
Password Recovery Toolkit　434
PGP　23, 28
PKI　341
PLSA　117
Predictive Coding　110, 323, 394, 436, 466
Presentation　392
Preservation　390
Probabilistic Latent Semantic Analysis　117
Processing　391
Production　391, 459
PRTK　434

R
RAIDにおける証拠保全　159
Rainbow Tables　164
Registry Viewer　435
Review　391
RSA　21
RV　435

S
SAS　14, 400
SATA　14, 400
SCSI　14, 400
SDカード　400
sensitivity　473
SHA-0　23, 25
SHA-1　9, 23, 25, 26
SHA-2　9, 25, 26
SHA-3　26
Shadow 3　415
SIEM　478
Slammer　24
Sobig　31
Social Network　471
Solo-4　400, 401, 402
SOX法　327
SQL Slammer　25
SQLインジェクション　25
SSD　14
　——の証拠保全　160
Steve Jackson Games 事件　31
Stuxnet　24, 26, 41
Support Vector Machine　116
SVM　116
SWGDE　28
syslog　51

T
Tableau Forensic Duplicator　403
Tableau 書込み防止ツール　410
TD 1　404
TD 2　404
TD 3　405
Term Frequency　113
TF　113
Titan Rain　25
Tor　41
Torvalds, Linux　23

U
UFED　439
Universal Forensic Extraction Device　30
USB　400

W
Webフォレンジック　61
WEP　25
Winny　25, 41
WPA　25
WPA 2　25

X
X 1 Social Discovery　30

Z
ZIF　400

あ行
アカウンタビリティ　47
アクセス・コントロール　251
アクセス制御機能の侵害　224
アサーション　336
暗号技術　91
暗号の安全性　99
暗号の歴史　91
アンティニー　41
閾値　396
慰謝料　191
位置情報　473
移転　297
イベントログ　51
違法複製著作物のダウンロード行為　244
意味解析　117, 472
イメージファイル　399, 408
　——コピー　16
インカメラ審理手続　262
印刷　297
インシデント　487
　——レスポンス　7, 51, 382, 499
インデックスサーチ　29
ウィニー　41, 44
ヴォーン・インデックス　262
宇治市住民情報流出事件　44
写しの証拠能力　307
訴え提起　74
営業秘密　7, 11, 248, 312
　——管理指針　252
閲覧　12
　——ソフト　12
エンロン事件　32
押収　296
オプトアウト方式　234
オプトイン方式　234

か行
会計処理　333
会計データ　333
開示　7
開示資料作成　12
会社法　334
解析　12
階層化ディレクトリ　134
加害者の立場　331
科学捜査　366
科学的証拠　70

索　引

書込み可能な光学ディスク　124
書込み防止　9
　──装置　16, 369
　──ツール　410
鍵の管理　102
架空電子メールアドレスによる送信　236
架空のサイバー攻撃　183
確率的潜在意味解析　117
書込み防止機能　15
過失　210
画像処理技術　89
画像に対する改ざん　107
画像の圧縮　105
画像のデータ表現　131
画像ファイル形式　106
監査意見形成　334
監査基準委員会報告書　335
監査証拠　334
　──の証明力　337
完全消去　401
完全性　241, 329, 473, 485
鑑定人　71
キーワード検索　12
　──・抽出　174
記憶媒体　484
機械翻訳　471, 472
技術的保護手段の回避行為　246
北朝鮮工作船事件　40
揮発性の高い証拠の複製保全に関する技術　158
機微性　473
機密性　241, 473
恐喝罪　214
教師データ　394
行政機関情報公開法　259
強制捜査　68
行政文書　260
共通鍵暗号方式　91
業務上横領罪　213
協力要請　301
記録命令付差押え　298
緊急避難　346
銀行法　347
金融機関　344
金融先物取引業者向けの総合的な監督指針　293
金融商品取引法　334, 342

金融庁ガイドライン　292
クラウド　160
クラスタの番号　144
クローン　491
経営層　327
経済事件での証拠性の確保　59
刑事訴訟　48, 347
　──法　351
刑事手続　65, 296
携帯音声通信事業者による契約者等の本人確認等及び携帯音声通信役務の不正な利用の防止に関する法律　40
形態素解析　472
契約　207
　──自由の原則　207
　──責任　191
原告としての立場　330
言語哲学　472
検索キーワード　12
検索性　241
検証　487
　──関数　484
現代論理学　471
見読性　241
原本性　329
原本同一性　487
故意　210
公益通報　255
公益通報者保護制度　253
公益通報者保護法　254
公益通報の対象となる事実　255
公開会社監視委員会　339
公開鍵　92
　──暗号方式　91, 274
攻撃者の挙動の追跡のための技術　160
公衆送信権　244
構造化データ　328
公的個人認証法　474
高度なデータの復元技術　155
公認会計士　333
構文解析　117, 472
公文書管理委員会　263
公用文書等毀棄罪　35, 195
語出現頻度　113
個人情報　215, 265
　──データベース等　265

　──取扱事業者　266
　──取扱事業者の義務　267
個人情報保護　345
　──法　264, 473
個人データ　266
個人番号　288
コピー・プロテクション　246
古物営業法　37
コンピュータ・フォレンジック　47
コンピュータの基本構造　118
コンピュータの基本的な仕組み　89
コンピュータの操作ミス　285
コンプライアンス　49
　──対策　327

さ行

サービス拒否攻撃　36
サーベンス・オクスリー法　327, 342
債権　208
再現率　117
財産上の利益　212
財産犯　212
サイバー攻撃　488
サイバーセキュリティ戦略　273
サイバー犯罪　193, 375
　──に関する条約　197, 200
財物　212
財務諸表監査　333
詐欺罪　214
錯誤無効　285
削除されたファイルの復元　151
差押えに必要な処分　300
殺人予告　57
サポートベクトルマシン　116
ジェイルブレイク　41
識別　11
　──性　473
　──符号を取得する手法　227
事業継続関連技術　157
事業の効率化　327
時刻認証　93
事実上推定　277
事実認定　305
辞書攻撃　163

508　索引

システムログ収集・保管・保全技術　156
自然言語　473
　——処理　471, 472
　——処理技術　89, 109
児童買春禁止法　37
児童ポルノ画像　58
自白　69, 305
支払用カード電磁的記録に関する罪　196
支払用カード電磁的記録不正作出　34
　——準備行為　34
私文書等毀棄罪　195
指名債権　283
ジャーナリングファイルシステム　138
集合論　472
収集　12, 484, 487
重大な過失　286
主記憶装置　120
受信拒否の通知　234
述語論理　472
取得　484, 487
主要行等向けの総合的な監督指針　293
準文書　79
使用環境の特定　161
上級検索　436
消去技術　139
証券会社向けの総合的な監督指針　293
証拠性の確保　175
証拠の一貫性　484, 485
証拠能力　68
証拠の特定に関する技術　157
証拠物又は没収すべき物　300
証拠分析における技術　160
証拠保全　5, 9, 14, 310, 367, 399, 487
　——ガイドライン　487
　——に関する技術　157
証人　71
　——尋問　72
私用文書等毀棄罪　35
情報開示要請　347
情報管理　11
情報公開　259
　——・個人情報保護審議会　262

　——法　259
情報セキュリティ　190
　——マネジメント　49
情報窃盗罪　247
情報戦略　328
情報の圧縮　131
情報の法的保護　189
情報法科学　47
情報漏洩　385
証明力　70
処理　12
　——の漏れ発生率　117
自力救済禁止の原則　211
信頼性　485
推測攻撃　163
数値のデータ表現　127
スキャナによる保存　240
スコア　396
スタックスネット　41
スマートフォン　160
精度　117
正当業務行為　83, 346
正当行為　220
正当な理由　220
性能評価指標　117
セーフ・ハーバー・ルール　319
責任の所在　332
セクタ　123
窃盗罪　213, 214
説明責任　47
ゼロ知識相互証明　99
ゼロデイ攻撃　24, 361
潜在意味解析　116
捜査　68
　——関係事項照会　347
送信者情報を偽った電子メール送信　235
送信防止　346
装置構成オーバレイ　15
ソーシャルエンジニアリング　361
訴状　75
訴訟される側　48
訴訟準備　76
訴訟する側　48
訴訟に備える側　55
訴訟に備える技術　165
ソフトウェア　126
疎明　309

損害賠償請求権　211
損害賠償責任　230

た行

第三者提供の制限　268
タイムスタンプ　10, 136, 143, 341
ダウンローダー　42
多言語対応　427
タブレット　160
単語の認識　112
単語分解の技術　174
知的財産権　11
中央処理装置　119
中小・地域金融機関向け総合的な監督指針　293
調査　487
　——嘱託　77
懲罰的損害賠償　211
著作権　242
　——者　242
　——侵害　233
　——法　242
直観主義論理　472
通信記録　7, 344, 347
通信経路を匿名化　346
通信の秘密　81, 216, 271, 345
　——の侵害　345
通信履歴　306
　——の保全要請　300
通信ログ　346
通報先　255
出会い系サイト規制法　38
提示命令　311
提出　11
　——形式　12
ディスカバリ　354
　——計画　317
ディスクフォレンジック　61
データ提出　175
データのエクスポート　467
データの自動分類　466
データの復元技術　151
データのレビュー　466
データ表現　127
データ復元　173
データ複製ツール　399
データ復旧　491
データベース作成　174
データ領域　143

索　引　509

手形債権　283
テキストの検索　114
テキストのベクトル表現　113
テキスト分類　115
テキストマイニング　394
適正取引証明　294
デジタル・フォレンジック　5,7
デジタル鑑識　5
デジタル証拠　483
デジタル署名　92,484
デジタルデータ　7,8,10,14,16
　　――の原本とコピーとの同一性　304
デフォルトオフ　237
デフォルトオン　237
電気通信事業者　344
電気通信事業における個人情報保護に関するガイドライン　271
電気通信事業法　269,344
　　――における事業者規制　270
電子化された会計帳簿の監査対応　338
電子行政　474
電子記録債権　280,349
　　――法　279,350
電子計算機使用詐欺罪　35
電子計算機損壊等業務妨害罪　35,195
電子決済　333
電子承諾通知　287
電子商取引　333
電子消費者契約法　284
電子署名　276,339,474
　　――に係る地方公共団体の認証業務に関する法律　474
　　――法　274
電子透かし　108
電子帳簿保存法　333
電子通信事業者　344
電子的監査証拠　338
電磁的記憶媒体　9
電磁的記録　5,68,238,260,491
　　――の真正な成立の推定　276
　　――不正作出・供用罪　35

　　――不正作出罪　195
電子的証拠　7
電磁的証拠　487
電磁波漏洩　102
電子文書　11
　　――等　328
　　――法　329,333
電子メール　11,227,307
電子メールフォレンジック　61
転置インデックス法　115
伝聞証拠　69,305
同一性検証　14
同一性証明　9
当事者照会　76
当初の情報開示　317
到達主義　287
登録　279
トーア　41
特定テキストの分別　116
特定電子メール　234
　　――の送信等に関するガイドライン　237
　　――の送信の適正化等に関する法律　233
特定認証業務を行う認定認証事業者　277
特別刑法　215
匿名性　232
独立行政法人等情報公開法　259
特権昇格　361
ドミノ効果　360
ドライブ・バイ・ダウンロード　26
トリアージ　382
トレーニング　367
トロイの木馬　42

な行

内部告発　257
内部統制　49,337
内部犯罪　348
波のデータ表現　130
なりすまし　237
二次記憶装置　120
二次記憶の保全に関する技術　159
日本語処理　472
日本語の論理性　471

入出力装置　121
二要素認証　349
任意捜査　68
認証　474
　　――業務　276
ネットワーク・フォレンジック　60,177,475
ネットワークログ　178,488
　　――の収集　180
　　――の分析　182
ノイズ発生率　117

は行

パーティション　139
　　――の復元　153
ハードディスク　122
　　――ドライブ　123,492
　　――の構造　89
陪審審理前手続　11
ハイテク犯罪　197,375
背任罪　214
ハイバネーション　158
ハクティビスト　26
パス名　134
パスワードの解析技術　162
パスワードの総当たり攻撃　163
ハッシュ　23
　　――関数　9,53,93
　　――値　9,14,53,305,377,393,401,494
　　――ライブラリ　430
発信者情報の開示　230,232,346
発信主義　287
判決　76
番号法　473
　　――案　288
犯罪収益移転防止法　349
犯罪捜査　366
被害者の立場　331
非構造化データ　328
非公知性　248,249
被告としての立場　330
ビッグデータ　331
必要な処分　302
秘匿特権　11,318
否認不能性　329
秘密鍵　92
秘密管理性　248

510　索　引

秘密分散　97
秘密保持命令　312
標的型攻撃　475
　　──メール　364
表引き攻撃　164
ファースト・レスポンダー　487
ファイルアロケーションテーブル　142
ファイル共有ソフト　24
ファイルコピー　8, 15
ファイルシステムの基本的機能　132
ファイル属性　143
ファイルの完全な消去　150
ファイルの削除　140
ファイルのデータ形式　131
ファイルの長さ　144
ファイル名　133, 143
フィッシング行為　226
フォーマットされたメディアの復元　154
フォレンジックコピー　16
フォレンジックサーバ　356
フォレンジックツール　16, 355
フォレンジックデータベース　356
フォレンジックネットワーク　370
フォレンジックラボ　369
不開示情報　261
復元技術　139
複写　297
　　──可能なデジタルデータ　299
複製　491
　　──装置　14, 15, 16
不正アクセス禁止法　36, 222
不正アクセス行為の禁止等に関する法律　36, 196
不正アクセス罪　222
不正競争防止法　215, 247
不正指令　219
　　──電磁的記録作成等　42
　　──電磁的記録に関する罪　217
不正調査　333
　　──ガイドライン　334
不正電磁的記録カード所持　34
不正電磁的記録取得等　42
不正の有無　332
物理コピー　8, 9, 16, 401, 484
不法行為　209
　　──責任　229
不法領得の意思　214
プライバシー　12
　　──保護　473
フラッシュメモリ　123
プリペイド式携帯電話　40
不良セクタ　407
プロバイダ責任制限法　229, 346
プロバイダの責任　228
分散型サービス拒否攻撃　36
分散コンピューティング　370
文書　238
　　──間の類似度　114
　　──送付嘱託　77
　　──データにかかわる技術　161
　　──データマイニング　161
　　──の筆者推定　161
分析　487
米国国際貿易委員会　7
ベクトル空間法　115
弁護士会照会　78
弁護士代理の原則　75
法益保護主義　194
法執行機関　57, 354
法人番号　288
法廷に提出を許される証拠　321
法的証拠能力　372
法律上推定　277
法令工学　473
保険会社向けの総合的な監督指針　293
補助記憶装置　120
ホスト保護領域　15
保全　12, 485, 487
保全要請　347
没収　308
ボットネット　236
保有個人データ　266
本人確認　349

ま行

マイナンバー法　473
マルウェア　359
民事訴訟　48
民事手続　74
民法　190, 207
迷惑メール　233
メモリ　120
申込みと承諾　208
モーバイルフォレンジック　61
目的犯　220, 226
文字コード　174, 394
文字のデータ表現　129
モニタリング　382

や行

有償著作物　245
有用性　248, 249
要証命題　335
抑止力　388
予測コーディング　110, 161, 176
予約セクタ　141

ら行

ライブサーチ　29
ライブ取得　485
ライブフォレンジック　158
リードエラー　492
リードリトライ　492
リスク管理　333
　　──のバランス　327
リモート差押え　299
利用可能性　473
量子コンピュータ　100
ルートディレクトリ　143
レジストリファイル　16, 385
連邦民事訴訟規則　313
ログ　51, 306, 364
録音テープの反訳文書　307
ログの保全要請　82
ログファイル等　328
論理学　471, 472
論理コピー　8

わ行

わいせつ図画　306
わいせつな画像情報　196

改訂版 デジタル・フォレンジック事典

2006年12月20日　初　版　第1刷発行
2014年 4 月26日　改訂版　第1刷発行

　　　　　　監　修　者　佐々木良一
　　　　　　編集責任者　舟　橋　　　信
　　　　　　　　　　　　安　冨　　　潔
　　　　　　編　　　者　特定非営利活動法人
　　　　　　　　　　　　デジタル・フォレンジック研究会
　　　　　　発　行　人　田　中　　　健

　　　　　　　発行所　株式会社 日科技連出版社
　　　　　〒151-0051　東京都渋谷区千駄ヶ谷5-4-2
　　　　　　電　話　出版　03-5379-1244
　　　　　　　　　　営業　03-5379-1238〜9
　　　　　　振替口座　東京　00170-1-7309

Printed in Japan　　　　　　　　印刷・製本　東港出版印刷

検印省略

Ⓒ NPO The Institute of Digital Forensics 2006, 2014
ISBN978-4-8171-9508-1
URL　http://www.juse-p.co.jp/
〈本書の全部または一部を無断で複写複製(コピー)することは、著作権法上での例外を除き、禁じられています。〉